Deutsches Institut für Urbanistik (Hrsg.)

Brennpunkt Stadt

Lebens- und Wirtschaftsraum,
gebaute Umwelt, politische Einheit

Festschrift für Heinrich Mäding
zum 65. Geburtstag

Impressum

Herausgeber:
Deutsches Institut für Urbanistik, Berlin

Redaktion:
Klaus-Dieter Beißwenger

Textverarbeitung, Graphik und Layout:
Christina Blödorn

Umschlaggestaltung:
Elke Postler, Berlin

Druck und Bindung:
Mercedes-Druck, Berlin

ISBN-10: 3-88118-426-0
ISBN-13: 978-3-88118-426-7

Dieser Band ist auf chlorfreiem Papier gedruckt.

© Deutsches Institut für Urbanistik 2006

Bibliografische Information der Deutschen Bibliothek
Die Deutsche Bibliothek verzeichnet diese Publikation in der Deut-
schen Nationalbibliografie; detaillierte bibliografische Daten sind im
Internet über www.d-nb.de abrufbar.

Deutsches Institut für Urbanistik
Postfach 12 03 21
10593 Berlin
Straße des 17. Juni 110/112
10623 Berlin

Telefon: (0 30) 3 90 01-0
Telefax: (0 30) 3 90 01-100

E-Mail: difu@difu.de
Internet: http://www.difu.de

Inhalt

Kurzbiographie Heinrich Mäding 9

Bibliographie 11

GELEIT- UND GRUßWORTE

Christian Ude
Vorwort: Wissenschaftliche Kompetenz für die kommunal-
politische Praxis 31

Stephan Articus
Grußwort: Professor Heinrich Mäding zum 65. Geburtstag und
zum Ausscheiden aus dem Deutschen Institut für Urbanistik ... 35

Rolf-Peter Löhr
Geleitwort 37

DEUTSCHE STÄDTE UND TRENDS/MEGATRENDS: HERAUS-
FORDERUNGEN IM 21. JAHRHUNDERT

Klaus Borchard
Herausforderungen für die Städte in Zeiten des Schrumpfens .. 51

Herbert Schmalstieg
Der Umgang mit dem demographischen Wandel – Heraus-
forderung für die Stadtpolitik 67

Beate Weber
Städte im demographischen Wandel. Herausforderungen für
Kommunen am Beispiel der Stadt Heidelberg 77

Karl-Dieter Keim
„Gerechte Ungleichheit?". Zur aktuellen Neubestimmung des
raumordnerischen Prinzips der Gleichwertigkeit der Lebensverhältnisse 93

Werner Heinz
Globalisierung und kommunale Transformationsprozesse 105

Dietrich Henckel
Einige Thesen zur Zukunft der Stadt 121

POLITIK UND VERWALTUNG

Dieter Grunow
Auswirkungen der europäischen Integration auf die Rolle der
Kommunen im politischen Mehrebenensystem 137

Hermann Hill
Urban Governance – Zum Wohle der Kommune 155

Jürgen Zieger
Steuerungsnotwendigkeit und Steuerungsmöglichkeiten in der
kommunalen Praxis 173

Christoph Reichard
Neues Steuerungsmodell – Anspruch und Wirklichkeit 183

Ralph Baumheier
Regionsbildung in einem Raum der Regionen. Zur regionalen
Zusammenarbeit im Raum Bremen/Niedersachsen 199

STADTENTWICKLUNG UND RECHT

Thomas Sieverts
Was bedeutet Qualifizierung der Zwischenstadt? 217

Klaus Wolf
Urbs, quo vadis? *Zwischen* Stadt und Region 225

Ulrich Hatzfeld
Strategische Allianzen in der Stadtplanung. Neue Handlungsfelder liegen nicht an bekannten Wegen 237

Peter Zlonicky
Stadtplanung als lernendes Projekt 251

Robert Sander
Anmerkungen zur Bedeutung von Leitbildern in Politik, Verwaltung, Städtebau und Stadtentwicklung 265

Joachim Blatter und Roland Scherer
Die Bodenseeleitbilder – Spiegel der grenzüberschreitenden
Kooperation und im Spiegel der Wissenschaften 281

Hellmut Wollmann
Städtebauliche Planungssysteme in England, Frankreich und
Schweden zwischen Konvergenz und Divergenz 293

Arno Bunzel
Planspiele und Praxistests als Instrumente der Gesetzesfolgenabschätzung im Städtebaurecht 309

Gerd Schmidt-Eichstaedt
Städtebauliche Verträge im Kontext der Neuregelungen des
Europarechtsanpassungsgesetzes EAG Bau 2004 327

Peter Runkel und Anja Röding
Infrastrukturanpassung beim Stadtumbau Ost 339

Erika Spiegel
Wohnungsbau als Städtebau: Von der Knappheit an Flächen
zur Knappheit an Menschen 353

Hartmut Häußermann
Europäische Stadt oder Schnäppchenmarkt? 367

Jürgen Friedrichs

Hat die Förderung von Wohneigentum positive Effekte in
einem benachteiligten Wohngebiet? 381

WIRTSCHAFT UND FINANZEN

Busso Grabow

Städterankings – Strategische Entscheidungshilfe statt Siegerwettbewerb 397

Michael Reidenbach

15 Jahre kommunale Investitionstätigkeit in den neuen Bundesländern. Volumen, Struktur und Finanzierung 1991 bis
2005 421

Horst Zimmermann

Kommunale Verschuldung – neu betrachtet 433

Carsten Thies

Sind die Gemeindefinanzen reformierbar? 445

Manfred Röber

Der „Bürgerhaushalt" – ein Instrument zur Demokratisierung
der Haushaltsplanung? Konzept, Verlauf und Ergebnisse eines
Pilotprojekts im Bezirk Lichtenberg von Berlin 455

UMWELT UND VERKEHR

Joachim Lorenz

Umweltschutz im Spannungsfeld zwischen europäischen
Vorgaben und kommunaler Verantwortung 469

Klaus J. Beckmann

Stadt- und Regionalverkehr im Dilemma. Zukunftsfähigkeit
zwischen demographischen Veränderungen, raumstrukturellen
Gegebenheiten, Umweltschutzanforderungen und Finanzie-
rungsengpässen 481

Tilman Bracher

Optionen der Grundfinanzierung des kommunalen Verkehrs 503

Markus Hesse

Mobilität – von der Stadt aus betrachtet 523

STADTGESCHICHTE UND KULTUR

Michael Krautzberger

Denkmalschutz und bürgerschaftliches Engagement 539

Theodor J. Dams

Römersiedlung – Bauerndorf – Hansestadt. Die Entwicklung der
Siedlung Ginderich von der Römerzeit bis zur Gegenwart 551

Albrecht Göschel

Leitsysteme zum Neuen: Brisante Stadtvisionen des 20. Jahrhunderts am Beispiel der Stadt Dresden 569

Wendelin Strubelt

Verwaltungsberichte einst und jetzt – Der Fall Berlin. Ein
fachlicher und auch ein persönlicher Rückblick 583

ABSCHIEDSWORT

Christiane Thalgott

Heinrich Mäding zum Abschied 613

Heinrich Mäding

geboren	1941 in Zwickau,
aufgewachsen	in Pirna (bis 1950), dann in Köln, dort Abitur (1961),
studierte	Wirtschaftswissenschaften und Soziologie in Köln, Kiel und Freiburg (1962–1967), Diplom-Volkswirt,
arbeitete	als wissenschaftlicher Assistent an der Universität Freiburg und als Mitarbeiter im Bundesministerium für Bildung und Wissenschaft (1970–1972),
promovierte **habilitierte**	(1971) und (1977) an der Wirtschaftswissenschaftlichen Fakultät der Universität Freiburg,
	Titel der Habilitationsschrift „Infrastrukturplanung im Verkehrs- und Bildungssektor. Eine vergleichende Untersuchung zum gesamtstaatlichen Planungsprozess in der Bundesrepublik Deutschland",
lehrte	Kommunal- und Regionalpolitik, öffentliche Finanzen und Infrastrukturpolitik an der Fakultät für Verwaltungswissenschaft der Universität Konstanz (1979–1992),
leitet	seit 1. April 1992 das Deutsche Institut für Urbanistik in Berlin, das interdisziplinäre Forschungs-, Fortbildungs- und Dienstleistungsinstitut der deutschen Städte,

wechselt in den Ruhestand am 1. Oktober 2006.

Aktuelle Forschungsschwerpunkte:

- Stadtentwicklung, u.a. demographische Trends, Stadtpolitik
- Kommunalfinanzen
- Kommunalverwaltung
- Regionalentwicklung, Regionalpolitik

Weitere Funktionen:

- Vizepräsident der Akademie für Raumforschung und Landesplanung (ARL) (2005–2006)
- Mitglied der Deutschen Vereinigung für Politische Wissenschaften
- Kuratorium der Freiherr vom Stein-Gesellschaft
- Kuratorium des Kommunalwissenschaftlichen Instituts der Universität Potsdam
- Mitherausgeber „Deutsche Zeitschrift für Kommunalwissenschaften"
- Mitherausgeber „European Journal of Spatial Development"

u.a.m.

Bibliographie[1]

2006

Mäding, Heinrich (Verf.)
Städte und Regionen im Wettbewerb – ein Problemaufriss. In: Public Management – Grundlagen, Wirkungen, Kritik. Festschrift für Christoph Reichard zum 65. Geburtstag. Hrsg.: Werner Jann, Manfred Röber, Hellmut Wollmann; Berlin (2006); S. 271–283; ISBN 3-89404-776-3

Akademie für Raumforschung und Landesplanung (ARL), Hannover (Hrsg.)
Mäding, Heinrich (Verf.)
Demographischer Wandel als Herausforderung für die Kommunen. In: Demographische Trends in Deutschland. Folgen für Städte und Regionen; Räumliche Konsequenzen des demographischen Wandels, Teil 6. Hrsg.: Gans, Paul, Hannover (2006); S. 338–354; ISBN 3-88838-055-3 (Forschungs- und Sitzungsberichte; 226)

Mäding, Heinrich (Verf.)
„Städtedämmerung?" – über Herausforderungen und Anforderungen der Stadtpolitik. In: „Städte für alle" – über visionären und machbaren Städtebau: Martin Neuffer und Rudolf Koldewey. Dokumentation des Symposiums am 20.6.2005 in Hannover. Hrsg.: Sander, Robert, Berlin (2006); S. 21–34; ISBN 3-88118-415-5 (Difu-Materialien; 2/2006)

2005

Deutsches Institut für Urbanistik (Difu), Berlin (Hrsg.)
Bretschneider, Michael (Verf.); Henckel, Dietrich (Verf.); Mäding, Heinrich (Verf.); Reidenbach, Michael (Verf.); Sander, Robert (Verf.); Zwicker, Daniel (Verf.)
Der Aufbau Ost als Gegenstand der Forschung. Untersuchungsergebnisse seit 1990. Berlin (2005); 177 S.; ISBN 3-88118-380-9 (Difu-Materialien; 4/2005)

Mäding, Heinrich (Verf.)
Difu leistet unverzichtbare Arbeit für die Kommunen. In: Der Städtetag, 58 (2005); Nr. 3; S. 27–28; ISSN 0038-9048

Mäding, Heinrich (Verf.)
Herausforderungen und Konsequenzen des demographischen Wandels für die Städte. In: Kommunale Selbstverwaltung – Zukunfts- oder Auslaufmodell? Beiträge der 72. Staatswissenschaftlichen Fortbildungstagung vom 24. bis 26. März 2004 an der Deutschen Hoch-

---

1   Geordnet nach Jahren. Zugrunde liegen Recherchen in ORLIS, der kommunalen Literaturdatenbank des Difu, sowie in mehreren OPACs (Online Public Access Catalogues).

11

schule für Verwaltungswissenschaften Speyer. Hrsg.: Hermann Hill; Berlin (2005); S. 18–36; ISBN 3-428-11943-6 (Schriftenreihe der Hochschule Speyer; 172)

Brake, Klaus (Verf.); Einacker, Ingo (Verf.); Mäding, Heinrich (Verf.)
Kräfte, Prozesse, Akteure – zur Empirie der Zwischenstadt. Wuppertal (2005); 144 S.; ISBN 3-928766-64-3 (Zwischenstadt; 3)

Mäding, Heinrich (Verf.)
Öffentliche Haushalte zwischen demokratischer Steuerung und administrativer Effizienz. In: Handbuch zur Verwaltungsreform. Hrsg.: Bernhard Blanke; Wiesbaden (2005); S. 341–351; ISBN 3-8100-4082-7

Mäding, Heinrich (Verf.)
Schrumpfen ist keine Schande! In: Berichte, Deutsches Institut für Urbanistik (2005); Nr. 3; S. 2–3.

2004

Mäding, Heinrich (Verf.)
Demographischer Wandel: Herausforderungen für Stadtentwicklung und Wohnungswirtschaft. In: Wohnungswirtschaft und Stadtentwicklung. Hrsg.: Gans, Paul, Mannheim (2004); S. 3–38; (Mannheimer Schriften zu Wohnungswesen, Kreditwirtschaft und Raumplanung; 2)

Mäding, Heinrich (Verf.)
Demographischer Wandel und Kommunalfinanzen – Einige Trends und Erwartungen. In: Deutsche Zeitschrift für Kommunalwissenschaften (DfK), Berlin: Deutsches Institut für Urbanistik; 43 (2004); Nr. 1; S. 84–102; ISSN 1617-8203, ISBN 3-88118-371-X

Mäding, Heinrich (Verf.)
Der „Dritte Raum" im Vormarsch. In. Kontinuitäten und Brüche. Hrsg.: Erhard Busek, Wien (2004); S. 42–60; ISBN 3-7046-4371-8

Mäding, Heinrich (Verf.)
Kommunale Haushaltskonsolidierung – Wachsen die Chancen? In: Steuerung und Planung im Wandel. Festschrift für Dietrich Fürst. Hrsg.: Müller, Bernhard u.a., Wiesbaden (2004); S. 331–346; ISBN 3-531-14286-0

Deutsches Institut für Urbanistik (Difu), Berlin (Hrsg.)
Mäding, Heinrich (Verf.)
Raus aus der Stadt? Zur Erklärung und Beurteilung der Suburbanisierung. Berlin (2004); 11 S. (Aktuelle Information)

Mäding, Heinrich (Verf.)
Auf dem Weg zur Raumfinanzpolitik? In: Raumforschung und Raumordnung; 62 (2004); Nr. 4–5, S. 319–328

2003

Stuttgart, Statistisches Amt (Hrsg.)
Birg, Herwig (Verf.); Miegel, Meinhard (Verf.); Mäding, Heinrich (Verf.)
Demographischer Wandel – Herausforderung und Gestaltungsfeld. Beiträge einer Vortragsveranstaltung des Stuttgarter Gemeinderats am 3. Februar 2003. Stuttgart (2003); 66 S.; ISSN 1431-0996 (Statistik und Informationsmanagement; 2/2003)

Mäding, Heinrich (Verf.)
Demographischer Wandel: Herausforderung an eine künftige Stadtpolitik. In: Stadtforschung und Statistik, Milow (2003); Nr. 1; S. 63–72; ISSN 0934-5868

Mäding, Heinrich (Verf.)
Wanderungsprozesse – Herausforderungen für die Wohnungswirtschaft und die Städte. In: Bevölkerungsentwicklung und die Folgen für die Kommunen. Hrsg.: Bildungswerk für Kommunalpolitik Sachsen (BKS), Hoyerswerda, (2003); S. 73–96; ISBN 3-934534-28-7 (Dokumentation. BKS; 28)

2002

Dick, Eugen (Hrsg.); Mäding, Heinrich (Hrsg.)
Bevölkerungsschwund und Zuwanderungsdruck in den Regionen. Mit welchen Programmen antwortet die Politik? Ein Werkstattbericht. Münster (2002); 185 S.; ISBN 3-8309-1217-X (Schnittpunkte von Forschung und Politik; 4)

Mäding, Heinrich (Verf.)
Die Finanzen des Landes Berlin. In: Moderne Verwaltung für moderne Metropolen. Hrsg.: Manfred Röber u.a., Opladen (2002); S. 78–105; ISBN 3-8100-3032-5 (Stadtforschung aktuell; 82)

Mäding, Heinrich (Verf.)
Demographische Trends in Deutschland: Vergangenheit – Gegenwart – Zukunft. In: Bevölkerungsschwund und Zuwanderungsdruck in den Regionen. Mit welchen Programmen antwortet die Politik? Hrsg.: Eugen Dick u.a., Münster (2002); S. 11–47; ISBN 3-8309-1217-X (Schnittpunkte von Forschung und Politik; 4)

Mäding, Heinrich (Verf.)
11.2 Finanzierung. 11.2.1 Warum Finanzierungsaussagen? In: Der kommunale Investitionsbedarf in Deutschland. Eine Schätzung für die Jahre 2000 bis 2009. Hrsg.: Michel Reidenbach u.a., Berlin (2002); S. 344–356; ISBN 3-88118-318-3 (Difu-Beiträge zur Stadtforschung; 35)

Mäding, Heinrich (Verf.)
Hundert Ausgaben jung. In: Raumplanung. Dortmund, Dortmund: Informationskreis für Raumplanung (2002); Nr. 100; S. 8; ISSN 0176-7534

Mäding, Heinrich (Verf.)
Großer Modernisierungsbedarf. In: Der Gemeinderat (2002); Nr. 10; S. 16–17; ISSN 0723-8274

Deutsches Institut für Urbanistik (Difu), Berlin (Hrsg.)
Mäding, Heinrich (Verf.)
Migration processes – challenges for German cities. Paper delivered at the Nordregio Conference „Spatial Development in Europe", Stockholm, 4 January 2002. Berlin (2002); 20 S. (Occasional papers)

Mäding, Heinrich (Verf.)
Partner für die Städte. Das Deutsche Institut für Urbanistik. In: Stadt und Gemeinde interaktiv; 57 (2002); Nr. 5; S. 194–195; ISSN 1437-417X

Mäding, Heinrich (Verf.)
Stadtpolitik: Zum Ertrag von Rot-Grün. In: Demo. Demokratische Gemeinde; 54 (2002); Nr. 9; S. 10–11

2001

Mäding, Heinrich (Verf.)
And the winner is … – Standpunkt: Städterankings. In: Difu-Berichte; 2 (2001), S. 2–3.

Mäding, Heinrich (Verf.)
Die Stadt in der Wissensgesellschaft. Symposium des Deutschen Instituts für Urbanistik.
In: Der Städtetag; 54 (2001); Nr. 11; S. 44–45; ISSN 0038-9048

Mäding, Heinrich (Verf.)
Haushaltswirtschaft im Spannungsverhältnis zwischen Haushaltskonsolidierung und Reform. In: Empirische Policy- und Verwaltungsforschung. Lokale, nationale und internationale Perspektiven. Für Hellmut Wollmann zum 65. Geburtstag. Hrsg.: Eckhard Schröter, Opladen (2001); S. 359–370.

Mäding, Heinrich (Verf.)
Herausforderungen für die Wohnungswirtschaft und die Städte. Wanderungsprozesse. In: Die Wohnungswirtschaft; 54 (2001); Nr. 3; S. 24–30; ISSN 0939-625X

Mäding, Heinrich (Verf.)
Herausforderungen für die Wohnungswirtschaft und die Städte. Interregionale Wanderungen (2). In: Die Wohnungswirtschaft; 54 (2001); Nr. 4; S. 23–27; ISSN 0939-625X

Mäding, Heinrich (Verf.)
Herausforderungen für die Wohnungswirtschaft und die Städte. Interregionale Wanderungen (4). In: Die Wohnungswirtschaft; 54 (2001); Nr. 6; S. 14–17; ISSN 0939-625X

Preuß, Werner H. (Hrsg.); Mäding, Heinrich (Vorw.)
Stadtentwicklung und Architektur – Lüneburg im 20. Jahrhundert. Ausstellungskatalog.
Husum (2001); 260 S.; ISBN: 3-89876-004-9

Mäding, Heinrich (Verf.)
Suburbanisierung und kommunale Finanzen. In: Suburbanisierung in Deutschland. Aktuelle Tendenzen. Hrsg.: Klaus Brake u.a., Opladen (2001); S. 109–120; ISBN 3-8100-3172-0

Mäding, Heinrich (Verf.)
Wanderungsprozesse. Herausforderungen für die Wohnungswirtschaft und die Städte.
In: Modernisierungsmarkt; 24 (2001); Nr. 5; S. 4

2000

Deutsches Institut für Urbanistik (Difu), Berlin (Hrsg.)
Mäding, Heinrich (Verf.)
Berlin 2000. A selective assessment of developments after German unification and prospects for the next decade. Paper presented at the Workshop „Cities in the Region" of the European Urban Research Association, Dublin, 13–15 April 2000. Berlin (2000) (Occasional papers)

Akademie für Raumforschung und Landesplanung (ARL), Hannover (Hrsg.)
Mäding, Heinrich (Vorw.)
Kooperation im Prozess des räumlichen Strukturwandels. Wissenschaftliche Plenarsitzung 1999. Hannover (2000); 139 S.; ISBN 3-88838-036-7 (Forschungs- und Sitzungsberichte; 210)

Mäding, Heinrich (Verf.)
Model cities: German Experience with Best Practice Competitions. In: Model cities. Urban

best practices. Vol. 1 and 2. Hrsg.: Univ. of Singapore, The Institute of Policy Studies, Singapore (2000); S. 76-81; ISBN 981-04-2446-9; ISBN 981-04-2447-7

Mäding, Heinrich (Verf.)
Optionen für eine Reform des Finanzausgleichs. In: Bürgerföderalismus. Zukunftsfähige Maßstäbe für den bundesdeutschen Finanzausgleich. Hrsg.: Hans-Jörg Schmidt-Trenz, Baden-Baden (2000); S. 21–42; ISBN 3-7890-7056-4

Deutsches Institut für Urbanistik (Difu), Berlin (Hrsg.);
Bretschneider, Michael (Verf.); Mäding, Heinrich (Verf.)
The Urban Audit as an instrument of comparative city analysis – the example of Berlin, Helsinki and Stockholm. Paper delivered at the conference „Stockholm-Berlin-Helsinki: three European capitals facing the future", Stockholm, 14–15 September 2000. Berlin (2000) (Occasional papers)

Deutsches Institut für Urbanistik (Difu), Berlin (Hrsg.)
Mäding, Heinrich (Verf.)
Wanderungsprozesse – Herausforderungen für die Wohnungswirtschaft und die Städte. Berlin (2000); 23 S. (Aktuelle Information)

Mäding, Heinrich (Verf.)
Welcome Address. In: Berlin – Helsinki – Stockholm. Three European capitals facing the future. 2nd International Seminar, Berlin 8.–11. September 1999. Hrsg.: Deutsches Institut für Urbanistik (Difu), Berlin, Berlin (2000); S. 13–18

Mäding, Heinrich (Verf.)
Wirtschaftliche Trends und ihre Konsequenzen für die Städte. In: Brandenburger Städte – Chancen für die Zukunft. Hrsg.: Brandenburg, Ministerium für Stadtentwicklung, Wohnen und Verkehr, Potsdam, Potsdam (2000); S. 38–45

1999

Mäding, Heinrich (Verf.)
Bundesweiter Überblick über die Budgetierung. Beitrag B. In: „Netzwerk Reform". Hrsg.: Berlin, Senatsverwaltung für Inneres, Berlin (1999); S. 261–262

Mäding, Heinrich (Verf.)
Entwicklungsperspektiven für die Stadt – Trends und Chancen. In: Zwischen Überforderung und Selbstbehauptung – Städte unter dem Primat der Ökonomie. Hrsg.: Heinrich Mäding, Berlin (1999); S. 19–39; ISBN 3-88118-275-6 (Difu-Beiträge zur Stadtforschung; 27)

Deutsches Institut für Urbanistik (Difu), Berlin (Hrsg.)
Mäding, Heinrich (Verf.)
Model cities: German experience with best practice competitions. Paper presented at the World Conference on Model Cities, Singapore, 19–22 april 1999. Berlin (1999); 10 S.; ISBN 3-88961-160-5 (Occasional papers)

Mäding, Heinrich (Verf.)
Neugliederung und Länderfinanzausgleich. Überlegungen aus einer Berlin-Brandenburger Perspektive. Thesen. In: Verflochten und verschuldet. Zum (finanz-)politischen Reformbedarf des deutschen Föderalismus in Europa. Hrsg. Christoph Hüttig u.a., Rehburg-Loccum (1999); S. 212–213; ISBN 3-8172-6098-9 (Loccumer Protokolle; 60/98)

Mäding, Heinrich (Verf.)
Planning in Berlin. In: Helsinki – Berlin – Stockholm I. 3 European capitals facing the fu-

ture. Hrsg.: Univ. Helsinki, Centre for Urban and Regional Studies, Helsinki (1999); S. 92–108; ISBN 951-22-4686-4

Mäding, Heinrich (Verf.)
Stadtentwicklung – Stadtprobleme – Stadtforschung. In: Zwischen Überforderung und Selbstbehauptung – Städte unter dem Primat der Ökonomie. Hrsg.: Heinrich Mäding, Berlin (1999); S. 7–11; ISBN 3-88118-275-6 (Difu-Beiträge zur Stadtforschung; 27)

Mäding, Heinrich (Verf.)
Zukunftsaufgaben der Städte. In: Stadt der Zukunft – Verwaltung der Zukunft – Aufgaben der Stadtentwicklungsplanung. Hrsg.: Deutscher Städtetag (DST), Köln (1999); S. 13–22; ISBN 3-88082-194-1; ISSN 0344-2489 (DST-Beiträge zur Stadtentwicklung und zum Umweltschutz; 28)

Deutsches Institut für Urbanistik (Difu), Berlin (Hrsg.)
Mäding, Heinrich (Hrsg.)
Zwischen Überforderung und Selbstbehauptung – Städte unter dem Primat der Ökonomie. Berlin (1999); 229 S.; ISBN 3-88118-275-6 (Difu-Beiträge zur Stadtforschung; 27)

1998

Mäding, Heinrich (Verf.)
Budgetentwicklung. Verwaltungsreform, Haushalt und Demokratie. In: Handbuch zur Verwaltungsreform. Hrsg.: Bernhard Blanke u.a., Opladen (1998); S. 279–288

Mäding, Heinrich (Verf.)
Das Difu in Zukunft: Annahmen und Wünsche. In: 25 Jahre Difu – eine aussichtsreiche Geschichte. Hrsg.: Deutsches Institut für Urbanistik (Difu), Berlin (1998); S. 43–49

Mäding, Heinrich (Verf.)
Der Rat im Modernisierungsprozeß (Resümee der Tagung). In: Bürger – Politik – Verwaltungsreform. Hrsg.: Anne Drescher, Berlin (1998); S. 209–213; ISBN 3-88118-262-4 (Difu-Materialien; 2/98)

Mäding, Heinrich (Verf.)
Entwicklungsperspektiven für die Stadt – Trends und Chancen. In: Stadtforschung und Statistik, Berlin/Milow (1998); Nr. 1; S. 15–26

Mäding, Heinrich (Verf.)
Entwicklungsperspektiven für die Stadt. Trends und Chancen. In: Das Rathaus; 51 (1998); Nr. 2; S. 65–73

Mäding, Heinrich (Hrsg.)
Kommunale Haushaltskonsolidierung in Deutschland – die 80er und 90er Jahre im Vergleich. In: Kommunalfinanzen im Umbruch. Hrsg.: Heinrich Mäding u.a., Opladen (1998); S. 97–119; ISBN 3-8100-1940-2 (Städte und Regionen in Europa; 3)

Mäding, Heinrich (Hrsg.); Voigt, Rüdiger (Hrsg.)
Kommunalfinanzen im Umbruch. Opladen (1998); 268 S.; ISBN: 3-8100-1940-2 (Städte und Regionen in Europa; 3)

Mäding, Heinrich (Verf.)
Liegenschaftspolitik. In: Kommunalpolitik. Hrsg.: R. Roth u.a., Bonn (1998); S. 530–540; (Schriftenreihe; 356)

Mäding, Heinrich (Verf.)
Modernisierungsstrategien: Ziele und Zielkonflikte. In: Bürger – Politik – Verwaltungsre-

form. Hrsg.: Anne Drescher, Berlin (1998); S. 11–20; ISBN 3-88118-262-4 (Difu-Materialien; 2/98)

Deutsches Institut für Urbanistik (Difu), Berlin (Hrsg.)
Mäding, Heinrich (Verf.)
Perspektiven für ein Europa der Regionen. Vortrag auf der gemeinsamen Jahrestagung 1998 „Die Region ist die Stadt" der Akademie für Raumforschung und Landesplanung und der Deutschen Akademie für Städtebau und Landesplanung. Esslingen, 24. September 1998. Berlin (1998); 8 S. (Aktuelle Information)

Berlin, Senatsverwaltung für Stadtentwicklung, Umweltschutz und Technologie (Hrsg.); Büro Eichstädt Stadtplaner und Architekten, Berlin (Bearb.), Strieder, Peter (Vorw.); Mäding, Heinrich (Vorw.)
Planwerk Innenstadt Berlin. Zusammenfassung aus den Machbarkeitsstudien für den instrumentellen Bereich. Städtebauliche Kalkulation, Stadtwirtschaft, Planungsrecht. Berlin (1998); 72 S.; (Berlin StadtEntwicklung; 19)

Deutsches Institut für Urbanistik (Difu), Berlin (Hrsg.)
Mäding, Heinrich (Verf.)
Suburbanisation and urban development in Germany. Trends – models – strategies. Statement. International conference on „Cities in the XXIst century – cities and metropolises: breaking or bridging?" La Rochelle, France, 19th until 21st October 1998. Berlin (1998); 15 S. (Occasional papers)

1997

Mäding, Heinrich (Verf.)
Am Rande der Stadt – Trends und politisches Handeln. In: Am Rand der Stadt. Ballungsraumperipherie als Planungsschwerpunkt kommunaler Stadtentwicklungspolitik. Hrsg.: Institut für Landes- und Stadtentwicklungsforschung des Landes Nordrhein-Westfalen (ILS), Dortmund, (1997); S. 119–121; ISBN: 3-8176-6106-1 (ILS-Schriften; 106)

Mäding, Heinrich (Verf.)
Die Budgethoheit der Räte/Kreistage im Spannungsverhältnis zur dezentralen Ressourcenverantwortung. In: Zeitschrift für Kommunalfinanzen; 47 (1997); Nr. 5; S. 98–104

Mäding, Heinrich (Verf.)
Die Budgethoheit der Räte/Kreistage im Spannungsverhältnis zur dezentralen Ressourcenverantwortung. In: Verwaltungsmodernisierung – Dialog zwischen Praxis und Wissenschaft. Hrsg.: Deutscher Städtetag (DST), Köln (1997); S. 35–54; ISBN 3-88082-187-9; ISSN 0344-2446 (DST-Beiträge zur Kommunalpolitik; 26)

Mäding, Heinrich (Verf.)
Die Entwicklung der europäischen Metropolregion Berlin/Brandenburg. In: Räumliche Disparitäten und Bevölkerungswanderungen in Europa. Regionale Antworten auf Herausforderungen der europäischen Raumentwicklung. Hrsg.: Akademie für Raumforschung und Landesplanung (ARL), Hannover (1997); S. 171–186 (Forschungs- und Sitzungsberichte; 202)

Akademie für Raumforschung und Landesplanung (ARL), Hannover (Hrsg.)
Mäding, Heinrich (Vorw.)
Die gescheiterte Fusion Berlin-Brandenburg. Regionalpolitische Rahmenbedingungen und Konsequenzen. Hannover (1997); IV, 86 S.; ISBN: 3-88838-641-1 (ARL-Arbeitsmaterial; 241)

Mäding, Heinrich (Verf.)
Die Lösung kommunaler Aufgaben im Blickfeld. Das Deutsche Institut für Urbanistik als

Partner der Kommunen. In: VOP. Verwaltung, Organisation, Personal; 19 (1997); Nr. 11; S. 16–17; ISSN 1431-9985

Mäding, Heinrich (Verf.)
Entwicklungsperspektiven für die Stadt – Trends und Chancen. In: Tagungsbericht der Statistischen Woche 1997 in Bielefeld. Hrsg.: Verband Deutscher Städtestatistiker; Oberhausen (1997); S. 75–101

Deutsches Institut für Urbanistik (Difu), Berlin (Hrsg.); Verband Deutsche Städtestatistiker (VDSt), Oberhausen (Veranst.); Mäding, Heinrich (Verf.)
Entwicklungsperspektiven für die Stadt – Trends und Chancen. Eröffnungsvortrag anläßlich der Hauptversammlung des Verbandes Deutscher Städtestatistiker im Rahmen der „Statistischen Woche 1997", Bielefeld, 23.9.1997. Berlin (1997); 12 S. (Aktuelle Information)

Deutsches Institut für Urbanistik (Difu), Berlin (Hrsg.); Bundesministerium für Umwelt, Naturschutz und Reaktorsicherheit, Bonn (Auftr., Förd.); Umweltbundesamt, Berlin (Auftr., Förd.); Fischer, Annett (Hrsg., Verf.); Kallen, Carlo (Hrsg., Verf.); Mäding, Heinrich (Projlt., Verf.); Duscha, Markus (Verf.); Hertle, Hans (Verf.); Görlich, Andreas (Verf.); Ohligschläger, Gerd (Verf.); Schmidt, Mario (Verf.)
Klimaschutz in Kommunen. Leitfaden zur Erarbeitung und Umsetzung kommunaler Klimakonzepte. Berlin (1997); 665 S.; ISBN 3-88118-277-6 (Umweltberatung für Kommunen)

Mäding, Heinrich (Verf.)
Kommunale Verwaltungsmodernisierung als Reformpolitik, Chancen und Gefahren. In: Modernisierung der Kommunalpolitik. Hrsg.: Hubert Heinelt u.a., Opladen (1997); S. 143–149

Mäding, Heinrich (Verf.)
Kommunalfinanzen in Deutschland im säkularen Vergleich 1881/1981 unter besonderer Berücksichtigung der Investitionen. In: Investitionen der Städte im 19. und 20. Jahrhundert. Hrsg.: Karl Heinrich Kaufhold, Köln (1997); S. 3–19; ISBN 3-412-14596-3 (Städteforschung. Reihe A – Darstellungen; 42)

Deutsches Institut für Urbanistik (Difu), Berlin (Hrsg.)
Mäding, Heinrich (Verf.); Kallen, Carlo (Verf.)
Local climate protection policy in the Federal Republic of Germany. Berlin (1997); 22 S. (Occasional papers)

Mäding, Heinrich (Verf.)
Partizipation und gesellschaftliche Einflußnahme bei raumbedeutsamen Großprojekten. In: Raumforschung und Raumordnung; 55 (1997); Nr. 2; S. 83–90; ISSN: 0034-0111

Mäding, Heinrich (Verf.)
Sieben Überlegungen zur kommunalen Haushaltskonsolidierung. In: Gelebte Demokratie. Hrsg.: Gerhard Seiler, Stuttgart (1997); S. 179–209; ISBN 3-17-015183-5 (Neue Schriften des Deutschen Städtetages; 71)

Deutsches Institut für Urbanistik (Difu), Berlin (Hrsg.)
Mäding, Heinrich (Verf.)
B 3.3. Wirtschaftlichkeitsberechnungen. In: Klimaschutz in Kommunen. Hrsg.: Anett Fischer u.a., Berlin (1997); S. 232–331; ISBN 3-88118-227-6 (Umweltberatung für Kommunen)

1996

Mäding, Heinrich (Verf.)
Bedingungen einer erfolgreichen Konsolidierungspolitik der Kommunen. In: Archiv für Kommunalwissenschaften; 35 (1996); Bd. I; S. 81–97; ISSN: 0003-9209

Mäding, Heinrich (Verf.)
Die Metropole Berlin im deutschen Städtesystem. In: Hauptstadtregion Berlin-Brandenburg im polnisch-deutschen Dialog. Hrsg.: Akademie für Raumforschung und Landesplanung (ARL), Hannover (1996); S. 38–51 (ARL-Arbeitsmaterial; 230)

Mäding, Heinrich (Verf.)
Gefährdung der Grundlagen. In: Der Gemeinderat; 39 (1996); Nr. 11; S. 10–11; ISSN 0723-8274

Mäding, Heinrich (Verf.)
Sparen zur Sicherung der Handlungsspielräume. In: Kommunale Finanzen. Hrsg.: Michael Reidenbach, Berlin (1996); S. 213–231; ISBN 3-88118-216-0 (Difu-Materialien; 4/96)

1995

Mäding, Heinrich (Verf.)
Auswirkungen des wirtschaftlichen Strukturwandels und der regionalen Mobilität auf die kommunalen Finanzen. In: Jahresbericht 1995. Hrsg.: Verband Deutscher Städtestatistiker, Oberhausen (1995); S. 127–165

Henckel, Dietrich (Verf.); Mäding, Heinrich (Verf.)
Berlin im deutschen Städtesystem. In: Hauptstadt Berlin. Bd. 2. Hrsg.: W. Süß, Berlin (1995); S. 285–303

Mäding, Heinrich (Verf.)
Erfolgskontrolle. In: Handwörterbuch der Raumordnung. Hrsg.: Akademie für Raumforschung und Landesplanung (ARL), Hannover (1995); S. 226–227

Mäding, Heinrich (Verf.)
„Geld regiert die Welt" – Beobachtungen zur Finanzpolitik im vereinigten Deutschland. In: Regierungssystem und Verwaltungspolitik. Beiträge zu Ehren von Thomas Ellwein. Hrsg.: Wolfgang Seibel u.a., Opladen (1995); S. 142–153; ISBN 3-531-12497-8

Mäding, Heinrich (Verf.)
Gemeindeaufgaben, Gemeindeausgaben. In: Handwörterbuch der Raumordnung. Hrsg.: Akademie für Raumforschung und Landesplanung (ARL), Hannover (1995); S. 372–377

Mäding, Heinrich (Verf.)
German Unification: The Financial Transfers from West to East Germany, 1990–1993. In: Germany and Korea. Lessons in Unification. Hrsg.: Myoung-Kyu Kang u.a., Seoul (1995); S. 122–141; ISBN 89-7096-566-1

Mäding, Heinrich (Verf.)
Kommunale Umweltpolitik unter veränderten Rahmenbedingungen. In: Stadtökologie. Hrsg.: E.-H. Ritter, Berlin (1995); S. 221–240 (Zeitschrift für angewandte Umweltforschung; Sonderh. 6)

Mäding, Heinrich (Verf.)
Öffentliche Finanzen. In: Handwörterbuch des politischen Systems der Bundesrepublik Deutschland. Hrsg.: Bundeszentrale für politische Bildung, Bonn (1995); S. 401–410; ISBN 3-89331-217-X

Mäding, Heinrich (Verf.)
Redebeitrag: Einführung in das Schwerpunktthema „Klima und Umwelt". In: Klima und Umwelt. Aktuell: UmweltForum '95. Hrsg.: Arbeitsgemeinschaft für Umweltfragen e.V. (AGU), Bonn (1995); S. 27–31; ISSN 0174-089X (Das Umweltgespräch; 50)

Mäding, Heinrich (Verf.)
Reform und Rekonstruktion: föderative Finanzkonflikte im Einigungsprozeß und ihre Beurteilung. In: Einigung und Zerfall. Hrsg.: Gerhard Lehmbruch, Opladen (1995); S. 103–114; ISBN 3-8100-1365-X

Mäding, Heinrich (Verf.)
Überlegungen zur Eignung des kommunalen Finanzausgleiches zur Förderung raumordnungspolitischer Konzepte. In: Informationen zur Raumentwicklung, Bonn (1995); Nr. 8/9; S. 605–618 ; ISSN: 0303-2493

1994

Mäding, Heinrich (Verf.)
Aufgaben- und Vermögenszuschnitt in den neuen Bundesländern nach Verwaltungsebenen – Kommentar aus ebenenübergreifender Sicht. In: Vermögenszuordnung. Aufgabentransformation in den neuen Bundesländern. Hrsg.: Klaus König u.a., Baden-Baden (1994); S. 253–258; ISBN 3-7890-3608-0 (Verwaltungsorganisation, Staatsaufgaben und Öffentlicher Dienst; 29)

Mäding, Heinrich (Verf.)
Die Umweltverträglichkeitsprüfung als Verwaltungsaufgabe im Rahmen präventiver Umweltpolitik. In: Kommunale UVP. Erfahrungen aus alten und neuen Bundesländern. Hrsg.: Volker Kleinschmidt, Dortmund (1994); S. 5–16

Mäding, Heinrich (Verf.)
Diskussionsbeitrag. In: Raumordnungspolitik in Deutschland. Hrsg.: Akademie für Raumforschung und Landesplanung (ARL), Hannover (1994); S. 143–144; ISBN 3-88838-026-X (Forschungs- und Sitzungsberichte; 197)

Mäding, Heinrich (Verf.)
Germania. Il caso del Land del Baden-Württemberg. In: Amministrazione e territorio in Europa. Una ricerca sulla geografia amministrativa in sei paesi. Hrsg.: Francesco Merloni u.a., Bologna (1994); S. 135–173; ISBN 88-15-04545-7 (Organizzazione e funzionamento della pubblica amministrazione; 40)

Mäding, Heinrich (Verf.)
Kommunale Finanzplanung. In: Kommunalpolitik. Hrsg.: R. Roth u.a., Bonn (1994); S. 341–349 (Schriftenreihe der Bundeszentrale für politische Bildung; 320)

Mäding, Heinrich (Verf.)
Kommunalfinanzen: Schwierigkeiten der Konsolidierung. In: Kommunalwissenschaftliche Analysen. Hrsg.: Oscar W. Gabriel u.a., Bochum (1994); S. 107–138; ISBN 3-8196-0262-3 (Mobilität und Normenwandel. Changing norms and mobility; 13)

Mäding, Heinrich (Verf.)
Les finances locales allemandes trois ans après l'unification. In: Pouvoirs Locaux, Boulogne Billancourt (1994); Nr. 21; S. 88–92; ISSN 0998-8289

Mäding, Heinrich (Verf.)
Optionen kommunaler Haushaltskonsolidierung. In: Haushaltskonsolidierung. Hrsg.: Birgit Frischmuth, Berlin (1994); S. 37–64 (Difu-Materialien; 4/94)

Deutsches Institut für Urbanistik (Difu), Berlin (Hrsg.)
Mäding, Heinrich (Hrsg.)
Stadtperspektiven. Difu-Symposium 1993. Berlin (1994); 194 S.; ISBN 3-88118-174-1 (Difu-Beiträge zur Stadtforschung; 10)

Mäding, Heinrich (Verf.)
Stadtperspektiven. Symposium zum 20jährigen Bestehen des Deutschen Instituts für Urbanistik. In: Verwaltungsorganisation (1994); Nr. 2; S. 6–8

Mäding-Heinrich (Verf.)
Strategische Regionsbildung. Erfahrungen und Perspektiven. Vortrag bei der Gründungstagung der Stiftung „Lebens- und Wirtschaftsraum Zug", 26.11.1994. Zug (1994); 17 S.

Mäding, Heinrich (Verf.)
Zielkonflikte der Stadtqualität im Mischungsverhältnis von Wohn- und Wirtschaftsfunktionen. In: Wirtschaftsverkehr in Städten – nur Probleme oder auch Lösungen? 24. Mercedes-Benz-Seminar, o. O. (1994); S. 37–54

Mäding, Heinrich (Verf.)
Zusammenfassung der Diskussion Arbeitsgruppe 4 „Kommunale Infrastruktur in der Finanzkrise". In: Stadtperspektiven. Difu-Symposium 1993. Hrsg.: Heinrich Mäding, Berlin (1994); S. 181–184 (Difu-Beiträge zur Stadtforschung; 10)

1993

Mäding, Heinrich (Verf.)
Arbeits- und Forschungsschwerpunkte des Deutschen Instituts für Urbanistik (Difu). In: Protokoll der 40. Sitzung am 6. und 7. Mai 1993 in Berlin. Hrsg.: Verband deutscher Städtestatistiker (VDSt), Ausschuß Stadtforschung, Saarbrücken (1993); S. 5–6

Mäding, Heinrich (Verf.)
Gemeinschaftswerk Aufschwung-Ost: Programm ohne Programmierung? In: Programm „Gemeinschaftswerk Aufschwung-Ost" – Planung, Vollzug, Evaluation. Hrsg.: Gesellschaft für Programmforschung in der öffentlichen Verwaltung e.V. (GfP), München (1993); S. 5–16; ISBN 3-925444-14-9 (Werkstattbericht; 15)

Baumheier, Ralph (Verf.); Mäding, Heinrich (Vorw.)
Kommunale Umweltvorsorge. Chancen und Probleme präventiver Umweltpolitik auf der kommunalen Ebene am Beispiel der Energie- und Verkehrspolitik. Berlin (1993); 222 S.; (Verwaltungswiss. Diss.; Konstanz 1993) (Stadtforschung aktuell; 43)

Mäding, Heinrich (Verf.)
Regionalstatistik heute. Einführung und Moderation. In: Jahresbericht 1992. Hrsg.: Verband Deutscher Städtestatistiker, Nürnberg (1993); S. 66–67; ISBN: 3-922 421-28-8

Mäding, Heinrich (Verf.)
Stadtforschung und kommunale Politikberatung. In: Berichte (1993); Nr. 3; S. 5–8; ISSN: 9990-0750

Mäding, Heinrich (Verf.)
Stadtforschung und kommunale Politikberatung. 20jähriges Jubiläum des Difu. In: Der Städtetag; 46 (1993); Nr. 11; S. 723–725; ISSN: 0038-9048

Seibel, Wolfgang (Hrsg.); Benz, Arthur (Hrsg.); Mäding, Heinrich (Hrsg.)
Verwaltungsreform und Verwaltungspolitik im Prozeß der deutschen Einigung. Tagung v. 11.-13.4.91 in Konstanz. Baden-Baden (1993); 512 S.

1992

Malcher, Johann (Verf.); Mäding, Heinrich (Vorw.)
Der Landrat im kommunalen Konfliktfeld Abfallentsorgung. Berlin (1992); XIX, 308 S.
(Pol. Diss.; Konstanz 1992) (Stadtforschung aktuell; 37)

Mäding, Heinrich (Verf.)
Die inhaltliche Auffüllung der UVU und UVP aus verwaltungswissenschaftlicher Sicht.
In: Zur Umsetzung ökologischen Wissens in die regionalplanerische Praxis. Hrsg.: Akademie für Raumforschung und Landesplanung (ARL), Hannover (1992); S. 223–253 (ARL-Arbeitsmaterial; 192)

Mäding, Heinrich (Hrsg.); Sell, Friedrich L. (Hrsg.); Zohlnhöfer, Werner (Hrsg.)
Die Wirtschaftswissenschaft im Dienste der Politikberatung. Grundsatzfragen und Anwendungsbereiche. Theodor Dams zum 70. Geburtstag. Berlin (1992); 362 S.

Mäding, Heinrich (Verf.)
Entwicklung der finanziellen Situation von Kommunen im ländlichen Raum in Baden-Württemberg. Forschungsbericht. In: Die Gemeinde; 115 (1992); Nr. 1; S. 16–27

Mäding, Heinrich (Verf.)
Regionale Aspekte der Sozialpolitik. In: Regionale Sozialpolitik. Komparative Perspektiven.
Hrsg.: D. Sadowski u.a., Frankfurt/Main (1992); S. 13–52 (Trierer Schriften zur Sozialpolitik und Sozialverwaltung; 9)

Mäding. Heinrich (Verf.)
Stadtverkehrspolitik. In: Verkehrs-Rundschau, München (1992); Nr. 44; S. 3

Mäding, Heinrich (Verf.)
Verwaltung im Wettbewerb der Regionen. In: Archiv für Kommunalwissenschaften; 31
(1992) ; Nr. 2; S. 205–219; ISSN: 0003-9209

1991

Mäding, Heinrich (Verf.)
Methodische und politische Aspekte der Umweltverträglichkeitsprüfung. Methodical and political aspects of environmental impact assessments. In: Regulative Umweltpolitik. Pfaffenweiler (1991), S. 25–45 (Jahresschrift für Rechtspolitologie; 5)

Grande, Edgar (Hrsg.); Kuhlen, Rainer (Hrsg.); Lehmbruch, Gerhard (Hrsg.); Mäding, Heinrich (Hrsg.)
Perspektiven der Telekommunikationspolitik. Opladen (1991); 261 S.; ISBN 3-531-12300-9

Mäding, Heinrich (Verf.)
Probleme einer rationalen Planung der Telekommunikationsinfrastruktur. In: Perspektiven der Telekommunikationspolitik. Hrsg.: Edgar Grande u.a., Opladen (1991); S. 127–150; ISBN 3-531-12300-9

Mäding, Heinrich (Verf.)
Umweltpolitik und Verwaltung – eine wissenschaftliche Bestandsaufnahme. In: Umwelt in Europa. Hrsg.: A. F. Pavlenko, Konstanz (1991), S. 193–206

1990

Mäding, Heinrich (Verf.)
Aktuelle Probleme der Kommunalfinanzen in der Bundesrepublik Deutschland. In: Beiträge zur Gesellschafts- und Wirtschaftspolitik. Grundlagen – Empirie – Umsetzung. Kunihiro Jojima zum 70. Geburtstag. Hrsg.: Theodor Dams, Berlin (1990); S. 161–176; ISBN 3-428-06866-1

Mäding, Heinrich (Verf.)
Autonomie und Abhängigkeit in finanzpolitischen Entscheidungsprozessen im föderativen Staat: das Beispiel Strukturhilfe. In: Politische Vierteljahresschrift (1990); Nr. 4; S. 567–584

Univ. Konstanz, Fachgruppe Politikwissenschaft/Verwaltungswissenschaft (Hrsg.)
Mäding, Heinrich (Verf.)
Finanz- und Haushaltsmanagement. Sparpolitik und Kürzungs-Management. Aufgabenkritik. Mehr als nur Kürzungs-Management. Konstanz (1990); 15 S. (Verwaltungsmanagement; 2)

Frank, Rainer (Verf.); Mäding, Heinrich (Hrsg.)
Kultur auf dem Prüfstand. Ein Streifzug durch 40 Jahre kommunaler Kulturpolitik. München (1990), 374 S. (Verwaltungswiss. Diss.; Konstanz 1987) (Beiträge zur Kommunalwissenschaft; 34)

Baden-Württemberg, Ministerium für den ländlichen Raum, Ernährung, Landwirtschaft und Forsten, Stuttgart (Auftr.); Mäding, Heinrich (Projlt.); Röder, Rainer (Bearb.)
Kommunalfinanzen und ländlicher Raum in Baden-Württemberg. Endbericht Stand: 15.10.1990. Konstanz (1990), 166 S.

Mäding, Heinrich (Verf.)
Umweltverträglichkeitsprüfung und Straßenbau – einige verwaltungswissenschaftliche Überlegungen. In: Raumforschung und Raumordnung; 48 (1990); Nr. 1; S. 1–9; ISSN 0034-0111

Mäding, Heinrich (Verf.)
Verwaltungspolitische Überlegungen zur Umweltverträglichkeitsprüfung. In: Zeitschrift für Umweltpolitik & Umweltrecht; 13 (1990); Nr. 1; S. 19–41; ISSN: 0343-7167

1989

Mäding, Heinrich (Verf.)
Federalism and Education Planning in the Federal Republic of Germany. In: Publius: The Journal of Federalism; 19 (1989), S. 115–131.

Baden-Württemberg, Ministerium für den ländlichen Raum, Ernährung, Landwirtschaft und Forsten, Stuttgart (Auftr.); Mäding, Heinrich (Projlt.); Röder, Rainer (Bearb.)
Kommunalfinanzen und ländlicher Raum in Baden-Württemberg. Zwischenbericht, Stand: 21.8.1989. Konstanz (1989), 237 S.

Mäding, Heinrich (Verf.)
Symposiums-Referat. In: Gewerbliche Unternehmen als Bildungsträger. Beiträge zum Symposium (am 6. Juli 1989) anläßlich des 80. Geburtstages von Friedrich Edding. Hrsg.: Max-Planck-Institut für Bildungsforschung, Berlin (1989); S. 37–44

1988

Mäding, Heinrich (Hrsg., Vorw.)
Grenzen der Sozialwissenschaften. Konstanz (1988); 176 S.; ISBN 3-87940-338-4 (Konstanzer Bibliothek; 11)

Mäding, Heinrich (Verf.)
Zum interdisziplinären Charakter der Theorie der Wirtschaftspolitik: Überlegungen am Beispiel der Beurteilung der regionalen Wirtschaftspolitik. In: Jahrbuch für neue politische Ökonomie; 7 (1988); S. 229–247; ISSN 0722-5369

Mäding, Heinrich (Verf.)
Probleme einer Beurteilung von Politik. In: Grenzen der Sozialwissenschaften. Hrsg.: Heinrich Mäding, Konstanz (1988); S. 144–161; ISBN 3-87940-338-4 (Konstanzer Bibliothek; 11)

1987

Mäding, Heinrich (Verf.)
Haushaltsplanung – Haushaltsvollzug – Haushaltskontrolle. XI. Konstanzer Verwaltungsseminar 1986. Baden-Baden (1987), 267 S. (Schriften zur öffentlichen Verwaltung und öffentlichen Wirtschaft; 109)

Mäding, Heinrich (Verf.)
Länderbericht Baden-Württemberg. Raumforschung und Raumordnung (1987), H. 1/2, S. 49–56

Mäding, Heinrich (Verf.)
Methoden und Methodenanwendung als Gegenstand der Verwaltungswissenschaft. In: Verwaltung und ihre Umwelt. Festschrift für Thomas Ellwein. Hrsg.: Adrienne Windhoff-Héretier, Opladen (1987); S. 212–233; ISBN 3-531-12000-X

Mäding, Heinrich (Verf.)
Öffentlicher Haushalt und Verwaltungswissenschaft. In: Die Verwaltung; 20 (1987); Nr. 4; S. 437–457

Mäding, Heinrich (Verf.)
Verwaltung und Planung. In: Deutsche Verwaltungsgeschichte. Bd. 5 – Die Bundesrepublik Deutschland. Hrsg.: Kurt G. A. Jeserich u.a. (1987); S. 1043–1067; ISBN 3-421-06135-1

1986

Mäding, Heinrich (Verf.)
Planungsprobleme bei neuen Infrastrukturen am Beispiel der Magnetschwebebahn. In: Informations- und Planungsprobleme in öffentlichen Aufgabenbereichen. Aspekte der Zielbildung und Outputmessung unter besonderer Berücksichtigung des Gesundheitswesens. Hrsg.: Eberhard Wille, Frankfurt/Main (1986); S. 195–227; ISBN 3-8204-9517-7 (Staatliche Allokationspolitik im marktwirtschaftlichen System; 21)

Mäding, Heinrich (Verf.)
Rahmenkonzept für eine umfassendere Beurteilung der regionalen Wirtschaftspolitik. In: Informationen zur Raumentwicklung (1986); Nr. 9/10; S. 749–760

1985

Mäding, Heinrich (Verf.)
Die Finanzkrise und das Scheitern der Fortschreibung des Bildungsgesamtplanes. In: Probleme der Bildungsfinanzierung. Hrsg.: Gerhard Brinkmann, Berlin (1985); S. 209–232; ISBN 3-428-05840-2 (Schriften des Vereins für Socialpolitik; 146)

1984

Mäding, Heinrich (Verf.)
Brauchen wir Wachstum? In: Aus Politik und Zeitgeschichte (1984); Nr. B 19; S. 3–17; ISSN 0479-611X

Mäding, Heinrich (Verf.)
Finanzbeziehungen, interkommunale (IF). In: Handwörterbuch zur Kommunalpolitik. Hrsg.: Rüdiger Voigt, Opladen (1984); S. 151–155; ISBN 3-531-21613-9 (Studienbücher zur Sozialwissenschaft; 50)

Mäding, Heinrich (Verf.)
Renaissance für Leitbilder in der Raumplanung? Einige Überlegungen zur Analyse und Beurteilung des „Internationalen Leitbildes für das Bodenseegebiet". In: Raumforschung und Raumordnung 42 (1984); Nr. 6; S. 265–271

1983

Mäding, Heinrich (Verf.)
Budgetierungsprozesse im Zeichen der Finanzknappheit I. In: Gesellschaftliche Probleme als Anstoß und Folge von Politik. Wissenschaftlicher Kongreß der DVPW 4.–7. Oktober 1982 in der Freien Universität Berlin. Hrsg.: Hans-Hermann Hartwich, Opladen (1983); S. 396–406; ISBN 3-531-11652-5

Mäding, Heinrich (Verf.)
Finanzielle Förderung der beruflichen Erstausbildung. In: Recht der Jugend und des Bildungswesens; 31 (1983); Nr. 1; S. 42–47

Baethge, Martin (Verf.); Drexel, Ingrid (Verf.); Görs, Dieter (Verf.); Kruse, Wilfried (Verf.); Mäding, Heinrich (Verf.); Münch, Joachim (Verf.); Nuber, Christoph (Verf.)
I Gutachten zur Finanzierung eines quantitativ und qualitativ ausreichenden und auswahlfähigen Ausbildungsplatzangebotes für alle Jugendlichen in den achtziger Jahren. II Die Finanzierungsfrage im gewerkschaftlichen Reformkonzept – Grundsätze und Forderungen der IG Metall. In: Finanzierung der beruflichen Bildung. Hrsg.: IG Metall, Frankfurt/Main (1983); S. 7–44

Mäding, Heinrich (Verf.); Nimmerrichter, Nikolaus (Verf.)
Öffentliche Förderung der beruflichen Erstausbildung. In: Finanzierung der beruflichen Bildung. Hrsg.: IG Metall, Frankfurt/Main (1983); S. 113–135

Mäding, Heinrich (Verf.)
Planungsprozesse und Öffentlichkeit. Politikwissenschaftliche, rechtliche und wirtschaftliche Aspekte. In: Verkehrspolitische Strategien unter dem Diktat leerer Kassen. 15. Wissenschaftliches Kontaktseminar vom 6. bis 8. Oktober 1982 in Hinterzarten/Schwarzwald. Hrsg.: Deutsche Verkehrswissenschaftliche Gesellschaft e.V. (DVWG), Köln (1983); S. 22–47 (Schriftenreihe der deutschen verkehrswissenschaftlichen Gesellschaft. Reihe B; 73)

Mäding, Heinrich (Verf.)
Sparpolitik, theoretische Forderungen und politische Praxis. In: Sparpolitik: ökonomische Zwänge und politische Spielräume, Opladen (1983); S. 11–35

1982

Mäding, Heinrich (Verf.)
Aktuelle Probleme vor Einführung neuartiger Fernverkehrssysteme: Planungsprozesse und Öffentlichkeit. In: Bahnsysteme für den Fernverkehr. Elektromagnetische und Rad/Schiene-Systeme. Hrsg.: Deutsche Verkehrswissenschaftliche Gesellschaft e.V. (DVWG), Bergisch Gladbach (1982); S. 303–326 (Schriftenreihe der Deutschen Verkehrswissenschaftlichen Gesellschaft. Reihe B; 60)

Univ. Konstanz, Sozialwissenschaftliche Fakultät, Fachgruppe Politikwissenschaft/Verwaltungswissenschaft (Hrsg.)
Fürst, Dietrich (Verf.); Mäding, Heinrich (Verf.)
Kommunale Finanz- und Investitionsplanung. Konstanz (1982); V, 243 S. (Diskussionsbeitrag; 1/82)

1981

Mäding, Heinrich (Verf.)
Humankapitalbildung zwischen Bildungs- und Arbeitsmarktpolitik (am Beispiel des Lehrermarktes in der Bundesrepublik Deutschland). In: Konzept und Kritik des Humankapitalansatzes. Hrsg.: Werner Clement, Berlin (1981); S.117–140 (Schriften des Vereins für Socialpolitik; 113)

Univ. Konstanz (Hrsg.)
Mäding, Heinrich (Verf.)
Kommunale Entwicklungsplanung. Durch wen? Für wen? Konstanz (1981), 54 S. (Konstanzer Universitätsreden; 122)

1980

Mäding, Heinrich (Verf.)
Restriktionen der Regionalplanung. In: VOP. Verwaltungsführung, Organisation, Personalwesen (1980); Nr. 3; S. 164–169

Mäding, Heinrich (Verf.)
Voraussichtliche Auswirkungen einer rückläufigen Bevölkerung auf das wirtschaftliche Wachstum. In: Wechselwirkungen zwischen Wirtschafts- und Bevölkerungsentwicklung. Hrsg.: Otfried Hatzold, München (1980); S. 82–94 (Ifo-Studien zur Bevölkerungsökonomie; 1)

1978

Mäding, Heinrich (Verf.)
Infrastrukturplanung im Verkehrs- und Bildungssektor. Eine vergleichende Untersuchung zum gesamtstaatlichen Planungsprozeß in der Bundesrepublik Deutschland. Baden-Baden (1978); 331 S.; wirtsch. Habil.; Freiburg/Breisgau 1978 (Schriften zur öffentlichen Verwaltung und öffentlichen Wirtschaft; 41)

1977

Mäding, Heinrich (Verf.)
Effizienz und Effektivität – Kriterien zur Beurteilung des beruflichen Ausbildungssystems und der Ausbildungspolitik. In: Soziale Probleme der modernen Industriegesellschaft. Hrsg.: Bernhard Külp u.a., Berlin (1977); S. 759–785; ISBN 3-428-03891-6 (Schriften des Vereins für Socialpolitik; 92/II)

1975

Mäding, Heinrich
Zur Analyse und Beurteilung sektoraler staatlicher Planungen. In: Die Verwaltung; 8 (1975); 3; S. 313–343

1974

Mäding, Heinrich (Verf.); Krings, Hermann (Vorw.)
Bildungsplanung und Finanzplanung. Abstimmungsprobleme in der Bundesrepublik Deutschland. Stuttgart (1974); 134 S.; ISBN 3-12-921000-8 (Deutscher Bildungsrat. Gutachten und Studien der Bildungskommission; 36)

Mäding, Heinrich (Verf.)
Verfahren der Verknüpfung von sektoraler Planung und Finanzplanung. In: Aufgabenplanung und Finanzplanung. Hrsg.: Kommunalwissenschaftliches Dokumentationszentrum (KDZ), Wien (1974); S. 13–21

1973

Mäding, Heinrich (Verf.)
Marktmacht von Unternehmen. Definition, Formen, Grenzen. Wo fängt der Mißbrauch an? In: Der Bürger im Staat; 23 (1973); Nr. 4; S. 241–245

1971

Mäding, Heinrich (Verf.); Dams, Theodor (Vorw.)
Fondsfinanzierte Berufsausbildung. Zur Begründung und Beurteilung einer Reform der Finanzierung der beruflichen Erstausbildung auf betrieblicher Ebene in der Bundesrepublik Deutschland. Stuttgart (1971); 222 S.; ISBN 3-12-925520-6 (Deutscher Bildungsrat. Gutachten und Studien der Bildungskommission; 19); zugl.: Freiburg (Breisgau), Univ., Diss. (1971)

1970

Mäding, Heinrich (Verf.)
1980: doch zu wenig Lehrer? Lehrerüberschuß in Sicht? Eine kritische Stellungnahme. In: Wirtschaftsdienst; 50 (1970); Nr. 11; S. 667–670

1969

Mäding, Heinrich (Verf.)
Bildungsökonomie: Herausforderung zur Reform. Portrait einer jungen Wissenschaft. In:
Der Bürger im Staat; 19 (1969); Nr. 4; S. 146–149

Geleit- und Grußworte

Christian Ude

Vorwort

Wissenschaftliche Kompetenz für die kommunalpolitische Praxis

Das Deutsche Institut für Urbanistik (Difu) steht am Schnittpunkt von Forschung und praktischer Umsetzung – eine spannende und anspruchsvolle Aufgabe, Forschung nicht als *l'art pour l'art*, sondern für die direkte Anwendung, im engen Kontakt mit den „Macherinnen" und „Machern" vor Ort; Forschung als Basis für aktuelle Entscheidungen – gerade im sozialwissenschaftlichen Bereich ein seltener Idealfall.

Es war eine gute Idee, die die 60 Gründerstädte in die Tat umsetzten, als sie 1973 gemeinsam das Deutsche Institut für Urbanistik gründeten. Seit mehr als 30 Jahren ist das Difu kommunalpolitischer *Thinktank*, Begleiter der Städte und deren Unterstützer bei der Suche nach den besten Lösungen. Die Belange und Interessen der deutschen Städte stehen im Zentrum der Forschungsprojekte. Dabei ist das Institut interdisziplinär ausgerichtet und fern von jeglicher fachspezifischer Fixiertheit.

Kommunalpolitikerinnen und Kommunalpolitiker stehen vor dem Dilemma, einerseits kurzfristig zu bewältigenden Tagesanforderungen gerecht zu werden, andererseits langfristige Entwicklungen im Auge zu behalten. Dabei bietet das Forschungsinstitut der deutschen Städte, das sich nicht nur mit aktuellen Themen oder mit Handlungsalternativen für kurzfristige Entscheidungen befasst, eine wichtige Hilfestellung. Die Beschäftigung mit zukünftigen Perspektiven, auf die sich die Städte in einigen Jahren einstellen müssen, sorgt für eine Orientierung, in die sich Lösungen für aktuelle Fragen einordnen lassen. Die Städte erhalten so die Möglichkeit, vor dem Hintergrund längerfristiger Prognosen zu entscheiden. Dies kann die Qualität der Kommunalpolitik nur verbessern.

Durch die Unterstützung, die das Difu mit seiner praxisorientierten Forschung, den maßgeschneiderten Fortbildungsveranstaltungen und der kompetenten Beratung leistet, erhalten die Zuwenderstädte in vielen Politikbereichen eine hervorragende Grundlage für ihre Planung vor Ort und für wichtige Entscheidungen.

Parteipolitische Unabhängigkeit ist für das Institut ein wichtiges Gut und zeichnet das Difu stets aus, was bei der Nähe zu politischen Themen mit aktuellem Bezug nicht immer leicht und selbstverständlich ist. Die beeindruckende Sachlichkeit, mit der in den Gremien des Deutschen Städtetages, auch zwischen Mitgliedern unterschiedlicher politischer Couleur, die Sachthemen diskutiert werden, findet im Deutschen Institut für Urbanistik ein Pendant – ein nicht zu unterschätzender Vorteil, wie der Blick auf konfuse, von Parteiengezänk geprägte und häufig fruchtlose politische Debatten in der Tagespresse zeigt.

Kontinuität und Innovation

„Kontinuität und Innovation" – so begann der Institutsleiter seinen Bericht im Jahr 2003 – und diese beiden Schlagworte beschreiben die Arbeit der Forschungseinrichtung sehr gut. Heinrich Mäding hat als Institutsleiter diese Arbeit selbstredend entscheidend geprägt und mit seiner wissenschaftlichen Kompetenz sehr viel zur hervorragenden Positionierung des Deutschen Instituts für Urbanistik in der Forschungslandschaft – national wie europaweit – beigetragen. Das Difu und seine wissenschaftlichen Mitarbeiterinnen und Mitarbeiter genießen einen hervorragenden Ruf. Dies wäre ohne eine kompetente Institutsleitung, die einen innovativen und kooperativen Führungsstil pflegt, nicht möglich.

Besondere Bemühungen um den Aufbau der Verwaltungen in den neuen Bundesländern

Seit 1990 hat sich das Difu intensiv in den Städten der neuen Länder engagiert. Es galt, die ostdeutschen Kommunen beim Auf- und Umbau der Verwaltung zu unterstützen und zu beraten. Dies hat sich das Institut als Beitrag zum Zusammenwachsen der beiden Landesteile wie selbstverständlich zur Aufgabe gemacht. Dabei ging es nicht darum, alte Strukturen zu kopieren, sondern aufbauend auf Erfahrungen, unter Vermeidung bereits erkannter Fehler, an die jeweiligen Verhältnisse angepasste, innovative Lösungen zu entwickeln. Zweifellos hat das Difu für die ostdeutschen Städte und für das Zusammenwachsen der beiden Teile Deutschlands eine wichtige Arbeit geleistet.

Analyse und Bewertung entscheidender Zukunftstrends

Die Städte werden von großen Entwicklungstrends beeinflusst, auf die sie selbst kaum steuernd einwirken können. Als Rahmenbedingungen müssen diese Trends jedoch bei allen zu treffenden Entscheidungen mitgedacht werden. Das Deutsche Institut für Urbanistik hat sich unter der Leitung von Professor Mäding intensiv mit der demographischen Entwicklung auseinander gesetzt, mit Schrumpfung, Alterung und Heterogenisierung unserer Gesellschaft, ein Thema, dem sich der Institutsleiter in den vergangenen Jahren intensiv gewidmet hat und das für alle deutschen Städte einschneidende Konsequenzen mit sich bringen wird – wenn auch in unterschiedlicher Intensität und zeitlicher Ausprägung.

Zu den so genannten Megatrends zählen neben der demographischen Entwicklung auch der technische und ökonomische Wandel. In erster Linie sind hier Neuerungen in der Informations- und Kommunikationstechnologie zu nennen, zu denen im ökonomischen Bereich die Globalisierung hinzukommt. Schließlich spielt der soziale Wandel eine wichtige Rolle, der den gesamten Alltag prägt, mit neuen Vorstellungen familiärer Strukturen, neuem Politikverständnis und der wachsenden Bedeutung des Aspektes der „Nachhaltigkeit".

Dass sich die Mitglieder des Deutschen Städtetages neben der Beschäftigung mit den tagesaktuellen Themen auch seit Jahren mit den Zukunftstrends auseinander setzen, zählt zu den Verdiensten des Difu und seines Institutsleiters.

Brücke zwischen den Politikebenen

Eine für die Städte wichtige Funktion erfüllt das Difu als Brücke zwischen Kommunal-, Landes- und Bundesinstitutionen, dies zum Beispiel in der Zusammenarbeit bei den Programmen „Stadtteile mit besonderem Entwicklungsbedarf – die soziale Stadt" und „Forschungsverbund Stadt 2030". Für beide „Programmbegleitungen" durch das Difu gilt, dass sie zum herausragenden Ruf des Institutes einen wichtigen Beitrag geleistet haben.

Das 1999 gestartete Bund-Länder-Programm „Stadtteile mit besonderem Entwicklungsbedarf – die soziale Stadt" wurde ins Leben gerufen, um nach geeigneten Möglichkeiten zu suchen, der sozialen und räumlichen Spaltung in den Städten entgegenzuwirken. In derzeit rund 260 deutschen Städten wurden neue Formen der Stadtteilentwicklung gefördert. Das Deutsche Institut für Urbanistik war in der ersten Phase – bis 2003 – für die „Programmbegleitung" verantwortlich und ab 2003 für die „Bundestransferstelle Soziale Stadt". Erstmals wurden Ansätze gefördert, die städtebauliche, soziale, ökonomische, ökologische und kulturelle Handlungsfelder integrieren. Der stärkeren Einbeziehung der Bewohnerschaft und der örtlichen Wirtschaft in den Quartieren wurde Priorität eingeräumt – ein innovativer und lohnenswerter Ansatz, für den das Programm eine Fülle an positiver Resonanz erhalten hat und für dessen Erfolg das Difu wesentlich verantwortlich war.

Auch beim Forschungsverbund „Stadt 2030" spielte das Difu eine gewichtige Rolle. Hierbei ging es um die Entwicklung von Leitbildern, integrierten Zukunftskonzepten und Szenarien für die jeweilige Stadt oder Region. Die praktische Verwertbarkeit der gewonnenen Erkenntnisse muss sich hier allerdings noch erweisen.

Städte als Kristallisationspunkte

Städte sind die Kristallisationspunkte und Zentren des sozialen, wirtschaftlichen und kulturellen Lebens. Tatsächlich leben die meisten Menschen unseres Landes in Städten. Das Deutsche Institut für Urbanistik hat sich unter der Leitung von Heinrich Mäding mit wichtigen Fragen der Stadtentwicklung auseinander gesetzt. Das Difu hat mit den Ergebnissen seiner Arbeit den kommunalpolitischen Entscheidungsträgern wichtige Einsichten verschafft, sie bei der Entscheidungsfindung gestärkt und damit an der Gestaltung unserer urbanen Lebensräume, das heißt der Lebensräume und Alltagswirklichkeit von 50 Millionen Menschen, mitgewirkt.

Die Fragestellungen wurden komplexer, die Anforderungen an die Kommunalpolitik sind gestiegen, gleichzeitig wurden die Handlungsspielräume eher kleiner als größer; vor diesem Hintergrund waren die deutschen Städte auf die unterstützenden Leistungen des Difu angewiesen – und werden dies weiter sein.

Als Präsident des Deutschen Städtetages möchte ich für die ausgezeichnete wissenschaftliche Begleitung, den anregenden Dialog und die praktischen Hilfen, die Professor Mäding und „sein" Institut in den vergangenen Jahren geleistet haben, Dank sagen.

Der Autor

Christian Ude
Seit 12. September 1993 Münchner Oberbürgermeister.
Seit 2. Juni 2005 Präsident des Deutschen Städtetages.

Stephan Articus

Grußwort

Professor Heinrich Mäding zum 65. Geburtstag und zum Ausscheiden aus dem Deutschen Institut für Urbanistik

Professor Dr. Heinrich Mäding feiert am 25. September 2006 seinen 65. Geburtstag. Zu diesem Zeitpunkt scheidet er auch aus dem Amt des Leiters des Deutschen Instituts für Urbanistik (Difu) aus, um in den Ruhestand zu treten. Professor Mäding hat das Deutsche Institut für Urbanistik viele Jahre, nämlich seit 1992, erfolgreich geführt. Der runde Geburtstag und das Ausscheiden aus dem aktiven Dienst sind daher ein guter Zeitpunkt, dem Jubilar für seine Verdienste zu danken. Seine Mitarbeiterinnen und Mitarbeiter und viele Weggefährten aus Wissenschaft und kommunaler Praxis haben sich daher entschlossen, ihn mit dieser Festschrift zu ehren.

Wenn Professor Mäding nun seinen Abschied von der Institutsleitung nimmt, so tut er dies nach vielen Jahren, in denen er beim Difu Akzente gesetzt hat. Die Bandbreite seiner Tätigkeiten und Interessen ist am Inhalt dieser Festschrift ablesbar. Sie reicht von Steuerung im modernen Staat und kooperativer Aufgabenerfüllung über Finanzpolitik bis hin zu Bildung, Kultur und Denkmalpflege. Unter Leitung von Professor Mäding forscht das Difu in den Arbeitsbereichen „Stadtentwicklung und Recht", „Wirtschaft und Finanzen", „Umwelt und Verkehr" und der Kölner Abteilung zur Stadtentwicklungs- und Regionalpolitik. Hinzu kommen Fortbildungsangebote, Veröffentlichungen sowie Information und Dokumentation. Dabei legt das Institut besonderen Wert auf den Informationsaustausch mit der Kommunalpraxis wie auch mit der Wissenschaft und stellt ein breites Leistungsangebot von interdisziplinärem Know-how zur Verfügung. Es versteht sich als unabhängige wissenschaftliche Gemeinschaftseinrichtung der deutschen Städte, die ihre Forschungsprojekte und -leistungen vor allem am Bedarf der Difu-Zuwenderstädte ausrichtet und eng mit dem Deutschen Städtetag kooperiert. Besondere Verdienste hat sich das Difu in den 90er-Jahren auch bei der wissenschaftlichen Unterstützung des Aufbaus der kommunalen Selbstverwaltung in den neuen Bundesländern erworben.

Für die Leitung eines Forschungsinstitutes mit einem so breiten Themenspektrum bedarf es eines Wissenschaftlers, der die fachlichen Grenzen seiner „Heimatdisziplin" überschreiten kann und der das Interesse aufbringt, die verschiedenen kommunalrelevanten Disziplinen miteinander zu vernetzen. Heinrich Mäding ist ein solcher Wissenschaftler. Er studierte Wirtschaftswissenschaften und Soziologie in Köln, Kiel und Freiburg im Breisgau. Nach seinem Abschluss als Diplom-Volkswirt begann er eine Tätigkeit am Institut für Entwicklungspolitik und am Lehrstuhl für Wirtschaftspolitik in Freiburg. Bald wandte er sich der Bildungspolitik zu und wurde Mitarbeiter im Bundesministerium für Bildung und Wissenschaft. Nach seiner Habilitation im Fach Volkswirtschaftslehre übernahm er eine Professur für „Kommunale und regionale Entwicklungspolitik und Infrastrukturplanung" in der sozialwissenschaftlichen Fakultät der Universität Konstanz. Sein Wirken in verschiedenen Disziplinen und seine breit aufgestellten Interessen werden auch durch seine wissenschaftlichen Mitgliedschaften dokumentiert. Professor Mäding ist Mitglied der Akademie für Raumforschung und Landesplanung, im Verein für Socialpolitik – Gesellschaft für Wirtschafts- und Sozialwissenschaften, in der Deutschen Vereinigung für Politische Wissenschaft, in der Deutschen Sektion des Internationalen Instituts für Verwaltungswissenschaften, in der Freiherr-vom-Stein-Gesellschaft und im Institutsausschuss des Deutschen Instituts für Urbanistik.

Mit anderen Worten: Professor Mäding hinterlässt seinem „Erben" nicht eben kleine Fußstapfen. Es wird nicht leicht sein, den von ihm in der Institutsleitung aufgestellten Maßstäben zu entsprechen. Diese Festschrift soll an die Vielseitigkeit und das Engagement des Wissenschaftlers Heinrich Mäding erinnern. Mit dieser Erinnerung verbinde ich den Dank für das Geleistete und die besten Wünsche für eine hoffentlich noch lange und produktive Schaffenszeit.

Der Autor

Dr. Stephan Articus,
Hauptgeschäftsführer und Geschäftsführendes Präsidialmitglied des Deutschen Städtetages; Mitglied im Institutsausschuss des Deutschen Instituts für Urbanistik; Vorstandsmitglied des Vereins für Kommunalwissenschaften e.V.

Rolf-Peter Löhr

Geleitwort

I.

Diese Festschrift widmet das Deutsche Institut für Urbanistik (Difu) seinem langjährigen Leiter Heinrich Mäding, der mit Vollendung des 65. Lebensjahres aus seinem Amt als Institutsleiter ausscheidet. In ihr sind Beiträge von Autorinnen und Autoren versammelt, die Heinrich Mäding in vielfältiger Weise verbunden sind: als „Weggefährte" oder „Kollegin", als „Lehrer" oder „Schüler", aus Forschungseinrichtungen und Ministerien, Städten und Ländern, aus Deutschem Städtetag und Difu. Sie sind Ausdruck der Zuneigung und Dankbarkeit, des Respekts und der Anerkennung für eine außergewöhnliche berufliche Lebensleistung. In den sehr unterschiedlichen Themen und Darstellungsweisen spiegelt sich das breite Spektrum der wissenschaftlichen Arbeit von Heinrich Mäding und „seinem" Institut, mit dem alle Autorinnen und Autoren auf die eine oder andere Weise in Berührung gekommen sind.

Das inhaltliche Profil des von Hans-Jochen Vogel 1971 initiierten Instituts wurde von Wolfgang Haus (1973 bis 1978), Erika Spiegel (1978 bis 1981) und Dieter Sauberzweig (1981 bis 1991) nach und nach entwickelt. Darauf konnte Heinrich Mäding aufbauen. Niemand hat dieses Institut so lange geleitet und so tief geprägt wie er, nämlich mehr als 14 Jahre von April 1992 bis September 2006. Das heute von der Wissenschaft wie der kommunalen Praxis, von Bundes- und Landesministerien, im Inland wie im Ausland gleichermaßen geschätzte unverwechselbare wissenschaftliche und thematische Profil des Difu ist wesentlich auf das Wirken von Heinrich Mäding zurückzuführen.

Er verließ, angeregt von Dieter Sauberzweig, der Honorarprofessor in Konstanz war und ihn sehr gut kannte, seine sichere Professur für „Kommunale und regionale Entwicklungspolitik und Infrastrukturplanung" in der Sozialwissenschaftlichen Fakultät der Universität im beschaulichen Konstanz und wechselte auf den in mehrerlei Hinsicht risikoreichen und unruhigen Posten des Leiters des größten deutschsprachigen kommunalen Forschungsinstituts in Berlin. Unter seiner Leitung waren diese 14 Jahre für das Institut eine sehr erfolgreiche und bis zuletzt von relevanten Konflikten freie Zeit, obwohl mit der deutschen „Wiedervereinigung", der Erweiterung und Vertiefung der Europäischen Union sowie der wachsenden kommunalen Finanznot fundamentale Entwicklungen stattfanden, die die deutschen Städte und damit auch deren Forschungsinstitut tiefgreifend berührten. In China, wo er 1988 einmal vier Wochen lang eine Gastprofessur in Shanghai wahrnahm, drückt ein und dasselbe Wort Risiko *und* Chance aus. Heinrich Mäding erkannte das Risiko, das in dem Wechsel nach Berlin für ihn lag, aber er wertete die darin liegende Chance höher und nahm die Herausforderung an. Dafür ist ihm das Deutsche Institut für Urbanistik sehr dankbar.

II.

Wie leitet man erfolgreich ein inhaltlich so vielfältiges, personell so großes, rechtlich so komplexes und finanziell so differenziertes Institut wie das Deutsche Institut für Urbanistik? Thematisch ist es sehr breit aufgestellt mit seinen Arbeitsbereichen Stadtentwicklung und Recht, Wirtschaft und Finanzen, Umwelt und Verkehr, Fortbildung, Information und Dokumentation, Veröffentlichungen und schließlich der Öffentlichkeitsarbeit; personell hat es mit mehr als 90 Mitarbeiterinnen und Mitarbeitern in Berlin und Köln eine stattliche Größe; rechtlich ist es ein unselbständiger Bestandteil des Vereins für Kommunalwissenschaften e.V. mit eigenständigem Namen und Auftreten; finanziert wird es durch Zuwendungen von Bund, Land Berlin, über 100 Städten und Kommunalverbänden sowie dem Verein für Kommunalwissenschaften e.V., aber auch durch Einwerbung von Drittmitteln für Projekte unterschiedlicher Auftraggeber.

Die Institutsleitung muss den vielfältigen von außen an das Institut herangetragenen Erwartungen und den zahlreichen von innen an die Leitung gerichteten Ansprüchen gleichermaßen gerecht werden. Heinrich Mäding war sich von Anfang an bewusst, dass diese Aufgabe der Institutsleiter nicht allein bewältigen kann, sie erfordert vielmehr eine Kooperation mit allen Mitarbeiterinnen und Mitarbeitern des Instituts sowie ein Zusammenwirken mit den Institutsgremien. Dies aber konnte nur gelingen, wenn der Institutsleiter selbst nach außen in die kommunale Praxis hinein und nach innen gegenüber dem Personal wissenschaftlich und politisch Anerkennung und Respekt gewann. Heinrich Mäding stellte sich dieser komplexen Herausforderung mit Kreativität und Ordnungssinn, mit Geduld und Augenmaß, mit hohem Einsatz und großer Tatkraft, mit Mut auch zu unkonventionellen Lösungen.

Darstellung nach außen ist nicht nur eine Frage der Kommunikation und Präsentation, sondern, wenn sie überzeugend sein soll, auch der wissenschaftlichen Kompetenz. So nutzte Heinrich Mäding seine eigene wissenschaftliche Ausbildung und Erfahrung in Volkswirtschaftslehre und Verwaltungswissenschaft, um auf Gebieten wie Kommunalfinanzen, Haushaltskonsolidierung oder Verwaltungsreform, die das Difu zu der Zeit nicht oder nicht hinreichend mit Projekten aufbereiten konnte, durch Vorträge im nationalen und internationalen Rahmen sich und dadurch dem Difu einen Namen zu machen. Dies führte etwa auch zu Kooperationen mit der

KGSt bei Themen wie „Bürger – Politik – Verwaltungsreform", „neues Steuerungs-modell", „Haushaltskonsolidierung" und zur Mitwirkung in einer wissenschaftlichen Projektgruppe des Deutschen Städtetages (DST) zur Verwaltungsmodernisierung. Weitere Themenschwerpunkte waren der Umweltschutz und die Regionalpolitik.

Besonderes Interesse brachte Heinrich Mäding der Zersiedlung und Suburbanisie-rung deutscher Städte entgegen, einem Thema, dessen sich das Ladenburger Kol-leg „Mitten am Rand: Zwischenstadt – Zur Qualifizierung der verstädterten Land-schaft" unter seiner Mitwirkung engagiert annahm. Seine wissenschaftliche Be-schäftigung mit regionalpolitischen Fragen fand ihre Anerkennung unter anderem dadurch, dass er, wie schon 1999/2000, auch 2005/2006 zum Vizepräsidenten der Akademie für Raumforschung und Landesplanung (ARL) gewählt wurde. Auch die neun raumwissenschaftlichen Institute in Deutschland, deren regelmäßige Treffen auf seine Anregung zurückgehen, arbeiten zu aktuellen Themen der Stadt- und Regionalentwicklung. Den Kontakt zur universitären Kommunalwissenschaft erhielt er aufrecht unter anderem durch die Mitgliedschaft im Kuratorium des Kommunalwissenschaftlichen Instituts der Universität Potsdam.

Eine Vielzahl von Veröffentlichungen in Monographien, Sammelbänden, Zeitschrif-ten und Handwörterbüchern runden diese eigenständigen wissenschaftlichen Tätig-keiten ab: Die ORLIS-Literaturdatenbank des Difu verzeichnet weit über 100 Veröf-fentlichungen von Heinrich Mäding im Laufe seiner Zeit am Difu, darunter natürlich auch Darstellungen des Difu und seiner Leistungen durch seinen Leiter. Heinrich Mädings Fähigkeit, komplizierte Sachverhalte strukturiert und didaktisch geschickt aufzubereiten, ließen seine Vorträge und schriftlichen Beiträge stets nachvollziehbar und seine inhaltlichen Positionen überzeugend erscheinen. Der Sache der Städte hat er etwa durch seine zahlreichen Vorträge vor Landes- und Bundesministerien, auf nationalen und internationalen Tagungen, aber auch vor Stadtverwaltungen und kommunalpolitischen Gremien große Dienste geleistet.

Aktueller Schwerpunkt seiner wissenschaftlichen Arbeiten sind der demographische Wandel und dessen Folgen für Stadtplanung, Regionalentwicklung und Kommunal-finanzen, aber auch für die Gleichwertigkeit der Lebensverhältnisse in Deutschland. Dieses Thema griff er bereits vor vielen Jahren auf, als es noch nicht beinahe täglich in den Medien und auf Kongressen behandelt wurde. Die praktische Relevanz sei-ner Forschung auf diesem Gebiet und deren politische Anerkennung zeigten sich etwa darin, dass er in die Sachverständigen-Kommission „Demographischer Wan-del" des Ministerpräsidenten des Landes Sachsen berufen und als Experte zu einer Anhörung der Enquête-Kommission „Demographischer Wandel" des Landtags Ba-den-Württemberg zum Thema „Öffentliche Finanzen" eingeladen wurde.

Heinrich Mäding wusste aber, dass dem Institut nicht allein damit geholfen ist, wenn der Institutsleiter Ruhm und Ehre erringt. Er förderte es daher, dass die Wis-senschaftlerinnen und Wissenschaftler Vorträge zu ihren Forschungsprojekten selbst hielten und Beiträge in Zeitschriften dazu schrieben, und er initiierte eine jeweils im „Wintersemester" stattfindende Veranstaltungsreihe „Difu-Dialoge", in der regelmäßig aktuelle Themen, die das Difu bearbeitete, aufgegriffen wurden. Diese „Dialoge" entwickelten sich zu einem wichtigen Instrument der Kommunikation und des Erfahrungsaustauschs, indem sie Difu-Wissenschaftlerinnen und -Wissenschaftler, Politikerinnen und Politiker sowie Beamte von Bundes-, Landes- und Kommunalbehörden, aber auch externe Wissenschaftlerinnen und Wissenschaftler zusammenführten. Der sich jeweils an die Vorträge und Diskussionen anschließende zwanglose Gedankenaustausch bei Wein und Brezeln förderte und fördert die persönliche Kontaktaufnahme und das gegenseitige Verständnis.

Ferner rief Heinrich Mäding eine Veranstaltungsreihe „Difu-intern" ins Leben, in der Projektleiterinnen und -leiter Zwischenergebnisse aus Projekten oder Vorüberlegungen zu Projekten vor den Kolleginnen und Kollegen vortragen konnten. Unter seiner Leitung entstand eine offene Diskussion, die den Vortragenden Sicherheit und Hilfe brachte, den Zuhörenden Anregungen gab und allen gemeinsam vermehrte Möglichkeiten des Querdenkens über organisatorische und inhaltliche Grenzen hinaus eröffnete. Aber auch Heinrich Mäding selbst stand den Wissenschaftlerinnen und Wissenschaftlern über diese Veranstaltungen hinaus jederzeit solidarisch, kritisch und konstruktiv für weiterführende Gespräche über konzeptionelle oder inhaltliche Probleme bei ihrer Arbeit zur Verfügung.

III.

Eine besondere Form der wissenschaftlichen Kommunikation nach außen und bedeutend für die Reputation eines Forschungsinstituts ist die Herausgabe einer wissenschaftlichen Zeitschrift. Der Verein für Kommunalwissenschaften e.V. gab schon seit 1962, also bereits vor Gründung des Difu, das „Archiv für Kommunalwissenschaften" (AfK) heraus. Ein Anliegen von Heinrich Mäding war es, einerseits dieser Zeitschrift durch eine inhaltliche Profilierung größere Bedeutung im nationalen und internationalen Rahmen zu geben, andererseits die Einnahmen der in keiner Weise kostendeckenden Zeitschrift zu erhöhen. Seine Anstrengungen führten 2001 dazu, dass das jeweilige Einzelheft der neu konzipierten „Deutschen Zeitschrift für Kommunalwissenschaften" (DfK) nun nicht mehr thematisch völlig unterschiedliche Beiträge versammelt; unter der Verantwortung eines Wissenschaftlers oder einer Wissenschaftlerin, häufig aus dem Difu, widmet sich jeder Halbjahresband nun einem Schwerpunktthema. Die Aufmerksamkeit, die die Zeitschrift auf sich zieht, hat mit der Neuausrichtung deutlich zugenommen – belegt etwa durch die Tatsache, dass die Ausgabe zum „Demographischen Wandel in Kommunen" – mit einem Beitrag von Heinrich Mäding – in kürzester Zeit vergriffen war und nachgedruckt werden musste. Neu hinzu kam auf Anregung von Heinrich Mäding eine englischsprachige Fassung der Schwerpunktbeiträge, veröffentlicht auf der Difu-Homepage „www.difu.de".

Schon früh erkannte Heinrich Mäding die Bedeutung internationaler Erfahrungen auch für die Stadtentwicklung in Deutschland; er hatte in Konstanz an universitären Kooperationen mit Japan, den Philippinen, Jordanien und China mitgewirkt.

Nicht alle konnten ihm sofort „folgen", aber die Entwicklung gab ihm Recht. Nicht nur stellten sich die Probleme und Chancen benachteiligter Stadtquartiere europaweit ähnlich dar und riefen sie ein europäisches Förderprogramm auf den Plan, dem ein durch das Difu mitinitiiertes und implementiertes deutsches Programm wie „Stadtteile mit besonderem Entwicklungsbedarf – die soziale Stadt" folgte. Die Metropolregionen wie Berlin oder Hamburg hatten ebenfalls europaweit vergleichbare Herausforderungen zu bewältigen. An dem Arbeitskreis Metropolregionen der ARL, der sich mit diesen Herausforderungen befasste, arbeitete Heinrich Mäding mit. Auch an der vom Difu mitveranstalteten internationalen Konferenz „Stockholm – Berlin –Helsinki: Drei europäische Hauptstädte angesichts der Zukunft" nahm er aktiv teil.

Ein besonderes Anliegen war ihm folgerichtig die Stärkung der europäischen Dimension der Difu-Arbeit mit „Europa" als Forschungsgegenstand, Forschungsraum und Forschungsfinanzier. Er berief früh West- und Osteuropabeauftragte im Institut und ließ später die europäische Forschungslandschaft gezielt beobachten. Daneben unterstützte er die internationalen Projekte und Kontakte des Difu. Er selbst wirkte durch eigene Vorträge auf internationalen Veranstaltungen von Stockholm bis Seoul, von Lyon bis Dublin, von Wien bis Mailand mit. Er arbeitete im Leitungsgremium von internationalen Projekten wie IANUS („Indicator System to Assess New Urban Services") mit und war 2005/2006 Präsident der internationalen Vereinigung URBANDATA, eines Zusammenschlusses von Informationsanbietern zur Stadtplanung in der Europäischen Union, in dem Deutschland durch das Difu unter anderem mit dessen Literaturdatenbank ORLIS beteiligt ist. Er war auch geladen zu dem von der EG-Kommission in zwei Treffen organisierten „Carrefour sur les villes" in Brüssel. Und nicht vergessen werden darf hier seine Mitarbeit im Editorial Board des „European Journal of Spatial Development".

IV.

Die Pflege der Außenkontakte des Instituts zu den Zuwenderstädten, zum Land Berlin und zum Bund ist neben der Herausbildung des wissenschaftlichen Profils des Instituts die wichtigste Aufgabe des Institutsleiters. Heinrich Mäding entwickelte hier viel Engagement, Phantasie und Mut. Das traditionelle Instrument der Kontaktpflege zu den Städten ist das jeweils in einer anderen Stadt anberaumte Zusammenkommen mit den von den Zuwenderstädten benannten Ansprechpartnerinnen und Ansprechpartnern. Heinrich Mäding gab ihm eine feste Struktur aus Difu-Präsentation und Erfahrungsaustausch zu Themenschwerpunkten und festigte damit den Bestand dieser den „Familienverbund" zum Ausdruck bringenden Treffen.

Einer Vertiefung der Bindung der Zuwenderstädte an das Difu dienten die von ihm angeregten Vor-Ort-Seminare, in denen das Difu in Absprache mit einer Stadt ein Thema näher beleuchtet, das für diese aktuell von besonderer Relevanz ist. Besuche vor Ort mit Kurzberatungen oder Vorträgen zu einem von der Stadt ausgesuchten Thema gehörten zu den von ihm ersonnenen Mitteln, um Zuwenderstädte zu gewinnen oder in ihrer Mitgliedschaft zu bestärken. EDV und Internet, welche die Arbeit und Außendarstellung des Difu seit Anfang der 90er-Jahre mehr und mehr prägten, wurden mit seiner Unterstützung besonders für die Zuwenderstädte durch ein eigens für sie eingerichtetes Extranet fruchtbringend eingesetzt. Dass in Zeiten großer finanzieller Engpässe sich über 100 Städte und einige Regionalverbände an der Finanzierung des Instituts beteiligen, zeigt, dass die Wissenschaftlerinnen und Wissenschaftler des Difu eng an den Interessen der Städte orientiert sind; es zeigt aber auch, dass es dem Institutsleiter gelang, diesen Nutzen des Difu für die Städte prägnant zum Ausdruck zu bringen und das städtische Difu-Netzwerk mit Leben zu füllen.

Dazu gehörte ganz traditionell, dass er sehr wirksam Kontakte zu den wichtigen Repräsentanten der deutschen Städte aufbaute. Er nutzte dafür etwa auch die Sitzungen des Hauptausschusses, des Finanz- oder des Umweltausschusses des Deutschen Städtetages. Legendär ist, wie er bei der Fahrt vom Hotel zum Sitzungsort des Hauptausschusses des DST zu dem Oberbürgermeister einer großen Difu-Zuwenderstadt, die sich mit Ausstiegsgedanken trug, in dessen Dienstwagen „sprang". Er überzeugte diesen OB während der Fahrt davon, dass die Zuwendung an das Difu eine wichtige Investition in die Zukunft seiner Stadt und nicht ein ohne Folgen zu streichender Mitgliedsbeitrag sei. Die Stadt ist bis heute Difu-Zuwender.

In besonderer Weise war natürlich Berlin Gegenstand der Aufmerksamkeit des Instituts und seines Leiters. Hervorgehoben werden soll hier nur die Mitgliedschaft von Heinrich Mäding in der Normprüfungskommission des Landes Berlin und das „Privatissimum" (zusammen mit zwei weiteren Wissenschaftlern) beim seinerzeitigen Regierenden Bürgermeister Eberhard Diepgen zu Möglichkeiten und Grenzen der Bezirksreform. Auch Fragen der Region Berlin-Brandenburg standen immer wieder im Mittelpunkt des Wirkens von Heinrich Mäding. So engagiert er sich z.B. sehr für das „Kompetenzzentrum Stadt und Region in Berlin-Brandenburg", dessen Mitglied das Difu ist.

Eine wichtige Aufgabe des Difu ist es, nicht nur über seine Forschung, sondern auch durch sonstiges Zusammenwirken die Interessen und Probleme der Städte unmittelbar an den Bund und hier insbesondere an das Bundesministerium für Verkehr, Bau und Stadtentwicklung heranzutragen. Stadtentwicklung ist ein Schwerpunkt der Difu-Arbeit, wie sie auch ein Schwerpunkt städtischer Aktivitäten ist. Planspiele und Praxistests zu Novellen des Baugesetzbuchs für das Bundesbauministerium, die die absehbaren Erfolge der Novelle, aber auch behebbare Schwierigkeiten ihrer Anwendung durch die Städte zum Gegenstand haben, ferner weitere städtebaurechtsbezogene Vorhaben, die Begleitung des Programms Soziale Stadt seit nunmehr fast zehn Jahren sowie Projekte zur Eindämmung des Flächenverbrauchs, wie es dem Nachhaltigkeitsziel der Bundesregierung entspricht, machen das Difu in seiner unabhängigen Stellung zwischen den Städten und dem Bund für Letzteren als Zuwendungsgeber interessant und wichtig.

Aber selbstverständlich sind daneben insbesondere Bundesforschungs-, Bundes-umwelt-, Bundesgesundheits- und Bundeswirtschaftsministerium sowie das Bundeskanzleramt zu beachten, soweit sie stadtpolitisch relevante Themen aufgreifen. Auch bei Projekten, die von diesen oder anderen Bundesministerien oder Bundesforschungseinrichtungen finanziert wurden, konnte das Difu seine Aufgabe erfolgreich erfüllen, eine Aufgabe, die Hans-Jochen Vogel anlässlich der Feier zum 20-jährigen Bestehen des Difu so umschrieb: den Städten die Lösung ihrer aktuellen Probleme erleichtern und darüber hinaus längerfristige Perspektiven und Handlungsmöglichkeiten für die städtische Entwicklung aufzeigen. Beispielhaft seien hier genannt das größte Stadtforschungsprojekt des Bundesforschungsministeriums „Stadt 2030" sowie das ebenfalls sehr breit angelegte Projekt des Bundeswirtschaftsministeriums „MEDIA@Komm", die das Difu nach gewonnener Ausschreibung durchführte. Aber auch für das Institut eher ungewöhnliche Projekte wie der vom Bundesfamilienministerium ausgelobte Wettbewerb „Kinder- und familienfreundliche Gemeinde", der Wettbewerb TATOrte, den das Difu für die Deutsche Bundesstiftung Umwelt, und die Wettbewerbe zur Suchtprävention, die das Difu für die Bundeszentrale für gesundheitliche Aufklärung durchführte, machen die von Heinrich Mäding stets betonte und auch erfolgreich nach innen und außen durchgesetzte Mittlerrolle des Difu zwischen Städten und Bund im Interesse der Städte sehr deutlich.

Diese Möglichkeit für die Städte – neben der Interessenvertretung durch den Deutschen Städtetag –, mittels des Difu auch durch die Wissenschaft die Stadtpolitik des Bundes im Sinne der Städte zu beeinflussen, hat Heinrich Mäding auch gegenüber kritischen Stimmen immer wieder betont. Seine Berufung zum Vorsitz der Jury im Rahmen des Wettbewerbs „Bürger initiieren Nachhaltigkeit" von Bundeskanzleramt und Bundesforschungsministerium und zum Mitglied der Jury für die Projektfamilie REFINA („Reduzierung der Flächeninanspruchnahme und ein nachhaltiges Flächenmanagement") des Bundesforschungsministeriums zeigen exemplarisch die Bedeutung des Difu-Institutsleiters für die kommunal- und forschungsbezogene Politik des Bundes.

V.

Bei der Akquisition von Projekten musste natürlich stets bedacht werden, dass die Projekteinnahmen in erheblichem Maße zur Finanzierung des Instituts beitragen, den kommunalen Charakter des Instituts aber nicht beeinträchtigen dürfen. Daher maß Heinrich Mäding der Festlegung von Themenfeldern in dem vom Institutsausschuss zu beschließenden früheren mittelfristigen Arbeitsprogramm oder jetzigen Perspektivenpapier große Bedeutung zu; hier wurde der thematische Rahmen gesteckt, innerhalb dessen sich das Difu um durch Drittmittel finanzierte Projekte bewerben wollte. Dies stellt sicher, dass alle Projekte des Difu unabhängig von ihrer Finanzierung im Interesse der Städte liegen.

Auf vielfältige Weise wird die wissenschaftliche Difu-Arbeit an die städtische Praxis rückgekoppelt, die Orientierung des Difu an den Interessen der Städte bei allen seinen Aktivitäten sichergestellt: über Fortbildungsveranstaltungen, Vorträge und Veröffentlichungen zu den vom Difu bearbeiteten Projekten, in jüngster Zeit natürlich auch über den Internetauftritt des Instituts, der immer weiter ausgebaut wurde. Besondere Bedeutung maß Heinrich Mäding den Fortbildungsveranstaltungen bei, vor allem denen, die das Difu mit dem DST, der KGSt, der Bundesakademie für öffentliche Verwaltung oder anderen Einrichtungen in Kooperation durchführte. Er hat immer versucht, sie selbst zu eröffnen oder, wenn möglich, durch einen eigenen Beitrag zu bereichern. Der persönliche Kontakt zu den Praktikerinnen und Praktikern vor Ort war ihm immer sehr hilf- und lehrreich.

Eine zentrale Stellung nahm in diesem Zusammenhang der Institutsausschuss ein. Heinrich Mäding war sehr daran gelegen, dass hier alle für das Difu wesentlichen Fragen ausführlich und repräsentativ zur Sprache kamen. Die Ausschusssitzungen wurden daher stets sehr gut vorbereitet, und er sorgte dafür, dass die Tagesordnung nicht mit Routinevorgängen „verstopft" wurde, sondern Zeit ließ für die strategischen Aspekte der Difu-Leitung. Der ausführliche Bericht des Institutsleiters, die Themenplanung durch das Perspektivenpapier, der jährliche Arbeitsbericht, der Wirtschaftsplan, aber auch andere wichtige Themen wie etwa die Akquisitionspolitik des Difu, die Personal- und Finanzplanung über den Wirtschaftsplan hinaus oder die Behandlung des Themas Europa sorgten dafür, dass die Sitzungen des Institutsausschusses fast immer gut besucht waren. Die vor allem wirtschaftliche Fragen letztlich entscheidende Mitgliederversammlung des Vereins für Kommunalwissenschaften e.V. war so immer gut vorbereitet.

Bis 1999 gab es im Difu neben dem Institutsausschuss noch das Kuratorium, das die mit dem Difu verbundene Wissenschaft repräsentierte. Aber so, wie im Difu Wissenschaft und Praxis eine enge Verbindung eingegangen waren, führte Heinrich Mäding auch Kuratorium und Institutsausschuss in Letzterem zusammen. Die Funktionen beider Gremien, die Informationsfunktionen im Dreieck Difu, Praxis und Wissenschaft, die finanzielle, die personelle und die thematische Steuerung sowie die Sicherung der Difu-Qualität der Projektbearbeitung waren nach seiner Erfahrung besser in einem einzigen Gremium aufgehoben. Nur so konnten Doppelungen vermieden und Zusammenhänge besser verdeutlicht, also Effizienzsteigerungen für die Arbeit in den Gremien wie auch im Difu erzielt werden. Manche befürchteten einen schwindenden Einfluss der Wissenschaft und damit negative Auswirkungen auf den wissenschaftlichen Ruf des Instituts. Doch die wissenschaftliche Reputation des Difu ist gleichwohl gestiegen, sicher auch stark bedingt durch die wissenschaftliche Leitung von Heinrich Mäding.

VI.

Der Unabhängigkeit des Instituts gegenüber äußeren Einflüssen bei gleichzeitiger Offenheit für von außen herangetragene neue Themen und Produktformen sollte auch eine innere Unabhängigkeit der wissenschaftlichen Mitarbeiterinnen und Mitarbeiter entsprechen.

Zwar vertrat Heinrich Mäding die im Institut weitgehend geteilte Auffassung, dass „Weiches" wie Personalführung, Kommunikation und Arbeitszeitregelung schwieriger und wichtiger sei als „Hartes" wie Organisation und Besoldung. Gleichwohl hat er gleich zu Beginn seiner Amtszeit den Arbeitsbereich Umwelt geschaffen und die Namen zweier anderer Arbeitsbereiche geändert, so dass das Difu seit 1993 Arbeitsbereiche mit den Bezeichnungen „Stadtentwicklung und Recht" sowie „Wirtschaft und Finanzen" hat. Dies ergab sich zum einen aus Diskussionen im Rahmen einer kritischen Revision der Difu-Arbeit in einer Klausur in Berlin-Tegel noch vor seinem Amtsantritt, zum anderen diente es der programmatischen Verdeutlichung der Difu-Arbeitsschwerpunkte. 2002 entwickelte Heinrich Mäding die Organisation weiter, indem er die Forschung zum Themenfeld Verkehr in den Arbeitsbereich Umwelt verlagerte und diesen „Umwelt und Verkehr" benannte.

Das Institut ist kaum hierarchisch gegliedert. Dem Institutsleiter sind dienstrechtlich alle anderen Mitarbeiterinnen und Mitarbeiter unmittelbar untergeordnet. Die Leiterinnen und Leiter der Arbeitsbereiche sind daher nicht Abteilungsleiterinnen oder Abteilungsleiter mit Personalverantwortung, sondern Koordinatorinnen und Koordinatoren. Diese Struktur führte dazu, dass das Institut sehr gute und selbständig denkende, zugleich auch für das Difu-Wohl sich verantwortlich fühlende Wissenschaftlerinnen und Wissenschaftler anzog und behielt. Durch sie erbrachte es hervorragende Leistungen. Sehr viele haben ihr gesamtes Berufsleben im Difu verbracht, manche allerdings sind von hier aus in Stadtverwaltungen und Stadtpolitik oder als Professoren an Hochschulen gewechselt, haben von dort aus immer den Kontakt zum Difu durch Kooperationen und Freundschaften gehalten. Diese Personal- und Organisationsstruktur war sicher den Eigenheiten der Difu-Gründungszeit geschuldet, hat sich aber im Laufe der Jahre bewährt und entspricht heute modernen Managementanforderungen, nach denen die Mitarbeiterinnen und Mitarbeiter gewissermaßen als Mit-Unternehmer, nicht als Untergebene der Leitung anzusehen sind.

In dem nach dem Tagungsort des ersten Treffens so genannten Tegel-Prozess, das heißt in Veranstaltungen, die das Difu seit März 1992 in mehrjährigen Abständen durchführte, vergewisserte das Difu sich seines eigenen Profils und seiner eigenen Strategie. Eine von Heinrich Mäding gezogene Schlussfolgerung aus diesem Tegel-Prozess war die Notwendigkeit, die interne Kommunikation im Difu und den Gedanken- und Wissensaustausch zu fördern. So wurde als fester erster Besprechungspunkt jeder Lenkungsrunde der Austausch über neue geplante Projekte bestimmt. Die Interdisziplinarität des Difu sowie die Ausschöpfung interner Kapazitäten und Kompetenzen einerseits, die grundsätzliche Orientierung an dem beschlossenen Themenspektrum und den Interessen der Städte andererseits wurden so gesichert und gefördert.

Heinrich Mäding hat die – durch die weitgehende Selbstbestimmung der Wissenschaftlerinnen und Wissenschaftler im Rahmen der Difu-typischen Entscheidungsprozesse zu Tage getretenen – Stärken des Instituts durch Anerkennung gefördert, die möglichen Schwächen statt durch Anweisungen oder Anordnungen durch eine Steigerung der internen „public awareness", wie Heinrich Mäding sagen würde, begrenzt oder gar beseitigt. Wie er in den 14 Jahren seiner Tätigkeit gezeigt hat, ist dies trotz der manchmal schwierigen und stets wechselnden Umstände ein sehr erfolgreicher Weg. Im Gespräch zwischen Leitung und Mitarbeiterschaft in der Lenkungsrunde und auf Institutskonferenzen sowie im Tegel-Prozess hat sich das Institut selbständig in eine Richtung gewandelt, die den modernen Ansprüchen der deutschen Städte inhaltlicher wie finanzieller Art gerecht geworden ist. Diesen Prozess suchte Heinrich Mäding nicht durch Weisungen oder Vorgaben in eine bestimmte Richtung zu lenken, sondern er unterstützte ihn mit eigenen konstruktiven Anregungen und konnte so durch Argumentation die ihm notwendig erscheinende Bewegung erreichen.

Dem Präsidenten des Deutschen Städtetags und Oberbürgermeister von München, Christian Ude, ist zuzustimmen, wenn er in seinem Grußwort, Heinrich Mädings Worte aufgreifend, das Deutsche Institut für Urbanistik von Kontinuität und Innovation geprägt sieht. Christian Ude urteilt weiter, dass der hervorragende Ruf, den das Difu in der Forschungslandschaft und bei den Zuwenderstädten genießt, auch auf dem innovativen und kooperativen Führungsstil von Heinrich Mäding beruhe. Alle Wissenschaftlerinnen und Wissenschaftler werden ihm dabei vorbehaltlos zustimmen. Auch ich als sein Stellvertreter habe all die Jahre diese Position von Heinrich Mäding für meine Tätigkeit in der Institutsleitung als sehr angenehm und sehr förderlich empfunden. Zwar gilt eine „Doppelspitze" organisationstechnisch als sehr problematisch, doch hat die zwischen uns vereinbarte Arbeitsteilung unter seiner Leitung zu keinen relevanten Problemen geführt. Auch unabgestimmt waren wir, so Heinrich Mäding, in 85 Prozent aller Fälle einer Meinung, der Rest erledigte sich im Gespräch.

Das Deutsche Institut für Urbanistik in einer so turbulenten und gerade für die Kommunen schwierigen Zeit im Dialog und im einvernehmlichen Zusammenwirken mit den Mitarbeiterinnen und Mitarbeitern unangefochten zu dem führenden Stadtforschungsinstitut in Deutschland gemacht zu haben, ist die große Leistung von Heinrich Mäding. Wir wünschen uns, auch künftig mit ihm nicht nur in seiner Rolle als Präsident der Akademie für Raumordnung und Landesplanung zusammenzuarbeiten. Das Difu wird ihm und er sicher dem Difu immer freundschaftlich verbunden sein.

Das Deutsche Institut für Urbanistik dankt allen Autorinnen und Autoren, die Heinrich Mäding durch ihre thematisch sehr breit gefächerten, immer hoch interessanten Beiträge ihre Achtung bezeugen und damit das Zustandekommen dieser

Festschrift ermöglicht haben. Ich danke auch dem Redaktionsteam des Difu für die Konzipierung, Redaktion und Fertigstellung dieser Festschrift.

Wir alle überreichen Heinrich Mäding diese Festschrift mit tiefem Respekt, großem Dank und den besten Wünschen für die Zukunft.

Der Autor

Dr. jur. Rolf-Peter Löhr,
1979–1988 Referent im damaligen Bundesministerium für Raumordnung, Bauwesen und Städtebau mit wechselndem Aufgabenbereich, unter anderem für Städtebaurecht, Forschungsförderung, Grundsatzfragen der Architektur und des Städtebaus. Seit 1988 Mitglied der Leitung und seit 1992 Stellvertretender Leiter des Deutschen Instituts für Urbanistik (Difu), Berlin; seitdem zusammen mit Heinrich Mäding Geschäftsführer des Vereins für Kommunalwissenschaften e.V.

Deutsche Städte und Trends/Megatrends: Herausforderungen im 21. Jahrhundert

Klaus Borchard

Herausforderungen für die Städte in Zeiten des Schrumpfens

Vor dem Hintergrund der aktuellen demographischen und ökonomischen Trends in Deutschland hat das Nachdenken über die Wege unserer Kommunen in eine lebenswerte Zukunft unvermindert Konjunktur. Seitdem sich die Erkenntnis durchgesetzt hat, dass man unsere Städte und Gemeinden mit den sich vielerorts dramatisch zuspitzenden Folgen des demographischen Wandels als der entscheidenden Determinante für Schrumpfung sowie mit den Folgen des wirtschaftlichen Wandels nicht länger allein lassen darf, sucht man – insbesondere über neue Rechtsregelungen und spezifische Bund-Länder-Förderprogramme – nach Strategien, mit denen auf die unübersehbaren städtebaulichen, stadtökonomischen, stadtstrukturellen und stadtsoziologischen Herausforderungen reagiert werden kann.

Relativ spät, nämlich erst 2004, hat die Politik auf diese neuen Herausforderungen auch mit neuen Rechtsregelungen reagiert. Mit der Novelle zum Baugesetzbuch (BauGB) sind in den §§ 171 a bis d sowie in § 173 e den Städten zwei wichtige neue städtebauliche Instrumente bereitgestellt worden, die inzwischen große Bedeutung erlangt haben. Dabei handelt es sich einerseits um die Vorschriften über Stadtumbaumaßnahmen in Stadt- und Ortsteilen („Stadtumbau") und andererseits um die Vorschriften über städtebauliche Maßnahmen der „Sozialen Stadt". Beiden gemeinsam (und in gewolltem Unterschied zu den bereits bestehenden Regelungen über städtebauliche Sanierungs- und Entwicklungsmaßnahmen) ist die bewusste Abkehr vom Einsatz hoheitlicher Instrumente zugunsten stärker konzeptioneller und konsensualer Planungsverfahren. Auf diesen Paradigmenwechsel wird noch einzugehen sein.

Das Programm „Soziale Stadt" (genau: „Stadtteile mit besonderem Entwicklungsbedarf – die soziale Stadt") ist bundesweit schon 1999 eingeführt worden. Im Jahre 2001 kamen dann zunächst das Programm „Stadtumbau Ost" und im Jahr 2005 auch das Programm „Stadtumbau West" als städtebauliche Förderprogramme des Bundes und der Länder hinzu.

Es ist unstrittig, dass die bisher vom Bund und den Ländern für diese Programme bereitgestellten Finanzhilfen nicht gerade üppig ausgelegt worden sind, zumal sie in allen Bundesländern längst stark überzeichnet sind (von 2002 bis 2007 sind für den Stadtumbau insgesamt 2,7 Milliarden Euro vorgesehen). Dennoch konnten mit diesen Mitteln, wie die bisherigen Ergebnisse insbesondere zum „Stadtumbau Ost" zeigen, viele wertvolle Impulse für die notwendige Umorientierung der Stadtentwicklungspolitik gesetzt werden. Sie lassen sich zusammenfassen unter folgenden Slogans:

■ „Weg von der Wachstumssteuerung – Hin zum geordneten Rückzug nach Plan!"

■ „Weniger Suburbanisierung – Mehr Innenentwicklung!"

Bei dieser Aufgabe sind die Kommunen übrigens keineswegs so handlungsunfähig, wie nimmermüde Kassandras der aufgeschreckten Öffentlichkeit immer aufs Neue einzureden versuchen, auch wenn natürlich unübersehbar ist, dass vielen Kommunen gerade ihre leistungsstarken Einwohner abhanden kommen und damit wichtige Einnahmen wegbrechen und dass sich in manchen verwahrlosten Stadtteilen die sozialen Probleme dramatisch zuspitzen. Wer kennt nicht die düsteren Szenarios von menschenleeren Innenstädten, heruntergekommenen und entvölkerten, ethnisch überlasteten und kriminalitätsbehafteten Wohngebieten, von vernachlässigten Parks und Freiflächen, von zusammenbrechender Infrastruktur oder von nicht mehr tragfähigen, nicht länger finanzierbaren und deshalb zurückgenommenen Nahverkehrsangeboten. Zum Glück sind den deutschen Städten die französischen Auswüchse vom Jahresende 2005 bislang erspart geblieben, aber dort lagen die Gründe auch anders.

1.   Der Faktor „Demographischer Wandel"

Tatsächlich ist für diesen Teufelskreis der demographische Wandel die entscheidende, wenngleich nicht alleinige Determinante, der angesichts der hierzu inzwischen reichlich vorliegenden Literatur einleitend nur wenige Bemerkungen gewidmet seien.

Die Grunderkenntnis lautet: „Wir werden weniger, älter und bunter!" Der langfristige Bevölkerungsrückgang, verbunden mit kontinuierlicher Alterung und fortschreitender Internationalisierung – zunächst noch stärker in Ostdeutschland, bald aber auch in den westdeutschen Ländern (hier bereits deutlich sichtbar im Saarland und in Teilen des Ruhrgebiets) –, verläuft in und zwischen den Regionen keineswegs gleich. Vielmehr können Schrumpfung und Wachstum – sogar in den Entleerungsgebieten – mitunter eng nebeneinander liegen. Dadurch verschärfen sich nicht nur die regionalen Disparitäten. Auch die regionalen Verteilungskämpfe um demographische und ökonomische Potenziale nehmen deutlich zu, bekannt auch unter der Bezeichnung „Bürgermeisterkonkurrenzen", worauf später noch zurückzukommen ist.

Mit den Problemen des Bevölkerungsrückgangs hatten sich, soweit er die westdeutschen Großstädte betraf, die Fachleute schon vor drei Jahrzehnten auseinander zu setzen, damals übrigens trotz eines noch relativ starken Wirtschaftswachstums: 1977 hatte bereits Rüdiger Göb einen Artikel im Archiv für Kommunalwissenschaften mit „Die schrumpfende Stadt" überschrieben (Göb 1977, S. 149 ff.), und 1985 gaben Hartmut Häußermann und Walter Siebel einem noch heute aktuellen Artikel in der ZEIT den Titel „Die Chancen des Schrumpfens: Plädoyer für eine andere Großstadtpolitik" (Häußermann/Siebel 1985, S. 33 ff.). Das Nachdenken über den durch den demographischen Wandel ausgelösten Stadtumbau beginnt also – das sei mit diesen Beispielen nur belegt – nicht erst heute und auch nicht bei Null. Und unbestreitbar kann der Stadtumbau auch Chancen enthalten. Es gilt also, einen Erfahrungsschatz zu heben und zu reaktivieren. Er könnte vielerorts dazu verhelfen, aus Verzweiflung und dumpfer Lethargie herauszukommen und neuen Mut zu machen.

Schon in den Siebzigerjahren waren als Folge der sich verstärkenden Suburbanisierungstendenzen in vielen westdeutschen Großstädten die Einwohnerzahlen deutlich zurückgegangen. Damals debattierten Kommunalpolitiker und Stadtplaner über die negativen Folgen dieser so genannten Stadtflucht und über Gegenstrategien (wie z.B. über Verbesserungen der Stadtgestalt und des Wohnumfelds), auch wenn diese in den meisten Städten nicht von Dauer waren. Rund zehn Jahre später zeigten sich dann allerdings auch die ersten Auswirkungen des ökonomischen Strukturwandels, der – insbesondere in den altindustrialisierten Regionen des Saarlandes und des Ruhrgebiets – bis heute zu erheblichen Verlusten an Einwohnern und Arbeitsplätzen geführt hat.

Schrumpfung ist heute in vielen deutschen Regionen ein Dauerzustand. Und dieser Zustand wird die Städte noch länger beschäftigen. Zwar ist, um aus der großen Fülle nur dieses eine Beispiel herauszugreifen, in Nordrhein-Westfalen die Einwohnerzahl von 1980 bis 2003 noch von etwa 17 auf über 18 Millionen gestiegen, doch handelte es sich hierbei ausschließlich um Wanderungsgewinne (314 000 Sterbefällen standen 1,3 Millionen Zuwanderer gegenüber). Klare Gewinner dieser Zuwanderung waren, wie dies auch in den anderen deutschen Ländern zu beobachten ist, die kreisangehörigen Gemeinden (mit einem Zuwachs von etwa 1,3 Millionen Einwohnern), Verlierer waren dagegen die kreisfreien Städte (mit einem Verlust von 260 000 Einwohnern). Im Jahr 2020 werden in Nordhein-Westfalen 100 000 Einwohner weniger leben, und dieser Rückgang wird weiter zu Lasten der kreisfreien Städte gehen (minus 480 000), während die kreisfreien Gemeinden in ihrer Gesamtheit noch weiter wachsen werden (plus 380 000). Offensichtlich drückt sich in solchen Zahlen eine weiterhin anhaltende Suburbanisierung aus, auch wenn es gelegentlich interessante Gegenbewegungen „zurück in die Stadt" zu beobachten gibt, die insbesondere von jungen Singles oder von „Jungen Alten" getragen werden, die nach der im Stadtumland verbrachten Phase des Familienlebens und der Berufstätigkeit wieder die Attraktivität der Innenstadt als Wohnstandort suchen. Bei differenzierter Betrachtung zeigen sich weitere regionale Unterschiede: So werden beispielsweise für die in den altindust-rialisierten Regionen gelegenen Städte samt ihrer Umlandgemeinden gravierende Einwohnerrückgänge erwartet (z.B. für Gelsenkirchen oder Hagen bis zum Jahre 2030 um über 20 Prozent), während andererseits der Raum Bonn – Rhein-Sieg – Ahrweiler, der schon in den letzten zehn Jahren einen ganz untypischen Einwoh-nerzuwachs von 10 Prozent hatte, in den nächsten 20 Jahren nochmals um weite-re 90 000 Einwohner wachsen wird.

Wenn in Deutschland von Schrumpfung die Rede ist, wird heute meistens unter-stellt, dass davon im Wesentlichen die ostdeutschen Bundesländer und dort alle Städte ohne Ausnahme betroffen seien. Tatsächlich begünstigen die vorliegenden, notwendigerweise eher grobkörnigen Beobachtungen und Prognosen (insbeson-dere des Bundesamtes für Bauwesen und Raumordnung zum Raumordnungsbe-richt 2005) eine solche Sicht. In der Realität aber liegen, wie bereits erwähnt, Schrumpfung und Wachstum oft sehr eng beieinander. Während vor allem Städte in den altindustrialisierten und ebenso in den peripheren Regionen weiterhin un-ter zum Teil gravierenden Bevölkerungsverlusten zu leiden haben, gibt es ande-rerseits – wenigstens zurzeit noch – auch „Stabilitätsinseln". Zu ihnen gehören in Ostdeutschland die Großstadtregionen Berlin, Dresden, Leipzig, Halle, Jena, Erfurt und Weimar, aber auch einige Klein- und Mittelstädte in den Tourismusregionen am Harz und an der Ostsee. Hier gibt es vorerst noch stabile, mitunter sogar leicht wachsende Bevölkerungszahlen. Von der unmittelbar nach 1990 noch vorherr-schenden Einheitlichkeit der ostdeutschen Städte kann also bei kleinräumiger Be-trachtung keine Rede mehr sein.

Dennoch müssen die Prognosen beunruhigen. Kommunalpolitiker, Regional- und Stadtplaner sowie Investoren schätzen zwar die Informationen aus Trendextrapo-lationen und Prognosen, die ihnen die Bevölkerungsprognostiker für ihre Pla-nungskonzepte und Investitionsentscheidungen zur Verfügung stellen. Sie brau-chen sie. Aber sie sollten sich doch dagegen wehren, solche Prognosen als un-ausweichliches Schicksal hinzunehmen. Vielmehr bieten diese immer wieder An-lass, alles Denkbare zu unternehmen, dass sie ihre normative Kraft gerade nicht entfalten können, dass sie nicht zu *self-fullfilling-prophecies* werden. Natürlich gibt es keinen Grund, die allgemeinen Prognosezahlen für die demographische Entwicklung anzuzweifeln, aber bei kleinräumiger Betrachtung können die soli-desten Bevölkerungsprognostiker – wie die Erfahrung lehrt – doch von unvorher-gesehenen Entwicklungen und mitunter kurzfristigen Veränderungen der Wir-kungsfaktoren überrascht werden. Dazu zählen ganz besonders die kleinräumigen Wanderungsbewegungen. Unsere Großstädte hatten immer Geburtendefizite und waren immer auf Wanderungsgewinne angewiesen. Daran erinnern sich heute wieder Kommunalpolitiker, wenn sie versuchen, die Menschen bei ihrer „Ab-stimmung mit den Füßen" für ihre Stadt zu beeinflussen. Wieder scheint hier das Phänomen der „Bürgermeisterkonkurrenzen" auf.

Zuvor aber sei ein weiterer kurzer Blick auf den zweiten Faktor für die Schrump-fung, den ökonomischen Wandel, gerichtet.

2.   Der Faktor „Ökonomischer Wandel"

In der aktuellen politischen wie fachwissenschaftlichen Diskussion wird das demographische Schrumpfen – insbesondere in den ostdeutschen Städten – in aller Regel gleichgesetzt mit der ökonomischen Schrumpfung. Tatsächlich ist das alte Wechselverhältnis zwischen Industrialisierung und Bevölkerungswachstum ein Wesensbestandteil der Urbanisierung. Was fachkundige Beobachter allerdings seit geraumer Zeit irritiert, ist die vorschnelle gedankliche Verknüpfung von demographischem und ökonomischem Rückgang im Sinne einer sich selbst speisenden „Abwärtsspirale", wie sie etwa Hans-Peter Gatzweiler und andere in den Informationen zur Raumentwicklung so beschrieben haben:

„Bevölkerungsabnahme ist auf Wanderungsverluste zurückzuführen, hohe Arbeitslosigkeit auf starke Arbeitsplatzverluste, der Rückgang von Bevölkerung und Arbeitsplätzen führt zu Kaufkraft- und Realsteuerverlusten. Abnehmende private und öffentliche Mittel bewirken sinkende Investitionen in private Betriebe und öffentliche Infrastruktur, was sich wiederum verstärkend auf Schrumpfungsprozesse von Bevölkerung und Arbeitsplätzen auswirkt." (Gatzweiler und andere 2003, S. 564).

Diese Beschreibung der „Abwärtsspirale" scheint zwar auf den ersten Blick einleuchtend zu sein, doch ist sich die Fachwelt keineswegs einig darin, dass sich eine solche „negative Zirkularität" von Wertschöpfungs-, Arbeitsplatz- und Einwohnerverlusten tatsächlich immer so einstellt. Hier handelt es sich vielmehr noch um „eine offene empirische Frage". So kommt zum Beispiel eine Studie über Einwohner- und Beschäftigtenentwicklung und ökonomische Wachstumsindikatoren in den 26 kreisfreien ostdeutschen Städten zu dem Ergebnis, dass kein systematischer Zusammenhang erkennbar ist. Es gibt vielfältige Kombinationen von Wachstum und Schrumpfung, aber keinen einheitlichen Entwicklungstrend, auch keine einheitliche „Abwärtsspirale". Die vorherrschende Konstellation ist: wirtschaftliches Wachstum trotz zurück gehender Einwohner- und Beschäftigtenzahlen.

Ein recht bissiges Szenario dazu zitiert Peter Franz (2005, S. 13): „Die bisherigen Ergebnisse (unterstützen) keineswegs die Annahme, dass die Städte mit sinkenden Einwohnerzahlen zwangsläufig in den Strudel einer Abwärtsspirale ... gezogen würden und mittelfristig zwangsläufig das Stadium erreichen, in dem eine schrumpfende Zahl westtransferabhängiger Rentner durch die Abrisslücken eines perforierten Stadtgebiets streicht und sich lokale Subsistenzwirtschaft und Naturalientausch breit machen."

In seinem Beitrag mit dem Titel „Regionalpolitische Optionen für schrumpfende Städte" formuliert Franz weiter:

„Zudem lassen sich auch Argumente anführen, wonach in neuerer Zeit der Kausalzusammenhang zwischen demographischen und ökonomischen Faktoren – insbesondere im Fall der neuen Länder – abgeschwächt oder sogar außer Kraft gesetzt sein könnte: Zum einen ist damit zu rechnen, dass die mit dem Einwohnerrückgang verbundene Verringerung des Arbeitskräfteangebots zunächst kaum einen wachstumsbegrenzenden Effekt hat, da auf Grund der nach wie vor hohen Arbeitslosenzahlen der Faktor Arbeit auch bei anhaltendem Rückgang der Einwohnerzahl noch nicht knapp geworden sein dürfte. Zum andern mehren sich in letzter Zeit die Hinweise darauf, dass es eine Tendenz zu Wachstum ohne Beschäftigungszuwachs (jobless growth) gibt. Unternehmer nehmen kapitalintensive Investitionen in hochmoderne Maschinen und Anlagen vor, mit deren Hilfe sie ihre Produktion steigern, ohne nennenswert mehr Arbeitskräfte einzustellen. Produktionszuwächse dieser Art könnten gerade für die neuen Länder von Bedeutung sein, da die staatliche Investitionsförderung so ausgestaltet ist, dass Investitionen eher in den Faktor Kapital als in den Faktor Arbeit gelenkt werden. Hinzu kommt, dass in verschiedenen Studien zu Veränderungen der Produktivität in den alten und den neuen Ländern eine erhebliche und anhaltende Produktivitätslücke für die Unternehmungen in den neuen Ländern festgestellt wurde. Somit dürften vielen ostdeutschen Unternehmen, die sachkapitalinvestive Investitionen vornehmen, auch in den nächsten Jahren noch deutliche Produktivitätsfortschritte gelingen. Diese könnten wiederum zu Wachstumsgewinnen führen, ohne dass damit gleichzeitig notwendigerweise ein Beschäftigungszuwachs verbunden sein müsste." (Ebenda, S. 12)

Derselbe Autor ergänzt sodann (unter Bezugnahme auf Lang/Tenz 2003, S. 48 und 73 ff.): „Insbesondere in der zweiten Hälfte der neunziger Jahre war ein Großteil der Einwohnerverluste der größeren ostdeutschen Städte auf eine hohe Suburbanisierungsdynamik zurückzuführen. Wandern Einwohner in das Umland einer Stadt ab, behalten sie im Normalfall Arbeitsplatz und Konsumgewohnheiten bei, so dass dieser Typ der Abwanderung im Vergleich zur überregionalen Migration unter Einschluss der Übernahme eines neuen Arbeitsplatzes für die Wirtschaft einer Stadt – im Unterschied zum Kommunalhaushalt – relativ folgenlos bleibt." (Ebenda)

3. Handlungsoptionen der Stadtplanung und der Stadtentwicklungspolitik

Die Stadtplanung kann die beschriebenen demographischen und ökonomischen Zusammenhänge und Entwicklungen zwar nur sehr begrenzt beeinflussen, aber es gehört nach ihrem Selbstverständnis doch zu ihren Aufgaben, die damit ausgelösten Anpassungs- und Umgestaltungsprozesse sowohl mit integrierten Konzepten aktiv zu gestalten als auch im Rahmen der Stadtentwicklungspolitik zu steuern und kooperativ mit anderen Akteuren zu begleiten. Dabei kommt zugleich ein neues Staats- und Gesellschaftsverständnis zum Tragen, das heute mit den Begriffen „Bürgergesellschaft" und „aktivierender Staat" umschrieben wird.

Als zweifellos wichtigste städtebauliche Handlungsoption dürfte die Bestandspflege im Vordergrund stehen, also die Priorisierung der Innen- vor der Außenentwicklung, der Rück- oder Umbau von bedrohten Stadtquartieren hin zu mehr Lebensqualität, die Reduzierung des Ressourcenverbrauchs und die Sicherung der Nachhaltigkeit. Dies dürfte freilich vor dem Hintergrund der akuten Finanzprobleme der öffentlichen Haushalte ohne langfristige finanzielle Unterstützung durch Bund und Länder kaum zu erreichen sein. Es ist aber gerade die dramatische Unterfinanzierung unserer Kommunen, die deren Handlungsspielraum in nicht mehr zu akzeptierender Weise einschränkt. Wenn sich erfahrene Bürgermeister zu Recht darüber beklagen, dass heute 98 Prozent ihres Verwaltungshaushalts für Sozialaufwendungen verbraucht werden, zeigt dies, wie dringend das gesamte kommunale Finanzsystem auf den Prüfstand gehört.

Es geht also einerseits um eine weitere verlässliche finanzielle Hilfe zum Stadtumbau, andererseits um neue, leistungsfähige Formen der Kooperation zwischen öffentlicher Hand, Bürgerschaft und Investoren im Prozess der Konzeptionierung und Realisierung. Beiden Aspekten ist nun nachzugehen.

3.1   Von der städtebaulichen Sanierung und Entwicklung zum Stadtumbau

Mit den neuen Rechtsgrundlagen, die – wie einleitend erwähnt – einen deutlich sichtbaren Paradigmenwechsel darstellen, tritt nun nach § 171 a Abs.1 BauGB an die Stelle von städtebaulichen Sanierungs- und Entwicklungsmaßnahmen oder ergänzend zu ihnen der Stadtumbau. Die neuen Rechtsinstrumente beziehen sich auf Gebiete, die von erheblichen städtebaulichen Funktionsverlusten betroffen sind und in denen es um die (Wieder)Herstellung nachhaltiger städtebaulicher Strukturen geht. Solche erheblichen städtebaulichen Funktionsverluste liegen nach § 171 a Abs. 2 BauGB insbesondere dann vor, wenn ein dauerhaftes Überangebot an baulichen Anlagen für bestimmte Nutzungen, namentlich für Wohnzwecke, besteht oder zu erwarten ist. Im Unterschied zur städtebaulichen Sanierung, die auf die Behebung städtebaulicher Missstände im baulichen Bereich und auf die Wiederherstellung der Funktionsfähigkeit eines Gebiets gerichtet ist, geht es bei Stadtumbaumaßnahmen um erhebliche städtebauliche Funktionsverluste in Gebieten, die in der Regel einer ganz anderen neuen Nutzung zugeführt werden sollen.

Dabei ist offenkundig, dass bei solchen grundlegenden Umstrukturierungen, die in der Regel weit über eine bloße Anpassung der Stadt- oder Ortsteile hinausgehen, auch neue Wege bei der städtebaulichen Planung und Realisierung beschritten werden müssen. Nicht mehr um zusätzliche hoheitliche Instrumente geht es also, sondern um die Einbeziehung und aktive Mitwirkung der privaten Eigentümer, Nutzer und Investoren, insbesondere um die gemeinsam mit den privaten Akteuren aufgestellten und von ihnen mitgetragenen Planungs- und Realisierungskonzepte. Aus diesem Grund fordert § 171 b BauGB von den Gemeinden ausdrücklich die Erarbeitung eines städtebaulichen Entwicklungskonzepts und eine schriftliche Darstellung der Ziele und Realisierungsmaßnahmen im Stadtumbaugebiet.

Die zur Umsetzung des städtebaulichen Entwicklungskonzepts vorgesehenen Stadtumbaumaßnahmen sollen die Gemeinden, soweit dies erforderlich ist, auf der Grundlage eines Stadtumbauvertrags (in Anlehnung an den städtebaulichen Vertrag) gemeinsam mit den Eigentümern durchführen. Dem liegt die wohl zutreffende Erkenntnis zu Grunde, dass es bei solchen rechtlich außerordentlich komplexen und fachlich vielgestaltigen Sachverhalten und bei solchen bewusst konsensualen Planungs- und Realisierungsprozessen keiner zusätzlichen bau- und vor allem auch bodenrechtlichen Instrumente bedarf. Gleichwohl bleibt den Gemeinden der Einsatz des herkömmlichen Instrumentenarsenals des BauGB nicht verwehrt, namentlich die Aufstellung von Bebauungsplänen und nach § 171 d BauGB auch ein Satzungsrecht zur Sicherung und sozialverträglichen Durchführung von Stadtumbaumaßnahmen sowie eines Genehmigungsvorbehalts für bestimmte Vorhaben und Maßnahmen.

Nach dem Bund-Länder-Programm zum Stadtumbau können die Fördermittel bekanntlich eingesetzt werden

- für die Aufstellung von integrierten Stadtentwicklungskonzepten oder deren Fortschreibung (in der Regel sind diese allerdings erst die Voraussetzung für eine Beteiligung an Wettbewerben um Fördermittel),

- für den Umbau und die Aufwertung des vorhandenen Gebäudebestands,

- für die städtebauliche Neuordnung sowie

- ' die Wieder- und Zwischennutzung von Industrie-, Verkehrs- oder Militärbrachen,

- für den Rückbau (Abriss) leer stehender, dauerhaft nicht mehr benötigter Wohngebäude oder

- für den Rückbau der näheren Infrastruktur.

Schon diese keineswegs vollständige Aufzählung ist geeignet, die Phantasie von Kommunalpolitikern und Stadtplanern, Eigentümern, Nutzern und Investoren in Schwung zu bringen. Tatsächlich belegen viele gute Beispiele die Einschätzung, dass der Prozess der Stadtschrumpfung nicht nur trauriges Schicksal bleiben muss, sondern – planvoll gestaltet und aktiv begleitet – durchaus wertvolle Chancen bergen kann. Nicht zu Unrecht sehen viele Akteure deshalb im Stadtumbau heute einen wichtigen Impuls für Innovation und Kreativität und zur Wiedergewinnung verloren gegangener oder zur Sicherung von neuer Stadt- und Lebensqualität.

Allerdings darf nicht übersehen werden, dass die relativ schnelle Bereitschaft des Bundes und der Länder zum finanziellen Engagement für den Stadtumbau auch einem wirkungsvollen Lobby-Einsatz der Wohnungswirtschaft zu verdanken war. Das schlägt sich bis heute in der Dominanz der wohnungspolitischen Ziele deutlich nieder: Wohnungsleerstände sind ja nicht nur ein Problem für die Attraktivität und Lebensqualität der Städte, sondern im Vordergrund stehen vor allem die Belastungen der wirtschaftlichen Situation der großen, insbesondere der kommunalen Wohnungsunternehmen, vor allem solcher mit umfangreichem Eigentum an Plattenbauwohnungen. Es ist immerhin auffallend, dass nahezu alle ostdeutschen Städte, die am Programm zum Stadtumbau-Ost teilnehmen, deutlich mehr Mittel für Abrissmaßnahmen als für städtebauliche Aufwertungen abgerufen haben, was übrigens auch zeigt, dass die kommunalen Wohnungsunternehmen die Verringerung der ihre wirtschaftliche Existenz bedrohenden Angebotsüberhänge durch Abriss regelmäßig mit bereitwilliger Unterstützung durch die Stadtverwaltungen verwirklichen konnten.

Freilich ist die Größenordnung von rund einer Million leer stehender Wohnungen (von denen allerdings nur die Hälfte wirklich noch bewohnbar ist), denen in Ostdeutschland keine Nachfrage gegenüber steht, in der Tat bedrückend. Prognosen sagen bis 2030 sogar einen Leerstand von 1,9 Millionen Wohnungen voraus (vgl. Deutsche Kreditbank AG 2000). Totalabrisse haben indes nichts Kreatives an sich, anders als etwa Teilabrisse, Übergangsnutzungen, Umnutzungen, Zusammenlegungen oder Wohnungs- und Wohnumfeldverbesserungen. Totalabrisse führen für die Städte nur zu weiteren, oft sogar höheren Fixkosten für die Unterhaltung oder den Rückbau ihrer Infrastruktur- und insbesondere der leitungsgebundenen Ver- und Entsorgungseinrichtungen. Wie viele Abwasserkanäle müssen heute regelmäßig mit teurem Frischwasser durchspült werden, nur um sie vor Verschlammung zu bewahren! Solche Folgekosten können durchaus die Entlastungen der (kommunalen) Wohnungsunternehmen schnell kompensieren oder sogar übersteigen.

Die bisherigen Erfahrungen zeigen zudem, dass vielerorts die Priorisierung von Wohnungsabrissen – besonders in den ungeliebten und am stärksten von Entleerung bedrohten Plattenbausiedlungen – mit einer geradezu unverantwortlichen Vernachlässigung der gerade für die Attraktivität und das Image der Städte wichtigeren Stadtquartiere erkauft worden ist. Das gilt besonders für die ostdeutschen Innenstädte. Hier schädigen leer stehende Gebäude das Image stärker als Leerstände am Stadtrand. Und hier wird der nötige Stadtumbau durch die komplizierteren Eigentumsverhältnisse oft genug zusätzlich erschwert. Dabei könnten durch die Erneuerung gerade dieses Wohnungsbestands unter Einfügung neuer zeitgemäßer Wohnangebote hier viel nachhaltigere Wirkungen für die Wiedergewinnung der Attraktivität der Innenstadt als Wohn- und Arbeitsplatzstandort und als Einkaufs- und Freizeitziel erreicht werden als durch einen Totalabriss von Plattenbauwohnungen und eine Umwandlung in Grünflächen in einer zudem stadtstrukturell falschen Lage.

Indes erscheint es kurzsichtig, die Betrachtung nur auf die Innenstadt oder nur auf die ungeliebten Plattenbausiedlungen zu reduzieren. Mit jeder sanierten Altbauwohnung im Innenstadtbereich fällt ja eine andere, meist eine Plattenbauwohnung leer, wobei die Sanierung der industriell gefertigten Plattenbauwohnung in der Regel auch noch billiger ist als die Renovierung einer Altbauwohnung. Gerade diese wurden aber bevorzugt von privaten Eigentümern (von denen manche auch aus dem Westen gekommen sind) mit staatlicher finanzieller Förderung saniert, obwohl (vor allem die Gründerzeithäuser) in einem häufig besonders schlechten Zustand waren. Entgegen herrschender Meinung stehen immer noch mehr Altbauwohnungen leer als Plattenbauwohnungen. Es findet derzeit also allenfalls eine Umverteilung der Leerstände statt.

An dieser Stelle sei an fünf Thesen der gegenwärtige Stand der fachwissenschaftlichen Diskussion über die Schrumpfung rekapituliert (vgl. Stöhr 2005, S. 56):

1. „Schrumpfung kann nicht monokausal erklärt werden. Es gibt vielmehr unterschiedlich wirkende lokale Strukturzusammenhänge.

2. Schrumpfung ist ein Prozess der sozialräumlichen Strukturveränderung, das heißt: Das Verhältnis von sozialen Strukturen und physischen beziehungsweise räumlichen Strukturen verändert sich.

3. Schrumpfung ist ein Ergebnis gesellschaftlicher Modernisierungsprozesse, das heißt eine Folge der Ausdifferenzierung von Lebensstilen, der wachsenden sozialen Disparitäten und der neuen Formen sozialer Mobilität.

4. Schrumpfung geht auf demografische, in hohem Maß auch auf ökonomische, soziale und kulturelle Entwicklungen zurück, die weit in die Lebensverhältnisse der Bevölkerung hineinreichen.

5. Leerstände sind weniger als unvermeidliche Folge der Schrumpfung zu begreifen, als vielmehr als Indikator sozialer, ökonomischer und soziokultureller Veränderungen."

3.2   Zur Sozialen Stadt

Neben den Regelungen im novellierten Baugesetzbuch zum „Stadtumbau" stehen die Vorschriften über die städtebaulichen Maßnahmen der „Sozialen Stadt" nach § 171 e BauGB. Hierbei geht es um Maßnahmen zur Stabilisierung und Aufwertung von Ortsteilen, die durch soziale Missstände benachteiligt sind und die einen besonderen Entwicklungsbedarf haben. Solche Missstände liegen insbesondere vor, wenn ein Gebiet auf Grund der Zusammensetzung und wirtschaftlichen Situation der darin lebenden Menschen erheblich benachteiligt ist. Wie beim Stadtumbau ist auch hier wieder ein städtebauliches Entwicklungskonzept zu erarbeiten. Das Programm „Soziale Stadt" kombiniert investive und nicht investive Maßnahmen und soll hier nicht näher dargestellt werden.

Allerdings erscheint der Hinweis angebracht, dass zwar die „Soziale Stadt" in erster Linie vom Engagement ihrer Bürgerinnen und Bürger und von der Kooperationsbereitschaft der verschiedenen lokalen Akteure aus Politik, Wirtschaft und Verwaltung lebt, dass aber andererseits die Gemeinden doch für lange Zeiträume auch auf entsprechend zuverlässige Programm-Fördermittel angewiesen bleiben. Wohnungen müssen saniert, das Wohnumfeld verbessert, Freiflächen und Grünanlagen angelegt oder erneuert, Begegnungsstätten eingerichtet oder umgebaut werden, insbesondere aber müssen die so genannten zentralen „Anker-Projekte" umgesetzt werden, was allein mit ehrenamtlichem Engagement nicht zu bewältigen ist.

3.3 Stadtumbau als ein Aufgabenfeld der Bürgergesellschaft im aktivierenden Staat

Die Programme zum „Stadtumbau" und zur „Sozialen Stadt" gehen ganz bewusst von einer stärkeren Mitwirkung, Kooperation, Bürgerorientierung und Partizipation aus. Diese Erweiterung des Kreises der Beteiligten weit über die unmittelbar politisch, ökonomisch und fachlich zuständigen Akteure hinaus entspricht einer neuen Verantwortungsteilung zwischen der „Bürger- oder Zivilgesellschaft" auf der einen Seite und einem „aktivierenden und ermöglichenden Staat" auf der anderen, der sich weniger in der Pflicht zur Bereitstellung des Gemeinwohls als vielmehr in der Verantwortung sieht, durch die Schaffung entsprechender Handlungs-, Organisations- und Verfahrensformen die spezifischen Gemeinwohlkompetenzen der verschiedenen Akteure zusammenzuführen und so mit- und füreinander fruchtbar zu machen.

In diesem Sinne hat beispielsweise der vhw-Bundesverband für Wohneigentum und Stadtentwicklung, dem 1 400 korporative Mitglieder aus Städten und Gemeinden sowie aus der Kredit- und Immobilienwirtschaft angehören, in bewusster Abkehr von der soeben beklagten, noch weithin vorherrschenden angebots- und betriebszentrierten Sichtweise der Wohnungsunternehmen im Prozess des Stadtumbaus einen deutlich anderen, eher nachfrageorientierten Ansatz verfolgt. In einem Positionspapier des Verbands mit dem Titel „Wohnungspolitik im Umbruch – Regionalisierung der Wohnungspolitik im aktivierenden Staat" (Aring und andere 2005, S. 182 ff.) wird für eine neue Verantwortungsgemeinschaft der Akteure am Wohnungsmarkt und der Stadtentwicklung plädiert, die unter dem Leitmotiv der „Bürgergesellschaft" steht. Auf der einen Seite wird dabei von einem neuen Verständnis des weniger regulierenden als vielmehr ermöglichenden und aktivierenden Staates, auf der anderen von mehr Eigenverantwortlichkeit und mehr Befähigung zu größerer Eigenständigkeit des (mündigen) Bürgers und Konsumenten ausgegangen. Das ist ein ambitioniertes Unterfangen!

Unter dem Leitmotiv der „Bürgergesellschaft" ist, wie es auch im letzten Städtebaulichen Bericht der Bundesregierung heißt, „das Engagement der Bürgerinnen und Bürger (eine) unverzichtbare Voraussetzung auf dem Weg der Stadt der Zukunft". Verknüpft wird dies mit der Forderung, dass Mitgestaltung und Mitbestimmung in der Stadtentwicklung zunehmen müssen – eine für den Prozess des Stadtumbaus nur zu unterstreichende Forderung! Für die Bewältigung des anstehenden Stadtumbaus, vor allem für eine „intelligente Schrumpfung", wird nicht nur die Ausformulierung sinnstiftender Leitbilder gemeinsam mit den Bürgerinnen und Bürgern und die Organisation kooperativer Planungs- und verlässlicher Realisierungsstrukturen notwendig sein, sondern auch die Aktivierung der Selbststeuerungskräfte der „Bürgergesellschaft" in einer neuen Planungskultur.

Eines dieser Leitbilder könnte beispielsweise das der „perforierten Stadt" sein, wie es noch in seiner Zeit als Leipziger Baudezernent Engelbert Lütke-Daldrup formuliert, wenn auch nicht im Wortsinn ein Leitbild genannt hat. Er hat damit eine für

Leipzig in Betracht kommende pragmatische Strategie für die drei Handlungsfelder Gründerzeitviertel, Großsiedlungen und Stadterneuerung charakterisiert. In den Gründerzeitvierteln stehen drei weitere Handlungsfelder an:

1. Konsolidierungsgebiete, die sich weitgehend selbst tragen und erhalten können und deshalb keiner öffentlichen Förderung bedürfen;

2. Erhaltungsgebiete, die für die Stadtstruktur wichtig sind, sich aber ohne öffentliche Förderung nicht selbst erhalten können;

3. Umstrukturierungsgebiete, die – weil in ihrer gegenwärtigen Struktur nicht zukunftsfähig – durch Abriss oder Umnutzung umzustrukturieren sind.

Der Freiraum, der durch Umstrukturierungen entsteht, soll bewusst zur Auflockerung dicht bebauter Gebiete, für den Bau hochwertiger neuer Eigentumswohnungen oder für die Anlage von Stellplätzen genutzt werden. Durch Abrisse entstandene „Löcher", für die keine direkte bauliche Nachnutzung gefunden werden kann, sollen für die Schaffung von Grünanlagen genutzt werden. Diese tatsächlich sehr pragmatische Strategie der „perforierten Stadt" mit „zu stabilisierenden Kernen und libertär und flexibel entwickeltem ‚Plasma' zwischen den Traditionsinseln" (Lütke-Daldrup) könnte vielen von Schrumpfung betroffenen Städten als ein Instrument zur Steuerung von Umwandlungsprozessen durchaus hilfreich sein.

4. Der Wettbewerb um Einwohner und Arbeitsplätze – Segen oder Fluch für den Stadtumbau?

Es bleibt noch die Beantwortung der eingangs aufgeworfenen Frage nach den Chancen und Grenzen des intraregionalen Wettbewerbs um Einwohner und Arbeitsplätze.

Wie die Erfahrung lehrt, haben einige der von Entleerung und Schrumpfung betroffenen Städte durchaus sehenswerte Anstrengungen unternommen, um ihre Bedeutung als Wohn- und Arbeitsplatz wiederzugewinnen. Bei der Ansiedlung von Unternehmen haben sie geschickt die Möglichkeiten der Gemeinschaftsaufgabe „Verbesserung der regionalen Wirtschaftsstruktur", des Investitionszulagengesetzes, der von der EU mitfinanzierten Ansiedlungsprogramme sowie des ihnen gewährten Spielraums bei der Festsetzung von Gewerbesteuersätzen zu nutzen verstanden. Daneben haben die Kommunen auch den Weg der (ja keineswegs neuen) intraregionalen „Bürgermeisterkonkurrenz" beschritten, die in der Fachwelt gelegentlich mit dem negativen Zusatz „ruinöse" diskutiert wird. Auch wenn potenzielle neue Einwohner ihren Wohnsitz außerhalb der Kernstadt im Umland nehmen, profitiert davon ja nicht nur die Region, sondern auch der Kern.

Natürlich kann bei insgesamt rückläufiger demographischer Entwicklung die Gewinnung neuer Einwohner – regional betrachtet – immer nur ein Nullsummenspiel bleiben. Es gibt zwangsläufig Gewinner und Verlierer in diesem wie in jedem anderen Wettbewerb auch. Etwas anders liegen die Verhältnisse bei gewerblichen Anwerbungen, weil Arbeitsplätze ja nicht unbedingt als Folge von Standortverlagerungen von Unternehmen anfallen, sondern auch durch die Ansiedlung von Zweigstellen und Tochterunternehmungen.

Unsere Städte, sowohl die westdeutschen als auch die ostdeutschen, haben indes nicht nur Probleme, sondern verfügen auch über sehr unterschiedliche „Begabungen" und Chancen, für deren Nutzung es keine Patentrezepte geben kann. Mitunter haben auch solche Städte, die bereits Einwohner verloren haben, ein noch stabiles Umland. Sie könnten beispielsweise durch die Ausweisung attraktiver Wohnbauflächen wieder Einwohner zurückgewinnen. Andere Städte verfügen über anerkannte Forschungsinstitute und Hochschulen und haben damit einen permanenten Zustrom von jungen, qualifizierten Einwohnern, die sie durch kluge Strategien oder mit günstigen Rahmenbedingungen für Ausgründungen an sich binden könnten. Wieder andere könnten sich – ihre Lagegunst im überregionalen Verkehrsnetz nutzend – als Logistikzentrum profilieren, weitere ihre wertvolle historische Bausubstanz oder ihre attraktive Naturlandschaft für temporäre oder dauerhafte Zuzüge nutzen. Solche Beispiele mögen „blauäugig" erscheinen, doch sie vermitteln die Botschaft, dass Städte, die sich wirkungsvoll an diesem Wettbewerb beteiligen wollen, weniger Bedarf an Strategien zum Stadtumbau oder an der Unterstützung von Totalabrissen (vordringlich zur Marktbereinigung) haben als vielmehr an Strategien zur Aktivierung ihrer endogenen Potenziale und vor allem zur Ausformulierung ihres spezifischen Profils.

Dass der „Bürgermeisterwettbewerb" um Einwohner und vor allem die dabei beschrittenen Wege nicht immer von Erfolg gekrönt sein müssen, sei nicht verschwiegen. So hat jüngst Ernst Mönnich am Beispiel Bremens anschaulich dargelegt, dass durchaus auch Baulandausweisungen ohne einen dauerhaft erkennbaren Bedarf zu befürchten sind, es aber auch zur Auffüllung von Wohnungsleerständen kommt „in den Kernstädten durch Migranten oder einkommensschwache Bevölkerungsschichten… Es ist nicht auszuschließen, dass dieses Surburbanisierungsprozesse verstärken könnte… Von einer nachhaltigen Entwicklungsplanung kann nicht die Rede sein. Finanziell würde sich eine Situation ergeben, in der die bisherigen Verlierer in eine ruinöse Abwärtsentwicklung geraten. Aber auch die bisherigen Gewinner können zu Verlierern werden. Dies ist (in Bremen) für den ersten Umlandkreis von Gemeinden, gemessen an der Pro-Kopf-Verschuldung, bereits jetzt der Fall… Vieles bleibt indessen spekulativ: Trends der Außenwanderung und Wirkungen zentralstaatlicher Instrumente (wie Abbau von Steuerentlastungen für Pendler oder Eigenheimsubventionen) sind nur begrenzt prognostizierbar." (Mönnich 2005, S. 32 ff.)

Ernst Mönnich ist in dem erwähnten Beitrag auch der für dieses Thema nicht unwichtigen Frage nachgegangen, ob durch eine „Anpassung öffentlicher Organisationsstrukturen an die Regionalisierung des Lebens" ein solcher ruinöser Einwohnerwettbewerb und seine negativen Konsequenzen vermieden werden könnten. Er hat deutliche Vorteile bei einem Modell für einen regionalen Planungsverband ausgemacht, der demokratische Entscheidungsstrukturen aufweist und eine Trägerschaft für regional genutzte Infrastrukturen ermöglicht, wie er modellhaft bereits in der Region Hannover realisiert worden ist, der aber auch von den Städten die Abgabe durchaus wichtiger Kompetenzen erfordert hat. Wird man das beim Stadtumbau, namentlich von den ostdeutschen Städten, die sich ja noch nicht so lange ihrer neu gewonnenen Planungshoheit erfreuen dürfen, überhaupt erwarten können? Ist also der Stadtumbau in Zukunft (auch) eine regionale Aufgabe?

Solche planungsorganisatorischen Aspekte hier im Rahmen der Stadtumbau-Debatte näher zu beleuchten, würde das Thema weit sprengen. Doch scheint der Hinweis angebracht, dass mit einiger Sicherheit davon ausgegangen werden kann, dass bei weiterhin andauernder Krise der öffentlichen Haushalte und nach dem absehbaren Auslaufen der Bund-Länder-Programme zum Stadtumbau die Bereitschaft zu kooperativen Lösungen gemeinsam mit dem Umland zwangsläufig wachsen wird.

5.   Schlussbemerkung

Im Mittelpunkt dieses Beitrags standen einige Betrachtungen zu den Herausforderungen für unsere Städte, wie sie sich aus den Veränderungen der demographischen und ökonomischen Rahmenbedingungen ergeben. Es ging nicht um eine umfassende Darstellung aller anstehenden Probleme und Aspekte und schon gar nicht um Patentrezepte zum Stadtumbau, die es auch gar nicht geben kann. Es ging vielmehr um das Aufzeigen und die Diskussion einiger Erfolg versprechender Perspektiven. Bei alldem gilt weiterhin die Erkenntnis, dass die Stadtentwicklung nicht etwa am Ende ist, nur weil die Städte schrumpfen. Stadtschrumpfung und Stadtumbau können durchaus auch Chancen enthalten. Man muss nur gemeinsam danach suchen und sie aufgreifen!

Literatur

Aring, Jürgen, Klaus Borchard, Bernd Hallenberg und Peter Rohland, „Wohnungspolitik im Umbruch. Regionalisierung der Wohnungspolitik im aktivierenden Staat". Positionspapier des vhw-Bundesverbands für Wohneigentum und Stadtentwicklung, Berlin, in: Forum Wohneigentum 4 (2005), S. 182–204.

Deutsche Kreditbank AG (Hrsg.), Perspektiven des Wohnungsmarkts in Ostdeutschland. Empirica, Berlin 2000.

Franz, Peter, Regionalpolitische Optionen für schrumpfende Städte, in: Aus Parlament und Zeitgeschichte, 3 (2005), S. 13.

Gatzweiler, Hans-Peter, Katrin Meyer und Antonia Milbert, Schrumpfende Städte in Deutschland? Fakten und Trends, in: Informationen zur Raumentwicklung, 10/11 (2003), S. 564.

Göb, Rüdiger, Die schrumpfende Stadt, in: Archiv für Kommunalwissenschaften, H. 16 (1977), S. 149–177.

Häußermann, Hartmut, und Walter Siebel, Die Chancen des Schrumpfens: Plädoyer für eine andere Großstadtpolitik, in: Die Zeit v. 22.3.1985, S. 33–37.

Lang, Thilo, und Eric Tenz, Von der schrumpfenden Stadt zur Lean City. Prozesse und Auswirkungen der Stadtschrumpfung in Ostdeutschland und deren Bewältigung, Dortmund 2003, S. 48 u. 73 ff.

Mönnich, Ernst, Ruinöse Bürgermeisterkonkurrenz, in: Raumforschung und Raumordnung, Nr. 1 (2005), S. 32–45.

Stöhr, Tobias, Wohnungsmarkt und Stadtschrumpfung in Ostdeutschland. Zusammenhänge und Auswirkungen – untersucht am Beispiel von Chemnitz und Erfurt, Bayreuth 2005, S. 56.

Der Autor

Prof. Dr.-Ing. Klaus Borchard,
Präsident der Akademie für Raumforschung und Landesplanung (ARL), Hannover. Ab 1976 ordentlicher Professor für Städtebau und Siedlungswesen sowie Direktor des Instituts für Städtebau, Bodenordnung und Kulturtechnik an der Rheinischen Friedrich-Wilhelms-Universität, Bonn, von 1997 bis 2004 deren Rektor; 1998 bis 2002 Vizepräsident der Hochschulrektorenkonferenz.

Herbert Schmalstieg

Der Umgang mit dem demographischen Wandel – Herausforderung für die Stadtpolitik

Die Städte werden in den nächsten Jahren und Jahrzehnten vor zahlreichen Herausforderungen stehen: Prozessen der Globalisierung, des technologischen Fortschritts, des sozialen, demographischen und Wertewandels. Viele dieser Prozesse sind bereits im Gang. Der Einfluss der Städte auf diese Entwicklungen ist unterschiedlich, generell aber eher gering. Dies gilt umso mehr, als der Handlungsspielraum der Städte insbesondere durch die unzureichende Finanzausstattung beträchtlich eingeschränkt ist.

Der demographische Wandel in den Städten

Auseinander setzen müssen wir uns mit allen diesen Prozessen: Es gilt, voraussichtliche Entwicklungen zu analysieren, Zusammenhänge aufzuzeigen, Handlungsstrategien zu entwickeln. Dabei zeigt sich aus heutiger Sicht, dass insbesondere der demographische Wandel die Städte in den nächsten Jahren nachhaltig verändern wird. Die Städte verfügen hierbei durchaus über Handlungsmöglichkeiten, mit denen die zu erwartenden Prozesse zwar nicht aufgehalten, aber durchaus mit gestaltet werden können. Beschrieben werden die Auswirkungen dieser Prozesse häufig mit den Stichworten „Schrumpfung", „Alterung" und „Heterogenisierung" oder – populärer – mit „weniger", „älter", „bunter".

Der demographische Wandel wird unsere Städte stark und auf Dauer verändern. Wir sind uns dessen bewusst, aber wir sind auch davon überzeugt, dass sich vor uns keine Katastrophe auftut. Der demographische Wandel eröffnet auch Chancen. Unsere Aufgabe ist es, diesen Wandel so weit wie möglich zu beeinflussen. Dazu müssen wir nicht nur wissen, wie die Entwicklungen ablaufen werden. Wir müssen uns auch darüber Klarheit verschaffen, wo wir hinwollen mit unserer Stadt und wo die Stellschrauben sind, um auf der Grundlage der vorhandenen Rahmenbedingungen die Prozesse in unserem Sinne zu beeinflussen. Dazu gehört auch, dass wir das „Wir" in unserer Stadt definieren. In so zentralen Grundfragen kann nicht allein die Stadtverwaltung oder die Stadtpolitik entscheiden, sondern es bedarf dazu eines Dialogs aller städtischen Gruppen.

Wir in Hannover haben, genau wie dies in vielen anderen Städten geschah, die demographischen Entwicklungen analysiert und mögliche Konsequenzen diskutiert. Wir sind dabei zu der zentralen Aussage gekommen, dass die Stadt nur mit jungen Menschen eine Zukunft hat. Wir haben deshalb ein Programm „Hannover plusZehn" entwickelt, das für die nächsten zehn Jahre zehn Schwerpunkte für eine junge und innovative Stadt setzt. Junge Menschen bilden dabei einen Schwerpunkt zukunftsorientierten städtischen Handelns. Dies bedeutet beileibe nicht, andere Bevölkerungsgruppen zu vernachlässigen und deren Bedürfnisse nicht mehr wahrzunehmen. Aber ohne junge Menschen fehlte eine zentrale Voraussetzung für zukünftige Entwicklungen, im Generationengefüge der Stadt entstünden gravierende Lücken, und es fehlten die Anstöße junger Menschen für die Stadtgesellschaft und die Stadtentwicklung.

Der Rückgang der Zahl junger Menschen in einer Stadt wie Hannover ist nicht nur Folge des Geburtenrückgangs, der sich inzwischen bis zu den 40-Jährigen manifestiert. Er wird insbesondere noch verstärkt durch die massive Abwanderung junger Menschen – mit und auch ohne Kinder – in das Umland. Die Abwanderung der Elterngeneration führt dazu, dass in der Stadt relativ wenige Kinder aufwachsen. Jugendliche und insbesondere junge Erwachsene ziehen dann – allerdings in großer Zahl – in die Stadt, zur Gründung eines eigenen Haushalts und zur Ausbildung. Ein beträchtlicher Teil dieser jungen Menschen verlässt die Stadt nach Abschluss der Ausbildung wieder, bevorzugt in die umliegenden Städte und Gemeinden.

Zurzeit verlieren zum Beispiel die meisten westdeutschen Großstädte in der Größenklasse von etwa einer halben Million Einwohnerinnen und Einwohner pro Jahr etwa 0,2 bis 0,5 Prozent ihrer Bevölkerung an ihr Umland (bei den ostdeutschen Städten sind die Wanderungsverluste gegenüber dem Umland zum Teil erheblich zurückgegangen, teilweise werden auch Wanderungsgewinne gegenüber dem Umland erzielt wie zum Beispiel in Leipzig). Damit sind die Wanderungsverluste gegenüber dem Umland im Vergleich zur ersten Hälfte der 90er-Jahre des vergangenen Jahrhunderts zwar deutlich zurückgegangen, ob es sich dabei aber bereits um eine Trendwende zugunsten der Kernstädte handelt, ist wohl noch sehr zweifelhaft.

Die hohen Abwanderungen aus den westdeutschen Großstädten vor rund zehn Jahren ergaben sich aus einer ungewöhnlichen Konstellation und können deshalb nicht als Maßstab für die weitere Entwicklung gelten. Zum einen kamen zu diesem Zeitpunkt die geburtenstarken Jahrgänge aus den 60er-Jahren in das Alter mit der höchsten Abwanderungstendenz. Zum anderen waren gerade die großstädtischen Wohnungsmärkte durch die hohen Zuwanderungen aus dem Ausland extrem angespannt, ein „Überlauf" in das Umland hat mit dazu beigetragen, den Druck auf die großstädtischen Wohnungsmärkte etwas abzumildern.

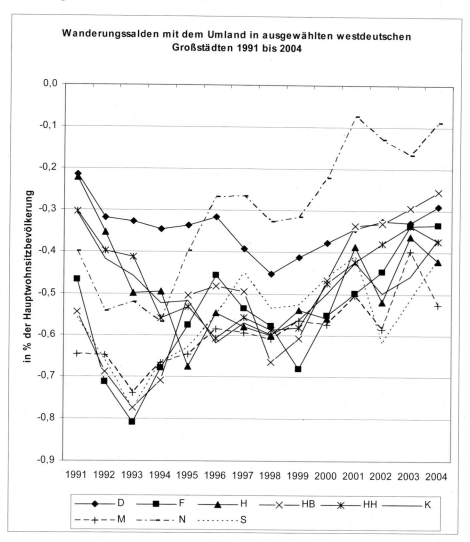

D: Düsseldorf, F: Frankfurt/M., H: Hannover, HB: Bremen, HH: Hamburg, K: Köln, M: München, N: Nürnberg, S: Stuttgart.

Im Vergleich zu den 90er-Jahren hat sich inzwischen für die Großstädte insbesondere die Wanderungsbilanz mit dem Umland bei den 25- bis 30-Jährigen verbessert. In den meisten Großstädten ist die Wanderungsbilanz mit dem Umland in dieser Altersgruppe mehr oder weniger ausgeglichen, während vor rund zehn Jahren hier noch erhebliche Wanderungsverluste von bis zu zwei Prozent der gleichaltrigen Bevölkerung auftraten. Dies zeigt, dass die damaligen Engpässe auf den städtischen Wohnungsmärkten vor allem diese Altersgruppe betroffen hatten. Häufig suchen Menschen dieser Altersgruppe – allein oder als Paar – eine erste eigene Wohnung oder eine Verbesserung gegenüber der ersten „Startwohnung", sodass sie von der Verknappung auf dem Wohnungsmarkt besonders betroffen waren. Verstärkt wurde diese Entwicklung noch dadurch, dass ausgerechnet in dieser Phase die geburtenstarken Jahrgänge diese Altersgruppe bildeten, was zu einer erheblichen Erhöhung des Nachfragedrucks führte.

Abbildung 2:

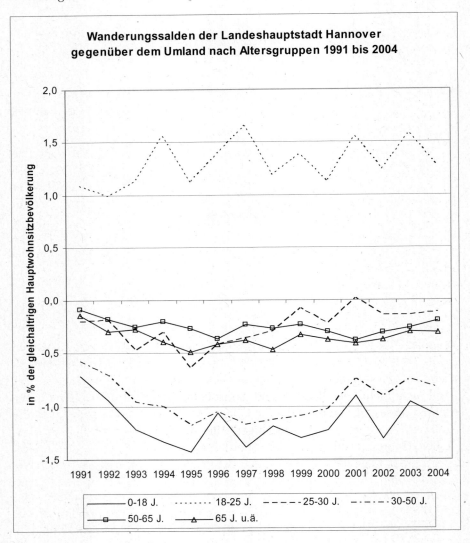

Wanderungssalden der Landeshauptstadt Hannover gegenüber dem Umland nach Altersgruppen 1991 bis 2004

Insofern sind die mittlerweile sinkenden Bevölkerungsverluste der Großstädte an ihr Umland eher als Normalisierung denn als Trendwende zu verstehen. Allerdings ist zu beachten, dass von den demographischen Veränderungen in Zukunft sehr wohl auch Veränderungen in den Relationen zwischen Stadt und Umland ausgehen können:

- Gebremstes Bevölkerungs- und Haushaltswachstum führen zur Entspannung und reduzieren insbesondere in den Städten den Preisdruck auf den Wohnungsmärkten, erhöhen die Wahlmöglichkeiten für alle Bevölkerungsgruppen und zwingen die Anbieter, die Wohnungsbestände nachfragegerecht umzustrukturieren.

- Bevölkerungsrückgänge gefährden aber auch die Versorgungsqualitäten – vor allem im fußläufigen Bereich; dies gilt bereits für einzelne Altersgruppen (z.B. im Kindergarten- und Schulbereich).

- Städte mit vielfältiger Infrastrukturausstattung können dabei – insbesondere für Familien mit Kindern und ältere Menschen – kurze Wege für Versorgungseinrichtungen anbieten, was im ländlichen Bereich zunehmend schwieriger werden wird.

Die Chancen aus dem demographischen Wandel fallen den Städten aber nicht einfach zu. „Reurbanisierung" ist kein autonomer Trend; vielmehr müssen die Chancen von den Städten und insbesondere auch der Wohnungswirtschaft erkannt und ergriffen werden. Dazu gehört es, zielgruppenspezifisch und kleinräumig zu denken und zu handeln. Die unterschiedlichen und sich zukünftig wahrscheinlich weiter auffächernden Lebensstile sind zu beachten, Stärken und Schwächen der städtischen Wohnquartiere (Stadtteile) sind zu identifizieren und weiter zu entwickeln bzw. abzubauen.

Die zeitliche Komponente

Die Konsequenzen des demographischen Wandels sind für viele insbesondere westdeutsche Städte heute noch ein perspektivisches, mehr oder weniger abstraktes Thema. Das liegt auch an dem langen Vorlauf demographischer Prozesse, die zum Teil nicht mehr beeinflussbar sind. So ist heute bereits absehbar, dass in den 20er-Jahren dieses Jahrhunderts die Zahl älterer Menschen stark ansteigt, während die Zahl der Menschen im erwerbsfähigen Alter deutlich abnimmt. Dies ist Folge der hohen Geburtenzahlen aus den 60er-Jahren des vergangenen Jahrhunderts und des darauf folgenden starken Geburtenrückgangs. Alle Bevölkerungsbewegungen, die seitdem stattgefunden haben, können an diesen Prozessen allenfalls marginale Veränderungen bewirken.

Diese zeitlichen Abläufe der Öffentlichkeit klarzumachen, ist teilweise sehr schwierig. In unseren Städten deutlich zu machen, dass die gravierenden Alterungsprozesse erst in etwa 15 Jahren einsetzen, wo die alternde Gesellschaft doch in aller Munde ist, fällt sehr schwer. Neben den zeitlichen Abläufen treten auch noch räumlich zum Teil sehr unterschiedliche Entwicklungen auf: Während die Alterung in den meisten Städten noch einige Jahre auf sich warten lässt, ist sie im

Umland der Großstädte als Folge der Suburbanisierung der 60er- und 70er-Jahre schon in vollem Gange. Auch zwischen städtischen Teilräumen sind zum Teil sehr unterschiedliche Entwicklungen zu verzeichnen: Schrumpfung verläuft hier parallel zu Wachstum, Homogenisierung zu Heterogenisierung der Bevölkerung. Das Thema „demographischer Wandel" vereint eine Vielzahl teils sehr unterschiedlicher und zeitlich versetzter Prozesse in sich. Es verlangt nach höchst differenzierter Vorgehensweise und an individuelle Situationen angepassten Handlungsansätzen. Dies erschwert seine Vermittlung.

Für viele Städte ist, was unter dem Stichwort „demographischer Wandel" diskutiert wird, noch recht weit entfernt (mit Ausnahme der ostdeutschen Städte und westdeutscher Städte, die insbesondere vom wirtschaftlichen Strukturwandel negativ betroffen sind). In der Regel ist die Heterogenisierung am weitesten fortgeschritten. Der Anteil von Menschen mit Migrationshintergrund liegt in den westdeutschen Städten nicht selten über 20 Prozent, das heißt, jeder fünfte Einwohner hat nichtdeutsche Wurzeln. Dagegen sind für viele Städte die Aussichten auf Schrumpfung und Alterung noch relativ diffus, erst nach 2015 oder 2020 kann mit deutlichen Veränderungen gerechnet werden.

Entsprechend schwierig ist bei diesen Perspektiven häufig der Umgang mit den Herausforderungen des demographischen Wandels. Wenn der starke Anstieg der Zahl älterer Menschen in den Städten erst nach 2020 einsetzt, was kann dann heute dafür schon geleistet werden? Zeitlich näher liegt dagegen der weitere Rückgang der Kinderzahlen, seit Ende der 90er-Jahre sind die Geburtenzahlen wieder rückläufig. Aber auch hier werden zurzeit kaum aktuelle Handlungszwänge erforderlich. Bisher wird der Rückgang der Kinderzahlen vor allem in den Städten weitgehend dadurch kompensiert, dass Qualität und Umfang der Kinderbetreuungsangebote ausgeweitet werden.

Handlungsansatz in Hannover

Konkret erfahrbar ist das Thema des demographischen Wandels vor allem auf der Ebene der Stadtteile – und damit auch praktisch handhabbar. Hier gibt es in fast allen Städten bereits ein Nebeneinander von Schrumpfen und Wachsen, hier gibt es alte und junge Stadtteile, und hier gibt es auch eine erhebliche Spannweite in den Bevölkerungsanteilen mit Migrationshintergrund. Vor Ort, in den Stadtteilen, ist es aber auch möglich, zielgruppenspezifische Anstrengungen für eine Weiterentwicklung zu erarbeiten und umzusetzen. In Hannover haben wir den Ansatz der integrierten Stadtteilentwicklung zu einem unserer Schwerpunkte der Stadtentwicklungspolitik gemacht. Unsere Strategien zielen vor allem auf die Wohn- und Lebensqualität in den Stadtteilen, um diese für bestimmte Bevölkerungsgruppen attraktiver zu machen. Handlungsfelder sind hierbei die Schaffung zielgruppengerechter Wohnungsangebote, die Erhöhung der Bindungskraft der Wohnquartiere mittels verschiedener Kampagnen, die Verbesserung der Aufenthaltsqualität im öffentlichen Raum und die Stärkung der Stadtteilmitten.

Wohnen und Wohnumfeld

Im Vordergrund stehen hierbei die Zielgruppen, bei denen die Stadt immer noch mehr oder weniger große Abwanderungen zu verzeichnen hat. Dies trifft insbesondere auf junge Menschen nach Abschluss ihrer Ausbildung zu, aber auch auf ältere Menschen. Dabei hat die Stadt nur begrenzte Möglichkeiten, jene jungen Menschen in Hannover zu halten, die in ihre Heimatregion zurückkehren möchten oder die in anderen Regionen einen Arbeitsplatz suchen. Es gibt aber eine sehr große Gruppe junger Menschen, die sowohl in der Region bleiben als auch in der Stadt wohnen möchte. Hier hat sich die Stadt Hannover zum Ziel gesetzt, für diese Menschen in der Stadt attraktive Angebote bereit zu halten, um deren Abwanderung ins Umland zu verhindern.

Befragungen auch in Hannover zeigen, dass die Abwanderer aus der Stadt tatsächlich ein Verlassen der Stadt nicht unbedingt eingeplant hatten; so konnte sich von den 2 000 aus der Stadt Hannover in das Umland Gezogenen gut die Hälfte vorstellen, wieder in die Stadt zurückzukehren. Aus der Stadt herauszuziehen, entspringt vor allem Wünschen nach einer ruhigeren Wohnlage, mehr Grün und nach Eigentum. Menschen, die innerhalb der Stadt umzogen, besaßen dagegen andere Prioritäten. Vor allem bei den jüngeren bis Mitte 40 spielte der Wunsch nach einer größeren Wohnung die Hauptrolle, in den mittleren Jahrgängen auch der Wunsch nach Eigentumsbildung. Ältere suchten insbesondere eine altersgerechte Wohnung und einen Platz in einer Alteneinrichtung. Bei den im Umland bezogenen Wohnungen fiel der hohe Anteil der gemieteten Wohnungen in Mehrfamilienhäusern ins Auge, der doch landläufig eher als klassisch städtische Wohnform gekennzeichnet wird.

Viele der Umziehenden suchen also Qualitäten, die durchaus in der Stadt vorhanden sind. Unser Ansatz ist, dazu beizutragen, dass diese Qualitäten in ausreichendem Umfang vorhanden und dass sie wirklich bekannt sind und damit von Umzugswilligen auch zur Kenntnis genommen werden können.

Wohnungssuchende konzentrieren ihren Suchraum vielfach auf die Umgebung ihres Wohnstandortes. Insofern besitzen die Städte gerade bei jungen Menschen eine gute Ausgangsposition, um diese in der Stadt halten zu können. Andererseits verzeichnen wir die höchste Abwanderung in Gebieten am Stadtrand, in die junge Menschen in Geschosswohnungen gezogen sind. Stadtrandwanderung kann also auch den ersten Schritt auf dem Weg ins Umland bedeuten.

Gerade bei der am stärksten abwanderungsgefährdeten Gruppe im Alter zwischen etwa 30 und 40 Jahren spielt die Suche nach einer größeren Wohnung eine bedeutsame Rolle. Mit der Familiengründung oder im Vorgriff darauf, aber auch mit steigendem Einkommen nach Abschluss der Ausbildung steigt bei jungen Menschen der Bedarf an einer größeren Wohnung, zusätzlich an besserer Ausstattung und guter Lage. Gerade das Angebot größerer Wohnungen ist in den Städten aber immer noch eng begrenzt; in Hannover etwa weist nur jede vierte Wohnung vier oder mehr Zimmer auf.

Wie viele andere Städte auch versucht Hannover durch die Ausweisung von Einfamilienhausgebieten die Zahl größerer, familiengerechter Wohnungen im Stadtgebiet auszuweiten, unterstützt durch den Hannover-Kinder-Bauland-Bonus. Der damit erreichte höhere Anteil am Wohnungsneubau in der Region hatte durchaus dämpfende Wirkung auf die Abwanderung aus der Stadt. Hannover wird deshalb diesen Weg weiter gehen, insbesondere kleinere, überschaubare Neubaugebiete z.B. durch Baulückenschließung und Brachenentwicklung auszuweisen, möglichst verteilt über das gesamte Stadtgebiet.

Die zusätzlichen Entwicklungsmöglichkeiten durch diese Gebiete sind allerdings von der Größe wie auch ihrer Lage im Stadtgebiet her begrenzt. Zugleich steigt – auch wenn sich die Zahl älterer Menschen im Stadtgebiet zunächst nur langsam erhöht – die Zahl der Wohnquartiere und Stadtteile, in denen ein größerer Anteil älterer Menschen lebt, mit mehr als einem Viertel oder sogar mehr als einem Drittel Einwohnerinnen und Einwohnern im Alter von mehr als 65 Jahren. In diesen Stadtteilen stellen sich für die Stadt und insbesondere die Wohnungseigentümer zwei zentrale Aufgaben:

Einerseits sind die Qualitäten dieser Gebiete für ältere Menschen auszubauen (z.B. Barrierefreiheit, Nähe von Ansprechpartnern, Betreuung), um deren Abwanderung z.B. ins Umland zu verhindern.

Andererseits ist der Zeitpunkt absehbar, an dem aus Altersgründen eine Umstrukturierung des Gebietes ansteht. Dabei gibt es Gebiete, die so hohe Wohnqualitäten aufweisen, dass der Wechsel der Einwohnerinnen und Einwohner ohne weiteres Mitwirken der Stadt reibungslos vonstatten geht. Es finden sich aber auch Gebiete, in denen Wohnungseigentümer und die Stadt gefordert sind, einen Generationenwechsel gezielt zu fördern, um möglichen Leerständen entgegen zu wirken.

Zu diesen Gebieten gehören in Hannover vor allem innenstadtnahe Wohngebiete und die Siedlungen aus den 1960er- und 1970er-Jahren. Wenn dort die älteren Menschen ausgezogen oder verstorben sein werden, müssen diese Gebiete so attraktiv sein, dass sie andere Bevölkerungsgruppen anziehen, oder es wird in größerem Umfang zu Leerständen kommen. Im Rahmen des Bund-Länder-Programms „Stadtteile mit besonderem Entwicklungsbedarf – die soziale Stadt" gestaltet z.B. die Stadt Hannover zusammen mit der städtischen Wohnungsgesellschaft ein größeres Gebiet mit Belegrechtswohnungen schrittweise so um, dass dieses Quartier wieder zu einem interessanten Standort für Familien wird. Hierfür werden die kleinen Zwei- und Dreizimmerwohnungen zu größeren familiengerechten Wohnungen zusammengelegt.

In anderen Gebieten mit hohem Anteil privater Wohnungseigentümer begann die Stadt einen „konstruktiven Dialog" mit der Wohnungswirtschaft. Dabei geht es darum, gemeinsam eine bedarfsorientierte, zielgerichtete Umstrukturierung von

Wohnquartieren und Stadtteilen einzuleiten und zu begleiten. Ziel ist nicht die Vertreibung der vorhandenen Bevölkerungsgruppen, sondern die Nutzung entstehender Freiräume, um die Angebotspalette besonders für junge Menschen, die bereits in der Stadt wohnen, auszuweiten und ihnen die Gelegenheit zu geben, auch in weiteren Lebensphasen innerhalb der Stadt einen ansprechenden und bedarfsgerechten Wohnstandort zu finden.

Mit Schrumpfung der Wohnbaureserven und fortschreitender Alterung der Bevölkerung wird die Entwicklung der Wohnungsbestände für die weitere Stadtentwicklung stark an Bedeutung zunehmen. Eine bedarfsgerechte Umstrukturierung und eine entsprechende Vermarktung sind erforderlich, um die Stabilität der Stadtentwicklung zu gewährleisten. Diese Wohnungsbestände werden benötigt, um gerade junge Menschen möglichst auf Dauer in der Stadt zu halten – nicht nur, um die Bevölkerungszahlen weitgehend stabil zu halten, sondern auch, um den auf die Dauer schädlichen Folgen einer selektiven Abwanderung in das Umland gegenzusteuern.

Abbildung 3:

Neben unseren Aktivitäten zur Schaffung bedarfsgerechten Wohnraums setzen wir einen Schwerpunkt darauf, den öffentlichen Raum in den Wohnquartieren in seiner Aufenthaltsqualität zu verbessern. Hierzu haben wir ein Zehnjahresprogramm „Hannover schafft Platz" aufgelegt, mit dem schon seit einigen Jahren dazu beigetragen werden konnte, die Identifikation der Einwohnerinnen und Einwohner mit ihrem Stadtteil zu erhöhen. Die Umfrageergebnisse der letzten Jahre zeigen deutlich, dass hier erhebliche Erfolge erzielt werden konnten. Weiterhin arbeiten wir mit mehreren zielgruppenbezogenen Kampagnen, die mit jeweils spezifischem Inhalt dazu dienen sollen, die Stadtteile zu stärken – und damit den gesamten Wohnort Hannover:

Mit der Kommunikations- und Marketingkampagne „Hannover heißt Zuhause" verbessern wir seit 2003 die Bindungskraft der Stadtteile als Wohnstandorte.

Seit vergangenem Jahr arbeiten wir intensiv mit Initiativen in den Stadtteilen zusammen, um Projekte zu unterstützen, die dazu beitragen können, das jeweilige Stadtteilimage zu verbessern.

Ebenfalls seit dem vergangenen Jahr geben wir Anstöße für die Stadtteilentwicklung dadurch, dass wir private Netzwerke vor Ort, die sich für die positive Entwicklung der Stadtteilmitten einsetzen, durch Moderationsprozesse unterstützen.

Der Autor

Dr. h.c. Herbert Schmalstieg,
seit 1972 Oberbürgermeister der Landeshauptstadt Hannover. Ausbildung zum Sparkassenkaufmann; Abendstudium Abschluss Werbeassistent; 1986–1996 Mitglied des Niedersächsischen Landtags; Mitglied im Präsidium des Nds. Städtetages (1973–1982 Vorsitzender); seit 1974 Mitglied im Präsidium des Deutschen Städtetages (1986–1989 dessen Präsident); Präsident der Union der Sozialdemokratischen Kommunal- und Regionalpolitiker Europas.

Beate Weber[1]

Städte im demographischen Wandel

Herausforderungen für Kommunen am Beispiel der Stadt Heidelberg

Der demographische Wandel hat viele Facetten

Es vergeht kaum ein Tag, an dem nicht in den Medien unter dem Titel „Demographischer Wandel" (DW) auf eine scheinbar drohende bevölkerungspolitische Katastrophe hingewiesen wird[2]. Das Thema hat Konjunktur, und die mediale Vermarktung ist ungebrochen[3]. Teilweise verstärkt sich dabei der Eindruck, dass der demographische Wandel als Metapher für eine neue Kultur- und Wertedebatte über Lebensentwürfe genutzt wird, die von der Diskussion über die Sicherung der Sozialsysteme bestimmt wird.

Die Hintergründe und Folgen der absehbaren Entwicklungen sind jedoch deutlich komplexer, haben viele Facetten, unterscheiden sich regional sowie innerhalb der Städte. Die erwarteten Veränderungen im Rahmen der „Demographischen Zeitenwende" (Opaschowski 2004, S. 42) sind mit den Begriffen soziodemographische „Gewinner" und „Verlierer" nur unzulänglich beschrieben. Dahin gehende *Benchmarking*- und *Ranking*-Reports sind durchaus hilfreich, aber nur bedingt geeignet, über die lokalspezifischen Faktoren aufzuklären[4]. Dies gilt auch für das naive Hof-

---

1   In Zusammenarbeit mit Bruno Schmaus, Leiter des Amtes für Stadtentwicklung und Statistik der Stadt Heidelberg.

2   Vgl. folgende Beispiele: Der letzte Deutsche. Auf dem Weg zur Greisenrepublik (Covertitel), in: DER SPIEGEL Nr. 2/5.1.04 und Generation Kinderlos in: DER SPIEGEL Nr. 37/12.9.05, S. 62–72 sowie Jeder für sich. Wie der Kindermangel eine Gesellschaft von Egoisten schafft (Covertitel), in: DER SPIEGEL Nr. 10/6.3.06.

3   Beispiele dafür sind die beiden Bücher von Schirrmacher, Frank, Das Methusalem-Komplott, München 2004, und Minimum. Vom Vergehen und Neuentstehen unserer Gemeinschaft, München 2006.

4   Vgl. hierzu Deutschlands Zukunft. Wie werden wir leben? Wo werden wir leben? Welche Aussichten hat unsere Gesellschaft?, in: GEO vom Mai 2004 sowie die darin enthaltene Sonderbeilage „Kreise und Städte im Test".

fen auf Patentrezepte, die einen Gegentrend einleiten; dafür ist die Stadtlandschaft zu vielfältig, und die dahinter stehenden Prozesse sind nicht kurzfristig umkehrbar.

Es gibt inzwischen in der Bundesrepublik kaum eine Großstadt, die sich inhaltlich nicht mit dem Thema auseinander gesetzt hat. Die ehemalige Sichtweise zwischen Angst und Sorglosigkeit ist einer realistischeren Betrachtung gewichen. Der strategische und organisatorische Umgang weist jedoch in den einzelnen Gemeinden je nach Zukunftshorizont erhebliche Unterschiede auf[5]. Nur noch wenige Kommunen glauben, durch Verdrängen die Entwicklung „aussitzen" zu können. Krise und Kreativität sind keine Gegensätze mehr. Da es sich beim DW um einen langfristigen Prozess handelt, ist wie bei einem großen Tanker eine unmittelbare Umsteuerung nicht möglich.

Der von der Stadt Heidelberg begangene und hier geschilderte Weg der verwaltungsinternen und öffentlichen Auseinandersetzung mit dem DW ist demnach keine Einzelerscheinung. Er ist typisch für Kommunen, die in naher Zukunft noch eine Bevölkerungszunahme erwarten, weil sie im *Sun Belt* der Republik und in einer Metropolregion mit hoher Wirtschaftsdynamik liegen[6]. Der verfolgte Handlungsansatz steht auch für den Willen, die Öffentlichkeit in die Entscheidungen um den richtigen Weg einzubinden. Nicht von ungefähr bezeichnet sich die Wissenschaftsstadt als „Stadt des Dialogs".

Ich habe mich bewusst dafür entschieden, für den Umgang mit dem DW keine neuen Verwaltungsstrukturen – etwa eine neue Stabsstelle[7] oder ein eigenständiges „Demographisches Controlling" – einzurichten, sondern den vorhandenen Strukturen zu vertrauen. Um nicht missverstanden zu werden: Für den Weg, den die einzelne Kommune beschreitet, gibt es kein Patentrezept. Die Heidelberger Vorgehensweise ist nur eine unter mehreren möglichen. Ich sehe es jedoch für wichtig an, dass sich die gesamte Verwaltung und die Öffentlichkeit frühzeitig mit den Implikationen des DW auseinander setzen. Mit der Federführung für dieses neue Politikfeld habe ich innerhalb der Stadtverwaltung das Amt für Stadtentwicklung und Statistik in meinem Dezernat beauftragt. Als Querschnittsamt ist es im kommunikativen Umgang mit der Öffentlichkeit sowie in der Erstellung von Leitbildern und vernetzten Handlungsansätzen versiert. Da in Heidelberg eine konti-

---

5   Vgl. hierzu Kommunale Strategien zur Bewältigung der Herausforderungen des „Demographischen Wandels", März 2006, unveröffentlichtes Manuskript über eine Umfrage der Fachkommission Stadtentwicklungsplanung des Deutschen Städtetages.

6   Langfristig (2030) unterliegt die Universitätsstadt, die nach der Bevölkerungsvorausberechnung des Statistischen Landesamtes unter den Stadt- und Landkreisen Baden-Württembergs 2020 den jüngsten Altersdurchschnitt haben wird, jedoch ebenfalls einem spürbaren Bevölkerungsschwund.

7   So hat z.B. die Stadt Bielefeld eine neue Stabsstelle „Demographische Entwicklungsplanung" im Dezernat des Oberbürgermeisters eingerichtet. Vgl. hierzu Tatje, Susanne, Bielefeld stellt sich dem demographischen Wandel, in: der städtetag 3/2005, S. 35.

nuierliche Evaluierung[8] des Stadtentwicklungsplans durchgeführt wird und sämtliche wichtigen Gemeinderatsvorlagen auf Zielkonflikte gegenüber den stadtentwicklungspolitischen Leitvorstellungen hin überprüft werden, ist Monitoring innerhalb der Verwaltung eine gängige Praxis.

Vor welcher Entwicklung stehen wir?

Die Bevölkerung wird nach den Prognosen nicht überall gleichmäßig abnehmen. Innerhalb der Städte ist je nach Quartier die Gleichzeitigkeit von Wachstum und Schrumpfung zu beobachten. Einige Regionen und Städte werden deutliche Verluste haben, werden mehr „Perforationen" aufweisen als andere Städte, die wie Heidelberg ökonomisch prosperieren, ein differenziertes Wohnungsangebot aufweisen und über attraktive Angebote für eine ausgeglichene *Work-Life-Balance* verfügen. Letztere haben auch in Zukunft gute Chancen für Einwohnerwachstum, das schon lange nicht mehr durch den Geburtensaldo, sondern durch eine positive Wanderungsbilanz bestimmt wird.

Auch die Zeitfenster, in denen sich diese Prozesse vollziehen, werden je nach Region und Kommune unterschiedlich sein. Die befürchtete Schrumpfung wird nicht überall zum gleichen Zeitpunkt beginnen. Dies bietet die Chance, sich frühzeitig und ohne Hektik auf die erwarteten Veränderungen einzustellen und von den Erfahrungen der anderen Kommunen zu lernen. Wirtschaftlich erfolgreiche Regionen und Kommunen werden vor allem bis 2020 und vielleicht auch darüber hinaus noch einem starken Zuwanderungsdruck ausgesetzt sein. Dies stellt erhebliche Anforderungen an den lokalen Wohnungs- und Arbeitsmarkt sowie an die Integrationsleistung.

Wir erleben die Gleichzeitigkeit höchst verschiedenartiger gesellschaftlicher und wirtschaftlicher Veränderungen, die sich wechselseitig verschränken und in ihren Wirkungen verstärken. Darunter ist der DW nur einer unter vielen Faktoren, die sich raumstrukturell niederschlagen und zu einer veränderten Stadtlandschaft führen. Die daraus resultierenden Chancen und Risiken für die Zukunft sind offen. Anpassungen dürften in nahezu allen Bereichen des wirtschaftlichen und gesellschaftlichen Lebens notwendig werden. Es besteht kein Zweifel, dass sich nahezu alle Kommunen langfristig vom Wachstumsdenken der Vergangenheit verabschieden und „Wachstum" in einer erreichten qualitativen Vielfalt sehen sollten.

Es ist eines der Hauptverdienste des Deutschen Instituts für Urbanistik (Difu) unter der Leitung von Heinrich Mäding, frühzeitig auf die unterschiedlichen demographischen Verläufe und deren Auswirkungen auf die Stadtentwicklung aufmerksam gemacht zu haben. In den entsprechenden Hilfestellungen für die Kommunen überwiegt eine realistische Sichtweise ohne den ansonsten häufig propagierten

---

8   Stadt Heidelberg, Amt für Stadtentwicklung und Statistik, Nachhaltigkeitsbericht 2004, Indikatorengestützte Erfolgskontrolle des Stadtentwicklungsplans Heidelberg 2010, Heidelberg 2005.

Pessimismus. Der stete Hinweis auf die Gestaltbarkeit und Beeinflussbarkeit der Prozesse mit jeweils individuellen Chancen für die einzelnen Städte hat viele Kommunen zu aktivem Handeln animiert. Schrumpfung birgt nach Mäding, wenn man sie nicht nur passiv hinnimmt, auch Positives. Man muss sich nur rechtzeitig damit strategisch auseinander setzen (vgl. Mäding 2005, S. 28). Ohne die Aktivitäten des Difu hätten – um nur wenige Beispiele zu nennen – die Bund-Länder-Programme „Soziale Stadt", „Stadtumbau Ost" und „Stadtumbau West" oder die Zukunftsinitiative „Stadt 2030" ein anderes Gesicht.

Ich stimme Mäding voll zu, der schon heute für den DW „höchste Aufmerksamkeit" in Rat, Verwaltung und Öffentlichkeit einfordert und für deren politisch-administrative Umsetzung „schonungsloses Monitoring, klare Ursachenanalyse (und) übergreifende Politikentwürfe" anmahnt (ebenda).

Voraussetzung für ein Monitoring und eine strategische Auseinandersetzung ist die Kenntnis der voraussichtlichen lokalen Entwicklung. Dazu haben neben den analytisch-prognostischen auch subjektive, weiche Daten, wie sie etwa aus Bevölkerungsumfragen gewonnen werden, einen hohen Aussagewert. Umfragedaten werden in Heidelberg selbständig oder in Zusammenarbeit mit der Universität oder Umfrageinstituten kontinuierlich erhoben und in einen Datenpool eingespeist. Genauso wichtig ist es, das Urteil der Bürgerinnen und Bürger in den Prozess mit einzubeziehen. Dies geschieht in Heidelberg auf unterschiedliche Weise, neben Umfragen über (Planungs-)Workshops[9] und neuerdings durch die Internetplattform „Perspektive Heidelberg".

Soziodemographische Trends für Heidelberg

Aus den vorliegenden Prognosen und Umfrageergebnissen lassen sich für Heidelberg folgende Zukunftstrends ableiten:

Heidelberg steht im Gegensatz zu vielen anderen Städten in der Bundesrepublik bis 2020 vor einer deutlichen Zunahme der Bevölkerung. Sie wird von gegenwärtig 148 500 um rund 6 400 Personen (+ 4,3 Prozent) ansteigen[10]. Der Zuwachs wird allerdings nur aufgrund von Wanderungen eintreten. Heidelberg hat mit 0,9 Kindern je Frau die niedrigste Geburtenrate unter den 439 Stadt- und Landkreisen Deutschlands. Der Anteil der Kinder und Jugendlichen wird innerhalb des Prognosezeitraums erheblich stärker als im Land oder Bund sinken. Die Zahl der Älteren nimmt stark zu, darunter vor allem die der über 80-Jährigen. In der Dekade

---

9   Die Stadt Heidelberg hat inzwischen für alle 14 Stadtteile in der Größenordnung zwischen 3 500 und 19 000 Einwohnern Stadtteilrahmenpläne erstellt. Die Maßnahmenkonzepte werden dabei grundsätzlich von der Verwaltung mit den betroffenen Bürgerinnen und Bürgern in Workshops erarbeitet.

10   Die Bevölkerungsvorausberechnung bezieht sich auf die Einwohnerinnen und Einwohner mit Haupt- und Nebenwohnsitz. Vergleiche hierzu Stadt Heidelberg, Bevölkerungsentwicklung in Heidelberg. Bevölkerungsentwicklung in Heidelberg nach Stadtteilen 2003–2020, Heidelberg 2004.

nach 2020 ist von einer Stagnation, ab 2030 von einer erheblichen Abnahme auszugehen. Der Ausländeranteil wird sich deutlich erhöhen (Anstieg auf rund 20 Prozent)[11].

Die demographische Alterung ist zwar gegenüber der Migrationsproblematik nicht nachrangig, sie hat aber für Heidelberg auch in nächster Zukunft nicht denselben Stellenwert wie in schrumpfenden Städten. Verglichen mit der entsprechenden Landesentwicklung ist sie moderat. Es werden nicht zu viele Alte, sondern zu wenig Junge (Aufwachsende) sein. Die Universitätsstadt wird 2020 unter den 45 Stadt- und Landkreisen des Landes den günstigsten Altersdurchschnitt aufweisen.

Es ist auch für Heidelberg zu befürchten, dass die sozialen Polarisierungstendenzen zunehmen werden. Die Schere zwischen Arm und Reich, Bildungsgewinnern und -verlierern wird sich weiter öffnen. Die Unterschiede in den Zugangschancen auf dem Arbeitsmarkt sowie die Armut werden ohne Gegensteuerung weiter anwachsen. Vor allem Migranten, Alleinerziehende und ältere „Verlierer" werden davon betroffen sein (vgl. Häußermann und andere 2004).

Prozesse sozialer und ethnisch-kultureller Desintegration sowie die Bildung von Parallelgesellschaften dürften ohne aktive Integrationsmaßnahmen ansteigen[12]. Ohne Gegensteuern droht „urbane Indifferenz" gegenüber dem Anderen und dessen Kultur und Herkunft (vgl. Häußermann/Siebel 2004, S. 13). Die Frage, ob die Integration und der soziale Ausgleich gelingen, ist jedoch für die Wissenschaftsstadt Heidelberg von entscheidender Bedeutung.

Umfragen helfen, die Herausforderungen richtig anzupacken

Die Stadt Heidelberg gab im Januar 2006 eine repräsentative Umfrage zum Demographischen Wandel an die FGW Forschungsgruppe Wahlen Telefonfeld GmbH in Auftrag[13]. Sie ist meiner Kenntnis nach die aktuellste und differenzierteste Befragung zu diesem Thema in einer deutschen Großstadt. In der Stichprobe (N=1 334) wurden Personen ab 16 Jahren einschließlich der Studierenden mit Hauptwohnsitz in Heidelberg befragt. Sie wurden im Hinblick auf die erwarteten soziodemographischen Veränderungen nach ihren Lebensentwürfen, nach der Einstellung zu Partnerschaft und Kindern, zum Zusammenleben der Generationen und Kulturen (Nationalitäten) sowie nach dem (alters- und haushaltsspezifischen) Infrastruktur- und Wohnungsbedarf usw. um ihr Urteil gebeten.

---

11   Gegenwärtig leben in der Stadt am Neckar knapp 24 000 Ausländerinnen und Ausländer (17 Prozent) aus rund 160 Nationen. Seit 1970 hat sich die Zahl fast verdreifacht.
12   Vgl. hierzu: Kaum noch Kontakt, Interview mit der Migrationsforscherin Necia Kelec über muslimische Parallelgesellschaften in Deutschland und die Chancen einer besseren Integration der Zuwanderer, in: Wirtschaftswoche 10/06, S. 48–50.
13   Vgl. hierzu FGW Forschungsgruppe Wahlen Telefonfeld GmbH, Demographischer Wandel in Heidelberg. Ergebnisse einer repräsentativen Bevölkerungsumfrage Januar 2006, Mannheim 2006, unveröffentlichtes Manuskript (Stand März 2006). Der Tabellenband umfasst in der Langfassung über 400 Seiten.

Unter anderem war es mir ein Anliegen, durch die Umfrage übliche Klischees über gesellschaftliche Egoismen im Zusammenhang mit der Rolle der Frau zwischen „Kind und Karriere" und über sich anbahnende Generationenkonflikte infrage zu stellen. Es ging mir ebenfalls darum, das verwaltungsintern erarbeitete Handlungskonzept anhand der gesellschaftlichen Erwartungen zu überprüfen und am Bedarf zu messen. Welche Leistungen sind unverzichtbar, welche sind noch bezahlbar, und wo ist der Rückzug der kommunalen Förderung angebracht? Wie können die persönlichen Ressourcen einer multiethnischen Gesellschaft schöpferisch genutzt werden?

Fragenkatalog

Da der Fragenkatalog auf jede andere Kommune leicht übertragbar ist, möchte ich zumindest auf die Themenblöcke näher eingehen. Besonders kennzeichnet den Fragebogen, dass sowohl der Themenbereich „Leben mit Kindern" als auch das „Älterwerden" behandelt werden. Dies ermöglicht verschiedene Analyseebenen[14]: Was sagen die Bewohnerinnen und Bewohner – speziell die Befragten mit Kindern unter 18 Jahren oder mit Kinderwunsch – zum Leben mit Kindern in Heidelberg? Wie werden die Möglichkeiten zur Kinderbetreuung bewertet, und wo gibt es Defizite? Wer möchte in der Universitätsstadt Nachwuchs, und welche Faktoren beeinflussen die Familienplanung? Wie ist die Einstellung zu anderen Kulturen, und welchen Austausch gibt es; welche Konflikte deuten sich potenziell an?

Wichtig war unter anderem zu erfahren, wie sich besonders Personen ab dem 45. Lebensjahr mit dem Thema „Älterwerden" perspektivisch auseinander setzen. Welche Vorstellungen und konkreten Optionen haben die Bürgerinnen und Bürger in Bezug auf altengerechtes Wohnen, Hilfen im Alltag oder im Pflegefall? Welche generationsübergreifenden Netzwerke bestehen, welche Hilfeangebote werden genutzt? Wie werden die Infrastruktureinrichtungen für Ältere bewertet, und wie stellt sich die Lebenssituation für ältere Menschen in Heidelberg ganz konkret dar?

Die Initiative der Stadt wurde von einer breiten Mehrheit der Befragten begrüßt. So gab es keinerlei Schwierigkeiten in der Großstadt mit der niedrigsten Geburtenrate in der Bundesrepublik, nach dem Kinderwunsch oder nach der Einstellung zu Ehe und Partnerschaft zu fragen – ein Ergebnis, das anderen Städten Mut machen sollte, ähnliche Umfragen durchzuführen.

Hier die wichtigsten Ergebnisse:

---

14   Vgl. hierzu ebenda, Vorwort, S. 1.

Leben in Heidelberg

Bei mehr als der Hälfte (55 Prozent) der Befragten ist die wirtschaftliche Situation gut (BRD: 49 Prozent), bei zehn Prozent (BRD: elf Prozent) schlecht[15]. Wer Kinder hat, beurteilt die Wirtschaftslage zu 59 Prozent positiv, Rentner sind zu 63 Prozent überzeugt, es gehe ihnen gut. Der Zukunftsoptimismus nimmt mit steigendem Alter ab. Im Durchschnitt blicken über drei Viertel (78 Prozent) der Befragten optimistisch in die Zukunft.

91 von 100 Interviewten sind mit der Wohnsituation zufrieden. Bei den Haushalten, die Kinder unter 18 Jahren haben, sagen über drei Viertel, dass die Wohnung groß genug sei. Ganz anders ist dies bei Haushalten ohne Kinder mit Kinderwunsch: Nur 47 Prozent meinen, dass die Wohnung für ein zusätzliches Familienmitglied die ausreichende Zimmerzahl und Fläche habe. 79 Prozent aller Befragten stimmten der Aussage zu, dass es für Familien in Heidelberg schwierig sei, eine passende Wohnung zu finden. Bei Befragten mit Kinderwunsch, die bereits Kinder haben, meinen dies 92 Prozent. Dies bedeutet, dass künftig eine familiengerechte Wohnungspolitik einen Hauptakzent haben muss. Die Umfrage bestätigt, dass viele ihre eigene Kindheit verdrängen, wenn es darum geht, Kinderlärm in der eigenen Umgebung zu akzeptieren. Nachbarschaftskonflikte sehen knapp zwei Drittel der Befragten, wenn die Kinder zu laut sind.

Bei den Aufgaben, bei denen die Stadt für ihre Mitbürgerinnen und Mitbürger eine starke oder sehr starke Verantwortung hat, rangiert das altersgemäße, behindertengerechte Bauen mit einem Anteil von 85 Prozent noch vor der Sicherstellung der Kinderbetreuung (79 Prozent). Danach folgen die Betreuung alter Menschen (77 Prozent), die Eingliederung von Ausländerinnen und Ausländern (71 Prozent) und die angemessene Versorgung der Familien mit Wohnraum (69 Prozent).

Familie, Kinder und Beruf in Heidelberg

Über die Hälfte der Befragten (54 Prozent) ist der Auffassung, dass sich die Stadt auch für die Vereinbarkeit von Familie und Beruf einzusetzen habe. Mit den entsprechenden Möglichkeiten in Heidelberg sind 36 Prozent (BRD: 30 Prozent) aller Befragten (sehr) zufrieden. Der Großstadtvorteil zeigt sich erst, wenn man den Umfragewert der (sehr) Unzufriedenen (HD: 20 Prozent) mit dem Bundesdurchschnittswert (49 Prozent) vergleicht. Trotz des noch nicht erreichten Optimums hat hier die Wissenschaftsstadt das eindeutige Prä. Dies dürfte ähnlich für andere Großstädte gelten.

Flexible Arbeitszeiten und die Möglichkeit zur Teilzeitbeschäftigung werden als die Grundbasis angesehen, Beruf und Familie zu vereinbaren. 77 Prozent der Befragten wünschen sich eine Kinderbetreuung am Arbeitsplatz, aber nur einem

---

15   Die Werte für die Bundesrepublik sind dem ZDF-Politbarometer vom Januar 2006 entnommen.

Fünftel wird ein entsprechender Platz bereits angeboten. Nur zwölf Prozent der befragten Frauen gaben an, dass Kinder bei der angestrebten Karriere kein großes Problem darstellen.

Bei der Tagesbetreuung von unter Dreijährigen reklamieren 64 Prozent – trotz einer in Heidelberg im Vergleich zu anderen Städten überdurchschnittlichen Versorgungsquote – Nachholbedarf. 53 Prozent der Eltern mit Kindern unter 18 Jahren im Haushalt fordern mehr Ganztagsschulen, knapp 40 Prozent mehr Spielplätze. Dass vier von fünf Kindergartenplätzen in Heidelberg sieben Stunden täglich zur Verfügung stehen, reicht nach Meinung der Befragten nicht aus. 47 von 100 Eltern fordern längere und flexiblere Öffnungszeiten. Nahezu alle, die ein Kind in einer Krippe oder im Kindergarten haben, sind mit dem pädagogischen und räumlichen Angebot zufrieden – ein sehr erfreuliches Ergebnis. Eine knappe Mehrheit (55 Prozent) findet jedoch die Gebühren zu hoch.

Die Ergebnisse bestätigen den Trend zu Partnerschaft und Familie und widersprechen dem Vorurteil der „Familienferne" von Akademikerinnen und Akademikern. So haben Partnerschaft und Kinder bei über der Hälfte der Befragten (55 Prozent) den höchsten Stellenwert, abgeschlagen rangieren Freunde und Freizeit (24 Prozent) und Beruf und Karriere (zwölf Prozent). Mit Sorge beobachten die Bürgerinnen und Bürger die steigende Anzahl von Alleinerziehenden (78 Prozent), Einzelkindern (73 Prozent) und Paaren, die keine Kinder wollen (71 Prozent). Altersspezifisch und nach (formalem) Bildungsgrad ergeben sich jedoch Unterschiede, auf die hier nicht eingegangen werden kann. Relativ egal ist dagegen der Bevölkerung die Form des Zusammenlebens, wenn sie den Lebensentwurf anderer beurteilt. Das tradierte Rollenbild manifestiert sich aber auch in dieser Umfrage. Wenn einer der Elternteile familienbedingt den Arbeitsumfang reduzieren müsse, dann sprechen sich lediglich zwei Prozent aller Befragten dafür aus, dass dies der Mann sein soll.

Kinderwunsch

Nahezu zwei Drittel der Befragten (64 Prozent) bezeichnen die Ehe als die beste Lebensform, 29 Prozent streben andere Partnerschaftsformen an. Nur zwei Prozent wollen allein leben. Dies sind für eine Universitätsstadt erstaunliche Werte. Der Hauptgrund, die Heirat hinauszuschieben oder überhaupt nicht zu heiraten, liegt in der Jobsuche und in der Unsicherheit des Arbeitsplatzes.

Fast vier von fünf Heidelbergerinnen und Heidelbergern[16], die bisher noch keinen Nachwuchs haben, möchten grundsätzlich Kinder, am liebsten zwei. Knapp über einem Fünftel der Befragten mit eigenen Kindern möchte weitere. Wer keine Kinder möchte, fühlt sich zu alt (38 Prozent), glaubt die ausreichende Zahl bereits zu haben (31 Prozent) oder macht die Kosten oder die mangelnde Vereinbarkeit von Familie und Beruf dafür verantwortlich (jeweils elf Prozent). Ein Akademiker-Bias ist beim Kinderwunsch nicht auszumachen. So sprechen sich 78 Prozent der Be-

---

16   Es wurden nur Frauen im Alter bis zu 44 Jahren und Männer bis 59 Jahre dazu befragt.

fragten mit Hochschulabschluss für eine Partnerschaft mit Kindern aus. Bei den Kinderlosen unterscheidet sich die Einstellung zu Kindern nach dem Geschlecht und nach dem Lebensentwurf nur graduell. Jeweils etwas mehr als drei Viertel der angesprochenen Männer und vier Fünftel der Frauen wünschen sich Kinder.

Die wirtschaftliche Lage ist für den Kinderwunsch nicht ausschlaggebend, eher das Gegenteil ist der Fall. Es geht vielmehr um eine grundsätzliche Einstellung zu Ehe und Partnerschaft. Nach der Umfrage scheint es – zumindest in Heidelberg – die Gesellschaft von Egoisten, die durch Kindermangel den „demographischen GAU" herbeiführt, nicht zu geben[17].

Derzeit klaffen Wunschbild und Realität, wenn man die Statistik ansieht, noch weit auseinander. Für Heidelberg sind es nach den Erkenntnissen dieser Erhebung und von anderen Umfragen vor allem die ungünstigen Wohnungsmarktbedingungen, allgemein unsichere Zukunftsperspektiven und die Suche nach den optimalen Bedingungen für das Kind, die den Kinderwunsch unverwirklicht bleiben lassen.

Verwandtschaftliche und Soziale Netzwerke

Die Umfrage verdeutlicht den Bedarf und die Nutzung sozialer Netzwerke gerade über Generationsgrenzen hinweg. Die sprichwörtliche Ferne von Eltern und Verwandten in der Stadt gilt danach zumindest heute noch nicht. Mehr als die Hälfte (56 Prozent) der erwachsenen Heidelbergerinnen und Heidelberger hat hier oder in der näheren Umgebung Verwandte. Bei den 60-Jährigen und Älteren steigt der Anteil auf 69 Prozent.

Nur in wenigen Haushalten (fünf Prozent) leben pflegebedürftige Menschen. Je höher das Alter, desto höher der Anteil. Bei den über 59-Jährigen sind es bereits neun Prozent. Innerhalb des eigenen Haushalts erfolgt die Pflege in der Mehrheit durch den (Ehe-)Partner. Damit deutet sich in Zukunft mit zunehmender Alterung ein steigender Bedarf an institutioneller oder karitativer Hilfe außerhalb von verwandtschaftlichen Netzwerken an. Bereits jeder zehnte Befragte gab an, jemanden außerhalb des eigenen Haushalts regelmäßig zu pflegen. Besonders aktiv sind die Frauen im mittleren Alter.

---

17 Vgl. hierzu das Interview von Schirrmacher in: DER SPIEGEL, Nr. 10/6.3.06, S. 85–88. Diese SPIEGEL-Ausgabe mit dem Cover-Titel „Jeder für sich. Wie der Kindermangel eine Gesellschaft von Egoisten schafft" widmet sich unter anderem dem Thema der gesellschaftlichen Folgen, „Wenn Kinderlosigkeit zur Leitkultur" wird. In diesem Zusammenhang bietet die kritische Auseinandersetzung mit den Thesen Schirrmachers in der Frankfurter Rundschau „Ein Leben als sozialer Kitt", 8.3.06, Nr. 57, S. 15 einen Gegenpart.

Perspektiven im Alter

Die überwiegende Mehrheit (70 Prozent) der Heidelbergerinnen und Heidelberger ab 45 Jahren erachtet ihre finanzielle Versorgung im Alter als gut. Bei den über 60-Jährigen sind es 76 Prozent.

Bei der allgemeinen Frage, wer in erster Linie für die Hilfe von älteren Menschen zuständig sein sollte, spricht sich die relative Mehrheit für den (Ehe-)Partner aus. Ein knappes Drittel nennt Kinder oder Angehörige. Nur 13 Prozent entschieden sich für kostenpflichtige Dienste, und nur acht Prozent sehen karitative Organisationen in der Pflicht. Hilfen im Alter, etwa in einer Pflegesituation, werden am ehesten vom Partner (42 Prozent) und von den Kindern (32 Prozent) erwartet.

Knapp zwei Drittel der Befragten ab 45 Jahren haben sich schon einmal konkret oder ganz allgemein Gedanken über das Wohnen im Alter gemacht. Perspektivisch möchten 52 Prozent der Befragten auch dann, wenn sie den Haushalt nicht mehr allein bewältigen können, in der eigenen Wohnung wohnen bleiben[18]. Etwas weniger als ein Drittel würde betreutes Wohnen bevorzugen, 13 Prozent würden dann gerne wieder bei den Kindern oder Verwandten wohnen. Je älter die Befragten sind, desto schwerer fällt die Trennung vom eigenen Heim. Der Wunsch korrespondiert mit der Aussage der Mehrheit, dass ihre Wohnung altengerecht ist. Damit bestätigt sich durch die Umfrage die Politik der Stadtverwaltung, ein selbst bestimmtes Leben in den eigenen vier Wänden zu ermöglichen, solange dies geht.

Obwohl nahezu alle der Älteren die Seniorenzentren der Stadt kennen, nutzt diese nur eine Minderheit (17 Prozent). Daraus ergibt sich für mich zwingend, eine Befragung unter den aktiven und potenziellen Nutzerinnen und Nutzern über die Hintergründe durchzuführen und über eine Öffnung der Seniorenzentren für andere Altersgruppen nachzudenken. Voraussetzung ist das „Andocken" von weiteren Funktionen.

Großen Anklang findet bei den 45-Jährigen und Älteren die Vorstellung, im Alter mit anderen älteren Menschen privat in gemeinschaftlichen Wohnformen zu leben. 70 Prozent könnten sich vorstellen, später einmal in einem so genannten Mehrgenerationen-Haus zu wohnen. Immerhin jeder zehnte Befragte lebt bereits mit mehreren Generationen, die sich gegenseitig unterstützen, unter einem Dach.

Leben mit Ausländern und Migranten

Dass man auch in einer Universitätsstadt, die über einen Ausländer- und Migrationsrat verfügt, stetig um Toleranzbildung vor allem in der so genannten Mehrheitsgesellschaft und bei der Einwohnerschaft mit Migrationshintergrund werben muss, zeigt das Umfrageergebnis deutlich. Integration ist eine Daueraufgabe, Toleranz bildet sich nicht von alleine.

---

18 Nur Befragte im Alter ab 45 Jahren.

Die in Zukunft erwartete Zunahme des Ausländeranteils finden nur 19 Prozent der deutschen Bevölkerung gut, 29 Prozent finden sie nicht gut, und egal ist sie der Hälfte. Unter Migrantinnen und Migranten halten nur 18 Prozent einen Anstieg für gut, 26 Prozent halten ihn für nicht gut, und für 55 Prozent ist er nebensächlich. Nachdenklich macht besonders die hohe „Ablehnung" eines Anstiegs bei den Jüngeren und Älteren. Je niedriger der formale Bildungsabschluss, desto höher der Anteil derjenigen, die einen Ausländeranstieg ablehnen.

Wie geht Heidelberg strategisch mit den Herausforderungen der Zukunft um?

Auch wenn die prognostischen Erwartungen im Hinblick auf eine progressiv alternde und schrumpfende Gesellschaft für Heidelberg zeitlich erheblich gestreckter ausfallen als für viele andere Großstädte, so weisen sie doch bereits jetzt auf einen Handlungsbedarf hin. Dies verdeutlichen auch die Umfrageergebnisse. Der Handlungsbedarf reicht von der Verstetigung (Kontinuität) bei bereits eingeleiteten Maßnahmen bis zu organisatorischen Strukturveränderungen sowie Neu- und Umbaumaßnahmen. Der eindeutige Engpass auf dem Weg zu einer noch familienfreundlicheren Stadt liegt in Heidelberg im entsprechenden Wohnungsangebot und in der noch breiteren Flexibilisierung spezifischer Dienstleistungen.

Um in der Lage zu sein, frühzeitig zu reagieren, wurden von mir bereits Ende 2003 alle Fachämter und Beteiligungsgesellschaften der Stadt gebeten, die Auswirkungen der zu erwartenden Veränderungen für ihr Arbeitsfeld einzuschätzen. Die Ergebnisse wurden in einer umfangreichen Synopse zusammengeführt, im Jahr 2005 in fünf verwaltungsinternen Arbeitsgruppen – besetzt mit Führungsnachwuchskräften – ausgewertet und zu einem umsetzbaren und finanzierbaren Handlungskonzept ausgearbeitet. Das Ergebnis wurde in der Internetplattform „Perspektive Heidelberg" der Öffentlichkeit zur Disposition gestellt. Ziel dieser ausführlichen Auseinandersetzung mit dem Thema demographischer Wandel auf lokaler Ebene ist die Fortschreibung des Heidelberger Stadtentwicklungsplans unter diesem Blickwinkel.

Unter dem Gesichtspunkt der Flexibilisierung von öffentlichen Dienstleistungen und Infrastrukturangeboten ist bei dem Bau neuer Einrichtungen (z.B. Schulen, Kindergärten, Altenheime) zu prüfen, ob sie künftig auch andere Funktionen erfüllen können. Wie die Umfrage zeigt, fordert der DW künftig mehr flexible, Generationen übergreifende Angebote. In einer Universitätsstadt wie Heidelberg werden Migration und Alterung in den einzelnen Stadtteilen je nach Attraktivität im Wohnungsangebot für die verschiedenen Einkommens- und Altersgruppen unterschiedliches Gewicht haben. Integrationsarbeit erfordert einen vernetzten Ansatz, keine insularen Lösungen. Die schon allein aufgrund der zunehmenden Alterung erwartete Abnahme bei den Mehrpersonenhaushalten und der Anstieg der aus dem Berufsleben Ausgeschiedenen verändern die Nachfragestruktur, führen zu Verschiebungen in der Infrastrukturversorgung und deren Refinanzierung. Wie sich die Veränderungen auf Kindergärten, Schulen, Kultur- und Freizeiteinrichtungen, auf den Gesundheits- und Pflegesektor oder auf den Wohnungsmarkt, den öffentlichen Personennahverkehr oder auch die Sportflächen langfristig auswirken ist heute noch unklar. Langfristige quantitative Bedarfsreduzierungen werden teilweise durch veränderte qualitative und verschiedenartige multikulturelle Bedarfsanforderungen aufgehoben.

Der Prozess mit einer in der ersten Phase stark anwachsenden, langfristig (nach 2020) jedoch abnehmenden Bevölkerung macht eine differenzierte Politik erforderlich, die auch die Phase nach 2020 im Blick behalten muss. Die in der Wachstumsphase zu bewältigenden Integrationsaufgaben sowie wohnungs- und arbeitsmarktpolitischen Erfordernisse lassen sich nicht mit dem Hinweis auf die fernere Zukunft ausblenden oder „untertunneln", sondern müssen gelöst werden. Es sollten genügend Anreize geschaffen werden, hoffentlich gestützt auf bundes- und landespolitische Entscheidungen, um unerwünschte Entwicklungen zu verhindern und gewünschte zu befördern. Dies macht es erforderlich, die Komplexität der einzelnen Fragen genauer zu analysieren und kommunale Entscheidungen vorzubereiten. Dabei muss auch die interessierte Öffentlichkeit in geeigneter Form mit einbezogen werden.

Die erwartete Bevölkerungszunahme wird ohne forcierten Wohnungsbau nicht erreicht werden können. Deshalb hat der Gemeinderat als eine der wichtigsten stadtentwicklungspolitischen Maßnahmen beschlossen, auf einem ehemaligen citynahen Bahnareal mit rund 116 ha einen neuen Stadtteil (Bahnstadt) mit rund 2 500 Wohnungen zu bauen. In ihm sollen bis 2020 5 600 Menschen wohnen und 7 000 arbeiten. Es ist augenblicklich Heidelbergs größtes Stadtentwicklungsprojekt.

Heidelberg setzt dabei in Zukunft auf einen re-urbanen Wanderungstrend und auf „urbane" Pendler. Durch ein preislich und gestalterisch differenziertes Wohnungsangebot in einem lebenswerten, nach Nachhaltigkeitsprinzipien gebauten Stadtteil sollen vor allem junge Familien und so genannte Schwellenhaushalte am Anfang ihrer Berufskarriere in der Stadt gehalten werden, die ansonsten wegen eines „unzureichenden oder zu teuren Wohnungsangebotes" (Stadt Heidelberg 2005a, S. 43) der Stadt den Rücken kehren.

Heidelberg setzt bei den Herausforderungen auf den breiten Dialog mit der Bevölkerung. Dies ist dringender denn je.

Warnfried Dettling, einer der profiliertesten Politikberater und gesellschaftspolitischen Autoren, führt neben dem demographischen Wandel die Globalisierung, Digitalisierung, Migration sowie die „Neuverteilung der Macht" zwischen den Geschlechtern als die prägenden Veränderungen an. Er bezeichnet die gegenwärtige Gesellschaft als Transformationsgesellschaft, in der „alte Institutionen nicht mehr tragen und neue noch nicht gefunden sind" (Dettling 2004, S. 3). Ursächlich für viele Probleme sei die „fehlende Passung (Mismatch)" zwischen (alten) Institutionen und neuen Realitäten in Zeiten des Übergangs. Diese Situation ist vor allem für jene spürbar, die in Kommunen politische Verantwortung tragen. Man erlebt täglich, wie unterschiedlich die Meinungen über eine lebenswerte, ökonomisch erfolgreiche und am Nachhaltigkeitsprinzip orientierte Stadt sind, in der soziale Verantwortung nicht nur beschworen, sondern auch gelebt wird (vgl. Stadt Heidelberg 1995, 1997).

Nicht die Veränderungen als solche sind das Problem, sondern die Art und Weise, „wie die Eliten in Staat, Wirtschaft und Gesellschaft darauf reagieren; ob sie Wirklichkeit verdrängen so lange es geht, oder ob sie zu strukturellen Reformen bereit sind" (Dettling 2004, S. 4). Wissen, vor allem der kreative Umgang damit, wird unter den Rahmenbedingungen eines globalen Wettbewerbs der Standorte zum entscheidenden Produktionsfaktor. Der intelligente Umgang mit Differenz *(Management of Diversity)* wird somit zu einer Voraussetzung der Zukunftsbewältigung in den Städten (vgl. ebenda, S. 5). Investitionen in Humankapital dürften langfristig wichtiger werden als solche in Infrastruktur.

Nach der Auffassung Dettlings, der ich mich anschließe, ist es eine Schlüsselfrage für ein Land, eine Stadt, ein Unternehmen oder eine Gewerkschaft, ob sie in der Lage sind, „genügend Leute zu versammeln, die zu einem kreativen Umgang mit Wissen fähig sind" (ebenda, S. 4). Demnach ist es auch im Hinblick auf den Umgang mit den Herausforderungen des DW entscheidend, ob es den Städten gelingt, im Dialog und möglichst im Konsens mit den Bürgerinnen und Bürgern gemeinsam die richtige Strategie zu entwickeln. Dafür benötigt man lokalspezifische Analysen und Entwicklungsszenarien.

Für die Universitätsstadt Heidelberg scheint danach der Weg möglicherweise leichter als anderswo zu sein – und dennoch muss auch hier um den richtigen Weg hart gerungen, müssen die Menschen begeistert werden. Partizipation und authentische Führung in der lokalen Politik, in der aktiv neue Ziele und Umsetzungsstrategien entwickelt und gleichzeitig durch Beteiligungsverfahren legitimiert sind, werden nach einer EU-Studie immer deutlicher zum entscheidenden Faktor von *Good Governance*[19]. Eine Stadt, die auf die Option der Machbarkeit setzt und mit dem Vorteil der Sichtbarkeit des Erreichten ausgestattet ist, erscheint auch den Bürgerinnen und Bürgern viel versprechender als eine Stadt, in der die lokale Führungselite von der Skepsis der Nichtgestaltbarkeit geprägt ist. Ja, die Chancen sind reichhaltig, dass man in der Zukunft in der Stadt besser leben und schöner wohnen kann, und dies gerade durch den demographischen Wandel (vgl. Opaschowski 2005)!

Auf die Frage, „Warum entwickeln sich manche Städte, andere nicht, und warum fallen wieder andere zurück?", gibt Dettling eine auch für viele Städte richtungsweisende Antwort: Es komme auf Technologie, Talente und Toleranz an. Menschen ziehen dorthin, wo es ihrer Ausbildung entsprechende Arbeitsplätze gibt. Damit kommt der Standortprofilierung eine wichtige Bedeutung zu.

---

19 Vgl. hierzu Haus und andere (2005, S. 41). Die Studie basiert auf einer von der EU geförderten internationalen vergleichenden Analyse von Politikstilen in Kommunen unter dem Titel PLUS (Participation, Leadership and Urban Sustainability). In Deutschland waren Hannover und Heidelberg einbezogen.

Entscheidend für die positive Entwicklung seien jedoch noch zusätzliche Faktoren. „Kreatives Personal zu halten und neues anzuziehen, es zu pflegen und zu mobilisieren", sei nicht allein eine Frage der Wirtschaftskraft. Damit seien jene Städte im Vorteil, „die offen und tolerant, vielfältig und aufregend" sind. Es ist das kulturelle und soziale, das offene Klima einer Stadt, das kreative Leute anzieht, viele Lebensentwürfe zulässt, zu einer Verantwortungselite im Sinne einer *Corporate Citizenship* animiert (vgl. hierzu Dettling 2004, S. 7). Vielleicht ist dies für den einen oder anderen eine zu einfache Formel, aber sie verweist auf eine für alle Städte erreichbare Perspektive jenseits von ausschließlich wirtschaftlichem Erfolg.

Mit dem Bekenntnis zu einer urbanen, jedoch überschaubaren Stadt der kurzen Wege mit guter Infrastrukturversorgung und einer nachhaltigen Entwicklung hat Heidelberg in seiner Lokalen Agenda, dem Stadtentwicklungsplan Heidelberg 2010, bereits ein zukunftsfähiges Leitbild entwickelt. Heidelberg besitzt alle Voraussetzungen, die oben genannten „drei großen T" zu erfüllen. Im „Zukunftsatlas 2004" der prognos AG werden Heidelberg beste Zukunftschancen vorausgesagt. Es geht jetzt darum, den Stadtentwicklungsplan mit dem Blickwinkel auf die Herausforderungen durch den demographischen Wandel und dessen beide polare Entwicklungsphasen fortzuschreiben. Nachholbedarf besteht bei der Universitätsstadt laut einer Studie der prognos AG vor allem beim Thema „Familienfreundlichkeit". Die Stadt müsse, so einer der Autoren, um ihre „hohe Zukunftsfähigkeit" zu sichern, „attraktiver werden als Wohnstandort für Familien und Berufstätige und eine höhere Vereinbarkeit von Familie und Beruf gewährleisten."[20]

Heidelberg soll den Charakter einer lebendigen und toleranten Stadt, in der viele unterschiedliche Milieus und Ethnien ohne soziale Konflikte zusammen leben, bewahren. Die Weiterentwicklung des Standortclusters einer Wissenschaftsstadt soll als Impulsgeber für den gesamten Arbeitsmarkt genutzt werden. Wir haben die Möglichkeit, die zukünftigen Lebens- und Arbeitsbedingungen in Heidelberg heute zu beeinflussen. Diese Chance muss genutzt werden.

Die Suche nach einer „demographisch nachhaltigen Formel" lohnt sich demnach. Sie kann ohne falschen Zungenschlag zu einer neuen Identitätsbildung in den Kommunen beitragen. Wir sollten die Herausforderung annehmen, doch der Weg kann für jede Kommune ein anderer sein.

Literatur

Der letzte Deutsche. Auf dem Weg zur Greisenrepublik (Covertitel), in: DER SPIEGEL Nr. 2/5.1.04.

---

20 Interview mit Tobias Koch, prognos AG, in: Stadtblatt, Ausgabe Nr. 36, 1.9.04, S. 3.

Dettling, Warnfried, Stadtpolitik im Umbruch – Globale Trends und gesellschaftlicher Wandel, in: vorgänge, Zeitschrift für Bürgerrechte und Gesellschaft, Zwischen Krise und Kreativität: Die Stadt im Wandel, Nr. 165, 2004.

Deutschlands Zukunft. Wie werden wir leben? Wo werden wir leben? Welche Aussichten hat unsere Gesellschaft?, in: GEO vom Mai 2004 sowie die darin enthaltene Sonderbeilage „Kreise und Städte im Test".

FGW Forschungsgruppe Wahlen Telefonfeld GmbH, Demographischer Wandel in Heidelberg. Ergebnisse einer repräsentativen Bevölkerungsumfrage Januar 2006, Mannheim 2006 (unveröffentlichtes Manuskript).

Generation Kinderlos, in : DER SPIEGEL Nr. 37/12.9.05.

Haus, Michael, Hubert Heinelt, Björn Egner und Christine König, Partizipation und Führung in der lokalen Politik (Modernes Regieren. Schriften zu einer neuen Regierungslehre), Baden-Baden 2005.

Häußermann, Hartmut, Martin Kronauer und Walter Siebel (Hrsg.), An den Rändern der Städte. Armut und Ausgrenzung, Frankfurt a. M. 2004.

Häußermann, Hartmut, und Walter Siebel, Die Stadt als Ort der Integration von Zuwanderern, in: vorgänge, Zeitschrift für Bürgerrechte und Gesellschaft, Zwischen Krise und Kreativität: Die Stadt im Wandel, Nr. 165, 2004.

Jeder für sich. Wie der Kindermangel eine Gesellschaft von Egoisten schafft (Covertitel), in: DER SPIEGEL Nr. 10/6.3.06.

Kaum noch Kontakt, Interview mit der Migrationsforscherin Necia Kelec über muslimische Parallelgesellschaften in Deutschland und die Chancen einer besseren Integration der Zuwanderer, in: Wirtschaftswoche Nr. 10/06.

Kommunale Strategien zur Bewältigung der Herausforderungen des „Demographischen Wandels", März 2006 (unveröffentlichtes Manuskript über eine Umfrage der Fachkommission Stadtentwicklungsplanung des Deutschen Städtetags).

Mäding, Heinrich, Schrumpfen ist keine Schande, in: Frankfurter Rundschau, 10.8.05.

Opaschowski, Horst W., Besser leben, schöner wohnen? Leben in der Stadt der Zukunft, Darmstadt 2005.

Opaschowski, Horst W., Der Generationenpakt. Das soziale Netz der Zukunft, Darmstadt 2004.

Schirrmacher, Frank, Das Methusalem-Komplott, München 2004.

Schirrmacher, Frank, Minimum. Vom Vergehen und Neuentstehen unserer Gemeinschaft, München 2006.

Stadt Heidelberg, Amt für Stadtentwicklung und Statistik, Stadtentwicklungsplan Heidelberg 2010, Solidarische Stadt, Dokumentation der Auftaktveranstaltung vom 8.10.1994, in: Schriften zur Stadtentwicklung Heidelberg, Heidelberg 1995.

Stadt Heidelberg, Amt für Stadtentwicklung und Statistik, Stadtentwicklungsplan Heidelberg 2010 – Leitlinien und Ziele, in: Schriften zur Stadtentwicklung Heidelberg, Heidelberg 1997.

Stadt Heidelberg, Amt für Stadtentwicklung und Statistik, Bevölkerungsentwicklung in Heidelberg. Bevölkerungsentwicklung in Heidelberg nach Stadtteilen 2003–2020, in: Schriften zur Stadtentwicklung, Heidelberg 2004.

Stadt Heidelberg, Amt für Stadtentwicklung und Statistik, Erste Planungskonferenz – Wohnen in der Bahnstadt 3.12.2004 – Dokumentation, Heidelberg 2005a.

Stadt Heidelberg, Amt für Stadtentwicklung und Statistik, Nachhaltigkeitsbericht 2004. Indikatorengestützte Erfolgskontrolle des Stadtentwicklungsplans Heidelberg 2010, Heidelberg 2005b.

Stadtblatt der Stadt Heidelberg, Ausgabe Nr. 36, 1.9.04.

Tatje, Susanne, Bielefeld stellt sich dem demographischen Wandel, in: der städtetag 3/2005.

Weber, Beate, Auf dem Weg zur Bürgerkommune – Bürgerschaftliches Engagement in Heidelberg, in: betrifft: bürgergesellschaft 16, 2005.

Weber, Beate, Die kinder- und familienfreundliche Gemeinde als kommunalpolitische Herausforderung, in: SGK-Aktuell Nr. 1, 2000, S. 11–16.

Weber, Beate, Stadtentwicklung mit den Bürgerinnen und Bürgern – Entwicklungspotentiale der Zivilgesellschaft in Heidelberg?, in: Schmals, Klaus, und Hubert Heinelt (Hrsg.), Zivile Gesellschaft – Entwicklung, Defizite, Potentiale, Opladen 1997, S. 59–79.

Die Autorin

Beate Weber,
seit 1990 Oberbürgermeisterin der Stadt Heidelberg. 1968–1979 Lehrerin Grund- und Hauptschule und Internationale Gesamtschule Heidelberg; 1975–1985 Stadträtin in Heidelberg; 1979–1990 Mitglied des Europäischen Parlaments; 1992–1993 Mitglied der „Kommission Zukunft Stadt 2000" des Bundesministeriums für Raumordnung, Bauwesen und Städtebau; seit 2003 Vorsitzende des Ausschusses für Wirtschaft und Europäischen Binnenmarkt des Deutschen Städtetages.

Karl-Dieter Keim

„Gerechte Ungleichheit?"

Zur aktuellen Neubestimmung des raumordnerischen Prinzips der Gleichwertigkeit der Lebensverhältnisse

Es mutet kühn an, wenn Fachleute der räumlichen Entwicklung gegenwärtig davon sprechen, das für den deutschen Bundesstaat grundlegende Prinzip der „Gleichwertigkeit der Lebensverhältnisse" müsse neu interpretiert und auf diese Weise in modifizierter Form aufrecht erhalten werden[1].

Die aktuellen Berichte aus Wissenschaft, Statistik und Medien werfen ein grelles Licht auf schleichenden Verfall, soziale Erosion und eine nicht-umkehrbare Abwärtsspirale in zahlreichen peripheren Regionen Deutschlands, zuerst in den ostdeutschen Ländern, aber mehr und mehr auch in der alten Bundesrepublik. Räumliche Disparitäten sind spätestens seit 1997 deutlich angestiegen, der durch die EU forcierte Wettbewerb zwischen Regionen schafft Gewinner (mit den Metropolregionen als Flaggschiffen) und koppelt die Verlierer von den künftigen Entwicklungen ab. Die neuen Länder haben seit 1990 etwa 1,5 Millionen Einwohner verloren, aus den dünn besiedelten Regionen ziehen vor allem jüngere, gut ausgebildete und weibliche Personen weg, die Geburtenraten sind niedrig, zurück bleiben aussterbende Dörfer und Kleinstädte, die weder ihre Infrastruktur beibehalten noch ihre Zukunft planen können. Im Elbe-Weser-Dreieck, im nördlichen Oberfranken, in Teilen des Ruhrgebiets, des Hunsrücks und des Saarlands sieht es nicht besser aus. Ein leitendes Prinzip scheitert an den Realitäten. Gleichwertige Lebensbedingungen überall? Nur selten wird offen ausgesprochen, dass das Wünschen nicht geholfen hat, eine Abkehr von seitherigen *Policy*-Strategien ist überfällig.

In langfristiger Perspektive muss die Frage geklärt werden, wie sich eine Gesellschaft mit deutlich weniger Erwerbsarbeit, mit Einwohnerverlusten und mit stagnierendem wirtschaftlichem Wachstum ihre Legitimität bewahren kann. Regio-

---

1   So beispielsweise jüngst das Präsidium und ein Arbeitskreisauftrag der Akademie für Raumforschung und Landesplanung (ARL) oder der letzte Raumordnungsbeirat des Bundesministeriums für Verkehr, Bau- und Wohnungswesen (Empfehlungen 2005).

nen, in denen diese Schwäche-Indikatoren besonders hervortreten, sind daher ein wesentlicher Prüfstein für diese Legitimitätsfrage. Sie lässt sich nur in der Weise befriedigend beantworten, dass die *normativen Grundlagen* der räumlichen Entwicklung breiter und öffentlicher als bisher diskutiert werden.

Ich möchte mit diesem Beitrag eine Argumentationslinie aufzeigen, die es ermöglicht, für das Gleichwertigkeitsprinzip einen neuen Weg einzuschlagen. Nach einem Hinweis auf Prüfmaßstäbe und einer zusammenfassenden Einschätzung des durch den verfassungsrechtlichen Diskurs eröffneten Handlungsspielraums beziehe ich mich überwiegend auf normative sozialwissenschaftliche Aussagen, um zu einem anderen Verständnis des Gleichwertigkeitsprinzips zu gelangen. Dies wird dann am Beispiel infrastruktureller Grundversorgung und ihrer Organisationsfragen konkretisiert und mündet in einige Empfehlungen.

Problemsituation und Maßstäbe für Problemlösungen

Was die Analyse der komplexen Problemsituation angeht, so fällt auf, dass hierzu kaum konkrete Untersuchungen vorliegen. Daten, die bekannt sind, beziehen sich auf Wanderungssalden, auf Altersstruktur und Geburtenraten, auf die Zahl der Arbeitsplätze oder der Beschäftigten, auf die Zahl der Arbeitslosen, auf den Rückbau von Wohnraum und Infrastruktureinrichtungen sowie auf die schrumpfenden kommunalen Finanzmittel. Dies alles sind hilfreiche Indikatoren, die jedoch erst in einer kumulierenden Gesamtbetrachtung unter Würdigung auch der positiven regionalen Merkmale zu einer angemessenen Problemeinschätzung führen. Indirekt lässt sich jedoch erschließen, dass der Gesetzgeber (Bund, Länder) offenbar das Vorliegen von Lebensverhältnissen, die in ihrer räumlichen Charakteristik als unzureichend anzusehen sind, die in ihrer regionalen Ausprägung demnach ein deutliches Gefälle zu den „besseren" Regionen aufweisen, für problematisch hält. Deshalb sollen politische Strategien und Maßnahmen, auch raumpolitischer Art, für entsprechende Problemlösungen ergriffen werden. Allerdings bleibt von vornherein unklar, bis zu welchem Grad differentielle Lebensverhältnisse als unproblematisch akzeptiert werden sollen, welches Spektrum an variierenden regionalen Ausprägungen also vom normativen Begriff der „Gleichwertigkeit" noch als gedeckt gelten könnte. Sind Bedingungen „ungleichwertig", wenn Menschen unterschiedlich weite Wege zu Arzt, Schule oder Post in Kauf nehmen müssen? Oder wenn die Arbeitsplatzstruktur in einer Region eine schmalere Basis hat als in einer anderen? Oder wenn landschaftliche (Umwelt-)Qualitäten in scharfem Kontrast stehen zu den (Umwelt-)Qualitäten in Metropolräumen?

Um derartige Fragen, die sich um die Problemsituationen ranken, kritisch zu prüfen und auf diese Weise zu Antworten zu finden, benötigt die öffentliche Diskussion geeignete *Maßstäbe* für die Beurteilung. Maßstäbe einer rationalen kritischen Prüfung sind prinzipiell auch auf normative Konzepte und auf Wertgesichtspunkte anwendbar. Derartige Aussagen können wie Hypothesen formuliert und behandelt werden. Sie sollten einige Qualitätskriterien erfüllen, besitzen aber immer nur eine vorläufige Geltungskraft. Sobald – wie es gegenwärtig im Fall des Gleichwertigkeitsprinzips der Fall zu sein scheint – gravierende Kritikpunkte auftreten, bedarf es einer Neuformulierung. Zumindest geben gehäuft auftretende Schwierigkeiten bei der Realisierung der (normativen geregelten) Problemlösungen ein starkes Motiv dafür ab, nach Alternativen zu suchen. Doch gibt es im Praxisbereich der Raumpolitik auch Anzeichen für eine Dogmatisierung der seitherigen Problemlösungen. Gerade bei politischen Langzeitaussagen, die gleichzeitig Wertstandpunkte zum Ausdruck bringen, gibt es nur eine geringe Bereitschaft zur Revision, da zwei andere Prinzipien, nämlich die der Rechtssicherheit und der politischen Steuerungsfähigkeit, für eine verlässliche Kontinuität derartiger Maximen zu sprechen scheinen.

Im Folgenden stelle ich drei relevante Prüfmaßstäbe zur Diskussion: die verfassungsrechtliche Beurteilung des Gleichwertigkeitsprinzips, die Anwendung normativer Aussagen zur sozialen Gerechtigkeit sowie den Einsatz von so genannten Brückenprinzipien. Ich bin mir dessen bewusst, dass ich mich mit der Erörterung solcher Prüfmaßstäbe an sozialen Konstruktionen beteilige, also mitwirke an der fortwährenden Etikettierung und Interpretation von Sachverhalten eines komplexen, oft tabuisierten und wesentlich mit negativen Assoziationen verknüpften Problemzusammenhangs. Doch wird auf diese Weise, so hoffe ich, eine Transparenz eben dieser sozialen Konstruktionen erreicht und damit auch eine graduelle Rationalitätssteigerung bei Problemdefinitionen und Problemlösungen.

Der verfassungsrechtliche Normbefehl und seine Handlungsfolgen

Nach juristischer Auffassung[2] handelt es sich bei der entscheidenden, immer wieder herangezogenen Formulierung in Art. 72 Abs. 2 des Grundgesetzes (GG) in der Fassung von 1994 – „Herstellung gleichwertiger Lebensverhältnisse im Bundesgebiet" – um eine (formale) Tatbestandsvoraussetzung für die Gesetzgebungszuständigkeit des Bundes gegenüber den Ländern. Sie bedeutet eine Hürde für die Bundespolitik. Der Bund kann nur insoweit selbst als Gesetzgeber tätig werden (also ausnahmsweise), als er – neben der anderen Begründung der „Wahrung der Rechts- oder Wirtschaftseinheit" – einen Beitrag zur Herstellung gleichwertiger Lebensverhältnisse leistet, und zwar muss die Bundesgesetzgebung für die Herstellung dieses Zwecks erforderlich sein. Die Lebensverhältnisse (oft auch verstanden als Lebensbedingungen oder Lebensqualität) gelten dann als „gleichwertig", wenn die verschiedenen Sachverhalte von entsprechendem Wert sind oder auch ein modifizierter Ersatz, ein Äquivalent (zum Beispiel in Geld), an ihre Stelle tritt. Dieser Akzent eröffnet wesentlich breitere Interpretationsspielräume, als sie das Attribut „gleich" im Sinne von identisch oder gleichartig ermöglichen würde. „Es handelt sich um vergleichbare Lebensumstände der Bürger und die Grundla-

---

2   Vgl. beispielsweise Brandt (2005), dessen aktuelle Expertise im Rahmen einer interdisziplinären Arbeitsgruppe der Berlin-Brandenburgischen Akademie der Wissenschaften (BBAW) entstanden ist, mit zahlreichen weiteren Hinweisen auf die maßgebliche juristische Fachliteratur.

gen individueller Lebensgestaltung, die wandelbar, variabel, dynamisch sind. Sie lassen sich auch als vergleichbare Lebensqualität bezeichnen. Die Vergleichbarkeit beruht nicht auf Identität, sondern kann auch modifizierter Ersatz bzw. Äquivalenz bedeuten. Für die Beurteilung ist ein Maßstab notwendig, der subjektive und objektive Komponenten beinhaltet." (Brandt 2005, S. 12)

Die Menschen in schlechter gestellten Regionen besitzen auf Grund dieser Regelung keinen individuellen Anspruch auf ein Tätigwerden des Gesetzgebers. Für die weitere Argumentation wird zudem die Folgerung bedeutsam, dass mit der Formulierung des Art. 72 Abs. 2 GG „nicht jede Ungleichbehandlung im Bundesstaat ausgeschlossen (ist)" (ebenda, S. 16). „Gleichwertigkeit" ist offensichtlich nicht „Einheitlichkeit", sondern weniger als diese. Als Maßstabsebene gilt das Bundesgebiet, eine Beurteilung räumlicher Differenzierungen muss sich keineswegs an den jeweiligen Ländergrenzen ausrichten, sondern kann auch kleinere oder größere Regionen betreffen.

Zusätzlich lässt sich der Grundsatz der Sozialstaatlichkeit (Art. 20 Abs. 1 GG) verwenden, insbesondere hinsichtlich der Verpflichtung zu einer sozial ausgeglichenen, sicheren und gerechten Ordnung der Lebensverhältnisse – doch auch hier zunächst ohne daraus ableitbare individuelle Ansprüche. In diesem Zusammenhang eröffnet der Blick auf so genannte Minderheitenrechte[3] (mit Gruppenstatus) eine interessante Perspektive, die für die Menschen in peripheren Regionen weiter geprüft werden sollte; solche Rechte können allerdings nicht lediglich nach räumlichen Kriterien zugeschrieben werden. Weiter treten die Gemeinschaftsaufgaben (vor allem Art. 91a GG) hinzu. Es geht hierbei um gemeinsame Rahmenplanungen zwischen Bund und Ländern (mit besonderer Relevanz für die schlechter gestellten Regionen bei der Verbesserung der regionalen Wirtschaftsstruktur) und um finanzielle Lastenübernahmen durch den Bund. Schließlich bietet auch die Finanzverfassung nach Art. 104 GG dem Bund und den Ländern, vor allem in Gestalt des Finanzausgleichs, weitere Instrumente an, um gleichwertige Lebensverhältnisse herzustellen. Die soeben beschlossene so genannte Föderalismusreform wird voraussichtlich die Zuständigkeiten der Länder stärken, dies wird sich jedoch auf das Thema der gleichwertigen Lebensverhältnisse nur wenig auswirken, da auch die Länder an dieses Prinzip (ebenso wie an den Sozialstaatsgrundsatz) gebunden sind (Brandt 2005, S. 32).

Insgesamt bieten die verfassungsrechtlichen Regelungen mehrere Grundsätze und einige Instrumente für die Herstellung gleichwertiger Lebensverhältnisse. Sie enthalten jedoch keine materiellen Vorgaben und keine individuellen Ansprüche, und wenn die öffentlichen Mittel immer knapper werden, sehen sich die staatlichen Akteure gezwungen, Prioritäten zu setzen. Es muss wohl von einer erheblichen politisch-praktischen Dehnbarkeit des hier untersuchten Prinzips ausgegangen werden.

---

3   Diesen Hinweis verdanke ich Bernd Baron von Maydell auf einem Fachgespräch der BBAW-Arbeitsgruppe am 21.01.2006.

Vorstellungen von sozialer Gerechtigkeit

Als Teil einer rationalen politischen Praxis wird die Suche nach geeigneten Problemlösungen durch bestimmte regulative Ideen geleitet. Welche regulativen Ideen stecken im Prinzip der „Gleichwertigkeit der Lebensverhältnisse", soweit sie nicht ausschließlich rechtlicher Natur sind? Die allgemeine politische Leitidee, wohlfahrtsstaatlich definierte Lebensverhältnisse zu sichern bzw. herzustellen, steht offensichtlich in enger Verbindung zu Gerechtigkeitsvorstellungen. So gesehen, gelten die Bemühungen, überall gleichwertige Lebensverhältnisse zu schaffen, als sozial gerecht. Dieser Maßstab bedarf jedoch einer näheren Interpretation.

Wir haben es sozialwissenschaftlich derzeit mit einem in sich spannungsreichen Diskurs zu tun. Auf der einen Seite stehen die soziologischen Studien zur sozialen Ungleichheit; diese abzubauen, ist jahrzehntelang als selbstverständliche öffentliche Aufgabe interpretiert worden (Hradil 2001; Sennett 2002; Barlösius 2004 und andere). Auf der anderen Seite lässt sich eine breite neue Egalitarismus-Kritik beobachten (Krebs 2000, mit weiteren Quellen). An die Stelle von Gleichheitsforderungen tritt bei ihr die Vision einer gerechten Gesellschaft, vor allem mit der Auffassung, die staatlichen Instanzen in Demokratien hätten dafür zu sorgen, dass ein menschenwürdiges Leben effektiv ermöglicht werde. Das bedeutet: Zugang zu Nahrung, Obdach, medizinischer Grundversorgung, sozialer Zugehörigkeit (Inklusion), politischer Autonomie und kultureller Differenz. Ich werde diese zweite Argumentationslinie in groben Strichen nachzeichnen, da sie mehr als die Ungleichheitsstudien eine Hinwendung zu räumlichen Fragen, insbesondere der Ausstattung mit regionaler Infrastruktur, ermöglicht.

Die Gerechtigkeitsauffassungen liefern nun allerdings keine klaren Maßstäbe. Diese regulative Idee wird politisch überwiegend für *distributive* Ziele eingesetzt, und zwar als „Quadratur des Kreises": Was für das Gemeinwohl (utilitaristisch) als sozial gerecht definiert wird, soll gleichzeitig dem individuellen Wohl zu Gute kommen – was selbstverständlich einschließt, entsprechende Einschränkungen, die sich aus der Gemeinwohlbegründung ergeben, individuell als gerechtfertigt darzustellen. Umgekehrt wirken sich die Effekte individualistischer (egoistischer) Haltungen bei der Gestaltung von Lebensbedingungen einschränkend auf die Tragfähigkeit kollektiver Verteilungslösungen aus. Das läuft auf schwierige Abwägungsprozesse hinaus. Ein Ausweg eröffnet sich womöglich, wenn soziale Gerechtigkeit mit dem Gradmesser von Verwirklichungschancen ausgestattet wird: Die Menschen sollen die Möglichkeit haben, ein Leben zu führen, für das sie sich mit guten Gründen entscheiden können, ein Leben, das ihre Selbstachtung nicht beeinträchtigt und das sie befähigt, einander zu helfen (Sen 1992).

Diese Argumentationslinie scheint die Politik gleichverteilter Ressourcen, etwa über die Infrastrukturausstattung, zu entlasten. Das ist gewiss notwendig. In dem Maße, in welchem Wohlstand, Arbeit und Einkommen durch die Mechanismen der kapitalistisch organisierten Marktwirtschaft (die immer weniger sozial ausbalanciert sind) bestimmt werden, lassen sich die dadurch verstärkten Ungleichheitseffekte unter dem Etikett einer Ausgleichsfunktion raumpolitisch immer weniger abbauen, denn es fehlen wirksame Mittel. Doch vielleicht wäre dieser Ausgleich auch gar nicht hilfreich. Die Idee der sozialen Gerechtigkeit erscheint im Wesentlichen hinsichtlich der Maßstäbe für eine gerechte Rechtsordnung einlösbar, nicht jedoch bezüglich der Verteilung von Gütern und Dienstleistungen. Wonach sollen und können in diesem Sinne „gerechte" Programme und Maßnahmen ausgerichtet werden? Weder Kriterien der Gleichheit noch der Bedürfnisse noch der Leistungen sind tragfähig, denn die Auffassungen hierüber sind in freien Gesellschaften mit pluralistischen Wertvorstellungen naturgemäß sehr unterschiedlich (Albert 1978). Das Sen-Prinzip der individuellen Verwirklichungsgerechtigkeit bietet immerhin einen minimalen *common ground*, auf den sich auch räumliche Konzepte stützen könnten, um ausdifferenzierte, flexible (also auch ungleiche) Lösungen zu begründen.

Die jüngere Entwicklung auf EU-Ebene liefert weitere Restriktionen: Mit dem dort in Kraft gesetzten Prinzip der „territorialen Kohäsion" (wenn auch rückgebunden an soziale und wirtschaftliche Kohäsion) wird gleichzeitig die regulative Idee der Steigerung der internationalen Wettbewerbsfähigkeit der EU in Anschlag gebracht.

Dies könnte sich so auswirken, dass die Wettbewerbspolitik hoch selektiv einzelne Teilbereiche oder Kategorien von Wirtschaftssubjekten begünstigt, jedoch andere Wirtschaftszweige, Lebensverhältnisse oder Regionen schwächt bzw. von künftigen Entwicklungen abkoppelt. Die Leitidee der sozialen Gerechtigkeit wird sich insoweit als eine minimale sozialstaatliche Rückzugsposition bei faktisch hoher (ungleicher) sozialräumlicher Differenzierung erweisen. Umso wichtiger, sie weiter mit Inhalt zu füllen.

Die stärkere Akzentuierung der individuellen Lebensgestaltung in der non-egalitaristischen Betrachtung verhilft zu einer für die soziologische Ungleichheitsdiskussion ungewöhnlichen Erweiterung des Maßstabs. Eine hieraus folgende Konsequenz besteht nämlich darin, der Gleichheit keinen intrinsischen moralischen Wert beizumessen (Frankfurt 2000). Es komme moralisch lediglich darauf an, dass niemand ein schlechtes Leben führen muss – jedoch nicht darauf, wie das eigene Leben im Verhältnis zum Leben anderer Menschen abschneidet. „Wenn eine Person über genügend Ressourcen verfügt, um ihre Bedürfnisse und Interessen zu befriedigen, dann sind ihre Ressourcen völlig angemessen. Deren Angemessenheit hängt nicht zusätzlich von der Menge der Ressourcen ab, über die andere Personen verfügen. ... Für keine dieser Erwägungen scheint es mir erforderlich, die eigenen Umstände gegen die irgendeiner anderen Person aufzurechnen." (Frankfurt 2000, S. 42) Die Frage bleibt: Was sind hinreichende Ressourcen? Entscheidend ist jedoch, dass hier die subjektive Einschätzung der Mittel für die (möglichst selbstbestimmte) Lebensführung im Vordergrund steht; die Situation jedes einzelnen Menschen oder jedes Haushalts, jeder Familie soll, dies gebiete die moralische Achtung, in der jeweils eigenen Partikularität gewürdigt werden. Vergleiche sind danach kein relevanter Maßstab, doch zu subjektiven Maßstäben fehlt es im Bereich gleichwertiger Lebensverhältnisse an einer empirischen Gerechtigkeitsforschung[4].

Je mehr eine derartige Argumentation Platz greift, desto dünner wird das Eis, auf welchem räumliche Infrastrukturausstattungen und öffentliche Dienstleistungen nach einheitlichen, formalen Kriterien geplant werden können. Hier sich politisch-planerisch viel restriktiver zu verhalten, läge nahe, fällt jedoch umso schwerer, als die empirische Sozialpsychologie seit langem Befunde darüber vorlegt, dass Menschen im Allgemeinen in vielen alltäglichen Situationen soziale Vergleichsprozesse praktizieren und dass eine „relative Deprivation" immer wieder als Begründung für Forderungen im Bereich der Daseinsvorsorge benutzt wird. Doch das Frankfurt'sche Argument wirft ein Licht auf die Tatsache, dass gerade heute Vorstellungen, Bedürfnisse und Lebensstile der Menschen sehr differenziert ausfallen. In Zeiten, in denen flächendeckende Ausstattungsniveaus nicht mehr aufrecht erhalten werden können, bietet diese Sichtweise einen alternativen Bezugspunkt, der zum Beispiel die Diskussion um ein Grundeinkommen oder Bürgergeld eher nahe legt als die Diskussion um Mindeststandards.

Brückenprinzipien als Anwendungshilfe

Im Ergebnis führen sowohl die verfassungsrechtlichen Handlungsspielräume als auch die Gerechtigkeits- bzw. Wohlfahrtskriterien zu keinen klar strukturierbaren Handlungsprogrammen als Problemlösung. Der rechtliche Kontext liefert keine materiellen Gestaltungsvorgaben, der sozialphilosophische Kontext betont mehr und mehr die freiheitlich-individuelle – also auch ungleiche – Lebensführung in Verbindung mit Selbstverantwortung und hinreichenden Ressourcen. Es wäre demnach rational, das politische Ziel, gleichwertige Lebensverhältnisse herzustellen, von Wertgesichtspunkten stärker zu entlasten, und mehr auf nüchterne funktionale Gesichtspunkte zu setzen. Aber welche kritischen Schwellenwerte für regionale Funktionsfähigkeit sollen gewählt werden? Welche Verfahren sind geeignet? Welcher Anteil der Problemlösungen ist räumlich organisierbar?

Zur weiteren Konkretisierung können zunächst einige Brückenprinzipien weiterhelfen, um von allen denkbaren Strategien oder Handlungsprogrammen zu einem in den betreffenden Entscheidungssituationen normativ in Betracht kommenden Vorgehen zu gelangen:

- Als erstes hilft ein *Realisierbarkeitspostulat*: Sollen impliziert Können! Kann die Politik, kann die Raumordnung überhaupt zu der so beschriebenen Problemlösung beitragen? Über die politische Praxis lassen sich (in einem gewissen Umfang) Infrastrukturausstattungen, Sicherheits- bzw. Umweltstandards erzielen, aber können auf diese Weise wirklich gleichwertige Lebensverhältnisse geschaffen werden? Sind nicht in erheblichem Umfang Verbesserungen

---

4   Diese gibt es jedoch zu Fragen von Arbeitsmarkt und Arbeitslosigkeit; vgl. das laufende Projekt der „VolkswagenStiftung" „Interdisziplinäre soziale Gerechtigkeitsforschung".

durch wirtschaftliche Akteure oder durch zivilgesellschaftliche Selbstorganisation nötig? Da die Verhältnisse in hohem Maße ökonomisch bestimmt werden, sind Zweifel an der Wirksamkeit politischer Steuerung angebracht; ihr Handlungskorridor und ihr Gewicht müssen genau bestimmt werden.

■ Sodann kann ein *Kontextpostulat* hilfreich sein: Bei der Interpretation von politischen Ziel- und Umsetzungsaussagen sind situationsspezifische Kontexte zu berücksichtigen! Hierzu gehören typische regionale Merkmale (einschließlich ihrer Sozialstruktur) ebenso wie in ihnen vorherrschende subjektive Überzeugungssysteme (z.B. traditionale Präferenzen, Benachteiligungsgefühle). Welchen Charakter können dann einheitliche bundesweite oder gar EU-weite Vorgaben haben? Offenbar kann es insoweit nur um Kontextsteuerung gehen, um Rahmenaussagen, wobei die Konkretisierungen den dezentralen (regionalen) Einheiten überlassen bleiben sollten.

■ Weiter sei auf ein *Inklusionspostulat* verwiesen, das besagt, den Menschen – unter Würdigung ihrer individuellen Wahl der Lebensführung – Zugang zu einzelnen Leistungssystemen (z.B. im Bildungs- oder im Gesundheitsbereich) zu gewährleisten. Inklusion wird über Rechte und Anrechte realisiert und besitzt offensichtlich auch eine räumliche Dimension. Wie kann vermieden werden, dass es trotz expandierender Leistungssysteme zu kumulativen Exklusionen kommt, dass also gerade Menschen in nicht-gleichwertigen Regionen aus immer mehr Teilsystemen herausfallen? Nur bei gelingender Inklusion ist gewährleistet, dass tragfähige Programme mit Wertimplikationen eine breite Akzeptanz bei den Adressaten erzielen können (die in pluralistischen Gesellschaften ohnedies schwer herzustellen ist).

Werden derartige Prinzipien angewandt – und das wird hier vorgeschlagen –, so schränkt dies den Kreis möglicher Problemlösungen deutlich ein. Es wird auf diese Weise auch sichtbar, dass normative Standpunkte einander in kritischen Punkten widersprechen können – eine Aufforderung zu fairen Abwägungen.

Folgerungen für die Infrastruktur-Grundversorgung

Die in den vorherigen Abschnitten diskutierten Prüfmaßstäbe sollen im Folgenden auf den Bereich der öffentlichen Infrastruktur – als einem wesentlichen Element zur Herstellung von angemessenen Lebensbedingungen – angewandt werden. Meine Überlegungen sind allgemeiner Art; die gesetzlichen Regelungen (zum Beispiel im Bundesraumordnungsgesetz oder in sektoralen Einzelgesetzen) werden hier nicht als Steuerungsvorgaben, sondern als eine unter mehreren möglichen Varianten behandelt. Ich plädiere generell für eine kontextgebundene, inklusive und über Verhandlungssysteme entstehende Infrastruktur-Grundversorgung. Vor allem im Falle sich verstärkender regionaler Disparitäten gilt es, Handlungsvorschläge zu entwickeln, welche die besonderen Situationen der einzelnen Teilregionen, je nach Raumkategorien und Ressourcen, berücksichtigen. Auf diese Weise werden sich zwar ungleiche, jedoch sozial gerechte, weil angemessene und akzeptierte infrastrukturelle Ausstattungen ergeben.

Zunächst sollte die öffentliche Infrastruktur typologisch differenziert werden, etwa nach leitungsgebundenen, standortgebundenen und ambulant organisierbaren Ausstattungen einerseits, nach Pflicht-, Wahlpflicht- und freiwilligen Angeboten andererseits. So rechne ich die Wasserversorgung zu den Pflichtaufgaben, die leitungsgebundene Lösungen erfordern und die Mindeststandards erfüllen sollten. Für zwingend halte ich es auch, Einrichtungen der grundständigen Schulbildung standortgebunden als Pflichtaufgabe zu organisieren, ebenso eine minimale ärztliche Betreuung in einer Kombination aus standortgebundenen Praxen und ambulanten Diensten vorzuhalten. In solchen Fällen wird das öffentliche Interesse an „gleichwertigen" Lösungen höher bewertet, als sie ausschließlich der individuellen Selbstorganisation zu überlassen. In Gerechtigkeitsbegriffen könnte man sagen: Garantiertes Trinkwasser, garantierte Schulbildung und garantierte medizinische Versorgung gehören in der Bundesrepublik zu den Bedingungen dafür, kein schlechtes Leben führen zu müssen. Ist dies konsensfähig? Ich denke, weitgehend ja – doch schon bei den folgenden Infrastrukturausstattungen müssen die Entscheidungen je nach Situation und je nach sozialer Gruppe ausgehandelt bzw. kommunalpolitisch entschieden werden.

Bei Abwasser-Leitungssystemen besteht aus gutem Grund meist Anschluss- und Benutzungszwang, ebenso bei den Energieversorgungsleitungen, obwohl die Energielieferungen selbst inzwischen meist privat angeboten werden. Etwas mehr Spielraum scheint es bisher beim Anschluss an die Informations- und Kommunikationstechnik zu geben (Verkabelung); hier kann auch ein Desinteresse bekundet werden. Wiederum lehren die Erfahrungen bei der Müllentsorgung (gar noch bei Sondermüll), dass hier Zwang nötig ist, dass diese Aufgabe „selbstorganisiert" ohne Umweltgefährdung nicht gelingen kann. Und doch ist zu fragen, was unter dem Gesichtspunkt der selbst gewählten Lebensverhältnisse dagegen spricht, wenn Menschen in abgelegenen Ortschaften mit Flüssiggas für die Küche, mit weiter entfernt aufgestellten Müllcontainern, ohne Festnetzanschluss (Handy macht's möglich) und ohne Kabelfernsehen leben wollen. Weniger Spielraum für Optionen dürfte es bei der Organisation der Polizei- und Feuerwehrdienste geben; Standorte mit weiträumigen Einsatzgebieten haben sich inzwischen überwiegend bewährt.

Bereiche mit mehr Raum für Verhandlungsprozesse sehe ich im Personennahverkehr, in der Kinderbetreuung, im nachhaltigen Ressourcenschutz, in der täglichen Versorgung (Einzelhandel), im Bäderbetrieb sowie in besonderen Dienstleistungen (Post, Rettungsdienste usw.). Hier wird von Fall zu Fall zu erörtern und zu entscheiden sein, wie die auf die jeweilige Region zugeschnittene geeignete und finanzierbare Lösung aussehen soll. Über eine Erweiterung der Funktionen von Schulstandorten könnte ein qualitativer Sprung erreicht werden, nämlich über deren Anerkennung als „sozialer Raum", das heißt als Kristallisationspunkte für Kommunikation, kreative Milieus, Jugendtreffpunkte, Kulturangebote, Bearbeitungen sozialer Probleme und Gemeinwesenbildung. Dies zu ermöglichen (trotz der

Haftungsproblematik), würde die Bedeutung des Zugangs zur Teilhabe und sozialen Anerkennung, aber auch das Recht auf Selbstorganisation und gegenseitige Hilfe in defizitären Regionen hervorheben.

Ein besonderer Handlungsbedarf mit räumlichen Modellen wird in denjenigen Teilregionen gesehen, die durch eine Gleichzeitigkeit von negativen Wanderungsbilanzen, Überalterung und *brain drain* gekennzeichnet sind und die wegen mangelnder Zentralität keine „kritische Masse" mehr aufweisen. Gefragt sind vor allem innovative Organisationsmodelle, durch welche verstreute Gemeinden und Siedlungen horizontal hinsichtlich einer gemeinsamen Grundversorgung mit standortgebundenen und/oder ambulanten Angeboten zusammengeführt werden, um die Chancen zur Wiedererstarkung kreativer Milieus zu erhöhen. Denn die regionalen Disparitäten sind eben nicht nur der Arbeitslosigkeit und den Bevölkerungsverlusten geschuldet, sondern einer Zerstörung der Milieuqualitäten, die – eine bestimmte Siedlungsdichte vorausgesetzt – als Ansporn und Orientierungsbezug für Bildung, Qualifizierung und solidarische Sozialverhältnisse unverzichtbar sind. Schritte zur Arbeitsmarktentwicklung und die Beteiligung von Unternehmen sollten solche Zusammenschlüsse abstützen.

Eine Mitwirkung privater oder in öffentlich-privater Partnerschaft organisierter Träger an derartigen Angeboten ist zu befürworten, auch deshalb, um innovative Formen der Infrastrukturausstattung und des Betriebs unter Gesichtspunkten von Angebotsdifferenzierung und Wirtschaftlichkeit zu ermöglichen. Soweit private Träger auftreten, sollten die Kommunen prüfen, inwieweit sie eine öffentliche Gewährleistungsverpflichtung übernehmen können bzw. müssen (Keim 2003, Kap. 7). Die Erfahrungen aus Ländern mit extrem dünn besiedelten Räumen (z.B. Kanada, Finnland) können zusätzlich hilfreich sein.

Diese Überlegungen verdeutlichen einen Bedarf an variablen Governance-Formen, d.h. einen Steuerungsbedarf, der neben der staatlichen bzw. kommunalen Verantwortung eine je nach Aufgabe unterschiedlich ausgeprägte Mitwirkung privater Träger oder selbstorganisierter Lösungen vorsieht. Daher die überragende Bedeutung von Infrastrukturplanungen, die *ausgehandelt* werden. Mit den zuständigen Fachpolitiken – dies erscheint dringend – ist abzustimmen, nach welchen räumlichen Modellen solche Verbesserungen verwirklicht werden können. Vor allem geht es um weiträumigere Ersatzangebote, falls Einrichtungen geschlossen werden müssen, oder etwa um Konzepte zur räumlichen Zusammenführung der Wohnorte junger Familien mit Kindern und leistungsstarker Bildungs- und Betreuungseinrichtungen.

Ergebnis

Das Gleichwertigkeitsprinzip mag seine verfassungsrechtliche Bedeutung haben. Auf den Ebenen darunter sollten nivellierende Gleichheit und flächendeckende Ausgleichsfunktion als Leitbilder aufgegeben werden. Das aus der Kulturpolitik bewährte Handlungsprinzip *managing diversity* kann in weitem Maße auch für die Raumpolitik gelten. Hinsichtlich gerechter Verwirklichungschancen für eine selbstdefinierte Lebensführung ergibt sich dann ein Bedarf an kollektiven Lösungen, wenn es um eine Grundabsicherung von räumlich organisierten Gemeinschaftsgütern geht, wie sie im Interesse funktionaler Verflechtung erforderlich erscheinen. Das Instrument der Zentralen Orte vermag zu einer so konzipierten räumlichen Entwicklung allerdings wenig beizutragen. Es wird für Modelle mit unterschiedlicher Institutionalisierung plädiert (befristete Sozialexperimente mit laufender Auswertung). Für die Finanzierung neuer Lösungen einschließlich der Mitwirkung Privater sollten öffentliche Mittel angeboten werden, sie stehen über den Finanzausgleich oder über die Förderprogramme durchaus zur Verfügung.

Literatur

Albert, Hans, Traktat über rationale Praxis, Tübingen 1978.

Barlösius, Eva, Kämpfe um soziale Ungleichheit, Wiesbaden 2004.

Brandt, Edmund, Gleichwertige Lebensverhältnisse – verfassungsrechtliche Vorgaben, verfassungspolitische Entwicklungen (Expertise), 2005 (unveröff.).

Frankfurt, Harry, Gleichheit und Achtung, in: Krebs, Angelika (Hrsg.), Gleichheit oder Gerechtigkeit, Frankfurt am Main 2000, S. 38–49.

Höffe, Otfried, Gerechtigkeit. Eine philosophische Einführung, München 2. Aufl. 2004.

Hradil, Stefan, Soziale Ungleichheit in Deutschland, Opladen 2001.

Keim, Karl-Dieter, Das Fenster zum Raum. Traktat über die Erforschung sozialräumlicher Transformation, Opladen 2003.

Krebs, Angelika (Hrsg.), Gleichheit oder Gerechtigkeit. Texte der neuen Egalitarismuskritik, Frankfurt am Main 2000.

Sen, Amartya, Inequality Reexamined, New York 1992.

Sennett, Richard, Respekt im Zeitalter der Ungleichheit, Berlin 2002.

Der Autor

Prof. Dr. Karl-Dieter Keim,
1970–1982 wiss. Mitarbeiter und Koordinator am Deutschen Institut für Urbanistik (Difu), 1982–1992 Universität Bamberg, 1992–2004 Direktor des Leibniz-Instituts für Regionalentwicklung und Strukturplanung (IRS) in Erkner bei Berlin sowie Professor für Stadt- und Regionalentwicklung an der Brandenburgischen TU Cottbus.

Foto: Jürgen Hohmuth

Werner Heinz

Globalisierung und kommunale Transformationsprozesse

1.   Einführung

Der Begriff „Globalisierung", mittlerweile ein allseits geläufiges Modewort, war noch Anfang der 1990er-Jahre weitgehend unbekannt. Heute steht er alltagssprachlich für weltweite Vernetzung und eine nicht näher bezeichnete Macht, die omnipräsent zu sein scheint, und wird vielfach dann verwandt, wenn es darum geht, komplexe Entwicklungen und deren Ursachen zu vereinfachen oder auch zu verschleiern.

Im wissenschaftlichen Diskurs wird Globalisierung vor allem von Seiten kritischer Politik- und Wirtschaftswissenschaftlerinnen und -wissenschaftler zur Bezeichnung eines komplexen Bündels von Maßnahmen verwandt, die ab den 1970er-Jahren zum Einsatz kamen: und zwar zur Bekämpfung der immer deutlicher hervortretenden Krise der als Fordismus bezeichneten Formation der kapitalistischen Wirtschaftsweise (hierzu Hirsch 1998, S. 22). Die Produktivitätsreserven und Profitmöglichkeiten des für diese Formation konstitutiven fordistisch-tayloristischen Produktionsprozesses waren an ihre Grenzen gestoßen. Die vorherrschenden politisch-administrativen Strukturen und Regularien wurden zunehmend als Barrieren empfunden, die die Dynamik des wirtschaftlichen Entwicklungs- und Verwertungsprozesses behinderten. Damit hatte die Vereinbarkeit von Kapitalprofit und keynesianisch geprägtem Wohlfahrtsstaat ein Ende gefunden (ebenda).

2.   Merkmale des aktuellen Globalisierungsprozesses

Der nun einsetzende, vor allem von anglo-amerikanischer Seite forcierte und dann von immer mehr Staaten der nördlichen Hemisphäre adaptierte Prozess der tief greifenden Modernisierung bestehender Finanz- Wirtschafts- und Unternehmensstrukturen wie auch der politisch-administrativen Organisation steht für die Transformation des „organisierten" Kapitalismus in Richtung eines so genannten entfesselten, von beengenden Schranken weitgehend befreiten Kapitalismus (vgl. Bischoff 2004, S. 78 ff.). Als maßgebliche Kennzeichen dieses Prozesses gelten: die Liberalisierung des Waren-, Dienstleistungs- und Kapitalverkehrs durch den Abbau von Zöllen und anderen Handelsbarrieren; eine weitgehende Deregulierung im öffentlichen wie im Wirtschafts- und Finanzsektor; eine zunehmende Teil- oder Vollprivatisierung bisher öffentlich erbrachter Aufgaben und Leistungen sowie eine anhaltende Flexibilisierung von Produktionsprozessen und Arbeits- und Lohnverhältnissen (von der Teilzeitarbeit bis zur Einführung flexibler Arbeitszeitmodelle). Die theoretisch-ideologische Basis dieser strategischen Ansätze bilden die seit den 1970er-Jahren immer stärker um sich greifenden Vorstellungen des Neoliberalismus (Hirsch, ebenda, S. 23 f.).

Ermöglicht und beschleunigt wurden und werden diese Entwicklungen durch die technologischen, mit Computerisierung und Digitalisierung umschriebenen Innovationen im Informations-, Kommunikations-, Produktions- und Transportsektor sowie die gleichzeitige Durchsetzung von Englisch als Weltsprache.

Deregulierung und Liberalisierung im globalen Maßstab haben vor allem auf Seiten der Wirtschaft zu signifikanten Veränderungen geführt. Am spektakulärsten verlief die Entwicklung auf den Finanzmärkten, die sich zunehmend verselbständigten. Die globalen Finanztransaktionen expandierten damit um ein Vielfaches schneller als Weltproduktion und Welthandel. Aber auch Letzterer hat sich, gemessen am Export, zwischen 1980 und 2000 nahezu verdreifacht (hierzu Koopmann/Franzmeyer 2003, S. 16). Globalisiert hat sich auch die Weltproduktion. Die Zahl der transnationalen Konzerne stieg von etwa 7 000 Anfang der 1990er-Jahre auf inzwischen knapp 65 000 (ebenda, S. 17). Mit ihren staatenübergreifenden, der Minimierung von Produktionskosten dienenden Produktions- und Fertigungsketten tragen transnationale Unternehmen zu einem weltweiten Prozess der Arbeitsteilung bei. Im Vergleich mit großen Konzernen früherer Jahre weisen diese Unternehmen jedoch einen signifikanten Unterschied auf: eine immer geringere nationalstaatliche Verortung und Regulierbarkeit infolge ihrer nationale Grenzen überschreitenden Standortpolitik.

Kennzeichen der aktuellen wirtschaftlichen Entwicklung ist schließlich auch ein sich verschärfender und immer weiter um sich greifender Wettbewerb. Seit den 1980er-Jahren sind auch die Gebietskörperschaften immer stärker einem globalen Wettbewerb ausgesetzt. Dieser erfasst alle Ebenen: von Staatenblöcken wie der EU über Nationalstaaten, Bundesländer und Regionen bis zur Ebene der Städte und Gemeinden.

Der Prozess der neoliberalen Globalisierung ist zunächst durch wachsende weltweite Vernetzung und Verzahnung gekennzeichnet. Infolge der unterschiedlichen Ausgangsbedingungen, Strukturmerkmale und Einflusschancen der Beteiligten und der – in der Logik der Kapitalverwertung begründeten – Nutzung dieser Unterschiede im Sinne unternehmerischer Wachstums- und Renditesteigerung kommt es jedoch nur in Ausnahmefällen dazu, dass bestehende Disparitäten und Unterschiede reduziert werden. In der Regel werden diese weiter verschärft und vorhandene Widersprüche vergrößert. Die Dichotomien von Wachstum und Schrumpfung, Vereinheitlichung und Fragmentierung, Reichtum und Armut, De- und Neo-Industrialisierung sowohl im kleinräumigen als auch im großräumigen Kontext sind daher nicht zufällige, sondern inhärente Begleitumstände des aktuellen Globalisierungsprozesses.

3. Zur Mediatorenrolle von Europäischer Union und nationalstaatlicher Ebene

Mit dem Vertrag von Maastricht 1991 und der Einrichtung der Europäischen Union wurde nicht nur in einem maßgeblichen Teil der so genannten Triade aus Nordamerika, Europa und asiatisch-pazifischem Raum ein gemeinsamer Wirtschaftsraum geschaffen, sondern auch ein Perspektivenwechsel beim europäischen Projekt im Sinne der neoliberalen Globalisierung und deren Regularien vollzogen. Die Prinzipien der keynesianisch-fordistischen Regulationsweise, die den Verträgen und Integrationsbestrebungen früherer Jahre zugrunde gelegen hatten, wurden von der Dominanz der Märkte und einer verstärkten Wettbewerbsorientierung abgelöst, die auf eine sukzessive Deregulierung nationalstaatlicher Wirtschafts- und Sozialpolitiken zielten (Altvater/Mahnkopf 1996, S. 245).

Strategisches Ziel der viel zitierten Erklärung von Lissabon (2000) ist es, den gemeinsamen europäischen Wirtschaftsraum bis 2010 zum „wettbewerbsfähigsten und dynamischsten wissensbasierten Wirtschaftsraum der Welt" werden zu lassen[1].

Unter Verweis auf die Herausforderungen des weltweiten Wettbewerbs und die daraus resultierende Notwendigkeit tief greifender Strukturveränderungen setzte hierzulande etwa zeitgleich mit dem Vertrag von Maastricht die so genannte Standort-Deutschland-Debatte ein. Mit der Maxime „Mehr Markt und weniger Staat" und der Begründung, diese Politik sei im Rahmen der vorgesehenen EU-Harmonisierung ohnehin erforderlich, münzte die damalige Bonner Koalitionsregierung diese Debatte in eine schrittweise Politik der Deregulierung und Liberalisierung um. Maßgebliche Ziele dieser Politik waren und sind die Schaffung und Bereitstellung optimaler Standort- und Verwertungsbedingungen für ein international höchst flexibles Kapital sowie die Sicherung und Verbesserung der Position Deutschlands im Wettbewerb der Staaten und Staatenblöcke.

4. Konsequenzen für die kommunale Ebene

Von den skizzierten Prozessen, Entwicklungen und Politiken sind letztlich alle Städte und Gemeinden – mittel- oder unmittelbar – betroffen, wenn auch unter-

---

1 http://ue.eu.int/ueDocs/cms_Data/docs/pressData/de/ec/001000-rl.d0.htm, Europäischer Rat, Schlussfolgerungen des Vorsitzes, Lissabon, 23. und 24.3.2000.

schiedlich in Intensität, Ausmaß und Zeitpunkt. Die damit induzierte Transformation von Kommunen und ihren Strukturen hängt allerdings immer von den gegebenen Ausgangsbedingungen des Einzelfalles ab: von Wirtschafts- und Unternehmensstrukturen, sozialen und politischen Verhältnissen, Stadt- und Siedlungsstrukturen wie auch der Konstellation der Entscheidungsträger vor Ort.

Am deutlichsten werden die Auswirkungen des Globalisierungsprozesses auf kommunaler Ebene sichtbar in Veränderungen von Wirtschafts- und Arbeitsmarktstruktur, Bevölkerungs- und Sozialstruktur, Siedlungsstruktur und Stadtgestalt wie auch der politisch-administrativen Strukturen und Handlungsspielräume lokaler Gebietskörperschaften.

4.1   Veränderung von Wirtschaft und Arbeitsmarkt

Die wirtschaftliche Entwicklung in deutschen Städten ist in jüngerer Zeit vor allem gekennzeichnet durch einen dramatischen Anstieg der Arbeitslosenzahlen – von knapp 900 000 im Jahre 1980 (in den alten Bundesländern) auf über fünf Millionen Anfang 2005 (alte und neue Bundesländer) – und eine anhaltende Verschiebung der Arbeitsplatzanteile vom sekundären auf den, in Bezug auf seine Kompensationsfunktion deutlich überschätzten, tertiären Sektor. Die Ursachen für diese, mit signifikanten groß- und kleinräumlichen Unterschieden einhergehende Entwicklung sind vielfältig und in der Regel miteinander vernetzt. An erster Stelle steht der die Entwicklung des industriellen Sektors von Beginn an kennzeichnende Prozess der fortschreitenden Rationalisierung und Produktivitätssteigerung durch den Einsatz neuer Technologien und Fertigungsstrukturen und der daraus resultierende drastische Arbeitsplatzabbau in Sektoren mit niedrigen Qualifikationsanforderungen.

Eine zentrale Rolle für die Arbeitsmarktentwicklung spielen auch die mit dem Wettbewerb der Standorte und der Entwicklung kostensenkender Produktions- und Fertigungsstrukturen einhergehenden Veränderungen auf betrieblicher Ebene. Diese reichen von Schließungen und Verlagerungen einzelner Produktionsstätten oder Betriebsteile bis zu umfangreichen Maßnahmen der internen Umstrukturierung, deren sichtbarster Ausdruck das *Outsourcing* einzelner Unternehmensteile und/oder die Fusion mit anderen Betrieben ist. So hat beispielsweise der 1999 fusionierte Konzern von Thyssen und Krupp bis Anfang 2005 „Unternehmen mit einem Umsatz von 5,4 Milliarden Euro veräußert und solche mit einem Umsatz von sieben Milliarden Euro erworben"[2].

Auf besondere Kritik stößt schließlich eine weitere, Arbeitsplatz reduzierende Entwicklung, die der unternehmerischen Renditesteigerung dient und oft als *Shareholder-Value*-Orientierung bezeichnet wird. Aktuelles und immer wieder genanntes Beispiel ist die Deutsche Bank AG. Diese konnte ihren Profit 2004 zwar

---

2   „Thyssen-Krupp peilt Rekordgewinn an", in: Frankfurter Rundschau, 22.1.2005, S. 13.

um 87 Prozent steigern, dennoch sollten 6 400 Stellen, 1 900 davon in Deutschland, abgebaut werden[3].

Auch wenn der Abbau von Arbeitsplätzen vor allem den Industrie- und Gewerbebereich betrifft, so zählt Deutschland nach wie vor zu den wichtigsten internationalen Industriestandorten. Deutlichster Beleg hierfür ist das hohe Exportvolumen der deutschen Wirtschaft. Mit einem Volumen von 323 Milliarden Dollar war die Bundesrepublik bereits 1988 der weltweit größte Warenexporteur, und mit 731 Milliarden Dollar war sie dies auch im Jahr 2001 wieder (vgl. ver.di 2004, S. 4). Exportiert werden nach wie vor Güter und Industrieprodukte (von Kraftfahrzeugen und Maschinen bis zu Gütern der Optik und der Nachrichtentechnik) und nur zu einem geringen Prozentsatz Dienstleistungen. Über die Frage, welche dieser Industrieprodukte mit welchen Anteilen in Deutschland gefertigt werden und welche außerhalb, gehen die Meinungen auseinander. Zunehmende Übereinstimmung besteht hingegen darüber, dass eine Politik der einseitigen Dienstleistungsorientierung zu kurz greift. Infolge der engen strukturellen Verflechtungen zwischen tertiärem und sekundärem Sektor sind positive Entwicklungen im Dienstleistungsbereich und damit auch Arbeitsplatzzuwächse insbesondere dann zu erwarten, wenn auch der industrielle Sektor wächst.

4.2   Demographische und soziale Veränderungen

Seit der zweiten Hälfte des vorigen Jahrhunderts liegt die Bevölkerungsentwicklung der Triadestaaten deutlich unter der durchschnittlichen Wachstumsrate der Weltbevölkerung. Am signifikantesten fällt diese Abweichung für Europa aus. Für Birg (2004a, S. 12) werden in diesem Negativtrend der enge Zusammenhang zwischen wirtschaftlicher und demographischer Entwicklung und ein weltweit geltendes demographisch-ökonomisches *Paradoxon* deutlich: dieses ist der gegenläufige Zusammenhang zwischen dem materiellen Lebensniveau eines Landes und dem Niveau seiner Geburtenrate. Zur Erklärung der aktuellen und prognostizierten Entwicklung der Bevölkerung in Deutschland und seinen Städten reicht jedoch das von Birg konstatierte Paradoxon allein nicht aus. Hier spielen offenbar weitere Faktoren eine gewichtige Rolle, die in der gegenwärtigen Wirtschafts- und Arbeitsmarktsituation begründet sind.

In den 1990er-Jahren war die Bevölkerungsentwicklung in Deutschland insgesamt stabil: hohe Geburtendefizite wurden durch starke Wanderungsbewegungen ausgeglichen. Nach den Prognosen des Statistischen Bundesamtes (mittlere und minimale Variante) wird es aber auch bei weiter unterstellten Wanderungsgewinnen in den nächsten Jahren zu einem Bevölkerungsrückgang kommen: zunächst langsam (bis 2015/2020), dann jedoch deutlich schneller (bis 2050) (vgl. Statistisches Bundesamt 2003, S. 26). Maßgeblicher Grund werden hohe Sterbefallüberschüsse infolge einer kontinuierlich sinkenden Geburtenrate sein. Nach einer Forsa-Umfrage vom Herbst

---

3   „Ackermann erhitzt Gemüter", in: Frankfurter Rundschau, 10.2.2004, S. 9.

2004[4] gehen die Ursachen für diese Entwicklung jedoch weniger auf Hedonismus, Bequemlichkeit und berufliches Karrierestreben zurück, sondern immer stärker auch auf die Unsicherheiten des Arbeitsmarktes und seiner weiteren Entwicklung.

Ökonomischer Strukturwandel und anhaltende De-Ökonomisierung ganzer Landstriche infolge mangelnder Wettbewerbsfähigkeit der dortigen Betriebs- und Unternehmensstrukturen haben allerdings – trotz der gegenwärtig insgesamt stabilen Bevölkerungsentwicklung – zu deutlichen räumlich-selektiven Bevölkerungsrückgängen geführt. Das sich bereits in den 1980er-Jahren abzeichnende Nord-Süd-Gefälle wird dabei seit den 1990er-Jahren von einem Ost-West-Gefälle überlagert.

Für ausländische Bewohnerinnen und Bewohner, deren Anteil an der Bevölkerung seit etwa Mitte der 1990er-Jahre stabil geblieben ist (mit 8,8 Prozent 1995 und 8,9 Prozent 2002, vgl. Statistisches Bundesamt 1996/2003) geht die gegenwärtige Wirtschafts- und Arbeitsmarktentwicklung mit mehreren negativen Konsequenzen einher. Ihr Anteil an den Arbeitslosen liegt mit 24,3 Prozent (2005) deutlich über der Durchschnittsquote von 12,1 Prozent[5]. Die viel diskutierte multikulturelle Gesellschaft der 1980er- und frühen 1990er-Jahre hat der Entstehung von Parallelgesellschaften Platz gemacht, und nach einer Studie von Heitmeyer sind gegenwärtig 60 Prozent der deutschen Bevölkerung der Ansicht, „es lebten zu viele Ausländer in Deutschland"[6]. Angesichts rückläufiger Arbeitsplatzzahlen werden diese immer stärker als Konkurrenten empfunden.

Ein weiterer Aspekt der demographischen Entwicklung, der gegenwärtig häufig im Zentrum der Diskussion steht, ist die mit rückläufigen Bevölkerungszahlen einhergehende Veränderung der Altersschichtung: das heißt Zunahme älterer bei gleichzeitiger Abnahme jüngerer Personen. In den Medien ist diese Entwicklung häufig Anlass für eine um sich greifende Krisenstimmung, in der Deutschland zu einer „vergreisten Republik" mutiert, in der immer weniger Junge immer mehr Alte schultern müssen, die, so ein Buchautor, „auf Kosten der Jungen abkassieren"[7].

In dieser vorwiegend mit finanziellen und wirtschaftlichen Argumenten geführten Diskussion wird jedoch eigentümlicherweise eine Reihe ökonomischer Fakten außer Acht gelassen:

- zunächst die ökonomische Situation älterer Bevölkerungsschichten: nicht alle Alten sind arm; im Gegenteil: viele Ältere und Alte sind ökonomisch gut abgesichert;

---

4   Zit. nach Brunhilde Raiser, „Veraltetes Partnermodell", Interview, in: Frankfurter Rundschau, 13.1.2005.
5   Angaben nach Bundesagentur für Arbeit, Arbeitsmarkt in Zahlen – Aktuelle Daten, Berichtsmonat: Januar 2005.
6   Zit. nach Annette Ramelsberger, „Mehr Angst – vor allen und allem", in: Süddeutsche Zeitung, 3.12.2004.
7   Bernd W. Klöckner, zit. nach Christoph Butterwegge, „Demographie als Demagogie", in: Frankfurter Rundschau, 4.5.2004.

- die steigende wirtschaftliche Produktivität, die eine weitere Reduzierung des Verhältnisses von Erwerbstätigen zu Personen im Rentenalter nicht als dramatisch erscheinen lässt;

- schließlich die notwendige Zusammenschau von Alten- und Jugendquotient und damit aller von den Erwerbsfähigen zu versorgenden Personen. Nach den Prognosen des Statistischen Bundesamtes steigt dieser Gesamtquotient bis 2050 nur mäßig an (um zwölf Prozent gegenüber 1970)[8].

Auffallend ist allerdings, dass in der aktuellen Diskussion ein zentrales bevölkerungs- und sozialpolitisches Problem weitgehend unbeachtet bleibt: die zunehmende soziale und ökonomische Spaltung der Gesellschaft. Dabei zeigt der Ende 2004 vorgelegte Armutsbericht der Bundesregierung („Lebenslagen …") deutlich, dass die Spaltung in Arm und Reich seit 1998 deutlich zugenommen hat. So verfügen die unteren 50 Prozent der Haushalte über knapp vier Prozent des gesamten Nettovermögens, die oberen zehn Prozent hingegen über 47 Prozent[9]. Für Kinder und Jugendliche hat sich zudem das Armutsrisiko weiter erhöht. 15 Prozent der Kinder unter 14 Jahren und 19,1 Prozent der Jugendlichen unter 24 Jahren lebten 2003 unterhalb der Armutsschwelle[10].

4.3   Veränderung der kommunalen Siedlungsstrukturen

Globale Arbeitsteilung, wirtschaftlicher Strukturwandel und technologische Innovationen sind schließlich auch mit einer Reihe siedlungsstrukturell relevanter Veränderungen verbunden, die in den alten Bundesländern seit den frühen 1970er-, in den neuen seit den frühen 1990er-Jahren spürbar werden: als immer stärkerer Bedeutungsverlust natürlicher Standortfaktoren und tendenzielle Angleichung kommunaler Nutzungen wie auch städtischer Strukturen. Gleichzeitig mit dieser Entwicklung kommt es aber auch zu einer Zunahme großräumiger Disparitäten:

- So führen zum einen De-Industrialisierung und ein allgemeiner Abbau wirtschaftlicher Strukturen zusammen mit der daraus resultierenden Abwanderung (vor allem gut qualifizierter weiblicher Bevölkerungsteile) insbesondere in ostdeutschen Städten und Stadtregionen zu tief greifenden Veränderungen bestehender Siedlungsstrukturen. Kennzeichen dieser Entwicklung sind ausgedehnte früher gewerblich genutzte Brachflächen, erhebliche Leerstände im Wohnungsbau wie auch immer größere Überkapazitäten in Teilen der sozialen und technischen Infrastruktur.

- Zum anderen zeigen sich in einer begrenzten Zahl vor allem westdeutscher, bestens an internationale Verkehrsnetze angeschlossener Städte und Stadtregi-

---

8   Gerd Bosbach, „Die modernen Kaffeesatzleser", in: Frankfurter Rundschau, 23.2.2004, S. 6.
9   Dorothea Siems, „Armutsrisiko für Kinder hat sich in Deutschland erhöht", in: Die Welt, 23.12.2004.
10 Ebenda.

onen gegenteilige Entwicklungstrends. Diese reichen von betrieblichen Neuansiedlungen, Erweiterungen und Umstrukturierungen bis zu steigenden Bevölkerungszahlen infolge regionsorientierter Wanderungsprozesse und gehen einher mit einer kontinuierlichen Erweiterung der Siedlungsstrukturen, immer engeren funktionalen Verflechtungen zwischen den einzelnen stadtregionalen Teilräumen wie auch deutlichen Veränderungen der innerregionalen Standortgefüge.

Diesen großräumigen Disparitäten entspricht kleinräumig eine immer ausgeprägtere Heterogenisierung städtischer Siedlungsstrukturen. Die ökonomische und soziale Spaltung der Stadtbevölkerung schlägt sich zunehmend auch räumlich nieder. Die Stadtzentren werden in einem sich verschärfenden und sich internationalisierenden Wettbewerb der Städte zunächst als Visitenkarten gegenüber Externen betrachtet und sind daher immer stärker auf Außenwirkung orientiert. In den bis vor kurzem durch fortschreitende Tertiärisierung gekennzeichneten Innenstadtrandgebieten zeichnet sich mit dem Rückzug von Besserverdienenden aus dem Stadtumland ein Prozess der Re-Gentrifizierung ab (vgl. dazu Brühl und andere 2005). In früheren Industriegebieten, nicht sanierten Altbauquartieren oder auch den Großsiedlungen des sozialen Wohnungsbaus kommt es hingegen zu einer Konzentration ökonomisch deklassierter und marginalisierter Bevölkerungsgruppen, in der Regel mit einer Überrepräsentation von Angehörigen ethnischer Minderheiten.

4.4   Rückgang des kommunalen Handlungsspielraums

Seit Beginn der 1990er-Jahre haben auch kommunale Verwaltungen und kommunale Handlungsspielräume deutliche Veränderungen erfahren. Diese gehen zum einen auf externe Einflüsse wie die Liberalisierungs-, Deregulierungs- und Steuerpolitiken von Europäischer Union und Bundesregierung zurück, sie sind zum anderen aber auch Ergebnis einer tief greifenden und diesen Politiken weitgehend entsprechenden internen Modernisierung und Reorganisation der politisch-administrativen Strukturen von Städten und Gemeinden.

Europa sei spätestens mit der Einführung des europäischen Binnenmarktes im Jahre 1986 auch im Rathaus angekommen, so Stephan Articus, Hauptgeschäftsführer des Deutschen Städtetages[11]. Inzwischen, so lässt sich dieses Argument fortführen, gibt es kaum ein kommunales Politikfeld, das nicht den Rechtsetzungen der Europäischen Union ausgesetzt ist. Für Städte und Gemeinden bedeutet dies eine zunehmende Reduzierung ihrer Handlungsspielräume und eine sukzessive, an den Prinzipien von Liberalisierung und Deregulierung orientierte Transformation: von starken Garanten der kommunalen Selbstverwaltung zu bloßen Gewährleistern kommunaler Aufgabenerfüllung.

Einen gravierenden Einschnitt hat für viele Kommunen auch die Steuerrechtsnovelle des Bundes von 1998 bedeutet, die dazu beitragen sollte, den Standort Deutschland

---

11   Stephan Articus, „Die kommunale Selbstverwaltung verkommt mehr und mehr zur reinen Leerformel", Interview in: Das Parlament, 21.1.2005.

für die Wirtschaft attraktiver zu machen. International tätige und in der Regel prosperierende Unternehmen konnten nun Bilanzverluste im Ausland und Gewinne im Inland steuersparend gegeneinander aufrechnen. Für die kommunale Ebene hieß dies zunächst, dass sie bei gleichzeitig steigenden Ausgaben vor allem im Sozialbereich mit plötzlich dramatisch sinkenden Einnahmen durch hohe, insbesondere Großstädte betreffende Ausfälle bei der Gewerbesteuer[12] konfrontiert war.

Aber auch die Städte selbst hatten an der Reduzierung ihrer Handlungsspielräume maßgeblichen Anteil. So nahm etwa zeitgleich mit der Standort-Deutschland-Debatte und der auf „mehr Markt und weniger Staat" setzenden Deregulierungspolitik des Bundes Anfang der 1990er-Jahre in vielen Städten und Gemeinden eine am Vorbild der Privatwirtschaft und ihrer Unternehmen orientierte Modernisierung und Reorganisation ihrer Verwaltungsstrukturen ihren Anfang (vgl. für viele: Banner/Reichard 1993). Kommunale Verwaltungen wurden dabei als Dienstleistungsunternehmen verstanden, deren Strukturen und Verfahrensabläufe nach betriebswirtschaftlichen Kriterien effektiviert werden sollten. Das Ergebnis waren tief greifende, oft mit einer Neu-Etikettierung kommunaler Dienststellen verbundene verwaltungsinterne Umstrukturierungen sowie die Voll- oder Teilprivatisierung *(Public Private Partnership)* einzelner bisher öffentlich bereitgestellter Leistungen und Einrichtungen.

Eine weitere Reduzierung kommunaler Handlungsspielräume bedeutet schließlich der gezielte Abbau kommunaler Ressourcen, den viele Städte in den letzten Jahren betrieben haben, um ihre oft desolate Finanzsituation zu verbessern. Hierzu zählen insbesondere der Verkauf sowie das Leasen und Verleasen kommunaler Grundstücke, Gebäude und Infrastruktureinrichtungen, was manche bereits von einer „schleichenden Enteignung der Städte"[13] sprechen lässt.

5. Kommunale Anpassungsstrategien – Die kommunale Wettbewerbsstadt

Kommunales Handeln ist angesichts der aktuellen Herausforderungen und Entwicklungen durch eine Vielzahl unterschiedlicher Aktivitäten gekennzeichnet, von denen immer mehr einem gemeinsamen Prinzip zu gehorchen scheinen: dem der wettbewerbsorientierten Imageverbesserung.

Die Globalisierung der Wirtschaft, der gemeinsame europäische Wirtschaftsraum und die fortschreitenden Liberalisierungs- und Deregulierungspolitiken der EU haben zusammen mit einer immer größeren Standortunabhängigkeit von Wirtschaftsunternehmen oder einzelnen Unternehmensteilen dazu geführt, dass sich die altbekannte Konkurrenz der Städte und Gemeinden ab den späten 1980er-

---

12 Monika Kuban, „Verursacher der desolaten Bilanz sind Bund und Länder", in: Frankfurter Rundschau, 13.3.2003, S. 7.
13 Birger Scholz, Leih mir mal Berlin! Cross Border Leasing und die schleichende Enteignung der Städte, http://home.t-online.de/home/Wilhelm.Ruehl/cb18.htm

Jahren nicht nur verschärft hat, sondern zunehmend auf nationaler und internationaler Ebene stattfindet. Immer mehr Städte und Regionen werden zu potenziellen Teilnehmern und Konkurrenten im Wettbewerb um die häufig gleichen Unternehmen und Investoren.

Der nationale Wettbewerbsstaat findet damit in der lokalen Wettbewerbsstadt seine kommunale Entsprechung. Städte werden zunehmend auf bloße Standorte reduziert, die sich an den Anforderungen der Wirtschaft zu orientieren haben und zu immer neuen Anpassungs- und Veränderungsleistungen greifen müssen. Diese fielen und fallen im Einzelfall aufgrund der spezifischen strukturellen und auch finanziellen Bedingungen und Handlungsmöglichkeiten vor Ort unterschiedlich aus; wie im Fußball spielen auch Städte und Gemeinden in unterschiedlichen Ligen. Diese Maßnahmen zielen jedoch alle gleichermaßen darauf ab, Attraktivität und damit individuelle Standortgunst zu erhöhen, relevante Wirtschaftsakteure und Bevölkerungsgruppen zum Bleiben zu veranlassen oder anzuziehen und damit letztlich auch die kommunale Haushaltssituation zu verbessern. Vereinfacht lassen sich zwei Bündel von Faktoren unterscheiden, die für die Verbesserung der Wettbewerbsfähigkeit eines Standorts von Bedeutung sind: „harte" und „weiche" Standortfaktoren (vgl. Heinz 1990, S. 259). Zu den „harten" Standortfaktoren zählen insbesondere gute (inter-)nationale, in manchen Fällen regionale Verkehrs- und Kommunikationsverbindungen[14], ausreichende Angebote an modernsten Ansprüchen genügenden Industrie- und Gewerbeflächen (in Form von Wissenschafts-, Forschungs- und Technologieparks) sowie qualifizierte Arbeitskräfte und immer stärker auch unternehmensorientierte Dienstleistungen. Diese Standortfaktoren gelten als primäre und notwendige Voraussetzungen städtischer und stadtwirtschaftlicher Entwicklung. Für die Standortentscheidungen privater Unternehmen reicht das Vorhandensein dieser „harten" Standortfaktoren jedoch schon lange nicht mehr aus. Wirtschaftlicher Strukturwandel sowie veränderte Ansprüche von neuen Dienstleistern und Stadtbewohnern an städtische Umwelt und Infrastruktur haben nicht nur in deutschen Städten, sondern in nahezu allen Triadestaaten zu einem generellen Bedeutungsgewinn zusätzlicher „weicher" Standortfaktoren geführt. Zu diesen zählen Image, Atmosphäre, Stadtgestalt und Urbanität, aber auch lokale Umweltbedingungen und Bildungsangebote, Freizeitinfrastruktur und kulturelle Vielfalt. Die unter dem Signum „weiche Standortfaktoren" von den Kommunen realisierten Maßnahmen decken ein weites Spektrum ab und scheinen häufig einem international gültigen Maßnahmenkatalog zur wettbewerbsgerechten kommunalen und auch regionalen Attraktivitäts- und Imageverbesserung entnommen zu sein. In einer ersten, vor allem den 1990er-Jahren zuzurechnenden Maßnahmenwelle ging es zunächst um die optische und ästhetische Aufwertung der Innenstädte, die Betonung von Denkmalschutz und Denkmalpflege, die aus dem anglo-amerikanischen Raum übernommene Wiederentdeckung innerstädtischer Wasserflächen und Flussufer sowie ein breites Spekt-

---

14 Entscheidungen der Deutschen Bundesbahn über Streckenstilllegungen oder eine Reduzierung von Zugfolgen sind daher oft gleichbedeutend mit einem kommunalen Entwicklungsstopp.

rum an Aktivitäten, mit denen die kommunalen Freizeit-, Unterhaltungs- und Kulturangebote verbessert werden sollten.

In jüngerer Zeit wird eine Verbesserung von kommunaler Attraktivität und Wettbewerbsfähigkeit zunehmend aus der Realisierung spektakulärer Großprojekte mit überlokaler Magnetfunktion sowie von *Mega-Events* mit nationaler oder internationaler Bedeutung erhofft. Zur ersten Gruppe zählen Arenen, *Space*- und *Ocean-Parks, Urban-Entertainment*- und Alpin-Center, aber auch die Rekonstruktion einst abgerissener Kirchen und Paläste. Die zweite Gruppe umfasst große Events vor allem im Musik- und Sportsektor: von städtischen Marathonläufen und Fahrradrennen bis zum Kölner Ringe-Fest, der Berliner *Love-Parade* oder dem in immer mehr Städten mit Paraden begangenen *Christopher Street Day*. Wer schließlich in der Oberklasse der Städte mit dabei sein und auf sich aufmerksam machen will, der hat sich als Austragungsort für die Olympischen Spiele oder die Fußballweltmeisterschaft 2006 beworben.

Darüber, ob und inwieweit die geschilderten kommunalen Aktivitäten auch die mit ihnen assoziierten positiven Auswirkungen auf kommunale Wirtschafts-, Arbeitsmarkt- und Haushaltsstrukturen zeitigen, gibt es keine verlässlichen Aussagen. Es mehren sich jedoch Hinweise auf Projekte, die infolge unrealistischer Besucher- und Einnahmeprognosen die in sie gesetzten Erwartungen nur unzureichend erfüllen oder auch – wie das Bremer *Space-Center* (vgl. Steinröx 2004, S. 728) – nach kurzer Laufzeit wieder geschlossen werden mussten.

Kostenträchtige Großprojekte gehen zudem mit der Gefahr einher, bestehende siedlungsstrukturelle und soziale Disparitäten zu verstärken. Die räumliche Konzentration vieler dieser Projekte auf nur wenige, zentral gelegene Quartiere und die Tatsache, dass diese Projekte oft nur selektiv bestimmten Teilen der Stadtbevölkerung zugute kommen, kann dazu beitragen, den aus ausländischen Städten bekannten Trend zur Entstehung von *Divided Cities* zu verstärken. In solchen Städten stehen hoch attraktive und problembelastete Stadtquartiere unverbunden nebeneinander und drohen, immer weiter auseinander zu driften. In Zeiten knapper kommunaler Kassen bedeutet eine Schwerpunktsetzung auf image- und wettbewerbsorientierte Großprojekte zudem zwangsläufig auch Kürzungen und Streichungen bei anderen häufig die Stadtteile und deren Bewohner betreffenden Leistungen und Einrichtungen.

6. Maßnahmen und Strategien zur Gegensteuerung

Neben diesen wettbewerbsorientierten, dem *Mainstream* der gegenwärtigen Entwicklung entsprechenden Aktivitäten gibt es auch Ansätze, mit denen gleichfalls den aktuellen Herausforderungen begegnet werden soll, die aber Ausdruck einer anderen, hiervon abweichenden Form von Politik sind.

So greifen beispielsweise immer mehr Städte wieder zu umfassenden multisektoralen Entwicklungskonzepten: aufgrund der Erkenntnis, dass eine nur punktuelle oder sektorale Auseinandersetzung den vielfältigen Interdependenzen kommunaler Probleme und Entwicklungen nicht gerecht wird. Integrierte Handlungskonzepte wurden und werden in einer Reihe von Städten auch eingesetzt, um benachteiligte Stadtquartiere zu fördern: so im Rahmen eines von der Bundesregierung unter dem Titel „Stadtteile mit besonderem Entwicklungsbedarf – die soziale Stadt" geförderten Programms (vgl. z.B. Deutsches Institut für Urbanistik 2003)[15].

Städte wie Mülheim[16] und Hanau[17] wiederum praktizieren eine familienfreundliche Politik, die die Vereinbarkeit von Berufstätigkeit und Nachwuchs gewährleisten und damit für höhere Geburtenraten sorgen soll. Hamburg, München und Regensburg sprechen sich angesichts aktueller und auch künftiger sozialer Probleme dezidiert für das Vorhandensein kommunaler Wohnungsbestände aus. In Kommunen wie Düsseldorf, München oder Münster ist es mit Hilfe breiter innerkommunaler Allianzen bis jetzt gelungen, eine Privatisierung kommunaler Unternehmen wie der Stadtwerke zu verhindern[18]. Und wieder andere Städte setzen – abweichend von allgemeinen Trends – bei ihrer Wirtschaftsförderung auf eine verstärkte Mischung von Unternehmen des sekundären und tertiären Sektors, die Förderung kleinerer und mittlerer Betriebe und ihr so genanntes endogenes Potenzial.

Allen diesen Maßnahmen und Aktivitäten ist eines gemein: es handelt sich in der Regel um Einzelfälle und meist auch um Städte, die infolge ihrer wirtschaftlichen Prosperität in der Lage sind, nach individuellen Antworten zu suchen. Für einen generellen Trend stehen sie nicht.

Damit bleibt die Frage nach den Zielen und Strategien einer künftigen Entwicklungspolitik deutscher Städte und Gemeinden weiter virulent. Sollen sich diese weiterhin vorwiegend auf privilegierte Standorte, vorhandene Stärken und den Faktor Wettbewerbsfähigkeit konzentrieren oder sollen sie dazu beitragen – wie vom Deutschen und auch vom Österreichischen Städtetag in den letzten Jahren mehrfach gefordert –, wieder starke Städte zu schaffen? Damit sind allerdings Städte gemeint, die nicht nur punktuell oder mit einzelnen Teilräumen nach außen glänzen, sondern:

- in denen die kommunale Selbstverwaltung wieder mehr als bloßen Schlagwortcharakter hat (Stichwort: *Rekommunalisierung*);

- die mit ausreichenden Finanzmitteln zur Bewältigung der ihnen gestellten Aufgaben ausgestattet sind (Stichwort: *Gemeindefinanzreform*);

- die sich wieder als Orte der politischen Willensbildung begreifen (Stichwort: *Bekämpfung von politischer Apathie und Politikverdrossenheit*) und

15   Vgl. Deutsches Institut für Urbanistik (Hrsg.), im Auftrag des Bundesministeriums für Verkehr, Bau- und Wohnungswesen, Strategien für die Soziale Stadt, Berlin 2003.
16   Thomas Emons, „Erst eins, dann zwei …, SERIE/Wie Mülheim als erste Stadt in NRW die Zahl der Geburten steigern will", Neue Rhein-Zeitung, 7.12.2004.
17   Jutta Rippegather, „Erfolgreich", in: Frankfurter Rundschau, Nr. 17, 21.01.2005.
18   Mieterverein München e.V., „Klar-Münchner Wasser, Breite Allianz gegen Privatisierung der Trinkwasserversorgung", in: Münchner Mieter Magazin, 3/2002.

- in denen schließlich die Stadtteile und damit die Orte, in denen die Mehrzahl der Stadtbewohner lebt, wieder größeres Gewicht erhalten (Stichwort: *gesamtstädtische Entwicklungskonzepte*).

Die unmittelbaren kommunalen Möglichkeiten zur Realisierung dieser Ziele und Forderungen sind begrenzt. Dazu bedürfen die Städte über ihre eigenen Aktivitäten hinaus zusätzlicher Unterstützung auf nationaler wie auch auf europäischer Ebene. Um diese zu gewährleisten, müssten sie ihre mittelbaren Möglichkeiten ausschöpfen, und zwar in Form kommunaler Lobbyarbeit: mit Hilfe kommunaler Allianzen und Netzwerke, mit Hilfe der kommunalen Spitzenverbände, unter Einsatz des Europäischen Parlaments und seiner Abgeordneten, aber auch durch gezielte Lobbyarbeit in der europäischen Bürokratie. Bestandteil einer konzertierten Aktion könnten aber auch Forderungen wie die der Memorandumgruppe „Alternative Ökonomie" sein[19], die auf ein umfangreiches Wachstums- und Beschäftigungsprogramm und eine tatkräftige Unterstützung der Kommunen durch den Bund zielen.

Ergänzt und vervollständigt werden sollten schließlich alle Strategien der Gegensteuerung auch auf globaler Ebene. Die Forderung von Elmar Altvater, „dass die ökonomische Globalisierung durch eine Globalisierung der Politik, also durch eine politische Regulierung ergänzt und vervollständigt werden muss"[20], findet inzwischen auch auf kommunaler Ebene Zustimmung.

Literatur

Altvater, Elmar, und Birgit Mahnkopf, Grenzen der Globalisierung, München 1996.

Banner, Gerhard, und Christoph Reichard (Hrsg.), Kommunale Managementkonzepte in Europa. Anregungen für die deutsche Reformdiskussion, Köln 1993.

Birg, Herwig, Ergebnisse international vergleichender Forschung, in: Informationen zur politischen Bildung Nr. 282, 2004a.

Birg, Herwig, Historische Entwicklung der Weltbevölkerung, in: Informationen zur politischen Bildung, Nr. 282, 2004b.

Bischoff, Joachim, Kapitalistische Globalisierung, in: Burgmer, Christoph, und Stefan Fuchs (Hrsg.), Global Total, Köln 2004, S. 73–90.

Brühl, Hasso, und andere, Wohnen in der Innenstadt – eine Renaissance?, Berlin 2005 (Difu-Beiträge zur Stadtforschung, Bd. 41).

Deutscher Bundestag, Globalisierung der Weltwirtschaft, Schlussbericht der Enquête-Kommission, Opladen 2002.

---

19 „Alternative schlagen Mammutprogramm vor", in: Frankfurter Rundschau, 29.4.2003.
20 Elmar Altvater, „Monopoly spielen oder Mut machen", in: Frankfurter Rundschau, 11.7.2000, S. 9.

Deutscher Städtetag (Hrsg.), Europa NEWS, Nr. 16/2002.

Deutsches Institut für Urbanistik (Hrsg.) im Auftrag des Bundesministeriums für Verkehr, Bau- und Wohnungswesen, Strategien für die Soziale Stadt, Berlin 2003.

Grabow, Busso, Dietrich Henckel und Beate Hollbach-Grömig, Weiche Standortfaktoren, Stuttgart und andere 1995 (Schriften des Deutschen Instituts für Urbanistik, Bd. 89).

Heinz, Werner, Stadtentwicklung und Strukturwandel. Einschätzungen kommunaler und außerkommunaler Entscheidungträger, Stuttgart und andere 1990 (Schriften des Deutschen Instituts für Urbanistik, Bd. 82).

Hirsch, Joachim, Der nationale Wettbewerbsstaat, Berlin 1995.

Hirsch, Joachim, Vom Sicherheitsstaat zum nationalen Wettbewerbsstaat, Berlin 1998.

Koopmann, Georg, und Fritz Franzmeyer, Weltwirtschaft und internationale Arbeitsteilung, in: Globalisierung. Informationen zur politischen Bildung, Nr. 280, 2003.

Lebenslagen in Deutschland, Der 2. Armuts- und Reichtumsbericht der Bundesregierung, BR-Drucksache 157/05.

Statistisches Bundesamt, Bevölkerungsfortschreibung, Wiesbaden, Stand 18.10.2005.

Statistisches Bundesamt, Ergebnisse der Erwerbstätigenrechnung in der Abgrenzung der Volkswirtschaftlichen Gesamtrechnungen (VGR), Wiesbaden, Stand: 18.08.2005.

Statistisches Bundesamt, Bevölkerung Deutschlands bis 2050. 10. koordinierte Bevölkerungsvorausberechnung, Wiesbaden 2003.

Statistisches Bundesamt, Bevölkerungsfortschreibung, Wiesbaden 1996 und 2003.

Steingart, Gabor, Die Wohlstands-Illusion, in: DER SPIEGEL, Nr. 11, 2004, S. 71.

Steinröx, Manfred, Freizeitgroßeinrichtungen als PPP-Modelle: Chancen und Risiken, in: Kommunalwirtschaft, Nr. 12, 2004, S. 728–731.

Stiglitz, Joseph, Die Schatten der Globalisierung, Berlin 2002.

ver.di – Vereinte Dienstleistungsgewerkschaft e.V. (Hrsg.), Mythos Standortschwäche, Berlin Juni 2004.

Der Autor

Dr. phil. Werner Heinz, Dipl.-Ing.
Studium der Architektur, Stadtplanung und Soziologie, TU Darmstadt; 1971–1978 freier Planer und Gutachter; seit 1978 wiss. Mitarbeiter im Deutschen Institut für Urbanistik (Difu), Berlin, seit 1984 Koordinator der Kölner Abteilung des Instituts.

Dietrich Henckel

Einige Thesen zur Zukunft der Stadt

1.   Einführung

Es wäre ein lohnendes Unterfangen, die Geschichte – und sei es nur die jüngere Geschichte – der Zyklen von positiven und negativen Voraussagen für die Zukunft der Stadt nachzuzeichnen. Auch bei oberflächlicher Beobachtung wird erkennbar, dass die Aussagen über die Zukunft und Zukunftsfähigkeit von Stadt einem relativ raschen Wandel unterworfen sind, dass sich die vorherrschenden Meinungen recht schnell ablösen und teilweise eine Gleichzeitigkeit sehr widersprüchlicher Aussagen festzustellen ist.

In vergleichsweise junger Vergangenheit wurden mit dem Aufkommen und der Durchsetzung neuer Techniken wie mit dem Eintreten herausgehobener politischer Ereignisse weit reichende Erwartungen in deren Folgen verbunden. Vom „Ende der Geschichte" nach dem Fall des Eisernen Vorhangs soll hier gar nicht die Rede sein. Aber die Ansichten über das Ende der Geographie und den Tod der Distanz (Cairncross 1997) als Folge der Durchdringung unseres Lebens mit den fortgeschrittenen Techniken der Telekommunikation und Informationsverarbeitung sowie die Erwartungen nach dem Anschlag auf das World Trade Center vom 11. September 2001 führten zu sehr pessimistischen Aussagen über die künftige Rolle der Stadt. Die Stadt habe an Bedeutung verloren, weil sich (ökonomische) Aktivitäten beliebig im Raum lokalisieren könnten, und die Konzentration der wirtschaftlichen Aktivitäten mache die Stadt in Zeiten des internationalen Terrorismus zu einem unsicheren Pflaster.

In jüngster Zeit häufen sich eher wieder gegenteilige Aussagen. Die Tagungen und Veröffentlichungen zum Thema „Renaissance der Stadt" nehmen zu, die Stadt scheint auch in den entwickelten Ländern wieder Konjunktur zu haben.

Ein erheblicher Teil der Voraussagen über die Zukunft der Stadt beruht auf *wishful thinking*, also der Hoffnung der „Stadtfeinde", dass das Babel endlich untergehen werde, oder der Erwartung der „Stadtfreunde", dass diese komplexe und widersprüchliche Lebensform so lebendig sein werde wie eh und je. Die Vertreter beider Aussagerichtungen sind geneigt, ihre Zukunftsaussagen jeweils auf der Betrachtung einzelner Aspekte aufzubauen, einzelne Teile für das Ganze zu nehmen – wie etwa eine unreflektierte Transponierung technischer Potenziale in Aussagen über die tatsächliche Entwicklung. Die Selektivität der Betrachtungen führt dazu, dass gegenläufige Tendenzen gar nicht in den Blick genommen werden (können).

Es wäre natürlich sehr reizvoll, die langen und die kurzen Zyklen solcher Voraussagen über die Zukunft der Stadt im Einzelnen zu analysieren, ihre ideologischen und technischen Grundlagen zu entfalten und den heutigen Stand der Debatte daran zu spiegeln. Eine solche intensive Historie der Stadtprognosen zu entwickeln, ist hier nicht möglich. Ich will mich daher darauf beschränken, einige Aspekte zu beleuchten, die aus meiner Sicht dafür sprechen, dass die Stadt – gerade auch in entwickelten Ländern wie Deutschland mit einer ausgeprägten Geschichte von Suburbanisierung – noch lange nicht am Ende ist, selbst wenn man unterstellt, dass Kräfte, die die Suburbanisierung gefördert haben, noch weiter wirksam sind und Kräfte, die die Städte von anderer Seite in Frage stellen, ebenfalls vorhanden sind.

Bemerkenswert ist, dass die Verstädterung weder global, noch in einzelnen Weltregionen je wirklich abgebrochen ist. Insofern ist ein erster Hinweis auf die nicht nachlassende Bedeutung der Stadt im Verstädterungsgrad in der Welt und in Europa zu sehen. Der Verstädterungsgrad in der Welt dürfte nach Schätzungen der UN 2007 die 50 Prozentmarke überschreiten und 2030 60 Prozent erreichen. Europa gehört zu den Weltgegenden mit dem höchsten Verstädterungsgrad, in Deutschland leben über 80 Prozent der Bevölkerung in städtischen Siedlungen, wenn sich auch die Bedingungen verändert haben, die Dichte in vielen Städten deutlich abgenommen hat und insbesondere die kleinen und mittleren Städte in der jüngsten Vergangenheit gewachsen sind.

Im Folgenden will ich wesentliche Aspekte zusammenfassen, die meines Erachtens für die zukünftige Rolle der Stadt in Abgrenzung zum suburbanen und ländlichen Raum von zentraler Bedeutung sind. Die nacheinander abgehandelten Aspekte sind nicht unabhängig voneinander, aber die analytische Trennung erlaubt es, die einzelnen Komponenten Stadt stärkender Entwicklungen herauszuarbeiten.

2.   Strukturwandel

Die Betrachtung des wirtschaftlichen Strukturwandels verdeutlicht am ehesten, dass man es mit gegenläufigen Entwicklungen zu tun hat, die sowohl Stadt stärkend wie auch Stadt schwächend wirken können.

Lange Zeit wurden vor allem die Faktoren des Strukturwandels betont, die die traditionellen Städte eher schwächen:

■ Die Zunahme der Bedeutung logistischer Funktionen und die Anreicherung traditioneller logistischer Aktivitäten durch stärker Wert schöpfende Aktivitäten führen zu einer verstärkten Ansiedlung solcher Funktionen an der Peripherie der großen Städte. Dadurch entstehen neue Kristallisationskerne wirtschaftlicher Aktivitäten, die der traditionellen Stadt Kraft entziehen (Hesse 2004) und die räumliche Konfiguration verändern.

- Die Konzentration von Handel und Freizeit(einrichtungen) schreitet weiter voran. Dies ist insbesondere im Handel zu beobachten. Viele innerstädtische Handelslagen fallen brach, vor allem innerstädtische Zentren zweiter und dritter Ordnung sowie Streulagen verlieren gegenwärtig weiter an Bedeutung. Das begünstigt in vielen Fällen die peripheren Großstandorte des Handels. Allerdings zeigt sich hier, wie kurz zuweilen die Zyklen der Veränderung und Aufregung sind. Die vor wenigen Jahren noch gefürchteten *Factory Outlet Center* haben schon längst wieder ihren Schrecken eingebüßt. Viele Handelsgroßeinrichtungen wandern in zentrale Lagen der Städte zurück, mit zwar ebenfalls gravierenden Folgen für den traditionellen Einzelhandel, aber einer relativen Stärkung der Stadt. Ähnlich ambivalente Tendenzen sind bei den Freizeitgroßeinrichtungen zu beobachten. Viele – etwa eine ganze Reihe von neuen Arenen – schaffen neue Zentren der Aktivität in der Peripherie der Städte, aber so ganz eindeutig ist auch hier die Entwicklung nicht.

- Die Auslagerung von mehrheitlich standardisierten Dienstleistungsfunktionen hat am Rande der Agglomerationen zu tertiären Konzentrationen geführt. Dazu zählen Betriebe mit großem Flächenbedarf, hoher Sensibilität gegenüber Flächenkosten und Funktionen, die nicht auf spezifische Austauschbeziehungen im Sinne eines *Face-to-face*-Kontaktes angewiesen sind. So genannte *Back-Offices* und *Call-Center* sind hierfür typische Beispiele.

Bemerkenswert ist die Vielzahl von Hinweisen, dass die Entwicklung in Richtung auf eine Zunahme wissensorientierter Beschäftigung die traditionelle Stadt stärkt, städtische Strukturen wieder aufwertet. Dazu trägt eine Reihe von Faktoren bei:

- Wissensproduktion setzt den persönlichen Austausch, also die *Face-to-face*-Kommunikation voraus. In dem Maße, in dem die Wissensproduktion in unterschiedlichen Wirtschaftsbereichen an Stellenwert gewinnt, nimmt auch die Bedeutung von räumlicher Nähe zu, wächst die Sensibilität gegenüber raumzeitlichen Distanzen. Das deutlichste Beispiel sind die Finanzdienstleistungen. Dabei handelt es sich um eine Branche mit dem höchsten Grad an Internationalisierung, Durchdringungen von Telekommunikation und automatisierter Informationsverarbeitung, also Bedingungen, die eine Beliebigkeit der Standortwahl erwarten ließen. Tatsächlich sind die Finanzdienstleistungen räumlich in einer Weise konzentriert wie wenige Branchen sonst (Henckel 2006).

- Die wachsende Bedeutung der Wissensproduktion macht die hoch qualifizierten Beschäftigten zum zentralen Standortfaktor. Vor dem Hintergrund der rückläufigen Bevölkerungsentwicklung werden sich die Arbeitsorientierung und der Wettbewerb der Städte um hoch qualifizierte Beschäftigte verstärken (Hannemann/Läpple 2004).

- Auch für andere Branchen hoher Wissens- und Kontaktintensität wird eine Reurbanisierung nicht nur für möglich gehalten, sondern bereits beobachtet (Geppert/Gornig 2003). Zu diesen Branchen gehören unter anderen die Beratungsdienstleistungen, der Tourismus und die Kulturindustrien.

- Neue Formen der Arbeit und der Arbeitsteilung, die sich als projektorientierte Arbeitsorganisationen mit häufig wechselnden Projektpartnern, als prekäre Beschäftigung an mehreren Stellen oder als wechselnde Praktikantenverhältnisse zeigen, sind eher stadtorientiert, weil die Größe der Einzugsbereiche solche Arbeitsformen einfacher herstellen lässt und räumliche Nähe die Organisation von Vertrauen erleichtert. Für die Unternehmen wie auch die Beschäftigten sind diese Formen der Arbeit im städtischen Kontext besser zu organisieren und aufrechtzuerhalten.

Im Kern bleibt festzustellen, dass auch unter Bedingungen moderner Transport- und Telekommunikationsmöglichkeiten Agglomerationseffekte in vielen Branchen und für viele Funktionen ihre Bedeutung nicht eingebüßt haben und vermutlich auch nicht einbüßen werden. Eher ist sogar abzusehen, dass sie durch neue Formen der Arbeit und der Arbeitsorganisation wichtiger werden. Allerdings ändern sich unter veränderten technischen und organisatorischen Bedingungen die Branchen und Funktionen, für die Agglomerationseffekte eine Rolle spielen. In Bereichen, in denen es auf einen hohen Grad an persönlichem Austausch, auf „leicht verderbliche" Information, auf zeitsensible Wissensvorsprünge ankommt, werden die traditionellen Standorte in innerstädtischen Lagen nicht nur ihre Bedeutung behalten, sondern vermutlich sogar aufgewertet werden (Henckel 2006a).

Auch die Kulturindustrien, mit dem Städtetourismus eng verbunden und in der Regel auf das Bild der jeweiligen Stadt und die baulich zentralen, öffentlichen Räume ausgerichtet, stärken mit ihrem Wachstum eher die zentrale Stadt.

Zwar entfalten die Agglomerationseffekte ihre Wirkungen nicht nur in der Stadt – dies gilt, wie angedeutet, nur für bestimmte Funktionen –, sondern, wie etwa unterschiedliche Typen regionaler Cluster zeigen, auch an Orten außerhalb der traditionellen Stadt. Gleichwohl sind die Agglomerationseffekte der Kern der Aussage, dass die Ökonomen nach wie vor die Stadt schätzen (Glaeser 1996). Und trotz allen technischen Fortschritts zur Erleichterung der Substitution der räumlichen Nähe belegt mittlerweile die Erfahrung, dass damit die Vorteile der räumlichen Ballung auf Dauer nicht aufgelöst werden.

3.   Technische Entwicklung

Mit neuen Wellen der technischen Entwicklung werden auch immer wieder Hoffnungen auf eine Gleichverteilung der ökonomischen Aktivitäten im Raum verbunden. Insbesondere die neuen Telekommunikationstechniken ließen (erneut) die Hoffnung aufkommen, mit ihrer Durchsetzung werde der periphere ländliche Raum seine Chance auf wirtschaftlichen Anschluss erhalten. Wie schon bei den mit der

Einführung des Telefons formulierten Hoffnungen (de Sola Pool 1981) zeigte sich in der jüngsten Vergangenheit, dass einmal mehr die technischen Potenziale für die reale Entwicklung gehalten wurden. Nachdem die anfänglichen Hoffnungen verflogen sind und mehr Erfahrungen mit tatsächlichen Wirkungen vorliegen, werden mittlerweile eher die polarisierenden und konzentrierenden Wirkungen der Telematik betont. Es wird deutlich, dass gerade nicht die peripheren Räume begünstigt werden, sondern vor allem die hoch verdichteten Agglomerationen. Sehr pointiert hat das Coyle (1997) formuliert: „The forces for geographical concentration are becoming stronger as the economy becomes increasingly weightless" (S. 197), was ihn zu dem Schluss führt, „that the weightless economy, the product of the latest technological wave, will renew concentration in great cities" (S. 201).

Dies gilt trotz der Tatsache, dass die Durchsetzung der Telematik in vielen Branchen und für viele Funktionen eine Ausdifferenzierung und Organisation von Arbeitsteilung über Distanzen hinweg erlaubt. Einige Funktionen können sich von den teuren Innenstädten an billigere periphere Standorte – sei es am Stadtrand oder im Ausland – auslagern. *Call-Center* sind für diese Art der Auslagerung ein typisches Beispiel.

In dem Maße, in dem in der Wissensgesellschaft der persönliche Austausch von besonderer Bedeutung ist, spielen auch die Orte eine zentrale Rolle, die diesen Austausch ermöglichen. Das sind neben den großen Städten mit ihrem beträchtlichen eigenen Potenzial vor allem die Knoten in den überregionalen, internationalen und transkontinentalen Netzen des Verkehrs, also im Wesentlichen wieder die Zentren der großen Agglomerationen. Gleichzeitig stellen diese zentralen Orte auch die Knoten in den Telekommunikationsnetzen dar und halten die größten Kapazitäten der Übertragung und die umfangreichsten Dienste bereit. Solche *prime network spaces* (Graham/Marvin 2001) sind selbst in den Agglomerationen nur auf ausgewählte Teilräume konzentriert.

Die Beschleunigung der Verkehrsverbindungen verändert die raumzeitliche Zugänglichkeit. David Harvey hat in diesem Zusammenhang von einer *space time compression* geschrieben (Harvey 1990). Aber es geht nicht nur um eine Schrumpfung, sondern auch eine Torsion des Raumes auf unterschiedlichen Maßstabsebenen – weltweit, international, interregional, aber eben auch innerhalb von Verdichtungsräumen oder gar in den Städten selbst. Schrumpfung bedeutet, dass durch die Beschleunigung der Verkehrsmittel die Zeitdistanzen zwischen in das System eingebundenen Orten abnehmen. Je schneller ein neues Verkehrsmittel, desto größer die Distanzen, die im Vergleich zum Zustand vorher mit dem neuen Verkehrsmittel in der gleichen Zeit überwunden werden können. Der Raum „schrumpft", die Einzugsbereiche dehnen sich aus. Gleichzeitig wird der Raum aber auch „verbogen". Die Torsion des Raumes führt dazu, dass räumlich entfernte Orte zeitlich näher rücken, während räumlich nahe Orte nur mit hohem Zeitaufwand zu erreichen sind, weil sie nicht in die entsprechenden Verkehrssysteme eingebunden oder vielfache Umsteigevorgänge zwischen verschiedenen

Verkehrsträgern erforderlich sind. Dies lässt in der Regel die Verdichtungsräume in eine privilegierte Nähe zueinander rücken.

Es zeigt sich also, dass die Transporttechniken (materiell und virtuell) zwar grundsätzlich den Raum durchlässiger machen, die Raumwiderstände reduzieren, die Einzugsbereiche ausdehnen, dass aber von einem „Tod der Distanz" und einer wachsenden Bedeutungslosigkeit des Raumes nicht ausgegangen werden kann.

Allerdings werden durch die Zunahme des materiellen Transports – wie schon oben im Zusammenhang mit der Logistik angedeutet – Standorte, die diese logistischen Funktionen bewältigen können, begünstigt. Und solche Standorte liegen typischerweise nicht in der Stadt (Hesse 2004).

4. Demographische Entwicklung

Die demographische Entwicklung wird durch sehr unterschiedliche Komponenten gespeist. Es geht für die entwickelten Länder Europas nicht nur um die Alterung und den Rückgang der Bevölkerung, sondern auch um die Veränderung der Struktur im Sinne der Haushaltsgrößen und der Zusammensetzung hinsichtlich der ethnischen Herkunft. Mit anderen Worten, die Bevölkerung wird weniger, älter und „bunter", die Haushalte werden kleiner (Mäding 2004). Diese Entwicklung wird zusätzlich überlagert durch Binnen- und Außenwanderungen in den verschiedenen Ländern.

Diese Entwicklungstendenzen lassen aus verschiedenen Gründen Städte stärkende Dynamiken erwarten. Zumindest in Deutschland fallen die beiden Aspekte Alterung und Schrumpfung der Bevölkerung zusammen – zunächst nur in ausgewählten Räumen des Landes, später mit größerer Verbreitung. Die Folgen werden ökonomische Probleme der Versorgung sein. Schon heute ist der Einzelhandel in ländlichen Räumen teilweise extrem ausgedünnt (Kuhlicke und andere 2005). Dabei ist noch vorstellbar, dass diese Versorgung – wenn auch schlecht – z.B. durch mobile Läden ersetzt werden kann. Viel schwieriger wird auf Dauer die Versorgung einer wachsenden Zahl alter, kranker und pflegebedürftiger Menschen in dezentralen Strukturen zu organisieren sein, weil eine dezentrale Versorgung erhebliche Ressourcen verschlingt. Vor dem Hintergrund wachsender Kosten und Probleme der Pflegeversicherung kann man sich schwer vorstellen, dass es nicht zu irgendeiner Art von (Re)Zentralisierung von Älteren kommen wird. Im ländlichen Raum wird dies durch die Neuausrichtung des Zentrale-Orte-Systems bereits vorbereitet. Längerfristig aber spricht einiges dafür, dass die heute 30–55-Jährigen sich sehr viel genauer überlegen werden, wie weit sie in die Peripherie mit den angedeuteten Versorgungsgefahren für die Zukunft abwandern, ob sie nicht in bewusster Vorsorge wieder deutlicher die Stadtnähe suchen werden (Oc und andere 2006).

Für eine Konzentration auf kompakte und damit städtische Einheiten spricht auch die sehr viel geringere Anpassungsfähigkeit der technischen Infrastruktur. Viele technische Infrastrukturen lassen sich effizient nur bei erheblichen Dichten betreiben, auch dies ein Argument für eine (Re)Konzentration.

Die Alterung wird zu einer Spezialisierung der Angebote für die ältere Bevölkerung führen; dazu sind aber entsprechende Einzugsbereiche eine wichtige Voraussetzung. Die Stadt für Alte – wie immer definiert, als funktionale Spezialisierung einer Stadt auf ältere Menschen oder als Konzept aller Städte, akzeptable Lebensbedingungen auch für alte Menschen zu bieten – ist kaum vorstellbar als Kleingemeinde.

Die viel beschworene Familienfreundlichkeit ernst zu nehmen, das heißt die entsprechenden Angebote nicht nur für die Betreuung der Kinder sicher zu stellen, sondern auch die Bildungsangebote für die zukünftige Generation bereit zu halten, durch die auf Dauer die Vereinbarkeit von Familie und Beruf überhaupt erst gewährleistet werden kann, wird ebenfalls eine Zentralisierung bedeuten. Dies gilt meines Erachtens selbst dann, wenn man viele dezentrale und technisch unterstützte Angebote für möglich hält. Für Deutschland lässt sich feststellen, dass gerade in jüngster Zeit eine selektive Wanderung von jungen und qualifizierten Frauen in die Städte erfolgt – vornehmlich aus der (ostdeutschen) Peripherie (Berlin-Institut 2006).

Der Anteil der Bevölkerung mit Migrationshintergrund ist traditionell in den ländlichen Räumen sehr gering. Gerade wenn die Bevölkerung heterogener wird, die Ausländerintegration nach wie vor erhebliche Defizite aufweist, die zu einem erheblichen Verlust von Humankapital führen, den man sich auf Dauer nicht wird leisten können, wird davon auszugehen sein, dass sich diese Bevölkerungsgruppen auch weiterhin auf die Städte konzentrieren. Es sind relativ exponierte und wirtschaftlich starke Städte, die in Deutschland die höchsten Ausländeranteile oder Bevölkerungsanteile mit Migrationshintergrund aufweisen: Frankfurt am Main und Stuttgart. In ihnen könnte man durchaus ein Zukunftsmodell sehen, nicht nur in der Quantität der Entwicklung, sondern teilweise auch mit Blick auf Integrationspolitik.

5.   Leitbilder, Lebensstile

Leitbilder des Lebens, die auf Dauer Stadt stärkende Wirkungen entfalten können, scheinen erneut an Bedeutung zu gewinnen. Wohnen in der Stadt ist wieder auf dem Vormarsch und attraktiv, was nicht bedeutet, dass die Leitbilder vom Wohnen im Grünen und dem Einfamilienhaus ausgedient hätten. Tatsächlich lässt sich gegenwärtig eine Stabilisierung des Wohnens in der Stadt und eine Rückwanderung bestimmter Gruppen in die Stadt beobachten (Brühl 2006). Das hängt mit verschiedenen bereits angedeuteten Faktoren zusammen: der wachsenden Bedeutung von Kreativität und Wissen, der leichteren Organisierbarkeit neuer Arbeitsformen in der Stadt, der besseren Verfügbarkeit von Dienstleistungen aller Art und der in vielen Städten durch Konversion und Strukturwandel verfügbaren großen Flächenpotenziale, die auch für Wohnen genutzt werden können. Im Zuge der steigenden Bedeutung von Wissensproduktion, *creative industries* und Kulturwirtschaft nimmt die Zahl der Beschäftigten mit größerer Entscheidungsmacht über ihren Wohnstandort und damit die Nachfrage nach städtischen Standorten zu, wie Markusen (2006) am Beispiel der Künstler in den USA gezeigt hat.

Nicht nur für die Beschäftigten in den kreativen und gut bezahlten Jobs ist die Stadt der geeignete Wohnort, auch unsichere Beschäftigungsverhältnisse und Mehrfachbeschäftigungen sind in der Großstadt besser auszuhalten oder zu organisieren. Große Städte bieten naturgemäß ein breiteres Spektrum an Möglichkeiten und schließlich mehr Anonymität, um auch in der Schattenwirtschaft oder anderen Formen der substitutiven informellen Ökonomie (z.B. Tauschringen, Zeitbanken, Selbsthilfegruppen) aktiv zu werden.

Die Bewegung des *New Urbanism* und die Verhinderung des *Sprawl* aus den USA haben auch in Deutschland eine gewisse Bedeutung erlangt. Auch hier tritt die Bewegung mit dem Versuch, die in den USA entwickelten Konzepte der Requalifizierung der Stadt auf Deutschland zu übertragen, auf den Plan (Bodenschatz 2004).

Die Suburbanisierung ist weit fortgeschritten und wurde nicht nur durch Leitbilder wie „Wohnen im Grünen", sondern auch politisch und finanziell durch Eigentumsförderung, Entfernungspauschale und den Verzicht auf die Internalisierung der externen Effekte von Verkehr und Flächeninanspruchnahme massiv gefördert. Diese Entscheidungen der Vergangenheit sind mittlerweile „in Beton gegossen" und lassen sich nicht beliebig zurückdrehen. Durch Dauer und Intensität haben sich neue Lebensräume und -stile entwickelt, die auch die unter Planern eher beliebte Stadt in ihrer Bedeutung relativiert haben. Die Formulierung, dass es ein Leben jenseits der Stadtgrenze gibt (Müller/Rohr-Zänker 1995), mag für diese Tendenz stehen. Auch die von Sieverts angestoßene Debatte um die Zwischenstadt und die im Ladenburger Kolleg im Vordergrund stehenden Versuche der Neubewertung und Neugestaltung der Zwischenstadt stehen für diese Leitbilder jenseits der traditionellen Stadt (Bölling/Sieverts 2004). Eine spezifische Komponente erfährt die Positionierung der Peripherie und der dortigen Verkehrskorridore durch die Suche nach neuen Typen der Urbanität an großen Verkehrsadern oder -knoten (Koch/Sander 2006).

Gleichwohl bleiben die Zentren weitgehend die Image- und Identifikationsgeneratoren der Städte, wie sich auch an den Imagekampagnen zeigt. Dazu trägt auch die Hochrüstung der Innenstädte als Freizeit- und Tourismuszentren, als überdimensionierte *Urban Entertainment Centers* (UEC) bei. Selbst die zeitliche Struktur der Innenstädte – mit ihren ausgedehnten Zeiten in Richtung auf eine kontinuierliche Aktivität des „24/7" – kann als ein zusätzliches Attraktivitätsmerkmal großer Städte gelten.

6. Festivalisierung und Großeinrichtungen

Die Festivalisierung der Stadtpolitik (Häußermann/Siebel 1993) und die Etablierung von Großeinrichtungen unterschiedlichster Art haben ambivalente Wirkungen auf die Stadt – zwischen Reurbanisierung und Neo-Urbanisierung in der Peripherie, je nachdem, wo die Einrichtungen entstehen. Zu solchen Kristallisationspunkten neuer Urbanisierung gehören nicht nur tertiäre Großeinrichtungen (UEC), Museen, Messen, sondern auch Verkehrsknoten. Bahnhöfe sind dafür ein zentrales Beispiel. In ihrem Umfeld sind in vielen Städten durch Umstrukturierungen der Organisation des Bahnverkehrs und der Bahnträger große Flächen frei geworden, die neu entwickelt werden. Das Projekt „Stuttgart 21", das zu einer Verdopplung der Innenstadt führen würde, ist nur in seiner Größenordnung besonders bemerkenswert, aber in seiner Struktur Ausdruck einer allgemeinen Entwicklung. Die „Renaissance der Bahnhöfe" (BDA und andere 1997) wertet nicht nur die traditionelle Funktion auf, sondern macht sie vor allem durch die Mantelbebauung zu Einkaufszentren, Kongresshallen, Freizeiteinrichtungen usw., also zu neuen *Multi Use Developments* (MUD) (Christiaanse 2006).

Ähnliche Entwicklungstendenzen sind an Flughäfen zu beobachten. Sie werden zu Drehkreuzen der Globalisierung, die trotz ihrer in der Regel großen Entfernung zur Stadt sowohl bildlich im Sinne der Bedeutung für die Stadt als auch im wörtlichen Sinne – durch Ausbau der entsprechenden Verkehrsverbindungen – näher an die Stadt heran rücken (Kesselring 2006). Flughäfen werden als „Aerotropolis" gewissermaßen zu eigenen Städten mit allen städtischen Funktionen außer Wohnen (Christiaanse 2006).

Am Beispiel von UEC und Einkaufszentren lässt sich zeigen, wie Großeinrichtungen, die lange als typisch für periphere Standorte galten, teilweise wieder in die Stadt zurückwandern. Allerdings handelt es sich gerade bei solchen Einrichtungen um Entwicklungen, die den für die traditionelle Stadt so bedeutsamen öffentlichen Raum durch eine weit reichende Privatisierung neu definieren und die Polarisierung in der Stadt vorantreiben (Graham/Marvin 2001).

Die Festivalisierung im engeren Sinne, also die Organisation von großen Events (Helbrecht 2006) wie Paraden (*Love Parade*), langen Nächten (Lange Nacht der Museen, *Blade Nights*), Bewerbung um die (und Umsetzung der) Funktion als Kulturhauptstadt, Biennalen, dient sowohl der Imageproduktion wie der Attrahierung von Touristen. Sie ist daher auf die imageträchtigen Teile der Stadt angewiesen, also die Innenstadt. In diesem Sinne stärkt diese Form der Festivalisierung eher die traditionelle Stadt.

7.   Immobilienmärkte

Nachdem viele Städte – dies gilt in besonderem Maße in Deutschland, aber nicht nur dort – über Jahrzehnte durch Flächenknappheit gekennzeichnet waren, hat sich mittlerweile die Lage deutlich verändert. In zahlreichen Städten wurden erhebliche Flächenpotenziale in Innenstädten und innenstadtnahen Lagen verfügbar. Wesentlicher Hintergrund ist der wirtschaftliche Strukturwandel, der dazu führte, dass durch neue Produktionskonzepte, neue innerbetriebliche Arbeitsteilung oder Auslagerung größere Flächenkontingente durch die Industrie freigesetzt wurden. Aber auch die Deregulierung öffentlicher Monopole oder die Privatisierung und Umstrukturierung in verschiedenen Infrastrukturbereichen hat zum Teil riesige Flächen in innenstadtnahen Bereichen freigesetzt (Bahn, Post und andere Versorgungsunternehmen, teilweise Flughäfen und Hafenanlagen). Schließlich sind nach dem Ende der Ost-West-Konfrontation und der Veränderung militärischer Strategien in einer Reihe von Städten große innerstädtische Militärflächen brach gefallen. Damit stehen neue Flächen für Konzepte der inneren Reurbanisierung zur Verfügung. Eine Vielzahl von Projekten zeugt von dieser Entwicklung (MediaPark Köln, die „Projekte 21" der Bahn, die Hafenprojekte in Hamburg, Düsseldorf, Frankfurt/Main, Französisches Viertel in Tübingen).

In den ostdeutschen Städten sind durch die massive Abwanderung zusätzliche Flächen in den Städten verfügbar geworden. Dieses große zusätzliche Angebot an innerstädtischen Flächen hat die Bodenpreise verändert, neue Konzepte innerstädtischen Wohnens werden denkbar und wieder ökonomisch tragfähig oder durch Konzepte einer Renaissance der Nutzungsmischung tragfähig gemacht. Vor allem drängen offenbar auch wieder Bevölkerungsgruppen aus der Mittelschicht mit Kindern in die Städte (Brühl 2006).

Vor diesem Hintergrund deutet einiges darauf hin, dass auf absehbare Zeit die Immobilienmärkte gerade in Randlagen hohe Werteinbußen verzeichnen werden.

Schließlich ist in diesem Zusammenhang darauf hinzuweisen, dass die Bedeutung von Hochhäusern, die in der Regel eine typisch städtische Bebauung darstellen, nicht nur nicht nachgelassen hat, sondern bei der Zahl der Neubauten von Hochhäusern weltweit kein Einbruch zu erwarten ist (Russell 2005).

9.   Fazit

In diesem Beitrag wurde versucht, anhand ausgewählter zentraler Entwicklungen zu verdeutlichen, dass zwar eine euphorische Hoffnung auf eine Reurbanisierung nicht angebracht ist; noch viel weniger steht aber ein Abgesang auf die Stadt zur Debatte. Vielmehr sind gegenläufige, sich wechselseitig überlagernde Entwicklungstendenzen zu beobachten, die sich je nach spezifischer räumlicher Situation unterschiedlich auswirken können.

Die Verstädterung ist weder global noch in Europa je wirklich abgebrochen. Insofern gibt es unterschiedliche Konjunkturen für jeweils spezifische Stadttypen, es findet eine Ausdifferenzierung statt und immer wieder neue „Aufs" und „Abs" für einzelne Städte. Als Lebens- und Siedlungsform hat die Stadt ihre Überlebensfähigkeit längst bewiesen und beweist sie auch unter veränderten Rahmenbedingungen immer wieder neu. Es sind die Schnelligkeit des Wandels und die geringe Prognosefähigkeit, die einen wesentlichen Beitrag zum Stadtpessimismus leisten. Evolutorisch sind Städte extrem anpassungsfähig, nicht viele Städte sind völlig von der Landkarte verschwunden, sie haben schlimmstenfalls ihre relative Bedeutung verändert. Gerade auch die längerfristige Analyse von Städtesystemen zeigt die erstaunliche Stabilität von Funktionen und Rangordnungen – vor allem der Städte in strategischen Positionen.

Die Pfadabhängigkeit vieler Entwicklungen führt dazu, dass diese sich schwer, bestenfalls langsam umkehren lassen. Leitbilder werden, wie Pendlerpauschale und Eigenheimzulage belegen, häufig über lange Zeiten finanziell gestützt und dadurch strukturell verfestigt. Suburbanisierung ist ein Prozess, der schon über Jahrzehnte anhält. Es wäre naiv anzunehmen, dass sich solche Entwicklungen in kurzer Frist umkehren ließen. Allerdings ist die Stadt offenbar ein so stabiles soziales und ökonomisches Gebilde, dass sie selbst Phasen erheblicher Schwächung übersteht und neue Impulse zur Regenerierung zu erzeugen in der Lage ist: „Thus the city survives, and so does the traditional urban hierarchy; but it takes many shapes and forms, and both are changing under the pressure of major driving forces, economic, technological and social" (Hall 2003, S. 151).

Selbst der Anschlag auf das World Trade Center im September 2001, der die Abgesänge auf die Stadt wieder anschwellen ließ, hat nicht einmal in New York zu einem Exodus aus der Stadt geführt – im Gegenteil. Nach 2001 sind in New York mehr Hochhäuser entstanden als in den ganzen 1990er-Jahren. Auch weltweit nimmt die Zahl der Hochhäuser nach dem 11. September 2001 weiter deutlich zu.

Die Kosten infrastruktureller Versorgung und die zunehmenden Kosten für Energie – dazu zählen auch die wachsenden Kosten des Transports (Krugman 1996) – führen weiterhin dazu, dass zentrale Infrastrukturen nur in der Stadt kostengünstig zu betreiben sind. In diesem Sinne bleibt die Stadt auch aus ökologischen Nachhaltigkeitsgesichtspunkten eine zukunftsfähige Siedlungsform.

Die Stadt war immer eine „Raumzeitsparmaschine". Mit dem technologischen, ökonomischen und sozialen Wandel verändert diese Maschine ihre Bauart, ihre Komponenten, aber nicht ihre grundsätzliche Funktionsweise und ihr Produkt. Die Nachfrager nach dem „Produkt" Raumzeitnähe mögen sich verändern, aber die Nachfrage wird auch langfristig auf einem stabil hohen Niveau bleiben. Die Stadt wird ein Ort und ein soziales Gebilde hoher Widersprüchlichkeit und gegenläufiger Entwicklungen bleiben und damit einer der spannendsten Gegenstände, mit denen sich Sozial- und Raumforschung beschäftigen können.

Literatur

Bundesvereinigung der Deutschen Arbeitgeberverbände/BDA und andere (Hrsg.), Renaissance der Bahnhöfe. Die Stadt im 21. Jahrhundert, Berlin 1997.

Berlin-Institut, Die demographische Lage der Nation, München 2006.

Bodenschatz, Harald, und Barbara Schönig, Smart Growth – New Urbanism – Liveable Communities. Programm und Praxis der Anti-Sprawl-Bewegung in den USA, in: Bölling, Lars, und Thomas Sieverts (Hrsg.), Mitten am Rand. Auf dem

Weg von der Vorstadt über die Zwischenstadt zur regionalen Stadtlandschaft, Wuppertal 2004, S. 214–217.

Bölling, Lars, und Thomas Sieverts (Hrsg.), Mitten am Rand. Auf dem Weg von der Vorstadt über die Zwischenstadt zur regionalen Stadtlandschaft, Wuppertal 2004.

Boschma, Ron A., Editorial. Role of Proximity in Interaction and Performance: Conceptual and Empirical Challenges, in: Regional Studies, Vol. 39 (2005), S. 41–45.

Brühl, Hasso, Neues Wohnen in der Innenstadt – wohin treibt die Stadtgesellschaft? in: Spars, Guido (Hrsg.), Wohnungsmarktentwicklung in Deutschland, Berlin 2006 (in Vorbereitung).

Brühl, Hasso, Claus-Peter Echter, Franciska Frölich von Bodelschwingh und Gregor Jekel, Wohnen in der Innenstadt – eine Renaissance?, Berlin 2005 (Difu-Beiträge zur Stadtforschung, Bd. 41).

Cairncross, Frances, The Death of Distance. How the Communications Revolution will Change Our Lives, Boston 1997.

Christiaanse, Kees, High-Density Mixed-Use Developments, in: Henckel, Dietrich, Elke Pahl-Weber und Benjamin Herkommer (Hrsg.), Time Space Places, Frankfurt/M. 2006 (in Vorbereitung)

Coyle, Diane, The Weightless World. Strategies for Managing the Digital Economy, Oxford 1997.

Empirica (Hrsg), Wirtschaft und Wohnen in Deutschland. Regionale Prognosen bis 2015. Wohnungsmarktentwicklung bis 2030, Berlin 2005 (Deutsche Kreditbank AG).

Geppert, Kurt, und Martin Gornig, Die Renaissance der großen Städte – und die Chancen Berlins, in: DIW-Wochenbericht, H. 26 (2003), S. 411–417.

Glaeser, Edward, Why Economists Still Like Cities, in: City-Journal, Vol. 6, No 2 (1996), S. 70–89.

Glaeser, Edward, The Resurgent City. Closing Plenary Session, Paper at the Leverhulme International Symposium 2004: The Resurgent City, London School of Economics, 19–21 April 2004.

Graham, Steve, und Simon Marvin, Splintering Urbanism. Network Infrastructures, Technological Mobilities and the Urban Condition, London 2001.

Häußermann, Hartmut, und Walter Siebel, Die Politik der Festivalisierung und die Festivalisierung der Politik, in: Dieselben (Hrsg.), Festivalisierung der Stadtpolitik. Stadtentwicklung durch große Projekte, Opladen 1993 (Leviathan Sonderheft 13).

Hall, Peter, The End of the City? „The Report of My Death Was an Exaggeration", in: City, Vol. 7, No. 2 (2003), S. 141–152.

Hannemann, Christine, und Dieter Läpple, Zwischen Reurbanisierung, Suburbanisierung und Schrumpfung. Ökonomische Perspektiven der Stadtentwicklung in West und Ost, in: Kommune, H. 5 (2004), S. VII–XI.

Harvey, David, The Condition of Postmodernity. An Enquiry into the Origins of Cultural Change, Cambridge, Mass./Oxford 1990.

Helbrecht, Ilse, Stadtmarketing und die Stadt als Ereignis – Zur strukturellen Bedeutung symbolischer Politik, in: Birk, Florian, Busso Grabow und Beate Hollbach-Grömig (Hrsg.), Stadtmarketing – Status quo und Perspektiven, Berlin 2006 (Difu-Beiträge zur Stadtforschung Bd. 42), S. 263–280.

Henckel, Dietrich, Building High and Running Fast, in: Henckel, Dietrich, Elke Pahl-Weber und Benjamin Herkommer (Hrsg.), Time Space Places, Frankfurt/M. 2006a (in Vorbereitung).

Henckel, Dietrich, Raumzeitpolitik, in: Schöller, Oliver, Andreas Knie und Weert Canzler (Hrsg.), Handbuch Verkehrspolitik, Wiesbaden 2006b (in Vorbereitung).

Henckel, Dietrich, Elke Pahl-Weber und Benjamin Herkommer (Hrsg.), Time Space Places, Frankfurt/M. 2006 (in Vorbereitung).

Herkommer, Benjamin, Fast City – Slow City. An Exploration to the City of Variable Speed, in: Henckel, Dietrich, Elke Pahl-Weber und Benjamin Herkommer (Hrsg.), Time Space Places, Frankfurt/M. 2006 (in Vorbereitung).

Hesse, Markus, Stadtregionen und die Politik der Drehscheibe. Zur Konstitution und Konstruktion von Räumen in der Welt der flows, Erkner 2004 (Working Papers des IRS – Institut für Regionalentwicklung und Strukturplanung).

Kesselring, Sven, Drehkreuze der Globalisierung. Internationale Flughäfen und die Zukunft der Städte und Regionen, in: Schöller, Oliver, Andreas Knie und Weert Canzler (Hrsg.), Handbuch Verkehrspolitik, Wiesbaden 2006 (in Vorbereitung).

Koch, Michael, und Henrik Sander, Where the Heck is Urbanity? in: Henckel, Dietrich, Elke Pahl-Weber und Benjamin Herkommer (Hrsg.), Time Space Places, Frankfurt/M. 2006 (in Vorbereitung).

Krugman, Paul, Looking Backward, in: Derselbe, The Accidental Theorist and Other Dispatches from a Dismal Science, London 1999, S. 196–204.

Kuhlicke, Christian, Ulrich Petschow und Henning Zorn, Versorgung mit Waren des täglichen Bedarfs im ländlichen Raum, Berlin 2005 (Institut für ökologische Wirtschaftsforschung), http://www.ioew.de/home/downloaddateien/studie_laendlicher_raum_kurz.pdf (Abruf 02.03.06).

Läpple, Dieter, Thesen zu einer Renaissance der Stadt in der Wissensgesellschaft, in: Gestring, Norbert, und andere (Hrsg.), Jahrbuch StadtRegion 2003, Opladen 2003.

Mäding, Heinrich, Demographischer Wandel und Kommunalfinanzen – Einige Trends und Erwartungen, in: Deutsche Zeitschrift für Kommunalwissenschaften, H. 1/2004, S. 84–102.

Marcusen, Ann, The City as a Cultural Sticky Place, in: Henckel, Dietrich, Elke Pahl-Weber und Benjamin Herkommer (Hrsg.), Time Space Places, Frankfurt/M. 2006 (in Vorbereitung).

Mitchell, William, City of Bits. Space, Place, and the Infobahn, Cambridge, Mass. 1995.

Müller, Wolfgang, und Ruth Rohr-Zänker, Neue Zentren in den Verdichtungsräumen der USA, in: Raumforschung und Raumordnung, H. 6 (1995), S. 436–443.

Oc, Taner, T. Chao und N. Brown, The Ageing Society – An Urban Society? The British Experience, in: Henckel, Dietrich, Elke Pahl-Weber und Benjamin Herkommer (Hrsg.), Time Space Places, Frankfurt/M. 2006 (in Vorbereitung).

Russell, James S., Do Skyscrapers Still Make Sense? in: Architectural Record, http://archrecord.construction.com/innovation/2_Features/0411Skys (Abruf 26.05.05).

De Sola Pool, Ithiel, und andere, Foresight and Hindsight. The Case of the Telephone, in: Derselbe (Hrsg.), The Social Impact of the Telephone, Cambridge, Mass. 1981.

Veltz, Pierre, The Rationale for a Resurgence in the Major Cities of Advanced Economies, Paper at the Leverhulme International Symposium 2004: The Resurgent City, London School of Economics, 19–21 April 2004.

Webber, Melvin M., The Post-City Age, in: LeGates, Richard T., and Frederic Stout (Hrsg.), The City Reader, London 2001 (2. Aufl.), S. 535–539.

Der Autor

Prof. Dr. Dietrich Henckel,
Technische Universität Berlin, Institut für Stadt- und Regionalplanung, Fachgebiet Stadt- und Regionalökonomie. Bis 2004 wissenschaftlicher Mitarbeiter im Arbeitsbereich „Wirtschaft und Finanzen" des Deutschen Instituts für Urbanistik (Difu).

Politik und Verwaltung

Dieter Grunow

Auswirkungen der europäischen Integration auf die Rolle der Kommunen im politischen Mehrebenensystem

In dem Beitrag werden die Kommunen gleichermaßen als Betroffene der Europäisierung wie als deren aktive Mitgestalter gesehen. Für die Darstellung von Ersterem werden empirische Forschungsergebnisse herangezogen. Für Letzteres wird in dem Beitrag die Notwendigkeit für die Kommunen begründet, im Sinne der Governance-Diskussion ihre Rolle im europäischen Mehrebenensystem zu bestimmen[1].

1. Der Problemhintergrund

Dass die Rolle der kommunalen Ebene[2] nur vor dem Hintergrund der Verwaltungsarchitektur insgesamt analysiert werden kann, ist – im Prinzip – eine Selbstverständlichkeit. Die Argumentation bezüglich dieses Sachverhalts ist gleichwohl schwierig und nicht immer befriedigend: Dies betrifft sowohl den verfassungsrechtlichen als auch den politischen und administrativen Diskussionszusammenhang. Trotz der Kontinuität des Diskurses über geteilte Souveränität, Kooperations- oder Konkurrenzföderalismus, Subsidiaritätsprinzip und Politikverflechtung haben die europäische Integration und die Entwicklung europäischer Institutionen die Debatte belebt und auch verändert.

---

1   Damit folgt der Beitrag der Arbeitsweise des Deutschen Instituts für Urbanistik (Difu), wie sie viele Jahre nachhaltig von Heinrich Mäding (mit) geprägt wurde: die Verknüpfung akribischer Bestandsaufnahmen und Analysen mit praxisbezogenen Bewertungen und Schlussfolgerungen. Vgl. zu dem hier behandelten Thema insbesondere: Europa und die Kommunen, Deutsche Zeitschrift für Kommunalwissenschaften, Heft II/2005. Eine ausführliche Bestandsaufnahme und Kommentierung der umfangreichen Literatur kann mit dem folgenden Beitrag nicht geleistet werden. Die Literaturhinweise sind also primär Vorschläge zur vertiefenden Lektüre.

2   Hier wird zunächst undifferenziert über Gemeinden, Kreise und kreisfreie Städte insgesamt gesprochen.

Zunächst ist mit der europäischen eine weitere Ebene im Mehrebenensystem zu beachten, die zudem in vielen Politikfeldern bereits eine dominante Rolle bei der Gestaltung der *Policies* übernommen hat. Die kommunale Ebene ist als weit überwiegend zuständige Implementationsinstanz direkt von der Art der Gestaltung europäischer *Policies* betroffen – bei der allenfalls teilweise die (hier: für Deutschland) geltenden spezifischen Implementationsbedingungen in Rechnung gestellt werden können. Dies ist einerseits eine Folge der Vielfalt der Implementationsarchitekturen in Europa, andererseits ein Effekt der zunehmenden „Transportschwierigkeiten" von Implementationserfahrungen in den Prozess der Politikgestaltung[3]. Auch die neuen Formen der Beteiligung (Ausschuss der Regionen) oder der intensiven Konsultationen (Kommitologie; zunehmend auch Internetforen) lösen dieses Problem nicht. Insofern wird man (wie bisher) unterschiedliche Umsetzungsstrategien der örtlichen Implementationsträger – natürlich auch in Abhängigkeit von den Festlegungen der einzelnen Bundesländer – erwarten dürfen: von der Nichtimplementation über die Entwicklung von Parallelarchitekturen (ausschließlich für die Implementation europäischer Politiken) bis zur Anpassung der eigenen Verwaltungsstrukturen an veränderte (europäische) Politikstile. Letzteres wird mit der Frage verbunden, ob sich mit der Zeit ein spezifischer europäischer Verwaltungsraum (Siedentopf 2004) herausbildet. Die Antwort bleibt ambivalent. Dies lässt sich an den wiederkehrenden Konferenzen mit dem Thema „... divergente und konvergente Entwicklungen ..." ablesen.

Diese allgemeinen Fragen nach dem europäischen Verwaltungsraum führen nicht nur empirische Einzelbefunde mit, sondern liefern auch Ansatzpunkte zu normativen Überlegungen: Wie viel Konvergenz und Divergenz ist gewünscht? Wie viel Homogenität oder Heterogenität im europäischen Verwaltungsraum erscheint sinnvoll[4]? Wo derartige Fragen explizit formuliert und erörtert werden, kann man von einer Debatte über europäische Verwaltungspolitik sprechen. Diese wird insofern oft nur implizit zum Thema gemacht, weil die Gestaltung der Implementationsarchitekturen Angelegenheit der Mitgliedstaaten ist. Um die Impulse, die von der europäischen Politikgestaltung auf die (regionalen und lokalen) Implementationsprozesse und -strukturen ausgehen, zu bestimmen, ist neben den eher zufälligen Einzeleffekten und den globalen normativen Konzepten noch eine dritte Variante zu berücksichtigen: die (implementations-)strategische Programmgestaltung – wie sie etwa mit der „Methode der offenen Koordinierung" (z.B. in der Arbeitsmarktpolitik) zum Ausdruck gebracht wird. Dabei geht es nicht um eine umfassende Verwaltungspolitik, sondern um einen mit Einzelpolitiken kombinierten

---

3   Dies hat zwar – wegen der längeren Kommunikationswege – auch mit der europäischen Integration zu tun, aber nicht nur: auch die neuen Formen der Politikentwicklung (in exekutiv- und beratungslastigen Kommissionen) begrenzen das Gewicht des Einflusses der Implementationsträger (Felder/Grunow 2003).

4   Hierzu werden auf unterschiedlichen Ebenen und von unterschiedlichen Akteuren verschiedene Antworten gegeben: z.B. unter den Stichworten Kompetenzkatalog, Subsidiarität, kosmopolitisches Europa (Beck) – oder wie zuletzt von Bundeskanzlerin Merkel formuliert: Koordination statt Zentralisierung (März 2006). Als konkretes Beispiel vgl. Röber/Schröter (2004).

Transport von Implementations- (und Evaluations-)mustern in die Mitgliedstaaten der EU. Ob dies zu nachhaltigen Homogenisierungen der Architekturen führt, muss allerdings im Einzelnen geprüft werden[5].

Diese vorläufigen Feststellungen geben Anlass zu der Frage, was davon für ein ohnehin föderales Verwaltungssystem (wie in Deutschland) neu ist. Die Antwort darauf muss wohl lauten: nichts in der grundsätzlichen Thematik/Problematik, einiges aber in der Intensität der Wirkungen, die von dem erweiterten Mehrebenensystem auf die kommunale (Durchführungs-)Ebene ausgehen: Die *Policyformen* weisen ein breiteres Spektrum auf als zuvor innerhalb Deutschlands; die unterstellten Stile der Implementation sind anders akzentuiert (im Verhältnis von Konditional- und Zweckprogrammen oder in vorausschauende Steuerungs- vs. nachfolgende Kontrollperspektive); die geforderten Formen der Ko-Finanzierung und der Rechnungslegung europäischer Förderprogramme können neue Standards setzen und anderes mehr. Stärker als in der innerdeutschen Betrachtung kommt auch die Konkurrenz zwischen den Implementationsarchitekturen der Mitgliedstaaten zur Geltung: Föderalismus und kommunale Selbstverwaltung sind zwar grundsätzlich akzeptierte, aber gleichwohl nicht unumstrittene Modelle[6]. Dies macht es weitaus schwieriger, eine europaweite Identität der kommunalen Ebene zu schaffen als innerhalb Deutschlands – auf der Basis des Grundgesetzes – und damit eine aktive Rolle der Kommunen in Europa bei der Definition ihrer Funktion im Mehrebenensystem zu etablieren[7].

Zusammenfassend kann man also – aus der Perspektive der Mehrebenenanalyse – von vielfältigen, aber nicht stark ausgeprägten Einflüssen der europäischen Ebene auf die kommunale Ebene sprechen. Wie zuletzt die so genannte Dienstleistungsrichtlinie der EU (besonders zum Aspekt „Einheitlicher Ansprechpartner" für niederlassungswillige ausländische Dienstleister) erneut gezeigt hat, werden die je spezifischen Implementationsarchitekturen formal nicht tangiert: Ihre Heterogenität im europäischen Verwaltungsraum wird akzeptiert.

Zugleich macht diese Richtlinie – auch wenn sie in einer gegenüber dem Kommissionsentwurf deutlich abgeschwächten Variante verabschiedet wurde – deutlich, wo der wichtigste Ansatzpunkt, das heißt die Stoßrichtung der EU-Kommission hinsichtlich der Veränderung der Rolle der Kommunen liegt. Es geht nicht primär um die Funktionsverteilungen zwischen den Politik-/Verwaltungsebenen, sondern um die Verschiebung der Schnittstelle zwischen öffentlichem und privatwirtschaftlichem Sektor (Böhret/Grunow/Ziekow 2005). Die dem zugrunde lie-

---

5   Aus den Ergebnissen unserer Forschungen lassen sich bisher keine breiten Effekterwartungen begründen (vgl. im Detail Wolfswinkler 2006).

6   Dabei werden zur Bewertung nicht nur die Implementationsleistungen, sondern auch die Reformfähigkeit und die generelle (ökonomische) Systemperformanz berücksichtigt. Dies gilt vor allem für die Verwaltungstransformationen in den neuen Mitgliedstaaten.

7   Bei diesem Versuch der europäischen Identitätsbildung zeigt sich die Vielfalt deutscher Kommunalstrukturen als Komplikation, wenn nicht sogar als Hemmschuh.

gende Debatte über die Rolle „des Staates"[8] betrifft die kommunale Ebene in besonderem Maße – ohne dass sie in den diesbezüglichen Entscheidungsprozess hinreichend eingebunden wäre. Die Betroffenheit ergibt sich aus der Tatsache, dass auf kommunaler Ebene nicht nur Regeln für öffentliche Aufgabenerledigung (mit)gestaltet und verwaltet, sondern dass diese Aufgaben hier auch durchgeführt werden. Der Grundansatz der Dienstleistungsrichtlinie ist hierzu – radikal ausgedrückt –, dass es fast keiner solcher öffentlichen Aufgaben(-erfüllung) bedarf. Die Begründung für Ausnahmen (z.B. bei Sicherheitsfragen, Gesundheitsgefährdungen) zeigt, dass das Element der demokratisch fundierten Selbstverwaltung dabei schon gar keine Rolle (mehr) spielt. Öffentliche Dienstleistungen sind demnach subsidiär zu privaten Anbietern zu konzipieren[9].

Die Schwierigkeit der Kommunen, gegenüber dieser Strategie der EU-Kommission eine Position zu bestimmen, besteht unter anderem darin, dass sie selbst in den letzten zehn Jahren – unter dem Druck der Finanzkrise – zu dieser Entwicklungstendenz beigetragen haben: durch *Cut-back, Public Private Partnership* (PPP), Privatisierung und anderes mehr[10]. Das dabei zum Teil übersehene Problem liegt darin, dass mit der Aufgabenprivatisierung demokratisch-politische Einflussmöglichkeiten abgebaut werden (können) (Pempera 2005). Es ist zu empfehlen, beispielhaft die neuen Entbürokratisierungskampagnen einmal daraufhin zu überprüfen, wie viel *Local Democracy* damit über Bord geworfen wird[11]. Es steht also nicht nur die „Verbetriebswirtschaftlichung" öffentlicher Aufgabenerledigung auf der Tagesordnung – sondern eine gezielte Entpolitisierung und Entdemokratisierung. Zeigt man einmal diese Seite der Entbürokratisierung (= Entdemokratisierung) auf, dann dürften die diesbezüglichen euphorischen Hoffnungen der verschiedenen Akteure (angefangen mit der Bundeskanzlerin) durch bescheidenere Erwartungen ersetzt werden müssen[12]. Obwohl auf kommunaler Ebene die Auseinandersetzung mit dem Verfassungsauftrag (Artikel 28 Grundgesetz), der Haushaltsmisere und den NPM-Konzepten weitergeht, hat der Reformdiskurs die NPM-Themen schon längst hinter sich gelassen. Unbestritten liefert das NPM eine Reihe von Handlungsinstrumenten (z.B. im Finanzmanagement), hat aber die Ankündi-

---

8   Dabei sind die unterschiedlichsten Varianten im Spiel: „schlanker Staat", „aktivierender Staat", „Nachtwächterstaat", „Gewährleistungsstaat", „nationaler Wettbewerbsstaat".

9   Konkret: wo immer es einen privatwirtschaftlichen Akteur gibt, der eine bestimmte Aufgabe/Dienstleistung erledigt, gibt es keinen Grund mehr, dies an irgendeinem Ort als öffentliche Aufgabe (unter Einsatz öffentlicher Mittel) auszuweisen (vgl. Lippert 2005).

10   Diese Strategien werden häufig unter der Überschrift NPM (New Public Management) geführt – was allerdings der Grundidee des NPM widerspricht. Dieses Konzept geht ja gerade von einem Public Management aus.

11   Die Logik ist klar: Partizipation – in welcher Form auch immer – kostet öffentliche Mittel, deren Einsatz sich nicht den üblichen Effizienzkriterien unterordnen lässt. Wollmann (2003) weist in seiner eher „düsteren" Situationsschilderung zu Recht darauf hin, dass das Instrument des Bürgerentscheids häufig zur Begrenzung von kommunalen Privatisierungsstrategien genutzt wird. Mit anderen Worten: das Partizipationsinstrument steht aktuellen verwaltungspolitischen Zielen im Wege.

12   Derzeit häuft sich neue Literatur zu dem Thema an, die – unter anderem aus jahrzehntelanger Erfahrung schöpfend – Möglichkeiten und Grenzen dieser Kampagnen aufzeigt.

gung, ein neues Steuerungsmodell zu etablieren, nicht erfüllt. Insofern wird man bei der Suche nach Lösungen für die zukünftige Rolle der Kommunen als Gestaltungsinstanz örtlicher Lebensverhältnisse (einschließlich öffentlicher Dienstleistungen der Daseinsvorsorge) auf andere Diskurse verwiesen.

Beachtenswert erscheint hier das Konzept des *(Urban) Governance*. Der zunächst sehr offene (wenn nicht gar inhaltsleere) Charakter des Begriffes hat auch Vorteile: Er lässt sich schrittweise begründet füllen oder spezifizieren. Er erlaubt das Zusammenführen von Neuer Steuerung, Bürgerkommune, Zivilgesellschaft/Non Governmental Organisations (NGO), PPP und anderem zu einer Vorstellung von politisch-administrativem Handeln in strukturell und funktional heterogenen Netzwerken[13]. Für die Debatte in Wissenschaft und Praxis stellt sich die Frage nach *Good Governance*[14] als hilfreicher Kristallisationspunkt dar:

1. Es wird signalisiert, dass Governance zunächst nur eine deskriptive Kategorie ist, die – im Gegensatz zu Neuem Steuerungsmodell (NSM) und NPM – nicht per se normativ aufgeladen ist.

2. Veranlasst wird die Spezifikation von Erscheinungsformen und Wirkungen von *Good Governance*.

3. Es wird die Wissenschaftsfeindlichkeit der von Unternehmensberatern dominierten NPM-Debatte überwunden.

4. Durch die breite Anwendung werden ungewöhnlich viele Blicke über den „eigenen Gartenzaun" möglich – sei es ebenenbezogen oder regional/international[15].

5. Besonders bedeutsam ist zudem die Tatsache, dass die EU-Kommission schon seit mehr als zehn Jahren (besonders seit dem *White Paper on European Governance* von 2001) Konzepte zum Thema *Good Governance* entwickelt. Sie zielen zwar primär auf die Verbesserung der Legitimation der europäischen Ebene; sie bilden aber ebenso eine geeignete konzeptuelle Plattform, die auch die Kommunen für ihre Positionsbestimmung in Europa nutzen können und müssen[16].

---

13 Dass dies keineswegs eine bahnbrechende Neuheit ist, zeigen die Analysen von Politikfeldern – wie Sozial- oder Gesundheitspolitik –, die immer schon so typisiert wurden: z.B. als Wohlfahrtsmix.

14 Diese Frage wird inzwischen auf allen Ebenen – von der Weltbank bis zu kommunalen Akteuren – aufgegriffen.

15 Dies ändert nur wenig daran, dass die Debatte kompliziert ist, denn sie muss zu Antworten jenseits von marktradikalen Positionen einerseits und den Status quo erhaltenden Positionen andererseits führen. Das Deutsche Institut für Urbanistik war und ist ein wichtiges Forum für eine solche Debatte (vgl. Deutsche Zeitschrift für Kommunalwissenschaften, Heft II/2005).

16 Unter anderem müssen sie ihre Rolle im Kontrast zu den „hofierten" NGOs beschreiben und begründen.

Diese Überlegungen sollen an dieser Stelle nicht weitergeführt werden (siehe unten), sondern mit einem Blick auf empirische Forschungsergebnisse soll ansatzweise erkundet werden, wie die Kommunen auf diese (oder ähnlich ausgerichtete) Debatten der Zukunft vorbereitet sind.

2. Empirische Befunde zur europapolitischen Positionierung der Kommunen

Zur Erörterung der zuvor formulierten Frage wird auf Ergebnisse eines empirischen Forschungsprojektes (1999–2003) über die Umsetzung/Implementation europäischer Politik in der deutschen Verwaltung verwiesen[17]. Das Besondere dieses Projektes war, dass die Mehrebenenthematik systematisch empirisch berücksichtigt wurde (Felder und andere 2002) – was viele vorliegende (empirische) Studien vermissen lassen. Die Systematik kommt insbesondere durch eine umfassende schriftliche Befragung von Abteilungsleitern aller Ressorts auf Bundes- und Bundesländerebene (N = 705; Rücklaufquote 72,3%) sowie den Europareferenten (N = 137; Rücklaufquote 69,5%) der beiden Verwaltungsebenen zum Ausdruck. Bei der empirischen Untersuchung auf kommunaler Ebene mussten quantitative und qualitative Einschränkungen gemacht werden: Die schriftliche Befragung (mit Unterstützung des Deutschen Städtetages) bezog Oberbürgermeister, Europabeauftragte und Experten in den Politikfeldern Umwelt und Beschäftigung ein[18]. Von den angeschriebenen Städten verschiedener Größenklassen beteiligten sich 40 Prozent an der Befragung (N = 98). Im Folgenden werden einige empirische Ergebnisse dargelegt, wobei die Fragen zur generellen Rolle der Kommunen im europäischen Kontext im Mittelpunkt stehen.

2.1 Kommunen als Adressaten europäischer Politik

Die erste Frage betraf die Bestimmung derjenigen Politikfelder, in denen die Kommunen durch europäische Gesetzgebung betroffen sind. Die Antworten stimmen weitgehend mit den Ergebnissen der Abteilungsleiterbefragung in Bund und Ländern überein: Es gibt kaum ein Politikfeld, das nicht genannt wird. Die Rolle der EU als Politikgestalter wird also keineswegs unterschätzt. Betrachtet man diejenigen Politikfelder mit mehr als 80 Prozent Nennungen, so zeigt sich folgende Rangfolge der Bedeutungszuschreibung:

- Energiepolitik
- Wettbewerbspolitik
- Regionalpolitik

---

17 Ein solcher Zugang ist notwendig, um – jenseits von Konferenzen und Publikationen mit eher idealisierten Darstellungen – ein halbwegs realistisches Bild der Lage zu skizzieren.

18 Diese Politikfelder wurden in der Gesamtuntersuchung durch Expertengespräche auf allen Verwaltungsebenen vertiefend untersucht.

- Umweltpolitik
- Wirtschaftspolitik
- Verkehrspolitik
- Forschungs- und Technologiepolitik
- Verbraucherpolitik
- Sozialpolitik.

Die durchschnittliche Gewichtung nimmt (bei einer Skala von 1–6) von 4,6 auf 3,4 ab. Die Liste zeigt, dass diejenigen Politikfelder dominieren, in denen auch die Schnittstelle zwischen öffentlichen und privatwirtschaftlichen Handlungsfeldern tangiert ist. Dies wird bestätigt bei der Nachfrage nach den kommunalpolitischen Weichenstellungen, die durch die Europapolitik direkt ausgelöst werden. Die folgende Liste typischer Antworten belegt dies:

- Sparkassenaufsicht
- Ausschreibungen bei Bauverfahren
- Privatisierungstendenzen; Beteiligung privater Unternehmen
- strategische Ausrichtung der Wirtschaftsförderung; Industriebrachenvitalisierung
- Verkauf der Stadtwerke, Gründung eines Verkehrsunternehmens mit Privaten; Trennung von ÖPNV; Trennung von Strom- und Gasversorgung
- Stadtwerke (bezüglich Verkehr, Energie, Entsorgung, Ausschreibungsverfahren); wettbewerbsorientiertes Verhalten des kommunalen Energieversorgers
- integrierte Stadtteilentwicklung (URBAN)
- Implementation einer gemeinsamen Regionalentwicklung.

Die Liste zeigt auch, wie spezifisch die Wirkungen wahrgenommen und zum Ausdruck gebracht werden. Um die Auswirkungen der europäischen Politik auf das kommunale Verwaltungshandeln näher untersuchen zu können, müssen daher die Forschungsfragen auf Politikfelder[19] konzentriert werden. Als ein Beispiel wurde die Umweltpolitik gewählt. Die Antworten der Befragten auf die Fragen nach den Implementationsproblemen europäischer Umweltpolitik kann man zu der Antwort „bürokratischer Mehraufwand" zusammenfassen (Bach 2005), wobei ungeklärte Zuständigkeiten, ein Mehr an Regelungen, inkompatible Rechtstraditionen, mehr Koordinationsaufwand, Fachchinesisch, aufwändiges Kontroll- und Berichtswesen und vieles andere mehr angesprochen werden. Bemerkenswert ist bei diesen und anderen Kommentaren, dass sie auch *innerhalb* einzelner Stadtverwaltungen sehr unterschiedlich ausfallen können[20]. Eine – dadurch nun allerdings eher künstlich erzeugte – „Einheitlichkeit" drückt sich in den Reaktionen auf vorgegebene Statements aus.

---

19 Vergleiche hierzu das Konzept einer zusammen mit Heinrich Mäding entwickelten Implementationsanalyse in Politikfeldern (Grunow 2003).

20 Dies ist bereits bei der Durchführung der schriftlichen Befragung sichtbar geworden: Die beteiligten Städte haben zum Teil Fragebogen für die Politikfelddarstellung nachgefordert, weil sich die Experten nicht auf eine einheitliche Antwort zu den Fragen (z.B. zur Umweltpolitik) einigen konnten.

Tabelle 1: Die Auswirkungen der europäischen Integration auf die Umweltpolitik der kommunalen Ebene (N=87)*

	Durchschnittl Bewertung (zw. 0 und 6)
e) Die europäische Umweltpolitik erhöht den horizontalen Koordinationsbedarf zwischen den Ämtern bzw. Geschäftsbereichen/Ressorts.	3,48
i) Durch die europäische Umweltpolitik wird Nachhaltigkeit als Leitprinzip institutionalisiert.	3,36
h) Durch die europäische Umweltpolitik wird der Querschnittscharakter von Umweltpolitik gestärkt und die Integration von Umweltthemen in andere Politikfelder (Umsetzung Art. 6, Amsterdamer Vertrag) vorangetrieben.	3,24
g) Die europäische Umweltpolitik verstärkt die Einbeziehung von zivilgesellschaftlichen Akteuren in die Kommunalpolitik.	3,04
a) Durch die europäische Politik wird auf der kommunalen Ebene die Bedeutung des Umweltbereichs gegenüber anderen Handlungsfeldern gestärkt.	3,01
f) Die europäische Umweltpolitik erhöht den vertikalen Koordinationsbedarf zu den anderen Gebietskörperschaften.	2,80
d) Die europäische Umweltpolitik verstärkt eine Erosion materiell-rechtlicher Standards.	2,06
b) Die europäische Politik begrenzt den Handlungsspielraum kommunaler Umweltpolitik bzw. kommunalen Umweltschutzes.	1,79
c) Die europäische Umweltpolitik forciert eine Ökonomisierung des Verwaltungshandelns.	1,68

*Quelle: Eigene Darstellung.

Besonders zu bemerken ist, dass die Items 1–6 durch „Teils"-„teils"-Antworten geprägt sind, also wenig Profil erzeugen. Relativ ablehnend stehen die Befragten den Aussagen 7–9 zu den weitergehenden grundsätzlichen Folgen europäischer Umweltpolitik gegenüber – eine Nuance, die sich aber mit der Diskussion um die Dienstleistungsrichtlinie verändert haben könnte[21]. Das Paradox, dass aus der Bürokratisierung durch Europäisierung nun eine verschärfte Entbürokratisierung (im Sinne der Entstaatlichung/Abbau öffentlicher Verantwortlichkeit) entsteht[22], lässt

---

21 Hier ging es bei der Frage des Herkunftslandprinzips unter anderem um die Problematik von Sozial- und Umweltstandards.

22 Mit anderen Worten: die EU schafft selbst die Probleme, die sie dann durch Vermarktwirtschaftlichung zu beseitigen versucht.

sich aus den Urteilen der Befragten nicht rekonstruieren oder wird möglicherweise nicht wahrgenommen.

Im Unterschied zu den eher regulativen Impulsen der Umweltpolitik enthält die europäische Beschäftigungspolitik Förderprogramme mit (potenziell) innovativen Anstößen. In 38 Prozent der antwortenden Städte werden solche Impulse wahrgenommen. Genannt werden

- Förderung der Beschäftigung arbeitsloser Frauen bzw. Existenzgründungen
- Integration von jungen Sozialhilfeempfängern
- Einrichtung einer Koordinierungsstelle Frau und Beruf
- Europäischer Sozialfonds (ESF), Regionalverband für Ausbildung
- Modernisierungsberatung für Betriebe
- Projekte zur Antidiskriminierung am Arbeitsmarkt
- Förderung von Existenzgründungen
- regionale Innovations- und Kompetenzentwicklung
- partnerschaftliche Organisation der Arbeitsmarktpolitik durch Bündnisse.

Bei der Nachfrage nach den daraus resultierenden Struktureffekten (auf die lokale Implementationsstruktur) sind die Antworten weniger präzis. Einerseits wird noch einmal der bürokratische Mehraufwand kritisiert, andererseits wird mit verschiedenen Begriffen und Beispielen auf die bessere Vernetzung von Akteuren im Politikfeld hingewiesen, die durch die EU-Programme „erzwungen" wird. Auch die Beschleunigung von Entscheidungen und ein verbessertes Controlling werden sporadisch erwähnt. Diese Ergebnisse belegen (zumindest) die Notwendigkeit genauerer empirischer Überprüfung der Politikimplementation vor Ort – nicht nur mit Blick auf die *policybezogenen* Effekte, sondern auch auf die verwaltungspolitischen Implikationen.

2.2   Zur Positionierung der Kommunen im Rahmen der Europäisierung

Die vorgelegten empirischen Ergebnisse hinsichtlich der in den Stadtverwaltungen wahrgenommenen Europäisierungseffekte haben gezeigt, dass Erfahrungsbildung und -bündelung bezüglich der europäischen Politiken auf kommunaler Ebene noch nicht weit entwickelt sind. Die Funktion der Europabeauftragten dürfte in den vergangenen Jahren zwar mehr Gewicht gewonnen, aber noch keinen nachhaltig integrierenden Einfluss gehabt haben[23]. Insofern fallen die Antworten der befragten Städte auf die Fragen nach der „europapolitischen" Positionsbestimmung sehr diffus aus. Eine der Antworten könnte sogar als Überschrift für alle Kommentare dienen: „Unkenntnis, Hilflosigkeit, Ausgeliefertsein". Um diese Reaktion auf die *Frage nach möglichen Leitbildern kommunaler „Europapolitik"* zu untermauern, seien weitere (unsortierte) Stichworte aufgeführt:

---

23 Die verstärkten Bemühungen der Europabeauftragten um eine überregionale Vernetzung zwecks Erfahrungsaustausch und Positionsbestimmung sind meines Erachtens ein wichtiger und richtiger Ansatz.

- Wir sind Zuschussjäger, aber dennoch nicht die Gewinner Europas

- europäisches Komptenzzentrum für Medizin zu werden

- Integration ausländischer Mitbürger

- Zurückhaltung gegenüber Europa zeigen

- Europastadt, Europolis, Europa der Städte als Leitbild

- grenzüberschreitende Vernetzung auf allen Ebenen (von Verwaltung bis Familie)

- länderübergreifende Zusammenarbeit von Kommunen gegenüber dem Bürokratiemoloch Brüssel

- Mitte in Europa darstellen

- Umsetzung europäischer Rechtsvorschriften

- Schaffung einer europäischen virtuellen Metropole

- Unterstützung der Aktivitäten des Städtetages zur Erhaltung der kommunalen Selbstverwaltung

- Brücken zur Vergangenheit und Zukunft

- neue Partner – neue Märkte.

Die durch vorformulierte Items vorgenommene Strukturierung bestätigt den Befund. Das Item „Aufgrund der massiven Auswirkungen europäischer Entscheidungen auf die kommunale Ebene ist in den letzten Jahren das Profil einer aktiven kommunalen Europapolitik entstanden" erhält – wohl begründet und realistisch – die geringste Zustimmung der befragten Bürgermeister/Oberbürgermeister. Relativ hohe (homogene[24]) Zustimmung erhalten dagegen einerseits die pessimistische Einschätzung kommunaler Handlungsmöglichkeiten (Bund und Länder haben das Sagen) und andererseits die Zukunftsperspektiven „Governance nach innen"[25] und „Wettbewerb zwischen den Kommunen in Europa"[26].

Auf die Frage nach der Strategie, mit der solche Ziele nach innen und außen durchgesetzt werden können, erhält man allerdings nur auf der Basis vorgegebener Items eine auswertbare Antwort.

---

24 Es handelt sich um eine relative Homogenität, da stets eine gewisse Variationsbreite in den Antworten vorzufinden ist.

25 c) „Die Städte in Europa sind die Keimzelle der gesellschaftlichen Integration. Die Europapolitik der Stadt zeichnet sich durch die damit verbundene Mittlerfunktion und vielfältige (...) Integrationsprozesse aus."

26 f) „Die Erweiterung ökonomischer Handlungsspielräume erfordert eine strategische Positionierung der Stadt im Wettbewerb europäischer Regionen, die das Profil der kommunalen Europapolitik prägt."

Tabelle 2:   Strategien der Europapolitik (N=98)*

	Durchschnittl Bewertung (zw. 0 und 6)
d) Die Europapolitik der Stadt muss sich in stärkerem Maße auf strategische wirtschafts- und strukturpolitische Ziele konzentrieren.	4,43
e) Es bedarf einer Modernisierung der Städtepartnerschaften, indem konkrete Projekte des Austausches und der Zusammenarbeit entwickelt werden.	4,31
a) Um als Stadt im europäischen Kontext agieren zu können ist eine stärkere regionale Zusammenarbeit notwendig, für die auch neue organisatorische Strukturen geschaffen werden müssen.	4,30
b) Die Entwicklung eines Europa-Image ist zentral für die Positionierung im Wettbewerb der Regionen und Städte in Europa	3,68
f) Die Verwaltungsmodernisierung muss sich stärker auf die Steigerung der europäischen Handlungsfähigkeit ausrichten.	3,56
c) Die Europapolitik der Stadt muss in stärkerem Maße den Querschnittscharakter europäischer Politik berücksichtigen und themenübergreifend orientiert sein.	3,35

*Quelle: Eigene Darstellung.

Eine Profilbildung mit Ansätzen zur Positionierung lassen die Antworten nicht erkennen. Mehr oder weniger werden alle Punkte für mittelmäßig wichtig gehalten. Liest man dennoch aus den ersten drei Items eine Priorisierung heraus, so heißt dies:

- Governance in Stadt und Region
- Ausbau internationaler Städtevernetzung[27]
- Strategien dafür entwickeln.

Programmatisch erscheint dies grundsätzlich überzeugend – wenn dabei nicht die Heterogenität der Antworten verdeckt würde. Es bedarf mit Sicherheit der Katalysatorenrolle eines Difu sowie der kommunalen Spitzenverbände und anderer Netzwerke, um daraus tatsächlich eine Positionierung der kommunalen Ebene in der Auseinandersetzung über Umfang und Qualität von (Urban/Local) Governance zu erreichen.

---

27   Trotz der Heterogenität ihrer jeweiligen Position im Mehrebenensystem.

3. Governance als Rahmenkonzept für die kommunale Positionsbestimmung

Die mit Bezug zu ausgewählten empirischen Befunden gezeigten Unsicherheiten und Unklarheiten hinsichtlich der zukünftigen Rolle der Kommunen im europäischen Mehrebenensystem sind verständlich. Die Unsicherheit wird durch EU-Politiken erzeugt (wie z.B. durch die Dienstleistungsrichtlinie), die der kommunalen Selbstverwaltung grundsätzlich den Boden zu entziehen drohen. Damit schwindet das Selbstverständnis, dass die kommunale Ebene ein gewichtiger Bestandteil des Staatsaufbaus ist. Die Unklarheiten ergeben sich aus den vielen gleichzeitig in den Diskursen und in der Praxis eröffneten „Baustellen"[28]. Hier ist es meines Erachtens angezeigt, dass sich die Kommunen (wieder) verstärkt in einen Dialog mit den relevanten Wissenschaftssegmenten einlassen. Von den kommerziellen Beratern werden sie kaum Hilfe bei der Suche nach Formen von *Good Governance* auf lokaler Ebene erwarten dürfen. Entscheidend ist bei diesem Diskurs, dass er die Rolle der kommunalen Ebene nicht ohne deren Einbettung in regionale, nationale und globale Governance-Strukturen thematisieren kann. Alle derartigen Versuche, nur im eigenen „Schrebergarten" Veränderungen vorzunehmen, wären nicht zielführend. Dabei haben Kommunen in Europa den Vorteil, dass sie systematisierte Informationsbestände und vorgeprägte Kommunikationsstrukturen zur Verfügung haben[29]. Ohne eine aktive und konstruktive Positionierung im zukünftigen Mehrebenen-Governance-System Europa droht die Marginalisierung durch neuen *Intergouvernementalismus* (mit der Dominanz nationalstaatlicher Exekutiven) und radikale Vermarktlichung öffentlicher Aufgaben[30]. Die (internationale) Diskussion enthält bereits eine Vielzahl wichtiger Anregungen zur Ausgestaltung von *Good Governance*, die es lohnenswert machen, sich diesem Thema in Zukunft noch mehr als bisher zuzuwenden. Dabei geht es einerseits um die Bewertung von Reformoptionen, die in der Diskussion sind (wie z.B. die Dienstleistungsrichtlinie der EU-Kommission, die Entbürokratisierungskampagnen oder die PPP-Varianten usw.); andererseits sind Ziele der angemessenen Ausgestaltung der kommunalen Governance im europäischen Mehrebenensystem zu bestimmen. Die diskutierten Aspekte sind dabei situationsgerecht zu kommentieren.

---

28 Im Rahmen dieses Beitrages wurden die vertikalen Kompetenzabgrenzungen sowie die Verschiebung von Grenzen zwischen gesellschaftlichen Sektoren betont. Die potenzielle und faktische Exterritorialisierung von Verwaltungsaufgaben durch E-Government wurde dagegen gar nicht thematisiert.

29 Ein Diskurs über das Europa der Kommunen ist erheblich leichter zu führen als ein Diskurs über das China der Kommunen oder das Südamerika der Kommunen. Zu berücksichtigen ist dabei zusätzlich, dass Länder wie China oder Indonesien im internationalen Diskurs nach Mustern suchen, die für die Entwicklung der kommunalen Ebene in ihren Ländern geeignet sind. Es liegt im Interesse Europas, hierfür überzeugende Beispiele von Good Governance zu präsentieren.

30 Die sich entwickelnde Diskussion über die Gewährleistungsverwaltung ist aus meiner Sicht bereits ein großer Schritt in Richtung auf diese Marginalisierung.

Inzwischen ist eine solche Fülle von Publikationen zum Thema Governance verfügbar[31], dass weder eine Zusammenfassung noch eine kritische Würdigung möglich ist. Es geht im Folgenden vielmehr um Orientierungshilfen, um die Verwendbarkeit des Konzeptes zu erleichtern[32].

a) Verständigung über den Kern des Konzeptes: Das Konzept verweist auf die Ausfransung und Überlappung gesellschaftlicher Sektoren/Funktionssysteme. Da das bezeichnete Phänomen nicht neu ist, umfasst der Begriff frühere ähnliche Begriffe (Wohlfahrtsmix, „Quangokratisierung" der Welt [Hood] und andere). Für die Betrachtung von Politik und Verwaltung löst Governance den strikter (staatszentrierten) gefassten Begriff *Government* ab[33]. Zu empfehlen ist deshalb, sich bei der Begriffsverwendung ausdrücklich auf den öffentlichen Sektor zu beziehen: Es geht um die Funktionsweise dieses Gesellschaftssegments[34]. Während früher die immer schon vorhandene „Ausfransung" „staatszentriert" analysiert wurde (z.B. im Sinne von Bürokratieüberwälzung), geht es bei Governance um eine eher integrative Betrachtung von Akteursgruppen, die an der Herstellung öffentlicher Güter/der Erledigung öffentlicher Aufgaben beteiligt sind. Eine Aufteilung nach ebenenspezifischen Governance-Begriffen ist sinnvoll, sollte aber nicht allzu strikt erfolgen; statt „Lokales Governance" sollte als Überschrift (präziser) die Formulierung „Lokales Governance im Mehrebenensystem" gewählt werden.

b) Die internationalen und (notwendig!) interdisziplinären Debatten erschweren teilweise eine Verständigung über die Konzeptgrundlagen, weil die Ausgangslagen (unter anderem: Government) so unterschiedlich sind: Was heißt Governance im Kongo, in China oder in Spanien[35]? Die Breite der Debatten hat aber auch den Vorteil, dass sie eine Reihe von Grundlagen mit ins Spiel bringt, die sonst z.B. in der deutschen Debatte – angesichts von NGO- und Zivilgesellschaft-Euphorie – unbeachtet blieben: dass beispielsweise Rechtsstaatlichkeit *(rule of law)* weiterhin ein wichtiger Grundbaustein des Governance-Konzeptes bleibt[36].

---

31 Als Einstieg und Übersicht vgl. Benz (2004).
32 Dies wird durch spitzfindige wissenschaftliche Begriffstaxonomien ebenso erschwert wie durch eine fast beliebige Begriffsnutzung in der Praxis.
33 Es ist kein Zufall, dass zuerst der Begriff Global Governance „Karriere" machte: Die Government-Strukturen sind auf der Ebene der Weltgesellschaft (-> Weltregierung) schwach ausgeprägt: Hier funktioniert nur Governance.
34 Ob es sinnvoll ist, den Begriff auch für die Privatwirtschaft, den Dritten Sektor oder die Privathaushalte zu verwenden, sei hier nicht kommentiert: Zumindest sollte dann aber begrifflich unterschieden werden (z.B. durch die Bezeichnung Corporate Governance im privatwirtschaftlichen Kontext).
35 Dementsprechend sind die Kriterienkataloge für Governance-Bausteine auch unterschiedlich: z.B. Weltbank, EU, OECD, KGSt.
36 Wie man vor diesem Hintergrund das Thema *State Failure and Local Governance* in enger Verknüpfung verhandeln kann, ist nicht einsichtig; vgl. die aktuellen Informationen über Projekte in Afghanistan und Somalia (www.state-failure.de).

Insofern ist es sinnvoll, von Arenen/Akteurssegmenten zu sprechen, die im Governance-Konzept miteinander verflochten sind (z.B. gemäß *World Governance Assessment*): *civil society, political society, government, bureaucracy, economic society, judiciary*. Dahinter verbirgt sich unter anderem das Prinzip der Gewaltenteilung. Für viele Länder stellt sich deshalb hier die Frage, ob solche Arenen überhaupt in hinreichendem Maße existieren, um zur Herstellung öffentlicher Güter beitragen zu können. Erst dann stellt sich die Frage nach den Beziehungen zwischen den Akteuren und ihren Qualitäten *(participative, fair, decent, accountable, responsive, transparent, efficient)*. Zu Trugschlüssen kommt es häufig bei den Analysen der Beziehungen/Vernetzungen und ihrer Qualität, wenn man die Mehrebenenproblematik ignoriert und unterstellt, die Akteure seien nur ebenenspezifisch aufgestellt[37]. Stellt man die Einbindung des Governance-Konzeptes in das politisch-administrative Mehrebenensystem in Rechnung, dann sollte man in dem zuvor beschriebenen Rahmen alle konkreten Beispiele und weitere Stichworte (vgl. bei Jann 2002: Sozialkapital, Gewährleistungsstaat, Bürgerkommune, aktivierender Staat und andere) einordnen können.

c) Die Schwierigkeiten der Nutzung des Konzeptes von Governance werden noch größer, wenn man die Analyse der Kombination, Koordination, Vernetzung usw. der Akteursgruppen um eine Bewertung im Sinne von „good" Governance erweitert. Darauf aber müssen sich die Kommunen einlassen, wollen sie sich im Hinblick auf die europäische Entwicklung positionieren.

Anspruchsvoll ist dabei die Bilanz der bisher vorliegenden Governance-Erfahrungen (im Modellfall wie „in der Fläche"), die meines Erachtens zu wenig (selbst-)kritisch ausfällt: strikter als bisher ist zu prüfen, ob die Akteursgruppen/Arenen die in sie gesetzten Erwartungen bei der Herstellung öffentlicher Güter (oder bei der Schaffung des dafür notwendigen Rahmens) zufrieden stellend erfüllt haben[38]. Auf dieser Grundlage ist zu entscheiden, welche Akteure in welchen Beziehungsgeflechten und mit welchen Schnittstellen-Qualitäten wir uns in Zukunft wünschen (=*good governance*).

Dabei ist auch die Grenzziehung gegenüber dem, was Nicht-Governance ist, zu beachten. Ohne eine schlüssige Antwort auf diese Frage nach der Grenzziehung würde die ganze Welt in einen Governance-„Brei" „gerührt" (analog zur „Quangokratisierung der Welt" [Hood]). „Good" Governance zu bestimmen beinhaltet demnach auch eine Bewertung der Alternativen (*For-Profit*-Privatwirtschaft oder Privatangelegenheiten der Familien und anderes) – um gegebenenfalls einzelne

---

37 Dies wurde häufig genug bei lokalen PPP erfahren: Die privatwirtschaftlichen Akteure sind gegebenenfalls international/global aufgestellt und ignorieren daher die örtlichen Verflechtungen.

38 Die Zeiten sind vorbei, in denen nach dem Motto „mehr bringt mehr" ein nicht funktionierendes Programm mit immer mehr Geld ausgestattet wurde – auch wenn keine Besserung eintrat.

Aufgaben aus dem Katalog von (lokaler) Governance auszusondern, das heißt sie vollständig anderen Logiken oder Produktionsregeln zu unterwerfen.

Unsere oben angegebene empirische Studie konnte zeigen, dass und wie die Wahrnehmung und Bewertung von Europäisierungsprozessen durch die Grundvorstellungen (Leitbilder, Frames[39]) der Befragten geprägt sind. Bei der Feinanalyse der schriftlichen Befragungen der Abteilungsleiter konnten für etwa die Hälfte der Befragten derartige Frames bestimmt werden, wovon ein Drittel hohe Ähnlichkeit mit dem „Governance-Muster" zeigt[40]. Die darin enthaltenen Überlegungen sind bisher jedoch noch alles andere als ausgereift. Und insbesondere die oben beschriebenen Ergebnisse aus der Befragung ausgewählter Städte zeigen, dass bis zur Verfügbarkeit von Frames für lokales Governance, die Leitideen und Bewertungen für die Positionierung der Kommunen im europäischen Mehrebenensystem bereithalten, noch ein weiter Weg ist. Dies bedeutet jedoch nicht, dass man damit am Anfang steht. Gerade durch die Nutzung des Governance-Konzeptes

- lässt sich an die auch von der EU genutzte Terminologie anknüpfen;

- kann man zeigen, dass die kommunale Ebene weit mehr Erfahrungen mit Governance-Mustern öffentlicher Aufgabenerledigung hat als alle anderen Verwaltungsebenen[41];

- kann gegebenenfalls an Diskurse angeknüpft werden, die sich „alleinstehend" nicht hinreichend entwickelt oder durchgesetzt haben[42].

Wie immer dies geschieht – es ist notwendig, die Mahnung von Articus (2005) zu beachten: „Wer sich nicht positioniert, der verliert".

---

39 Rein/Schon (1991, S. 264) definieren „frames" „as a way of selecting, organising, interpreting, and making sense of a complex reality so as to provide guideposts for knowing, analysing, persuading, and acting. A frame is a perspective from which an amorphous, ill defined problematic situation can be made sense of and acted upon".

40 Im Kontrast zur „klassischen Gemeinschaftsmethode" oder zum „Modell des Kompetenzkataloges" wurde dabei auf neue Formen der Zusammenarbeit zwischen den Ebenen und Akteurssegmenten, auf Dezentralisierung, Partizipation von NGOs und anderes hingewiesen.

41 Gemeint sind hier die Integrationsleistungen mit Blick auf die verschiedenen Politikfelder sowie mit Blick auf verschiedene Akteursnetze und Netzwerke, die heute gern als Sozialkapital bezeichnet werden. Es geht also darum, sich dieser Erfahrungen/Kompetenz bewusst zu sein und sie selbstbewusst zu präsentieren. Dies erfordert allerdings unter anderem eine Relativierung der zuletzt – mit Blick auf das NPM – oft einseitig betonten Effizienzziele örtlichen Verwaltungshandelns.

42 Gemeint ist hiermit z.B. die Diskussion über die „europäische Stadt", die eine Profilierung nicht nur über historische Analysen, sondern auch durch internationalen Vergleich (z.B. mit den Städten in den USA) erfahren kann (vgl. Münch 2005).

Literatur

Articus, Stephan, Wer sich nicht positioniert, der verliert – Kommunale Reaktionen auf die Europäische Integration, in: Deutsche Zeitschrift für Kommunalwissenschaften, 44. Jg., Heft II (2005): Europa und die Kommunen, S. 64–76.

Bach, Maurizio, Europa als bürokratische Herrschaft, in: Schuppert, Gunnar Folke, Ingolf Pernice und Ulrich Haltern (Hrsg.), Europawissenschaft, Baden-Baden 2005, S. 575–611.

Benz, Arthur (Hrsg.), Governance – Regieren in komplexen Regelsystemen, Wiesbaden 2004.

Böhret, Carl, Dieter Grunow und Jan Ziekow, Der Vorschlag zu einer Richtlinie des europäischen Parlaments und des Rates über Dienstleistungen im Binnenmarkt: Regelungsgehalt – Problemfelder – Akteurspositionen, Speyer 2005.

Felder, Michael, und Dieter Grunow, Das administrative Kommunikationsmanagement: von der Implementation zur Entscheidungsvorbereitung, in: Korte, Karl-Rudolf (Hrsg.), Information und Entscheidung, Wiesbaden 2003, S. 29–51.

Felder, Michael, Thomas Gering, Dieter Grunow und Günther Wolfswinkler, Die Auswirkungen der europäischen Integration auf das politisch-administrative System der Bundesrepublik Deutschland. Forschungsbericht, Duisburg 2002.

Grunow, Dieter (Hrsg.), Verwaltungshandeln in Politikfeldern, Opladen 2003.

Jann, Werner, Der Wandel verwaltungspolitischer Leitbilder: vom Management zu Governance?, in: König, Klaus (Hrsg.), Deutsche Verwaltung an der Wende zum 21. Jahrhundert, Baden-Baden 2002, S. 279–303.

Lippert, Inge, Öffentliche Dienstleistungen unter EU-Einfluss. Berlin 2005.

Münch, Claudia, Nordrhein-Westfälische Kommunen in Europa, in: v. Alemann, Ulrich, und Claudia Münch (Hrsg.), Landespolitik im europäischen Haus. NRW und das dynamische Mehrebenensystem, Wiesbaden 2005, S.153–178.

Pempera, Nicole, Herausforderung politischer Steuerung im Zuge des Wandels kommunaler Aufgabenerledigung. Diplomarbeit, Duisburg 2005.

Rein, Martin, und Donald A. Schon, Frame-reflective Policy Discourse, in: Wagner, Peter (Hrsg.), Social Sciences and Modern States, Cambridge 1991, S. 262–289.

Röber, Manfred, und Schröter, Eckhard, Europäische Metropolen im Vergleich – Institutionenentwicklung zwischen Konvergenz und Divergenz, in: Deutsche Zeitschrift für Kommunalwissenschaften, 43. Jg., Heft II (2004), S. 129–158.

Siedentopf, Heinrich (Hrsg.), Der europäische Verwaltungsraum, Baden-Baden 2004.

Wolfswinkler, Günther, Die Europäisierung der Arbeitsmarktpolitik. Grenzen und Effekte transnationaler Politikgestaltung am Beispiel Deutschlands (Dissertation 2005), Baden-Baden 2006.

Wollmann, Hellmut, Wird der deutsche Typus kommunaler Selbstverwaltung den Druck von EU-Liberalisierung, New Public Management und Finanzkrise überleben?, in: Siebel, Walter (Hrsg.), Die europäische Stadt, Frankfurt am Main 2004, S. 359–369.

Der Autor

Prof. Dr. Dieter Grunow,
Professor für Verwaltungs- und Politikwissenschaft an der Universität Duisburg-Essen, Campus Duisburg; seit 2002 Mitglied des Forschungsinstituts für öffentliche Verwaltung (FÖV, Speyer), seit 2006 Geschäftsführender Direktor des Rhein-Ruhr-Instituts für Sozialforschung und Politikberatung e.V. (RISP e.V.) an der Universität Duisburg-Essen.

Hermann Hill

Urban Governance – Zum Wohle der Kommune

1. Transformation kommunaler Selbstverwaltung

Struktur und Aufgaben der Kommunen werden sich in den nächsten Jahren verändern. Ursachen sind vor allem die demographische Entwicklung (Mäding 2005), der Rückgang finanzieller Ressourcen, europäische Einflüsse auf die Organisation der kommunalen Daseinsvorsorge sowie technische und organisatorische Entwicklungen hin zu einem Electronic (kurz: E-)Government (Überblick bei Hill 2005b; vgl. auch Denters/Rose 2005). Diese führen möglicherweise zu neuen territorialen Strukturen, jedenfalls aber zu neuen Organisationsmustern der Aufgabenerfüllung. Auf der anderen Seite bedingen die wachsende Komplexität und die Dynamik der Problemlagen eine neue Qualität der Aufgaben und erfordern neuartige Kompetenzen und Verfahren der Entscheidungsfindung.

Man kann diese Entwicklungen am Regelungsgegenstand, der Regelungskraft der Entscheidungsträger sowie den Regelungsadressaten kommunaler Selbstverwaltung festmachen (Hill 2005c, S. 569 ff.). Die Angelegenheiten der örtlichen Gemeinschaft als Regelungsgegenstand kommunaler Selbstverwaltung sind in verschiedener Hinsicht diffus geworden oder in Auflösung begriffen. Kommunale Aufgaben wachsen aus den räumlichen Grenzen der Kommune heraus und lassen sich zunehmend nur noch in regionaler Einbettung lösen. Dieser funktionalen Verflechtung der Aufgaben entspricht das räumliche Verhalten der kommunalen Bevölkerung, bei der große Teile die Erfüllung ihrer Lebensbedürfnisse, je nach Lebensbereich unterschiedlich, aber in vielerlei Hinsicht außerhalb der kommunalen Grenzen finden. Immer häufiger wird auch die Frage gestellt, ob wirklich in allen Kommunen gleiche Leistungen produziert werden müssen oder diese nicht zentral hergestellt und lediglich dezentral vertrieben werden können. Insbesondere neuere Entwicklungen im Rahmen des E-Government legen dies nahe (Hill 2004, S. 31).

Die demokratisch legitimierte Vertretung (Rat) ist in der Wahrnehmung ihrer Regelungskraft zunehmend geschwächt und verunsichert, teilweise auch delegitimiert. Dazu tragen nicht nur geringe Wahlbeteiligung, Misstrauen wegen Parteipolitik, Klientelbindungen oder Eigeninteressen, sondern auch neue Regelungen in den Gemeindeordnungen wie etwa die Direktwahl des Bürgermeisters oder die Einführung von Bürgerbegehren und Bürgerentscheiden bei. Im Rahmen des Neuen Steuerungsmodells erfolgte Auslagerungen und Delegationen erschweren teilweise Steuerung und Kontrolle. Kundenbefragungen, Beschwerdemanagement und weitere unmittelbare Kontakte zwischen Verwaltung und Bürgerschaft führen daneben zu Rollenkonflikten bei den Ratsmitgliedern (Bogumil/Holtkamp/Kißler 2004; Gabriel/Eisenmann 2005).

Auch die Bürgerinnen und Bürger als Souverän, Mitwirkende wie auch Regelungsadressaten kommunaler Selbstverwaltung sind in ihren Rollen und Interessen keinesfalls homogen. Verwaltungen sind aber häufiger auf ihre Mitwirkung angewiesen, bringen sie doch vielfältige Ressourcen wie Zeit, Wissen, Sachkunde und Engagement, aber auch Macht und Einfluss bei der Umsetzung von Entscheidungen in die Gestaltungsmöglichkeiten kommunaler Selbstverwaltung ein.

Angesichts vieler Themen, vieler Ziele, vieler Interessen und Perspektiven sowie vieler Akteure und vieler Arenen sind daher vielfältige Arrangements im Rahmen der kommunalen Selbstverwaltung erforderlich. Benötigt werden deshalb Regelungs- und Steuerungsformen, die einerseits der Vielfalt gerecht werden, diese andererseits gleichzeitig als Ressource nutzen. In einem Forschungsprojekt des Bundesamtes für Bauwesen und Raumordnung (BBR) „3stadt2 – Neue Kooperationsformen in der Stadtentwicklung" ist bei diesen Formen der Zusammenarbeit sowohl ein Mehraufwand bei der öffentlichen Hand als auch ein Mehrwert festgestellt worden (Jakubowski 2005a und 2005b). Der Mehraufwand liegt in einem Zeitaufwand in der Vorbereitungsphase, in einer Arbeitsmehrbelastung durch zusätzliche interne und externe Koordination sowie in externen Kosten (z.B. für Moderation). Der Ertrag neuer Kooperationsformen liegt in einer Steigerung der Prozessqualität, in einer Verbesserung der Qualität von Ergebnissen sowie in verbesserten Vermarktungschancen der Kooperationsergebnisse, etwa einem frühzeitigen Kontakt zu Nutzern, einer lebendigen Marktanalyse oder einem Seriositätsvorsprung für Investoren.

Die Bezeichnung „3stadt2" bedeutet, dass nicht nur öffentliche Hand und Privatwirtschaft in Form von Public Private Partnership oder nicht nur öffentliche Hand und Bürgerschaft in verschiedenen Formen von Bürgerbeteiligung bei der Entwicklung zusammenarbeiten, sondern alle drei Sektoren (Staat, Wirtschaft und Gesellschaft) zum Wohle der Kommune integriert werden. Die Steuerung und Koordination dieser Zusammenarbeit in Angelegenheiten von öffentlichem Interesse wird auf kommunaler Ebene als Urban Governance bezeichnet (Cars und andere 2002; Bogumil/Holtkamp 2004). Teilbereiche sowie Einzelformen dieser Zusammenarbeit werden international auch unter den Begriffen urban regime, community governance oder interactive policy making diskutiert (Hill 2005c, S. 571 f.).

Diese Zusammenarbeit so unterschiedlicher Akteure ist naturgemäß nicht frei von praktischen Problemen, die aus unterschiedlichen Erfahrungszusammenhängen und Handlungsrationalitäten entstehen und teilweise auch zu Vorurteilen sowie Hindernissen und Barrieren in der Zusammenarbeit führen können. Diese Zusammenarbeit ist aber auch nicht frei von rechtlichen Bedenken. Diese betreffen etwa Fragen der demokratischen Legitimation, der Sicherheit, Kontinuität und Qualität der Aufgabenerfüllung, aber auch der Verantwortung, Rechenschaftslegung und Kontrolle *(Accountability)*. Deswegen wird auch im In- und Ausland nach neuen Spielregeln sowie Verfahrens- und Entscheidungsmustern für diese Formen der Zusammenarbeit gesucht (Aars/Fimreite 2005; Agranoff/McGuire 2003; Agranoff 2005; Behn 2001; Berry/Brower 2005; Considine 2002; Frederickson 2005; Huxham/Vangen 2005; Mandell 2001; Provan/Milward 2001; Purdue 2005; Skelcher 2005; Sullivan/Skelcher 2002; Wollmann 2005).

2. (Spiel-)Regeln für die Zusammenarbeit

2.1 Regeln für Bürgerbeteiligung

Als Kriterien und Qualitätsstandards für Partizipationsmanagement werden etwa genannt (Kopatz/Troja 2003, S. 122):

- An den Eigeninteressen der Betroffenen ansetzen.

- Alle relevanten (ehrenamtlichen) gesellschaftlichen Akteure einbinden.

- Hemmschwelle der Beteiligungsformen gering halten.

- Eine Anlauf- und Informationsstelle bieten, die gleichzeitig auch Koordinierungs- und Vernetzungsdrehscheibe ist.

- Den Gestaltungsspielraum im Vorhinein definieren.

- Eindeutige Unterstützung durch Politik und Verwaltung einwerben.

- Bei der Organisation des Kommunikationsprozesses auf Fairness, Kompetenz und Transparenz achten, gleiche Chancen der Beteiligten sichern, die zu treffenden Entscheidungen zu beeinflussen.

- Beteiligung in frühem Stadium ermöglichen, wenn Grundsatzfragen noch offen sind.

- Verständliche, gut zugängliche Information über den Sachverhalt erstellen.

Im Rahmen einer Evaluation kommunaler Beteiligungskultur finden sich folgende Evaluationsindikatoren und Qualitätskriterien (Sinning/Wiedenhöft 2003):

- das Gebot der Fairness;

- die Gewährleistung von Transparenz, auch im Sinne von direkter und verständlicher Information und offener Konfliktaustragung;

- die Frühzeitigkeit der Beteiligung mit gemeinsamer Festlegung der Entscheidungs- und Verfahrensregeln, um Erwartungssicherheit zu ermöglichen;

- das Einräumen von Lernchancen;

- die Kompetenz, aber auch Motivation der Beteiligten sowie der Ausgleich zwischen verschiedenen sozialen Schichten und Interessen.

Für ein strategisches Management der Stadtentwicklung sind folgende Regeln entwickelt worden (Hill 2002a, S. 86; 2002b; 2002c):

(1) Kommuniziere den Zweck, den Prozess und den Nutzen des Vorhabens mit dem Gemeinderat, der Verwaltung und der Öffentlichkeit vor Projektbeginn!

(2) Strukturiere den Prozess (Startveranstaltung, klare Schritte und Zeithorizonte, kurzfristige Meilensteine, Zwischenbilanzen)!

(3) Suche Anknüpfungspunkte zu externen Prozessen (nationale Initiativen, *Benchmarking*-Projekte) und appelliere an den Stolz der Bürger!

(4) Qualifiziere die Verwaltung für ganzheitliches, zukunfts- und ergebnisorientiertes Denken und für Kooperation und Netzwerkmanagement!

(5) Beziehe Bürger und Gruppen in allen Phasen des Prozesses ein, besonders bei der Entwicklung von Zielen und Indikatoren und bei der Umsetzung und Evaluation!

(6) Finde bereits engagierte und aktive Gruppen und Personen in allen Bereichen der Stadtentwicklung!

(7) Organisiere Dialoge zwischen den verschiedenen Gruppen über Zusammenhänge, Prioritäten, Projekte und Erfahrungen!

(8) Verknüpfe die strategischen Prozesse zur Stadtentwicklung mit bereits bestehenden Prozessen und Projekten!

(9) Sorge dafür, dass die Ergebnisse jedes Schrittes sichtbar und verständlich/nachvollziehbar werden!

(10) Evaluiere den Prozess, lerne aus Erfolgen und Misserfolgen und finde neue/bessere Ansätze!

2.2   Regeln für Public Private Partnership

Für eine Verfahrensordnung für öffentlich-private Kooperationen (Verwaltungskooperationsrecht) wurden folgende Regeln genannt (Hill 2001):

- Der strategische Kontext der Kooperation ist durch Offenlegung und Begründung der Gemeinwohlparameter darzustellen. Im Sinne eines Projekt-*Scoping* ist der voraussichtliche Handlungsrahmen abzuschätzen. Strategie-Kontext und Projekt-*Scoping* bieten die Geschäftsgrundlage für einen gemeinsamen Konzeptentwurf.

- Die Kompetenzen der Partner (Verfügungsgewalt, Handlungs- und Entscheidungsspielräume und -restriktionen) sind offen zu legen und einander bekannt zu geben. Sie bilden die Basis für gemeinsame Aktionen.

- Erforderlich ist eine Vereinbarung und Verpflichtung auf gemeinsame Ziele sowie die Festlegung von Verfahren der Entscheidungsfindung und der Vertretungsberechtigung.

- Funktionale Leistungsbeschreibungen sind durch Maßnahmen- und Umsetzungspläne sowie allgemeine Standards der Aufgabenwahrnehmung *(Good Practice)* zu ergänzen.

- Verträglichkeitsprüfungen und Folgenabschätzungen sind zur Beurteilung möglicher Auswirkungen erforderlich, Regelungen zur Betroffenenbeteiligung verwirklichen effektiven Drittschutz.

- Verschiedene Phasen der Kooperation (Anbahnung/Vorbereitung, Vertragsschluss, Umsetzung und Betrieb, Evaluation) können gegebenenfalls durch gestufte Verfahrensregelungen abgebildet werden.

- Die Überlagerung von Vertragstypen sowie die Kombination von formellen und informellen Bestandteilen erfordern eine komplexe Verhandlungs- und Vereinbarungsstruktur, die an der öffentlich-rechtlichen Zweckbindung auszurichten ist.

- Allgemeine Verfahrensklauseln mit Zusammenwirkens- und Optimierungsgeboten sollten durch wechselseitige Sorgfalts- und Informationspflichten ergänzt werden. Dialogische Verfahren sollten der gegenseitigen Interessenwahrung und dem Aufbau einer gemeinsamen Projektkultur dienen.

- Die Einrichtung eines Projektmanagements sollte die Überwindung von Schnittstellen sowie die Koordination der verschiedenen Partner und Handlungsansätze im Sinne einer Ergebnis- und Erfolgsorientierung zum Ziel haben.

- In Anlehnung an Beteiligungsberichte nach den Gemeindeordnungen sollten gemeinsame Kooperationsberichte und Zwischenbilanzen der Projekte sowohl den politischen Vertretungsorganen als auch der Öffentlichkeit vorgelegt werden.

- Komplexe Kooperationen erfordern differenzierende Fehlerfolgenregelungen. Ebenso wie der Eintritt in und die Abfolge der Kooperation gemeinsam vereinbart wurden, sind auch Fehlerfolgen im Vorfeld kooperativ durch Vereinbarung von Änderungs- und Konfliktlösungsmechanismen zu regeln.

- Die Beurteilung der Fehler sollte aufgrund einer erfolgsorientierten Gesamtbilanz durchgeführt werden, die bestimmte unverletzliche Eckwerte beachtet, aber auch einzelne Fehler und Verstöße im Sinne einer wirkungsorientierten Bewertung der Kooperationsqualität und des Kooperationserfolgs überwinden kann. In Anlehnung an den Grundsatz der Planerhaltung ist von einem

Grundsatz der Vertragserhaltung und der Bewertung des Kooperationsnutzens auszugehen.

2.3 Regeln für Governance-Netzwerke

Um die demokratische Verankerung und Legitimität von Governance-Netzwerken zu sichern, werden folgende Prinzipien als eine Art Meta-Governance empfohlen (Sørensen/Torfing 2005; vgl. auch Skelcher/Mathur/Smith 2005).

(1) Das Governance-Netzwerk wird von demokratisch gewählten Politikerinnen und Politikern gesteuert und kontrolliert.

(2) Das Governance-Netzwerk repräsentiert die mitgliedschaftliche Basis der teilnehmenden Gruppen und Organisationen.

(3) Das Governance-Netzwerk ist der territorial definierten Bürgerschaft rechenschaftspflichtig *(accountable)*.

(4) Das Governance-Netzwerk folgt demokratischen Regeln, die in besonderen Verhaltensrichtlinien zum Ausdruck kommen.

(Ad 1) Zur Meta-Governance durch demokratisch gewählte Politikerinnen und Politiker werden folgende Formen gezählt:

a) Netzwerk-Design als Versuch, Governance-Netzwerke zu formen und zu strukturieren;

b) Netzwerk-Rahmung als Formulierung der politischen Leitlinien und Ziele, die von den Governance-Netzwerken verfolgt werden sollen;

c) Netzwerk-Partizipation der Politikerinnen und Politiker, um Wissen aus erster Hand aus dem Netzwerk-Prozess zu bekommen und eine Dominanz partikularistischer Interessen zu verhindern.

(Ad 2) Die demokratische Verankerung in der mitgliedschaftlichen Basis der teilnehmenden Gruppen und Organisationen soll durch folgende Anforderungen gesichert werden:

a) Fähigkeit der mitgliedschaftlichen Basis, ihre Repräsentanten auszuwählen und zu instruieren;

b) Fähigkeit der mitgliedschaftlichen Basis, sich eine informierte Meinung über die Leistung *(Performance)* ihrer Repräsentanten in den Governance-Netzwerken zu bilden;

c) Fähigkeit der mitgliedschaftlichen Basis, unterschiedliche Meinungen zum Ausdruck zu bringen und die Leistung *(Performance)* ihrer Repräsentanten in dem Governance-Netzwerk zu kritisieren.

(Ad 3) Die demokratische Verantwortung in einer territorial definierten Bürgerschaft ist nicht schon gegeben, wenn das Governance-Netzwerk den Personen rechenschaftspflichtig *(accountable)* ist, die unmittelbar von den Ergebnissen des Governance-Netzwerks betroffen sind. Vielmehr sollen auch die Bürgerinnen und Bürger, die innerhalb des lokalen, regionalen, nationalen oder transnationalen Gebietes leben, für das das Governance-Netzwerk verbindliche Entscheidungen trifft, in der Lage sein, das Governance-Netzwerk für die Ergebnisse und Wirkungen seiner Politik verantwortlich zu machen. Dazu sind folgende Anforderungen erforderlich:

a) Transparenz von Verfahren und Ergebnissen,

b) Zugang zum öffentlichen Dialog mit dem Governance-Netzwerk,

c) Responsivität des Governance-Netzwerks (Offenheit für und Einbeziehung von Kritik in seine Aktivitäten).

(Ad 4) Um die Verankerung in demokratischen Regeln und Vorschriften zu sichern, müssen auch der interne Prozess und die Zusammenarbeit in dem Governance-Netzwerk allgemein akzeptierten demokratischen Standards folgen. Dies kann durch besondere Verhaltensrichtlinien erreicht werden, die folgende Anforderungen enthalten:

a) Einbeziehung aller relevanten und betroffenen Akteure und Ermöglichung eines offenen Politikdiskurses;

b) Demokratische Beratung, bei der jeder seine Meinung äußern kann und die Möglichkeit hat, auszutreten *(based on voice and exit)*, mit Respekt für andere Meinungen, Bemühungen um Herstellung eines Grundkonsenses und relativ transparenter und verantwortlicher Entscheidungsfindung;

c) Ziel einer demokratischen Verbesserung der Gesellschaft und des zukünftigen Systems von Governance. Dies kann erreicht werden durch das Erzielen politischer Wirkungen *(Outcomes)*, die die soziale und politische Gerechtigkeit verbessern.

2.4   Regeln für *Leadership*

Welche Rolle die gewählte Vertretung sowie die Verwaltung in Governance-Strukturen wahrnehmen sollen, ist umstritten (Blanke/Plaß 2005, S. 36; Heinze und andere 2005; Oppen 2005, S. 346). Vielfach wird von ihnen ein „Public Leadership" gefordert (Hill 2006; vgl. auch John 2001, S. 152; Leach/Wilson 2002;

Lowndes/Leach 2004). Als Indikatoren für *Good Local Political Leadership* werden genannt (Hambleton 2005, S. 204):

- Eine klare Vision für das Gebiet *(area)* artikulieren: Eine Agenda und strategische Ziele entwickeln, wie die Zukunft des Gebiets aussehen soll. Die Bewohner des Gebiets und führende Initiativen dazu hören.

- Die Qualitäten des Gebietes fördern: Bürgerstolz aufbauen, die Vorteile des Gebietes herausstellen und entsprechende Unterstützung anziehen.

- Ressourcen gewinnen: Unterstützung von höheren Verwaltungsebenen gewinnen und durch Nutzung weiterer Quellen mehren.

- Partnerschaften entwickeln: Interne und externe Partnerschaften aufbauen, die ein gemeinsames Interesse an den Bedürfnissen der lokalen Gemeinschaft entwickeln.

- Komplexe soziale Fragen angehen: Die zunehmend fragmentierte Natur lokaler Verwaltungen und die steigende Zahl von Dienstleistern in einem Gebiet bedeuten, dass komplexe Themen, die Grenzen überschreiten oder zwischen Ressortinteressen fallen, durch Führung überwunden werden müssen, die Übersicht hat und den richtigen Mix von Akteuren zusammenbringen kann, um ein bestimmtes Problem zu lösen.

- Unterstützung und Zusammenhalt aufbauen: Unterschiedliche Interessen zu managen und Leute „bei der Stange" zu halten, ist wichtig, damit die Führung Autorität behält.

2.5 Regeln für das Verhältnis von *Urban Leadership* und *Community Involvement*

Schließlich wird eine Komplementarität von Urban Leadership und Community Involvement festgestellt und gefordert, die wechselseitigen Stärken zu nutzen und mögliche Schwächen zu kompensieren (Haus/Heinelt 2005a, S. 23; 2005b, S. 34). Als Instrument, um diese Komplementarität zu beschreiben und zu analysieren, wird ein Institutional Analysis and Development Framework vorgeschlagen (Klok/Denters 2005; vgl. auch Haus/Heinelt 2005b, S. 73). Dazu gehören folgende Regeln:

(1) *Position Rules* beschreiben, welche Positionen in einer bestimmten Arena zu unterscheiden sind.

(2) *Boundary Rules* beschreiben, unter welchen Voraussetzungen und in welchen Verfahren die verschiedenen Rollen besetzt werden.

(3) *Authority Rules* beschreiben die Zuordnung von Rechten und Pflichten für jede Position.

(4) *Scope Rules* beschreiben die möglichen Ergebnisse der Zusammenarbeit in einer bestimmten Arena und ihre Auswirkungen auf andere Arenen.

(5) *Aggregation Rules* beschreiben, wie kollektive Entscheidungen auf der Basis der Beiträge verschiedener Akteure zustande kommen.

(6) *Information Rules* beschreiben, welche Informationen für die verschiedenen Positionsinhaber verfügbar sind und wie der Zugang zu Informationen erfolgt.

(7) *Pay-Off Rules* beschreiben, wer Kosten und Nutzen von Verfahren und Entscheidungen zu tragen hat bzw. erhält.

Um Netzwerkeuphorie und Beteiligungsrealität besser in Einklang zu bringen, wird an anderer Stelle ein so genanntes aktives Interdependenzen-Management vorgeschlagen (Holtkamp 2005, S. 27 f.). Dies enthält drei Ansatzpunkte, um insbesondere einige Probleme von Bürgerforen zu reduzieren:

(1) Die kommunalen Entscheidungsträger sollen nur zu konkret fassbaren, realisierbaren und weniger konfliktreichen Projekten Bürgerforen initiieren.

(2) Die Regelung der Zusammensetzung und die Gewährung selektiver Unterstützung bei Beteiligungsangeboten sollen darauf abzielen, dass möglichst viele Bevölkerungsgruppen vertreten sind.

(3) Aufgabe der kommunalen Entscheidungsträger müsste es sein, Ergebnisse aus unterschiedlichen Beteiligungsverfahren gegeneinander abzuwägen, zumindest einen Teil der Beteiligungsergebnisse umzusetzen und dies in die allgemeine Stadtentwicklungskonzeption einzupassen.

Durch dieses empfohlene Zusammenspiel kooperativer und repräsentativer Demokratie könnten möglicherweise die Vorzüge beider demokratischen Modi genutzt werden, ohne dass die Nachteile hingenommen werden müssten.

Um repräsentative Demokratie auf der einen Seite und neue Formen integrativer und/oder kooperativer Demokratie kompatibel zu gestalten und dabei die wechselseitigen Vorteile zu nutzen, zugleich aber die demokratischen Anforderungen des Grundgesetzes zu wahren, wird weiterhin eine „Lokale Regulation durch Konzeptplanung und Konzertsteuerung" vorgeschlagen (Hill 2005c, S. 573).

Dieser Ansatz enthält sowohl prozessuale als auch materielle Elemente. Der Begriff der Regulation verweist dabei auf ein rahmenartiges, abgestuftes Vorgehen. Konzeptplanung bedeutet im Hinblick auf eine materielle Ermächtigung und Kontrolle, dass die gewählte Vertretung der Gemeinde, etwa in der Hauptsatzung, ein Entwicklungs- und Rahmenprogramm für die kommunale Gestaltung beschließt und darlegt, wie Beiträge bürgerschaftlichen Engagements, etwa durch eine nachvollziehende Abwägung der Vorschläge aus der Bürgerschaft und eine Gemeinwohlprüfung, in den „Community-Plan" einbezogen werden können. Konzertsteuerung bedeutet in prozessualer Hinsicht, dass der Gemeinderat ein Koordinationsregime für die Einbeziehung bürgerschaftlicher Aktivitäten und Gruppen entwickelt, das die

Auswahl, die Beauftragung dieser Gruppen mit der Bearbeitung eines bestimmten Problems, die Zuweisung von Budgets und die Art der Rechenschaftslegung beinhaltet. Die bürgerschaftlichen Gruppen sollen im Rahmen dieses Auftrags selbständig handeln, der Gemeinderat dirigiert quasi dieses „Konzert".

3.   Erfahrungen in der Praxis

Wie in Abschnitt 2 dargestellt, gibt es inzwischen eine Vielzahl von normativen Konzepten, Spielregeln und Anleitungen für *Good Urban Governance* mit unterschiedlichen Ansätzen. Von entscheidendem Interesse dürfte jedoch sein, wie sich diese Ansätze in der Praxis bewähren. Stellvertretend für andere Fallstudien (vgl. etwa Bogumil/Holtkamp/Schwarz 2003) seien dabei Stellungnahmen zu zwei unterschiedlichen Ansätzen herausgegriffen.

Einerseits wird vor einer Netzwerkeuphorie gewarnt (Holtkamp 2005, S. 26). So ließen sich etwa Bürgerforen häufig nicht verzahnen, wie sich z.B. bei Lokalen Agenda- und Stadtmarketingprozessen gezeigt habe. Entsprechend der interessenorientierten Besetzung dieser Foren komme es häufig zu einer Homogenisierung des Diskurses und zu relativ einseitigen Sichtweisen und Ergebnissen. So dominierten etwa in Stadtmarketingprozessen die Interessenvertreter des Einzelhandels, was zur Folge habe, dass ein wesentlicher Schwerpunkt in der Diskussion über verbesserte Parkmöglichkeiten liege, ökologische Probleme, die in Lokale-Agenda-Prozessen eine große Rolle spielen, aber eher ausgeklammert würden. Die Parallelität von Bürgerforen könne daher zu relativ intransparenten Entscheidungsprozessen, zu unklaren Verantwortlichkeiten und zu erheblichen Effektivitätsproblemen führen. Die im Zuge der Netzwerkeuphorie vermuteten Leistungen auf der Input- und Outputseite seien daher in vielen Fällen empirisch nicht eingetreten.

Andererseits wird für die Förderung bürgerschaftlichen Engagements von Unternehmen aufgrund empirischer Beobachtungen darauf hingewiesen, dass ein *Leadership*-Ansatz der öffentlichen Hand eher nicht zu beobachten gewesen sei (Oppen 2005, S. 359 ff.). Erstens seien es in der Mehrzahl der Fälle nicht staatliche Akteure gewesen, die bürgerschaftliches Engagement von Unternehmen direkt etwa durch Anreize aktiviert oder gefördert hätten. Zweitens sei ebenso wenig eine „Orientierungsfunktion" des aktivierenden Staates für die Definition von Problemen im Rahmen bürgerschaftlichen Engagements von Unternehmen zu erkennen. Auch für die Koordinations- und Organisationsleistungen innerhalb der neuen sozialen Partnerschaften lasse sich drittens keine herausgehobene Funktion der öffentlichen Partner erkennen. In allen Fällen sei zu beobachten, dass es nicht ein spezifischer Akteur – schon gar nicht die öffentliche Hand – alleine ist, der den Prozess initiiert, strukturiert oder thematisch orientiert. Solche Aufgaben würden mit wechselnden oder überlappenden Rollen wahrgenommen.

In dieser Debatte um das Verhältnis von politischer Führung und Partizipation wird schließlich aber auch von positiven Ergebnissen von Beteiligungsprozessen berichtet, wenn bestimmte Voraussetzungen eingehalten werden (Haus/Heinelt/ Egner 2005, S. 239 ff.). Wichtig sei etwa,

- dass keine zu hohen Ambitionen an Beteiligung und rationale Planung formuliert werden,

- dass Bürgerbeteiligung keine Reaktion auf ein unmittelbares Problem mit „Veto-Spielern" darstellt, die notgedrungen eingebunden werden müssten,

- dass keine umfassend-rationalen Planungsansätze verfolgt werden, sondern die Stadtverwaltungen konkrete Themen/Projekte vorgeben, wodurch den Beteiligten klare Diskussionspunkte geboten werden,

- dass bei diesen relativ konkreten Entwicklungsfragen und Projekten die Konsequenzen der Implementation von Bürgervorschlägen konkret erfahrbar und nachprüfbar sind,

- dass schließlich die Stadtverwaltung in der Stadtteilrahmenplanung in einer eigenständigen Rolle als Sachwalterin gesamtstädtischer Interessen auftritt und keine fassbaren Nachteile für andere Stadtteile oder die Stadt selbst entstehen.

Von besonderer Bedeutung bei Design und Gestaltung von Governance-Prozessen sind damit jeweils die örtliche Situation, die lokale politische Kultur, die formale Machtverteilung sowie die Fähigkeiten und Einstellungen der vorhandenen Akteure. Der Erfolg von Governance-Konzepten ist daher jeweils von Situation und Kontext abhängig (vgl. noch Evers 2005, S. 122). Insofern kommt die Führungsverantwortung der städtischen Vertreterinnen und Vertreter in einer besonderen Verfahrenssouveränität zum Ausdruck, je nach Problem, Kontext und Akteuren angemessene Strukturen aufzubauen, entsprechende Konzepte zu entwickeln und Prozesse in Gang zu setzen.

4. Mehrwert von Governance-Strukturen für das Gemeinwohl

Es reicht nicht aus, festzustellen, dass Staat und Kommune bei komplexen Problemen und verteilten Ressourcen auf ein Zusammenwirken der Sektoren angewiesen sind. Entscheidend ist, ob neue Steuerungs- und Koordinationsformen auch einen Mehrwert an positiven Wirkungen für das Gemeinwohl erbringen (Hill 2006).

Es reicht auch nicht aus, in einer „Demokratiebilanz" (Bertelsmann Stiftung 2003; Reinert 2002) festzustellen, dass die Dichte der bürgerschaftlichen Beziehungen, das Engagement und die Einbeziehung der Bürgerinnen und Bürger in Willensbildungs- und Entscheidungsprozesse verbessert wurden, dass die Transparenz dieser Prozesse und infolgedessen auch die Akzeptanz gewachsen sind und eine neue Beteiligungskultur entstanden ist.

Vielmehr geht es bei der Beurteilung der Effektivität von Governance-Strukturen neben kulturellen und Verfahrensgewinnen vor allem um materielle Gewinne für das Gemeinwohl. Bei den in Abschnitt 2 dargestellten Regeln handelt es sich jedoch im Wesentlichen um Prozessregeln, die die Art und Weise des Zusammenwirkens, der Einbeziehung und Koordination der verschiedenen Akteure verbessern sollen. Wenn Governance-Strukturen als neue Steuerungsform mit eigenständigen und integrierten Beiträgen verschiedener Sektoren einen Mehrwert für das Gemeinwohl gegenüber einer alten repräsentativ-hierarchisch-linearen Steuerung erbringen sollen, dann muss sich dies auch in den Wirkungen dieses Handelns niederschlagen. Es geht also bei *Urban Governance* um ein so genanntes *Public Value Management* (Hill 2006, S. 82).

Die Wirkungen dürfen nicht isoliert für die jeweils nur Betroffenen oder Mitwirkenden betrachtet werden, vielmehr geht es um die Gesamtheit der in der Kommune lebenden Menschen und die Nachhaltigkeit der Zukunftsperspektive der Kommune im Ganzen. Häufig werden Ergebnis- oder Wirkungsbilanzen auf die Bedürfnisse und Interessen der Betroffenen oder Mitwirkenden verkürzt, indem auf so genannte *Win-Win*-Projekte verwiesen wird. Solche Konstellationen gehen jedoch von einer organisationsbezogenen Perspektive aus, die den kontingenten politischen Handlungsraum auf reine Koordinationsprobleme einengt und damit systematisch die Gemeinwohleffekte „jenseits reiner Koordinationsspiele" verfehlt (Schridde 2005, S. 301).

Dabei wird nicht übersehen, dass wirkungsbezogene Bilanzen für das Gemeinwohl durch Zusammentragen verschiedener Aspekte und Einnehmen unterschiedlicher Perspektiven zwar erstellt werden können, es aber in der Regel schwierig sein wird, exakt diese Wirkungen kausal auf bestimmte Handlungszusammenhänge und Ursache-Wirkung-Ketten zurückzuführen (Hill 2000, S. 37 ff.). Dennoch muss an dieser Aufgabe weiter gearbeitet werden. Dabei sollten vor allem vorhandene Untersuchungen über Lebensqualitäts- oder Nachhaltigkeitsindikatoren (Hill 2002b) sowie Ansätze zur qualitativen Evaluation von Programmen (Becker 2003; Wiechmann/Beier 2004) einbezogen werden.

5. Public Value durch Urban Governance

Wenn *Urban Governance* zum Wohle der Kommune erfolgen soll, dann muss diese neue Steuerungsform einerseits wertgeleitet erfolgen, andererseits wertschöpfend für das Gemeinwohl sein (Hill 2006). Insgesamt lässt sich daraus eine *Public Value Scorecard* (Moore 1995; 2003) erarbeiten. Diese enthält sowohl kulturelle und Verfahrensaspekte, die inzwischen in vielen Verwaltungen in Form von Verhaltensrichtlinien, *Good Practice*-Standards oder *Codes of Conducts* niedergelegt sind (Hill 2005a, S. 233), als auch materielle, an Kontext, Zielen und Wirkungen anknüpfende Aspekte. Eine erfolgreiche, gemeinwohlorientierte Kommune wird insofern als Gesamtprodukt verstanden, dessen Qualität im Wege einer Gesamtbilanz ermittelt wird.

Im Hinblick auf Fragen der demokratischen Legitimation wird in der Politikwissenschaft eine Dreiteilung in *Input*-Legitimation, *Throughput*-Legitimation und *Output*-Legitimation vorgeschlagen. Als Prinzip der *Input*-Legitimation wird Partizipation genannt, als Kriterium Zustimmung. Als Prinzip der *Throughput*-Legitimation wird Transparenz genannt, als Kriterium Zurechenbarkeit *(Accountability)*. Als Prinzip der *Output*-Legitimation wird Effektivität genannt, als Kriterium Problemlösungsfähigkeit (Haus/Heinelt 2005a, S. 15; 2005b, S. 20).

Versucht man Governance-Phänomene unter diesen Aspekten zu würdigen, bleibt aus verfassungsrechtlicher Sicht noch an die Verknüpfung mit durch Volkswahl vermittelter repräsentativ-demokratischer Legitimation zu erinnern. Diese geschieht, wie in dem Konzept der „Lokalen Regulation" dargestellt (Hill 2005c, S. 573), in gestufter Form durch gesetzliche Ermächtigung und Auftrag durch die kommunale Vertretungskörperschaft, der generell durch die Hauptsatzung und bei Einzelprojekten durch Beschluss erfolgen kann. Der Auftrag durch die kommunale Vertretungskörperschaft trägt den jeweiligen lokalen Besonderheiten Rechnung, die zuvor durch eine Kontext- und *Stakeholder*-Analyse ermittelt wurden.

Insgesamt wird danach durch *Urban Governance* zum Wohle der Kommune gehandelt, wenn im Wege einer Gesamtbilanz folgende Aspekte beachtet werden:

(1) Ermittlung des lokalen Kontextes und der vorhandenen Akteurkonstellationen
(2) Volkswahlvermittelter Auftrag und Ermächtigung mit Themen und Zielvorgabe
(3) Effizienzorientierter Ressourceneinsatz (Input)
(4) Koordination, Transparenz, Akzeptanz *(Throughput)*
(5) Zielerreichung, Problemlösung *(Output)*
(6) Gemeinwohlprüfung, Wirkungsanalyse *(Outcome)*
(7) Evaluation, Lernen für neue Konstellationen und Verfahren.

Diese Zusammenfassung stellt nicht lediglich eine Wertschöpfungskette zum Wohle der Kommune dar, sondern ist, wie die letzte Ziffer zeigt, eher als Wertschöpfungskreislauf oder -spirale zu verstehen, die auf eine kontinuierliche und nachhaltige Verbesserung der Gemeinwohlsituation der Kommune ausgerichtet ist.

Literatur

Aars, Jacob, und Anne Lise Fimreite, Local Government and Governance in Norway: Stretched Accountability in Network Politics, in: Scandinavian Political Studies, H. 3 (2005), S. 239–256.

Agranoff, Robert, und Michael McGuire, Collaborative Public Management. New Strategies for Local Governments, Washington, D.C. 2003.

Agranoff, Robert, Managing Collaborative Performance. Changing the Boundaries of the State?, in Public Performance & Management Review, H. 1 (2005), S. 18–45.

Becker, Heidede, Qualitätsmanagement und Politiksteuerung durch Evaluierung und Monitoring, in: Strategien für die soziale Stadt, Deutsches Institut für Urbanistik (Hrsg.), Berlin 2003, S. 208–225.

Behn, Robert D., Rethinking Democratic Accountability, Washington, D.C. 2001.

Berry, Frances Stokes, und Ralph S. Brower, Intergovernmental and Intersectoral Management. Weaving Networking, Contracting Out, and Management Roles into Third Party Government, in: Public Performance & Management Review, H. 1 (2005), S. 7–17.

Bertelsmann Stiftung (Hrsg.), Lokale Demokratiebilanz. Kommunale Zukunft gemeinsam gestalten. Netzwerk bürgerorientierter Kommunen in Deutschland (CIVITAS), Gütersloh 2003.

Blanke, Bernhard, und Stefan Plaß, Vom schlanken Staat zum aktivierenden Staat. Leitbilder der Staats- und Verwaltungsmodernisierung, in: Behrens, Fritz, Rolf G. Heinze und andere (Hrsg.), Ausblicke auf den aktivierenden Staat. Von der Idee zur Strategie (Modernisierung des öffentlichen Sektors, Sonderband 23), Berlin 2005, S. 27–42.

Bogumil, Jörg, Lars Holtkamp und Gudrun Schwarz, Das Reformmodell Bürgerkommune. Leistungen – Grenzen – Perspektiven (Modernisierung des öffentlichen Sektors, Band 22), Berlin 2003.

Bogumil, Jörg, Lars Holtkamp und Leo Kißler, Modernisierung lokaler Politik. Auswirkungen auf das kommunale Entscheidungssystem, in: Jann, Werner, und andere (Hrsg.), Status-Report Verwaltungsreform. Eine Zwischenbilanz nach zehn Jahren (Modernisierung des öffentlichen Sektors, Band 24), Berlin 2004, S. 64–74.

Bogumil, Jörg, und Lars Holtkamp, Local Governance und gesellschaftliche Integration, in: Lange, Stefan, und Uwe Schimank (Hrsg.), Governance und gesellschaftliche Integration, Wiesbaden 2004, S. 147–166.

Cars, Göran, Patsy Healey und andere, Urban Governance, Institutional Capacity and Social Milieux, Aldershot 2002.

Considine, Mark, The End of the Line? Accountable Governance in the Age of Networks, Partnerships, and Joined-Up Services, in: Governance, H. 1 (2002), S. 21–40.

Denters, Bas, und Lawrence E. Rose, Local Governance in the Third Millennium: a Brave New Word?, in: Denters, Bas, und Lawrence E. Rose (Hrsg.), Comparing Local Governance. Trends and Developments, Houndmills, Basingstoke, S. 1–11.

Evers, Adalbert, Verständnisse und Formen lokaler Partnerschaften, in: Haus, Michael (Hrsg.), Institutionenwandel lokaler Politik in Deutschland. Zwischen Innovation und Beharrung (Stadtforschung aktuell, Band 104), Wiesbaden 2005, S. 111–131.

Frederickson, H. George, Transcending the Community: Local Leadership in a World of Shared Power, in: Public Management, November (2005), S. 8–15.

Gabriel, Oscar W., und Susanne Eisenmann, Germany: a New Type of Local Government?, in: Denters, Bas, und Lawrence E. Rose (Hrsg.), Comparing Local Governance. Trends and Developments, Houndmills, Basingstoke, S. 119–138.

Haus, Michael, und Hubert Heinelt, How to Achieve Governability at the Local Level? Theoretical and Conceptual Considerations on a Complementarity of Urban Leadership and Community Involvement, in: Haus, Michael, Hubert Heinelt und Murray Stewart (Hrsg.), Urban Governance and Democracy, Leadership and Community Involvement, London/New York 2005, S. 12–39 (2005a).

Haus, Michael, und Hubert Heinelt, Neue Formen des Regierens auf der lokalen Ebene, in: Haus, Michael, Hubert Heinelt und andere (Hrsg.), Partizipation und Führung in der lokalen Politik, Modernes Regieren (Schriften zu einer neuen Regierungslehre, Band 2), Baden-Baden 2005, S. 15–75 (2005b).

Haus, Michael, Hubert Heinelt und Björn Egner, Schlussfolgerungen, in: Michael Haus, Hubert Heinelt und andere (Hrsg.), Partizipation und Führung in der lokalen Politik, Modernes Regieren, Schriften zu einer neuen Regierungslehre, Band 2, Baden-Baden 2005, S. 233–242.

Heinze, Rolf G., Josef Hilbert und andere, Zur Zukunft des aktivierenden Staates. Auf der Suche nach einem strategischen Innovations-Monitoring, in: Behrens, Fritz, Rolf G. Heinze und andere (Hrsg.), Ausblicke auf den aktivierenden Staat. Von der Idee zur Strategie (Modernisierung des öffentlichen Sektors, Sonderband 23), Berlin 2005, S. 435–452.

Hill, Hermann, Einführung in das 3. Kolloquium „Verwaltung als Adressat und Akteur", in: Hill, Hermann, und Hagen Hof (Hrsg.), Wirkungsforschung zum Recht II. Verwaltung als Adressat und Akteur (Interdisziplinäre Studien zu Recht und Staat, Band 15), Baden-Baden 2000, S. 27–39.

Hill, Hermann, 25 Thesen zu einer Verfahrensordnung für öffentlich-private Kooperationen (Verwaltungskooperationsrecht), in: Verwaltung und Management, H. 1 (2001), S. 10–11.

Hill, Hermann, The Process, in: Hill, Hermann, und Alexander Wegener, Beyond Statistics. Using Quality of Life Indicators for Strategic Management in Local Government, Band 1, Gütersloh 2002, S. 79–86 (2002a).

Hill, Hermann, Indikator Lebensqualität. Internationale Recherche zur kommunalen Steuerung, Gütersloh 2002 (2002b).

Hill, Hermann, Partnerschaften und Netzwerke – Staatliches Handeln in der Bürgergesellschaft, in: Bayerische Verwaltungsblätter, H. 11 (2002), S. 321–326 (2002c).

Hill, Hermann, Transformation der Verwaltung durch E-Government, in: Deutsche Zeitschrift für Kommunalwissenschaften (DfK), H. II (2004), S. 17–47.

Hill, Hermann, Good Governance – Konzepte und Kontexte, in: Schuppert, Gunnar Folke (Hrsg.), Governance-Forschung. Vergewisserung über Stand und Entwicklungslinien (Schriften zur Governance-Forschung, Band 1), Baden-Baden 2005, S. 220–250 (2005a).

Hill, Hermann (Hrsg.), Kommunale Selbstverwaltung – Zukunfts- oder Auslaufmodell? (Schriftenreihe der Hochschule Speyer, Band 172), Berlin 2005 (2005b).

Hill, Hermann, Urban Governance und Lokale Demokratie, in: Informationen zur Raumentwicklung, H. 5 (10/2005), S. 567–577 (2005c).

Hill, Hermann, Von Good Governance zu Public Leadership, in: Verwaltung und Management, H. 2 (2006), S. 81–84.

Holtkamp, Lars, Neue Formen kommunaler Bürgerbeteiligung – Netzwerkeuphorie und Beteiligungsrealität, in: Oebbecke, Janbernd (Hrsg.), Nicht-Normative Steuerung in dezentralen Systemen, Stuttgart 2005, S. 15–34.

Huxham, Chris, und Siv Vangen, Managing to Collaborate. The Theory and Practice of Collaborative Advantage, London/New York 2005.

Jakubowski, Peter, Neue Kooperationen und effiziente Verfahren – Ein Beitrag zur Stärkung der kommunalen Selbstverwaltung, in: Hill, Hermann (Hrsg.), Kommunale Selbstverwaltung – Zukunfts- oder Auslaufmodell? (Schriftenreihe der Hochschule Speyer, Band 172), Berlin 2005, S. 111–130 (2005a).

Jakubowski, Peter, Effizienz von Kooperationsformen, in: Bundesbaublatt (BBB), H. 1 (2005), S. 12–15 (2005b).

John, Peter, Local Governance in Western Europe, London und andere 2001.

Klok, Pieter-Jan, und Bas Denters, Urban Leadership and Community Involvement. An institutional analysis, in: Haus, Michael, Hubert Heinelt und Murray Stewart (Hrsg.), Urban Governance and Democracy. Leadership and Community Involvement, London/New York 2005, S. 40–64.

Kopatz, Michael, und Markus Troja, Partizipation und Nachhaltige Entwicklung als Herausforderung für die „Bürgernahe Verwaltung", in: Kopatz, Michael (Hrsg.), Reformziel Nachhaltigkeit. Kommunen als Mitgestalter einer nachhaltigen Entwicklung (Modernisierung des öffentlichen Sektors, Sonderband 19), Berlin 2003, S. 95–130.

Leach, Steve, und David Wilson, Rethinking Local Political Leadership, in: Public Administration, H. 4 (2002), S. 665–689.

Lowndes, Vivien, und Steve Leach, Understanding Local Political Leadership: Constitutions, Contexts and Capabilities, in: Local Government Studies, H. 4 (2004), S. 557–575.

Mäding, Heinrich, Herausforderungen und Konsequenzen des demographischen Wandels für die Städte, in: Hill, Hermann (Hrsg.), Kommunale Selbstverwaltung – Zukunfts- oder Auslaufmodell? (Schriftenreihe der Hochschule Speyer, Band 172), Berlin 2005, S. 17–36.

Mandell, Myrna P., Getting Results Through Collaboration. Networks and Network Structures for Public Policy and Management, Westport, Connecticut/London 2001.

Moore, Mark H., Creating Public Value. Strategic Management in Government, Cambridge, Massachusetts/London 1995.

Moore, Mark H., The Public Value Scorecard, Working paper Nr. 18 (2003), www.ksg.harvard.edu/hauser.

Oppen, Maria, Local Governance und bürgerschaftliches Engagement von Unternehmen, in: Bauer, Helfried, Peter Biwald und Elisabeth Dearing (Hrsg.), Public Governance. Öffentliche Aufgaben gemeinsam erfüllen und effektiv steuern, Wien/Graz 2005, S. 342–361.

Provan, Keith G., und H. Brinton Milward, Do Networks Really Work? A Framework for Evaluating Public-Sector Organizational Networks, in: Public Administration Review, H. 4 (2001), S. 414–423.

Purdue, Derrick, Performance Management for Community Empowerment Networks, in: Public Money & Management, April (2005), S. 123–130.

Reinert, Adrian, Lokale Demokratie-Berichterstattung – ein Instrument zur Selbstevaluation, in: Pröhl, Marga, Heidi Sinning und Stefan Nährlich (Hrsg.), Bürgerorientierte Kommunen in Deutschland – Anforderungen und Qualitätsbausteine, Band 3: Ergebnisse und Perspektiven des Netzwerks CIVITAS, Gütersloh 2002, S. 158–170.

Schridde, Henning, Die „Soziale Stadt" und „Ganzheitliches Regieren" im aktivierenden Sozialstaat, in: Behrens, Fritz, Rolf G. Heinze und andere (Hrsg.), Ausblicke auf den aktivierenden Staat. Von der Idee zur Strategie (Modernisierung des öffentlichen Sektors, Sonderband 23), Berlin 2005, S. 289–314.

Sinning, Heidi, und Katrin Wiedenhöft, Evaluation kommunaler Beteiligungskultur, in: Verwaltung und Management, H. 6 (2003), S. 299–303.

Skelcher, Chris, Jurisdictional Integrity, Polycentrism, and the Design of Democratic Governance, in: Governance, H. 1 (2005), S. 89–110.

Skelcher, Chris, Navdeep Mathur und Mike Smith, The Public Governance of Collaborative Spaces: Discourse, Design and Democracy, in: Public Administration, H. 3 (2005), S. 573–596.

Sørensen, Eva, und Jacob Torfing, The Democratic Anchorage of Governance Networks, in: Scandinavian Political Studies, H. 3 (2005), S. 195–218.

Sullivan, Helen, und Chris Skelcher, Working Across Boundaries. Collaboration in Public Services, Houndmills, Basingstoke 2002.

Wiechmann, Thorsten, und Markus Beier, Evaluationen in der Regionalentwicklung. Eine vernachlässigte Herausforderung für die Raumplanung, in: Raumforschung und Raumordnung (RuR), H. 6 (2004), S. 387–396.

Wollmann, Hellmut, Neue Handlungsansätze im Zusammenwirken von Kommunen, Bürgern, gesellschaftlichen und Markt-Akteuren in Großbritannien, Frankreich und Schweden. Was kann hieraus für Deutschland gelernt werden?, in: Haus, Michael (Hrsg.), Institutionenwandel lokaler Politik in Deutschland. Zwischen Innovation und Beharrung (Stadtforschung aktuell, Band 104), Wiesbaden 2005, S. 256–284.

Der Autor

Prof. Dr. Hermann Hill,
Inhaber der Lehrstuhls für Verwaltungswissenschaft und öffentliches Recht an der Deutschen Hochschule für Verwaltungswissenschaften Speyer; 1989–1991 Minister für Bundes- und Europaangelegenheiten des Landes Rheinland-Pfalz.

Foto: DHV Speyer

Jürgen Zieger

Steuerungsnotwendigkeit und Steuerungsmöglichkeiten in der kommunalen Praxis

Steuerung im Kontext der Verwaltungsreform

Finanzieller Handlungsdruck führte Anfang der 1990er-Jahre zum Einstieg der öffentlichen, vor allem der Kommunalverwaltungen in umfassende Modernisierungsbemühungen. Um klassische Defizite in der Steuerung systematisch anzugehen und durch Einsparmaßnahmen die Handlungsfähigkeit der Verwaltung aufrecht zu erhalten, wurden Instrumente aus der Betriebswirtschaft in der Kommunalverwaltung eingeführt. Es handelte sich hierbei überwiegend um Bestandteile des so genannten Neuen Steuerungsmodells (NSM) nach dem Tilburger Modell wie Produktbildung, Kostenrechnung und Budgetierung, um hier die Wichtigsten exemplarisch zu nennen. Die Übertragung dieser Instrumente der Betriebswirtschaft erforderte damals und erfordert noch heute Konzepte, die durch überregional tätige Verbände, Hochschulen, eine noch weiter steigende Zahl von externen Beraterungsunternehmen wie auch in den einzelnen Kommunen erarbeitet wurden und werden. Die Implementierung vor Ort in den Kommunen erfordert Ressourcen, zum Teil auch die Einstellung betriebswirtschaftlich geschulten Personals, an den Fachhochschulen der Länder wurden eigene Studiengänge hierfür entwickelt.

Auch nach der Finanzkrise der 1990er-Jahre gingen viele Kommunen den Weg der Verwaltungsmodernisierung weiter. In einer aktuellen Erhebung Ende 2005 der Universität Konstanz im Forschungsprojekt „10 Jahre Neues Steuerungsmodell – Evaluation kommunaler Verwaltungsmodernisierung" gaben 75 Prozent der teilnehmenden Kommunen an, sich zumindest an einzelnen Instrumenten des NSM orientiert zu haben (Bogumil 2005).

Die Verwaltungsreform der 1990er-Jahre war häufig auf eine operative Dimension begrenzt; durch die betriebswirtschaftliche Steuerung mit Finanzbuchhaltung und Kostenrechnung waren die Kommunen stark gefordert. Einsparerfolge durch kurzfristige Entlastungen der Haushalte waren vorherrschendes Ziel der Modernisierungsbemühungen. Es überwog die Überzeugung, dass allein durch die Einführung operativer Steuerungsinstrumente genügend Wirksamkeit entfaltet werden könnte. Dagegen wurde häufig die strategische Dimension der Verwaltungsmodernisierung, die bereits im Tilburger Modell angelegt war, vernachlässigt. Die Politik wurde erst nach und nach in die Überlegungen einbezogen – sicher erinnern sich noch viele an die Diskussionen um den „klappernden Kanaldeckel", anhand dessen deutlich werden sollte, dass die Politik sich um das „Was" kümmern und das „Wie" komplett der Verwaltung überlassen sollte.

Haushaltskonsolidierung als Einstieg in strategische Steuerungsüberlegungen

Kaum war die Finanzkrise Anfang der 90er-Jahre überwunden und eine mehr oder weniger nachhaltige, ganzheitliche, an die Bedürfnisse der jeweiligen Kommune angepasste Verwaltungsreform zur vor allem internen Modernisierung in den Kommunalverwaltungen eingeführt, kämpfen bundesweit die Kommunen nun mit den Folgen von verheerenden Einnahmeausfällen, der Übertragung zusätzlicher Aufgaben seitens des Gesetzgebers und der Wünsche der Bürgerschaft nach Sicherung und Ausbau der gewohnten Standards in nahezu allen städtischen Politikfeldern.

Das Beispiel Esslingen am Neckar

Dieses Spannungsfeld zwischen abnehmenden Ressourcen und der Erhaltung, in einigen Politikfeldern auch des Ausbaus der Standards, ist auch in Esslingen am Neckar, einer Stadt mit 93 000 Einwohnerinnen und Einwohnern in der Region Mittlerer Neckar, seit dem Jahr 2002 wieder auf der Tagesordnung. Einnahmeausfälle zweistelliger Millionenbeträge zwangen dazu, den Kurs der Haushaltskonsolidierung erneut einzuschlagen. Nach den üblichen Konsolidierungsmaßnahmen wie Pauschalkürzungen im Verwaltungshaushalt und Ausgabenverschiebungen im investiven Bereich auf die Folgejahre mit einem Einsparerfolg von fünf Millionen Euro wurde ein systematischer Prozess auf den Weg gebracht. Nach einer EU-weiten Ausschreibung wurde ein Haushaltskonsolidierungsprojekt mit externer Begleitung durch ein Beratungsunternehmen beauftragt, welches zu einer weiter gehenden nachhaltigen Einsparung von fünf Millionen Euro per anno laufender Mittel im Verwaltungshaushalt führen sollte.

Den Hintergrund bildete der Grundkonsens in Gemeinderat und Verwaltungsspitze, dass nur durch eine systematische Aufgabenkritik, die sich an den strategischen Handlungsfeldern der Stadt ausrichtet, dauerhaft die Handlungsfähigkeit der Kommune gewährleistet werden kann. Ausgeschrieben wurde daher im Jahr 2003 eine erste Phase des Haushaltskonsolidierungsprojekts[1]: „Konzeption und Moderation eines Prozesses mit geeigneten strukturierten Methoden, in dessen Verlauf mit der

---

1 Vergabebekanntmachung der Stadt Esslingen am Neckar im Amtsblatt der Europäischen Union, 2003.

Verwaltungsspitze eine Definition von strategischen Handlungsfeldern vorgenommen wird, die in den nächsten 5 Jahren (2004 – 2009) politisch handlungsleitend sein werden. Aus diesen Handlungsfeldern sind konkret formulierte strategische Ziele abzuleiten, die die Nennung von Zielgruppen und beabsichtigte Wirkungen auf diese Zielgruppen beinhalten. Außerdem muss eine Gewichtung und Stufung innerhalb der strategischen Ziele anhand von verschiedenen finanziellen Szenarien erfolgen. Darauf aufbauend muss die Moderation einer Aufgabenkritik durch die Verwaltungsspitze erfolgen." Im Anschluss an diese erste Phase des Projekts, die Aufgabenkritik, wurde eine zweite Phase, die Geschäftsprozessoptimierung, ausgeschrieben: „Konzeption, Organisation und Durchführung eines Projekts, in dem die für die gesetzlich erforderlichen und auf den strategischen Zielen basierende Leistungserstellung wesentlichen Prozesse analysiert werden. Zur Freisetzung größerer Qualitätsverbesserungs- und Kostenreduktionspotenziale wird eine vollständige Neugestaltung von Prozessen mit allen Konsequenzen für die Aufbau- und Ablauforganisation der Verwaltung ausdrücklich zugelassen."

Abbildung 1:   Projektskizze des Haushaltskonsolidierungsprojekts in Esslingen am Neckar*

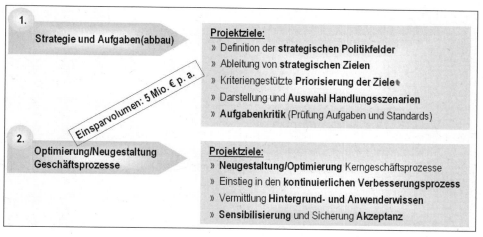

*Quelle: Stadt Esslingen am Neckar.

Schnell wurde nach Beginn des Projekts Anfang 2004 ersichtlich, dass für die Diskussion mit dem Gemeinderat über die strategischen Handlungsfelder der Stadt Esslingen am Neckar zu wenig systematische Vorüberlegungen verwaltungsintern wie auch im politischen Gremium stattgefunden hatten. Außerdem fand im Jahr 2004 eine Kommunalwahl statt, vor der es nicht möglich war, einen politischen Konsens über die strategische Ausrichtung, die Priorisierung der strategischen Handlungsfelder mit operationalisierten Zielen und Maßnahmen im Gemeinderat herzustellen. So wurde im Projekt mit der Beratergruppe Kienbaum Management Consultants zwar eine Aufgabenkritik durchgeführt, jedoch ohne

Ausrichtung an den strategischen Anforderungen der Stadt. Nur logisch war daher die Konsequenz, dass die meisten aufgabenkritischen Vorschläge, die tatsächlich zu einem Einsparerfolg von mittelfristig und nachhaltig wirksamen fünf Millionen Euro im laufenden Etat führten, aus der Verwaltung kamen und auch ohne politischen Beschluss im Detail durch- und umsetzbar waren.

Politik und Verwaltungsspitze einigten sich jedoch darauf, rechtzeitig vor der nächsten Kommunalwahl 2009 die Grundlagen für eine systematische, an den strategischen Anforderungen ausgerichtete Aufgabenkritik zu erarbeiten, um die Handlungsfähigkeit der Stadt durch finanzielle wie personelle Ressourcen für die mit hoher Priorität versehenen Aufgaben weiterhin sicherzustellen.

Für die Grundlagenarbeit hierzu wurde das Projekt ESsense gestartet (Wortspiel: ES für Esslingen; Essenz für wesentliche Grundlage; Sense für Sinn). Ausgangspunkt des Projekts ist die organisationsinterne Bündelung von Spezialistenwissen in gesellschaftlich relevanten Politikfeldern. ESsense ist ein Instrument der Politikberatung, es ersetzt nicht Politik und hebelt auch keine politischen Entscheidungsinstanzen aus. Um Esslingens Potenziale auszubauen, zu stärken und die Stadt für die Zukunft richtig zu positionieren, ist es wichtig, sich frühzeitig kommender Entwicklungen bewusst zu werden und die Weichen des Handelns entsprechend zu stellen. In den Arbeitssitzungen der Projektgruppe, die zum überwiegenden Teil aus Amtsleitern bestand, zeigte sich sehr schnell, dass ein enger Zusammenhang der einzelnen Handlungsbereiche besteht, der sich mit dem Begriffspaar „Politikfeld" und „Kernthema" näher bezeichnen lässt.

Übersicht 1:	Politikfelder in Esslingen (ESsense)*	Übersicht 2:	Kernthemen in Esslingen (ESsense)*

ESsense: Politikfelder	ESsense: Kernthemen
Kultur	Bildung
Natur und Umwelt	Demografische Entwicklung
Schule	Identität
Sport	Integration
Wirtschaftsförderung	Ökologie
Öffentliche Infrastruktur	Ökonomie und Beschäftigung
Sicherheit und Ordnung	Singularisierung/Individualisierung
Wohnen	Teilhabe
Jugend, Familie, Senioren	Urbanität
Gesundheit und Soziales	Werteorientierung
Räumliche Entwicklung	
Stadtmarketing und Tourismus	

*Quelle: Stadt Esslingen am Neckar.

176

Ein Politikfeld bezeichnet demnach einen Bereich politischen Handelns, der sich kommunal beeinflussen lässt und der sich in der Aufgabenstruktur der Verwaltung niederschlägt.

Ein Kernthema hingegen beschreibt einen Querschnittsbereich, der in der gesellschaftlichen Entwicklung begründet ist und sich in allen Politikfeldern als Einflussgröße niederschlagen kann. Zum Ist- wie zum Sollzustand aller Politikfelder in 2015 wurde vor dem Hintergrund der ermittelten Kernthemen ein Bericht von den Experten verfasst, der Herausforderungen und Chancen wie auch Risiken aufzeigt.

Im weiteren Verfahren wird im Jahr 2006 jedes Politikfeld einzeln für jedes Kernthema mit einem Ziel beschrieben, das danach zunächst verwaltungsintern nach verschiedenen Kriterien wie Wichtigkeit, Dringlichkeit und Realisierbarkeit für die Stadt bewertet wird. Nach einer statistischen Auswertung werden die Ergebnisse zunächst im Gemeinderat diskutiert werden, bevor ein systematischer Beteiligungsprozess mit der Bürgerschaft angestoßen wird. Als Ergebnis dieser Diskussionen und breiten Mitwirkungsmöglichkeiten soll ein tragfähiges Konzept für die strategische Ausrichtung in den priorisierten Handlungsfeldern der Stadt vorliegen.

Abbildung 2*

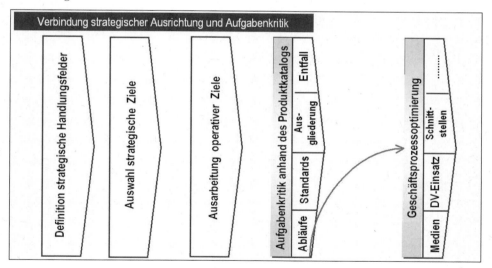

*Quelle: Stadt Esslingen am Neckar.

Nach systematischer Aufgabenkritik durch die Politik werden die Ressourcen der Stadt mit Hilfe des parallel aufgebauten Produkthaushalts auf der Basis einer flächendeckenden Kostenträgerrechnung neu verteilt werden können. Die Vorarbeiten für umfassende verwaltungsinterne Reformbausteine, die die Verbindung zur strategischen Ausrichtung der Kommune auf Politikebene herstellen, sind in Esslingen am Neckar seit Jahren angelaufen. Wichtig ist es nun, auch zur Schonung der personellen Ressourcen innerhalb der Stadtverwaltung, die verwaltungsintern bereits vorhandenen wie auch die noch erforderlichen Reformbausteine zu analysieren, zu bewerten, in ein komplettiertes Modernisierungskonzept zu überführen und dort zu steuern. „Vom Instrumenteneinsatz zur strategischen Gesamtsteuerung" sollte die Zielrichtung künftiger Reformbemühungen sein.

Gesamtsteuerung: Strategische Steuerung und Verbindung mit operativen Reformmaßnahmen

Seit über zehn Jahren ist in Esslingen am Neckar ein verwaltungsinterner Modernisierungsprozess im Gange, der sich an den Grundüberzeugungen und Instrumenten des Neuen Steuerungsmodells orientiert. Die vorhandenen Grundlagen für die operative Steuerung der Verwaltung sind ein städtischer Produktkatalog, der sich am Kommunalen Produktplan Baden-Württemberg[2] orientiert, aktuelle Stellenbeschreibungen für alle Stellen der Kernverwaltung, die produktorientiert aufgebaut sind, eine stadtweit eingeführte Kostenrechnung mit der Software SAP CO, die auch eine detaillierte, ebenfalls am Produktplan als Basis angelehnte Kostenträgerrechnung aufweist. Esslingen gehörte zu den ersten Kommunen in Baden-Württemberg, die auf SAP – ISPS, jetzt EA-PS, umstellte. Es existiert eine inputorientierte Budgetierung. Die Beteiligungen der Stadt werden durch ein beim Finanzdezernat angesiedeltes Beteiligungsmanagement gesteuert.

Derzeit werden die Einführung eines Produkthaushalts, der Aufbau der Vollvermögensrechnung sowie die Umstellung auf das Neue Kommunale Finanzwesen vorbereitet.

In einem Amt der Stadtverwaltung wurde ein Qualitätsmanagementsystem eingeführt, das zur Zertifizierung nach DIN ISO 9000 ff. führte. Im Rahmen der Personalentwicklung wurden Mitarbeiterbefragungen durch- sowie das flächendeckende systematische jährliche Mitarbeitergespräch eingeführt.

Esslingen ist geprägt durch ein starkes ehrenamtliches Engagement und systematische Bürgerbeteiligungsverfahren in den neuen Baugebieten, in Projekten zur Stadtentwicklung und in der Diskussion des städtischen Haushalts („Haushalt im Dialog"). Die sehr aktiven Gruppen der Lokalen Agenda 21 werden vom Büro des Oberbürgermeisters koordiniert.

Die drei übergreifenden Ziele der Verwaltungsmodernisierung – Bürgerorientierung, Mitarbeiterorientierung und Wirtschaftlichkeit – werden durch die dargestellten Instrumentarien verfolgt. Ein Problem nahezu aller Städte der Größenordnung Esslingens ist die systematische Gesamtsteuerung aller Reformbausteine auch vor dem Hintergrund der für die unterschiedlichen Projekte erforderlichen personellen Ressourcen. So mancher verwaltungsinterne Reformbaustein entwi-

---

2   Innenministerium Baden-Württemberg: Produkte – Ziele – Kennzahlen. Kommunaler Produktplan Baden-Württemberg, 2001.

ckelt nach Einführung eine Eigendynamik und starke Position, sodass es nicht leicht ist, auch bei dezentral angesiedelten Bausteinen und Projektleitungen die Sicht der Gesamtstadt und eine strategische Gesamtsteuerung aller Verwaltungsreformbemühungen sicherzustellen.

Die wenigsten Kommunen richten sich bei ihren Reformmaßnahmen an einem umfassenden Gesamtreformkonzept aus, begnügen sich mit der Einführung und Wirkung einzelner Maßnahmen. Vor dem Hintergrund weiter abnehmender Ressourcen und der Kritik auch aus der Verwaltung, nicht zu viele interne Projekte gleichzeitig anzugehen, wird ein solches Gesamtreformkonzept immer wichtiger. Die Verwaltung – dies darf bei aller Wichtigkeit einer modern und wirtschaftlich arbeitenden Verwaltung nicht vergessen werden – hat die Funktion zu fördern und zu ermöglichen, dass eine Stadt sich in Richtung ihrer strategisch priorisierten Handlungsfelder entwickeln kann. Verwaltung ist hierzu Mittel zum Zweck und darf sich nicht überwiegend mit sich selbst beschäftigen. Umso wichtiger ist demnach die Überlegung, in einem Gesamtreformkonzept alle verwaltungsintern vorhandenen und für die Weiterentwicklung der Verwaltung noch erforderlichen Reforminstrumente vor dem Hintergrund der strategischen Ausrichtung der Kommune zu analysieren, zu bewerten und in ein Gesamtkonzept zu überführen.

Einen viel versprechenden Ansatz hierzu liefert das European Foundation for Quality Management (EFQM), das mittlerweile auch auf der Ersten Europäischen Qualitätskonferenz im Mai 2000 in Portugal durch die zuständigen Minister für den öffentlichen Dienst in ein Gemeinsames Europäisches Qualitätsbewertungssystem (Common Assessment Framework – CAF) überführt wurde. In der Gesamtschau einer Verwaltung ist es möglich, im Zuge einer Selbstbewertung die wesentlichen Aspekte einer Organisationsanalyse zu berücksichtigen.

Abbildung 3:   Das EFQM-Modell*

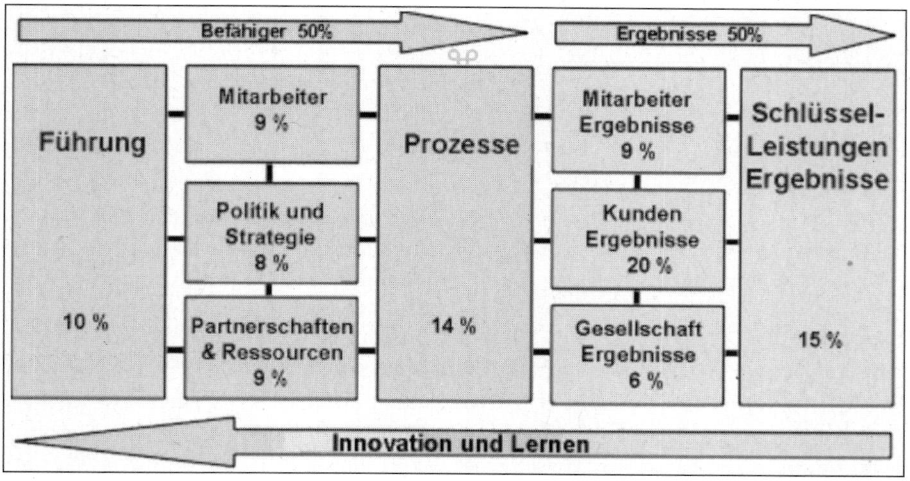

*Quelle: Stadt Esslingen am Neckar.

Aus drei Gründen ist dieser Ansatz so viel versprechend:

- Alle „Befähiger" und „Ergebnisse" (siehe Abbildung 3) einer Kommune werden vor dem Hintergrund von deren strategischer Ausrichtung bewertet.

- Die Bewertung wird vor Ort, von Mitgliedern der Verwaltung selbst, durchgeführt, ist also nicht Ergebnis einer externen Beratung oder eines zentralen Querschnittsamts, sondern wird auch von Mitgliedern aus den Fachämtern vorgenommen. In der kommunalen Praxis stellt dies eine hohe Akzeptanz sicher, wie sie bei vielen Projekten des Neuen Steuerungsmodells bei diesem Personenkreis bislang nicht hergestellt werden konnte.

- Auf der Basis dieser organisationsinternen Analyse, die genau auf die spezifischen Ziele und Ergebnisse der jeweiligen Kommune eingeht, kann ein Konzept zur Gesamtsteuerung der Verwaltung aufgebaut werden.

Fazit

Angesichts der vielerorts erfolgten Aus- und Umgründungen städtischer Fach- und Aufgabenbereiche in städtische Eigenbetriebe und Tochterfirmen in GmbH-Form mit städtischer Beteiligung müssen Verwaltung und Gemeinderat in einer Kommunalverwaltung mehr denn je großen Wert auf eine strategische Gesamtsteuerung legen. Diese erleichtert es der Verwaltung wie auch den Fraktionen im Gemeinderat, angesichts der notwendigen Fortsetzung der Haushaltskonsolidierung weitreichende aufgabenkritische Entscheidungen einzuleiten und zu treffen. Eine mögliche Reduzierung städtischer Leistungen auf der Seite der Dienstleistungen kann somit etwa zugunsten des Ausbaus von Angeboten für Bildung, Betreuung und Familien der Bürgerschaft besser erklärt werden. Im besten Fall findet die politisch auf der Basis einer strategischen Gesamtsteuerung getroffene Entscheidung sogar mehr Akzeptanz.

Um vielfach überhaupt noch neue Gestaltungsspielräume für Kommunalpolitik zu erhalten, nehmen sich die Gemeinderäte als oberstes Verwaltungsorgan verstärkt des Themas „Sparen" als einem originären politischen Thema an. Zugleich nimmt angesichts der schwierigen Haushaltslage und drängender Zukunftsthemen die Bereitschaft in der Kommunalpolitik ständig zu, sich systematisch mit der strategischen Ausrichtung einer Stadt auf ihre Zukunftsfähigkeit in 20 bis 30 Jahren hin auseinander zu setzen. Dies macht eine ständige Aufgabenkritik erforderlich, um Dienstleistungen oder die Standards städtischer Aufgabenerfüllung kritisch zu überprüfen und Handlungsspielräume für notwendige Veränderungen zu gewinnen.

Bestehende Reformmaßnahmen in der Kommune müssen ganzheitlich analysiert, bewertet, in ein Gesamtkonzept zur Verwaltungsmodernisierung überführt und für die Gesamtstadt strategisch gesteuert werden. Die zum Großteil bereits eingeführten Instrumente zur Verwaltungsmodernisierung bieten damit sowohl für die Mitarbeiterschaft in der Verwaltung wie für die Akteure in der Kommunalpolitik das

Fundament für ein gutes Chancenmanagement, um die künftigen gesellschaftlichen Herausforderungen in unseren Städten ebenso erfolgreich wie kostengünstig und effektiv zu meistern.

Abbildung 4: Modell-Gesamtsteuerung einer Kommune*

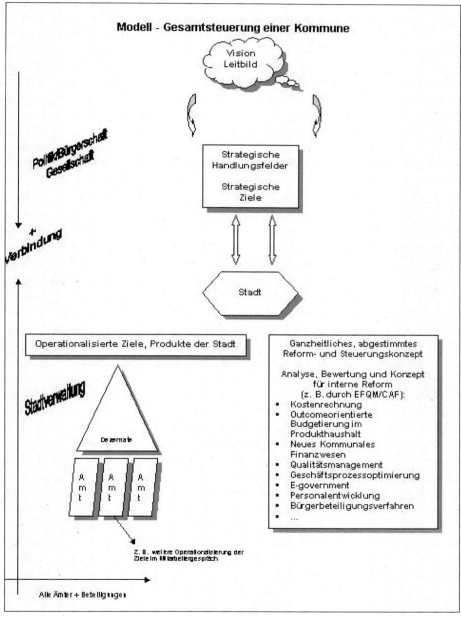

*Quelle: Stadt Esslingen am Neckar.

Literatur

Bogumil, Jörg, Ausgewählte Ergebnisse der schriftlichen Umfrage im Forschungsprojekt: „10 Jahre Neues Steuerungsmodell – Evaluation kommunaler Verwaltungsmodernisierung", Konstanz 2005.

Dearing, Elisabeth/Hack, Hans/Hill, Hermann/Klages, Helmut, Spitzenleistungen zukunftsorientierter Verwaltungen. Q 2005, 7. Internationaler Speyerer Qualitätswettbewerb, Speyer 2005.

Gölz, Achim/Hofmann, Josephine (Fraunhofer-Institut für Arbeitswirtschaft und Organisation)/Lehmann, Patrick (KGSt), Verwaltung im Umbruch – Strategien zur Verwaltungsmodernisierung. Studie, Stuttgart/Köln 2005.

Hopp, Helmut/Göbel, Astrid, Management in der öffentlichen Verwaltung, Stuttgart/Ludwigsburg 1999.

Knoblauch, Jörg/Frey, Jürgen/Kummer, Rolf/Stängle, Lars, Unternehmens-Fitness – Der Weg an die Spitze, Offenbach 2001.

KGST/Kommunale Gemeinschaftsstelle für Verwaltungsvereinfachung, Das Neue Steuerungsmodell – eine Zwischenbilanz (Bericht Nr. 10/1995), Köln 1995.

KGST/Kommunale Gemeinschaftsstelle für Verwaltungsvereinfachung: Steuerung mit Zielen: Ziele entwickeln und präzisieren (Bericht Nr. 3/2001), Köln 2001.

KGST/Kommunale Gemeinschaftsstelle für Verwaltungsmanagement, Produkte auf dem Prüfstand – Die Verfahren zur Produktkritik (Bericht Nr. 2/2005), Köln 2005.

Maier, Walter/Hopp, Helmut/Ziegler, Eberhard, Mut zur Veränderung. Festschrift für Jost Goller, Ludwigsburg 2005.

Winter, Christian, Praxiswissen: Neue Kommunale Steuerung, Hamburg 2005.

Der Autor

Dr. Jürgen Zieger,
seit 1. März 1998 Oberbürgermeister der Stadt Esslingen am Neckar; Dipl.-Ing., Studium Architektur (Aachen) und Stadtplanung, Wirtschafts- und Sozialwissenschaften (Oldenburg); 1985–1988 Leiter des Stadtbauamts der Stadt Oberkochen; 1988–1996 Techn. Beigeordneter und Erster Bürgermeister der Großen Kreisstadt Neckarsulm; Mitglied im Institutsausschuss des Deutschen Instituts für Urbanistik (Difu).

Christoph Reichard

Neues Steuerungsmodell – Anspruch und Wirklichkeit

1.   Die Herausbildung des Neuen Steuerungsmodells

Seit etwa 15 Jahren hält ein anderes, „neues" Managementdenken Einzug in der deutschen Kommunalverwaltung. Die Doktrin des „New Public Management" (NPM) hat sich – etwa zehn Jahre nach ihrem Siegeszug in der angelsächsischen Verwaltungswelt – auch in der deutschen (Kommunal-)Verwaltung eingenistet. Die deutsche Variante des NPM ist unter der Bezeichnung „Neues Steuerungsmodell" (NSM) allgemein bekannt geworden. Inzwischen ist dieses Konzept jedoch ebenso wenig mehr „neu", wie das NPM noch „new" ist. Dennoch hält sich weiterhin die Bezeichnung des „Neuen Steuerungsmodells" und wird daher auch hier verwendet. In diesem Beitrag wird nachgezeichnet, was das NSM inhaltlich ausmacht, wie es umgesetzt wurde und inwiefern die damit verbundenen Erwartungen und Ansprüche sich erfüllt haben.

Das NPM hat sich Anfang der 80er-Jahre als Antwort auf eine zunehmende bürokratische Verkrustung des klassischen Wohlfahrtsstaates zunächst im angelsächsischen Sprachraum herausgebildet und sich danach in zahlreichen Industriestaaten sowie einigen Entwicklungsländern als Reformdoktrin verbreitet. Es folgte dem damals sich verstärkenden neoliberalen Zeitgeist, der sich vom produzierenden Wohlfahrtsstaat ablöste und eine (Wieder-)Belebung von Marktkräften beschwor. Das NPM-Konzept betonte demzufolge die Ausrichtung auf privatwirtschaftliches Management sowie die Suche nach mehr Markt und Wettbewerb auch im öffentlichen Sektor. In diesem Sinne lassen sich die Reformanliegen von NPM den folgenden vier Themenfeldern zuordnen (vgl. Budäus/Finger 1999; Reichard 2002b, S. 257):

- Funktionen und Rollen des Staates (Staatsverständnis),
- (internes) Verwaltungsmanagement,
- Markt- und Wettbewerbsorientierung,
- Demokratisierung und Bürgerorientierung.

Diese Themenfelder spielten bei Reformen in den verschiedenen Ländern eine je unterschiedliche Rolle (vgl. Pollitt/Bouckaert 2004). Die deutschen NSM-Reformen konzentrierten sich, wie noch genauer gezeigt werden wird, eindeutig auf das zweite Feld (Verwaltungsmanagement).

Das NSM wurde zwischen 1988 und 1991 von einer Arbeitsgruppe bei der KGSt entwickelt und 1991 der kommunalen Öffentlichkeit vorgestellt (vgl. KGSt 1991; Banner 1991)[1]. Es verbreitete sich recht rasch vor allem unter deutschen Groß- und Mittelstädten und war Mitte der 90er-Jahre der größte „Reform-Hit" in Deutschland (vgl. z.B. Reichard 1994; Reichard/Wollmann 1996). Danach wurde es um das NSM wieder ruhiger, und inzwischen gibt es manche Ernüchterungsef-fekte. Das Deutsche Institut für Urbanistik (Difu) hat unter seinem Leiter *Heinrich Mäding* die Prozesse der deutschen kommunalen Managementreformen intensiv und konstruktiv-kritisch begleitet, vor allem durch regelmäßige Fortbildungsange-bote und Praxisdialoge, aber auch durch begleitende Forschung (vgl. z.B. Mäding 1998; Mäding/v. Kodolitsch 2001; Frischmuth und andere 2001; Knipp 2005).

Die KGSt nahm zwar auch die seinerzeit laufenden NPM-Debatten in ihre Ent-würfe zum NSM auf, orientierte sich jedoch vornehmlich an einem Modell-Vorbild, das sie in der niederländischen Stadt Tilburg fand (vgl. KGSt 1992). Da-bei wurde übersehen, dass sich die Stadt Tilburg zum Übernahmezeitpunkt selbst bereits umorientiert und ihr „Konzernmodell" in eine stärker partizipative Rich-tung umgebaut hatte (vgl. Hendriks/Tops 2003). Später zeigte sich dann, dass das „Tilburger Modell", das zeitweise in Deutschland bekannter als in seinem Hei-matland war, aufgrund des abweichenden deutschen Kontextes doch nur sehr be-grenzt auf unsere Verhältnisse zu übertragen war.

Die KGSt betonte im ursprünglichen NSM-Konzept die folgenden Kernelemente (vgl. diverse KGSt-Bericht sowie Hilbertz 2001):

- strategische Steuerungsunterstützung,
- interne Servicestellen,
- dezentrale Fach- und Ressourcenverantwortung,
- Budgetierung,
- Produktbeschreibungen,
- (politisches) Kontraktmanagement.

Später wurden zusätzliche Reformthemen in die Debatte aufgenommen, so z.B. Fragen des strategischen Managements, des Personal- und des Qualitätsmanage-ments sowie Wettbewerbsansätze (vgl. zum Kern- und erweiterten Modell auch Bogumil/Kuhlmann 2004, S. 52 ff.).

---

1   Der Autor war seinerzeit – als Wissenschaftler ein eher exotisches – Mitglied dieser Arbeitsgruppe und hat seitdem den Prozess der kommunalen Managementreformen intensiv und interessiert begleitet.

2. Ansprüche und Erwartungen an das NSM

Das NSM ist im Wesentlichen ein Produkt von Verwaltungspraktikern. Stadtdirektoren, Kämmerer und Hauptamtsleiter waren die wesentlichen Promotoren. Später wurden sie durch die „Beraterszene" ergänzt. Die Wissenschaft hat das NSM erst wesentlich später „entdeckt".

Die Praktiker verfolgten seinerzeit eine Reihe anspruchsvoller Ziele mit dem NSM. Vor allem versprach man sich von ihm eine Lösung der diagnostizierten Steuerungsdefizite. Typisch ist dafür der Hinweis von Gerhard Banner, dem früheren KGSt-Vorstand, dass in den Kommunalverwaltungen „organisierte Unverantwortlichkeit" herrsche, die es zu beseitigen gelte (Banner 1991, S. 6). Wie die ersten KGSt-Berichte (12/1991 und 5/1993) sehr deutlich zeigen, ging es zunächst vor allem darum, in Kommunen klare und motivierende Verantwortungsstrukturen zu schaffen (Stichwort: dezentrale Fach- und Ressourcenverantwortung). Später (etwa seit 1994), als die Finanzkrise die deutschen Kommunen erreichte, wurde dann das Ziel von Kostensenkungen und Effizienzsteigerungen mithilfe des NSM stärker betont. Dementsprechend schwenkten die Modellbauer auch bei der Instrumentenwahl um: von den stark steuerungsbezogenen Ansätzen der ersten Zeit (Zielbildung, Verantwortungsdelegation, Produktansatz, Kontraktmanagement) wechselte man auf finanzwirtschaftlich möglicherweise ergiebigere Instrumente wie Kostenrechnung, Controlling, Budgetierung usw.

Unabhängig von diesen beiden Hauptansprüchen an das NSM (Steuerungsverbesserung, Kostensenkung) wurde mit dem Modell eine Reihe weiterer Erwartungen verfolgt: Insgesamt sollte die Erbringung kommunaler Leistungen verbessert werden, was einerseits mit Qualitätsverbesserungen, andererseits mit einer verstärkten Bürgernähe verknüpft wurde. Auch an das seit langem als prekär empfundene Verhältnis von Politik (Gemeinderat) und Verwaltung wollte man mithilfe des NSM herangehen: es sollte eine klarere Abgrenzung der jeweiligen Verantwortlichkeiten erreicht und die Politik dazu animiert werden, sich auf grundlegende strategische Rahmenziele und Weichenstellungen sowie die damit verbundenen Kontrollen zu konzentrieren. Dies wurde anfangs mit der unpassenden Rhetorik des „Was und Wie" umschrieben: Die Ratsmitglieder sollten sich auf das „Was" konzentrieren, die Verwaltung auf das „Wie". Insgesamt wollten die Verwaltungspraktiker damit erreichen, dass sich die Politiker nicht mehr so unberechenbar wie bisher in das administrative Tagesgeschäft einmischen[2].

Hinter den Ansprüchen an das NSM stand die generelle Erwartung, dass man eine Kommune mithilfe einiger Reorganisationen und Instrumente in ein „Dienstleistungsunternehmen" umgestalten könne (vgl. KGSt 1993, S. 7 ff.). Man hoffte mitunter recht naiv, dass sich Ansätze und Instrumente, die sich im Privatsektor be-

---

2   Keineswegs überraschenderweise haben sich die Kommunalpolitiker nicht auf diese Einschränkung ihres Wirkungskreises eingelassen; Näheres zur Rolle der Politik im Reformprozess weiter unten.

währt hatten, relativ einfach auf die Kommunalverwaltung übertragen ließen und dass es somit vergleichsweise rasch und gut gelingen könne, eine Stadt so ähnlich wie ein Unternehmen zu steuern. Diese Erwartung dürfte von vornherein recht illusionär gewesen sein (vgl. Reichard 1998).

3.   Implementationsprozess und aktueller Stand der Umsetzung

Vorab muss festgestellt werden, dass es jenseits der vielen Konzeptpapiere und Hochglanzbroschüren wenig verlässliche Informationen darüber gibt, was denn nun eigentlich mit dem NSM passiert ist und in welchem Grade es auch wirklich umgesetzt wurde. Zwischen präskriptiven Konzeptdarstellungen und empirisch gestützten Umsetzungsanalysen ist ein ausgesprochenes Missverhältnis festzustellen. Über lange Jahre gab es bis auf drei Auswertungen des Deutschen Städtetages (DST) so gut wie keine seriöse Empirie (vgl. Grömig/Thielen 1996; Grömig/Gruner 1998; Grömig 2001). Seit einigen Jahren liegen nun zumindest einige empirische Analysegrundlagen vor: eine sich speziell mit der kommunalen Bau- und Umweltverwaltung befassende Studie, die von der Wüstenrot-Stiftung gefördert wurde (vgl. Jaedicke und andere 2000), eine Studie des Difu, die auf den früheren DST-Umfragen aufbaut (vgl. Knipp 2005) sowie eine noch laufende, von der Hans-Böckler-Stiftung (HBS) geförderte Evaluierungsstudie „10 Jahre NSM" (vgl. zu ersten Ergebnissen: Bogumil und andere 2006)[3].

Generell ist festzustellen, dass das NSM in Deutschland schwerpunktmäßig auf der kommunalen Ebene eingeführt wurde. Das Konzept hatte jedoch auch gewisse Ausstrahlungen auf die Landesebene, obwohl man dort weniger einem in sich abgerundeten „Modell" als vielmehr einzelnen Reformelementen folgte (vgl. zur Landessituation im Überblick: Reichard 2004). Beim Bund gab es demgegenüber kaum vergleichbare Reformversuche, wenn man von einzelnen Experimenten mit ausgewählten Instrumenten wie Kostenrechnung, Controlling, Zielvereinbarungen usw. einmal absieht (vgl. dazu Jann 2004).

Auf kommunaler Ebene gab es nach der Modellentwicklung etwa ab 1993 eine regelrechte Umsetzungseuphorie, vor allem unter den mittleren und größeren Städten. Bereits in der ersten DST-Umfrage (vgl. Grömig/Thielen 1996) behaupteten 83 Prozent der DST-Mitgliedsstädte, dass sie konkret mit der Einführung von NSM-Ansätzen befasst seien. Zwei Jahre später wurden bereits 89 Prozent vermeldet und für 2000 wurden optimistische 92 Prozent notiert. Die Difu-Umfrage von 2005 vermittelt ein ähnliches, wenngleich differenzierteres Bild (vgl. Knipp 2005, 15 ff.): 65 Prozent der befragten Kommunen engagieren sich stark oder sehr stark bei der Einführung von NSM-Elementen, zusätzliche 31 Prozent stufen sich

---

3   Dieses Evaluierungsvorhaben, an dem der Autor mitbeteiligt ist und das noch bis Ende 2006 läuft, bezieht alle Kommunen über 10 000 Einwohner sowie alle Landkreise ein. Befragt wurden Bürgermeister/Landräte, Personalräte sowie die Leiter von je zwei Fachämtern.

als „Teils-teils"-Modernisierer ein. Auch die erwähnte noch laufende HBS-Studie zeigt, dass sich 92 Prozent der Kommunen als reformaktiv einstufen und sich 82 Prozent aller Kommunen am NSM-Leitbild orientieren (vgl. hierzu und zu den folgenden Befunden wiederum: Bogumil und andere 2006). Entgegen allen jüngeren „Frustmeldungen" aus der „Kommunalszene" sagen immerhin 80 Prozent der befragten Kommunen, dass sich der ganze Aufwand gelohnt habe.

Etwas nachdenklicher stimmt hingegen der Befund, dass bislang nur 22 Kommunen in Deutschland alle NSM-Kernelemente (s. Abschnitt 1) flächendeckend eingeführt haben und dass bislang noch kein einziges NSM-Kernelement von der Mehrzahl der Kommunen in der jeweiligen Gesamtverwaltung implementiert wurde. Dies macht einerseits eine große Diskrepanz zwischen Ankündigungsrhetorik und Realität sichtbar und beweist andererseits, dass solch umfassende Reformen wie die Einführung des NSM selbst innerhalb von zehn Jahren kaum zu bewältigen sind, sondern extrem „langen Atem" benötigen.

Auffällig ist, dass im Umsetzungsprozess die weniger tiefgreifend in Machtstrukturen und Gewohnheiten eingreifenden NSM-Elemente in stärkerem Umfang eingeführt wurden als andere. In den letzten Jahren gab es immerhin beträchtliche Reorganisationen (z.B. Einführung von Fachbereichen, Aufbau zentraler Steuerungsdienste und Servicestellen sowie Hierarchieabbau[4]). Auch einige finanzwirtschaftliche Ansätze wurden angepackt, z.B. Budgetierung oder Kostenrechnung[5]. Die drei meistgewählten Reformthemen rechnen jedoch nicht zu den NSM-Kernelementen; sie sind relativ unverbindlich, tun bei der Einführung „nicht weh" und haben im Grunde kaum etwas mit „neuer" Steuerung zu tun: Zwischen 55 und 62 Prozent der befragten Kommunen führten Mitarbeitergespräche, Kundenbefragungen oder Bürgerämter ein (Bogumil und andere 2006). An das eigentliche Anliegen des NSM, die ziel- und ergebnisbezogene Steuerung, ging man demgegenüber eher selten heran[6].

Insgesamt ist eine beachtliche Implementationslücke zu konstatieren. Trotz erheblichen Aufwandes sind nach zehn Jahren die als wesentlich erachteten Elemente des NSM in der deutschen Kommunalverwaltung nur teilweise umgesetzt worden.

---

4   Laut Difu-Studie gibt es in diesem Bereich Nennungen zwischen 28 und 64 Prozent für „bereits verwirklicht"; laut der „NSM-Evaluierungsstudie" liegen die Nennungen hier zwischen 24 und 44 Prozent für „Umsetzung in der ganzen Verwaltung".

5   Hier liegen größere Diskrepanzen zwischen den beiden eben erwähnten Studien vor: laut Difu haben fast 55 Prozent der Kommunen eine flächendeckende Budgetierung eingeführt, laut NSM-Evaluierungsstudie nur 33 Prozent. Bei Kosten-Leistungsrechnung liegen die Nennungen bei 19 bzw. 13 Prozent.

6   Gemäß NSM-Evaluierungsstudie haben 11 Prozent dezentrale Controllingstellen, arbeiten 29 Prozent konkret mit dem Produktansatz, 38 Prozent mit Kontrakten und 22 Prozent mit einem ausgebauten Berichtswesen.

4. Bewertung des Umsetzungsstandes: Werden die Erwartungen an das NSM erfüllt?

Bei einer Beurteilung des NSM gibt es – wie bei anderen Reformprogrammen – zwei Blickwinkel: zum einen die Eignung des Konzeptes und zum anderen die Qualität der Umsetzung. Defizite des NSM können beiderlei Quellen entstammen: es kann sich um Konzeptmängel und/oder um Umsetzungsmängel handeln.

4.1 Bewertung des Konzeptes

Das NSM in seinem bisherigen Zuschnitt eignet sich nur begrenzt als Konzept zur Steuerung von Kommunalverwaltungen. Obwohl es einige durchaus geeignete Ansätze und Instrumente enthält, ist es doch recht einseitig und unvollständig ausgestaltet. In einer sehr groben Wertung lassen sich folgende Kritikpunkte anmerken:

- Das NSM ist zu sehr auf die operative Steuerung ausgerichtet und vernachlässigt bisher die strategisch-politische Steuerungsdimension. Das Modell ist auch reichlich „unpolitisch" und bietet dem Politiker – vor allem dem Ratsmitglied – wenig Ansatzpunkte.

- Trotz seiner operativen Ausrichtung bleibt das NSM auf der Managementebene stehen und erreicht nicht die eigentliche Basis des Verwaltungshandelns, z.B. die Leistungs- und Serviceprozesse und deren bürgernahe, schnelle, schnittstellenarme Verkettung. Hier setzt neuerdings eher das *E-Government* an.

- Das NSM ist einseitig auf die Binnensteuerung orientiert und hat über lange Zeit die Außendimension zum Bürger sowie zum Markt (Wettbewerb!) vernachlässigt; daher verbinden sich mit NSM-Elementen auch nur begrenzte Leistungsanreize.

- Die Steuerungslogik des NSM ist „naiv-betriebswirtschaftlich", z.B. im Hinblick auf den Produktansatz oder auf den einseitigen Dezentralisierungsglauben.

- Das NSM nimmt auf die Vielfalt von Managementsituationen in der (Kommunal-)Verwaltung nicht hinreichend Rücksicht. Bisher fehlen angepasste Sektormodelle, etwa für das Management von Schulen, Kultureinrichtungen, Ordnungsämtern usw.

Im internationalen Vergleich wird das deutsche Reformkonzept als ein Mix von Bewahrung herkömmlicher Strukturen und interner Modernisierung gekennzeichnet; es unterscheidet sich insofern deutlich von Reformansätzen anderer OECD-Staaten (vgl. Pollitt/Bouckaert 2004, S. 96 ff.).[7]

Insgesamt lässt sich resümieren, dass die Version „NSM 1.0" zwar sicher als „erster Wurf" gut gedacht war und in die richtige Richtung ging, aber schon als Konzept etliche Schwächen aufweist. Das Modell bedarf der Erweiterung.

4.2   Umsetzungsstand I: Institutionelle Veränderungen

Es gibt verschiedene Maßstäbe, anhand derer versucht werden kann, den Umsetzungsstand von Verwaltungsreformen zu beurteilen (vgl. Jann 2004, S. 11 ff.): Man kann den tatsächlichen Stand anhand der selbst gesetzten Ziele bewerten (Soll/Ist-Vergleich), man kann einen „Vorher-Nachher"-Vergleich durchführen, und man kann die deutsche Entwicklung mit der in anderen Ländern vergleichen. Die erste Dimension wird in diesem Beitrag stark betont, es wird aber auch auf die anderen beiden Aspekte eingegangen. Die Bewertungen werden zweistufig vorgenommen: Zunächst werden beobachtbare institutionelle Veränderungen in der Kommunalverwaltung betrachtet, danach wird nach den Wirkungen dieser Veränderungen auf das Verwaltungshandeln und auf die Adressaten sowie Politikbereiche des Verwaltungshandelns gefragt (vgl. dazu auch Bogumil und andere 2006).

Insgesamt lässt sich schon behaupten, dass in den letzten zehn Jahren in der deutschen Kommunalverwaltung – vor allem in den mittleren und größeren Städten – ein gewaltiges „Umkrempeln" stattgefunden hat. Der organisatorische Zuschnitt hat sich – zumindest auf dem Papier – geändert, Fachbereichsstrukturen, dezentrale Verantwortungsbereiche, Steuerungs- und Servicedienste wurden geschaffen. Nicht immer ließen sich damit zugleich die etablierten Machtverhältnisse ändern, und mitunter haben sich neue Bürokratien aufgebaut. Insgesamt bleibt Hierarchie das bestimmende Strukturmuster der Verwaltung.

Auch im Hinblick auf Ergebnis- und Finanzsteuerung gab es einige Fortschritte, wie im letzten Abschnitt bereits berichtet wurde: Budgetierung wird häufig genutzt, allerdings in der Regel als – eigentlich unzureichende – Inputbudgetierung, bei der die (geplanten) Ergebnisse nicht in den Budgets abgebildet werden (vgl. Frischmuth und andere 2001; Mäding 2005). Auch Leistungs- und Ergebnismessungen, Controllingkonzepte und Kostenrechnungsmodelle wurden verbreitet eingeführt, obwohl die effektiven Zahlen hier eher noch enttäuschend sind.

Im Personalmanagement hat es demgegenüber bisher wenig bemerkenswerte Reformansätze gegeben. Zwar geben viele Kommunen an, Mitarbeitergespräche durchzuführen und sich um die Fortbildung zu kümmern, aber dies sind fast selbstverständliche und harmlose Maßnahmen, die wenig NSM-Bezug aufweisen.

---

7   Pollitt und Bouckaert nehmen eine „4M-Typisierung" von Reformansätzen in OECD-Staaten vor: Maintainer, Modernizer, Marketizer und Minimizer. Deutschland ist hier ein Mix der ersten beiden Typen.

An den nach wie vor erheblichen Defiziten des öffentlichen Personalmanagements ändert sich damit kaum etwas (vgl. Reichard 2005). Ähnliches gilt für das Thema *Qualitätsmanagement*: Viele Kommunen haben Bürgerbefragungen (54 Prozent) durchgeführt und ein Beschwerdemanagement (30 Prozent) eingeführt[8]. Zwar ist dies löblich – aber es stellt doch eher eine Selbstverständlichkeit dar und betrifft kaum das NSM. Schließlich wird immer wieder betont, dass man dem Bürger auch insofern entgegengekommen sei, als man in den letzten Jahren verstärkt Bürgerämter als *one-stop-offices* geschaffen habe (57 Prozent). Dieser Befund ist ebenfalls erfreulich, jedoch handelt sich auch hier keinesfalls um ein NSM-Element, da die Bürgeramtsidee wesentlich älter ist und einer anderen Doktrin entstammt (vgl. Reichard 2002a).

Das Verhältnis zwischen *Politik und Verwaltung* sollte eine weitere wichtige NSM-Baustelle werden. Die Politik (Rat und gegebenenfalls Verwaltungsführung) sollten sich auf strategische Rahmensetzungen konzentrieren und sich aus kleinteiliger Tagespolitik heraushalten. Der Rat sollte wesentlich mithilfe von Kontrakten steuern, und der Haushaltsplan sollte zum „Hauptkontrakt" avancieren. Insgesamt hat sich hier jedoch recht wenig getan. Nur 30 Prozent der befragten Kommunen befassen sich überhaupt mit diesem Themenbereich, Politikkontrakte gibt es bislang nur in 15 Prozent der Fälle. Insgesamt scheint es nur selten gelungen zu sein, die Politik „ins Boot" zu holen, und selbst in Städten, in denen dies eine Zeitlang funktionierte, gab es in Wahlkampfzeiten Probleme oder wurden die Ansätze nach einem politischen Wechsel gekippt (vgl. Bogumil 2001).

Die im NSM-Konzept ohnehin unterentwickelte Komponente der *Markt- und Wettbewerbsstärkung* spielt in der Umsetzungspraxis nur eine begrenzte Rolle. Marktwettbewerb – vor allem bei Dienstleistungen, die von kommunalen Betrieben erbracht werden – wird zwar zunehmend von der EU-Kommission eingefordert, spielt aber im Handeln der Kommunen immer noch eine nachgeordnete Rolle. Die meisten Kommunen haben sich – abgesehen von den marktnahen Leistungen wie Energie, Abfall, ÖPNV, bei denen dies unvermeidbar ist – bislang noch nicht hinreichend „fit" für den zu erwartenden Wettbewerb mit privaten Anbietern gemacht und versuchen, diesem eher aus dem Wege zu gehen (vgl. dazu Andersen und andere 2005). Deutlich stärker haben sich die Kommunen in nichtmarktlichen Wettbewerbsformen engagiert. Immerhin 43 Prozent von ihnen beteiligen sich immer wieder an Leistungsvergleichen und Ähnlichem.

4.3 Umsetzungsstand II: Wirkungen auf Verwaltungshandeln und Adressaten

Verwaltungsreform ist bekanntlich kein Selbstzweck, sondern soll dazu beitragen, dass die Verwaltung wirksamer, wirtschaftlicher, bürgernäher usw. arbeitet. Insofern reicht es nicht aus, die institutionellen Änderungen zu bilanzieren, sondern man

---

8   Die angegebenen Daten sind wiederum der NSM-Evaluierung entnommen; vgl. Bogumil und andere 2006.

muss nüchtern fragen, was denn nun in den Kommunen „besser" funktioniert als vorher.

Man darf vermuten, dass es in vielen deutschen Städten auf der oberen und mittleren Leitungsebene zu einem gewissen *Kulturwandel* gekommen ist. Zehn Jahre Arbeit mit dem NSM haben dazu geführt, dass sich traditionelle, eher bürokratische Kulturprägungen in den Verwaltungen etwas abgemildert und sich „managerielle" Einstellungen und Verhaltensweisen ausgebreitet haben. Immerhin haben 36 Prozent der Kommunen zusätzliches betriebswirtschaftlich geschultes Personal eingesetzt, ferner gab es umfassende Schulungen zu den verschiedenen Instrumenten. All das scheint gewirkt zu haben: Kommunalmanager „denken" heute mehr als früher in Ergebnissen und Wirkungen; sie verhalten sich kostenbewusster und sind mehr am Bürger orientiert. Dies bedeutet indes keinesfalls, dass die prägende, legalistisch basierte, bürokratische Verwaltungskultur damit beseitigt worden wäre – sie bleibt weiterhin bestimmend.

Es gibt einige Anhaltspunkte dafür, dass die Verwaltungen nunmehr *wirtschaftlicher* arbeiten, dass sie mit den – in der Regel in den letzten Jahren kräftig gekürzten Budgets – besser auskommen, als dies aus traditioneller Verwaltungserfahrung zu erwarten war. Auch wenn es keine allzu klaren „Beweise" gibt, spricht einiges dafür, dass vor allem die Einführung der Budgetierung (hauptsächlich: Ausgabendeckelung) und eines flexibleren Haushaltsvollzuges zu Effizienzgewinnen führten (vgl. Mäding 2005, S. 347). Allerdings hatten andere NSM-Elemente wiederum kostensteigernde Effekte, etwa die Verantwortungsdezentralisierung sowie Kontrakte und interne Leistungsverrechnungen (Erhöhung der Transaktionskosten; vgl. Bogumil und andere 2006).

Ein weiterer positiver Effekt des NSM scheint in *Transparenzgewinnen* zu bestehen: Sowohl die Verwaltung selbst wie die Politik und letztlich auch die Bürgerschaft verfügen nun über wesentlich mehr steuerungsrelevante Informationen als bisher. Leistungsmessungen, Kostenerfassungen, Controllingverfahren und ein ausgiebiges Berichtswesen haben zu einem deutlich verbesserten Informationsangebot geführt. Inwieweit dieses Angebot auch in Anspruch genommen wird, steht allerdings auf einem anderen Blatt; hier gibt es noch gewisse Diskrepanzen zwischen Angebot und Nachfrage, die sich in manchen neu entstandenen „Zahlenfriedhöfen" äußern.

Schließlich spricht einiges dafür, dass es in den Kommunen verbreitet zu *Verfahrensbeschleunigungen* sowie generell zu verbesserter *Bürger-/Kundennähe* gekommen ist. Langwierige Genehmigungsverfahren (etwa: Baugenehmigungen) konnten in den letzten Jahren verkürzt werden, und die verschiedenen Befragungen und Qualitätsaudits haben zu einer höheren Sensitivität gegenüber dem Bürger beigetragen. Allerdings ist es schwer einzuschätzen, inwieweit dafür das NSM verantwortlich gemacht werden kann.

Die Wirkungen von NSM-Ansätzen auf die *Mitarbeiter* sind ambivalent zu bewerten: Einerseits hat es durch die neuen Verantwortungsstrukturen und weitere Elemente durchaus positive Motivationseffekte gegeben, andererseits kam es nicht selten zu Arbeitsverdichtungen, verringerten Aufstiegschancen und Arbeitsplatzgefährdungen[9], die wiederum demotivierend wirkten. Insgesamt hat sich bei den Beschäftigten – nicht überraschend – nach zehn Jahren eine deutliche Reformmüdigkeit eingestellt[10] (vgl. dazu auch Röber 2005).

Insgesamt lässt sich feststellen, dass die Arbeit mit NSM-Elementen das Verwaltungshandeln in gewissem Umfang verbessert hat, obwohl eine klare Ursache/Wirkungs-Zurechnung hier meist kaum möglich ist. Fragt man schließlich nach den Wirkungen der Reformen auf die Adressaten, also die Bürger, oder auf bestimmte Politikbereiche, dann ist eine seriöse Antwort derzeit kaum möglich. Zwar gibt es einige Verbesserungen für die Bürger, die oben erwähnt wurden (z.B. raschere Bescheide, verbessertes Serviceniveau usw.). Aber inwieweit bestimmte Policies nun wirksamer formuliert oder umgesetzt werden können und inwiefern das NSM sich auf die Wirksamkeit von Bau-, Schul- oder Kulturpolitik auswirkt, dazu kann aufgrund der vorliegenden Befunde nichts ausgesagt werden. Hier fehlt es an Empirie, zudem dürften die Zusammenhänge äußerst locker und indirekt sein.

Neben den mit dem NSM beabsichtigten Wirkungen gibt es – wie auch bei anderen Reformen – einige *nicht intendierte Effekte*, auf die ebenfalls hingewiesen werden muss: Insgesamt ist in der deutschen Kommunalverwaltung ein schleichender Prozess der *Ökonomisierung* zu beobachten, der teilweise durchaus gewollt ist (s.o.), der aber auch einige kritische Folgen haben kann (vgl. Bogumil 2004; Reichard 2003, S. 123 ff.). Hinzuweisen ist beispielsweise auf ein Vordringen einseitig ökonomischer, gegebenenfalls auch „kommerzieller" Denk- und Verhaltensweisen bei kommunalen Akteuren, die in der Folge zu einem Schwund an Gemeinwohlbezug, einem kurzfristigen Vorteilsdenken, zu leichtfertigen Privatisierungsentscheidungen und anderem mehr führen können. Auch Ethik-Probleme können sich verstärken, etwa dadurch, dass das NSM neue, dezentrale Möglichkeiten der Korruption eröffnet (vgl. Maravic/Reichard 2005).

Eine weitere Folge des NSM, insbesondere des Ansatzes der Dezentralisierung der Ergebnisverantwortung, ist eine Verstärkung der ohnehin in der Kommunalverwaltung vorhandenen *Fragmentierung*. Die zahlreichen verselbständigten Einheiten in einer Kommune entwickeln im Verein mit den kommunalen Betrieben erhebliche zentrifugale Tendenzen, die nur schwer durch zentrale Steuerung wieder einzufangen sind. Bisher ist es jedenfalls meist nicht gelungen, die vielen divergierenden Einzelinteressen durch eine integrative wirksame Steuerung wieder zusammenzuführen. Dieses Problem dürfte künftig noch deutlicher spürbar werden.

---

9   Immerhin kam es im NSM-Zeitraum zwischen 1991 und 2001 zu einem Personalabbau in der deutschen Kommunalverwaltung von 26 Prozent, im Osten sogar um 53 Prozent. Da verwundert die Reserviertheit der Mitarbeiter überhaupt nicht!

10 Immerhin attestieren gemäß der NSM-Evaluierungsstudie 57 Prozent der Verwaltungschefs ihren Mitarbeitern Reformmüdigkeit.

Und schließlich sei auf einen Befund hingewiesen, der im NSM-Kontext aus mehreren Städten berichtet wird: Die verschiedenen NSM-Elemente scheinen insgesamt eher zu einer *Schwächung legislativer Politik* und dementsprechend zur (weiteren) Stärkung der Exekutive beigetragen zu haben. Der Informationsvorsprung der Verwaltung hat sich eher vergrößert, und die Kontrollmöglichkeiten des Rates haben sich kaum erhöht (vgl. Bogumil 2001; Kropp 2004, S. 424 ff.).

4.4 Anspruch und Realität?

Erinnern wir uns: Mit dem NSM sollte politisch wie administrativ wirksam gesteuert werden können. Es sollte zu Kostensenkungen kommen, die Bürgerorientierung sollte sich verbessern, und das prekäre Verhältnis von Rat und Verwaltung sollte neu gestaltet werden. Haben sich diese Ansprüche und Erwartungen erfüllt?

Der Steuerungsanspruch wurde nach derzeitigem Stand im operativen Bereich zumindest teilweise erfüllt, der Ressourceneinsatz wie die Ergebnisse werden in der Regel planvoller und wirtschaftlicher gesteuert. Weniger gut sieht es aus strategisch-politischer Sicht aus, hier hat sich nicht viel geändert. Das Finanzziel wurde in begrenztem Umfang realisiert, es gab gewisse Einspareffekte. Allerdings waren die Erwartungen hier weit höher, und es ist nach wie vor unklar, inwieweit Einsparungen tatsächlich auf das NSM rückführbar sind und in welchem Umfang Kostensteigerungen auf anderer Seite dies wieder kompensieren.

Zum Ziel der Bürgernähe konnte ebenfalls ein Beitrag geleistet werden; indes fragt sich, inwieweit die diesbezüglichen Maßnahmen im engeren Sinne dem NSM zuzurechnen sind. Die Erwartungen hinsichtlich des Politik/Verwaltung-Bezuges schließlich wurden eher enttäuscht. Zu maßgeblichen Entflechtungen ist es kaum gekommen, die Politik interessierte sich nur selten für das NSM, und insgesamt gab es wenig Änderung.

Fazit: Einige Ansprüche und Erwartungen konnten zumindest teilweise erfüllt werden, andere hingegen kaum. Insgesamt ist das Ergebnis nach einem so langen und aufwändigen Reformprozess eher ernüchternd.

5. Ausblick

Die deutschen Kommunen haben sich im letzten Jahrzehnt einem umfassenden und mühevollen Reformprozess unterzogen, der zu einigen beachtlichen strukturellen und kulturellen Änderungen führte, der aber keineswegs abgeschlossen, sondern noch in vollem Gange ist. Nicht alle Erwartungen konnten erfüllt werden, und es gab zahlreiche Rück- und Fehlschläge. Trotz der nur begrenzten positiven Effekte wurde mit dem NSM ein „Window of Opportunity" aufgestoßen, das Gelegenheit zu etlichen weiteren Reformen gab, die sonst wohl nicht oder viel später geschehen wären. Das NSM hat bisher allerdings nicht – wie gerne gefordert – zu einem Paradigmenwechsel geführt: der für Deutschland bestimmende Modus der

Regelsteuerung bleibt weiter dominant. Insofern kann man allenfalls sagen, dass es infolge der NSM-Reformen zu einer „neo-Weberianischen" Verwaltung gekommen ist, bei der einige Merkmale des klassischen Bürokratiemodells von Max Weber modifiziert und ergänzt wurden, andere Charakteristika sich jedoch gehalten haben (vgl. hierzu Bouckaert 2004, S. 34 f.).

Zwar bedürfen das Konzept und in Teilen auch die Umsetzungsstrategie, wie gezeigt wurde, der Erweiterung, aber insgesamt ist es keineswegs gerechtfertigt, wie mitunter in der Praxis „gemunkelt" wird, das Ende solcher Managementreformen in der Kommunalverwaltung auszurufen und wieder ins „alte Steuerungsmodell" zurückzufallen. Die Gefahr bei den landläufigen kurzlebigen Reformmoden ist ja, dass bei gewissen Widerständen und Umsetzungsproblemen die Reform abgebrochen und die „nächste Reformsau durchs Dorf getrieben" wird[11].

Es fragt sich allerdings, ob der Gesamtansatz des NSM mit seiner „Managementkosmetik" nicht doch eher eine „Schönwetterreform" darstellt, die für die eigentlich anstehenden ernsten Herausforderungen nicht tief genug greift. Angesichts von Staatsverschuldung, demographischem Wandel, Regelungsflut sowie zahlreichen weiteren Problembereichen ist der Ansatz des NSM in seinem bisherigen Zuschnitt als recht begrenzt und kaum an die Problemwurzeln heranreichend einzustufen. Insofern ist zu konstatieren, dass das NSM zwar in einigen Reformfeldern durchaus positiv wirken kann, dass es aber für die demnächst fälligen tiefgreifenden Reformen im Hinblick auf die Aufgaben, Strukturen, Prozesse sowie die entsprechenden Regelungen von Staat und Kommune nicht umfassend genug erscheint.

Literatur

Andersen, C., und andere (Hrsg.), Konkurrieren statt Privatisieren, Düsseldorf 2005.

Banner, G., Von der Behörde zum Dienstleistungsunternehmen. Die Kommunen brauchen ein neues Steuerungsmodell, in: VOP 1991, S. 6–11.

Bogumil, J., Modernisierung lokaler Politik, Baden-Baden 2001.

Bogumil, J., Ökonomisierung der Verwaltung. Konzepte, Praxis, Auswirkungen und Probleme einer effizienzorientierten Verwaltungsführung, in: Czada, R., und R. Zintl (Hrsg.), Politik und Markt. PVS-Sonderheft 34, Wiesbaden 2004, S. 209–231.

Bogumil, J., und S. Kuhlmann, Zehn Jahre kommunale Verwaltungsmodernisierung. Ansätze einer Wirkungsanalyse, in: Jann, W., und andere, Status-Report Verwaltungsreform. Eine Zwischenbilanz nach zehn Jahren, Berlin 2004, S. 51–63.

---

11 Mitunter gewinnt man gegenwärtig den Eindruck, als ob die Kommunen nun das Doppik-Projekt als eine solche „nächste Reformsau" ansehen.

Bogumil, J., S. Grohs und S. Kuhlmann, Ergebnisse und Wirkungen kommunaler Verwaltungsmodernisierung in Deutschland – Eine Evaluation nach zehn Jahren Praxiserfahrung, in: Bogumil, J., W. Jann und F. Nullmeier (Hrsg.), Politik und Verwaltung. Politische Vierteljahreszeitschrift Sonderheft 37, Wiesbaden 2006 (im Erscheinen).

Bouckaert, G., Die Dynamik von Verwaltungsreformen, in: Jann, W., und andere, Status-Report Verwaltungsreform. Eine Zwischenbilanz nach zehn Jahren, Berlin 2004, S. 22–35.

Budäus, D., und S. Finger, Stand und Perspektiven der Verwaltungsreform in Deutschland, in: Die Verwaltung 1999, S. 313–343.

Frischmuth, B., und andere, Budgetierung in der Stadtverwaltung (Difu-Arbeitshilfe). Berlin 2001.

Grömig, E., und H. Thielen, Städte auf dem Reformweg, in: Der Städtetag 1996, S. 596–600.

Grömig, E., und M. Gruner, Reform in den Rathäusern, in: Der Städtetag 1998, S. 312–316.

Grömig, E., Reform der Verwaltungen vor allem wegen Finanzkrise und überholter Strukturen, in: Der Städtetag 2001, No. 3, S. 11–18.

Hendriks, F., und P. Tops, Local Public Management Reforms in the Netherlands: Fads, Fashions and Wind of Change, in: Public Administration 2003, S. 301–323.

Hilbertz, H.-J., Der richtige Weg, aber noch nicht am Ziel! 10 Jahre NSM – Zwischenbilanz und Ausblick, in: VOP 2001, H. 10, S. 9 ff.

Jaedicke, W., T. Thrun und H. Wollmann, Modernisierung der Kommunalverwaltung. Evaluierungsstudie zur Verwaltungsmodernisierung im Bereich Planen, Bauen und Umwelt, Stuttgart 2000.

Jann, W., Einleitung: Instrumente, Resultate und Wirkungen – die deutsche Verwaltung im Modernisierungsschub?, in: Jann, W., und andere, Status-Report Verwaltungsreform. Eine Zwischenbilanz nach zehn Jahren, Berlin 2004, S. 9–21.

Jann, W., Verwaltungsmodernisierung auf Bundesebene, in: Jann, W., und andere, Status-Report Verwaltungsreform. Eine Zwischenbilanz nach zehn Jahren, Berlin 2004, S. 100-111.

KGSt, Dezentrale Ressourcenverantwortung: Überlegungen zu einem neuen Steuerungsmodell, Bericht 12/1991.

KGSt, Wege zum Dienstleistungsunternehmen Kommunalverwaltung: Fallstudie Tilburg, Bericht 19/1992.

KGSt, Das Neue Steuerungsmodell: Begründung, Konturen, Umsetzung, Bericht 5/1993.

Knipp, R., Verwaltungsmodernisierung in deutschen Kommunalverwaltungen – Eine Bestandsaufnahme (Difu-Materialien), Berlin 2005.

Kropp, S., Modernisierung des Staates in Deutschland: Konturen einer endlosen Debatte, in: PVS 2004, S. 416–436.

Mäding, H., Empirische Untersuchungen zur Verwaltungsmodernisierung aus dem Deutschen Institut für Urbanistik, in: Deutscher Städtetag 1998, S. 17–24.

Mäding, H. (Hrsg.), Zwischen Überforderung und Selbstbehauptung - Städte unter dem Primat der Ökonomie (Difu-Beiträge zur Stadtforschung Nr. 27), Berlin 1999.

Mäding, H., Öffentliche Haushalte zwischen demokratischer Steuerung und administrativer Effizienz, in: Blanke, B., und andere (Hrsg.), Handbuch zur Verwaltungsreform, 3. Aufl. Wiesbaden 2005, S. 341–351.

Mäding, H., und P. v. Kodolitsch, Das Ziel noch nicht erreicht, in: Der Gemeinderat 2001, H. 7–8, S. 17–18.

Maravic, P. v., und C. Reichard (Hrsg.), Ethik, Integrität und Korruption – Neue Herausforderungen im sich wandelnden öffentlichen Sektor?, Potsdam 2005.

Pollitt, C., und G. Bouckaert, Public Management Reform. A Comparative Analysis, 2. Aufl. Oxford 2004.

Reichard, C., Umdenken im Rathaus. Neue Steuerungsmodelle in der deutschen Kommunalverwaltung, Berlin 1994.

Reichard, C., Zur Naivität aktueller Konzepttransfers im deutschen Public Management, in: Edeling, T., und andere (Hrsg.), Öffentliches und privates Management: Fundamentally Alike in All Unimportant Respects?, Opladen 1998, S. 53–70.

Reichard, C., Das „Neue Steuerungsmodell" und der Bürger, in: Deutsche Zeitschrift für Kommunalwissenschaften (DfK), Jg. 41, 2002, Heft II, S. 44–60 (2002a).

Reichard, C., Verwaltung als öffentliches Management, in: König, K. (Hrsg.), Deutsche Verwaltung an der Wende zum 21. Jahrhundert, Baden-Baden 2002, S. 255–277 (2002b).

Reichard, C., „New Public Management" als Auslöser zunehmender Ökonomisierung der Verwaltung, in: Harms, J., und C. Reichard (Hrsg.), Die Ökonomisierung des öffentlichen Sektors: Instrumente und Trends, Baden-Baden 2003. S. 119–143.

Reichard, C., Verwaltungsmodernisierung in den Bundesländern, in: Jann, W., und andere, Status-Report Verwaltungsreform. Eine Zwischenbilanz nach zehn Jahren, Berlin 2004, S. 87–99.

Reichard, C., Personalmanagement, in: Blanke, B., und andere (Hrsg.), Handbuch zur Verwaltungsreform, 3. Aufl. Wiesbaden 2005, S. 229–235.

Reichard, C., und H. Wollmann (Hrsg.), Kommunalverwaltung im Modernisierungsschub?, Basel und andere 1996.

Röber, M., Wandel der Verwaltung zwischen Erneuerungselan und Reformmüdigkeit, in: Blanke, B., und andere (Hrsg.), Handbuch zur Verwaltungsreform, 3. Aufl. Wiesbaden 2005, S. 473–481.

Der Autor

Prof. Dr. Christoph Reichard,
Professor für Public Management an der Universität Potsdam und Vorstandsmitglied des Kommunalwissenschaftlichen Instituts, Mitglied im Institutsausschuss des Deutschen Instituts für Urbanistik (Difu); seit 1.3.2006 in Pension.

Ralph Baumheier

Regionsbildung in einem Raum der Regionen

Zur regionalen Zusammenarbeit im Raum Bremen/Niedersachsen

1. „ … als ob Landesgrenzen nicht existierten"

Die grundsätzliche Einsicht in die Notwendigkeit Ländergrenzen überschreitender Zusammenarbeit und Abstimmung, auch die Verknüpfung mit weit reichenden Visionen über die Möglichkeiten und Wirkungen solcher Kooperation, sind im Raum Bremen/Niedersachsen nicht erst in den letzten Jahren zu beobachten – sie sind bereits in einem Staatsvertrag zwischen der Freien Hansestadt Bremen und dem damaligen Nachbarland Preußen aus dem Jahre 1930 (sprachlich sehr gelungen) auf den Punkt gebracht worden: Ohne die Eigenstaatlichkeit der beiden Vertragspartner in Abrede zu stellen, postulierte der damalige Staatsvertrag die Vision einer gleichwohl „maximalen" Zusammenarbeit, eben so, „als ob Landesgrenzen nicht existierten."

76 Jahre nach diesem Staatsvertrag existiert zumindest einer der beiden Vertragspartner nicht mehr – die Notwendigkeit grenzüberschreitender Zusammenarbeit hingegen ist nach wie vor und in noch deutlich gewachsenem Ausmaße gegeben.

Welche Besonderheiten sind bei der regionalen Kooperation Bremen/Niedersachsen zu beachten? Wie stellen sich die bisherige Zusammenarbeit und der aktuelle Stand der Kooperation dar? Was könnte eine tragfähige Zukunftsvision sein? Und schließlich: Wie steht es um die regionale Identität in einer Region der Regionen?

2. Besonderheiten der regionalen Kooperation im Raum Bremen/Niedersachsen

Eine grundlegende Besonderheit oder sogar Einzigartigkeit besteht in der geographischen und der staatsrechtlichen Ausgangssituation: Bremen als kleinstes Bundesland ist zugleich der einzige Zwei-Städte-Staat und somit auch das einzige Bundesland, dessen Staatsterritorium nicht flächenmäßig zusammenhängt, sondern durch das Territorium des Nachbarlandes Niedersachsen quasi „unterbrochen" ist.

Neben dieser geographischen Sondersituation ergeben sich ebenfalls bedeutsame Unterschiede der Staatsorganisation der beiden Länder – dem horizontal gestuften Verwaltungsaufbau im Flächenland Niedersachsen mit jeweils abgegrenzten Aufgaben- und Zuständigkeitsbereichen der gemeindlichen Ebene, der Landkreisebene und schließlich der Landesebene steht der Städtestaat Bremen mit seiner deutlich stärker vertikal, nämlich nach Ressortzuständigkeiten gegliederten internen Staatsstruktur gegenüber. Während Bremen als Stadtgemeinde über keine separate Stadtverwaltung verfügt, sondern die kommunalen Aufgaben in Personalunion mit den Landesaufgaben Bremens erledigt werden, gilt dies für die Stadtgemeinde Bremerhaven so nicht, die mit dem Magistrat eine eigenständige „Stadtregierung" besitzt. Ist somit generell eine „Inkompatibilität der Akteursstrukturen" (vgl. insgesamt hierzu: Fürst und andere 1994) festzustellen, so gilt dies erschwerend selbst dann, wenn ausschließlich die Länderebene betrachtet wird, da entgegen der Richtlinienkompetenz des niedersächsischen Ministerpräsidenten ein Bremer Bürgermeister und Präsident des Senats lediglich als *Primus inter pares* agieren kann, die sektorale Sicht der Fachressorts also deutlich stärkeres Gewicht besitzt.

3. Zum aktuellen Stand der Zusammenarbeit in der Region Bremen/Niedersachsen

Durchaus in kontinuierlicher Fortsetzung des eingangs zitierten Staatsvertrages besteht zwischen Bremen und Niedersachsen eine lange Tradition freiwilliger Zusammenarbeit: Seit 1963 wurde auf Grundlage paralleler Kabinettsbeschlüsse die Gemeinsame Landesplanung Bremen/Niedersachsen eingerichtet, die bis in die beginnenden 1980er-Jahre hinein vorrangig auf raumordnerischem Gebiet grenzüberschreitende Konzeptionen erarbeitete. Ergänzt wurde diese eher konzeptionelle Abstimmungsarbeit durch einen gemeinsam finanzierten so genannten Aufbaufonds, der konkrete infrastrukturelle Maßnahmen im Bremer Umland (ko-)finanzierte.

Nachdem in den 1980er-Jahren die Finanznot in den Landeskassen zunahm, wurde dieser Aufbaufonds deutlich zurückgefahren, ja letztlich auf Null gesetzt. Die Konsequenz war – Schweigen: In der zweiten Hälfte der 1980er-Jahre fand quasi keine regelmäßige Abstimmung über die Grenzen hinweg statt, das „Schmiermittel" der Mitfinanzierung konkreter Projekte fehlte, das Bedürfnis nach davon unabhängiger Kooperation war offenkundig nicht sehr ausgeprägt.

Erst zu Beginn der 1990er-Jahre – auch bedingt durch neue landespolitische Konstellationen – wurde ein Neubeginn der Kooperation vereinbart, der sich in Form umfassender Regionaler Entwicklungskonzepte ausdrückte. Auch in dieser Phase war die Zusammenarbeit – trotz des Adjektivs „regional" – deutlich geprägt durch die staatliche Ebene der beiden Länder. Während des Erarbeitungsprozesses gewann allerdings die regionale Ebene der Landkreise und kreisfreien Städte zunehmend an Gewicht, was letztlich dazu führte, dass die regionale Ebene auch organisatorisch wichtiger wurde: Seit 1997 (zunächst im Sinne einer Probephase befristet), ab 2002 dann auf Dauer wurden die Geschäftsstelle wie auch die Bewilligung der Mittel des Aufbaufonds regionalisiert, die Zusammenarbeit insgesamt wurde von „Gemeinsamer Landesplanung" in „Regionale Arbeitsgemeinschaft" (RAG) auch sprachlich regionalisiert.

In den letzten Jahren hat sich der Schwerpunkt der RAG zunehmend auf großräumige Themen der Kooperation im Nordwestraum verlagert. Seit Anfang 2005 nimmt die RAG zudem eine sehr aktive Rolle in der Diskussion um die Herausbildung einer Metropolregion Bremen/Oldenburg ein.

Abbildung 1: Graphik Entwicklung der Kooperation*

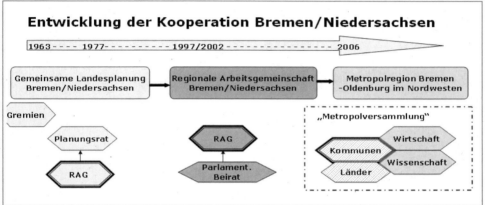

*Quelle: Eigene Darstellung.

Bereits seit 1992 entwickelte sich mit der Gründung des Kommunalverbundes Niedersachsen/Bremen e.V. eine weitere Facette der stärker kommunal ausgerichteten grenzüberschreitenden Zusammenarbeit, in diesem Fall vorrangig geprägt durch die Ebene der kreisangehörigen Gemeinden. Während auf Ebene der Regionalen Arbeitsgemeinschaft vorrangig großräumige Themen behandelt werden, konzentriert sich der Kommunalverbund schwerpunktmäßig auf die kleinräumigeren Themen der konkreten Stadt-Umland-Abstimmung. Allerdings gibt es auch gewichtige gemeinsame Themen von RAG und Kommunalverbund, so insbesondere die gemeinsame Erarbeitung (auf freiwilliger Basis) eines regionalen Planwerkes für den Verflechtungsraum Bremen, des so genannten Interkommunalen Raumstrukturkonzepts Region Bremen (INTRA).

Für die regionale Zusammenarbeit Bremens ergibt sich somit aus inhaltlichen Gründen eine Zwei-Ebenen-Strategie: zu unterscheiden ist zwischen großräumigen Kooperationsnotwendigkeiten einerseits und eher kleinräumig-stadtregional ausgerichteten Abstimmungsbedarfen andererseits. Während die großräumige Kooperation vor allem strukturpolitisch ausgerichtet ist und insofern eine besonders intensive Einbindung der Wirtschaft (und Wissenschaft) erfordert, handelt es sich bei den Kooperationsbedarfen im engeren stadtregionalen Umfeld vor allem um die planerische Bewältigung der klassischen Stadt-Umland-Probleme.

Bremen – als Land und Stadtgemeinde – ist sowohl im Kommunalverbund Niedersachsen/Bremen e.V. als auch in der Regionalen Arbeitsgemeinschaft Bremen/Niedersachsen (RAG) regional eingebunden. Die Stadtgemeinde Bremerhaven ist ebenfalls Mitglied der Regionalen Arbeitsgemeinschaft und zudem im Regionalforum Bremerhaven – für den engeren Verflechtungsraum – aktiv.

Großräumig bedeutsam ist im weiteren Nordwestraum Niedersachsens die so genannte Regionale Innovationsstrategie Weser-Ems (RIS), deren räumlicher Einzugsbereich im Gebiet des ehemaligen Landes Oldenburg deutliche Überschneidungen zum Gebiet der RAG aufweist.

Abbildung 2:   Karte Kooperationsstrukturen im Nordwesten*

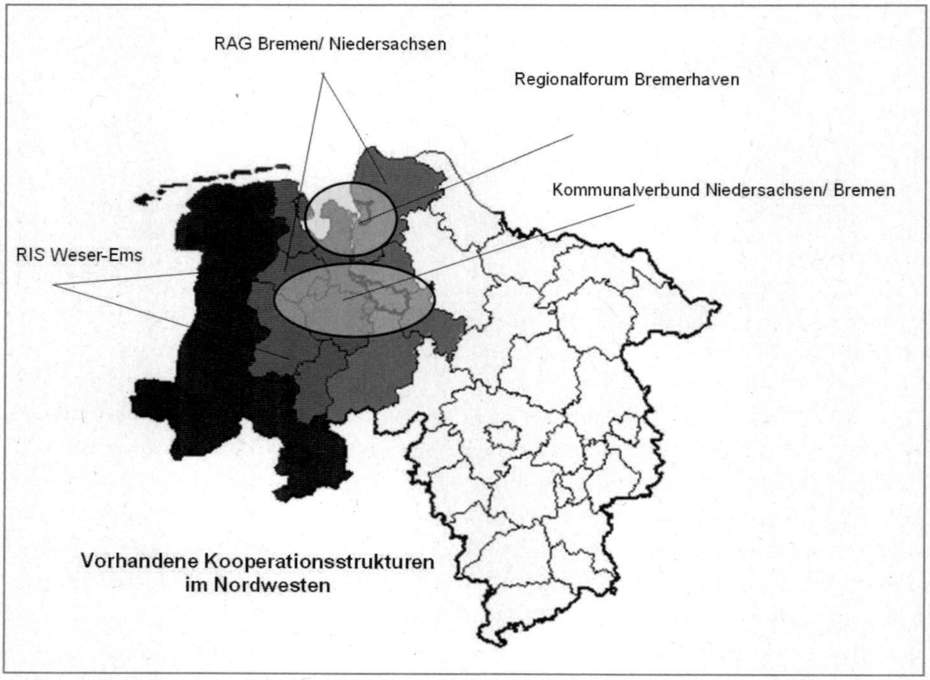

*Quelle: Eigene Darstellung.

Insbesondere zwischen RAG und Kommunalverbund haben sich in den vergangenen Jahren vielfältige thematische Überlappungen entwickelt. Für eine auch zukünftig leistungsfähige regionale Aufgabenwahrnehmung soll dies wieder stärker fokussiert werden: Die RAG soll eine tragende Rolle in der weiteren Entwicklung der Metropolregion Bremen-Oldenburg im Nordwesten übernehmen, der Kommunalverbund soll die wesentliche Rolle bei der Weiterentwicklung der mit INTRA eingeleiteten planerischen Zusammenarbeit in der engeren Stadtregion Bremen spielen. Eine entsprechende Fokussierung soll für die engere Stadtregion Bremerhaven das Regionalforum Bremerhaven einnehmen. Analog sind vergleichbare Stadt-Umland-Gremien für die Stadtregionen Oldenburg und Wilhelmshaven sinnvoll; die Entscheidung, ob es solche Gremien geben soll, obliegt allerdings den kommunalen Akteuren vor Ort.

Beide Ebenen der regionalen Zusammenarbeit – in den engeren Stadtregionen wie auch großräumig – bedürfen neben der Intensivierung auf regionaler Ebene auch der Rückbindung an die Landesebene Niedersachsen mit deren Unterstützung und Einbindung. Hierzu sind zum einen das laufende Novellierungsverfahren zum niedersächsischen Landesraumordnungsprogramm zu nutzen, zum anderen die entsprechende Verankerung in der gemeinsamen Nordwest-Strategie der beiden Landesregierungen (entsprechend Beschlusslage der Gemeinsamen Kabinettsitzungen Bremen/Niedersachsen von 2002 und 2004).

4.   Zur großräumig-strukturpolitischen Zusammenarbeit

Die Anerkennung als „Europäische Metropolregion Bremen-Oldenburg im Nordwesten" durch die Ministerkonferenz für Raumordnung im April 2005 erfolgte grundsätzlich auf der faktischen Basis der in der Region vorhandenen metropolitanen Funktionen (insbesondere die so genannte *Gateway*-Funktion durch die Häfen der Region, aber auch – vor allem im Oberzentrum Bremen – in den Bereichen der Innovations- und Wettbewerbsfunktion sowie der Steuerungs- und Kontrollfunktion). Neben dieser Grundbedingung der Existenz entsprechender metropolitaner Funktionen in der Region war und ist aber auch die regionale Handlungsfähigkeit entscheidender Indikator für die tatsächliche Herausbildung einer Metropolregion. Hierzu besitzt der Nordwestraum Bremen/Niedersachsen bereits seit langem mit der Regionalen Arbeitsgemeinschaft eine eingespielte, auf Dauer ausgerichtete und leistungsfähige Kooperationsform der regionalen Gebietskörperschaften unter grundsätzlicher Beteiligung der Landesebene: In Verwaltungsabkommen wurde bereits 1997 (und unbefristet seit 2002) die vorherige Gemeinsame Landesplanung in die stärker auf die Ebene der Landkreise und kreisfreien Städte fokussierte Regionale Arbeitsgemeinschaft Bremen/Niedersachsen umgewandelt und eine schlanke, aber auch effektive Geschäftsstelle als dauerhafte Kooperationsagentur eingerichtet. Durch die aktuell gültigen Verwaltungsabkommen von 2002 haben sich zum einen die beteiligten Landkreise und kreisfreien Städte zu einer grundsätzlich unbefristeten Zusammenarbeit in der Regionalentwicklung verpflichtet, zum anderen aber auch die Länder Bremen und Niedersachsen zur dauerhaften anteiligen Finanzierung der Geschäftsstelle sowie zur kontinuierlichen Bereitstellung eines regional bedeutsamen Förderfonds. Von 1997 bis 2005 wurden rund 7,2 Mio. Euro aus dem Förderfonds bewilligt. Damit wurden bislang über 150 Projekte mit einem Gesamtvolumen von etwa 17 Mio. Euro umgesetzt.

Die Initiative zur regionalen Unterstützung der Anerkennung als Metropolregion ist insofern auch federführend durch die RAG betrieben worden, wobei die Handelskammer Bremen und die nordwestdeutschen Industrie- und Handelskammern von vornherein sehr intensiv mitwirkten: In bemerkenswert kurzer Zeit war es im Frühjahr 2005 gelungen, insgesamt 16 regionale Institutionen im Nordwestraum Bremen/Niedersachsen hinter eine gemeinsame Resolution an die Ministerkonferenz für Raumordnung zu versammeln. In dieser Resolution werden als grundsätzliche inhaltliche Ziele formuliert:

- Verbesserte Positionierung der Region durch gemeinsamen Außenauftritt/Regionalmarketing;

- Profilierung der Region in der nationalen und europäischen Raumentwicklung und Strukturpolitik;

- gemeinsame Europastrategie in der Förderkulisse der EU.

Aus wirtschaftsstrukturpolitischer Sicht lassen sich diese Ziele noch weiter präzisieren:

- Positionierung der Region auf der europäischen Landkarte, sowohl mit Blick auf europäische strukturpolitische Entscheidungen als auch für Standortentscheidungen großer Unternehmen;

- Schaffung der Voraussetzungen, sich im Wettbewerb der Regionen unter den führenden europäischen Standorten zu platzieren;

- wirkungsvollere Vertretung regionaler Anliegen bei zukünftigen Infrastrukturvorhaben, z.B. im Rahmen der transeuropäischen Verkehrsnetze;

- verbesserte Ausnutzung regionaler Kooperationsvorteile.

Erste Schritte zur inhaltlichen Konkretisierung dieser Ziele liegen mit dem aktuellen Handlungsrahmen der RAG für die Zusammenarbeit in der Metropolregion im Zeitraum 2006/07 vor, der sechs vorrangige Handlungsfelder (mit jeweiligen Leitprojekten) definiert:

- Identität und Regionalmarketing;
- Drehscheibe Nordwest;
- Interregionale und transnationale Kooperationen;
- Energieregion Nordwest;
- Wissens- und Innovationsregion Nordwest;
- Tourismus im Nordwesten.

Neben der Fortführung vorhandener sektoraler Vernetzungen – beispielsweise in den Bereichen Tourismus oder E-Government – zielt dieses Arbeitsprogramm vor allem auf die zwingend gebotene verbesserte Außendarstellung im Sinne eines leistungsfähigen und wirkungsvollen gemeinsamen Regionalmarketings.

Generell deutlich wird der eindeutige Fokus auf strukturpolitische Handlungsfelder einer gemeinsamen Regionalentwicklung mit entsprechendem Gewicht wirtschaftlicher Belange. Die Resolution greift dies auch in organisatorischer Hinsicht auf, indem eine verstärkte Einbindung der Wirtschaftsakteure im Nordwesten eingefordert wird. Darüber hinaus werden der Abbau von Doppelzuständigkeiten und die Schaffung effektiverer Arbeitsstrukturen gefordert.

In räumlicher wie organisatorischer Hinsicht gehen die Unterzeichnerinstitutionen der Resolution davon aus, dass die RAG den geeigneten Ausgangspunkt der Entwicklung der Metropolregion darstellt. Ergänzungsbedarf wird in folgenden Richtungen gesehen:

- intensivere Einbindung der Wirtschafts- und Wissenschaftsakteure;

- Klärung der Beteiligungsart und -tiefe der kreisangehörigen gemeindlichen Ebene;

- Klärung der Rückkopplungsart und -tiefe zur Landesebene.

Vor diesem Hintergrund ist durch den Vorstand der RAG ein Vorschlag für die künftige Organisationsstruktur erarbeitet worden, der von folgenden Rahmenzielsetzungen ausgeht:

- Die vorhandenen regionalen Institutionen sollen neu und optimiert aufeinander bezogen werden.

- Die Metropolregion Bremen-Oldenburg im Nordwesten soll als Dach der regionalen Zusammenarbeit insgesamt ausgestaltet werden („Holding").

- Im Rahmen dieser „Holding" sollen gemeinsame gesamträumliche Ziele verfolgt werden; gleichzeitig muss es aber Raum für teilräumliche Vertiefungen – insbesondere für die jeweiligen Stadtumlandbereiche der Oberzentren – geben.

- Angestrebt werden soll eine leistungsfähige Prozessgestaltung durch gemeinsame oder optimal vernetzte Strukturen, um so teilweise vorhandene inhaltliche und organisatorische Überlappungen abzubauen.

Grundgedanke des Organisationsvorschlages ist die gleichberechtigte Beteiligung der Länder und der kommunalen Ebene, der Wirtschaft und der Wissenschaft in einer gemeinsamen Metropolversammlung, die als Mitgliedergremium der „Metropolregion Bremen-Oldenburg im Nordwesten" ausgestaltet ist. Grundvoraussetzung für die gleichberechtigte Beteiligung ist eine gleichberechtigte Mitfinanzierung – der Kooperationsinfrastruktur (insbesondere der Geschäftsstelle) ebenso wie der konkreten gemeinsamen Projekte. Seitens der derzeitigen RAG und der Länder stehen hierfür die bisherigen RAG-Beiträge sowie der Förderfonds zur Verfügung.

Die kommunale Beteiligung und die Einbindung der Länder in dieser Metropolversammlung werden durch die derzeitige RAG (und den bisherigen Parlamentarischen Beirat der RAG) abgebildet, die insofern integraler Bestandteil der neuen Metropolregion werden. Die durch die bestehenden Verwaltungsabkommen bereits dauerhaft der RAG angehörenden kommunalen Gebietskörperschaften sind damit automatisch Mitglieder der Metropolregion; die Mitgliedsbeiträge für die Metropolregion sind für die kommunalen Mitglieder sowie die Länder identisch mit den jeweiligen RAG-Finanzierungsbeiträgen.

Die RAG tritt damit künftig nach außen nicht mehr als eigenständige Organisation und Gremium auf, sondern bildet die Beteiligung der Kommunen und Länder in der Metropolregion ab.

Für die Beteiligung der kreisangehörigen Gemeinden ist ein repräsentatives Modell vorgesehen, das heißt, je beteiligtem Landkreis wird eine kreisangehörige Gemeinde stellvertretend für die Gemeinden des Landkreises Mitglied der Metropolversammlung.

Die Beteiligung der Wirtschaft wird durch die im Gebiet der Metropolregion zuständigen Industrie- und Handelskammern sowie die relevanten Wirtschaftsverbände koordiniert; die Höhe der Mitgliedsbeiträge entspricht in der Summe den Mitgliedsbeiträgen der kommunalen Mitglieder.

Die Beteiligung der Wissenschaft erfolgt durch Vertreter der in der Region ansässigen Universitäten und Hochschulen sowie relevanter weiterer Forschungseinrichtungen in einem beratenden Metropolbeirat, dem auch weitere gesellschaftlich relevante Akteure angehören.

Aus der Metropolversammlung wird ein alle Mitgliedergruppen (und Teilräume) repräsentierender Vorstand gewählt, dessen Vorsitzende als Sprecher der Metropolregion nach außen legitimiert sind. Während die Metropolversammlung die grundsätzlichen Beschlüsse über Arbeitsschwerpunkte und Budget fasst, kommt dem Vorstand die operative Steuerung der Zusammenarbeit zu. Unterstützt werden Vorstand und Metropolversammlung durch eine leistungsfähige Geschäftsführung, die im Kern durch die bestehende Geschäftsstelle der RAG übernommen werden kann. Wegen der erweiterten Aufgaben in einer Metropolregion soll diese Geschäftsstelle mit Hilfe der zusätzlichen Mitgliedsbeiträge der Wirtschaft (gegebenenfalls auch jeweils nur projektbezogen) noch leistungsfähiger ausgestaltet werden.

Insgesamt ergibt sich damit folgendes Grobgerüst der künftigen Organisation:

Abbildung 3:   Organigramm Metropolregion*

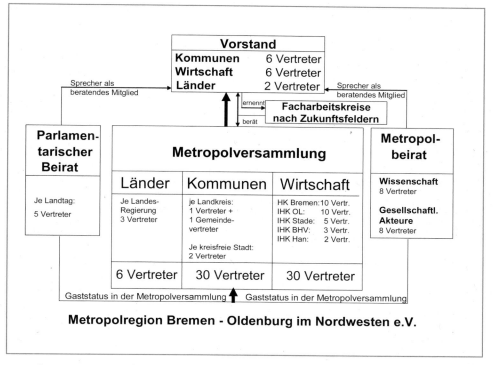

*Quelle: Eigene Darstellung.

Das vorgestellte Grundmodell der künftigen Organisation der Metropolregion Bremen-Oldenburg im Nordwesten verknüpft die Vorteile der bestehenden, auf Dauer ausgerichteten Verwaltungsabkommen zur RAG mit einer deutlich verbesserten Einbindung von Wirtschaft, Wissenschaft und kreisangehöriger Gemeindeebene. Es stellt damit einen innovativen, konsequent auf vorhandenen Potenzialen aufbauenden zukunftsfähigen Vorschlag dar. Insgesamt kommt es zu einer schlanken, schlagkräftigeren und effektiveren Struktur der großräumigen Zusammenarbeit.

Diese neue Organisationsstruktur wurde am 4. Juli 2006 durch die Gemeinsame Kabinettsitzung der Länder Bremen und Niedersachsen beschlossen und soll bis zum Herbst 2006 durch alle beteiligten weiteren Gremien ratifiziert werden, so dass die formelle Gründungsversammlung der Metropolregion im letzten Quartal 2006 stattfinden kann.

5.   Zur planerischen Zusammenarbeit in der engeren Stadtregion Bremen (INTRA/Kommunalverbund)

Seit 2001 wird in der engeren Region Bremen mit dem INTRA-Projekt (Interkommunales Raumstrukturkonzept) ein ambitioniertes Vorhaben zur freiwilligen

Erarbeitung eines – bislang formal nicht gegebenen – Regionalplanes für den Verflechtungsraum verfolgt. Nach umfangreichen und intensiven Abstimmungen konnte im März 2005 der feierliche Akt der Unterzeichnung des gemeinsamen INTRA-Beschlusses durch 35 (der urspünglich 36) beteiligten Kommunen vollzogen werden.

Abbildung 4:   Graphik INTRA-Gebiet*

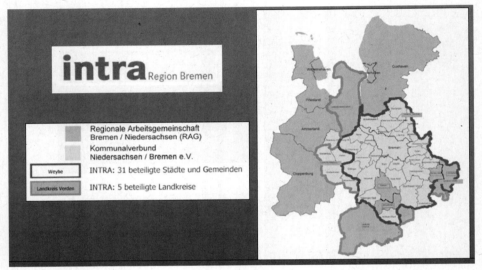

*Quelle: Eigene Darstellung.

Der gemeinsame Beschluss, in Bremen gefasst durch den Senat, die Deputationen für Bau und Verkehr sowie für Wirtschaft und Häfen und durch die Stadtbürgerschaft, lautet wie folgt:

„Nach insgesamt dreijähriger gemeinsamer Erarbeitung des Interkommunalen Raumstrukturkonzeptes Region Bremen – INTRA – haben sich die beteiligten Gemeinden, Städte und Landkreise einvernehmlich auf eine abschließende Fassung des INTRA-Konzeptes verständigt. Die Region Bremen, vertreten durch den Kommunalverbund Niedersachsen/Bremen und die Regionale Arbeitsgemeinschaft Bremen/Niedersachsen, bekennt sich damit zu einem Leitbild konzentrierender Siedlungsentwicklung und zu einem Entwicklungskonzept, das die Grundlage für eine nachhaltige Stärkung der regionalen Qualitäten im Hinblick auf die nationale und internationale Wettbewerbsfähigkeit bildet.

Vor diesem Hintergrund beschließt // der Rat der Gemeinde/Stadt ...// der Kreistag des Landkreises ...// der Senat und die Stadtbürgerschaft Bremen//,

1. die inhaltlichen Aussagen des INTRA-Konzeptes (Leitbild und Raumstruktur-konzept) zur Siedlungs-, Freiraum- und Verkehrsentwicklung in der Region Bremen zum Orientierungsrahmen der eigenen Planungen zu machen;

2. weiterhin an den im INTRA-Prozess erfolgreich eingeführten gemeinsamen Arbeitsstrukturen von Kommunalverbund und RAG mitzuwirken und

   ▲ über regional bedeutsame eigene Planungen frühzeitig zu informieren,

   ▲ eine konsensorientierte Verständigung über diese Planungen herbeizu-führen und

   ▲ die weitere Konkretisierung von Schlüsselprojekten zur Umsetzung von INTRA zu begleiten;

3. Kommunalverbund und RAG zu bitten, konkretisierte Vorschläge für eine verbindlichere Zusammenarbeit in der Region Bremen zu erarbeiten, die bis zum Herbst 2005 den politischen Gremien der beteiligten Gebietskörper-schaften zur Beratung vorgelegt werden sollen."

Auf dieser Grundlage haben RAG und Kommunalverbund als ersten Schritt der Verschlankung regionaler Strukturen beschlossen, die bislang getrennt tagenden Gremien Regionalforum (auf Landkreisebene) und Regionalbeirat (auf Gemeinde-ebene) zusammenzuführen und die Geschäftsführung des neuen gemeinsamen Gremiums dem Kommunalverbund zu übertragen. Inhaltlich hat der derart neu zusammengesetzte Regionalbeirat – als politisches Gremium der Bürgermeister und Landräte (für Bremen ist der Senator für Bau, Umwelt und Verkehr Mitglied) – beschlossen, die weitere Vertiefung des INTRA-Prozesses zunächst in den folgen-den Themenfeldern voranzutreiben:

Schlüsselprojekt „Ortskerne und Zentren stärken"

Im Rahmen dieses INTRA-Schlüsselprojektes soll in Weiterführung der Ansätze von INTRA sowie des IMAGE-Moderationsverfahrens ein regionales Zentren- und Ein-zelhandelskonzept entwickelt werden, das künftig die Grundlage für eine zwischen den Kommunen abgestimmte Einzelhandelsentwicklung in der Region liefern soll.

Ein regionales Zentren- und Einzelhandelskonzept kann nur in regionaler Ab-stimmung über die künftige Einzelhandelsentwicklung und über regional und in-terkommunal geeignete Standorte erarbeitet werden. Mit dem Konzept besteht die Chance, eine abgestimmte und gemeinsame verbindliche Grundlage für überge-meindlich wirkende Einzelhandelsentwicklungen zu schaffen. Dabei sind die Kompetenz und Handlungsebenen der Gemeinde- und Stadtentwicklung einzu-beziehen und die Umsetzungsfähigkeit in die Regionalplanung und Bauleitpla-nung zu berücksichtigen. Ferner ist das regionale Zentren- und Einzelhandelskon-zept mit den übrigen Projektbausteinen zu Zentralität und Demographischem Wandel zu verknüpfen.

Projektziele sind demnach:

- Sicherung und Weiterentwicklung der regional- und gemeindeverträglichen Versorgungsstrukturen,

- regionale Abstimmung über die künftige Einzelhandelsentwicklung und über die regional und interkommunal geeigneten Einzelhandelsstandorte,

- Einbeziehung der Kompetenz und Handlungsebenen der Gemeinde- und Stadtentwicklung; Berücksichtigung der Umsetzungsfähigkeit in die Regional- und Bauleitplanung,

- Verknüpfung mit den übrigen Bausteinen des Schlüsselprojekts (Zentralität, Demographischer Wandel).

Die Industrie- und Handelskammern der Region (IHKs Hannover, Oldenburg, Stade; HK Bremen) unterstützen das geplante Projekt und haben ihre aktive Mitarbeit zugesagt.

Schlüsselprojekt „Kooperative Fortentwicklung der zentralörtlichen Gliederung"

In diesem Schlüsselprojekt mit dem räumlichen Schwerpunkt auf dem Ordnungsraum Bremen sollen zur Stärkung des regionalen Zentrenverbundes die verschiedenen Funktionen und Potenziale der zentralen Orte überprüft werden, um gegebenenfalls zu veränderten bzw. ausdifferenzierten Einstufungen zu gelangen. Denkbar ist die Entwicklung eines interkommunal abgestimmten zentralörtlichen Kooperationsraumes („Zentrale-Orte-Cluster"), in dem unabhängig von Gemeindegrenzen funktionsbezogene Standorte für zentralörtliche Aufgaben definiert werden. Das niedersächsische Landesraumordnungsprogramm bietet dafür unter anderem durch seine standortbezogene Definition der Zentralen Orte als „Bevölkerungs- und Wirtschaftsschwerpunkte" interessante Ansatzpunkte.

In einem kooperativen Prozess soll unter Hinzuziehung eines externen Experten (Prof. Blotevogel, Universität Dortmund) ein in der Region abgestimmter Vorschlag zur Weiterentwicklung und Ausdifferenzierung der Zentralitätseinstufung und Zentrale-Orte-Systematik erarbeitet und dem Land Niedersachsen unterbreitet werden.

Schlüsselprojekt „Schienenorientierte Siedlungsentwicklung"

Im Rahmen dieses Schlüsselprojektes werden derzeit gutachterlich am Korridor Bremen–Twistringen Maßnahmenkarten und bahnhofsbezogene Rahmenpläne in Abstimmung mit den beteiligten Städten und Gemeinden angepasst und fertig gestellt. Gemeinsam mit dem „Zweckverband Verkehrsverbund Bremen Niedersachsen" (ZVBN) sollen die vielfältigen Bemühungen der Städte und Gemeinden in der Region Bremen/Oldenburg zur Stärkung der Schiene der Öffentlichkeit und dem Land Niedersachsen vor allem im Hinblick auf die geplante Regio-S-Bahn dargestellt werden.

Zur organisatorischen Weiterentwicklung im engeren Verflechtungsraum werden zurzeit – entsprechend Punkt 3 der gemeinsamen Beschlusslage – in den Gremien des Kommunalverbundes konkrete Vorschläge zur Schaffung verbindlicherer regionaler Planungsstrukturen beraten. Für Bremen gilt nach wie vor die Zielrichtung gemäß Beschlusslage von Senat und Bürgerschaft, auf der Grundlage von INTRA einen „Regionalverband als Zweckverband mit möglichst umfassenden, rechtlich verbindlichen Kompetenzen" (einstimmiger Bürgerschaftsbeschluss März 2002 sowie aktualisierter umfassender Senatsbeschluss vom April 2006) zu errichten. Den geeigneten Ausgangspunkt hierfür stellt der Kommunalverbund dar, der allerdings über die bisher weitgehende Ausrichtung auf die gemeindliche Ebene hinaus auch die an Bremen angrenzenden Landkreise integrieren, also konkret alle an INTRA beteiligten Gebietskörperschaften repräsentieren muss.

6.   Zur Zusammenarbeit in der engeren Stadtregion Bremerhaven (Regionalforum Bremerhaven)

In einem dem INTRA-Prozess im Raum Bremen vergleichbaren Vorhaben haben in den vergangenen Jahren Bremerhaven und die angrenzenden Gemeinden ein so genanntes Kooperatives Siedlungs- und Freiraumkonzept erarbeitet, das seit Dezember 2004 in abgeschlossener Form vorliegt. Erstmals gibt es damit eine abgestimmte raumstrukturelle Grundlage für die künftige Siedlungs- und Freiraumentwicklung in der Region Bremerhaven. Die weitere Konkretisierung erfolgt in den Arbeitskreisen des Regionalforums Bremerhaven, das seit März 2003 durch die Landkreise Cuxhaven und Wesermarsch sowie die Stadtgemeinde Bremerhaven als freiwilliges Forum der Regionalentwicklung im Verflechtungsraum Bremerhaven eingerichtet wurde und an dem sich bislang zwölf Gemeinden im Gebiet der beiden Landkreise unmittelbar beteiligen. Neben dem engeren Verflechtungsraum beschäftigt sich das Regionalforum Bremerhaven auch mit weiteren Themen der regionalen Zusammenarbeit, so insbesondere mit der für diesen Teilraum besonders bedeutsamen Planung der „Küstenautobahn".

Ebenso wie für die Stadtregion Bremen ist für die Stadtregion Bremerhaven (sowie für die engeren Stadtregionen um Oldenburg und Wilhelmshaven) auch künftig ein eigenständiger Kooperationsrahmen für die unmittelbar berührenden Abstimmungsbedarfe im jeweils engeren Verflechtungsraum erforderlich. Gleichermaßen notwendig ist allerdings in diesen Teilräumen eine gemeinsame Außendarstellung als Metropolregion Bremen-Oldenburg im Nordwesten, die als „Holding" die gemeinsame Klammer der regionalen Zusammenarbeit insgesamt darstellen muss.

7. Zur Vielfalt der Regionen im Raum Bremen/Niedersachsen und zur Schwierigkeit regionaler Identitätsbildung

Die Darstellung des derzeitigen Standes der regionalen Kooperation hat auch die Vielfalt der regionalen Bezüge aufgezeigt: Die *eine*, klar definierte und von der Bevölkerung „gefühlte" Region gibt es im Raum Bremen/Niedersachsen nicht, vielmehr gibt es ein Bündel unterschiedlich groß geschnittener und auf verschieden lange Traditionen zurückgehende teilräumliche und lokale Identitäten. Insofern ist der Blick in die Vergangenheit ebenso bunt wie eine Darstellung der aktuell gegebenen regionalen Kooperationen:

Abbildung 5:   Karte Historische Territorien*

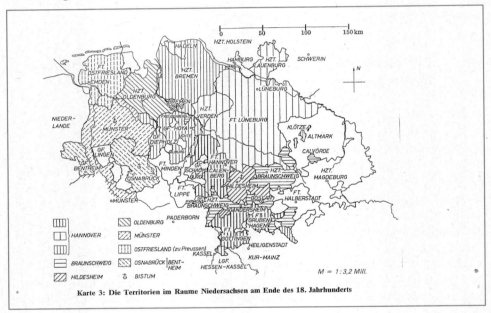

Karte 3: Die Territorien im Raume Niedersachsen am Ende des 18. Jahrhunderts

*Quelle: Territorien-Ploetz Niedersachsen.

Abbildung 6:   Karte Kooperationsräume in Niedersachsen*

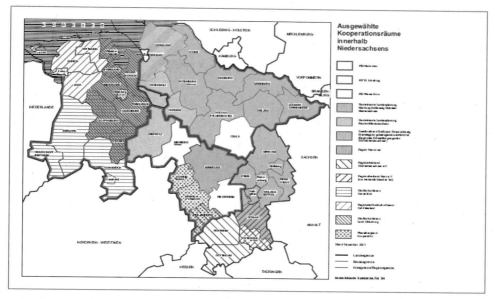

*Quelle: Niedersächsisches Ministerium für den ländlichen Raum.

Vor diesem Hintergrund kommt dem Regionenmarketing – in einem breiten Begriffsverständnis mit Wirkung nach innen und nach außen – entscheidende Bedeutung zu: Nach innen gerichtet kann Regionenmarketing dazu beitragen, eine breitere Akzeptanz der regionalen Zusammenarbeit über den Kreis der unmittelbar beteiligten Akteure hinaus zu erreichen; nach außen gerichtet trägt es dazu bei, die Region – über einzelne Projekte hinaus – als Region wahrzunehmen.

Die Rahmenbedingungen für eine optimierte regionale Zusammenarbeit Bremen/Niedersachsen sind – wie dargestellt – durchaus nicht ungünstig, andererseits darf die „Nachwirkung" teilräumlicher Identitäten und Interessenlagen nicht unterschätzt werden. Mit dem aktuell durch den Bund definierten Anspruch „regionaler Verantwortungsgemeinschaften" (vgl. insgesamt dazu: BMVBS 2006) konfrontiert, kann die Region Bremen/Niedersachsen auf vorhandenen Stärken aufsetzen. Die weitere Optimierung der Formen und Intensitäten der regionalen Zusammenarbeit muss gleichwohl als Daueraufgabe anerkannt werden: Im viel zitierten „Europa der Regionen" gilt nicht nur für den Nordwestraum Bremen/Niedersachsen die Erkenntnis, dass das Leben den bestraft, der zu spät kommt[1] – in diesem Fall den, der zu spät die angemessenen Rahmenbedingungen für eine intensive regionale Zusammenarbeit herstellt.

---

1   Michail Gorbatschow zugeschriebenes Zitat, tatsächlich aber der Begleitspruch zum Hinweis auf die Sprechstundenzeiten von Heinrich Mäding in den 80er-Jahren des vergangenen Jahrhunderts an der Universität Konstanz.

Literatur

Baumheier, Ralph, und Rainer Danielzyk (Hrsg.), Stadt – Staat – Region. Regionale Zusammenarbeit im Bereich der norddeutschen Stadtstaaten Bremen und Hamburg, Hannover 2002.

Bundesministerium für Verkehr, Bau und Stadtentwicklung (BMVBS), Leitbilder und Handlungsstrategien für die Raumentwicklung in Deutschland, Berlin 2006

Fürst, Dietrich, Bernhard Müller und Dian Schefold, Weiterentwicklung der Gemeinsamen Landesplanung Bremen/Niedersachsen, Baden-Baden 1994.

www.kommunalverbund.de

www.metropolregion-bremen-oldenburg.de

Der Autor

Dr. Ralph Baumheier,
Dipl.-Verwaltungswissenschaftler[2]; Senatsrat beim Senator für Bau, Umwelt und Verkehr, Bremen; Leiter der Referate Regionale Kooperation sowie Raumordnung/Stadtentwicklung/Flächennutzungsplanung.

---

2   Diplom-Prüfer und „Doktor-Vater": Prof. Mäding; Zweitprüfer bei der Promotion: Prof. Sauberzweig.

Stadtentwicklung und Recht

Thomas Sieverts

Was bedeutet Qualifizierung der Zwischenstadt?[1]

Auf dem Wege zu einem erweiterten Entwurfsbegriff

In diesem Beitrag geht es um den „schwierigen" und schillernden Begriff der Qualifizierung, ganz vereinfacht ausgedrückt in der verkürzten Frage „Zwischenstadt – inzwischen Stadt"? Etwas erweitert ausgedrückt: Es handelt sich darum, in diesem dichtesten und dynamischsten Teil der Stadtregion aus unverbundenen, monofunktionalen Funktionsinseln einen unserer Zeit entsprechenden Stadt- und Landschaftstypus zu entwickeln, wobei beides als untrennbare Einheit betrachtet werden muss (vgl. Sieverts und andere 2005).

Diese Qualifizierung muss auf drei Ebenen gleichzeitig betrieben werden:

- Auf der Ebene der Haltungen und Einstellungen gegenüber der Stadtregion: Ohne zuwendendes Interesse ist keine Qualifizierung möglich.

- Auf der Ebene der Prozesse und Verfahren: Die Qualifizierung der Zwischenstadt zur Stadt ist ein langandauernder und niemals abgeschlossener Vorgang, der selbst sozio-kulturell zu qualifizieren ist.

- Auf der Ebene der Räume und Bauten: Hier geht es um räumliche Angebote, die soziale, ökonomische und kulturelle Aktivitäten stützen und fördern und die zur Aneignung einladen.

---

1 Mit Heinrich Mäding verbinden mich viele Jahre der anregenden Gespräche. In den letzten drei Jahren waren diese besonders häufig und intensiv, weil er sehr aktiv an Veranstaltungen im Rahmen des „Ladenburger Kollegs" mit dem Titel „Mitten am Rand – Zwischenstadt. Zur Qualifizierung der verstädterten Landschaft" mitwirkte. Zusammen mit Ingo Einacker und Klaus Brake legte er mit der Arbeit „Kräfte, Prozesse, Akteure – Zur Empirie der Zwischenstadt" eine verlässliche Basis für die weitgespannte multidisziplinäre Arbeit des Kollegs.

An der Abschlusstagung in Frankfurt am Main im November 2005 konnte er leider wegen anderer Verpflichtungen nicht teilnehmen, und so widme ich ihm meinen (leicht erweiterten) Einführungsvortrag – in der Hoffnung, dass er dort manche seiner kritischen Anmerkungen und Anregungen in produktiver Verarbeitung wiederfindet.

Alle Qualifizierungsbemühungen sind im Licht des historischen Umbruchs zu betreiben, der mit den Stichworten „globalisierte Konkurrenz", „alternde Gesellschaft" und „wissensbasierte Wirtschaft" gekennzeichnet wird – Faktoren, die zusammengenommen nicht nur die Zwischenstadt, sondern auch die kompakten, alten Städte tiefgreifend verändern werden, denn Mutterstadt und Zwischenstadt dürfen nicht mehr gegeneinander ausgespielt werden, sie bilden eine Einheit, die sich gemeinsam, in Wechselwirkung transformieren wird.

1.   Die Situation

Zwischenstadt ist der zu einem erheblichen Teil räumliche Abdruck des historisch einmaligen gesellschaftlichen Reichtums, wie er sich im letzten halben Jahrhundert entwickelt hat, eine Entwicklung, die sich aller Voraussicht nach so nicht fortsetzen wird. In diesem Zeitraum wurde mehr gebaut als in den letzten 5 000 Jahren zusammengenommen, insgesamt ein gewaltiges Erbe an Baumasse. Dabei verdreifachte sich die spezifisch gebaute Fläche pro Einwohner, verdoppelte sich die privat verfügbare Zeit, und die individuelle Mobilität hat sich enorm gesteigert. Auch wenn der Wohlstand dieser Art für die Mehrheit der Gesellschaft nicht zunehmen wird, wird sich die gesellschaftliche Arbeitsteilung weiter ausdifferenzieren, die wesentlich dazu beigetragen hat, dass „zwischenstädtische" Formen entstanden sind.

Die Zwischenstadt steht vor einer historischen Zäsur: sie kommt jetzt „in die Jahre", der erste Erneuerungszyklus, der aufgrund der schieren Baumasse einen gewaltigen Umfang hat, steht an, die Landwirtschaft ist im Umbruch, und die Wirtschaft tritt in einen neuen Zyklus einer „wissensbasierten Ökonomie" ein, der die alten Wirtschaftsstrukturen tiefgreifend umwälzen wird.

Insgesamt handelt es sich um eine gewaltige Dynamik mit *endogenen* Ursachen, die es zu bändigen gilt. Sinkende Einkommen, teurere Mobilität und verlängerte Arbeitszeiten werden voraussichtlich bei einer insgesamt alternden Gesellschaft zu einer gewissen Rekonzentration der Wohnbevölkerung führen. Zwischenstadt wird dabei aber – entgegen der Hoffnung einiger Kolleginnen und Kollegen – auch langfristig nicht verschwinden, gibt es doch auch gegenläufige Tendenzen einer über die raumüberspringenden Medien verstärkten Ortsungebundenheit. Überdies wird sich die Wirtschaft insgesamt – wie Dienstleistungen, Forschung und Wissenschaft auch – weiter in Richtung spezialisierter Arbeitsteilung und größerer Einheiten transformieren. Es sind also gegenläufige, einerseits Konzentration, andererseits Dispersion fördernde Kräfte am Werk.

Trotz der skizzierten Transformationsdynamik ist für die weitere Entwicklung der Zwischenstadt kaum ein Problembewusstsein in der Öffentlichkeit vorhanden: Stadtentwicklung ist zurzeit kein wichtiges öffentliches Thema, steht auf der politischen Tagesordnung weit unten. Hierfür gibt es einfache und einleuchtende Gründe: Die meisten Einwohnerinnen und Einwohner haben sich „eingerichtet", scheinen zufrieden zu sein. Kritik artikuliert sich nur, wenn persönliche Interessen verletzt werden. Die Wirtschaft hat freiere Entfaltungsspielräume als in der alten kompakten Stadt und kein Interesse an städtebaulichen Regulierungen und einer größeren gegenseitigen Rücksichtnahme.

Von der Fachwelt wird ein geringer Gestaltungsspielraum ins Feld geführt, denn nicht nur die alte Stadt, selbst die Zwischenstadt erscheint schon fast fertig gebaut, und mit den geringen Veränderungsraten scheint sie sich nicht grundlegend umgestalten zu lassen. Diese angeblich so geringen Gestaltungsspielräume aber sind eine Täuschung: Schon der „natürliche" Erneuerungsbedarf und der Strukturwandel der Landwirtschaft führen zu großen, durchaus gestaltbaren Transformationsbedarfen sowohl in der Bebauung wie in den Freiräumen.

Über die endogene Transformationsdynamik hinaus gibt es starke *exogene* Anlässe, die Zwischenstadt nicht weiterhin sich selbst zu überlassen, sondern planerisch und gestalterisch einzugreifen: Die globale Konkurrenz wird sich unter den urbanen Regionen abspielen, und sie wird wesentlich über Jugend, Intelligenz und Kaufkraft entschieden werden, Faktoren, die so standortunabhängig sind wie nie zuvor. Dabei wird die *Creative Class* als wichtigste Produktionskraft einer wissensbasierten Ökonomie ihre Standortentscheidungen wesentlich nach qualitativen Gesichtspunkten treffen und eine Stadtregion in deren Gesamtheit bewerten, auf der Suche nach kreativen Milieus. In dieser Hinsicht sind die meisten Stadtregionen schlecht aufgestellt: politisch zerrissen, kulturell unprofiliert und von der Mehrheit nicht als ein zusammenhängender Lebensraum wahrgenommen.

Weder den endogenen noch den exogenen Kräften zuzuordnen sind die *sozialen* Sprengkräfte in *Postsuburbia*, wie sie z.B. gerade in jüngster Zeit beim Nachbarn Frankreich explodieren. Solche Sprengkräfte gibt es natürlich auch in Deutschland, und sie werden mit steigender Einwanderung noch zunehmen. Sie zu zähmen und zu „zivilisieren", wird mit einem schwächer werdenden Wohlfahrtsstaat immer schwieriger. Ein wichtiger, unmittelbar mit der Globalisierung zusammenhängender Teil des genannten historischen Umbruchs ist der Wandel des Staates vom starken Interventions- und Wohlfahrtsstaat zu einem eher gewährleistenden, kooperierenden und ermutigenden Staat, der eine andere Art von Planungspolitik erfordern wird.

2. Argumente für eine kulturell gestaltende Intervention

Dank des gewaltigen Ausbaus der Infrastruktur in den letzten Jahrzehnten funktionieren die Zwischenstädte technisch vergleichsweise gut. Ihre hauptsächlichen Schwächen liegen einerseits im kulturellen und ästhetischen, andererseits im sozialen Bereich. Beide Bereiche werden in der globalen Konkurrenz der Stadtregionen zu „harten" Standortfaktoren werden. In diesen Feldern einer Gestaltung der Zwischenstadt sind nicht nur die eigentlichen Stadtplanungsberufe, sondern auch die Entwurfsprofessionen schlecht aufgestellt, denn die klassischen und ehrwürdigen Gestaltungsdisziplinen der Architektur und der Landschaftsgestaltung können ebenfalls mit dem Maßstab der Zwischenstadt nicht mehr umgehen: Die bedeutende vorindustrielle Kultur der großen Landschaftsgestaltung ist verloren gegangen! Die eigentlichen sozialen Probleme lassen sich zwar mit gestaltender Planung nicht lösen, aber diese Probleme haben auch – wie sich in Frankreich zeigt – eine kulturell-ästhetische Dimension, und für diese sind die gestaltenden Disziplinen zuständig: Ohne emotionale Zuwendung, ohne Toleranz und Aneignung kann keine Zuwendung mit sorgender Verantwortung entstehen!

Noch erscheint Zwischenstadt den meisten in „unseren" Professionen als weitgehend anästhetisch, als nicht zur Kultur gehörend. Diese Tatsache ist von großer Bedeutung. Geht man nämlich davon aus, dass Sorge und Verantwortung für die eigene Umwelt erst bei einer Wahrnehmung entstehen, die über das instrumentell-funktionale hinaus mit Emotionen verbunden ist, dann wird die ästhetische Frage für die weitere Entwicklung der Stadtregion, auch für die Bewältigung sozialer Probleme grundlegend wichtig. Nun ist die Ästhetik im Sinne emotionaler Wahrnehmung im Maßstab der Region eine andere als in der alten Stadt: Einerseits ist ihre Wirkung im Sinne von Simmels Begriff der Abschirmung der übermäßigen Reizwelt der Metropole sozusagen anthropologisch begrenzt (alles erscheint „gleich-gültig"), andererseits kann Gestaltung im Maßstab der Stadtregionen auch nicht einfach als Maßstabsvergrößerung begriffen werden.

Zwischenstadt ist ästhetisch komplex – es lassen sich mindestens drei verschiedene Ästhetiken unterscheiden: die „klassische" Ästhetik der historischen Stadt, die zunehmend auch in der Zwischenstadt wirksam wird; die „wilde" soziale Ästhetik der spontanen Aneignung, für die es in der Zwischenstadt viele Beispiele gibt; und die Ästhetik der *Flows* der Transportnetze. Diese drei Ästhetiken sind noch zu ergänzen durch die „Sozialästhetik" der Kultur der Beteiligungsverfahren und -projekte, die eine eigene Kultur entwickeln müssen. Jede dieser Ästhetiken ist ein eigenes Feld, aber am produktivsten erscheint die entwerfende Arbeit mit ihren Wechselwirkungen zwischen den unterschiedlichen Ästhetiken, weil erst damit der Ausdruck einer neuen, unserer Zeit entsprechenden Urbanität erreicht werden kann.

Keine dieser Ästhetiken ist bisher Thema von Stadt- und Regionalplanung. Immer noch ist die Ordnung der Stadtregion nämlich Sache einer Regionalplanung, die absichtlich so abstrakt ausgelegt ist, dass sie die ästhetisch-sensuelle Dimension nicht erfasst und nicht erfassen will – es sei denn über begrifflich-rahmensetzende Festlegungen. Dieser alte Begriff von Regionalplanung muss deswegen um eine gestaltende Komponente erweitert werden, wenn Regionalplanung unter den, historisch gesehen, tiefgreifend veränderten Bedingungen wirksam werden soll. Dabei gibt es keine Rückkehr zum traditionell gezeichneten Gestaltungsplan, denn diese Zeichnung als Träger und Vermittler von Gestalt und Ästhetik hat im Maßstab der Stadtregion nur begrenzte Wirkung: Der traditionell gezeichnete Gestaltungsplan ist notwendigerweise sehr abstrakt, er wirkt bestenfalls indirekt und über lange Zeiträume. Er kann sensuelle Qualitäten nicht transportieren und damit auch kaum die weitere Öffentlichkeit interessieren, weil er keine unmittelbare örtliche Wirkung entfaltet. Er muss deswegen um andere Inhalte und Formen ergänzt werden.

3. Hinweise auf eine Erweiterung des Entwurfsbegriffs

Aus den genannten Gründen muss der Regionalentwurf begrifflich und praktisch erweitert werden: Er ist komplementär zu ergänzen durch den Entwurf von Prozessen, Strategien und durch die Teilhabe der Menschen an den Strategiediskussionen. Über die Teilhabe an den Diskussionen, die Beteiligung an soziokulturellen Experimenten und über das unmittelbare Erleben der Region mit allen Sinnen können auch abstrakte Pläne dann unmittelbar zeitlich und örtlich wirksam werden, wenn sie mittels Beteiligungsprojekten die bürgerschaftliche und politische Diskussion anstoßen und bereichern. Man kann die Regel aufstellen: Je abstrakter der Plan, desto notwendiger die unmittelbare Arbeit mit den Menschen, die davon betroffen sind!

Ein besonders anregendes, ganz „frisches" Beispiel für die Erweiterung des Entwurfsbegriffs ist das höchst kreative Verfahren, das zu einer Vision für die Region Bern führen soll: Im Rahmen einer offenen Ideenkonkurrenz, zu der der „Verein Region Bern" als ein freiwilliger Zusammenschluss aller an Bern angrenzenden Gemeinden drei Büros eingeladen hatte, wurden Ideen auf drei Ebenen – Haltungen und Einstellungen, Verfahren und Prozesse sowie Funktionen und Räume – entwickelt. Sie sollen zu einer neuen Form von „Richtplanung" zusammengefügt werden, in der sich der Zusammenhalt als Region und die Eigenprofile der Gemeinden ergänzen.

Gestaltende stadtregionale Entwurfsplanung sollte nicht mehr als flächendeckende „Vorratsplanung" begriffen werden, sondern unter Verzicht auf umfassende „fertige" Lösungen an den tatsächlich wirksamen ökonomischen und gesellschaftlichen Kräften anknüpfen. Sie sollte unter Verwendung der vorhandenen Eigenarten und Materialien Zwischenstadt einerseits als einen Bereich der Verstädterung in traditionellen Formen, andererseits als ein Experimentierfeld für neue Entwicklungsformen „lesen" und verstehen. (Auch) Zwischenstadt ist ein Feld der Gleichzeitigkeit des Ungleichzeitigen, in dem beide Richtungen des gegenwärtigen *Urban Design* legitim sind: die Weiterführung historisch bewährter Raumformen, wie sie ja auch in der Zwischenstadt angelegt sind, *und* die Entwicklung neuer Formen, die sich z.B. aus neuen Spielarten von Jugendkultur oder aber einer „Autokultur" ergeben. In jedem Fall ist eine – tatsächlich wirksame – interdisziplinäre Zusammenarbeit mit den Sozial- und Wirtschaftswissenschaften erforderlich. Eine solche integrierte, das heißt nicht nur äußerliche Zusammenarbeit stellt sich aber als prinzipiell schwierig dar, weil die Sozial- und Wirtschaftswissenschaften schon lange den „Raum" als unabhängigen primären Faktor „verloren" haben. Hier steckt ein vertracktes Problem für Forschung und Ausbildung! Vielleicht könnte der Begriff der „Kapazität" den gemeinsamen Nenner für eine produktive Zusammenarbeit bilden, weil er eine räumliche, soziale und ökonomische Dimension aufweist.

Die stadtregionalen Gestaltungsziele müssen über traditionellen Städtebau und herkömmliche Landschaftsgestaltung, aber auch über die etablierten Stadtentwicklungsprogramme hinausreichen: Es geht nicht in erster Linie um spezifisch funktional bestimmte Räume und Programme, sondern um offene, aber gestalterisch starke, rahmensetzende, unterstützende Möglichkeitsräume, die zu aktiver Aneignung und auch Veränderung einladen. Es wird zugleich um das Herausarbeiten einmaliger, regional verwurzelter Räume – also mehr um Topologie als Typologie – gehen, wie auch um das Entwerfen von Spielregeln einer Nutzung und Aneignung – also mehr um Formen spielerisch-sportlicher und kultureller Beteiligungen, die die unverzichtbaren, mit Entscheidungsmacht ausgestatteten formalen Verfahren ergänzen müssen. Kurz: Es geht um das Bauen von Rahmen für wechselnde Bilder und um das Bereitstellen von Bühnen, deren Stücke noch unbekannt sind.

Gestaltende Planung im Maßstab der Stadtregion kann nur wirksam werden, wenn sie aus dem Ghetto der Fachwelten ausbricht und zu einer Sache der kulturellen Diskurse wird. Hierzu können Formen der Teilhabe, die über den kognitiv-intellektuellen Diskurs hinaus an Sport, Spiel und alle Sinne appellieren, entscheidend beitragen, wenn sie zugleich rückgebunden werden an formale, gesetzlich legitimierte Pläne und Strategien. Strategische Planung braucht immer zugleich Wurzeln in örtlichen Projekten und soziokulturellen Beteiligungsformen. Diskussionen über das weitere Schicksal der europäischen Stadtregionen müssen im öffentlichen Diskurs einen vergleichbar prominenten Platz erhalten wie z.B. heute die Literatur oder der Sport!

In diesem Sinne kommt es in der gegenwärtigen Situation darauf an, auf der Ebene der Haltungen und Einstellungen den politisch-administrativen Akteuren, den Bewohnerinnen und Bewohnern von Zwischenstadt die Augen zu öffnen für Merkmale, Geschichte und Eigenarten ihrer Stadtregion und sie damit für ihre erweiterte Stadtheimat zu interessieren. Es kommt darauf an, auf der Ebene der Prozesse und Verfahren gleiche Qualitätsanforderungen zu stellen wie in der alten, kompakten Stadt, um ökonomische Chancengleichheit herzustellen. Es kommt z.B. in diesem Sinne auch darauf an, wie in der traditionellen Stadt Freiraum und Bebautes gemeinsam zu gestalten und von allen Einrichtungen zu verlangen, einen Beitrag zum öffentlichen Raum zu leisten.

Hinsichtlich der großen sektoralen Politikfelder wie z.B. Landwirtschaft oder Verkehr müssen Länder, Kommunen und Wirtschaft über die Gestaltung großer gemeinsamer Infrastruktur-Projekte ihre Verantwortung für die kulturelle Qualität der Stadtregion demonstrieren und die ungewohnte Zusammenarbeit einüben. Und nicht zuletzt müssen sich die räumlich-gestalterisch tätigen Professionen kreativ mit den für sie ungewohnten räumlichen Dimensionen der Stadtregionen auseinander setzen. Um es zu wiederholen: In Abkehr vom Funktionalismus der Moderne gilt es, große, funktionsoffene und einladende Räume neuen Typs zu entwerfen. Zwischenstadt als dynamischer, dichter Teil der Stadtregion braucht Aufmerksamkeit, Interesse und Zuwendung. Jeder Eingriff muss aus der Sicht aufs Ganze verantwortet werden, jede Maßnahme hat einen Beitrag zum öffentlichen Raum zu leisten. Freiraum, Transportnetz und Bebauung müssen im Bezug aufeinander entworfen werden. Dabei ist immer die Stadtregion als Ganzes zu sehen, unter Einschluss der historischen „Mutterstädte". Würden diese im Prinzip einfachen Regeln beherzigt, ließe sich die Gestaltung der Zwischenstadt auf einen

Weg bringen, der zu einer neuen Qualität von „StadtLand" führt (wie Eisinger [2003] das verstädterte Mittelland der Schweiz nennt). In diesem „StadtLand" würde Zwischenstadt einen historischen Zwischenzustand (vgl. Stein 2003) bezeichnen, auf dem Wege zu einem erweiterten Begriff von europäischer Stadt.

Literatur

Eisinger, Angelus, und andere (Hrsg.): Stadtland Schweiz. Untersuchungen und Fallstudien zur räumlichen Entwicklung in der Schweiz, Basel, Boston, Berlin 2003.

Sieverts, Thomas, Michael Koch, Ursula Stein und Michael Steinbusch, Zwischenstadt – inzwischen Stadt? Entdecken, Begreifen, Verändern, Wuppertal 2005 (Hier auch weitere Hinweise auf das Forschungsprojekt der Gottlieb-Daimler- und-Karl-Benz-Stiftung sowie weitere Literaturhinweise).

Stein, Ursula, Zwischenstadt 2030?! Zwischenstadt als Zwischenzustand, in PlanerIn, Heft 3 (2003), S. 8–10.

Der Autor

Prof. Thomas Sieverts,
Studium Architektur und Städtebau in Stuttgart, Liverpool, Berlin; 1971–1999 Prof. für Städtebau, TH Darmstadt; 1989–1994 Direktor, Internationale Bauausstellung Emscher Park; seit 1978 Planungsbüro in Bonn; 2002–2005 Leiter des Forschungsprojekts „Mitten am Rand: Auf dem Wege vom Vorort über die Zwischenstadt zur regionalen Stadtlandschaft".

Klaus Wolf

Urbs, quo vadis?

Zwischen Stadt und Region

Stadt, wohin gehst Du? Viele Disziplinen, die sich mit der Erforschung der Stadt befassen oder in der Praxis des planenden Handelns bemüht sind, Struktur und Funktion von Städten zu analysieren und Wege zukünftiger Entwicklung aufzuzeigen,
behandeln den Topos Stadt als solchen allerdings, verfolgt man die Literatur, als etwas Vorgegebenes, das als Phänomen jedem bekannt sei, so dass man sich nur mit
ihrem Zustand, ihren Problemen und ihrer zukünftigen Entwicklung auseinander zu
setzen brauche. Je mehr man sich in die entsprechende aktuelle Literatur einliest,
desto mehr gewinnt man den Eindruck, alle Autorinnen und Autoren hätten für den
Komplex Stadt eine je eigene inhaltliche Vorstellung, die auch allen Leserinnen und
Lesern bekannt sein müsse. Gemeint ist: in den meisten Beiträgen fehlt eine *A-
priori*-Auseinandersetzung mit den Begriffen oder zumindest eine Beschreibung der
Merkmale, mit denen das jeweils behandelte Sujet analysiert wird. Sind es aber
doch die *Begriffe* oder die klare Erläuterung der verwandten Begriffe, die Verständnis hervorrufen für die Sache, über die zu handeln ist!

Daher scheint es zunächst wichtig herauszuarbeiten, was heute Stadt ist, wie ihre
Struktur und Funktion aussieht, warum und durch welche Einflüsse sie in eine kri-
senhafte Situation zu geraten scheint, um überhaupt Schlüsse dahingehend ziehen
zu können, wohin die Stadt am Beginn des 21. Jahrhunderts geht oder gehen soll[1].

Es ist daher reizvoll, sich wenigstens kurz mit der Wortbedeutung des Begriffs Urbanistik auseinander zu setzen, weil darin nicht zuletzt ein wesentlicher Zugang
zur Beschäftigung mit Stadt gesehen werden kann. Das Wort Urbanistik im Sinne
der Überschrift ist zurückzuführen auf die Ursprungsbegriffe *urbs* und *urban*. Diese sind lateinische Bezeichnungen und meinen zum einen *die Stadt Rom* als das
Zentrum, die Metropole (Metropole ist der Wortbedeutung nach die Mutterstadt,

---

[1] Dies umso mehr, als dieser Beitrag in einer Publikation des Deutschen Instituts für
Urbanistik erscheint und dem langjährigen Institutsleiter als Dank für sein Engagement
in Sachen Erforschung der Stadt gewidmet ist.

die Mutter ihrer Kinder!) des römischen Weltreichs und zum anderen „urban" im Sinne von *urbanus*, alles umgreifend, was diese Stadt und ihre Bewohner, eben das Urbane ausmacht. Im Gegensatz zu dieser *urbs* gab es im römischen Reich noch viele *oppida, Landstädte*, die aber nicht *der urbs* vergleichbar waren.

Fast zweitausend Jahre später in der weltweiten Ausdifferenzierung der gesamten Siedlungsstruktur ist nicht nur die Einmaligkeit der *urbs* (Roma) vergangen, sondern vielmehr noch das einmalig Urbane zur Zeit der Blüte Roms. Insoweit kann die institutionalisierte Urbanistik sicher nichts Vornehmeres als Ziel definieren, als sich mit dem Erforschen der Stadt im Sinne des Urbanen zu befassen. Und genau darin besteht im Grunde das Leitmotiv über die Jahrhunderte hinweg, was Stadt zur Stadt werden lässt, so schwer die analytische und gestaltende Auseinandersetzung damit auch sein mag. Bei der heute weltweiten Ausdehnung und Ausdifferenzierung von Städten kann es allerdings nur darum gehen, einige Gedanken zu Struktur und Funktion der mitteleuropäischen Stadt vorzustellen.

Unter dieser Prämisse soll herausgearbeitet werden, was Stadt bisher ausmachte und dass Stadt heute nur im Kontext von Stadt und Region gedacht und damit entwickelt werden kann. Das im Untertitel verwandte *Zwischen* ist von der hier gebrauchten Wortbedeutung her damit nicht für das Siedlungskonglomerat außerhalb des Städtischen gemeint, sondern als das Entwicklungspotenzial einer Stadt, die sich zur *städtischen Region* entwickelt.

Geographen nähern sich über das *Räumliche* dem Phänomen Stadt, einer Komponente, die stadtimmanent im eminenten Sinn ist, auch wenn sich beobachten lässt, dass in vielen Abhandlungen zum Phänomen Stadt diese Komponente zwar implizit mitschwingt, explizit allerdings häufig nicht thematisiert wird. Daher wird in diesem Beitrag das Phänomen Stadt besonders in seinen räumlichen Elementen anzusprechen versucht, um sich so dem Urbanen im Räumlichen als Grundlage und Erkenntnis für die Beantwortung der Frage „Stadt, wohin gehst Du?" zu nähern.

Das Räumliche wird dabei in seiner topographisch-naturräumlichen, in seiner ökologischen und ökonomischen, seiner kulturellen und sozialen und nicht zuletzt in seiner ästhetischen Ausprägung verstanden. Raum ist in diesem Sinne zum einen konkreter „Behälter", in dem alles menschliche Leben stattfindet, zum anderen auch relationaler Raum, also durch räumliche Beziehungen menschlicher Aktivitäten geprägt. Raum ist aber auch Bewusstseins- und Handlungsraum der Individuen, unterliegt so je unterschiedlichen Intentionen der Wahrnehmung und des Handelns. Schließlich resultiert aus diesen Komponenten der normative Raum, das heißt der von politischen und privatwirtschaftlichen Akteuren für bestimmte Zwecke definierte Raum. In diesem Zusammenhang sind alle Ausprägungen der städtischen Gestalt zu sehen, so dass auf diese Weise auch Erklärungen für das Zustandekommen heutiger artifizieller räumlicher Strukturen möglich sind (vgl. Blotevogel 2005, S. 831 ff.; Mäding 2005, Abb. 1, S. 1075).

Weiterhin fällt in vielen Veröffentlichungen auf, dass Begriffe wie Stadt, Stadtregion, Stadtlandschaft verwandt werden, ohne dass sie inhaltlich wirklich begrifflich präzisiert würden. Besonders sticht das bei der im Grunde kontraproduktiven Formel der *Zwischenstadt* ins Auge, die wohl Siedlung im Sinne von gebauten Artefakten menschlichen Lebens und Wirtschaftens meint, aber weder begrifflich Stadt wirklich füllt, noch sich sprachlich konkret mit dem *Zwischen* auseinander setzt, sondern als Metapher das *Netz* und die *Netzknoten* als ubiquitär auffindbare Konstrukte einführt.

„Es scheint, dass in den letzten fünf Jahrzehnten hauptsächlich in den Agglomerationen ein neuer Stadttypus im Entstehen ist, der sich aus dem Vorort als Ableger der Alten Stadt über die Zwischenstadt zur Stadtlandschaft entwickelt, ein Stadttypus, der auch die Alte Stadt als zwar besonderen, aber doch als einen Teil der Stadtregion unter anderen Teilen integriert hat, die Alte Stadt also im Hegel'schen Sinne sozusagen ‚aufhebt'." (Sieverts 2005, S. 1)

Die Begriffe *Stadttypus, Alte Stadt, Stadtregion, Zwischenstadt, Stadtlandschaft,* auch *Agglomeration* werden verwandt, ohne dass z.B. eine vergleichende Betrachtung mit dem eigentlichen Begriff Stadt ins Auge fiele. Es scheint daher den Versuch wert, zumindest aus räumlicher disziplinärer Sicht zu versuchen, der ungeklärten Begriffsverwendung etwas entgegenzuwirken und den hier verwendeten Begriffen Inhalte in der Weise zuzuordnen, dass sie im Sinne einer räumlichen Ordnung und Planung operabel sind.

Im geographischen, das heißt implizit im *räumlichen Sinn* gilt für eine Stadt – weitgehend unabhängig von ihrer quantitativen Bevölkerungsgröße, hat sie nur einmal die untere „Schwelle" von 20 000 oder 30 000 Einwohnern „überschritten" – eine Reihe von bedingenden Merkmalen, die sich im abendländischen Kulturkreis nicht unbedingt mit der administrativ-statistischen oder der historisch-juristischen Stadtdefinition decken, deren Festlegungen aber auch noch heute trotz „stadtrandlicher Ausfranzungstendenzen" eminente Bedeutung für die gesamte räumliche, Städte einbeziehende Entwicklung haben.

So gehört zur Stadt nach wie vor ein *kompakter Siedlungskörper* mit hoher Bebauungsdichte. Die Geschlossenheit des Baukörpers wird ergänzt durch die unterschiedliche Mehrstöckigkeit der Gebäude, die im besonderen Fall auch Hochhausmaße in bestimmten innerstädtischen Quartieren erreichen können. Die Gebäude spiegeln je nach Entstehungszeit der Stadt zum Teil vergangene bürgerschaftliche oder hoheitliche Setzungen hinsichtlich der Grund- und Aufrissgestaltung des Städtischen. Ihre Persistenz ist auf Grund kriegerischer Einwirkungen oder, in jüngerer Zeit, nicht zuletzt auch auf Grund globaler Verflechtungen durch ökonomische Interessen bedroht oder beendet, so dass in manchen Städten besonders nach dem Zweiten Weltkrieg an Stelle der vorherigen Bebauung Gebäude oder Ensembles errichtet wurden, die nach nur etwas mehr als einer Generation für überholt erklärt werden und im Sinne einer sich verstärkenden diffusen Identitätspolitik der jüngsten Zeit besonders in den Stadtkernen die Form von „Canaletto-Symbolik" oder „Vedutenarchitektur" annehmen und manche Innenstädte in „Heidiland" (vgl. Göschel 2004, S. 158 ff.) zu verwandeln suchen. Jüngstes Beispiel ist die aufflammende Diskussion um die Bebauung des Bereichs zwischen Rathaus (Römer) und Dom in Frankfurt am Main. Dieser Trend trifft sich interessanterweise mit dem zunehmenden Interesse besonders von älteren Reiseteilnehmerinnen und -teilnehmern, die bei gesundheitlicher Rüstigkeit nach dem Ausscheiden aus dem Berufsleben einen Sinn in der geführten Bereisung solcher städtischer „Veduten" suchen.

Wesentliches städtisches Merkmal ist nach wie vor die städtische *Zentralität* in dem Sinne, dass nicht nur einzelne Funktionen zentral vorgehalten und nachgefragt werden, sondern dass in der Stadt eine Vielzahl von Funktionen, die mit Größe und Bedeutung der Stadt zunehmen, räumlich verbundene Standorte einnehmen. Diese Bündelung der Funktionen im ökonomischen, administrativen, Gesundheits- und Versorgungsbereich alltäglicher und nichtalltäglicher Waren- und Dienstleistungsverteilung machen eben Stadt aus. Sicher entstanden und entstehen in jüngerer Zeit durch ökonomische Interessen, die im Bereich der planenden Administrative nicht genügend gelenkt wurden und werden, besonders im Bereich der Versorgung Standorte außerhalb der geschlossenen städtischen Quartiere, die bis zu einer Verödung entsprechender städtischer Standorte führen. Besonders von dieser Verlagerung städtischer zentraler Funktionen droht der Stadt und dem städtischen Leben auch die meiste Gefahr des Verlustes dieser genuinen städtischen Eigenschaft. Ihr ist nur zu begegnen, wenn sich innerstädtische Zentralität z.B. im Versorgungsbereich deutlich von der auf kürzere Amortisation ausgelegten Bausubstanz „vor der Stadt" positiv unterscheidet – einerseits, um mehr „Erlebnisqualität" zu bieten, andererseits, um mindestens etwa hinsichtlich des Angebots von Parkraum und sonstigen Zusatzeffekten wie etwa Kinderbetreuung wieder konkurrenzfähig zu werden. Hier liegt nach wie vor ein wichtiger Schlüssel städtischer Urbanität.

Die städtische Zentralität geht bis heute räumlich einher mit einer bestimmten Verkehrswertigkeit durch die Bündelung wichtiger Verkehrswege und hohe Verkehrsdichte, die allerdings gerade in Städten zum „Verkehrsinfarkt" führen kann. Folgen davon sind nicht allein zu bestimmten Tageszeiten verstopfte Straßen, sondern mehr und mehr Ansprüche privater Nutzer an den eigentlich öffentlichen Raum (Parkflächen) und vor allem die Zunahme gesundheitsgefährdender Emissionen durch die Individualverkehre. Da der öffentliche Personennahverkehr aus einer Reihe von Gründen (z.B. zu weitmaschiges Schienennetz, zu geringe Taktfrequenzen, zu teure Preisgestaltung, ganz abgesehen von der „sozialen" Komponente des eigenen „PKW-Zuhauses") auf absehbare Zeit nicht in der Lage ist, den Individualverkehr stärker zu mindern, wird sich diese Situation sicher eher noch zuspitzen als verbessern. Insoweit sind auch alle Konzepte wie verstärkter Einsatz des Fahrrads oder Mietmodelle für den Einsatz von PKW (z.B. „Statt-Auto") wenig Erfolg versprechend. Hier droht der Stadt in ihrer kompakten Bauweise mit die höchste Gefahr einer Abstimmung mit den Füßen von Bewohnern und Besuchern in Richtung der umgebenden Region. Als Strategie zur Überwindung dieser Situation machbar scheint nur eine persuasive Vermittlung wenig Energie verbrauchender „Kompaktfahrzeuge".

In räumlich-funktionaler Hinsicht sind aber Städte darüber hinaus geprägt durch ihre so genannte *Innere Differenzierung*, die auf Grund der über lange Zeitperioden gewachsenen Bebauungsdichte einen erheblichen Beitrag zum „Urbanen" der Stadt leistet. Neben das oder die durch die Zentralität geprägten Viertel der City, der Banken, der Verwaltung sind für Städte in Mitteleuropa spätestens seit der Industrialisierung Gewerbe- und Industrieviertel prägend, die von sich stark differenzierenden und segregierenden Wohnvierteln umgeben oder durchsetzt sind. Da Stadt andererseits ein dynamisches Phänomen ist und so in ihrer inneren Differenzierung ständigem Wandel unterliegt, ist für die mitteleuropäische Stadt heute nach wie vor die räumliche Differenzierung typisch, aber gerade in der Form, dass einmal entstandene, aus bestimmter Nutzung resultierende Bausubstanz diese Funktion verliert, da die entsprechende Nutzung obsolet oder durch völlig andere Nutzungen ersetzt wird. Besonders deutlich wird dies durch den Wandel von industriell geprägten Vierteln auf Grund der Abwanderung der Industrie in tertiärwirtschaftlich genutzte Viertel – oder in Ermangelung dessen in rückgebaute Wohnquartiere unterschiedlicher Wohn- und damit auch Anmutungsqualität. Aber auch so bleibt die stadttypische innere Differenzierung erhalten und prägt das städtische Leben. Verkannt werden soll nicht, dass infolge des Wertewandels bestimmter Quartiere zum einen längerfristige Leerstände sowohl gewerblicher Nutzung als auch von Wohnnutzungen eine erhebliche Marginalisierung solcher Viertel hervorrufen können, wie etwa im Augenblick in besonders starkem Maße in ostdeutschen Städten zu beobachten. Trotz der euphemistischen Bezeichnung der „Perforierung" droht hier in Wirklichkeit dem städtischen Leben eine wesentliche Gefahr, die auf Grund der angenommenen zukünftigen Bevölkerungsentwicklung auch nicht annähernd zu retardieren ist.

Städte definieren sich neben den genannten Eigenschaften in räumlicher Hinsicht im Wesentlichen durch die in ihnen lebenden und arbeitenden Menschen. Diese sind es, die den Städten zum städtischen Leben verhelfen. Daher trägt die Beschäftigung mit der Bevölkerung der Städte am meisten zur Beantwortung der Fragen bei, was Stadt ist und wohin sie „geht". Um Stadt zu verstehen, muss die Bevölkerung nach ihren generativen und sozio-ökonomischen Verhaltensweisen in ihren räumlichen Beziehungen betrachtet werden. Darin liegt im Wesentlichen der Schlüssel für die heutige Situation, die häufig als Krise der Stadt, Auflösung der Stadt oder gar Ende der Stadt bezeichnet wird. Wir müssen in der historischen Entwicklung zumindest seit der Mitte des 19. Jahrhunderts von zwei großen Phasen der städtischen Entwicklung ausgehen: Zunächst gab es die frühe Zuwanderung in die Städte auf Grund der Industrialisierung, einem Prozess, den man mit Urbanisierung zu umschreiben pflegt. Dann, etwa seit den 60er-Jahren des vergangenen Jahrhunderts kam es zur Abwanderung zunächst von Bevölkerung, dann von Gewerbe und Industrie und schließlich von Einrichtungen des tertiären Wirtschaftssektors in die Region(en), die die definierten Städte umgeben; diesen Prozess bezeichnet man als Suburbanisierung. Auch in der hier sehr verkürzten Darstellung wird deutlich, dass durch das Phänomen der Suburbanisierung besonders in räumlicher Hinsicht eine gewaltige Veränderung des Städtischen stattgefunden hat und vor allem, unabhängig von der administrativen Festlegung städtischer Grenzen, Siedlungsformen entstanden sind, die jedenfalls anhand ihrer Merkmale nicht städtisch zu nennen sind.

Da ihnen die gerade beschriebenen wesentlichen Merkmale des Städtischen fehlen, können sie auch mit der plakativen Bezeichnung Zwischenstadt kaum inhaltlich charakterisiert werden. Meist handelt es sich um Siedlungsfraktionen in Form von Wohnquartieren, die sich, durchaus auf Grund baurechtlicher Genehmigungen der sie beherbergenden politischen Gemeinden, diesen häufig früher rein dörflich, das heißt landwirtschaftlich geprägten Gemeinden angelagert haben. Ebenso können diese Siedlungen von gewerblichen oder industriellen Baufraktionen, möglicherweise auch von Einrichtungen des großflächigen Einzelhandels durchsetzt sein und durchaus auf baurechtlicher Genehmigung beruhen, sie erfüllen aber nicht die Charakteristika etwa einer verdichteten, das heißt städtischen Bebauung oder einer städtischen Zentralität. Was die Bevölkerung angeht, sind dagegen zwischen Stadt und sie umgebender Region die deutlichsten Vermischungs- oder Auflösungstendenzen in räumlicher Hinsicht zu beobachten.

Wenden wir uns zunächst der städtischen Bevölkerung zu. Es ist üblich, dabei zunächst in Tag- und Nachtbevölkerung zu unterscheiden. Die Tagbevölkerung einer Stadt – sie setzt sich aus Beschäftigten aus der Stadt selbst und zum überwiegenden Teil aus Beschäftigten des Umlandes zusammen, die heute mitunter bis zu 80 Prozent im tertiären Wirtschaftssektor beschäftigt sind – macht zu wesentlichen Teilen das aus, was heute Stadt *am Tag* prägt. Gleichzeitig entstehen so intensive Pendlerverflechtungen zwischen den städtischen Arbeitsstandorten und den im Umland der Städte liegenden Wohnquartieren der Beschäftigten und tragen so unter anderem zu dem angesprochenen Verkehrsinfarkt bei. Die lebensräumlichen Beziehungen dieser pendelnden Beschäftigten bleiben meist ihren jeweiligen Wohnstandorten verbunden, so dass schon allein dadurch eine lebensräumliche Verarmung der Städte eintritt. Da die Nachtbevölkerung nur einen wesentlich kleineren Anteil an der Gesamtsumme dieser beiden „Bevölkerungen" ausmacht, gibt es zwar, besonders zur Zeit etwa der Mittagspausen, innenstädtisches Leben in Form von Restaurantbesuchen und Flanieren, während zu Abend- und Nachtzeiten besonders die innenstädtischen Quartiere, die auch heute noch im Wesentlichen Standorte tertiärwirtschaftlicher Einrichtungen sind, veröden. Da gleichzeitig, bedingt durch die moderne Arbeitszeitgestaltung, häufig die Mittagspause recht kurz ist, lässt sich als Folge davon eine „McDonaldisierung" vieler Innenstädte beobachten, eine Entwicklung, die dem städtischen Leben mitteleuropäischer Städte nicht gerade förderlich ist. Gegensteuernde Versuche, wie etwa die „Inszenierung des Städtischen" (Deutsche Akademie für Städtebau und Landesplanung 2001), die dazu beitragen sollen, durch stadtspezifische Ereignisse städtisches Leben „wiederzubeleben", führen nur zu temporären Erfolgen, solange nicht im Wege der baulichen Transformation mehr wohnende Menschen in generativer Durchmischung (!) in der Stadt gehalten oder zum Wiedereinzug bewegt werden können.

Die heute in den Städten lebende Bevölkerung ist dagegen, je größer die Städte sind, gekennzeichnet durch geringe Geburtenraten, eine zunehmende Zahl von Einpersonenhaushalten sowohl junger Erwachsener als auch älterer Alleingebliebener, durch Abwanderung besonders junger Familien und die Zuwanderung ausländischer Bevölkerung, so dass sich in zunehmendem Maße eine Segregation in aufsteigende und absteigende Wohnquartiere entwickelt. Quartiere, die je nach modischem Trend als mit hoher Lebensqualität ausgestattet gelten, werden zu bevorzugten Zuzugszonen der *Gentrification*, während andere, häufig am Rande gelegene Zonen marginalisiert werden. Letztere nehmen, über die sicher schon immer vorhandene Differenzierung hinaus, in nicht unerheblichem Maße die Dimension sozialer Problemgebiete an. Dazu tragen nicht nur hohe Arbeitslosenzahlen deutscher Arbeitnehmer bei, sondern besonders auch Berufs- und Arbeitslosigkeit junger ausländischer Bewohner. Das Bund-Länder-Programm: „Stadtteile mit besonderem Entwicklungsbedarf – die Soziale Stadt" versucht an ausgesuchten Modellprojekten, diese Situation zu verbessern (vgl. unter anderem Mäding 1999, S. 1 ff.; Walther 2004, S. 332 ff.).

Zusammengefasst zeigt die Beschreibung der wesentlichen Funktionen der mitteleuropäischen Städte, dass diese gegenwärtig durch folgende gravierende Veränderungen geprägt sind:

- Auflösung traditioneller innerstädtischer Zentralfunktionen besonders im Bereich personenbezogener Einzelhandels- und Dienstleistungsfunktionen auf Kosten von Standorten außerhalb gewachsener städtischer Strukturen;

- Transformation ehemaliger gewerblicher und industrieller Standorte in Standorte der Tertiärwirtschaft oder, dem städtischen Leben entgegenkommend, in neu errichtete Wohnquartiere;

- starke Transformation und Erosion städtischer Bevölkerung hin zu „Vereinzelung", „Überalterung" und „Überfremdung" bei nicht genügender Integration und gleichzeitiger Zunahme der Arbeitslosigkeit besonders unter ausländischen Jugendlichen;

- dadurch bedingte Erhöhung der zu erbringenden Sozialleistungen und „Ebbe" in den kommunalen Kassen für investive Leistungen, das Vor- und Instandhalten der notwendigen Infrastruktur, geschweige denn für die notwendige Erhöhung von finanziellen Leistungen für Kultur und Bildung.

Durch die Standorttransformation in die außerstädtischen Gebiete und die damit verbundene Dispersion von Standorten sowohl der Versorgung als auch mehr und mehr der Arbeit vornehmlich im tertiären Wirtschaftssektor entsteht ein sich in die Region ausweitendes Standortgemisch, das zwar auf Grund unserer gemeindlichen Verfassungen in jedem Fall baurechtlich genehmigt ist, aber im Vergleich zu der früheren Standortgeschlossenheit in einem städtischen Gefüge ein *Patchwork* darstellt, das in räumlicher Hinsicht kaum Bedingungen städtischen Lebens erfüllt. Dadurch werden nicht nur die städtischen Grenzen unkenntlich; vielmehr lässt die sich vermischende Heterogenität unterschiedlichster Nutzungen in ihren jeweils qualitativ oft bescheidenen Ausformungen auch scheinbar ungeordnete Siedlungsfraktionen mit dazwischen mehr und mehr schrumpfenden Freiräumen entstehen.

Erst in jüngster Zeit kommt diese Situation stärker ins Blickfeld, zunächst, etwa ab Mitte der 90er-Jahre des letzten Jahrhunderts, unter dem *Label* der „Europäischen Metropolregionen", die als

- „… räumliche und funktionale Standorte, deren herausragende Funktionen im internationalen Maßstab über die nationalen Grenzen hinweg ausstrahlen. Als Motoren der gesellschaftlichen, wirtschaftlichen, sozialen und kulturellen Entwicklung sollen sie die Leistungs- und Konkurrenzfähigkeit Deutschlands und Europas erhalten und dazu beitragen, den europäischen Integrationsprozess zu beschleunigen (vgl. Blotevogel 2005, S. 642 ff.).

- Ebenso wichtig erscheint aber, sich nicht nur um diese „*Leader*-Regionen" zu kümmern, sondern das sich mehr und mehr verzahnende stadt-regionale System insgesamt in gemeinsamen Entwicklungsstrategien in den Blick zu nehmen. Hier besteht eine wichtige Zukunftsaufgabe für unser Siedlungssystem.

Göschel (2004, S. 167 ff.) schlägt daher z.B. vor,

- „nach der offensichtlichen Sprengung kommunaler Grenzen soll auf regionaler Basis die neue territoriale Einheit, ein neuer ‚Raum-Container', gefunden werden, der repräsentative Demokratie und politisches Handeln auf der räumlichen Ebene möglich macht, auf der auch gewählt wird. *Kulturlandschaften* (Hervorhebung v. Verf.) könnten als solche Raumeinheiten dienen, so die Annahme, und sogar abgrenzbaren Verflechtungsräumen entsprechen".

Sicher ist eine größere Raumeinheiten umfassende Kommunal- oder Regionalverfassung wohl der einzig richtige Weg, die Auflösungserscheinungen des „Städtischen" ins „Regionale" neu zu strukturieren, den Begriff Kulturlandschaft dafür aber einzuführen, wird für irreführend gehalten. Während in der Raumordnung unter Kulturlandschaft fast ausschließlich historische, ästhetisch anmutende Landschaften gemeint sind, versteht die wissenschaftliche Kulturlandschaftsforschung seit Ende des 19. Jahrhunderts darunter im Gegensatz zur Naturlandschaft die Teile der Erdoberfläche, die durch menschliche Aktivitäten umgewandelt, in „Kultur" genommen wurden. Insoweit ist in Mitteleuropa jeder Teil der Erdoberfläche Kulturlandschaft und im Sinne Schwinds (Schwind 1964, S. 3) „objektivierter Geist", dem er seine Prägung „durch die Seele des Menschen" zuweist, die objektive Werte schafft und sich in diesen ausdrückt. Heute wird dieser „objektivierte Geist" als „absichtsvoll und zielorientiertes Raumgebilde" bezeichnet (Schenk 2002, S. 9), das heißt, zur Gliederung und Entwicklung von Siedlungsstrukturen kann der Begriff der Kulturlandschaft – ähnlich wie der allgemeinere Begriff der Landschaft – nur als Oberbegriff für *alle* artifiziellen Ergebnisse menschlichen Handels verwandt werden. Zur planenden Strukturierung müssen andere operable Begriffe handlungsleitend sein.

Voraussetzung dafür ist allerdings, dass sich in den Köpfen vor allem der politischen Akteure die Einsicht durchsetzt: Konkurrierende Kommunalpolitik reicht in einer sich mehr und mehr globalisierenden Welt nicht mehr aus, um eine lebenswerte Siedlungsentwicklung zu gestalten. Schlagwortartig ist der zu beschleunigende Prozess der Siedlungsentwicklung etwa mit dem schon 1998 formulierten Thema „Die Region ist die Stadt" der gemeinsamen Jahrestagung der Deutschen Akademie für Raumforschung und Landesplanung und der Deutschen Akademie für Städtebau und Landesplanung gut charakterisiert. Mit diesem programmatischen Thema wurde versucht, die Diskussion und alle siedlungsentwicklungspolitischen Aktivitäten in diese Richtung zu lenken – durchaus in dem Sinne, wie es schon These 1 der Charta von Athen 1933 formulierte: „Die Stadt ist ein Teil des ökonomischen, sozialen und politischen Ganzen – des Gebietes der Region".

In einzelnen deutschen Regionen, vor allem in Hannover und Stuttgart, sind in dieser Richtung einer Vernetzung der Städte mit ihren jeweiligen Umländern gute Fortschritte erzielt worden, in Abstrichen auch in der Region Rhein-Main, wobei sich aber gerade hier zeigt, dass einerseits die Kooperationsbereitschaft der Kommunen zur ausgleichenden Strukturierung noch zu wünschen übrig lässt und dass andererseits die Landesregierung die Vorreiter-Rolle als animativer Partner zur Generierung gesetzlicher Vorgaben nicht in genügendem Maße wahrnimmt.

Wenn die Eingangsfrage: Stadt, wohin gehst Du? im Sinne einer notwendigen stadtregionalen Vernetzung beantwortet werden soll, hilft in räumlicher Hinsicht sicher eine Leitvorstellung (vgl. Abb.), die sich schon 1970 theoretisch mit der räumlichen Ordnung der Gesellschaft in Form einer Graphik auseinander setzte und zeigt, dass im regionalen Maßstab einerseits Städte unterschiedlicher Wertigkeit existieren, sie aber vielfältig untereinander vernetzt sein müssen.

Insoweit ist der in der Raumordnung in jüngerer Zeit häufig auftauchende Begriff der *Governance* (Benz 2005, S. 404 ff.) der „in der Raumordnungs- und Regionalpolitik auf Netzwerken, d.h. relativ stabilen Kommunikations- und Austauschbeziehungen zwischen Akteuren, die sich im Rahmen von institutionellen Strukturen bilden" (Fürst 2003) ein guter Ansatz, Siedlungsentwicklung als Vernetzung städtischer und regionaler Strukturen aufzufassen. Allerdings zeigt sich gerade an der schwierigen Operationalisierung des Ballungsraumgesetzes Frankfurt/Rhein-Main, dass weniger monokratische Entscheidungen etwa des Gesetzgebers (vgl. Benz 2005, S. 406), die erst in Folge von Konflikten zustande kommen, gefragt sind; wesentlich effektiver für die stadt-regionale Entwicklung ist es, wenn a priori für die jeweilige Region gesetzliche Rahmenbedingungen geschaffen werden, die auf demokratischer Legitimation durch direkte Wahlen beruhen. Nur dies ist eine tragfähige Voraussetzung dafür, das Dilemma der ausufernden Städte samt dem Schwinden städtischen Lebens räumlich soweit zu ordnen, dass einerseits zumindest die Verödung städtischer Kerne gemildert und andererseits das Ausufern entstehender Siedlungsfraktionen in kommunaler Konkurrenz besser geregelt werden. Dabei ist, um städtisches Leben nicht noch weiter verschwinden zu lassen, unter der Leitidee der Dichte Folgendes zu beachten:

Eine sinnvolle Abgrenzung der jeweiligen stadt-regionalen Struktur ist vorzunehmen. Dies sollte am ehesten über eine funktionale Zuordnung von Stadt/Städten und Region geschehen, empirisch ermittelt etwa über die Reichweiten von Beschäftigungs- oder Versorgungseinzugsbereichen. Man könnte sich auch Vernetzungen von gewerblichen oder industriellen Standorten als Begrenzungskriterium vorstellen. Denn sicher ist auf jeden Fall: die Entwicklung stadt-regionaler Siedlungsstrukturen muss in einem legislativen Rahmen geschehen, will sie nicht ein folgenloses „Sonntags-Reden"-Dasein führen.

Abbildung: Vernetzung von Stadt und Region

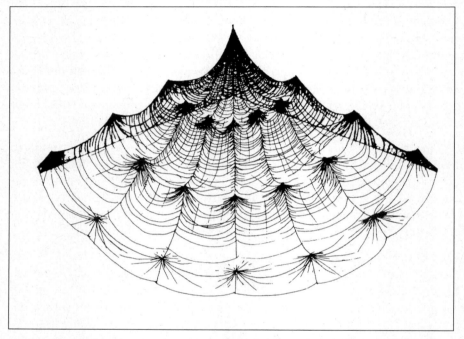

Nach: Morill, Richard L., The Spatial Organization of Society, S. 169, Belmont, California 1970.

Daraus folgt, dass in diesem definierten Raum auf Grund direkt gewählter Legitimation normativ-strategische Entscheidungen getroffen werden, die Stadt/Städte *und* Region zusammenbinden und eine gemeinsame Finanzierung sicherstellen. Wie sich zeigte, hatte das in diese Richtung konzipierte Programm der Städtenetze nicht die erhoffte Wirkung (vgl. Würges 2000*)*.

Auf dieser Grundlage können *gemeinsame* Entscheidungen für die ökonomische, die gesellschaftlich-soziale und die kulturelle Entwicklung getroffen werden. Im Sinne der *Regional Governance* sollten dabei in jedem Falle alle relevanten regionalen Akteure in die Meinungsbildung einbezogen werden. Ein Versuch in die richtige Richtung stellt dabei die Entwicklung des ersten gemeinsamen Flächennutzungsplans für das Gebiet des Ballungsraums Frankfurt/Rhein-Main dar, wobei sich allerdings zeigt, dass der ausschließliche Bezug auf die Fläche im Sinne einer stadtregionalen Verknüpfung zu kurz greift.

Da das Unbehagen an der stadt-regionalen Siedlungsentwicklung nicht zuletzt aus der ubiquitären Heterogenität der ästhetisch häufig unterentwickelten Bausubstanz resultiert, scheint es dringend geboten, über die kommunale Bauhoheit hinaus zu einer städtebaulich integrierten Entwicklung für die definierte Region zu kommen; denn nur so ist der Zerfaserung in das disperse „Siedlungs-*Patchwork*" Einhalt zu gebieten.

Im räumlichen Sinn sind Stadt und städtisches Leben durch die heterogene Dichte unterschiedlicher Nutzungen geprägt. In diesem Sinn unterscheidet sich Stadt auch heute noch von anderen Siedlungen durch die räumliche Vernetzung dieser Nutzungen, die gerade dadurch städtisches Leben ausmachen, dass sie in *räumlicher Dichte* auftreten. Nur in legislativer Kooperation und konzeptioneller Strategie können in gemeinsamer regionaler Entwicklung städtische Strukturen erhalten bleiben, gefördert werden oder neu entstehen, wo derzeit amorphe Siedlungsartefakte wuchern. Zusammen mit sinnvoll geförderten Freiräumen da-*zwischen* entstehen so lebenswerte mitteleuropäische *Kulturlandschaft(en)*.

Literatur

Benz, Arthur, Governance, in: Handwörterbuch der Raumordnung, 4. Aufl., Hannover 2005, S. 404–408.

Blotevogel, Hans-Heinrich, Metropolregionen, in: Handwörterbuch der Raumordnung, 4. Aufl., Hannover 2005, S. 642–647.

Blotevogel, Hans Heinrich, Raum, in: Handwörterbuch der Raumordnung, 4. Aufl., Hannover 2005, S. 831–841.

Deutsche Akademie für Städtebau und Landesplanung (Hrsg.), Stadtentwicklung durch inszenierte Ereignisse, Berlin 2001.

Die Region ist die Stadt, Gemeinsame Jahrestagung 1998, Akademie für Raumforschung und Landesplanung (Hrsg.), Forschungs- u. Sitzungsberichte, Bd. 206, Hannover 1999.

Fürst, Dietrich, Aufwertung der Region als Ebene gesellschaftlicher Selbststeuerung, in: Zibell, Barbara (Hrsg.), Zur Zukunft des Raumes. Perspektiven für Stadt-Region-Kultur-Landschaft (Stadt und Region als Handlungsfeld, Bd. 1), Frankfurt/M. und andere 2003, S. 49–70.

Göschel, Albrecht, Lokale und regionale Identitätspolitik, in: Siebel, Walter (Hrsg.), Die Europäische Stadt, Frankfurt/M. 2004, S. 158–168.

Heineberg, Heinz, Grundriss Allgemeine Geographie: Stadtgeographie, Paderborn 2000.

Mäding, Heinrich, Die Soziale Stadt. Rede anlässlich der Auftaktveranstaltung zum Bund-Länder-Programm „Die Soziale Stadt", in: Arbeitspapiere zum Programm „Soziale Stadt", Bd. 2, Berlin 1999, S. 1–4.

Mäding, Heinrich, Stadtforschung, in: Handwörterbuch der Raumordnung, 4. Aufl., Hannover 2005, S. 1071–1079.

Schenk, Winfried, „Landschaft" und „Kulturlandschaft" – „getönte" Leitbegriffe für aktuelle Konzepte geographischer Forschung und räumlicher Planung, in: Petermanns Geographische Mitteilungen, H. 146 (2002), S. 6–13.

Schwind, Martin, Kulturlandschaft als objektivierter Geist. Vortrag auf dem Deutschen Geographentag München 1948, in: Schwind, Martin, Kulturlandschaft als geformter Geist. Drei Ausätze über die Aufgaben der Kulturgeographie, Darmstadt 1964, S. 1–26.

Sieverts, Thomas, Die Qualifizierung der Zwischenstadt, in: ISG-Magazin, Nr. 3 (2005), S. 1–8.

Walther, Uwe-Jens, Die europäische Stadt als Soziale Stadt? Das deutsche Programm „Stadtteile mit besonderem Entwicklungsbedarf – die Soziale Stadt", in: Siebel, Walther (Hrsg.), Die europäische Stadt, Frankfurt/M. 2004, S. 332–344.

Wolf, Klaus, Kulturlandschaft, in: Handwörterbuch der Raumordnung, 4. Aufl., Hannover 2005, S. 537–543.

Wolf, Klaus, Stadt, in: Handwörterbuch der Raumordnung, 4. Aufl., Hannover 2005, S. 1048–1054.

Würges, Jochen, Städtenetze als Perspektiven der interkommunalen Zusammenarbeit, in: MATERIALIEN/Institut für Kulturgeographie, Stadt- und Regionalforschung der J. W. Goethe-Universität Frankfurt/M., Bd. 29, Frankfurt am Main 2000.

Zukunft der Städte. Bericht der Enquetekommission des Landtags von Nordrhein-Westfalen, hrsg. v. Präsidenten des Landtags Nordrhein-Westfalen (Landtagsdrucksache 13/5500), Düsseldorf 2004.

Zukunft von Stadt und Region, Bd. I: Integration und Ausgrenzung in der Stadtgesellschaft, Bd. II: Perspektiven der Regionalisierung. Beiträge zum Forschungsverbund „Stadt 2030", Deutsches Institut für Urbanistik (Hrsg.), Wiesbaden 2005.

Zwischenstadt – inzwischen Stadt? Entdecken, Begreifen, Verändern, hrsg. von Thomas Sieverts, Wuppertal 2005.

Der Autor

Prof. (em.) Dr. Klaus Wolf,
Institut für Kulturgeographie, Stadt- und Regionalforschung der Goethe-Universität Frankfurt am Main; 1. Vorsitzender der Deutschen Akademie für Landeskunde 1992–1996; Präsident der Akademie für Raumforschung und Landesplanung (ARL) 1997–1998.

Ulrich Hatzfeld

Strategische Allianzen in der Stadtplanung

Neue Handlungsfelder liegen nicht an bekannten Wegen

Einführung

Zuweilen gibt es Meinungen und Einschätzungen, deren Ursprung und Hintergründe nur wenigen bekannt sind, die aber dessen ungeachtet zum festen Teil des öffentlichen oder veröffentlichten Bewusstseins geworden sind. Das betrifft auch die Rolle der öffentlichen Hand. Wenn es darum geht, was „der Staat" (häufig synonym für den gesamten öffentlichen Sektor) tun und vor allem was er nicht tun sollte, halten sich die auf Massenkommunikation orientierten Medien selten bei differenzierten Einschätzungen auf. Nahezu reflexhaft hört man dann Forderungen nach „Abbau des bürokratischen Wasserkopfes" und Formeln wie „Privat vor Staat" oder „Weniger Staat! Mehr Eigenverantwortung!". Der öffentliche Sektor solle sich aus marktorientierten Prozessen möglichst schnell und möglichst weitgehend zurückziehen. Öffentliche Aufgaben, die keinen hoheitlichen Charakter hätten, sollen nach Möglichkeit privatisiert, eigenwirtschaftliche Aktivitäten der öffentlichen Hand unterbunden und die Staatsquote deutlich gesenkt werden.

Soweit derartige Forderungen überhaupt begründet werden, gibt es dabei im Wesentlichen drei Argumentationen:

- Erstens soll sich der öffentliche Sektor in traditioneller ordnungspolitischer – um nicht zu sagen: liberalistischer – Sicht auf die im Kern staatlichen Funktionen beschränken; diese umfassen vor allem die Herstellung der inneren und äußeren Sicherheit, die Garantie der Rechtsstaatlichkeit und die Bereitstellung von Infrastruktur – aber keinesfalls eine eigenständige wirtschaftliche Betätigung.

- Zweitens verfügen öffentliche Institutionen nach Meinung vieler nicht über ausreichende Flexibilität und ökonomische Effektivität. Das marktwirtschaftliche Konkurrenzsystem sei grundsätzlich besser als „bürokratische Entscheidungsstrukturen" in der Lage, die wirtschaftliche Entwicklung voranzutreiben und damit gesellschaftliche Prosperität zu erzeugen. Ursache sei, dass die Marktkonkurrenz die Unternehmen unentwegt zur Flexibilität und Innovation zwinge.

- Drittens wird gerade in den letzten Jahren sehr häufig das Argument der Erforderlichkeit von Haushaltsentlastungen angeführt. Mit der Privatisierung von öffentlichen Aufgaben seien erhebliche Rationalisierungseffekte zu erreichen, die dringend zum Abbau der öffentlichen Verschuldung zu nutzen seien.

Häufig geht die Diskussion über die Verlagerung öffentlicher Aufgaben und Kompetenzen noch weiter. Wenn öffentliche Leistungen nicht rentierlich zu gestalten sind und daher für eine Privatisierung ausscheiden, wird immer häufiger die Zivilgesellschaft ins Spiel gebracht. Ehemals öffentliche Aufgaben werden von Bürgergruppen, Initiativen oder gemeinnützigen Organisationen übernommen. Bei einer zivilgesellschaftlichen Organisation ehemals öffentlicher Aufgaben ergeben sich – so die Hoffnung – zum einen ganz erhebliche Entlastungen für die öffentlichen Haushalte. Zum anderen verlangen Bürgerinnen und Bürger zunehmend mehr gesellschaftliche Verantwortlichkeit und Selbstbestimmung – auch und gerade im öffentlichen Bereich. Begriffe und Phänomene wie Bürgergesellschaft, freiwilliges Bürgerengagement und Bürgerstiftungen scheinen zurzeit überhaupt keine Feinde zu haben.

Ungeachtet der Tatsache, dass die Forderung nach einem in seiner Bedeutung und seinem Aufgabenspektrum deutlich reduzierten öffentlichen Sektor vehement vorgetragen wird und letztendlich die allgemeine Diskussionsatmosphäre bestimmt, ist eine undifferenzierte Zustimmung zu derartigen Überlegungen nicht nur vorschnell, sondern in weiten Teilen auch falsch. Denn zum einen eignen sich nur solche Aufgaben für eine privatwirtschaftliche Organisation, die angenehme Renditen erwarten lassen. Schwierig bleibt immer die Verlagerung von Aufgaben, die nicht „marktfähig" sind oder deren Bearbeitung auch außerökonomische Aspekte erforderlich macht. Und zum anderen weigern sich bürgerschaftliche Gruppen zu Recht, als Ausfallbürgen für unrentierliche öffentliche Aufgaben zu fungieren. Spätestens eine unvoreingenommene Überprüfung tatsächlicher Privatisierungs- oder Aufgabenübertragungsfolgen sollte eigentlich eine allzu heftige Begeisterung für diese Strategien dämpfen.

Auffällig ist, dass viele der Argumentationen, die auf eine schlichte Privatisierung oder Verlagerung öffentlicher Aufgaben zielen, insofern erstaunlich statisch sind, als sie sowohl dem öffentlichen Sektor als auch der Privatwirtschaft oder der Zivilgesellschaft eine fest definierte und nicht veränderbare Rolle zuschreiben. Kann oder darf sich der Staat grundsätzlich nicht marktwirtschaftlich und unternehmerisch verhalten? Können Unternehmen nicht auch soziale und kulturelle Aufgaben übernehmen? Reduziert sich die gesellschaftliche Rolle von Bürgern auf deren Konsumentenfunktion?

Die Frage, die im Mittelpunkt der folgenden Überlegungen stehen soll, ist die nach einem veränderten Rollenverständnis und -verhalten sowohl des öffentlichen als auch des privaten Sektors. Möglicherweise eröffnen „kontrollierte Grenzüberschreitungen" für beide Seiten neue Handlungsfelder und Entwicklungsstrategien – nicht im Sinne einer Aufgabe der jeweiligen Funktion oder Rolle, sondern in Form einer in der Wirtschaft seit langer Zeit erfolgreichen strategischen Allianz.

Diskutiert werden sollen solche strategische Allianzen am Beispiel der Stadtplanung, genauer gesagt Stadtentwicklungsplanung. Diese Bereiche erscheinen für diesen Diskurs aus mehreren Gründen geeignet. Denn der zunächst der öffentlichen Sphäre zuzuordnende Aufgabenkomplex der räumlichen Entwicklungsplanung öffnet sich bereits seit längerer Zeit privaten Einflüssen und Denkstrukturen. Das gilt zum einen in Bezug auf eine stärkere Beteiligung und Mitwirkung von Bürgerinnen und Bürgern, insbesondere in Handlungszusammenhängen der Zivilgesellschaft. Zum anderen fließen mit den zurzeit sehr populären Moderations- und Managementansätzen schon heute verstärkt solche Steuerungsansätze in die Prozesse und Verfahren der Stadtplanung ein, die ihren Ursprung in der Privatwirtschaft haben. Wenn in der Stadtplanung vom Abbau von Standards, von der Notwendigkeit der Beschleunigung von Genehmigungsverfahren und vom Abbau bürokratischer Hindernisse die Rede ist, geht es letztendlich auch immer darum, in der Privatwirtschaft gebräuchliche Effektivitäts- und Effizienzkriterien auf die Steuerungsmechanismen der öffentlichen Stadtplanung zu übertragen. Wenn formale und langfristig wirkende Planungsverfahren wie etwa die Bauleitplanung zunehmend durch informelle oder anlassbezogene Instrumente wie Vorhaben- und Erschließungspläne oder städtebauliche Verträge ersetzt werden, dokumentiert dieser Übergang auch einen vergrößerten Stellenwert privater Einzelinteressen. Und wenn in Planungsverwaltungen eine an Produkten orientierte Budgetierung eingeführt wird, kann das durchaus als Versuch interpretiert werden, diese Verwaltungen durch privatwirtschaftliche Methoden effektiver zu machen.

Auch in der Stadtplanung intensiviert sich die Diskussion darüber, was öffentlich bleiben oder was privat werden sollte. Das zeigt sich etwa in Diskussionen über das zuweilen angestrebte private Management von Fußgängerzonen oder – aus umgekehrter Perspektive – über die Privatisierung des öffentlichen Raumes. Für die Forderung, Normen und Vorschriften der Stadtplanung abzuschaffen oder zumindest zeitlich zu befristen, findet man viel spontane Unterstützung. Zuweilen ist gar die Forderung nach einer „Privatisierung von Planungsämtern" zu hören.

Fest steht, dass sich die öffentliche Stadtplanung neuen Handlungs- und Legitimationsanforderungen ausgesetzt sieht und dass ein Schwerpunkt dieser Herausforderungen im ökonomischen Bereich liegt. Fest steht allerdings auch, dass eine (Teil-)Privatisierung stadtplanerischer Tätigkeiten nur eines der möglichen Handlungsszenarien darstellt. Die zentrale These des vorliegenden Beitrages besteht darin, dass sich durch neue Formen der Kooperation zwischen öffentlicher Hand und privater Wirtschaft nicht nur sehr interessante Lernfelder und effektive Handlungsstrategien eröffnen, sondern dass eine derartige Kooperation möglicherweise zu wesentlich besseren Ergebnissen führt als eine schlichte Privatisierung. Moderne Handlungsansätze wie etwa die der Moderation und des Managements von Prozessen verbessern nicht nur die „Reputation" staatlichen Handels, sondern können der öffentlichen Stadtplanung auch neue und zukunftsorientierte Handlungsfelder eröffnen.

1. Strategische Allianzen – zwischen Konkurrenz und Kooperation

In der aktuellen Stadtentwicklungsdiskussion verbinden sich mit dem Begriff der „neuen Kooperationen" oder auch des *Public Private Partnership* (PPP) viele Erwartungen. Mit einer verbesserten räumlichen und zeitlichen Abstimmung öffentlicher und privater Handlungskapazitäten sollen neue Kräfte und auch neue Finanzmittel aktiviert werden und sowohl der öffentliche als auch der private Sektor neue Impulse erhalten.

Dass derartige Erwartungen zuweilen etwas uferlos erscheinen, hängt auch damit zusammen, dass die begriffliche Abgrenzung der „neuen Kooperationsformen" oder „strategischen Allianzen" häufig im Ungefähren bleibt. Das zum einen, weil Kommunikation und Kooperation seit Anbeginn der Disziplin zu den zentralen Arbeitsmethoden der Stadtplanung gehören, also weder als Anspruch noch als Praxis neu erscheinen. Zum anderen verbergen sich hinter dem Begriff *Public Private Partnership* inzwischen regelmäßig Formen der öffentlich-privat abgestimmten Projektentwicklung und -finanzierung (die im vorliegenden Zusammenhang aber nicht thematisiert werden sollen[1]). Für die Abgrenzung von strategischen Allianzen in dem hier angesprochenen Sinn sollen folgende Merkmale gelten:

- Strategische Allianzen in der Stadtplanung orientieren sich an gemeinsamen Zielen der Stadtplanung und darauf ausgerichteten Maßnahmen der öffentlichen und privaten Handlungsträger oder Planungsbeteiligten. Ziel des Kooperationsansatzes sind die gemeinschaftliche Beseitigung städtebaulicher Defizite und/oder Erschließung von Entwicklungsoptionen. Im Regelfall umfassen sie eine funktional, räumlich und zeitlich koordinierte Umsetzung von öffentlichen und privaten Maßnahmen.

- Die Zusammenarbeit in der Allianz ist mehr oder weniger institutionalisiert (d.h. nicht einmalig oder sporadisch). Sie erstreckt sich auf gemeinsam definierte und nachvollziehbar abgegrenzte Kooperationsbereiche. Strategische Allianzen sind räumlich und zeitlich begrenzt.

- Die Kooperation ist im Wesentlichen freiwillig (d.h., sie basiert nicht auf Gesetzen oder öffentlich-rechtlich begründeten Verfahren). Zwischen den Kooperationspartnern werden für den Zeitraum der Zusammenarbeit feste Spielregeln des Umgangs vereinbart.

---

1 Vgl. etwa die Dokumentation der KPMG-Tagung „Public Private Partnership – Ausweg und Zukunftsmodell" am 21. April 2005 in Düsseldorf.; Arbeitsgemeinschaft für wirtschaftliche Verwaltung e.V. (Hrsg.) (2003); Deutsches Institut für Urbanistik (Hrsg.) (2005).

- Kooperationen, an denen die öffentliche Hand beteiligt ist, bedürfen eines hohen Maßes an Transparenz und – soweit hoheitliche Aufgaben betroffen sind – der Legitimation durch gewählte demokratische Gremien.

Im Kern zielen strategische Allianzen auf die Konstituierung von aufgabenbezogenen Netzwerken. Bei diesen Netzwerken „geht es nicht mehr darum, dass man materiell in einer Einheit der Größte ist. Man muss virtuell der Größte sein, also zu einem bestimmten Zweck zusammenarbeiten" (Theurl, Theresia, zit. nach Lotter 2005, S. 75). Insofern müssen die Kooperationspartner zunächst auf eigene Vorteile verzichten, um dann zusammen gemeinschaftliche (und größere) Vorteile zu erzielen. In gewisser Weise zeigt sich eine Analogie zwischen den hier thematisierten strategischen Allianzen und der Organisation des Verhältnisses zwischen benachbarten Kommunen. Hier formuliert Davy (für das Ruhrgebiet) die Vision einer „föderalistischen Stadtlandschaft", in der die „Eigenart" und die „Eigenständigkeit" der Städte als „schöpferische Fülle" für die allgemeinen Interessen genutzt werden (Davy 2004, S. 84).

Zu den Vorteilen, die sich mit strategischen Allianzen in der Stadtplanung verbinden, gehören vor allem

- die Beschleunigung von Planungsabläufen oder Investitionen. Im Normalfall erhöhen die neuen Kooperationsformen das allgemeine Konsensniveau der am Planungsprozess beteiligten Gruppen. Nicht selten schaffen sie eine Vertrauensbasis für weitere Projekte und Maßnahmen;

- die Bündelung von finanziellen und sonstigen Handlungsmöglichkeiten. Wenn in der strategischen Allianz eine Verständigung über Ziele und zu priorisierende Maßnahmen gelingt, können diese sowohl mit öffentlichen als auch mit privaten Mitteln umgesetzt werden. Neue Kooperationsformen ermöglichen eine Ausdehnung von Planungsstrategien auch auf solche privaten Bereiche, die hoheitlichen Planungsansätzen ansonsten nicht zugänglich sind; öffentliche Infrastrukturmaßnahmen werden durch Investitionen im privaten Sektor funktional ergänzt;

- die fachliche Qualifizierung sowohl der öffentlichen als auch der privaten Seite. In dem gemeinsamen Bestreben, Projekte umzusetzen, wachsen Verständnis und Wissen über die Handlungssysteme und -logiken der Projektpartner.

Gleichzeitig verbinden sich mit zunehmender Verbreitung der neuen Kooperationsformen aber auch neue Befürchtungen:

- PPP-Allianzen entwickeln nicht selten exklusive Entscheidungsstrukturen, die zu Konflikten mit formal legitimierten Verfahren führen können. Der an sich heilsame Zwang, in kleinen Arbeitsgruppen und übersichtlichen Entscheidungsstrukturen möglichst schnell zu Umsetzungen städtebaulicher Maßnahmen zu kommen, kann in Widerspruch zu der Notwendigkeit geraten, andere Gremien (z.B. den Rat der Stadt) zu beteiligen. Werden die Entscheidungen dessen ungeachtet in den exklusiven Gremien getroffen, setzen sich diese Gremien dem Vorwurf aus, so etwas wie eine „Nebenregierung" zu konstituieren.

■ Ähnliche Probleme kann die kontinuierliche Beteiligung der Bevölkerung an Planungsprozessen aufwerfen. Wie alle Formen der öffentlich-privaten Kooperation bedürfen auch strategische Allianzen längerer Phasen der „vertraulichen Zusammenarbeit". Das kann bis zur Geheimniskrämerei oder zum Ausschluss der betroffenen Bevölkerung führen. Zu den zentralen Spielregeln guter strategischer Allianzen gehört daher, dass es neben Phasen der „geschützten Kommunikation" immer auch vereinbarte „Schnittstellen" der Öffentlichkeitsbeteiligung gibt.

■ Die neuen Kooperationsformen können, da sie – zum Teil durchaus bewusst – nur partiell oder überhaupt nicht in Verwaltungsabläufe und Finanzierungswege eingebunden werden, Probleme in der Umsetzungsphase bekommen. Letztendlich aber bedürfen die meisten Beschlüsse und Entscheidungen, die in der strategischen Allianz gefunden werden, einer Umsetzung in formalen Verwaltungsverfahren. Positiv betrachtet bedeutet dies, dass die öffentliche Verwaltung, die ja im Regelfall einen Teil ihrer Kompetenz an die strategische Allianz abgeben muss, möglichst frühzeitig und möglichst vollständig an den Prozessen der strategischen Allianz beteiligt werden sollte.

2.   Beispiele und Erfahrungen

Veränderungen beginnen häufig mit Versuchen, am besten mit praxisbezogenen Experimenten. Das gilt auch für strategische Allianzen in der Stadtplanung.

Im Land Nordrhein-Westfalen gab es in den letzten zehn Jahren mehrere solcher Experimente, die zusammen genommen fast zu so etwas wie einer neuen Kooperationskultur geführt haben.

Stadtmarketing

Zu den inzwischen etablierten Formen der öffentlich-privaten Kooperationen vor Ort gehört das Stadtmarketing, das in der Regel explizit Ziele oder Maßnahmen der (Innen-)Stadtentwicklung thematisiert. Allein im Land Nordrhein-Westfalen wurden rund 180 derartige Projekte durch das Land gefördert, und zwar immer im Hinblick auf Probleme oder Optionen der Stadtentwicklung, immer mit privater Finanzierungsbeteiligung und immer für eine begrenzte Zeitperiode. Mehr als die Hälfte der durch diese Impulsförderung gestützten Projekte wurde auch nach Abschluss der öffentlichen Förderung mit lokalen Mitteln weitergeführt. Stadtmarketing hat in vielen Städten Denk- und Handlungsblockaden aufgelöst, Investitionsprozesse angeregt und viele Stadtentwicklungsmaßnahmen qualifiziert. Es hat insbesondere bewiesen, dass die Wirtschaft (oder große Anteile davon) bereit ist, sich in Fragen der konkreten Standortentwicklung zu engagieren – und zwar immer dann besonders, wenn der konkrete Nutzen des Engagements im Stadtteil sichtbar wird.

Ab in die Mitte

Ebenfalls im Land Nordrhein-Westfalen wurde vor sieben Jahren zusammen mit mehreren Handelsunternehmen und -verbänden sowie den kommunalen Spitzenverbänden das Projekt „Ab in die Mitte!"[2] begonnen. Zentrales Merkmal dieser Projektreihe, die sich inzwischen auf vier weitere Bundesländer ausgeweitet hat und in der nach landesweiten Wettbewerben über 270 Innenstadtprojekte umgesetzt wurden, ist das gemeinsame Management von Aktivitäten durch Handel und öffentliche Handlungsträger (vgl. www.abindiemitte.de). Mehr als die Hälfte aller Projektkosten (bundesweit bisher rund 30 Mio. Euro) wurde von den privaten Partnern (vor allem den beiden großen Kaufhausunternehmen) getragen. „Ab in die Mitte" hat – ähnlich wie das Stadtmarketing – in vielen Städten dauerhaft wirksame Kooperationsstrukturen initiiert (Thielen 2005), auch und vor allem im Übergangsbereich zwischen Innenstadtentwicklung und Kultur.

Improvement Districts

Zu den Weiterentwicklungen des Stadtmarketings zählen die inzwischen zahlreichen öffentlich-privaten Initiativen, die unter dem nordamerikanischen Begriff *Business Improvement Districts* (BIDs) bekannt geworden sind[3]. Allein im Land Nordrhein-Westfalen wurden bisher 21 „freiwillige Varianten" dieser Entwicklungsstrategie in Form so genannter Immobilien- und Standortgemeinschaften (vgl. Landesbüro Stadtmarketing 2004) gefördert. Ein wichtiges Ziel dieser Projekte, die ebenfalls nur bei einer parallelen Förderung durch private Unternehmen unterstützt werden, ist die Einbeziehung von Grundstückseigentümern und Immobilienbesitzern in gebietsbezogene Entwicklungsstrategien. Die Kooperationsprojekte verbinden sich für die Wirtschaft mit so vielen Erwartungen, dass es in den einschlägigen Wirtschaftsverbänden inzwischen durchgängige Beschlusslage ist, derartige Projekte zu fordern und zu fördern.

Standort Innenstadt – Raum für Ideen

Mit zwei großen innenstadtbasierten Handelsunternehmen hat das Land NRW zusammen mit fünf großen Städten des Ruhrgebiets ein Projekt zur Bekämpfung der um sich greifenden Leerstände in den Innenstädten auf den Weg gebracht

---

2 Vgl. als aktuelle Dokumentation: Die Initiatoren des Projektes „Ab in die Mitte! Die City-Offensive NRW" (2005).
3 Vgl. etwa: Handelskammer Hamburg (2004).

("Standort Innenstadt – Raum für Ideen", www.standort-innenstadt.de). Interessanterweise haben sich in diesem Projekt vor allem die Betriebsräte der beteiligten Unternehmen engagiert. Hintergrund dieses Engagements ist die Erkenntnis, dass die Standorte der Innenstadtgroßunternehmen langfristig nur dann gesichert sind, wenn der gesamte Standortbereich prosperiert.

Bahnflächenentwicklungsgesellschaft

Mit der Gründung der Bahnflächenentwicklungsgesellschaft (BEG) sind das Land und die Bahn AG eine langfristige Partnerschaft eingegangen mit dem Ziel, Perspektiven für nicht mehr betriebsnotwendige Flächen oder Empfangsgebäude der Bahn zu entwickeln (www.beg.de). Hier verbindet sich der Wunsch der Bahn AG, Flächen und Bahnhöfe zu vermarkten, mit dem stadtentwicklungspolitischen Ziel, diese Flächen und Gebäude einer stadtverträglichen Nutzung zuzuführen. Gerade bezogen auf dieses Ziel verläuft das Projekt ausgesprochen erfolgreich. Wichtiges Merkmal der Kooperation ist, dass sowohl das Land als auch die Bahn AG bei der Flächenentwicklung gemeinsam "ins wirtschaftliche Risiko" gehen.

Die Reihe der Beispiele ließe sich fortsetzen. Wichtiger erscheint jedoch die Frage, wie derartige Projekte entstehen und unter welchen Rahmenbedingungen die Erfolgschancen am höchsten sind. Abstrahiert man zunächst von der auch in diesem Bereich maßgeblichen Bedeutung einzelner Persönlichkeiten, haben sich im Land Nordrhein-Westfalen vor allem folgende Faktoren als wichtig herausgestellt:

- Das Land muss ein aktives Kommunikations- und Kooperationsangebot an die Wirtschaft formulieren. Jeder Wunsch der Wirtschaft an das Land, in einem gewissen Handlungsfeld tätig zu werden, kann auch als Chance für neue gemeinsame Handlungsfelder und strategische Allianzen verstanden werden.

- Unabdingbar ist eine intensive, vor allem auch kontinuierliche Kommunikation mit den Städten und Gemeinden des Landes im Hinblick auf aktuelle fachliche Probleme und Handlungsnotwendigkeiten auf Landesebene. Nur so lassen sich Erfolg versprechende Kooperationsgegenstände identifizieren.

- Kooperationen in der Stadtplanung können weder zentral verordnet noch zentral umgesetzt werden. Letztendlich sind daher Rahmenbedingungen zu schaffen, die den Initiativen vor Ort genügend Luft zum Atmen und genügend Spielraum für eine Anpassung der Projekte an die lokalen Bedingungen erlauben.

- Viele Kooperationsstrategien bedürfen am Anfang eines Einstiegsimpulses, auch in Form von Finanzmitteln. Städte und Gemeinden müssen ebenso wie das Land nicht nur bereit sein, diese Finanzmittel aufzubringen, sondern vor allem auch das jedem Kooperationsvorhaben innewohnende Risiko zu akzeptieren. Immer dann, wenn man die Sphäre einer allein öffentlichen Finanzierung verlässt, tauchen erhebliche Abstimmungsprobleme mit dem öffentlichen Haushaltsrecht auf. Hier ist neben Phantasie und zuweilen Mut auch die Offenheit für neue Sichtweisen erforderlich.

- Mit zu den wichtigsten Erfolgsfaktoren gehört ein kontinuierlicher Erfahrungsaustausch der an den Projekten beteiligten Partner. Für jeden der oben genannten Kooperationsansätze wurden auf Landesebene – auf Zeit – eigenständige Institutionen gebildet, die den interkommunalen und projektbezogenen Erfahrungsaustausch organisieren.

- Als Organisationsformen, die immer „hart am Markt" arbeiten müssen, müssen sich die neuen Organisationsformen möglichst schnell von der öffentlichen Sonderförderung (Impulsförderung) unabhängig machen. Förderangebote sollten daher grundsätzlich zeitlich begrenzt werden.

3. Konkurrenz oder Kooperation: Was ist langfristig erfolgreicher?

Zweifellos haben sich in den letzten Jahren das Rollenverständnis und -verhältnis zwischen Bürgern, Staat und Wirtschaft verändert. In der Bürgerschaft verstärken sich zivilgesellschaftliche Aktivitäten und bürgerschaftliches Selbstbewusstsein. Staat und Gemeinden überprüfen ihre Aufgaben – auch vor dem Hintergrund der aktuellen Finanzsituation. Parallel vollzieht sich ein Wandel des Selbstverständnisses im Sinne eines Übergangs vom verwaltenden zum aktivierenden Staat. In der Wirtschaft schließlich nehmen Diskussionen über die gesellschaftliche Verantwortung von Unternehmen zu (Stichwort: *Corporate Social Responsibility*/CSR, vgl. Deutsche Bank AG 2004)[4].

Auch auf der anwendungsbezogenen Ebene der Stadtplanung wird über eine Neuverteilung von Verantwortlichkeiten und Zuständigkeiten diskutiert. Das betrifft insbesondere das Verhältnis zwischen Kommunen und (lokaler) Wirtschaft. Das Planungsgeschehen wird in zunehmendem Maße durch öffentlich-rechtliche Vereinbarungen, Vorhaben- und Erschließungspläne sowie informelle Pläne unter Einbeziehung privater Gruppen bestimmt. Der „Investor" ist zu einem Synonym für eine dynamische Stadtentwicklung geworden – im positiven wie im negativen Sinne. Fest steht, dass große Teile des Baugeschehens inzwischen direkt oder indirekt von Bauträgern, Projekt- und Entwicklungsgesellschaften und sonstigen *Public Private Partnerships* bestimmt werden.

Auf Seiten der Wirtschaft wächst gleichzeitig die Sensibilität für die Abhängigkeit kommerzieller Entwicklungschancen von der Stadtplanung. Deutlich wird dies

---

4 Sicher kann das Bewusstsein für die gesellschaftliche Verantwortung von Unternehmen in Deutschland noch weiterentwickelt werden. Dennoch ist die Tendenz eindeutig. Drei Viertel aller Firmeninhaber bejahten in einer diesbezüglichen Umfrage die besondere Verantwortung von Unternehmern für die Gesellschaft. Im Jahr 2004 soll die Summe der Ausgaben für gemeinnützige Zwecke zehn Milliarden Euro betragen haben (Schröder 2005, S. 181).

besonders im Bereich der Innenstadtentwicklung. Ob ein Unternehmen an einem konkreten Standort erfolgreich ist oder nicht, hängt in zunehmendem Maße von dem Erfolg des gesamten Standort*bereiches* – und damit von der diesen Erfolg mitbestimmenden lokalen Politik – ab.

Vor diesem Hintergrund hat sowohl das planungsfachliche als auch das unternehmerische Interesse an strategischen Allianzen zugenommen. Dabei erwarten die Privaten vor allem eine Beschleunigung von Vorhaben und eine generelle Risikominderung durch größere Planungs- und Investitionssicherheit. Mit einem verstärkten Engagement in der Stadtentwicklung kann ein Betrieb nicht nur seine konkrete Umfeldsituation verbessern, sondern kann mit gemeinwohlorientierten Projekten auch eine Imageverbesserung erzielen. Die öffentliche Seite versucht, die durch private Investments erzeugte Dynamik mit Zielen der Stadtentwicklung zu verbinden. Angesichts der Situation der öffentlichen Haushalte sind viele Projekte der Stadtentwicklung ohne private Beteiligung überhaupt nicht mehr umsetzbar.

Häufig wird die Forderung nach einem verstärkten Engagement der Wirtschaft in der Stadtentwicklung als Aufforderung zu einem stärkeren Altruismus missverstanden. Darum geht es den hier angesprochenen strategischen Allianzen jedoch nicht, zumindest nicht in erster Linie. Denn die Konstitution und die „Pflege" von Zusammenarbeit gehören zu den Grundtechniken der Ökonomie: „Wirtschaft ist pure Kooperation". … Weder Handel noch Märkte sind ohne Kooperation vorstellbar" (Lotter 2005, S. 73). Und zweitens ist Kooperation keine „Ausnahme" in einem ansonsten atemlosen Konkurrenzgeschehen, sondern ein notwendiger Teil des ökonomischen Gesamtsystems: „Egoismus und Hilfe, ein anderes Wort für Kooperation, sind die Seiten ein und der derselben Medaille. Sie sind allein nicht vorstellbar, sondern aufeinander angewiesen. Kein Ding kommt ohne das andere zurande" (ebenda). Gleichwohl muss man immer im Auge behalten, dass Kooperation erstens selten „von alleine" entsteht und zweitens nach festgelegten Prinzipien zu organisieren ist (Davy 2004, S. 88 ff.).

Diese Zusammenhänge muss man im Auge behalten, wenn es darum geht, der Stadtentwicklung innovative Impulse durch neue Partner (z.B. aus der Wirtschaft), neue Themen und neue Formen der Kooperation zu geben. Fest steht, dass der Schlüssel für derartige Ansätze in der Bereitschaft der öffentlichen und privaten Projektbeteiligten besteht, ihre gewohnten Rollen in Frage zu stellen.

■ Für den öffentlichen Bereich geht es vor allem um eine Öffnung gegenüber wirtschaftlichen Denk- und Verhaltensweisen. Dies könnte durchaus im wohlverstandenen Eigeninteresse geschehen: denn wenn sich interne Organisationsprinzipien und nach außen gerichtete Politikansätze zu weit von den ansonsten maßgeblichen privaten Produktionsbedingungen entfernen, wird der öffentliche Bereich früher oder später grundlegende Legitimationsprobleme bekommen.

In der nordamerikanischen Planungspraxis gibt es zahllose Beispiele dafür, dass öffentliche Institutionen – im Sinne eines Förderns und Forderns – unternehmerisch tätig werden (d.h. „Deals machen"). In Deutschland sind *Business Improvement Districts* oder Immobilien- und Standortgemeinschaften Versuche, öffentliche und private Aktivitäten stärker aufeinander zu beziehen – oder sogar in eine Kooperation zu zwingen. Voraussetzung für ein solches Verwaltungshandeln, das öffentliche Leistungen unter den Vorbehalt privater Mitwirkung stellt, ist jedoch, dass der Prozess und die Ergebnisse der „Verhandlungen" mit Privaten transparent und öffentlichen Zielen verpflichtet bleiben.

Von einer solchen aktiven Haltung der öffentlichen Hand ist das gegenwärtige, auf unbedingte Sicherheit und Fehlerfreiheit programmierte Planungshandeln in Deutschland noch weit entfernt. Man könnte sogar noch weiter gehen: bislang stehen das öffentliche Haushaltsrecht und die personalwirtschaftlichen Strukturen einer unternehmerischen Orientierung des öffentlichen Bereichs sogar entgegen.

- Private Unternehmen müssen bereit sein, sich für die Gesellschaft allgemein und für die Standorte, an denen sie tätig sind und Geld verdienen, verantwortlich zu fühlen. Wenn es allgemeiner Trend ist, für deutsche Unternehmen ähnliche („freiheitliche") Rahmenbedingungen zu schaffen wie für die amerikanische Wirtschaft, kann man auch erwarten, dass sich die Unternehmen der nordamerikanischen Tradition der gesellschaftlichen Verantwortung und des Sponsorings annähern. Alternativ könnte man über ähnliche Regelungen wie das amerikanische *Community Reinvestment Act* nachdenken, das Kreditunternehmen zwingt, einen definierten Anteil ihres Umsatzes in problematischen städtischen Gebieten zu reinvestieren.

- Beide Seiten können davon profitieren, ihre Kooperationspartner einschließlich deren spezifischer Handlungsbedingungen besser kennen zu lernen. Das betrifft auf öffentlicher Seite etwa die Mechanik politischer Entscheidungsprozesse, die Berücksichtigung fachlicher Bindungen oder die Einbeziehung von Bürgern. Auf privater Seite sind Faktoren wie Wirtschaftlichkeit, Finanzierungsbedingungen oder Risikominimierung von entscheidender Bedeutung. Durch eine offene und auf langfristige Kooperation zielende öffentlich-private Zusammenarbeit ist auf beiden Seiten mit erheblichen Qualifizierungseffekten zu rechnen.

Eine gute Chance zur Sammlung diesbezüglicher Erfahrungen bieten die *Business Improvement Districts*. Ziel ist, in Stadtteilen, die aus sich heraus zu geringe eigene ökonomische Dynamik entwickeln, neue Impulse und Kreisläufe der Eigeninitiative anzuregen. Handlungsfähigkeit und Handlungswille der in diesen Gebieten tätigen Gewerbetreibenden, Einzelhändler, Dienstleister und Immobilieneigentümer werden gestärkt. Von traditionellen Ansätzen zur Wirtschaftsförderung unterscheidet sich dieser Ansatz dadurch, dass es nicht um Förderung eines einzelnen Betriebes, sondern um die koordinierte Entwicklung eines gesamten Standortbereiches geht.

Interessant ist eine Übertragung des hinter den BIDs stehenden Gedankens der gebietlichen Selbstorganisation (in Stadtzentren) auf städtische Wohnbereiche.

Bekanntlich erleiden solche Gebiete seit Jahrzehnten eine Erosion der wohnge-
bietsbezogenen Infrastruktur: wohnungsnahe Geschäfte schließen, die Erschließung mit öffentlichem Nahverkehr wird schlechter, die wohnortbezogenen Grünflächen werden vernachlässigt, Altenbegegnungsstätten und Jugendtreffs sind
nicht mehr finanzierbar. Eine Umkehrung dieser Trends ist sowohl unter Budget-
gesichtspunkten als auch angesichts der demographischen Entwicklung nicht zu
erwarten. Positiv betrachtet eröffnen sich in diesen Wohngebieten immer dann,
wenn die private Wohnungswirtschaft eine aktive Kooperation mit der Kommune
findet, ernorme Gestaltungsspielräume. In Entwicklungsvereinbarungen könnte
eine freiwillige Lastenverteilung zwischen Kommunen und Wohnungswirt-
schaft/Immobilieneigentümern im Hinblick auf die Einrichtung und den Betrieb
von sozialen, kulturellen und technischen Infrastruktureinrichtungen festgelegt
werden: das Spektrum möglicher Vereinbarungsgegenstände reicht von Stadtteil-
parks über Kinder- und Alteneinrichtungen bis hin zur Drogenberatung.

Strategische Allianzen zwischen der Wirtschaft und dem öffentlichen Sektor lösen –
das sei Kritikern schon jetzt konzediert – nicht alle Probleme der Stadtentwicklung
und sind sicher auch nicht in allen (schwierigen) Stadtteilen einsetzbar. Sie können
allerdings ein Mosaikstein in einem modernen Bild der Stadtplanung sein. Bei strategischen Allianzen geht es, wie Selle es formuliert, um die Gestaltung von Prozessen (Selle 2000). Wenn es gelingt, am Ende dieser Prozesse neue Netzwerke der
Veränderung zu generieren, ist eine der wesentlichen Voraussetzungen für Innovation gegeben (Ibert 2005). Denn Innovation heißt, Neues zu denken und vor allem
Neues zu tun.

Literatur

Arbeitsgemeinschaft für wirtschaftliche Verwaltung e.V. (Hrsg.), Public Private
    Partnership. Ein Leitfaden für öffentliche Verwaltung und Unternehmer. Do-
    kumentation, Frankfurt a. M. 2003.

Die Initiatoren des Projektes „Ab in die Mitte! Die City-Offensive NRW", Spiel-
    PlatzStadt. Stadt der Generationen, Ladbergen 2005.

Deutsche Bank AG, Corporate Social Responsibility. Report 2003, o.O. (Frankfurt
    a. M.), o.J. (2004).

Deutsches Institut für Urbanistik (Hrsg.), Public Private Partnership Projekte. Eine
    aktuelle Bestandsaufnahme in Bund, Ländern und Kommunen, Berlin 2005.

Davy, Benjamin, Die Neunte Stadt. Wilde Grenzen und Stadtregion Ruhr 2030,
    Wuppertal 2004.

Handelskammer Hamburg, Business Improvement District. Quartiersentwicklung
    durch Eigen(tümer)initiative, Hamburg 2004.

Hatzfeld, Ulrich, Stadtmarketing – Erfahrungen, Folgerungen (erscheint demnächst in einer von Klaus Selle herausgegebenen Veröffentlichung).

Ibert, Oliver, Wie lassen sich Innovationen planen?, in: Informationen zur Raumentwicklung, Heft 9/10 (2005), S. 599–607.

Landesbüro Stadtmarketing im Auftrag des Ministeriums für Städtebau und Wohnen, Kultur und Sport des Landes Nordrhein-Westfalen (Hrsg.), Immobilien- und Standortgemeinschaften. Ein Modellprojekt des Ministeriums für Städtebau und Wohnen, Kultur und Sport des Landes Nordrhein-Westfalen zur Revitalisierung der Innenstädte, Münster 2004.

Lotter, Wolf, Echte Hilfe. Früher: Wer hilft, ist gut. Jetzt: Was hilft, wird gut, in: brand eins, Nr. 10 (2005), S. 68–78.

O.V., Dokumentation der KPMG-Tagung „Public Private Partnership – Ausweg und Zukunftsmodell" am 21. April 2005 in Düsseldorf.

Schröder, Jens, Der Aufstieg des Guten, in: Geo, Heft 12 (2005), S. 168–196.

Selle, Klaus, Was? Wer? Wie? Warum? Voraussetzungen und Möglichkeiten einer nachhaltigen Kommunikation, Dortmund 2000.

Thielen, Hartmut, Viel mehr als Brot und Spiele – Die nachhaltige Wirkung der „Ab in die Mitte!"-Projekte wird oft unterschätzt, in: Eildienst des Städtetages Nordrhein-Westfalen 11 (2005), S. 343–347.

WWW.ABINDIEMITTE.de (April 2006).

WWW.BEG.NRW.de (April 2006).

www.standort-innenstadt.de (April 2006).

Der Autor

Dr. Ulrich Hatzfeld,
Stadt-, Regional- und Landesplaner; bis Juli 2006 Ministerium für Bauen und Wohnen des Landes Nordrhein-Westfalen, dort zuständig u.a. für Stadt und Wirtschaft, Städtebauförderung, Gewerbeflächenpolitik; seit August 2006 Leiter der Unterabteilung Stadtentwicklung im Bundesministerium für Verkehr, Bau und Stadtentwicklung.

Peter Zlonicky

Stadtplanung als lernendes Projekt

Der Großtanker Stadtplanung bewegt sich langsam. Gesellschaftliche Krisen machen sich erst mit späten Auswirkungen auf die Stadt bemerkbar. Auf viele Krisen war Planung nicht vorbereitet. Aber mit jeder Krise ist Planung eher stärker, lebendiger geworden – auch wenn dies nicht immer so erkannt wird.

Dass es Großprojekte gibt, die zu Recht gescheitert oder zu Katastrophen geworden sind, kennen wir aus der Planungs- und der Planergeschichte der 60er- und 70er-Jahre des letzten Jahrhunderts. Städtebauer haben zu groß und zu kurz gedacht, die Götter herausgefordert – sie konnten die Sprache der Stadt und deren Bürgerinnen und Bürger nicht mehr verstehen. Spätestens in diesem Moment waren Einsicht und Wissenschaft gefordert.

Die Rolle der Planer hat sich verändert. Nicht zuletzt mit der Unterstützung von in den 70er-Jahren gegründeten Instituten – wie zum Beispiel dem Deutschen Institut für Urbanistik – und einer neu profilierten universitären Forschung konnte sich Planung als Handlungswissenschaft etablieren.

1.   Lange Bögen

In den 50er- und frühen 60er-Jahren konnte man nur in größeren Städten von eigenständiger Stadtplanung reden. In mittleren und kleinen Städten gab es neben den Bauämtern zunehmend größere Wohnungsbaugesellschaften, die vor allem das Geschäft der Stadterweiterungen übernahmen. Die Städte schrieben – oft gemeinsam mit den Wohnungsbaugesellschaften – Wettbewerbe aus mit dem Ziel, private Büros zur Übernahme von Planungsleistungen zu verpflichten. Damit waren diese Büros ein verlängerter Arm der Verwaltung. Noch in den 70er-Jahren gab es in Westdeutschland nur wenige (etwa fünf) Büros, die sich allein auf städtebauliche Planung konzentrierten.

„Von der Auffang- zur Entwicklungsplanung" war der Anspruch der späten 60er- und der 70er-Jahre. Entwicklung sollte als hoheitliche Aufgabe von den Kommunen selbst übernommen werden. Eine enge Verzahnung zwischen Politik und Verwaltung, zwischen den einzelnen Ressorts war angestrebt. Dazu brauchte man eine neue Planergeneration – neue Institute wie an der TU Berlin, Fakultäten wie der Fachbereich Raumplanung der Universität Dortmund wurden gegründet, Schwerpunktbildungen wie in Aachen gestärkt.

Mit der neuen Planergeneration erhielten die Verwaltungen neue, wissenschaftlich und praxisbezogen ausgebildete Kapazitäten. Nicht nur die Planung, auch die Verfahren lagen nun „in einer Hand" (was allerdings in einer sektoral gegliederten Verwaltung nicht ohne weiteres möglich war). Die Mitarbeit von so genannten freien Büros war zunehmend beschränkt auf Einzelaufgaben und auf solche Projekte, mit denen sich die Verwaltung nicht „die Finger verbrennen" wollte.

Seit den 90er-Jahren konzentrieren sich die Kommunen weitgehend auf die Sicherung des Planungs- und Baurechts. Mit dem finanziell bedingten Abbau des kommunalen Personals, mit der Verlagerung von Planungsleistungen auf Landesentwicklungsgesellschaften und Investoren ist ein Weg eingeleitet, der noch nicht abgeschlossen ist. Erst in letzter Zeit ist eine Wiederbelebung strategischer und integrierender Planungskonzepte zu erkennen.

Diese holzschnittartig vereinfachende Beschreibung nennt einzelne Phasen mit scheinbar getrennt aufeinander folgenden Entwicklungen. In der Realität verlaufen sie als lange Bögen, oft unterschiedlich, gleichzeitig oder parallel. Dabei hat sich ein „roter Faden" entwickelt: Weniger Euphorie der frühen Jahre – mehr Anspruch an Planungsqualität, mehr Anspruch an wissenschaftliche Unterstützung.

2.   Einschnitte

Die Berichte des Club of Rome, stärker aber noch die Erdölpreiskrise (1973) beendeten den fröhlichen Planungsoptimismus der 60er-Jahre. Das Bewusstsein, mit endlichen Ressourcen haushalten zu müssen, war wenig verbreitet, der Begriff „Ökologie" musste auch von Planern erst buchstabiert werden.

Mit der ökologischen Krise einher ging die Vermutung, dass nach dem zweiten Weltkrieg genauso viel städtische Substanz zerstört worden sei wie während der Bombardierungen. Das löste eine kulturelle Krise aus. Denkmalschutz, bis dahin eher eine Aufgabe von Historikern und wenigen Denkmalpflegern, erhielt breite Unterstützung: „Wir sind die größte Bürgerinitiative!" war das Selbstbewusstsein der Redner des nationalen (1973), später des Europäischen Denkmalschutzjahres (1975). Begleitet wurde die Entwicklung durch die Skandale um die Neue Heimat (1976) und den Widerstand gegen eine Fortsetzung der Abbruchpolitik, nicht zuletzt durch Initiativen zur Erhaltung von Siedlungen und durch die Hausbesetzerszene. Spätestens zu diesem Zeitpunkt waren die Zeichen einer sozialen Krise unübersehbar.

Für die Stadtplanung standen ungewohnte Aufgaben an. Die Abwendung vom Neubau zur Bestandsorientierung löste eine professionelle Krise aus: Wer war in der Lage, die „kaputte Stadt zu retten"? Wer war für eine behutsame Stadterneuerung ausgebildet? Wer könnte mit der Beteiligung der Betroffenen verlorenes Vertrauen wiedergewinnen? Waren es zunächst einzelne Quartiere und Stadtteile, so erweiterte sich das Blickfeld auf ganze Regionen: auch hier waren bisherige Strategien an ein Ende gekommen.

Überlagert wurde die Einsicht in eine notwendige Kontinuität der Stadtpflege von einer neuen Dimension großer Projekte. Nicht mehr die Städte, private Investoren und ausländisches Kapital stehen hinter den meisten der realisierten oder geplanten Vorhaben. Städte geben in ihrer finanziellen Krise die eigenen Gestaltungsmöglichkeiten an Investoren ab und beschränken sich auf die planungsrechtlichen Verfahren – und wissen, dass dies nicht ausreichen kann.

Mit der Erkenntnis, dass Schrumpfung nicht nur den Osten der vereinten Republik, sondern zunehmend auch westliche Regionen betrifft, erhielt die demografische Krise öffentliche Aufmerksamkeit und beherrscht zurzeit die Diskussionen in den Medien und in der Politik. Für die Stadtplanung ist Schrumpfung ein Paradigmenwechsel.

War die Entwicklung des Planungsverständnisses im ersten Abschnitt noch von langen Bögen bestimmt, so zeigt die Betrachtung im Vergrößerungsglas eine Folge von Brüchen, die jeweils neue Orientierungen für die Planung provozieren.

3.   Krise als Chance

Nach jeder Krise haben sich Aufgaben und Handlungsfelder der Planung erweitert, noch aus jeder Krise ist Planung eher gestärkt hervorgegangen. Beispielhaft:

- Die Krisen der 70er-Jahre haben Einsichten gefördert, dass Planung nicht mehr als sektorale, sondern als integrierende Leistung verstanden werden kann. Dieser Einsicht folgen auch die neu eingerichteten Studiengänge.

- „Survey before Plan!" war eine Forderung schon von Patrick Geddes. Zunehmend komplexe Planungsvorhaben der 70er-Jahre brauchten wissenschaftliche Fundierung. Dies war Anlass zur Gründung des Deutschen Instituts für Urbanistik.

- Mit der Orientierung am Bestand der Städte steht verstärkt die Mitwirkung der Bewohner auf der Tagesordnung. Das Baugesetzbuch (1976) nimmt eine formalisierte Bürgerbeteiligung auf und löst eine lange anhaltende Theoriediskussion aus, die Auswirkungen auch in der Alltagspraxis der Planer hat.

- Defizite auch der neueren Planungsformen stärken Bewegungen einer „Planung von unten". Die Auseinandersetzungen zwischen „oben" und „unten" stoßen Lernprozesse an, denen sich kaum ein Planer mehr entziehen kann.

- Abseits aller formalisierten Planungen, abseits aber auch des überkommenen Gesamtanspruchs gewinnt informelle Planung neue Spielräume. Sie eröffnet die Möglichkeit, Ebenen zu gestalten, auf denen sich möglichst viele der Beteiligten mit ihren Interessen wieder finden können. Und sie entwickelt Pläne, die gerade wegen des informellen Charakters erstaunlich lange Bindungswirkungen erzeugen.

- Hierarchische Planungen mögen im Einzelnen gute Ansätze haben – im Ergebnis wird die angestrebte Qualität in der Realisierung kaum erreicht. Es liegt nahe, Planung „vom Kopf auf die Füße" zu stellen: „Planung durch Projekte" – qualitätvolle Projekte, die Bausteine eines Konzepts sind – war zum Beispiel eine Strategie der Internationalen Bauausstellung Emscher Park (1989–1999).

- Wenn genügend Erfahrungen mit guten Projekten gesammelt sind, dann können auch Pläne neue Qualitäten erhalten: „Pläne lernen von Projekten". Die aktuellen Masterpläne für den Emscher-Landschaftspark und für den Umbau des Emscher-Systems nutzen diese Erfahrungen.

- Planung mit begrenzten Ressourcen erfordert nicht weniger, sondern ein Mehr an Planung. Transformation braucht besonders gute Planung.

Mit der Ausweitung der Arbeitsfelder städtebaulicher Planung, mit zunehmend schwierigeren Planungsprozessen hat eine neue Generation von Stadtplanern eine aktive Rolle der Gestaltung und Steuerung in den Kommunen übernommen. Stadtplanung erhält einen neuen Stellenwert.

4.   Widersprüchliche Entwicklungen

Städte sind neuen Herausforderungen ausgesetzt: der Umkehr der demographischen Entwicklung, der überlebensnotwendigen Sicherung ihrer Ressourcen. Schrumpfen haben Städte nicht gelernt, Stadtplaner auch nicht. Wenn das Flächenwachstum gebremst, wenn die Dichte des Zusammenlebens qualifiziert, wenn das Verkehrsaufkommen reduziert, wenn mehr Frei-Raum angeboten werden soll, gibt es eine Reihe von Widersprüchen zu klären.

Zum Beispiel: sinkende Einnahmen – höhere Ausgaben

Die finanziellen Spielräume der Kommunen zur Gestaltung ihrer Zukunft sind extrem geschrumpft. Wenn nun die Vorleistungen für neue Projekte hoch, die erwarteten Einnahmen, zum Beispiel der Einkommen- und der Gewerbesteuer, eher geringer werden – sind groß dimensionierte Neubauvorhaben dann noch zukunftsweisend? Geht es nicht viel mehr um einen behutsamen Umbau der Städte?

Zum Beispiel: Unausgelastete Infrastrukturen – steigende Modernisierungsausgaben

Die langlebigen Netze der Ver- und Entsorgung sind kaum an die demographische Entwicklung in den Städten anzupassen. Wenn nun Systeme angepasst, effizientere Lösungen entwickelt werden sollen – ist dieser Modernisierungsbedarf in absehbarer Zeit zu leisten? Ist es richtig, Investitionen in erweiterte Infrastrukturen zu lenken statt bestehende zu verbessern?

Zum Beispiel: Mehr Standortwettbewerb – weniger sozialer Zusammenhalt

Im Wettbewerb um Unternehmen und Investitionen haben „harte" Standortfaktoren nach wie vor eine zentrale Bedeutung. Wo auch „weiche" Standortfaktoren gelten, spielt zunehmend sozialer Friede eine Rolle bei der Standortentscheidung von Investoren. Wie kann angesichts zunehmender Polarisierungen sozialer Friede gestaltet werden? Welche Bedeutung erhält eine konsequente Bestandspolitik?

Zum Beispiel: Auflösung der Europäischen Stadt – Erosion der Zivilgesellschaft

Der Mangel an gesellschaftlich vermittelten Perspektiven schwächt vertraute Bindungen. Individualisierung könnte eine neue produktive Vielfalt, ein farbiges Mosaik unterschiedlicher Lebensentwürfe bieten. Zurzeit jedoch führt sie eher zu Fragmentierung, zu Spaltungen, zur Verinselung in den Städten. Kann eine integrierende Innenentwicklung diesem Erosionsprozess entgegenwirken?

Wie gehen nun Regionen, wie gehen Städte mit diesen Entwicklungen kreativ um?

5.   Transformation als anhaltende Herausforderung

Wenn auch die Unterschiede in den Lebensverhältnissen zwischen Ost und West ausgeprägter sind als die Gemeinsamkeiten, so kann eine Zusammenschau deutlich machen, dass es im Westen der Republik eine Vielzahl von Städten und Regionen gibt, die in ähnlichen Krisen stecken, wie sie sich im Osten der Republik so hart abzeichnen.

Die folgenden Fallbeispiele – das Ruhrgebiet und die Stadt Leipzig – mögen als einseitige Auswahl erscheinen. Sie repräsentieren Städte und Regionen in einer Krise. Sie sind jedoch in vieler Hinsicht interessanter als andere Städte, die noch in vermeintlichen Sicherheiten ruhen. Sie haben intelligente Strategien entwickelt, um ihre Krisen zu bewältigen.

Zum Beispiel: Das Ruhrgebiet

In den 80er-Jahren waren die gängigen städtischen Strategien – vorsorgliche Flächenausweisung, billiges Baulandangebot, großmaßstäbliche Erschließung, flächenhafter Abbruch als Angebot für gewerbliche Ansiedlungen und anderes mehr – an ein Ende gekommen. Nur wenige Initiativen zeichnen das Ruhrgebiet dieser Jahre aus, so zum Beispiel die Rettung der gartenstädtischen Arbeitersiedlungen oder das Semesterticket, das den Studierenden die Erfahrung einer Region ohne Grenzen ermöglicht hat. Erst mit einem neuen Minister, erst mit einer neuen Landespolitik wurde die bisherige Planungspolitik vom Kopf auf die Füße gestellt, zunächst für den Emscherraum und dann für das Ruhrgebiet, mit einer breiten Ausstrahlung weit über seine Grenzen hinaus.

Was war nun und ist heute noch das Neue an der Internationalen Bauausstellung Emscher Park, an ihren Strategien?

Eine neue grün-blaue Infrastruktur

Nicht mehr allein die „harten", mehr die „weichen" Standortbedingungen sind entscheidend für die Entwicklung der Region. Ein Netz von noch verbliebenen Grünflächen, von neu gestalteten Brachflächen, lässt sich – gemeinsam mit der Emscher und ihren Zuläufen – zu einem Landschaftspark entwickeln. Von jedem Ort aus lassen sich Wege zu diesem Park erschließen – in einer Viertelstunde zu Fuß, in fünf Minuten mit dem Fahrrad. Im Park selbst wird es keine Barrieren mehr zu den großen Landschaftsräumen des Niederrheins, des Münsterlandes und des Sauerlandes geben.

Umbau des Emschersystems

Mit 365 Kilometern offener Vorfluter war die Emscher mit ihren Zuflüssen eine bergbaubedingte ingenieurtechnische Großleistung des beginnenden 20. Jahrhunderts. Nach dem Rückzug des aktiven Bergbaus ist ein Umbau der wohl größten Industriekloake Europas möglich geworden. Die Initiative der IBA hat inzwischen breite Aktivitäten der für das System zuständigen Emschergenossenschaft und der Kommunen in Gang gesetzt.

Umwertung der Industriebrachen

Früher als Abbruchruinen eingeschätzt, die einer „modernen" Entwicklung im Wege stehen, stehen heute die industriellen Bauten für die Geschichte der Stärken der Region, als „Industriekathedralen" und auch als ständige Herausforderung für sinnvolle neue Nutzungen. Kultur, Forschung und Entwicklung, soziale Initiativen, touristische Attraktionen, neue Dienstleistungen und Gewerbe haben hier weite

Räume gefunden. Im besten Fall ist Arbeit in die nun offenen, früher „verbotenen Städte" zurückgekehrt.

Duisburg: Die alte Emscher...
(Foto: Peter Zlonicky – Ausschnitt)

Duisburg: Die neue Emscher.
(Foto: Peter Zlonicky – Ausschnitt)

Nachhaltigkeit ohne Textbuch

Nicht die feinmaßstäbliche Messung aller Be- und Entlastungen, sondern der ökologische Umbau einer gesamten Region steht zur Diskussion. Dazu gehört der Einstieg in die Kreislaufwirtschaft – die neue Nutzung vorhandener Ressourcen. Der Umbau des Bestandes ist ökologisch weitaus verträglicher als jeder Neubau, auch dann, wenn das Neue sich als „ökologisch" ausweisen will.

Solarenergie in einer Kohleregion

Zunächst eine harte Provokation für die Montanindustrie und ihre Beschäftigten, dann die wachsende Einsicht, dass die Stärke der Region nicht auf Kohle, sondern auf der Produktion von Energie beruht. Solarforschung und Solarindustrie haben heute feste Standorte in der Region.

Projekte, keine Pläne

Allzu lange führte eine immer mehr perfektionierte und bürokratische Hierarchie von Planungsverfahren nur zu dürftigen Ergebnissen. Die Dinge vom Kopf auf die Füße zu stellen heißt: Möglichst viele Projekte mit höchsten Qualitätsmaßstäben zu realisieren, um dann aus der Summe der Erfahrungen eine neue Qualität von Plänen herzustellen. Hierzu gehört der absolute Vorrang der Neu-Nutzung brach gefallener Flächen vor jeder zusätzlichen Flächenausweisung.

Nicht nur siebzehn Städte haben sich freiwillig zusammengeschlossen, auch die Umweltverbände, lokale Initiativen, Gruppen aus den Universitäten. Sie haben nicht Reformen der Politik und des Verwaltungshandelns abgewartet – sie haben Reformen ohne Reform realisiert, Spielräume kreativ genutzt.

Die IBA Emscher Park hat Folgen. In einem Programm der „Regionalen" des Landes Nordrhein-Westfalen hat alle zwei Jahre eine Region die Gelegenheit, Projekte einer nachhaltigen Entwicklung zu präsentieren. In der Regel sind sie Ergebnis einer intensiven Kooperation regionaler Akteure.

Die großen Städte im Ruhrgebiet haben sich im Bundeswettbewerb „Stadt 2030" auf gemeinsame Leitbilder verständigt. Sie entwickeln Spielregeln für eine nachhaltige Entwicklung – dafür wurde 2003 ein „Stadtregionaler Kontrakt" durch die Oberbürgermeister unterzeichnet. Er verpflichtet die Städte, ihre Planungen abzustimmen. Grenzüberschreitende Konzepte begrenzen Konkurrenz und Ressourcenverbrauch. „Eigensinn und Kooperation" ist die Botschaft des Kontrakts.

Der Regionalverband Ruhr hat mit der Weiterentwicklung und Absicherung des Emscher-Landschaftsparks regionalpolitisches Neuland betreten. Die Emschergenossenschaft hat den Umbau des Emschersystems zu ihrer zentralen Aufgabe erklärt – das bisherige „Jahrhundertprojekt" kommt nun zu einer Realisierung innerhalb einer Generation. Die Masterpläne beider Institutionen sind Landmarken eines neuen Planungsverständnisses.

Mit der Umwertung der Industriedenkmale des Ruhrgebiets wurden neue Räume für kulturelle Aktivitäten erschlossen. Es gibt in der Bundesrepublik wohl keinen Raum mit einer vergleichbar hohen Dichte kultureller Initiativen. Mit der Stadt Essen ist das Ruhrgebiet nun „Kulturhauptstadt Europas" im Jahr 2010.

Die internationale Ausstrahlung geht weit über einzelne Initiativen hinaus. Nicht nur altindustrielle Regionen in Europa haben sich den Initiativen der IBA Emscher Park angeschlossen – in benachteiligten Stadtteilen von New York, in der Ausbildung einer neuen Planergeneration in Brooklyn ist das Modell der IBA eine feste Referenz.

Zum Beispiel: Die Stadt Leipzig

Nach der Wiedervereinigung wurde Leipzig mit Schlagworten benannt, die nicht unbedingt mit positiven Botschaften besetzt waren: „Boomtown Leipzig" zum Beispiel, ein Motto, das mehr auf die wilde Besiedlung des Umlandes durch steuerbegünstigte Investitionen und auf die großen Einkaufszentren in der Peripherie verweist. Später: „Die Hauptstadt des Leerstands." Wie ist es dazu gekommen?

Leipzig – Plagwitz: Die Industriebrache als kommunikativer Ort, der Fluss mit dem Wanderweg, neue Wohnlagen.
(Foto: Peter Zlonicky)

Leipzig – Plagwitz: „From Cotton to Culture" – die ehemalige Baumwollspinnerei, „Stadt in der Stadt", Ort von Existenzgründern.
(Foto: Peter Zlonicky)

In ihren Blütezeiten – in den 1920er- und frühen 1930er-Jahren – hatte Leipzig über 700 000 Einwohner. Waren es in den 1970er-Jahren noch knapp 600 000, so sank diese Zahl in den 1990er-Jahren auf etwa 440 000 Einwohner. Lebten in den 1920/30er-Jahren etwa 370 Einwohner auf einen Hektar Wohnbaufläche, so sind es heute 75 Einwohner. Und – diese Zahl wird uns noch interessieren – hatte in den 1920/30er-Jahren jeder Einwohner immerhin 30 Quadratmeter Wohnfläche zur Verfügung, so kann ein Leipziger heute, rein rechnerisch, 130 Quadratmeter Wohnfläche nutzen.

Inzwischen hat sich das Motto geändert. Mit „Leipziger Freiheit" symbolisiert die Stadt, dass Leipzig in der Lage ist, eigene Kräfte zu mobilisieren. Die Einwohnerzahlen haben sich insbesondere in der Kernstadt stabilisiert, seit 2000 ziehen junge Leute nach Leipzig und besonders in die innere Stadt zurück. Die Zahl der Einwohner hat inzwischen die 500 000er-Marke überschritten. Die flächige Ausbreitung in die Peripherie ist an ein Ende gekommen. Sicher gibt es Leerstände, Baulücken, unterlassene Sanierungsleistungen und damit auch Schäden an der historischen Bausubstanz. Die gründerzeitlichen Strukturen sind jedoch auf Grund geringerer Eingriffe vollständiger erhalten als in vielen von Wirtschaftswachstum und Neubau geprägten westdeutschen Städten.

Leipzig hat keinen fertigen Satz formulierter Strategien vorgegeben, jedoch nach und nach die zentralen Botschaften vermittelt.

- Die perforierte Stadt: Der Begriff beschreibt auf der einen Seite Gefährdungen, auf der anderen Seite auch die Chance der Transformation. Brüchige Bestände können aufgegeben werden, damit Freiräume für Neuentwicklungen geöffnet werden. Es kann ein „entspannter Stadtraumtyp" entstehen, mit mehr Chancen als Verlusten. Die perforierte Stadt ist Gegenwart, sie ist jedoch auch positiv besetztes Zukunftsmodell.

- Das Umkehrprinzip: Im Beitrag zum Ideenwettbewerb „Stadt 2030" formulieren die Leipziger Thesen, die aus Problemen positive Aspekte herausdestillieren: „30% Leerstand in vielen Bereichen – gut und schön, das sind auch 30% Freiräume! Freiräume, die neu zu entwickeln und neu zu besetzen sind. Statt nur zu sparen – lieber erfinden. Statt nur abzubrechen und zu vernichten – lieber speichern. Statt nur zu schließen – lieber öffnen." Damit kann Leipzig einen Kompetenzvorsprung in der Kunst der Transformation gewinnen.

- Die Stadtwerkstatt: Im Verlauf der vergangenen fünf Jahre hat eine kontinuierlich einberufene Stadtwerkstatt mit Vertretern der wichtigen Akteure der Stadtentwicklung – für Stadt und Region – die zentralen Themen aufgenommen und Zukunftsorientierungen erarbeitet. Damit wurde von Anfang an Planung als Aufgabe der Zivilgesellschaft formuliert, eine Planungskultur, die in vielen anderen Städten vermisst wird. Die Bereitschaft der Politik, zuzuhören, und die Bereitschaft der Öffentlichkeit, mitzuwirken und die großen Strategien in kleinteiliges, alltagsnahes Handeln umzusetzen, sind wichtige Leipziger Erfahrungen.

- Das kreative Milieu: Große Flächen zu günstigen Preisen ziehen Menschen nach Leipzig, die neue Lebensformen ausprobieren wollen. Studierende, die sich zu neuen Gemeinschaften zusammentun. Künstler, die preiswerte Atelierräume brauchen. Junge Leute, die einfach sanierte Häuser schrittweise nach ihren Bedürfnissen ausbauen. Ältere Menschen, die sich in neuen Wohngemeinschaften zusammenfinden, und Menschen, die Wohnen und Arbeiten auf großen Flächen aus eigener Initiative realisieren.

Die „Leipziger Freiheit" ist inzwischen zu einem „Leipzig kann es" geworden. Ein neues Selbstbewusstsein prägt die Stadt. Kennzeichnend war die Diskussion nach einem Bericht einer Leipziger Planerin an der Universität München. Resignierte Reaktion der Münchner Teilnehmer: „Das, was ihr mit dem kreativen Milieu entwickelt – dafür können wir keine Räume mehr bieten. Die Mieten sind zu hoch, selbst Fabrikräume zu teuer. München bietet Raum für kreative Menschen? Diese historische Qualität fehlt uns heute und wird uns in Zukunft schmerzhaft fehlen."

6.   Verallgemeinerungen?

Zunächst eine einfache Erkenntnis: Fast nichts lässt sich aus dem Ruhrgebiet, aus Leipzig unmittelbar auf andere Städte, auf andere Regionen übertragen. Dennoch haben sich das Ruhrgebiet und Leipzig zu städtischen Experimentierräumen entwickelt, die Lösungsmodelle auch für Städte und Regionen bieten, die heute noch in vermeintlichen Sicherheiten ruhen.

- Zum Beispiel: Die Arbeit in Werkstätten. Es gab keine Erfahrungen mit dem Strukturwandel, es gab keine Erfahrungen hinsichtlich der besten Wege zur Nachhaltigkeit, zur Stadtqualität, aber es gibt in beiden Räumen das Prinzip der Arbeit in Werkstätten. Hier werden zu den schwierigsten Sachthemen neue Wege eröffnet, überprüft, verdichtet, weiterentwickelt, mit Beteiligung aller wichtigen Akteure, unter den Augen der Öffentlichkeit.

- Zum Beispiel: Konkrete Zukunftsstrategien. Die Städte im Ruhrgebiet und Leipzig haben sich Ziele gesetzt, die sie gemeinsam ansteuern wollen. Dazu gehört der Vorrang der Wiedernutzung brach gefallener Flächen. Manchmal sind ihre Ziele – wie „Energie ohne Kohle", wie die „Perforierte Stadt" – Provokationen mit positiven Wirkungen.

- Zum Beispiel: Stadtqualität. Kaum andere Städte in der Republik haben so viele Wettbewerbe ausgeschrieben, Stadtqualität angestrebt. Nicht das absolut Richtige, nicht das Schönste steht im Vordergrund – es sind eher die Vergleiche unterschiedlicher, jedoch hoch qualifizierter Lösungsansätze, es sind die gemeinsamen Lernprozesse aller Beteiligten, die den Wettbewerb zum unverzichtbaren Instrument für Stadtqualität machen. Das Bewusstsein für die bestehenden Qualitäten der Stadt, die Notwendigkeit ihrer Pflege und Weiterentwicklung haben Priorität gegenüber jedem weiteren Flächenverbrauch.

- Zum Beispiel: die Doppelte Innenentwicklung. Wenn Innenentwicklung den Vorrang vor Außenentwicklung hat, so gilt dies im Allgemeinen für eine Nachverdichtung der bebauten Stadt, für eine Wiederverwendung brach gefallener Flächen innerhalb der im Zusammenhang bebauten Flächen der Stadt. Mit der so genannten Doppelten Innenentwicklung ist jedoch auch die Entwicklung von Freiräumen innerhalb der Stadt gemeint. Mit ihrer Sicherung, mit ihrer Vernetzung, mit ihrer Aufwertung werden Freiräume so gestaltet, dass sie zum unverzichtbaren Bestandteil der inneren Stadt werden. Damit sind sie vor dem willkürlichen Zugriff anderweitiger Verwertungen geschützt. Dies gilt auch für die Ränder der Siedlungsentwicklung. Die qualitative Aufwertung der Städte auch über ihre Freiräume ist ein Beitrag zur Begrenzung des Flächenverbrauchs.

7. Und die Stadtplanung?

Wenn nachhaltige Entwicklungen in Stadt und Land verstärkt, wenn zukunftsfähige Entwicklungen eingeleitet werden sollen: was können wir aus unserem bekannten Vorwissen, was können wir von jenen großen Laboratorien des Standumbaus lernen, die einen Kompetenzvorsprung gegenüber den Entwicklungen in den meisten anderen Regionen der Republik haben?

Wandel ist mehr als Wachstum.

Es geht darum, jeden Wandel als Einstieg in die Kreislaufwirtschaft zu nutzen. Dies schließt die weitere Nutzung auch von Freiräumen nicht aus – selbst Städte wie Essen und Leipzig schrumpfen nicht nur, sie wachsen gleichzeitig. Nicht jeder Flächenverbrauch ist schlecht – er kann auch zur Aufwertung von Landschaftsräumen führen, die zum Beispiel durch eine industrialisierte Landwirtschaft zerstört wurden. Regionale Arbeitsteilungen können sich in neuen Siedlungsmustern abbilden, in vernetzten Strukturen mit aufgewerteten Freiräumen. Dies gilt erst recht für die Doppelte Innenentwicklung der Städte. Hier geht es um einen „Flächenverbrauch" im Sinne einer Aufwertung von Freiräumen, die einen negativen Flächenverbrauch ausschließen.

Regieren ist mehr als das, was die Regierenden tun.

Gilt denn noch das Bild, in dem eine zentrale Instanz alle wesentlichen Entscheidungen trifft, während andere Akteure nur als Objekte erscheinen? In der Stadtentwicklung handeln viele Akteure, und die „Regierung" muss sinnvolle Konzepte im Dialog mit diesen Akteuren entwickeln. Dabei hat sie nicht immer die stärkste Rolle – siehe die Verluste im Denkmalschutz, siehe aber auch die Verluste an Freiräumen. Das Regeln gemeinsamer Angelegenheiten ist ein kontinuierlicher Prozess, in dem kontroverse Interessen ausgeglichen werden und im besten Fall kooperatives Handeln initiiert wird. Öffentliche Akteure allein können einen weiteren Flächenverbrauch nicht verhindern – sie sind auf die Zustimmung und Mitwirkung von Grundstückseigentümern, Investoren, Unternehmen und Initiativen angewiesen. Kooperatives Handeln braucht ein verändertes Planungsverständnis.

Planen ist mehr als Pläne zeichnen.

Mit den Instrumenten der Bauleitplanung allein – so unverzichtbar sie sind! – ist ein weiterer Ressourcenverbrauch kaum zu begrenzen. Pläne allein helfen wenig – sie sind im besten Fall das Ergebnis der Abwägung privater und öffentlicher Interessen. Planung gewinnt mehr und mehr die Qualität der Koordinierung zahlreicher Einzelaktivitäten, zahlreicher Akteure im Hinblick auf eine gesellschaftliche und räumliche Ordnung. So verstanden kann Planung auch einen Beitrag zur Begrenzung des Ressourcenverbrauchs sein.

Planer und Architekten sind mehr als Entwerfer.

Frühere Gewohnheiten, Entwürfe zu entwickeln und Pläne umzusetzen, taugen nicht mehr. Dabei geht es gar nicht darum, etwas Neues in die Welt zu bringen, sondern Vorhandenes neu zu sehen, neu zu organisieren, neu zu werten. Die eigene Rolle ist zu relativieren. Wenn Gerd Albers vor wenigen Jahren Planer noch als „Manager of change" bezeichnet hat, so sind sie nach seinem Verständnis heute mehr „Vermittler des Wandels". Räumliche Entwicklung ist eine Gemeinschaftsaufgabe. Der Beitrag von Architekten und Stadtplanern ist der Entwurf von „Bildern", in denen die Akteure räumlicher Entwicklungen ihre Interessen auf einer gemeinsamen Ebene wiederfinden können. Dies bedeutet, dass Planung mehr als Entwerfen ist. Dies bedeutet auch, dass der Umbau der Städte erheblich mehr an Planung verlangt, mehr Intensität, mehr Kreativität, mehr Bildung von Vertrauen. Planer sind nicht die Helden, die eine Schlacht gegen den Raubbau an Stadt und Landschaft gewinnen wollen – sie nehmen an einem ständigen Prozess der Auseinandersetzung um die Entwicklung der Stadt teil. In dieser Rolle leisten sie einen wichtigen Beitrag. Sie können den Ressourcenverbrauch begrenzen, aber nicht verhindern. Sie können viel dazu beitragen, dass ein sorgfältiger Umgang mit Ressourcen nicht nur Einschränkungen, sondern auch qualitative Gewinne bringt.

Stadtplanung ist Handlungswissenschaft. Dazu bedarf es einer lernenden Praxis. Dazu bedarf es einer praxisorientierten Forschung. Dazu bedarf es einer profilierten Lehre, die Studierende in die Lage versetzt, integrierend und kooperativ zu arbeiten, Städte zu gestalten und Verfahren zu gestalten. Wenn mit dem Bologna-Prozess zur Harmonisierung des Hochschulwesens in Europa gemeinsame Ebenen des internationalen Austauschs eingerichtet werden, so wird damit auch eine europäische Diskussion zum Fach „Urbanismus" angestoßen. Die Forschung des Deutschen Instituts für Urbanistik wird so eine Entsprechung in der universitären Lehre finden.

Der Autor

Peter Zlonicky,
Büro für Stadtplanung und Stadtforschung; Universitätsprofessuren 1971–2002 in Aachen, Dortmund, Hamburg-Harburg und aktuell in Wien; Arbeitsfelder: Regionale Kooperation, Stadtentwicklung und Stadtgestaltung, behutsame Stadterneuerung , Moderation von Verfahren, Entwicklungshilfe; 1988–2005 Mitglied im Institutsausschuss des Deutschen Instituts für Urbanistik (Difu).

Foto: E. Wendt-Kummer

Robert Sander

Anmerkungen zur Bedeutung von Leitbildern in Politik, Verwaltung, Städtebau und Stadtentwicklung

Einführung

Berlin ist die „Stadt des Wissens", aber auch „Hauptstadt", *Hamburg* ist die „wachsende Stadt", aber auch „Tor zur Welt", *München* ist „kompakt – urban – grün", *Hannover* neuerdings die „Expo-Stadt", *Dresden* das „Florenz des Nordens", *Essen* wird 2010 „Kulturhauptstadt Europas", *Potsdam* ist „Weltkulturerbe der UNESCO", *Viernheim* nennt sich „nachhaltige Brundtlandstadt", die „Neue Stadt *Wulffen*" ist (war) Bergarbeiterstadt, *Eisenhüttenstadt* ist (war) „Eisenhüttenstadt". Angesichts schrumpfender Städte wird aktuell über das Leitbild der *Perforierten Stadt* diskutiert und nach neuen Leitbildern für den Stadtumbau gesucht (Lütke-Daldrup 2001; Reuther 2002).

Der *Deutsche Städtetag* (DST) hat auf seiner Hauptversammlung im Mai 2003 in Mannheim ein „Leitbild der Stadt der Zukunft" verabschiedet und Strategien zu dessen Umsetzung formuliert. Als zentrale Aspekte werden dort „Lokale Autonomie", „Demokratie und Bürgerorientierung", „Partizipation und Integration", „Ganzheitliche Verantwortung" sowie „Beschränkung der Aufgaben und der Gestaltungsansprüche" genannt (DST 2003).

Im Rahmen der *Verwaltungsreformdebatte* sind in vielen Städten auch Leitbildprozesse angestoßen worden, über die eine neue Verwaltungskultur initiiert werden soll. So haben sich zum Beispiel Städte wie Wuppertal, Düsseldorf, Münster und Wolfsburg in den 90er-Jahren in zum Teil langen Diskussionsprozessen Leitbilder für ihr Selbstverständnis nach innen und nach außen erarbeitet (Möltgen/Reichwein 1999).

Im *Sozialbereich* haben große Organisationen wie der Landeswohlfahrtsverband Hessen oder das Deutsche Rote Kreuz unter Beteiligung der Beschäftigten Leitbilder erarbeitet, die sowohl der internen Identifizierung mit der Arbeit als auch der

265

Vermittlung des Selbstverständnisses nach außen gegenüber Kunden und Patienten dienen.

In der *Wirtschaft* werden vielfach Unternehmensleitbilder (auch als „Corporate Identity") generiert, um Produktivität und Qualität der Produkte und Dienstleistungen zu steigern und neue Märkte zu erschließen (Belzer 1998).

Schließlich werden aktuell auf gesamtstaatlicher Ebene für die *Raumordnung* neue Leitbilder und Handlungsstrategien für die Raumentwicklung in Deutschland erarbeitet, wobei drei Teil-Leitbilder „Wirtschaftliches Wachstum und Entwicklung fördern", „Daseinsvorsorge sichern und anpassen" und „Management von Raumnutzungen" entworfen wurden (BMVBW/BBR/Büro für angewandte Geographie 2005).

Diese unvollständige Aufzählung lässt erkennen, dass der Begriff „Leitbild" in höchst unterschiedlichen bildhaften räumlichen, inhaltlichen und funktionalen Bedeutungszusammenhängen verwandt wird. Sie lässt auch erkennen, dass Leitbilder als ein zwar informelles, aber wichtiges Verständigungsinstrument in Politik, Planung, Wirtschaft und Verwaltung angesehen werden. Und sie lässt erkennen, dass Leitbilder über höchst unterschiedliche Verfahren von Experten *top-down* (z.B. Leitbilder der Raumordnung) oder im Gegenstromprinzip *top-down* und *bottom-up* (z.B. Leitbilder für das Verwaltungshandeln) entwickelt werden. Schließlich wird deutlich, dass der Begriff „Leitbild" vielfach nicht einheitlich (entlang eindeutiger Kriterien) verwandt wird.

Die Entwicklung von Leitbildern muss im Kontext ihrer Verwendung gesehen werden. Leitbilder werden nicht für sich formuliert, sondern sollen Politik, Verwaltungs- und Unternehmenshandeln anschaulich vermitteln und Orientierung für die zukünftige Entwicklung bieten. Sie bedürfen dafür der Konkretisierung, erfordern Zieldefinitionen für einzelne Handlungsbereiche und Maßnahmenbestimmung für konkrete Projekte. Sie verstehen sich damit als handlungs- und umsetzungsorientierter Politik- und Verwaltungsansatz. Sie sind weder utopisch, noch sind sie mit Szenarien gleichzusetzen; sie können auch Prognosen nicht ersetzen, wenngleich immer einzelne Elemente davon in ihnen enthalten sind (Becker 1998).

Über Leitbilder, zumal über städtebauliche Leitbilder, ist viel debattiert und formuliert worden (z.B. Becker/Jessen/Sander 1998). Ohne die ganze Breite der Diskussion hier zu referieren, sollen in diesem Beitrag einige Annäherungen versucht und Bezüge zu einem übergreifenden gesellschaftlichen Leitbild der „Bürgergesellschaft" hergestellt werden, das als „Dach" oder Rahmen für alle Leitbilder dienen könnte. Damit eröffnet sich einerseits ein weites Feld für neue Sicht- und Interpretationsweisen gesamtgesellschaftlicher Leitbildvorstellungen und deren Vermittlung. Andererseits werden Hinweise für die Formulierung und Konkretisierung von Leitbildern auf unterschiedlichen Politik- und Handlungsfeldern geliefert. Folgende Aspekte erscheinen von Bedeutung:

- Was können/sollen Leitbilder leisten?
- Wie werden Leitbilder generiert?

- Das Leitbild „Bürgergesellschaft" als übergreifende Idee von Staat, Stadt und Gesellschaft.

1. Was können/sollen Leitbilder leisten?

„Ein Leitbild ist ein schriftliches, relativ konkretes ‚Bild' (= Text) von einer ferneren, gewünschten Zukunft, das sachliche Konsistenz aufweist und verschiedene Akteure zu förderlichem Verhalten dauerhaft befähigt und motiviert" (Mäding 2002). Vor allem in Zeiten gesellschaftlicher, sozialer, ökonomischer, aber auch technologischer Umbrüche oder Veränderungen artikuliert sich der Wunsch oder die Forderung nach Orientierung, nach Reduktion der Komplexität der unterschiedlichsten Entwicklungen. Die „Unanschaulichkeit" und die „Unbegreifbarkeit", wie sie z.B. Sieverts für die Städte konstatiert, lassen die Entwicklung von Leitbildern geradezu als unerlässlich erscheinen. Ohne weiteres lässt sich diese Erkenntnis auch auf andere Handlungsfelder übertragen. Die Aktualität der Diskussion über Leitbilder rührt denn auch nicht zuletzt aus dem anhaltenden Funktions- und Strukturwandel, der nahezu alle Lebens- und Arbeitsbereiche erfasst und vieles „unanschaulich" und „unbegreifbar" werden lässt und Organisationen und Einrichtungen unter Veränderungsdruck setzt (vgl. z.B. Belzer 1998):

- Die *Städte* müssen sich angesichts leerer Kassen, zunehmender Fremdbestimmung durch die EU-Gesetzgebung und der Bedrohung der kommunalen Selbstverwaltung neu positionieren.

- *Städtebau und Stadtentwicklung* unterliegen einerseits einem starken Veränderungsdruck durch international tätige anonyme Investoren, andererseits den Forderungen nach einer stärker prozess- und konsensorientierten Stadtentwicklung; aktuell stellen sich Fragen nach einer Neuorientierung für eine Stadtentwicklung ohne Wachstum.

- Die *öffentliche Verwaltung* muss einerseits weiterhin gesetzliche Aufträge erledigen, andererseits aber mit bisherigen Traditionen brechen und sich eher an wirtschaftlich orientierten Kriterien eines „Dienstleisters" messen lassen sowie sich auf veränderte Entscheidungsabläufe und stärker dezentrale Handlungsstrukturen einstellen.

- *Unternehmen* stehen vor veränderten Herausforderungen durch die Internationalisierung der Märkte, verschärften Wettbewerb, durch ökologische und ethische Anforderungen und die stärkere Orientierung an *Shareholder-Value*-Kriterien.

- *Soziale Einrichtungen* müssen ähnlich wie die öffentliche Verwaltung stärker auf betriebswirtschaftliche Anforderungen reagieren, ohne ihren sozialen Auftrag aus den Augen zu lassen.

Leitbilder werden damit auf verschiedenen Ebenen und von unterschiedlichen Akteuren, Institutionen, wirtschaftlichen Unternehmen und eben auch von Politik und

Verwaltung auf kommunaler Ebene entworfen, diskutiert und verabschiedet – aber auch wieder „vergessen". Offensichtlich besteht gerade in Zeiten starker Veränderungen ein übergreifendes Interesse an einer irgendwie bildhaften Verständigung über das eigene Tun, an einer „Vision" über das, was man anstreben, erreichen oder vermitteln möchte, sowohl nach innen als auch nach außen, an etwas, das Orientierung geben kann. Allen gemeinsam ist, dass versucht wird, über Leitbilder für die jeweilige Stadt, die jeweilige soziale oder wirtschaftliche Einrichtung sich als etwas Besonderes, Einmaliges herauszustellen und sich damit von anderen zu unterscheiden („Alleinstellungsmerkmal"): So gibt es zum Beispiel neben Dresden kein zweites „Florenz des Nordens" oder neben Hamburg kein zweites „Tor zur Welt", und nur Berlin ist „Hauptstadt". Insgesamt scheint der Begriff „Leitbild" somit in dem hier zu verhandelnden Kontext eher diffus und unscharf verwandt zu werden. Möglicherweise ist dies für die Akzeptanz aber auch ein Vorteil.

Bezogen auf das komplexe „Gebilde" Stadt kann man davon ausgehen, dass sich nahezu alle oben aufgezählten Entwicklungen auch auf das städtische Gefüge niederschlagen, ob auf die gebaute Stadt, ihre räumlichen, technischen und sozialen Strukturen oder ihre stadtpolitische Verfasstheit. Deshalb lässt sich hier die Idee eines wie immer formulierten und definierten Konstrukts der allgemeinen Verständigung in einem Leitbild besonders gut festmachen. Vor allem die vielfach und immer wieder beschworene Vorstellung von der „europäischen Stadt" als dem Idealbild alles Städtischen steht im Mittelpunkt der Diskussion: „Während sie den einen nach wie vor als Ort kultureller Vielfalt, sozialer Integration, produktiver Konfliktaustragung, technologischer Innovation und ökonomischer Dynamik gilt, hat sie diese Funktionen für andere längst verloren" (Becker 1998). Es erscheint daher wenig sinnvoll, sich bei der Diskussion über städtebauliche Leitbilder immer wieder an der „europäischen Stadt" quasi festzubeißen. Vielmehr sollte man sich zunächst auf zentrale Inhalte und Funktionen verständigen, aktuelle Tendenzen und Rahmenbedingungen in ein erkennbares, nachvollziehbares und akzeptiertes Gesamttableau („Bild") zu integrieren versuchen. Wesentlich erscheint dabei, sich darüber Klarheit zu verschaffen, was erhalten, was weiterentwickelt, angepasst, verändert oder völlig neu gestaltet werden soll. Ein Leitbild dürfte insgesamt eine Mixtur aus all diesem sein. Und wenn dabei wesentliche Elemente der „europäischen Stadt" – die es in der häufig idealisiert dargestellten Form ja nie gegeben hat – als mehr oder weniger scharfes und wieder erkennbares Bild herauskommen, erleichtert dies uns die Akzeptanz und Vermittlung eines solchen Leitbildes.

Leitbilder sind nichts Statisches. Sie leiten sich häufig aus der Vergangenheit ab und sind perspektivisch ausgerichtet auf das, was zukünftig sein sollte (könnte) und auf das hin eigene Aktivitäten z.B. von Politik und Verwaltung orientiert werden sollen. In diesem Sinne beschreiben sie keinen Status quo. Als wichtigste Aufgaben von Leitbildern werden hervorgehoben, dass sie *Orientierung* geben sollen, dass sie *koordinierend* wirken und *motivieren* sollen und dass sie *Identifikation stiften* sollen (Kahlenborn/Dierkes und andere 1995; Belzer 1998; Möltgen/Reichwein 1999). Übergreifend sollten Leitbilder mindestens zwei Funktionen erfüllen:

- Als inhaltliches Leitbild sollen sie aufzeigen „Wohin wollen wir?";

- als prozedurales Leitbild sollen sie Akteure und Aktionen verknüpfen: „Wie wollen wir dahin?" (Mäding 2002).

Die Wirkung von Leitbildern ergibt sich damit vor allem daraus, dass sie einerseits rational und handlungsorientiert erscheinen, andererseits emotional wahrgenommen werden und der eigenen Identifikation dienen können. Dies stellt ihr eigentliches Potenzial dar, das es zu aktivieren und zu nutzen gilt, um Dynamik zu entfalten und Akzeptanz z.B. für die Stadtpolitik zu erreichen.

Bedeutung und Leistungsfähigkeit von Leitbildern hängen nicht nur von ihrer Bildhaftigkeit und damit Einprägsamkeit und Anschaulichkeit ab, sondern ebenso von der Ernsthaftigkeit und Glaubwürdigkeit, mit der sie entwickelt, vermittelt und „gelebt" werden. Sie müssen über eine gewisse „Robustheit" verfügen, um auch in Krisenzeiten Bestand zu haben und tatsächlich ihre Orientierungsfunktion wahrzunehmen. So erwies sich zum Beispiel das vom Landeswohlfahrtsverband Hessen erarbeitete Leitbild als wenig stabil, als es darum ging, angesichts erforderlicher Sparmaßnahmen Personal abzubauen. Es gab hierfür im Leitbild und seiner Konkretisierung keinerlei Handlungsanleitungen, wie solche für viele Mitarbeiterinnen und Mitarbeiter existenziellen Maßnahmen im Konsens entschieden und umgesetzt werden sollten (Schäfer 2003). Schließlich bleibt die Wirksamkeit von Leitbildern begrenzt, wenn nicht eine weitergehende und umsetzungsorientierte Konkretisierung von Teilzielen sowie die Bestimmung von Maßnahmen erfolgt: In diesen Kontext gehört auch die Überprüfung und Evaluierung von Leitbildern, um sie an veränderte Anforderungen anzupassen.

Wenn aktuell vielfach Leitbilder in Politik, Planung, aber auch in der Wirtschaft und im öffentlichen Bereich infrage gestellt und letztlich auch nicht weiter verfolgt werden, dann lassen sich verschiedene Ursachen ausmachen, die sehr unterschiedliche „Rationalitäten" und Entscheidungskriterien erkennen lassen. Vor allem folgende Aspekte können eine Rolle spielen:

- Vorhandene Leitbilder „passen" aktuell nicht mehr in die politische Landschaft, wenn es – z.B. in einer Kommune – zu einem politischen Wechsel kommt. Eine neue Führung möchte sich durch „eigene" Schwerpunktsetzungen profilieren. Die Kurzfristigkeit politischen Denkens und Handelns ist der „Tod" aller auf langfristige Ziele ausgerichteten Leitbildentwicklungen.

- Leitbilder werden zum Teil in aufwendigen Prozessen (Personal und Geld) erarbeitet; das Kosten-Nutzenverhältnis wird langfristig infrage gestellt, eine Neuformulierung oder Fortschreibung als nicht leistbar angesehen. Gerade in der Wirtschaft finden im Rahmen von Globalisierung und *Shareholder-Value*-Orientierung Umstrukturierungsprozesse statt, die auf einmal formulierte Leitbilder wenig Rücksicht nehmen und vor allem durch die Anonymisierung der Eigentümerstrukturen keinerlei Verantwortlichkeiten mehr erkennen lassen.

- Leitbilder können stark abhängig sein von Persönlichkeiten und Initiatoren, die von der Bedeutung von Leitbildern für eine zielorientierte und identitätstiftende Unternehmens-, Verwaltungs- oder Stadtpolitik überzeugt sind. Sind diese Persönlichkeiten nicht mehr da, gehen Bedeutung und Wirksamkeit verloren.

- Leitbildern fehlt die Verankerung in einem konsistenten und in Entscheidungsprozesse eingebundenen System aus Leitbildern, zielorientierten Konkretisierungen und umsetzungsorientierten, verbindlichen Maßnahmenbestimmungen. Als ein positives Beispiel kann hier die seit Jahrzehnten aufgebaute Planungstradition der Münchener Stadtentwicklung angesehen werden, bei der die „Perspektive München" mit ihren Leitzielen und abgeleiteten Teilzielen für die einzelnen Handlungsfelder seit vielen Jahren die breit akzeptierte Grundlage und Orientierung der Münchener Stadtentwicklung darstellt und durch Evaluierungen und Fortschreibungen nach wie vor aktuell ist (Reiß-Schmidt 2006).

- Formulierung und Wirksamkeit von Leitbildern erfordern inhaltlich und räumlich Überschaubarkeit, um nachvollziehbar und akzeptiert zu sein. Hieran fehlt es häufig, da der räumliche Umgriff zu groß und die inhaltliche Dimension zu komplex sein kann. So tut sich die Berliner Stadtentwicklung nach wie vor schwer, ein Leitbild für Städtebau und Stadtentwicklung zu erarbeiten und sowohl verwaltungsintern als auch stadtweit zu initiieren und zu etablieren. In der „BerlinStudie" von 2000 wird anspruchsvoll formuliert, dass eine Perspektive für Berlin Leitbildvorstellungen erfordere und dass in der Vergangenheit solche Versuche immer wieder gescheitert seien, da diese zu eindimensional gewesen seien („Ost-West-Drehscheibe", „Europäische Dienstleistungsmetropole"). In der „BerlinStudie" wird versucht, hieraus die Konsequenzen zu ziehen und sechs „Elemente einer Vision" zu formulieren, die die allgemeine *Richtung*, die *Ressourcen* und den *Weg* beschreiben und die sich auf unterschiedlichen Ebenen bewegen und Priorität haben sollten. Einem solchen Vorgehen werden größere Erfolgsaussichten beigemessen als der Propagierung eines einzigen Leitbildes (Der Regierende Bürgermeister von Berlin, Senatskanzlei [Hrsg.] 2000, S. 23). Bei der Erstellung des Berliner Stadtentwicklungskonzepts „Strategien für Berlin 2020" sind diese Ansätze zwar aufgegriffen worden, ohne dass jedoch ein erkennbares konsensfähiges und akzeptiertes neues Leitbild daraus geworden ist (Senatsverwaltung für Stadtentwicklung – Kommunikation – [Hrsg.] 2004). Bereits innerhalb der einzelnen Verwaltungen selbst war die Bereitschaft, sich an den Diskussionen zu beteiligen, eher gering. Allerdings setzt hier aktuell der Regierende Bürgermeister Klaus Wowereit neue Akzente, wenn er öffentlich über Leitbilder nachdenkt, für Berlin eine *Corporate Identity* fordert, einen hauptstädtischen Stolz, ein bürgerschaftliches Zusammenstehen für die Stadt über Parteigrenzen hinweg (Tagesspiegel 2006). Ein weiterer aktueller Ansatz besteht in einem vom Land Brandenburg und dem Land Berlin durchgeführter Prozess für ein „Leitbild Hauptstadtregion Berlin-Brandenburg". Für einzelne Teil-Leitbilder (z.B. „Mitten in Europa", „Starke Hauptstadt für die Region",

„Wir leben Kultur") werden jeweils Ausgangssituation („Wir sind ...") Ziel-
vorstellung („Wir wollen ...") und Umsetzungswege („Wir werden ...") benannt. Dieses Leitbild wurde in einem längeren Prozess von Vertretern beider
Länder entwickelt und zur Diskussion gestellt und kann als eine geeignete
Vorgehensweise für die Generierung eines politisch-räumlichen Leitbildes
angesehen werden (Gemeinsame Landesplanung der Länder Berlin und
Brandenburg 2006).

Diese Aufzählung verdeutlicht die Fragilität von Leitbildern. Sie werden häufig
nicht konsequent in die Praxis umgesetzt, Enttäuschung und Resignation machen
sich breit, die Glaubwürdigkeit wird in Frage gestellt, die Sinnhaftigkeit wird an-
gezweifelt (Belzer 1998, S. 14). Darüber hinaus werden Bedeutung und Wirkung
von Leitbildern auch dadurch relativiert und eine Umsetzung erschwert, dass die
Bezugsebenen (räumlich, fachlich, organisatorisch, Verantwortlichkeit) immer
unübersichtlicher („unanschaulicher") und anonymer werden und damit auch
Orientierung verloren geht. Die Maßstabsvergrößerung von Raumeinheiten (von
der Stadt auf die Region; von der nationalen auf die europäische Ebene), die
Fremdbestimmung lokaler Betriebe durch anonyme Investmentgesellschaften, die
Konzentrationstendenzen in der Wirtschaft oder das „Schielen" auf populistische
Strömungen in der Politik sind Beispiele hierfür.

2.   Wie werden Leitbilder generiert?

Leitbilder müssen in einem Gesamtkontext aus *Bildern*, *Zielen* und *Umsetzungsstrategien* gesehen und entwickelt werden. Wie werden Leitbilder generiert, wer
formuliert sie, und über welche Prozesse werden sie initiiert, ausgearbeitet und
transportiert? Quer über alle Akteurs- und Handlungsbereiche kann eine Reihe
von Anforderungen formuliert werden, die, wenn sie erfüllt werden, ein „gutes"
Leitbild ausmachen. Aus der folgenden Aufzählung lässt sich ohne weiteres ableiten, dass die Generierung von Leitbildern keine schnelle, ad hoc und von „oben"
erlassene Order ist, sondern einen Prozess bedeutet, in den alle betroffenen Akteure eingebunden sein müssen, ob Betriebsleitungen, Mitarbeiterinnen und Mitarbeiter aus Wirtschaft und Verwaltung, die Stadtpolitik, Bürgerinnen und Bürger.
Nur so können Transparenz und Akzeptanz erreicht werden. Aufbau und Inhalte
von Leitbildern sollten sich an den folgenden Kriterien orientieren (Bleicher 1992;
Demuth 1993 zitiert nach Belzer 1998, S. 23 f.; Rüttgers/Schwarz 2001, S. 15).
Danach sollten Leitbilder

- anschaulich, klar und bildhaft sowie auf die jeweiligen Organisations- und
  Handlungszusammenhänge zugeschnitten sein,

- nach außen und innen eine handlungsleitende Orientierungsfunktion wahrnehmen,

- allgemeingültig sein und sich nicht lediglich auf Einzelaspekte beziehen;

- sich auf wesentliche Aussagen beschränken und keine detaillierten Regelungen und Vorschriften enthalten,

- langfristig gültig sein, gleichzeitig aber auch an veränderte Anforderungen anzupassen sein,

- vollständig sein und sowohl die zu erreichenden Ziele als auch die Wege dorthin ansprechen,

- die Wahrheit sagen und nichts schön reden,

- die Ziele und Veränderungen so darstellen, dass sie realisierbar erscheinen,

- aus den jeweiligen Organisationen und Einrichtungen und mit den Betroffenen entwickelt und nicht von Externen am „grünen Tisch" ausgearbeitet werden,

- in ihren Inhalten einfach und verständlich sein, damit sie für alle nachvollziehbar sind.

Dieser Kriterienkatalog lässt sich nicht immer streng durchhalten. So sind die städtebaulichen Leitbilder in der Vergangenheit eher im Rahmen innerfachlicher Diskurse entwickelt worden; erst in jüngerer Zeit hat hier ein Wandel stattgefunden. Vor allem durch die Politisierung der Bürgerbeteiligung und die Nachhaltigkeitsdiskussion haben diese Leitbilder als „Verkörperung eines ausschließlich innerfachlichen Konsenses ihre Basis verloren". Sie haben aber gleichzeitig dadurch an Akzeptanz gewonnen (Jessen 2006). Und auch die Leitbilder der Raumordnung sind letztlich das Ergebnis von breiten wissenschaftlichen und raumordnungspolitischen Diskursen, die den Rahmen einer gesamtstaatlichen Raumordnungspolitik abstecken. Hierin werden möglicherweise die deutlichsten Unterschiede bei der Genierung von Leitbildern der eher räumlich orientierten Raumordnungs-, städtebaulichen und Stadtentwicklungsplanung gegenüber jenen von Organisationen, Unternehmen und öffentlichen Verwaltungen erkennbar.

In aller Regel bedarf die Generierung von Leitbildern der inhaltlich-fachlichen und personalpolitischen Vorbereitung und Vorklärung. Alle Beteiligten müssen sich darüber bewusst sein, innerhalb welchen Rahmens überhaupt über ein Leitbild diskutiert werden soll/kann. Je abstrakter der Rahmen, desto konkreter müssen einzelne Bausteine, Leitgedanken und Grundannahmen vorab formuliert werden, die dann allerdings auch zu diskutieren sind. Gerade auf der räumlichen und städtebaulichen Ebene wird es kaum ohne diese „innerfachlichen" Diskurse und Verständigungen gehen, wie sich zum Beispiel bei der Neuformulierung der raumordnungspolitischen Ziele zeigt (Büro für anwandte Geographie/BBR/BMVBW 2005).

Werden die Leitbilder entlang der oben beschriebenen Stufen und wesentlichen Kriterien der Konkretisierung und Umsetzung generiert, ist von Beginn an auch der Aspekt der Evaluierung zu berücksichtigen. Obwohl Leitbilder von ihrer Grundidee her eher langfristig angelegt sind, kann nicht davon ausgegangen werden, dass die zunächst eingeschlagenen Strategien zur Umsetzung auf Dauer tragfähig sind. Da sich zentrale Rahmenbedingungen schnell ändern können, muss hierauf reagiert werden können, einzelne Leitbildbausteine oder Umsetzungsstrategien müssen an veränderte Verhältnisse anzupassen sein. Derartige Wirkungskontrollen können gleichzeitig auch der allgemeinen Selbstvergewisserung über Ziele und Wege dienen und den Leitbildgedanken wieder stärker ins Bewusstsein der betroffenen und beteiligten Akteure bringen. Wie am Beispiel der Stadt München aufgezeigt, gelingt dies am ehesten, wenn hierfür bereits eine längere Tradition besteht und eine offene Diskussions- und Entscheidungskultur etabliert ist. Hieran fehlt es häufig sowohl in der Wirtschaft als auch in der öffentlichen Verwaltung und in anderen Organisationen.

Als ein Grundprinzip bei der Entwicklung von Leitbildern kann angesehen werden, dass neben den oben aufgeführten Kriterien der *Weg* dorthin bereits von zentraler Bedeutung ist, um Ziele zu erreichen. Schon im Verfahren der Erstellung müssen sich daher Handlungs- und Verfahrensweisen herausbilden, die sich später im eigentlichen Leitbild auch wiederfinden. Schließlich ist auch zu berücksichtigen, dass die Wirksamkeit von Leitbildern in aller Regel sich nicht an quantifizierbaren Kennziffern festmachen lässt, sondern dass eher qualitative Momente wie Arbeitszufriedenheit, Akzeptanz oder Lernbereitschaft im Vordergrund stehen, die sich langfristig auch in einer höheren Produktivität niederschlagen können (Belzer 1998, S. 39). Für eher räumlich ausgerichtete Leitbilder bedeutet dies, dass das eigene Entscheidungshandeln transparent, nachvollziehbar und „robust" genug sein muss, um auch in kritischen Phasen Bestand zu haben.

3. Das Leitbild „Bürgergesellschaft" als übergreifende Idee für Staat, Stadt und Gesellschaft

Über alle Ansätze von Leitbildern für unterschiedliche räumliche, politische, verwaltungsorganisatorische, soziale und ökonomische Handlungsebenen hinweg könnte perspektivisch der Frage nachgegangen werden, inwieweit es übergreifende Leitbilder oder Denkfiguren gibt, deren einzelne Kriterien erstens gleichermaßen für alle handelnden Akteure in den unterschiedlichsten Zusammenhängen Geltung haben und zweitens damit die je spezifischen Anforderungen von Leitbildern bestimmen sollten.

In den letzten Jahren ist vor allem im Zusammenhang einer grundlegenden Neubestimmung des Verhältnisses zwischen Staat und Bürgern der Gedanke des „aktivierenden Staates" in Politik und Wissenschaft entwickelt worden. Dabei wurde auch diskutiert, ob dieser Neuausrichtung ein konsensfähiges Leitbild – und wenn ja, welches – zugrunde gelegt werden könne, das gleichermaßen von Politik/Staat und Gesellschaft akzeptiert wird und als „Bild" ausreichend anschaulich und begreifbar ist. Angestoßen durch eine Reformdebatte, bei der sich mehrere „Strömungen" aus ökonomischen Veränderungen („Globalisierung"), finanziellen Krisen (wachsende Staatsverschuldung), sozialen Verwerfungen (Arbeitslosigkeit, Rentendefizite) sowie zunehmender Unvermittelbarkeit von Politik (Politikverdrossenheit) überlagern, geht es um die Aktivierung von und die Befähigung zu mehr Bürgersinn und individueller Selbstbestimmung und -verantwortung.

Als weitgehend konsensfähig und ausreichend anschaulich hat sich inzwischen das Leitbild der „Bürgergesellschaft" durchgesetzt. Auch wenn die Idee selbst nicht neu ist und vor allem im angelsächsischen Raum als *civil society* Tradition hat, ist der Begriff bei uns erst in der jüngeren Vergangenheit neu „entdeckt" worden (Ueltzhöffer/Ascheberg 1995, S. 9 ff.). Als zentraler Baustein dieses Leitbildes ist vor allem „Bürgerschaftliches Engagement" hervorgehoben worden und aktuell – auch im Kontext des demographischen Wandels – als zentrales Handlungsfeld auf allen politischen wie räumlichen Ebenen (Bund, Länder, Kommunen) in der Diskussion. Die vom Deutschen Bundestag im Februar 2000 eingesetzte Enquete-Kommission „Zukunft des Bürgerschaftlichen Engagements" nennt ihren Abschlussbericht denn auch „Bürgerschaftliches Engagement: *auf dem Weg in eine zukunftsfähige Bürgergesellschaft*" (Hervorhebung durch den Autor)(Enquete-Kommission Zukunft des Bürgerschaftlichen Engagements [Hrsg.] 2002). Ohne hier auf das Bürgerschaftliche Engagement im Einzelnen eingehen zu können, erscheint doch der zugrunde liegende Gedanke eines Leitbildes der „zukunftsfähigen Bürgergesellschaft" von Interesse, ebenso die Frage, inwieweit dieser Grundgedanke auch für die Generierung von Leitbildern für die oben beschriebenen unterschiedlichen räumlichen und organisationsrelevanten Handlungsfelder, Institutionen und Organisationen genutzt werden kann. Ungeachtet inzwischen inflatorisch auftauchender immer neuer Begriffe wie „Zivilgesellschaft", „Good Governance" oder des ursprünglich verwandten „aktivierenden Staates" erscheint der Begriff der „Bürgergesellschaft" am anschaulichsten und damit am ehesten vermittelbar zu sein[1].

Im Bericht der Enquete-Kommission heißt es, dass „Bürgergesellschaft ein Gemeinwesen beschreibt, in dem die Bürgerinnen und Bürger auf der Basis gesicherter Grundrechte und im Rahmen einer politisch verfassten Demokratie durch das Engagement selbstorganisierter Vereinigungen und durch die Nutzung von Beteiligungsmöglichkeiten die Geschicke des Gemeinwesens wesentlich prägen können. Bürgergesellschaft ist damit zugleich Zustandsbeschreibung und Programm" (Enquete-Kommission 2002, S. 59). Dabei geht es nicht nur um individuelle Gestaltungs- und Beteiligungsmöglichkeiten, sondern auch um institutionelle Rahmenbedingungen wie beteiligungsfreundliche Organisationen und Institutionen und um neue Formen der Partizipation (S. 61 f.). Schließlich wird postuliert, dass sich auch für die „zentralen Akteure in der Arbeitswelt wie Unternehmer, Beschäftigte sowie Gewerkschaften und Unternehmerverbände die Herausforderung stellt, sich auch als Akteure der Bürgergesellschaft zu begreifen und entsprechend zu betätigen" (ebenda, S. 17; Bürsch 2003, S. 39 f.).

---

1   Im Bericht der Enquete-Kommission werden die Begriffe „Bürgergesellschaft" und „Zivilgesellschaft" synonym verwandt (Enquete-Kommission 2002, S. 59).

Als zentrale Prinzipien der Bürgergesellschaft stehen damit neben der Übernahme von mehr Eigenverantwortung die Stärkung von mehr Beteiligung und zivilgesellschaftlichem Engagement sowie die Betonung von kooperativen Entscheidungsprozessen im Mittelpunkt dieses Leitbildes. Diese Prinzipien könnten ohne große Brüche auf nahezu alle Handlungsbereiche angewandt werden, in denen und für die Leitbilder entwickelt werden. Sie bedürfen der auf die je spezifischen Handlungsfelder bezogenen Konkretisierung und Ergänzung und benötigen Vermittlung und Akzeptanz. Sie erhalten aber ihre Bedeutung und ihr Gewicht dadurch, dass sie übergreifend in Staat und Gesellschaft akzeptiert werden und „bekannt" sind, da sie auch anschaulich genug formuliert sind. Damit sind bereits zentrale Grundlagen für die Erarbeitung eines Leitbildes geschaffen, die nicht jedes Mal neu diskutiert werden müssten. Auf dieser Basis sind sodann die „Alleinstellungsmerkmale" herauszuarbeiten, die eine allgemeine Leitbildvorstellung zu dem Besonderen machen, mit dem sich die beteiligten Akteure identifizieren, und die die Grundlage für Ziele und Umsetzungsstrategien sein können. Da Leitbilder in sehr unterschiedlichen räumlichen, funktionalen und prozeduralen Zusammenhängen erstellt werden, muss allerdings in jedem Einzelfall genau geprüft werden, ob sich dieses Grundprinzip durchhalten lässt. Zumindest erscheint es ein weiterführender Gedanke zu sein für all jene Fälle, in denen das ernsthafte Bemühen erkennbar wird, über ein Leitbild Orientierung zu geben und identitätsstiftend zu wirken. Für die vielfach unter eher plakativen Labels fungierenden Leitbilder vieler Städte (Becker/Jessen/Sander 1998, S. 13 f.), die unter kurzfristigen Marketinggesichtspunkten verkündet werden, dürfte dies allerdings kaum zutreffen.

Als Beispiel für diesen Ansatz kann die oben zitierte „BerlinStudie" herangezogen werden, in der als eine wichtige Leitidee des mehrdimensionalen Leitbildes die „zivilgesellschaftliche Verfasstheit" als Weg für die Umsetzung einzelner Leitbildelemente aufgeführt wird (BerlinStudie, S. 27). Und auch im „Leitbild für die Stadt der Zukunft" des DST wird hierin ein wichtiger Strategieansatz gesehen (DST 2003, S. 20 f.). Schließlich fühlen sich eine ganze Reihe neuerer Stadtentwicklungskonzepte diesen Grundgedanken verpflichtet (Beispiel „Perspektive München"; Stadtentwicklungsplan Heidelberg 2010).

4. Zukunftsfähigkeit leitbildorientierter Strategien

Leitbilder werden in ihrer Bedeutung und Wirksamkeit höchst unterschiedlich beurteilt, zumal sie weder formalisiert noch in ihrer Wirkung mit „harten" Zahlen messbar sind und auch in aller Regel keine exakten Vorgaben, die zu erreichen sind, machen (Belzer 1998, S. 47 f.; Becker/Jessen/Sander 1998, S. 15 f.). Bisher noch kaum untersucht ist die Bedeutung von Leitbildern als „weicher" Standortfaktor im Wettbewerb von Städten, Räumen (z.B. Regionen), Organisationen und wirtschaftlichen Unternehmen. Angesichts der oben beschriebenen sich ändernden ökonomischen, sozialen und demographischen Rahmenbedingungen verschärft sich der Wettbewerb lokal, regional, national und international um Märkte, Einwohner, Arbeitskräfte, Humankapital und Kultur. Immer häufiger werden in diesem Kontext *Rankings* erstellt, die nicht nur „harte" Fakten enthalten, sondern ebenso „weiche" Faktoren wie Verwaltungsklima, Offenheit und Kundenfreundlichkeit berücksichtigen. Auch wenn die Ergebnisse derartiger Rankings häufig methodisch kritisch gewertet werden müssen (vgl. Grabow in diesem Band), dienen sie als wichtiges Instrument im Wettbewerb. Für die Städte wird im 21. Jahrhundert bereits eine Epoche des Wettbewerbs prognostiziert (Matzig 2006).

Bezogen auf die Leitbilder lässt sich hieraus folgern, dass sie in diesem Wettbewerb in den unterschiedlichsten Handlungsfeldern eine wichtige Rolle spielen können, die bisher noch zu wenig thematisiert wird. Hierzu erscheint ein Rückgriff auf die oben beschriebenen Funktionen von Leitbildern sinnvoll: Sie sollen Orientierung geben, koordinierend und motivierend sowie identitätsstiftend wirken. Im Kontext des übergreifenden Leitbildes der „Bürgergesellschaft" lassen sich diese Funktionen und Kriterien auch als bedeutsame Standortfaktoren interpretieren, die – in Leitbildern und Umsetzungsstrategien niedergelegt – als nachvollziehbare, „robuste" und verlässliche Leitlinien für alle Akteure wie potenzielle Investoren, politische, ökonomische und soziale Handlungs- und Entscheidungsträger dienen können. Wissenschaftlich wie politisch und ökonomisch bedarf es hierzu jedoch einer weitergehenden Verständigung, die gegenwärtig kaum vorhanden ist und als Potenzial noch zu wenig erkannt wird. Schließlich kann diese Diskussion auch im Kontext der Bemühungen gesehen werden, die Produktivität in allen Feldern zu erhöhen, wenn es darum geht, die Auswirkungen des demographischen Wandels zu bewältigen und unausgeschöpfte Potenziale zu aktivieren.

Ein weiteres Thema, das in diesen Zusammenhängen noch zu wenig aufgegriffen wird, ist die Rolle der medialen Vermittlung von Leitbildern. Angesichts der Bedeutung und Verbreitung neuer Medien und deren Nutzungsmöglichkeiten eröffnet sich hier ein weites Feld für Vermittlung und Kommunikation von Leitbildern. Die Erstellung von Leit*bildern* und deren Umsetzung durch Visualisierung stellen ein Potenzial dar, das ebenfalls bisher zu wenig ausgeschöpft wird. Ansätze sind in der Vergangenheit vor allem im Bereich der Raumordnung (Raumordnungspolitischer Orientierungsrahmen von 1993), in der Stadtentwicklung und im Städtebau (Städtebauliche Wettbewerbe) verfolgt worden (Bundesminister für Raumordnung, Bauwesen und Städtebau 1993; Becker 2002). Was eher kleinteilig und kleinräumig zum Beispiel im Rahmen von Beteiligungsverfahren für die Neu- und Umgestaltung von städtischen Räumen, Neubauvorhaben und Nutzungskonzepten geschieht, könnte auch für die Vermittlung übergreifender räumlicher, aber auch organisatorischer und unternehmerischer Leitbilder genutzt werden. Im Rahmen neuer Stadtentwicklungskonzepte werden die neuen Medien immer häufiger dazu genutzt, Leitbilder zu erstellen und zu vermitteln (z.B. Hamburg; Berlin) (Sinning 2005, S. 11).

Ausgehend von der Diskussion über Leitbilder der Stadtentwicklung und des Städtebaus wurde hier versucht, einige grundlegende Prinzipien auch auf andere Handlungsfelder zu übertragen und sie in einen Zusammenhang mit dem übergreifenden Leitbild der „Bürgergesellschaft" zu stellen. Sofern man hierin ein „zukunftsfähiges

Projekt" erkennen will, bedarf es einer kontinuierlichen Vermittlungsarbeit, um sie – ob durch Beispiele, Öffentlichkeitsstrategien oder politische Diskussionen – mit Leben zu füllen und damit ihre Orientierungsfunktionen zu stärken, um Verlässlichkeit und Vertrauen zu bewirken und dadurch dem Allgemeinwohl zu dienen. Da es immer schwieriger wird, in nationalen Alleingängen zu agieren, sollte hierbei mehr und mehr auch die europäische Ebene in den Blick genommen werden. Mit dem Weißbuch „Europäisches Regieren" der Kommission der Europäischen Gemeinschaften aus dem Jahr 2001 liegt bereits eine fundierte Grundlage vor, die es umzusetzen gilt (Kommission der Europäischen Gemeinschaften 2001).

Literatur

Becker, Heidede, Stadtbaukultur – Modelle, Workshops, Wettbewerbe. Verfahren der Verständigung über die Gestaltung der Stadt (Schriften des Deutschen Instituts für Urbanistik, Band 88), Stuttgart, Berlin, Köln 2002.

Becker, Heidede, Johann Jessen und Robert Sander, Auf der Suche nach Orientierung – das Wiederaufleben der Leitbilder im Städtebau, in: Becker, Heidede, Johann Jessen und Robert Sander (Hrsg.), Ohne Leitbild? Städtebau in Deutschland und Europa, Stuttgart 1998, S. 10–17.

Becker, Heidede, Leitbilder, in: Häußermann, Hartmut (Hrsg.), Großstadt. Soziologische Stichworte, Opladen 1998, S. 123-135.

Belzer, Volker, Leitbilder – Potenziale und Perspektiven für moderne Organisationen, in: Belzer, Volker (Hrsg.), Sinn in Organisationen? Oder: Warum haben moderne Organisationen Leitbilder?, München und Mering 1998, S. 13-54.

Büro für angewandte Geographie/Bundesamt für Bauwesen und Raumordnung (BBR)/Bundesministerium für Verkehr, Bau- und Wohnungswesen (BMVBW)(Hrsg.), Leitbilder und Handlungsstrategien für die Raumentwicklung in Deutschland – Diskussionspapier September 2005, o.O., o.J.

Bürsch, Michael, Bürgergesellschaft und die Interessen von Unternehmen, in: Backhaus-Maul, Holger, und Hasso Brühl (Hrsg.), Bürgergesellschaft und Wirtschaft – zur neuen Rolle von Unternehmen (Deutsches Institut für Urbanistik, Materialien), Berlin 2003, S. 39-41.

Bundesamt für Bauwesen und Raumordnung (Hrsg.), Unser Leitbild. Internes Papier, o.O., o.J.

Der Regierende Bürgermeister von Berlin – Senatskanzlei (Hrsg.), Die BerlinStudie: Strategien für die Stadt, Berlin 2000.

Deutscher Städtetag (Hrsg.), Leitbild für die Stadt der Zukunft, Köln und Berlin 2003.

Enquete-Kommission „Zukunft des Bürgerschaftlichen Engagements" des Deutschen Bundestages (Hrsg.), Bericht Bürgerschaftliches Engagement: auf dem Weg in eine zukunftsfähige Bürgergesellschaft (Schriftenreihe Band 4), Opladen 2002.

Gemeinsame Landesplanung der Länder Berlin und Brandenburg (Hrsg.), Leitbild Hauptstadtregion Berlin-Brandenburg, Potsdam 2006.

Jessen, Johann, Stadtumbau – Blick zurück nach vorn. Die Bedeutung von Leitbildern bei Neurungen in der Stadtplanung, in: Deutsche Zeitschrift für Kommunalwissenschaften, Heft I (2006), S. 23-43.

Kahlenborn, Walter, Meinolf Dierkes, Camilla Kresbach-Gnath und Klaus W. Zimmermann, Berlin – Zukunft aus eigener Kraft. Ein Leitbild für den Wirtschaftsstandort Berlin, Berlin 1995.

Kommission der Europäischen Gemeinschaften (Hrsg.), Europäisches Regieren. Ein Weißbuch, Brüssel 2001.

Lütke-Daldrup, Engelbert, Die perforierte Stadt. Eine Versuchsanordnung, in: StadtBauwelt, Heft 24 (2001), S. 40-45.

Mäding, Heinrich, Herausforderungen für die deutschen Städte, in: Stadt Köln (Hrsg.), Köln – 2020 – Leitbild einer Stadt. Dokumentation der Impuls-Veranstaltung vom 8. April 2002, o.O., o.J., S. 14-19.

Matzig, Gerhard, Von Siegern und Verlierern. Das 21. Jahrhundert wird für die Städte vor allem eine Epoche des Wettbewerbs sein, in: Süddeutsche Zeitung vom 2. Mai 2006.

Möltgen, Katrin, und Alfred Reichwein, Begriff und Funktion von Leitbildern, in: Die Neue Verwaltung, Heft 1 (1999), S. 9-12.

Reiß-Schmidt, Stephan, Stadtentwicklungsmanagement als Instrument der Qualitätssicherung, in: Deutsche Zeitschrift für Kommunalwissenschaften, Heft I (2006), S. 80-98.

Reuther, Iris, Leitbilder für den Stadtumbau, in: Bundesministerium für Verkehr, Bau- und Wohnungswesen/Bundesamt für Bauwesen und Raumordnung (Hrsg.), Fachdokumentation zum Bundeswettbewerb „Stadtumbau Ost", Bonn 2002, S. 12-24.

Rüttgers, Martin, und Michael Schwarz, Leitbildentwicklung in bundesdeutschen Großstädten, Köln 2001.

Schäfer, Helmut, Leitbild des Landeswohlfahrtsverbandes Hessen (unveröffentlichtes Typoskript), Kassel 2003.

Senatsverwaltung für Stadtentwicklung – Kommunikation – (Hrsg.), Stadtentwicklungskonzept Berlin 2020. Statusbericht und perspektivische Handlungsansätze, Berlin 2004.

Sinning, Heidi, Online-gestützte Kommunikation für Stadtmanagement – Potenziale, Restriktionen und Anforderungen, in: Sinning, Heidi (Hrsg.), Stadtmanagement – Strategie zur Modernisierung der Stadt (-Region), Dortmund 2005.

Sieverts, Thomas, Was leisten städtebauliche Leitbilder? , in: Becker, Heidede, Johann Jessen und Robert Sander (Hrsg.), Ohne Leitbild? Städtebau in Deutschland und Europa, Stuttgart 1998, S. 22-40.

Städteregion Ruhr 2030 (Hrsg.), Unendliche Weite! Die Leitbildmesse von Städteregion Ruhr 2030, o.O., o.J.

Tagesspiegel vom 12.4.2006.

Ueltzhöffer, Jörg, und Carsten Ascheberg, Engagement in der Bürgergesellschaft. Die Geislingen-Studie, Mannheim 1995.

Weber, Beate, Leitbilder – Zukunftsgestaltung in der Kommunalpolitik, in: Die Neue Verwaltung, Heft 1 (1999), S. 13-14.

Wewer, Göttrik, Leitbilder und Verwaltungskultur, in: von Bandemer, Stephan, Bernhard Blanke, Frank Nullmeier und Göttrik Wewer (Hrsg.), Handbuch zur Verwaltungsreform, Opladen 1998, S. 141-149.

Der Autor

Dipl.-Soz. Robert Sander,
Wiss. Angestellter der TU Berlin, Institut für Stadt- und Regionalplanung bis 1974; Forschungs- und Planungstätigkeit, Arbeitsgruppe für Regionalplanung Berlin; Wiss. Mitarbeiter im Difu seit 1990, Koordinator des Arbeitsbereichs „Fortbildung" (bis 2005); Forschungsschwerpunkte: Stadt- und Regionalplanung, Stadtentwicklung, Städtebau und Stadterneuerung.

Joachim Blatter und Roland Scherer

Die Bodenseeleitbilder – Spiegel der grenzüberschreitenden Kooperation und im Spiegel der Wissenschaften

1. Die grenzüberschreitende Zusammenarbeit in der Bodenseeregion

Die Zusammenarbeit in der Bodenseeregion über die Grenzen hinweg kann auf eine lange und erfolgreiche Geschichte zurückblicken. In verschiedenen Bereichen, wie z.B. im Gewässerschutz, dem Tourismus oder in der neueren Zeit auch im Hochschulbereich, kann man sie sogar als modellhaft einstufen. Im Folgenden wird diese Grenzregion kurz skizziert, und es wird insbesondere auf verschiedene Leitbilder eingegangen, die die Entwicklung der grenzüberschreitenden Kooperation am Bodensee widerspiegelten und mit beeinflussten. Darüber hinaus wird deutlich gemacht, wie Heinrich Mäding und die Autoren dieses Beitrages mit ihren Analysen zu diesen Leitbildern verschiedene wissenschaftliche Perspektiven repräsentieren, die sich zu unterschiedlichen Zeiten und mit unterschiedlichen disziplinären Relevanzkriterien mit der Bodenseeregion beschäftigten.

1.1 Die Bodenseeregion

Zu Beginn des 21. Jahrhunderts hat sich mit der Regio Bodensee ein grenzüberschreitender Handlungsraum etabliert. Sie ist politisch-administrativ abgegrenzt und besteht aus insgesamt 14 Teilregionen der vier Staaten Deutschland, Schweiz, Österreich und Liechtenstein. Innerhalb dieses Gebietes lebten zu Beginn des Jahres 2000 mehr als 3,5 Millionen Menschen. Die Regio Bodensee hat kein eigentliches Zentrum, sondern ist durch eine polyzentrische Siedlungsstruktur gekennzeichnet – auch wenn sich seit dem Jahr 1998 der Kanton Zürich und damit der größte Teil der Metropolregion Zürich zur Regio Bodensee rechnet.

Abbildung 1   Die räumliche Abgrenzung der Regio Bodensee*

*Quelle: Eigene Darstellung.

1.2   Phasen und Leitbilder der grenzüberschreitenden Zusammenarbeit

Die grenzüberschreitende Zusammenarbeit in der Bodenseeregion kann auf eine lange Tradition zurückblicken. Bereits im 19. Jahrhundert wurden erste grenzüberschreitende Institutionen gegründet, die teilweise noch heute existieren. In Anlehnung an Scherer/Schnell (2002) kann die grenzüberschreitende Kooperation am Bodensee in fünf Phasen eingeteilt werden:

- *Entstehungsphase* (zirka 1850–1918): Regelungsbedarf im Gefolge der Industrialisierung, erste Staatsverträge, Übereinkommen zur Fischerei, erwachender Bodenseetourismus und im Gefolge Kooperationen von Verbänden und Vereinen aller Art.

- *Umweltphase* (1955–1975): neue Vereinbarungen und Institutionen aufgrund des zunehmenden Schadstoffeintrags in den Bodensee und ökologisch zweifelhafter wirtschaftlicher Großprojekte, erste grenzüberschreitende Einrichtungen der technischen Infrastruktur.

- *Planerphase* (1970–1990): Auf Initiative der ersten europäischen Raumordnungsministerkonferenz wird die Kooperation der zuständigen Stellen ins Leben gerufen – in einem ersten Schritt im Konflikt zwischen Kommunen und staatlichen Stellen. Daraus entsteht letztlich die Internationale Bodenseekonferenz der Regierungschefs, und es werden weitere Kommissionen gegründet.

- *Aufbruchphase* (1990–2000): Im Gefolge der internationalen Politik (Europäischer Binnenmarkt, Europa-Diskussion in der Schweiz, Mauerfall, Öffnung des Ostens) können auch in der Bodenseeregion eine massive Intensivierung der Zusammenarbeit und die Gründung zahlreicher neuer Gremien festgestellt werden. Insbesondere bedingt durch die EU-Gemeinschaftsinitiative INTERREG konnten grenzüberschreitende Entwicklungsprojekte initiiert werden, mit Hilfe derer die in der Region aufgrund der Grenzlage bestehenden Probleme abgebaut werden sollten.

- *Netzwerkphase* (2000–2005): Bedingt durch das INTERREG III-Programm und durch die Bodensee Agenda 21 fand eine Veränderung in den Zusammenarbeitsstrukturen statt; die bisherigen stark staatlich dominierten Strukturen öffneten sich und neue Bereiche der Wirtschaft und der Zivilgesellschaft kamen hinzu. Geprägt war diese Phase durch das Entstehen neuer grenzüberschreitender Netzwerke nicht-institutioneller Art und durch eine „Politik der konkreten Projekte".

Was ursprünglich als informelle Plattform zur Diskussion von Raumplanung und Umweltfragen begann, hat im Laufe der Jahre einen höheren Grad an Institutionalisierung erlangt, aber insgesamt sind die Strukturen der grenzüberschreitenden Kooperation in der Regio Bodensee auch heute wenig formalisiert. Wesensmerkmale der Zusammenarbeit sind nach wie vor die geringe Verbindlichkeit und das hohe Maß an Informalität und Netzwerkbeziehungen. Dies hat zur Folge, dass einerseits eine Zusammenarbeit nur bei gemeinsamen Zielen funktioniert, andererseits die Reaktionsfähigkeit der Akteure sehr hoch ist. Verbindende Grundlage dieser netzwerkartigen Strukturen der grenzüberschreitenden Zusammenarbeit war dabei die Existenz von Leitbildern, in denen Vorstellungen über die zukünftige Entwicklung der Gesamtregion formuliert wurden. Diese Leitbilder – unabhängig davon, ob explizit formuliert oder implizit vorhanden – waren ihrem Wesen nach geprägt von der jeweils vorherrschenden gesellschaftlichen Perzeption des Regionalen, wie sie z.B. der Tübinger Kulturwissenschaftler Hermann Bausinger (1996, S. 27 f.) für verschiedene Zeitabschnitte differenziert. So ist Regionalpolitik in der Zeit des Entstehens des ersten Bodenseeleitbildes Anfang der 1980er-Jahre geprägt durch die Ausweitung politischer Mitspracherechte auf der regionalen Ebene und durch das Ergänzen nationaler Steuerungskapazitäten. In der Phase des zweiten Bodenseeleitbildes Mitte der 1990er-Jahre erweitert die wirtschaftliche Entwicklungspolitik ihren Fokus auf die regionale Ebene. In den vergangenen Jahren prägen auch in der grenzüberschreitenden Regio Bodensee Netzwerke und Kooperationen die Regionalpolitik.

2. Die Bodenseeleitbilder im Spiegel der Wissenschaften

Im Folgenden werden die Ausrichtungen und Funktionen der einzelnen Leitbilder für die grenzüberschreitende Zusammenarbeit skizziert. Im Mittelpunkt steht sodann die Einordnung und Bewertung dieser Leitbilder im Lichte verschiedener wissenschaftlicher Perspektiven, die sich im Laufe der Zeit mit der grenzüberschreitenden Zusammenarbeit am Bodensee und der Funktion der Leitbilder beschäftigt haben. So betrachtete Heinrich Mäding Mitte der 1980er-Jahre das erste Leitbild aus der (damals aktuellen) Perspektive der rationalen Planungstheorie. Es zeigt sich, dass die Bodenseeleitbilder nicht nur Spiegelbilder der grenzüberschreitenden Zusammenarbeit darstellen, sondern gleichermaßen durch die zur jeweiligen Zeit dominanten wissenschaftlichen Diskurse und Paradigmen geprägt sind.

2.1 Die Beurteilung des ersten „Internationalen Leitbildes für das Bodenseegebiet" im Lichte der rationalen Planungstheorie

Das im Auftrag der Deutsch-Schweizerischen und Deutsch-Österreichischen Raumordnungskommissionen von 1975 bis 1983 erarbeitete „Internationale Leitbild für das Bodenseegebiet" wurde von der deutschsprachigen Planergemeinschaft als „methodisch anspruchsvolles und in seiner Art und internationalen Einbindung neuartiges Konzept" (Türke 1984, S. 261) mit Neugier, aber auch mit Skepsis betrachtet. Bereits kurz nach seiner Veröffentlichung bat die Schriftleitung der Zeitschrift „Raumforschung und Raumordnung" Beteiligte und Wissenschaftler vor Ort um eine Stellungnahme. Dieter Partzsch schildert in der entsprechenden Ausgabe für die beteiligten Planer aus den drei Nationen die Entstehungsgeschichte und die wesentlichen Inhalte des Leitbildes. Dabei wird deutlich, wie stark bereits die Gründung der beiden bilateralen Raumordnungskommissionen, aber auch die Verabschiedung des Leitbildes durch europäische Impulse und Rahmensetzungen bestimmt wurden. Entscheidende Bedeutung besaßen die Empfehlung der 2. Europäischen Raumordnungsministerkonferenz im Jahre 1973 in LaGrand Motte zur Bildung solcher Kommissionen und die 7. Europäische Raumordnungsministerkonferenz, die 1985 in Den Haag eine Bilanz zu dieser Initiative ziehen wollte (Partzsch 1984, S. 262). Inhaltlich ist das Leitbild durch eine klare Ausrichtung auf den Schutz des Sees und der Uferzone gekennzeichnet. In der Präambel wird zwar betont, dass „es nicht Aufgabe des Bodenseegebietes sein kann, als ‚ökologischer Ausgleichsraum' Belastungen zu beheben, die in entfernteren Räumen entstanden sind", trotzdem ist eine ökologische Ausrichtung des Leitbildes unübersehbar. Während die Leitsätze zum Schutz des Sees und der Uferzone sowie der Natur- und Landschaftsschutz an vorderster Stelle stehen, nehmen die Aussagen zu Wirtschaft und Verkehr hintere Plätze ein. Die räumliche Abgrenzung des Bodenseegebietes folgte ebenfalls primär dem Kriterium des Schutzes des Sees. Raumplanerisch stellen die schematische Aufteilung des Gebietes in einen Uferbereich und einen seefernen Bereich und die Empfehlung zur

Lenkung der zukünftigen Siedlungsentwicklung auf bestimmte Schwerpunkte im seefernen Bereich die zentrale strategische Ausrichtung des Leitbildes dar.

Insgesamt war das Leitbild von einer räumlichen Verteilungs- und Steuerungsperspektive gekennzeichnet. Auf einer größeren Maßstabsebene verdeutlichte das Leitbild eine grenzüberschreitende Koalition der Anrainerregionen gegenüber den politischen Zentrumsregionen, da man sich die eigenen regionalen Entwicklungschancen nicht durch die Zuweisung als Ausgleichsraum beschränken lassen wollte. Innerhalb des Bodenseegebietes zielten die Planer darauf ab, das Wachstum der Region ins Hinterland zu lenken. Interfunktional schließlich bedeutete das Leitbild eine Stärkung der grenzüberschreitenden Advokaten-Koalition der Gewässerschützer, die sich seit den 1960er-Jahren eine intensive Auseinandersetzung mit der rivalisierenden Advokaten-Koalition der Gewässernutzer insbesondere um die Regulierung und Begrenzung der Boote auf dem See lieferten (Feuerstein 1986, S. 30; Blatter 1994; Blatter 2001).

Der letzte Absatz stellt bereits eine Einordnung und Bewertung des ersten Leitbildes aus heutiger Zeit dar. Dagegen spiegeln die Ausführungen von Heinrich Mäding zum ersten Bodenseeleitbild die wissenschaftlichen Paradigmen und Bewertungsmaßstäbe der 1980er-Jahre. In seiner Analyse der Entstehung weist Mäding auf die besondere Rolle und die besonderen Interessen des Landes Baden-Württemberg an der Entstehung des Bodenseeleitbildes hin (Mäding 1984, S. 268). Dadurch, dass der Kernraum Baden-Württembergs seit den 1960er-Jahren von der Versorgung durch Bodenseewasser abhängig wurde, hatte das Land bereits 1975 ein „Gesamtkonzept für den Bodenseeraum" erstellt und hatte als „Unterlieger" im Bereich der Gewässerpolitik ein besonderes Interesse daran, die anderen Anrainerstaaten ebenfalls zu einer schutzorientierten Politik zu verpflichten. Aber nicht nur Mädings Analyse der Entstehung des Leitbildes war durch die Perspektive des kritischen Rationalisten geprägt, sondern auch die Beurteilung des Produktes und des Prozesses der Erstellung. Unter Bezugnahme auf die Kriterien, die Friedo Wagener zur Beurteilung des Bundesraumordnungsprogramms entwickelt hatte, kommt Mäding zu folgenden Ergebnissen:

„Beurteilung des Produktes: Raumbezug: zu wenig detailliert, Zeitbezug: fehlt, Finanzbezug: fehlt, Geltungsintensität: sehr gering, Konkretheit: gering, Prägnanz: gering, Publizität: formal gegeben, materiell gering, Veränderungsanpassungsfähigkeit: gegeben, Erfolgskontrollmöglichkeit: gering. Beurteilung des Prozesses: Beteiligung der Politik: Dominanz der Regierungen, Beteiligung der Betroffenen: sehr gering, Beteiligung der Organisation: gegeben" (Mäding 1984, S. 270).

In Übereinstimmung mit der damals dominierenden Konzentration der staatlichen Steuerungstheorie auf formale Regulierungen kommt Mäding insgesamt zu einer sehr skeptischen Einschätzung:

„Nicht unbegründet ist sogar die Vermutung, dass von ihm überhaupt keine identifizierbaren Wirkungen ausgehen, da die Raumordnungskommissionen nur Empfehlungen an die Regierungen geben können" (Mäding 1984, S. 269).

Die beteiligten Raumplaner bemühten sich in den nachfolgenden Jahren nachzuweisen, dass diese skeptische Einschätzung nicht gerechtfertig war, und legten 1987 einen Bericht über die Umsetzung des Leitbildes vor (Deutsch-Schweizerische Raumordnungskommission 1987). Dieser Bericht zeigt vor allem die Aktivitäten in den verschiedenen Ländern und Kantonen in den Politikfeldern auf, die vom Leitbild behandelt wurden. Allerdings sind diese Aktivitäten in den allermeisten Fällen nicht direkt auf das Leitbild zurückzuführen. Für den kritischen Rationalisten Mäding sind aber kausale Nachweise von zentraler Bedeutung:

„Ob es schließlich durch den Planungsprozess zu der erwünschten Stärkung der Raumplanung gegenüber den dominierenden Fachplanungsinteressen gekommen ist, ist zu bezweifeln. Empirische Belege oder theoretische Erwägungen liegen dafür jedenfalls nicht vor ..." (Mäding 1984, S. 270).

Durch eine detaillierte Prozessanalyse ließ sich später zeigen, dass das Leitbild in dem politisch umstrittensten Bereich der Bootsnutzung in der Tat dazu beitragen konnte, gegen den Widerstand spezifischer Interessengruppen und -verwaltungen einen politischen Konsens in der grenzüberschreitenden Region zur massiven Verschärfung der Regulierung zu erreichen. Die Regulierung konnte aber zu diesem Zeitpunkt nicht umgesetzt werden, weil der Schweizer Bundesregierung Mitte der 1980er-Jahre die nationale Harmonisierung der Schifffahrt wichtiger war als der grenzüberschreitende Konsens in der Bodenseeregion (Blatter 2001).

Insgesamt lässt sich festhalten, dass das erste Bodenseeleitbild eine grenzüberschreitende Zusammenarbeit widerspiegelt, die von Raumplanern geprägt war, und diese das Leitbild dazu einsetzten, um die Interessen des Bodenseeraumes gegenüber den politischen Zentren und die ökologischen Werte des Naturraumes gegenüber massiv gestiegenen Nutzungsansprüchen zu verteidigen. Aufgrund der schwachen rechtlichen Verankerung hatten rationale Planungswissenschaftler wie Heinrich Mäding berechtigte Zweifel daran, ob mit diesem Instrument die anvisierten Ziele auch erreicht werden können.

2.2 Die Bewertung des zweiten „Internationalen Bodenseeleitbildes" aus der Perspektive der vergleichenden Politik- und Verwaltungswissenschaft

Am 14. Dezember 1994 verabschiedete die Internationale Bodenseekonferenz (IBK) das zweite „Bodenseeleitbild" für die Regio Bodensee. Die Tatsache, dass nun nicht mehr die nationalstaatlichen Raumplanungskommissionen, sondern die Konferenz der Regierungschefs der Länder und Kantone das Leitbild erarbeitete und verabschiedete, signalisierte die deutlich gewachsene Bedeutung und die politisch-inhaltliche Neuausrichtung des Bodenseeleitbildes im Kontext einer massiv intensivierten grenzüberschreitenden Zusammenarbeit am Bodensee seit Beginn der 1990er-Jahre. Die Debatte um einen verstärkten Wettbewerb der Regionen im Rahmen des Europäischen Binnenmarktes und die Lancierung der Gemeinschaftsinitiative INTERREG durch die Europäische Kommission zu Beginn der 1990er-Jahre führten in der Bodenseeregion – wie in anderen europäischen Grenzregionen auch – zu einem Wettlauf um die institutionelle Besetzung des neu entstehenden politischen Raumes der Euregio Bodensee. Die in den 1970er-Jahren gegründete, in den 1980er-Jahren aber kaum aktive Bodenseekonferenz der Regierungschefs der Länder und Kantone wurde Anfang der 1990er-Jahre von einem Kreis politischer und gesellschaftlicher Eliten herausgefordert, die sich zum „Bodenseerat" formierten und sich als „Stimme des Volkes der Bodenseeregion" verstanden. Nachdem sich noch weitere politische grenzüberschreitende Netzwerke etablierten, steigerte die Internationale Bodenseekonferenz ihre Aktivitäten deutlich und beschloss, ein eigenes Büro und ein festes jährliches Budget einzurichten sowie das Bodenseeleitbild zu erneuern (vgl. Blatter 2000, S. 144–151; Schnell/Walser 1994, S. 42–49).

Das „Bodenseeleitbild" der IBK besitzt im Vergleich zum Leitbild der Raumordnungskommission deutlich andere Ausgangspunkte, Ziele und inhaltliche Schwerpunkte. Während beim ersten Leitbild die grenzüberschreitenden Verflechtungen als Motiv zur Zusammenarbeit genannt werden, steht nun die Aufgabe, „die unverwechselbare Eigenart und die Besonderheit dieses Raumes unter den europäischen Regionen zu erhalten", an vorderster Stelle (IBK 1994, S. 8). Im Gegensatz zum ersten Leitbild ist es nun nicht mehr nur an die „Verantwortlichen in Politik und Verwaltung" gerichtet, sondern soll dazu beitragen, dass sich in der Bevölkerung ein „regionales Bodenseebewusstsein" herausbildet (ebenda). Statt dem Schutz des Sees stehen nun die „grenzüberschreitende Kooperation als Grundlage der Regionalentwicklung" und die Entwicklungsziele und -potenziale der Region am Anfang der Ausführungen. Die Leitsätze umfassen deutlich mehr Politikfelder als im ersten Leitbild. Zwar gibt es durchaus einige Kontinuitäten, insgesamt signalisiert das zweite Leitbild aber eine deutliche Abkehr von der Ausrichtung des ersten Leitbildes auf den Schutz des Sees durch die Steuerung der räumlichen Entwicklung hin zu einer Stimulierung der Entwicklungspotenziale der Bodenseeregion durch eine breite Mobilisierung der politisch-administrativen und gesellschaftlichen Akteure und durch verstärkte grenzüberschreitende Kooperation. Eine spezifische inhaltliche Ausrichtung ist nicht mehr zu erkennen, weswegen bei Blatter (2000, S. 242) die Botschaft dieses Leitbildes folgendermaßen zugespitzt wird: „Anything goes, Hauptsache grenzüberschreitend!"

Bei der Analyse von Blatter (2000) stand vor allem der interregionale und interkontinentale Vergleich im Vordergrund, um die in den 1990er-Jahren prominente These der „Entgrenzung der Staatenwelt" empirisch zu untersuchen. Durch den Vergleich der grenzüberschreitenden Aktivitäten und Konzepte in der Bodenseeregion mit der grenzüberschreitenden Zusammenarbeit am Oberrhein und in Grenzregionen im Westen Nordamerikas konnte gezeigt werden, dass es auf beiden Kontinenten zu Beginn der 1990er-Jahre zu einer Welle von grenzüberschreitender Zusammenarbeit und politischer Institutionenbildung kam. In den Formen der Mikro-Integration in den Grenzregionen spiegelte sich dabei die Philosophie der Makro-Integration auf kontinentaler Ebene wider. Während in Europa eine politische Konstituierung der Euroregionen mit einer breiten inhaltlichen Zielsetzung festgestellt werden konnte, ist die kontinentale und grenzüberschreitende Zusammenarbeit in Nordamerika auf die Verbesserung des Handelsaustausches konzentriert. Im Vergleich zur grenzüberschreitenden Zusammenarbeit am Oberrhein wurde deutlich, dass die vergleichsweise geringen Interdependenzen, die institutionellen Ähnlichkeiten der drei Anrainerstaaten und die gemeinsame Sprache eine deutlich informellere und konfliktfreiere Zusammenarbeit am Bodensee ermöglichen. Nicht umsonst weigerten sich die Bodenseeanrainer, ihre Zusammenarbeit in den völkerrechtlichen Rahmen des „Karlsruher Abkommens" einzubetten. Die vielfältigen, flexiblen und dynamischen grenzüberschreitenden Netzwerke in der Bodenseeregion produzierten – kräftig unterstützt durch die finanziellen Mittel des INTERREG-Programms der Europäischen Union – in den 1990er-Jahren eine große Fülle von gemeinsamen Projekten und Initiativen (Blatter 2000, S. 153–160).

Insgesamt lässt sich festhalten, dass sich die Bodenseeregion im Kontext der vergleichenden Forschung zur Transformation der „Westfälischen Ordnung" souveräner und abgegrenzter Nationalstaaten als Vorreiter- und Modellregion darstellte. Die nationalstaatlichen Akteure spielten in den 1990er-Jahren in der grenzüberschreitenden Zusammenarbeit nur noch eine marginale Rolle, und der neue politische Raum der Regio Bodensee wurde mit vielfältigen Akteursnetzwerken und Projekten gefüllt. Das „Bodenseeleitbild" symbolisiert die für die Bodenseeregion charakteristische breite und umfassende, aber gleichzeitig „weiche" Konstitutionalisierung dieses neuen politischen Raumes.

2.3 Die Bewertung der impliziten Leitbilder der Bodenseeregion im Fokus der regionalen Governance-Forschung

In der Folge des zweiten Bodenseeleitbildes kommt es Ende der 1990er-Jahre zu einer weiteren Intensivierung der grenzüberschreitenden Kooperation in der Regio Bodensee und zu einer merklichen Ausdehnung des Kreises der Akteure, die über die Grenzen hinweg zusammenarbeiten. Der Fokus der Zusammenarbeit ändert sich dabei stark, und es wird teilweise in völlig neuen Themenbereichen zusammengearbeitet. Verantwortlich für diese Entwicklung sind zwei Faktoren: Zum einen initiierte die Internationale Bodenseekonferenz im Jahr 1998 eine „Bodensee Agenda 21". Mit diesem Projekt wird in der gesamten Regio Bodensee ein Prozess gestartet mit dem Ziel einer breiten Verankerung des Nachhaltigkeitsgedankens in der Region. Zum anderen stellt die Europäische Union durch das INTERREG III A-Programm „Alpenrhein-Bodensee-Hochrhein" erhebliche Finanzmittel zur Verfügung, die entsprechend den Zielsetzungen des Programms stark für den Aufbau von grenzüberschreitenden Netzwerken genutzt werden können. INTERREG und „Bodensee Agenda 21" bilden in den folgenden Jahren das implizite Leitbild für die grenzüberschreitende Kooperation und beeinflussen deren Inhalte und Strukturen in erheblichem Maße.

Die „Bodensee Agenda 21" entfaltet ihre Wirkung auf verschiedenen Ebenen: Einerseits werden neue Themen auf die politische Agenda in der Region gebracht, andererseits werden mit 13 „Regionalen Anlaufstellen" in den Regionen neue Institutionen geschaffen, die sich vor Ort mit dem gesamten Themenbereich Nachhaltigkeit beschäftigen und entsprechende Prozesse initiieren. Die „Bodensee Agenda 21" ist mit erheblichen Finanzmitteln ausgestattet, für den Zeitraum von 1999 bis 2006 stehen rund 1,3 Millionen Euro öffentliche Fördergelder zur Verfügung. Thematisch beschäftigt sich die „Bodensee Agenda 21" mit den Bereichen Wirtschaft, Verkehr, Raumentwicklung und Jugend. Tatsächlich gelang es, zahlreiche neue Projekte im Kontext nachhaltiger Entwicklung in der Region zu initiieren. Ein wichtiges Ergebnis des bisherigen Prozesses ist „Unternehmen 21", ein Instrument für das Qualitätsmanagement für nachhaltige Stadt- und Gemeindeentwicklung (www.unternehmen21.net).

Durch das INTERREG III A-Programm „Alpenrhein-Bodensee-Hochrhein" stehen der Region für den Zeitraum von 2000 bis 2006 rund 21 Millionen Euro Fördermittel der EU und des Schweizer Bundes zur Verfügung, mit denen bis Ende 2005 über 100 grenzüberschreitende Projekte finanziert wurden. Das Programm zielt generell auf eine Stärkung der Region als gemeinsamer Wirtschafts- und Lebensraum. Die Förderung der nachhaltigen Entwicklung und die Initiierung neuer Netzwerke über die Grenzen hinweg durch impulsgebende Projekte stehen im Mittelpunkt der Förderung. Neben den konkreten Projektförderungen findet zugleich eine weitere Institutionalisierung der grenzüberschreitenden Kooperation innerhalb des Verwaltungssystems statt. Zum einen wird für die Abwicklung des Programms eine Geschäftsstelle geschaffen. Zum anderen werden innerhalb der einzelnen Verwaltungen der am Programm beteiligten Länder und Kantone neue Netzwerk- bzw. Koordinierungsstellen geschaffen, die als Stabsstellen die Außenbeziehungen dieser Einheiten gegenüber den anderen Verwaltungsteilen koordinieren.

Es wurde bereits darauf hingewiesen, dass die Strukturen der grenzüberschreitenden Kooperation in der Vergangenheit durch wenig formalisierte, netzwerkartige Strukturen und eine deutliche staatliche „Verwaltungslastigkeit" geprägt waren. Durch die „Bodensee Agenda 21" und durch das INTERREG-Programm gelang es, diese Netzwerkstrukturen zu öffnen und weitere Akteure aus Wirtschaft und Gesellschaft sowie aus den Kommunen zu integrieren. In der heutigen Struktur entspricht es dem Modell eines regionalen Governance-Systems, das durch einen hohen Grad an horizontaler, vertikaler und lateraler Vernetzung gekennzeichnet ist, sich durch ein gemeinsames Set an Normen und Werten auszeichnet und durch kooperatives Handeln geprägt ist (vgl. Scherer 2006, S. 94). Die „Bodensee Agenda 21" konnte dabei eine Art *structural hole* ausfüllen, da der sich neu konstituierende politische Raum der Euregio Bodensee bislang noch nicht durch konkrete Akteure und deren Themen „besetzt" war; in ihm konnten sich deswegen neue Themen ohne Konkurrenzdruck entwickeln. Das INTERREG-Programm wirkte dagegen als eine *political opportunity structure*; bei ihm konnten wie unter einem „Schutzschild" neue Themen platziert und mit den notwendigen Ressourcen ausgestattet werden. Wie Scherer (2006, S. 247) grundsätzlich für die regionale Ebene bemerkt, sind diese beiden Punkte zentrale Erfolgsfaktoren für das Entstehen von regionalen Governance-

Systemen. In der Regio Bodensee wirken sie dabei innerhalb der grenzüberschreitenden Netzwerke als die strategischen Leitbilder, an denen sich das gesamte (grenzüberschreitende) Handeln der vergangenen Jahren orientierte, ohne dass ihnen diese Leitbildfunktion explizit zugewiesen wurde. Die Entwicklung des grenzüberschreitenden Steuerungssystems in der Regio Bodensee entspricht damit fast schon idealtypisch dem von Fürst (2001) für die Regionalwissenschaften proklamierten Paradigmenwechsel von *Government of Regions* zu *Regional Governance*.

3. Anforderungen an ein zukünftiges Bodenseeleitbild

Im Jahr 2005 beschloss die Internationale Bodenseekonferenz, eine Aktualisierung des Bodenseeleitbildes durchzuführen. Das Leitbild soll im Hinblick auf die neuen Herausforderungen für den Bodenseeraum in den Bereichen Wirtschaft, Umwelt, Kulturlandschaft, Raumentwicklung und Verkehr überarbeitet werden. Dies soll im Jahr 2006 in einem breit in der Region abgestützten Prozess durchgeführt werden. Die Aktualisierung des Bodenseeleitbildes ist in der Region nicht unumstritten. Von verschiedenen Seiten, gerade auch aus dem Bereich der räumlichen Planung und des Umweltschutzes, werden Befürchtungen geäußert, dass eine Aktualisierung zu einer „Verwässerung" der bestehenden Zielsetzungen führen wird und dass die teilweise geltenden restriktiven Vorgaben aufgegeben werden.

Wie die Diskussionen im Zusammenhang mit einer Zertifizierung der Bodenseeregion als UNESCO-Weltkulturlandschaft gezeigt haben, ist ein Leitbild für die Bodenseeregion aus verschiedenen Gründen dringend notwendig: Zum einen fehlt heute eine übergeordnete strategische Positionierung der Bodenseeregion nach außen mit klaren räumlichen Schwerpunkten. Dieser Mangel führt dazu, dass sich die Region im zunehmenden Standortwettbewerb nur unzureichend positionieren und gegenüber anderen Regionen abgrenzen kann. Zum anderen fehlt ein verbindlicher Orientierungsrahmen, an dem die Akteure in der Region ihr eigenes Handeln ausrichten können. Dieses Fehlen einer gemeinsamen Orientierung führt(e) dazu, dass in den vergangenen Jahren innerhalb der Regio Bodensee interne Konflikte massiv zugenommen haben. Die Konflikte bestehen dabei sowohl zwischen einzelnen Teilregionen als auch zwischen verschiedenen sektoralen Politikfeldern. Beispiele hierfür sind z.B. Konflikte mit den Flughäfen in der Region oder der innerregionale Wettbewerb um Unternehmensansiedlungen.

Aufgrund dessen muss das neue Bodenseeleitbild zwei Funktionen erfüllen: (1) Verständigung auf eine Profilierungsstrategie und dementsprechende Prioritätensetzungen für eine Positionierung der Regio Bodensee nach außen. (2) Mobilisierung und Motivierung nach innen angesichts zunehmender Krisenphänomene in der grenzüberschreitenden Zusammenarbeit und von innerregionalen Konflikten.

Die Funktion des neuen Bodenseeleitbilds spiegelt dabei wie bei den früheren Leitbildern die aktuellen wissenschaftlichen Diskussionen wider: Sowohl in der Diskussion um die Entwicklung der Metropolitanregionen als auch beim Thema Zukunft der ländlichen Regionen wird die Notwendigkeit von übergeordneten Leitbildern als Voraussetzung für eine zukunftsfähige Entwicklung formuliert. Ein solches Leitbild wird heute als ein strategischer Orientierungsrahmen angesehen, der zur externen Profilierung einer Region und gleichzeitig zur internen Orientierung der regionalen Akteure beitragen soll. Unter der Perspektive eines kritischen Rationalismus, wie sie oft von Heinrich Mäding vertreten wurde, müsste eine zukünftige Bewertung dieses neuen Bodenseeleitbildes wohl auch wieder kritisch ausfallen, wenn es nicht gelingt, diesen strategischen Orientierungsrahmen mit einem konkreten Maßnahmenprogramm umzusetzen.

Literatur

Bausinger, Hermann, Zur Entwicklung des modernen Regionalbegriffs: Die kulturelle Komponente; in: Ellwein, Thomas, und Jürgen Mittelstrass (Hrsg.), Regionen – Regionalismus – Regionalentwicklung, Oldenburg 1996, S. 18–22.

Blatter, Joachim, Entgrenzung der Staatenwelt? Politische Institutionenbildung in grenzüberschreitenden Regionen in Europa und Nordamerika, Baden-Baden 2000.

Blatter, Joachim, Erfolgsbedingungen grenzüberschreitender Zusammenarbeit im Umweltschutz. Das Beispiel Gewässerschutz am Bodensee (EURES-dp 37), Freiburg 1994.

Blatter, Joachim, Integrative Symbole und regulative Normen bei der Institutionenbildung. Erkenntnisse vom Gewässerschutz am Bodensee, in: Zeitschrift für Internationale Beziehungen, H. 8/1 (2001), S. 5–40.

Deutsch-Schweizerische Raumordnungskommission, Internationales Leitbild für das Bodenseegebiet, Stuttgart 1983.

Deutsch-Schweizerische Raumordnungskommission, Bericht zur Umsetzung des Internationalen Leitbildes für das Bodenseegebiet, Bonn und Bern 1987.

Feuerstein, Helmut, Das „Internationale Leitbild" für das Bodenseegebiet, in: Berichte zur Raumforschung und Raumplanung, H. 4 (1986), S. 28–30.

Fürst, Dietrich, Regional Governance – ein neues Paradigma der Regionalwissenschaften? in: Raumforschung und Raumordnung, H. 5 (2001), S. 370–380.

Internationale Bodenseekonferenz, Bodenseeleitbild für die Regio Bodensee, Wangen 1995.

Leuenberger, Theodor, und Daniel Walker, Euroregion Bodensee – Grundlagen für ein grenzüberschreitendes Impulsprogramm. Gutachten im Auftrag der deutschen, österreichischen und schweizerischen Bundesländer und Kantone der Bodenseeregion, St. Gallen 1992.

Mäding, Heinrich, Renaissance für Leitbilder in der Raumplanung? in: Raumforschung und Raumordnung, H. 6 (1984), S. 265–271.

Müller-Schnegg, Heinz, Grenzüberschreitende Zusammenarbeit in der Bodenseeregion, Hallstadt 1994.

Partzsch, Dieter, Das Internationale Leitbild für das Bodenseegebiet. Ein Beitrag zur Lösung der grenzüberschreitenden Raumordnungsprobleme des Bodenseegebietes, in: Raumforschung und Raumordnung, H. 6 (1984), S. 262–265.

Scherer, Roland, Regionale Innovationskoalitionen: Bedeutung und Erfolgsfaktoren von regionalen Governance-Systemen (Beiträge zur Regionalwissenschaft, Band 6), Bern 2006.

Scherer, Roland, und Joachim Blatter, Erfolgsbedingungen grenzüberschreitender Zusammenarbeit im Umweltbereich. Erklärungen und Empfehlungen (EURES discussion paper, Nr. 34), Freiburg i.Br. 1994.

Scherer, Roland, und Klaus-Dieter Schnell, Die Stärke schwacher Netze. Entwicklung und aktuelle Situation der grenzübergreifenden Zusammenarbeit in der Regio Bodensee, in: Jahrbuch des Föderalismus 2002. Baden-Baden 2002, S. 502–518.

Scherer, Roland, und Manfred Walser, Die Regio Bodensee, in: Österreichische Raumordnungskonferenz ÖROK (Hrsg.), Europaregionen – Herausforderungen, Ziele, Kooperationsformen, Wien 2005, S. 32–39.

Schnell, Klaus-Dieter, und Manfred Walser, Leitbilder in der Landes- und Regionalplanung der Bundesrepublik Deutschland, Düsseldorf 1994.

Türke, Klaus, Das Internationale Leitbild für das Bodenseegebiet. Einführung, in: Raumforschung und Raumordnung, H. 6 (1984), S. 261.

Die Autoren

Joachim Blatter,
Studium der Verwaltungswissenschaften an der Universität Konstanz; Promotion an der Universität Halle-Wittenberg (2000); Habilitation an der Universität Konstanz (2006); Lehrbeauftragter Universität Zürich; seit 1. September 2006 Assistant Professor an der Erasmus-Universität Rotterdam.

Roland Scherer,
Studium der Verwaltungswissenschaften an der Universität Konstanz; Promotion an der Universität St. Gallen; Vizedirektor und Leiter der Abteilung Regionalwirtschaft am Institut für Öffentliche Dienstleistungen und Tourismus (IDT) der Universität St. Gallen.

Hellmut Wollmann

Städtebauliche Planungssysteme in England, Frankreich und Schweden zwischen Konvergenz und Divergenz

In dem Beitrag wird die Entwicklung der städtebaulichen Planungssysteme in England[1], Frankreich und Schweden vergleichend analysiert[2,3].

Die Untersuchung wird von zwei konzeptionellen Fragen geleitet:

Erstens soll sie sich an der in der vergleichenden Planungsdiskussion vorgeschlagenen (idealtypischen) Unterscheidung zwischen *rechtsregulierten* (*regulatory*) und *diskretionären* (*discretionary*) städtebaulichen Planungssystemen orientieren. Dem rechtsregulierten Planungstypus liegt das Prinzip zugrunde, dass die planungsrelevanten Entscheidungen (sowohl in der Beschlussfassung über die Pläne als auch in den Entscheidungen über die Baugenehmigung) vorrangig von rechtlichen Regelungen gesteuert werden und vermöge dieser („konditional") programmiert sind. Dem-

---

1   Hier wird von der (aus der geschichtlichen Entwicklung des Landes folgenden) Unterscheidung zwischen *England, Britannien* (das England und Wales umfasst), *Großbritannien* (das England, Wales und Schottland umschließt) und *United Kingdom, U.K.* (wozu zusätzlich Nordirland zählt) ausgegangen. In England leben 85 Prozent der U.K.-Bevölkerung. Angesichts dessen, dass erhebliche Unterschiede in institutioneller Hinsicht, nicht zuletzt in der Regelung von *local government*, zwischen England einerseits und Schottland und auch Wales andererseits bestehen (zumal seit 1998, nachdem Schottland und Wales eigene regionale Parlamente erhielten und die institutionelle Eigenentwicklung weiter voranschreitet), bezieht sich die folgende Analyse im Wesentlichen auf *England* und ist hier deshalb vornehmlich von *England* die Rede.

2   Der Beitrag stützt sich auf vorläufige Ergebnisse einer vergleichenden Untersuchung, die der Autor zur Entwicklung der Kommunalsysteme in Großbritannien, Frankreich, Schweden und Deutschland – am *IfS Institut für Stadtforschung und Strukturpolitik*, Berlin, mit Förderung der *Wüstenrot-Stiftung* – bearbeitet.

3   Dem Text liegt die schriftliche Grobfassung eines Referats zugrunde, das der Verfasser am 25.1.2006 im „Praktiker-Seminar Bau- und Planungsrecht" an der Humboldt-Universität zu Berlin hielt. Die Vortragsfassung ist auch insoweit beibehalten, als statt bibliographischer Einzelnachweise im laufenden Text auf eine Auswahlbibliographie am Ende des Aufsatzes verwiesen wird.

gegenüber ist dem diskretionären Planungstypus eigentümlich, dass hier die Entscheidungsfindung der lokalen Instanzen im Planungs- ebenso wie im Baugenehmigungsverfahren auf einem breiten Ermessen (*discretion*) beruht, also, zugespitzt gesprochen, situativ-dezionistisch statt regeldeterminiert ist. Zweitens soll die (in der derzeitigen sozial- und politikwissenschaftlichen Debatte verbreitete) Frage verfolgt werden, ob die Entwicklung der städtebaulichen Planungssysteme im internationalen Vergleich *konvergent* oder *divergent* verläuft.

1. England

1.1 Rechts- und Planungstradition

Auf den ersten Blick scheint es plausibel, das englische Planungssystem eher dem diskretionären Planungstypus zuzurechnen, in dem die kommunalen Instanzen einen weiten Entscheidungsspielraum in der Beschlussfassung über die städtebauliche Planung und Baugenehmigung besitzen. Hierfür sprechen zunächst vor allem zwei Besonderheiten.

Zum einen beschränkt sich das parlamentarisch gesetzte Recht (*statute law*) zur kommunalen Planung und Baugenehmigung im Wesentlichen auf die Regelung der entsprechenden Verfahren. Diese gesetzgeberische Zurückhaltung steht im Einklang mit der Tradition des *Common Law*, in der, so die herkömmliche Lehre, das „Richterrecht" (*judge made law*) die wichtigste Rechtsquelle und Gesetzesrecht (*statute law*) die Ausnahme bildet. Zum anderen wird traditionell davon ausgegangen, dass Planung und Baugenehmigung auf der kommunalen Ebene maßgeblich von den Begriffen und Konzepten der *policy* und *material consideration* gesteuert werden. Dies sind inhaltliche Belange und Gründe, von denen sich die Kommunen in ihren Entscheidungen „von Fall zu Fall" leiten lassen. Damit steht das Konzept der *policy* und *material consideration* als des in der konkreten Einzelentscheidung als maßgeblich betrachteten *inhaltlich-materiellen* Bestimmungsgrundes im Gegensatz zu der dem regulierten Planungssystem zentralen Vorstellung, dass diese Entscheidung legislatorisch-regulatorisch programmiert sei und sich weitgehend als „Subsumtion" einer legislatorisch-regulatorisch vor-entschiedenen Regelung darstellt. Institutionell findet die Annahme einer Steuerung durch *policy* und *material consideration* darin ihren Ausdruck, dass städtebauliche Planung ebenso wie Baugenehmigung in die Zuständigkeit der kommunalen Selbstverwaltung (*local self government*) fallen und von der Kommunalvertretung (*elected local council*) oder von deren Ausschuss (*planning and development committee*) wahrgenommen werden. Dies gilt auch für das Baugenehmigungsverfahren. Die der deutschen Kommunaltradition eigentümliche („dualistische", „janusköpfige") Unterscheidung zwischen „echten" Selbstverwaltungsaufgaben und „übertragenen" (staatlichen) Angelegenheiten (mit städtebaulicher Planung als „echter" kommunaler Aufgabe und Baugenehmigung als „übertragener") ist der englischen Kommunaltradition und ihrem „monistischen" kommunalen Aufgabenmodell unbekannt. Auch Entscheidungen über die Baugenehmigung (in englischer Diktion: *planning permission, development permission*) sind damit im Kern kommunal*politische* – und so letztlich kommunal*politisch* zu verantwortende – Entscheidungen.

Jedoch zeigt die Entwicklung, die Planungsrecht und -praxis genommen haben, dass diese Vorstellung eines im Kern diskretionären Planungstyps der Rechts- und Planungswirklichkeit in weiten Strecken längst nicht mehr entspricht.

Die Regierung ist – seit den 1980er-Jahren, zunächst unter konservativer, dann, seit 1997, unter New-Labour-Ägide – zunehmend dazu übergegangen, eine Fülle von Vorschriften zu erlassen, die zwar nicht den Rang von *statute law* haben, jedoch dadurch einen hohen Grad von Verbindlichkeit für die kommunalen Instanzen haben, dass sich die Zentralregierung im Verhältnis zur kommunalen Ebene rechtlich und faktisch in die Lage versetzt hat, ihren Vorschriften – und seien diese formal nur „beratenden" oder „empfehlenden" Charakters – weithin Befolgung zu sichern. Dies kommt dem Typus einer (zentral) regulierten Planung sehr nahe.

Dementsprechend wurde der Entscheidungsspielraum der kommunalen Instanzen in der konkreten Interpretation und Anwendung von *policy* und *material consideration* weitgehend eingeengt. Selbst dort, wo die Gemeinde ihre eigenen *material considerations* geltend zu machen sucht, können diese – durch direkte Intervention der Zentralregierung und im Widerspruchsverfahren (*administrative appeal)* – durch von der Regierung präferierte *policies* und *material considerations* ersetzt und verdrängt werden.

Um das englische Planungssystem zu kennzeichnen, scheint eine Bemerkung zu dem ihm zugrunde liegenden Eigentumsbegriff geboten und hilfreich. Im englischen Common-Law-Denken gründet der Begriff des privaten Eigentums in der Vorstellung eines gebundenen Eigentums, der jedenfalls die dem römischen Recht entstammende Vorstellung des privaten Eigentums als eines absoluten Rechts fremd ist. Teils wird diese Idee eines in gewissem Maße beschränkten Eigentumsrechts historisch auf die feudalistische Vorstellung eines Obereigentums der Krone und eines davon abgeleiteten Untereigentums der Vasallen zurückgeführt. Andere weisen auf die Entscheidung der („sozialistischen") Labour-Regierung nach 1945 hin, die mit dem privaten Eigentum verknüpften „Entwicklung"rechte zu „nationalisieren" und sie dem Eigentümer durch kommunale Planungsentscheidung – gegebenenfalls vorübergehend und zeitlich terminiert – wieder einzuräumen. Diese Eigentumsvorstellung ist auch geeignet, das Planungsinstitut der *planning obligations* zu legitimieren, aufgrund dessen die Investoren/Bauherren zu teilweise erheblichen finanziellen Beiträgen für Infrastruktur- und andere öffentliche Maßnahmen außerhalb ihres eigentlichen Bauvorhabens verpflichtet werden können.

Die Vorstellung, dass dem Eigentümer die „Entwicklung" seines Eigentums durch Planungs- und Baugenehmigungsentscheidung eröffnet wird, findet schließlich sprachlich darin ihren Ausdruck, dass in der Planungsterminologie durchweg von *development* die Rede ist. So heißt das Baugenehmigungsverfahren *development control* und die Baugenehmigung entweder *planning permission* oder *development permission.*

1.2   Planungssystem

Im englischen Planungsrecht wurde eine zweistufige Bauleitplanung im *Town and Country Planning Act* 1968 – mit der Unterscheidung zwischen einem *structure plan* (etwa: Flächennutzungsplan) und einem *local plan* – eingeführt. Die einschneidende Territorial- und Organisationsreform, die 1974 in England durchgeführt wurde und durch die landesweit ein zweistufiges (aus *counties* und *districts* bestehendes) Kommunalsystem geschaffen wurde, brachte für das Planungssystem dadurch einen tiefgreifenden Einschnitt, dass die Zuständigkeit für *structure plans* nunmehr den *counties* (mit durchschnittlich 700 000 Einwohnern) und die für *local plans* den *districts* (mit durchschnittlich 130 000 Einwohnern) zugewiesen wurde. In den frühen 1990er-Jahren gab es dadurch erneut Veränderungen in den Zuständigkeiten, dass in England (zusätzlich zu in den 1986 aufgelösten *metropolitan counties* gebildeten *county boroughs*) weitere (größere) Städten den Status von („einstufigen") *county boroughs* erhielten. Diese einstufigen (den deutschen „kreisfreien Städten" vergleichbaren) *unitary local authorities* waren für beide Planungsphasen (unter der Bezeichnung *unitary development plans*) zuständig.

Die getrennte Zuweisung der Planungstypen auf die *counties* und *districts/ boroughs* (innerhalb der *counties)* wurde weithin als gescheitert betrachtet, während die (territorial integrierten) *unitary development plans* als erfolgsträchtiger eingeschätzt wurden.

Vor dem Hintergrund dieser kritischen Diskussion wurde mit dem *Planning and Compulsory Purchase Act* ab April 2004 ein weitgehend verändertes Planungssystem etabliert.

- Die bisherigen von den *counties* zu beschließenden *structure plans* wurden abgeschafft und mit ihnen die Zuständigkeiten der *counties* in der städtebaulichen Planung. An ihre Stelle treten *regional spatial strategies*, die auf der Ebene der acht englischen Regionen ausgearbeitet werden. Diese Aufgabe liegt bei *regional planning bodies*, deren Mitglieder von den in der Region liegenden Kommunen (*districts, unitary authorities)* und gesellschaftlichen Interessenvertretungen gewählt werden. Unverkennbar haben die *regional planning bodies* das Mandat, die regionalpolitischen Ziele der Zentralregierung umzusetzen und in der städtebaulichen Planung der *districts* und *unitary authorities* geltend zu machen.

- Das bisherige Konzept der *local plans* wird von dem der *local development frameworks* abgelöst. Für diese bleiben weiterhin die *districts/boroughs* („Gemeinden") – sei es als *unitary local authorities* („kreisfreie Städte"), sei es als in *counties* gelegenen *districts* („kreisangehörige Kommunen") zuständig.

296

Local development framework

Kommunale Planung soll dadurch eine neue „räumliche" (*spatial*) Dimension erhalten, dass die *local development frameworks* nicht nur auf die Veränderungen der Bodennutzung, sondern umfassender (soziale, ökologische usw. Belange) angelegt sein sollen. Sie sollen in eine umfassende *community strategy* im Einklang damit eingebunden werden, dass durch den Local Government Act 2000 den Kommunen eine Art von Generalklausel eingeräumt und ein Mandat für das „social, economic and environmental well-being of their area" erteilt wurde.

Durch das neue Gesetz wird der unmittelbare Einfluss, den die Zentralregierung seit den 1980er-Jahren zunehmend auf die kommunale Planung gewonnen hat, noch verstärkt.

In erheblichen Bereichen ist den Kommunen die Planungszuständigkeit formell oder praktisch entzogen.

- In *business zones*, die von der Zentralregierung im Stadtgebiet festgesetzt werden, sind Baugenehmigungen durch die Kommune nicht erforderlich.

- Die Zentralregierung kann die Gemeinde anweisen, *simplified planning zones* auszuweisen, in denen das Erfordernis der Baugenehmigung entfällt.

- Durch ministerielle Rechtsverordnung (sog. *use classes order*) werden einzelne Nutzungsarten (z.B. Dienstleistungsunternehmen) zu Klassen zusammengefasst, innerhalb derer eine Änderung der Nutzung stattfinden kann, ohne dass es einer Baugenehmigung durch die Kommune bedarf.

Vorgaben-Einbindung

In der neuen Gesetzgebung ist insbesondere die enge Anbindung der kommunalen Planung an die *Policy*-Vorgaben der Regierung – das heißt des Ministers (*Secretary of State*) des für die Kommunen und städtebauliche Planung zuständigen Ministeriums (*Office of the Deputy Prime Minister*, ODPM) – sowie an die Regionalplanung verbindlich vorgeschrieben.

Mitwirkung am Verfahren

Die Zentralregierung ist in den gesamten Planungsprozess maßgeblich eingeschaltet durch den Minister (*Secretary of State)* selbst oder das *Planning Inspectorate*, eine dem Minister nachgeordnete *executive agency*, die in der „Beratung", Anleitung und Beaufsichtigung des lokalen Planungsprozesses eine Schlüsselrolle spielt.

Im Planaufstellungsverfahren bildet die sog. *independent examination* eine entscheidende Phase, die unter der Leitung des *Planning Inspectorate* oder eines von der Regierung ernannten *Planning Inspector* durchgeführt wird.

Während des gesamten Planungsprozesses hat der Minister das Recht, die Entscheidung an sich zu ziehen (sog. *calling in*).

1.3   Baugenehmigungsverfahren

Wie einleitend bereits hervorgehoben, wird die Entscheidung über die Baugenehmigung (*planning permission*) nach traditionellem englischem Planungs- und Rechtsverständnis nicht von (materiell-inhaltlichen) *Rechts*regeln, sondern durch *policies* und *material considerations* der kommunalen Instanzen gesteuert. Grundsätzlich besteht, so das traditionelle Verständnis, zwischen den verschiedenen *material considerations* keine Hierarchie oder Priorität. Die Frage, welcher *material consideration* von der kommunalen Instanz der Vorzug zu geben sei, liegt damit grundsätzlich im (planungspolitischen) Entscheidungsermessen der Kommunalvertretung (*local council/planning committee*) als Grundmuster des diskretionären (*discretionary*) Planungstyps. Diese traditionelle Prämisse kommt im *Town and Country Planning Act 1990* zum Ausdruck: „They may grant planning permission either unconditionally or subject to such condition as they think fit".

Dieses diskretionäre Grundmuster kommunalpolitischer Entscheidungsfindung wurde durch eine Gesetzesnovelle von 1991 darin einschneidend geändert, dass die kommunalen Instanzen nunmehr gehalten sind, ihre Baugenehmigungsentscheidung in „Übereinstimmung mit dem (lokalen) Plan" zu treffen („in accordance with the plan"). Übereinstimmend wird diese Gesetzesänderung als die Geburtsstunde eines „plangeleiteten" (*plan-led*) Baugenehmigungsverfahrens gesehen. Indessen ist zum einen an den in der Gesetzesvorschrift gemachten (an das überkommene diskretionäre Planungsverständnis anknüpfenden) Vorbehalt zu erinnern: „unless material considerations indicate otherwise". Zum anderen ist daran zu erinnern, dass das Entscheidungsverhalten der kommunalen Instanzen (gleichviel ob „diskretionär" oder „plangeleitet") von dem Entscheidungs- und Zugriffsrecht der Regierung (*Secretary of State*) überlagert ist.

Planning agreements/planning obligations

Insbesondere seit den 1980er-Jahren haben „verhandelte Baugenehmigungsverfahren" auch in England in der Praxis große Bedeutung. Als *planning obligation* bezeichnet, wurden sie im Town and Country Planning Act 1990 in *section* 106 (deshalb auch *section 106 obligation* genannt) geregelt. Die kommunale Praxis zeigt, dass (von der Regierung auch durch jüngste Runderlässe ermutigt und gefördert) die Kommunen von der Möglichkeit, *planning obligations* mit den Investoren abzuschließen, regen Gebrauch machen, nicht zuletzt zur Schaffung von Sozialwohnungen (*affordable housing*).

Mitwirkung im Baugenehmigungsverfahren

Auch das Baugenehmigungsverfahren ist von ausgeprägten Interventionsrechten der Regierung und des von dieser ernannten *Planning Inspector* gekennzeichnet, insbesondere von dem „Eintrittsrecht" (*calling in*) des *Secretary of State*, wenn eine Kommune in ihrer Baugenehmigung beabsichtigt, von einem *local plan* abzuweichen, oder bei Genehmigungen von regionaler oder nationaler Bedeutung.

Aufsichtsrechte des Staates

Dieses Interventionsrecht setzt sich im (verwaltungsinternen) Widerspruchsverfahren (*administrative appeal*) fort. Im Ergebnis kann der *Inspector* oder *Secretary of State* die Entscheidung der kommunalen Instanz aufheben und durch eine eigene ersetzen, in der er eine von der Kommune abweichende *policy* oder *material consideration* zur Geltung bringt.

2.   Frankreich

2.1   Planungs- und Rechtstradition

Das französische Planungssystem kann dem eingangs vorgestellten Typus der regulierten Planung in zwei Hinsichten zugerechnet werden. Entsprechend dem kontinentaleuropäischen Kodifikationsprinzip ist das französische Städtebaurecht in einem umfangreichen *Code d' Urbanisme* zusammengefasst. Auch der Bebauungsplan (bis 2000: *Plans d'Occupation du Sol*/POS, seitdem *Plan d'Urbanisme Local*/PLU) hat einen regulierenden Teil, von dem rechtsdogmatisch angenommen wird, dass er den Entscheidungsvorgang der Baugenehmigung inhaltlich detailliert regelt („programmiert").

2.2   Planungssystem

Die Zweistufigkeit der kommunalen Entwicklungs- und Bauplanung – in der Unterscheidung zwischen übergemeindlicher Entwicklungsplanung (*Schémas Directeurs*) und kommunaler Flächenplanung (POS) – wurde erstmals 1967, also zu einem Zeitpunkt eingeführt, als die lokale Entwicklungs- und Bauplanung noch ausschließlich beim Zentralstaat lag, damit eine eigene Zuständigkeit der Kommunen hierfür nicht bestand. Für die Ausübung dieser städtebaulichen Planungsaufgabe waren das Infrastrukturministerium (*Ministère d' Equipement*) und dessen Dienststellen in der Präfekturverwaltung auf der Departementebene (*Directions Départmentales d'Equipement*, DDE) zuständig. Allerdings war bereits in den 1960er-Jahren eine (freilich nur beratende) Mitwirkung der Gemeinden – in einer *élaboration conjointe* – vorgesehen.

Die Dezentralisierung von 1982 brachte im Hinblick auf städtebauliche Planung und Baugenehmigungsverfahren dadurch eine einschneidende Änderung, dass die Zuständigkeit für *urbanisme* insgesamt den Kommunen übertragen wurde, und zwar einschließlich kommunaler Flächenplanung (POS) und übergemeindlicher Entwicklungsplanung (*Schémas Directeurs*).

Die Umsetzung und Verwirklichung der „Kommunalisierung" der städtebaulichen Zuständigkeiten (*urbanisme)* war dadurch geprägt (und erschwert), dass Frankreichs lokale Ebene, auf der eine kommunale Gebietsreform nicht stattgefunden hat, von 35 000 Kommunen (*communes*) mit durchschnittlich 1 700 Einwohnern gebildet wird und die überwiegende Mehrzahl der Kommunen infolge ihrer geringen Größe nicht über die administrativen und finanziellen Mittel verfügte, um diese neuen Planungsaufgaben aus eigener Kraft zu erfüllen. Sie blieben auf die administrative und fachliche Unterstützung durch die staatliche Verwaltung, insbesondere durch DDE, angewiesen. Nur die großen und mittleren Städte stellten sich den neuen städtebaulichen Planungsaufgaben mit eigenen Verwaltungsstrukturen und -personal.

Kommunale Flächenplanung (POS, PLU)

Das Gesetz von 1999 „Zur Planung und nachhaltigen Gebietsentwicklung" (SRU), durch welches das Planungsgesetz von 1967 abgelöst wurde, entwickelte die bisherige kommunale Flächenplanung (PSO) unter der Bezeichnung *Plan d'Urbanisme Local* (PLU) weiter. Ergänzend zu diesem qualifizierten Bebauungsplan wurde die *carte communale* als einfache Bebauungsplanung (für kleine Gemeinden) eingeführt. Die staatliche Aufsicht beschränkt sich auf die rechtliche (rechtsaufsichtliche) Prüfung der Pläne.

Inzwischen verfügt etwa die Hälfte aller (35 000) Gemeinden (und dies sind vor allem die großen und mittleren Städte) über einen qualifizierten Bebauungsplan (PLU). Ein Teil der übrigen (meist kleinen und kleinsten) Gemeinden haben einfache Bebauungspläne (*cartes communales*).

Übergemeindliche Entwicklungsplanung (SD bzw. SCOT)

Nach der „Kommunalisierung" der städtebaulichen Planungsaufgaben zeigten sich die Kommunen, selbst die größeren Städte, bis in die 1990er-Jahre wenig interessiert und engagiert, übergemeindliche Entwicklungsplanung (im Verein mit anderen Kommunen) voranzutreiben.

Seit den späten 1990er Jahren sind die übergemeindlichen Planungsaktivitäten vor allem durch zwei Anstöße belebt worden. So zielte das neue Planungsgesetz von 1999 (SRU) darauf, die übergemeindliche Planung durch das „Verfahren territorialer Kooperation" (*Schéma de Coopération Territoriale*/SCOT) – in Ablösung des *Schéma Directeur* – weiterzuentwickeln. Ein weiterer Impuls für die Bildung interkommunaler Kooperation zum Zweck der zwischengemeindlichen Planung ging von dem Gesetz zur „Stärkung und Vereinfachung der interkommunalen Kooperation" (*Loi Chevènement*) vom Juli 1999 aus.

Ursprünglich beruhte das Konzept der zwischengemeindlichen Entwicklungsplanung (SCOT) darauf, dass es in der freiwilligen Entscheidung der Kommunen liege, den Umkreis (*périmètre*) ihrer Kooperation und die Zusammensetzung der Gemeinden zur Ausarbeitung und Beschlussfassung eines SCOT zu bestimmen. Organisationsform sollten weiterhin die *Etablissements Publics de Coopération Intercommunale* (EPCI) sein, die in den vielfältigen Zweckververbänden (*Syndicats à Vocation Unique*, SIVU, und *Syndicats à Vocation Multiple*, SIVOM) bereits seit vielen Jahrzehnten vielfältig genutzt werden und die dem für Frankreich eigentümlichen institutionellen Netzwerk der *Intercommunalité* zugrunde liegen. Dabei zeigte sich in der Praxis, dass die Kommunen von diesen auf Freiwilligkeit beruhenden Kooperationsformen nur zögernd Gebrauch machten, um ein SCOT auszuarbeiten.

Durch das neue Gesetz (*Loi Chevènement*) kommt in die Ausarbeitung und Verabschiedung von SCOT offenbar prozedurale und institutionelle Bewegung: Von den drei Typen von Gemeindeverbänden (*communautés)*, die künftig die institutionelle Basis für interkommunale Kooperation bilden sollen – nämlich *communauté d'agglomération* für die Agglomerationen mit mehr als 50 000 Einwohnern, *communautés urbaines* für die „metropolitanen" Stadtgebiete und *communauté de communes* für die ländlichen Gebiete) – ist den beiden Ersteren die „eo-ipso"-Aufgabe und Zuständigkeit für die Aufstellung und Verabschiedung von zwischengemeindlichen Planungen (SCOT) zugedacht. Damit hat die zwischengemeindliche Entwicklungsplanung künftig in den *communautés* ihre institutionellen Akteure. Vorliegende Informationen deuten darauf hin, dass die zwischengemeindliche Entwicklungsplanung (SCOT) in der Tat zunehmend von bestehenden *communautés* oder von *syndicats mixtes*, in denen *communautés* die treibenden Kräfte sind, getragen werden.

2.3   Baugenehmigungsverfahren

Das Baugenehmigungsverfahren hängt rechtlich und institutionell wesentlich davon ab, ob ein verbindlicher Bebauungsplan (PLU) vorliegt oder nicht. Liegt ein Bauungsplan vor, wird davon ausgegangen, dass dieser die für das Genehmigungsverfahren maßgebliche detaillierte Regelung (*réglementaire*) enthält. Die Entscheidung liegt beim Bürgermeister in dessen kommunaler Exekutivfunktion.

Fehlt ein qualifizierter Bebauungsplan, werden die gesetzlichen Vorschriften des *Règlement National d'Urbanisme* angewandt. Die Entscheidungszuständigkeit liegt dann, auch wenn der Bürgermeister mitwirkt, (wie in der Zeit vor der Dezentralisierung von 1982) beim Staat, das heißt beim Präfekten. Da qualifizierte Bebauungspläne bislang bei etwa der Hälfte der (in der Regel größeren) Gemeinden vorliegen, bei der anderen Hälfte aber fehlen, wird über Baugenehmigungen in erheblichem

Umfang mithin (weiterhin) von staatlichen (und nicht von kommunalen) Dienststellen entschieden.

3. Schweden

3.1 Planungs- und Rechtstradition

Aufgrund seiner Rechts- und Praxisentwicklung ist Schwedens städtebauliches Planungssystem eher dem *diskretionären* (*discretionary*) Planungstypus zuzurechnen.

Zwar steht Schwedens Rechtssystem einerseits in einer auf Gesetzesregelung gründenden Rechtsstaatstradition. Einen frühen Ausdruck fand dies in einer großen autoritativen Sammlung von Gesetzen des Landes (*Sveriges Rikes Lag*) im Jahr 1734. Jedoch haben sich diese Orientierung an dem kontinentaleuropäischen Kodifikationsprinzip und die hieraus auch für das Planungs- und Baurecht folgende Regulierungslogik in den letzten Jahrzehnten deutlich abgeschwächt. Die Gesetzgebung ist, wie sich gerade am Planungs- und Baurecht verdeutlichen lässt, vermehrt auf „Rahmengesetzgebung" (*ramlag*) und auf Verfahrensregelung fokussiert.

Diese sich im Wesentlichen auf Verfahrensregelung beschränkende Grundlinie der Gesetzgebung findet auf der kommunalen Handlungsebene darin ihre Entsprechung, dass die Umsetzung und Verwirklichung der Planungs- und Baugenehmigungsverfahren in der Verantwortung einer kommunalen Selbstverwaltung (*kommunal självstyrelse*) liegt, die – als eines der im internationalen Vergleich politisch und funktional stärksten Modelle kommunaler Selbstverwaltung – in politisch-demokratischer Eigenständigkeit und Eigenverantwortung gründet. Vor diesem Hintergrund sind die Entscheidungen der Kommunen im Bauplanungs- und Baugenehmigungsverfahren kommunal*politisch* gesteuert und verantwortet. In der schwedischen Diskussion wird dies als Prinzip der „volksgesteuerten" (*folkstyrd*) Verwaltung im Gegensatz zur „rechtlich gesteuerten" (*lagstyrd*) Verwaltung gedeutet und bezeichnet. Auch in der Rechtsprechung sind starke Elemente einer *Common Law*-Orientierung zu erkennen, in welcher der Begriff der „vernünftigen" (*skälig*) Regelung des Einzelfalles eine große Rolle spielt.

3.2 Planungssystem

Vorab sei darauf hingewiesen, dass Schweden – als Ergebnis zweier kommunaler Gebietsreformen in den Jahren 1952 und 1974 – derzeit 289 Gemeinden (*kommuner*) mit durchschnittlich 30 600 Einwohnern hat. Die Hälfte der schwedischen Gemeinden zählt weniger als 16 000 Einwohner.

In der Gesetzgebung von 1947 wurde die alleinige Zuständigkeit (sog. *planmonopol*) der Kommunen für Bauleitplanung und Baugenehmigung festgelegt, wobei die kommunalen Pläne noch vom Staat ratifiziert werden mussten.

Mit der Gesetzgebung von 1967 wurden zwei Phasen der kommunalen Planung – *översiktplan* (etwa Flächennutzungsplan) und *detaljplan* (Bebauungsplan) – eingeführt, beide Phasen in der Zuständigkeit jeder einzelnen Kommune. Zu diesem Zeitpunkt wurde am Erfordernis der Genehmigung der kommunalen Planungen durch den Staat festgehalten.

1987 wurde das (gegenwärtig in seinen Grundzügen geltende) Planungs- und Baugesetz verabschiedet, das sich, als Rahmengesetz konzipiert, im Wesentlichen auf Verfahrenssteuerung beschränkt. An der Zweitstufigkeit der Planung wurde festgehalten, auf den staatlichen Genehmigungsvorbehalt verzichtet. Durch seine Novellierung von 1994 wurde das Planungs- und Baugesetz weiter „dereguliert":

- Die „diskretionären" Entscheidungs- und Gestaltungsrechte der Kommunen wurden erweitert.

- Die („ex ante"-) Prüfung der bauordnungsrechtlichen Anforderungen wurde abgeschafft, die diesbezügliche Verantwortung auf die Bauherren/Investoren verlagert.

Ende der 1990er-Jahre wurden der Umweltschutz durch das Umweltgesetz verschärft und dieses in das Planungs- und Baugesetz integriert. Im Umweltgesetz und in den Umweltqualitätsstandards werden erstrangige öffentliche Interessen (sog. *riksintressen*, „Reichsinteressen") definiert, die die Kommunen im Planungs- und Baugenehmigungsprozess verbindlich zu beachten haben.

Flächenutzungsplan (översiktplan)

Jede Kommune ist verpflichtet, einen Flächennutzungsplan (översiktplan) für das gesamte Gemeindegebiet aufzustellen und „wenigstens einmal pro Wahlperiode zu überprüfen, ob der Flächennutzungsplan noch aktuell ist".

Sieht man von der Pflicht der Kommunen ab, in ihren Planungen bestimmte (in Gesetzen, z.B. dem Umweltgesetz, oder anderen Festlegungen der Regierung definierte) „öffentliche Interessen" („Reichsinteressen") zu beachten, ist dem schwedischen Planungsrecht – in Ermangelung und Abwesenheit von gesamtstaatlicher Raum- oder Regionalplanung – eine entsprechende Anpassungspflicht der kommunalen Planung unbekannt. In der unmittelbaren Nachkriegszeit bis in die 1970er-Jahre wurde die Einführung von Instrumenten gesamtstaatlicher Raumplanung und Regionalplanung von der Zentralregierung angestrebt, jedoch im Zuge der in den 1980er-Jahren einsetzenden allgemeinen Dezentralisierungspolitik aufgegeben. Auch auf der Ebene der Kreise/Provinzen (*laen*) wird Regionalplanung weder von den staatlichen Kreis-/Provinzbehörden (*länstyrelse*) noch von der Selbstverwaltung auf Kreisebene (*lansting*) wahrgenommen.

In letzter Zeit werden zunehmend Formen der informellen kommunalen und inter-kommunalen Zusammenarbeit „von unten" diskutiert. Allerdings liegt ein solcher von einem (interkommunalen) Regionalverband „von unten" erarbeiteter und be-schlossener Regionalplan bislang nur im Kreis/Provinz (*län*) Stockholm vor.

Für das Planaufstellungsverfahren sind die (beratende) Beteiligung der staatlichen Provinz-/Kreisverwaltung (*länstyrelse*), die (beratende) Mitwirkung der Nachbarge-meinden und umfangreiche Bürgerbeteiligung vorgeschrieben.

In ihrer Beschlussfassung über den Flächennutzungsplan kann sich die Kommunal-vertretung über die Einwendungen der staatlichen Provinzbehörden (*länstyrelse*) hinwegsetzen, da weder ein Genehmigungserfordernis noch (ex post) Interventions-rechte der staatlichen Stellen zur Flächennutzungsplanung vorgesehen sind. Indes-sen hat die Kommune damit zu rechnen, dass im Falle der Nichtbeachtung von verbindlichen Vorgaben (Berücksichtigung von „Reichsinteressen", Gebot der zwi-schengemeindlichen Abstimmung) die staatlichen Behörden in der Phase des nach-folgenden Bebauungsplans (*detaljplan*) von ihren dann erheblichen Interventions-rechten Gebrauch machen.

Bebauungsplan (detaljplan)

Der Bebauungsplan dient – nach der Gesetzesformulierung – dazu, „die Bodennut-zung und Entwicklung in der Gemeinde zu kontrollieren". Er kann auch nur für Tei-le des Gemeindegebiets festgesetzt werden. Eine Durchführungsbeschreibung (*ge-nomförandebeskrivning*) ist obligatorischer Bestandteil des Bebauungsplans, hat a-ber keine eigene Rechtswirkung. Durchführungsbeschreibungen sollen die organisa-torischen, technischen, wirtschaftlichen und grundstücksrechtlichen Maßnahmen benennen, die für eine koordinierte und insgesamt zweckmäßige Umsetzung eines Bebauungsplans erforderlich sind.

Seit 1994 ist der planungsrechtliche (*diskretionäre*) Gestaltungsspielraum der Ge-meinden dadurch merklich erweitert worden, dass die Kommunalvertretung nun-mehr darüber entscheiden kann, ob der Kreis der nach dem Gesetz genehmigungs-bedürftigen Vorhaben eingeschränkt oder erweitert werden soll.

Als Ausdruck des zugrunde liegenden Verständnisses vom gemeingebundenen Ei-gentum ist das durch die Bauplanung eröffnete Baurecht grundsätzlich auf einen Zeitraum zwischen fünf und 15 Jahren beschränkt. Es liegt bei der Gemeindever-tretung, die Verfallsfrist im Bebauungsplan innerhalb dieser zeitlichen Spanne festzu-legen.

Die Durchführungsbeschreibung geht Hand in Hand mit der Erschließungsvereinba-rung (*exploateringsavtal*), in der die finanziellen Beiträge des Investors/Bauherrn zu Infrastrukturmaßnahmen usw. im Zusammenhang mit dem Bauvorhaben festgelegt werden können. Mit der Regelung wird an die Praxis der „Verhandlungsplanung" angeknüpft, die seit den 1960er-Jahren einen wichtigen Teil der kommunalen Baugenehmigungspraxis bildet und sich in (zum Teil international bekannt gewordenen) *Public-Private-Partnership*-Projekten niedergeschlagen hat.

Der Bebauungsplan tritt mit der Beschlussfassung durch die Gemeindevertretung in Kraft und ist der Aufsichtsbehörde (Provinz-/Kreisbehörde, *länstyrelsen*) anzuzeigen. Diese überprüft ex post vor allem unter der Frage, ob vorrangige öffentliche Interessen (*riksinteresse*) beachtet wurden und eine hinreichende Abstimmung mit den Nachbargemeinden stattgefunden hat. Gegebenenfalls kann sie den Bebauungsplan für nichtig erklären.

3.3   Baugenehmigungsverfahren

Die Zuständigkeit für das Baugenehmigungsverfahren liegt – wie die für die städtebauliche Planung – bei der gewählten Kommunalvertretung *(fullmäktige)* und wird von deren Bauausschuss *(bygnadsnämnd)* ausgeübt. Routineentscheidungen werden im Wege der Delegation von Kommunalbediensteten (etwa Leiter der Bauverwaltung oder Stadtarchitekten) getroffen. Kontroverse und schwierige Fälle kommen vor den Ausschuss oder das Plenum. Die Baugenehmigung ist mithin eine kommunalpolitische Aufgabe. Die dem deutschen Kommunalmodell eigentümliche („dualistische", „janusköpfige") Unterscheidung zwischen „echten" kommunalen und „übertragenen" (staatlichen) Aufgaben ist auch Schwedens „monistischem" Aufgabenmodell ungeläufig.

Im Baugenehmigungsverfahren findet eine planungs- *und* baurechtliche Prüfung statt. Jedoch wurden die bauordnungsrechtlichen Anforderungen seit 1994 deutlich reduziert („dereguliert"). Zudem wurde die präventive (ex-ante-) Kontrolle zugunsten einer *ex-post*-Kontrolle aufgegeben. Die Verantwortung für die bauliche Sicherheit usw. trägt nunmehr der Investor/Bauherr (was in der Praxis eine erhebliche finanzielle Mehrbelastung der Bauherrn durch erforderliche Einschaltung approbierter Experten nach sich ziehen kann).

Die Kommune kann „geringfügige Abweichungen" *(mindre avikelse)* vom Bebauungsplan zulassen, wenn, so die bemerkenswert „schlanke" gesetzliche Regelung, die Abweichung „mit der allgemeinen Absicht des Bebauungsplans vereinbar ist".

Gerichtliche Kontrolle

Klagebefugt sind der Antragsteller, aber auch „Dritte" vor dem Verwaltungsgericht. Gerichtlicher Prüfungsmaßstab sind in erster Linie Verfahrensrecht sowie Festsetzungen im Bebauungsplan. Die Ausübung des Entscheidungsermessens unterliegt der verwaltungsgerichtlichen Nachprüfung, wobei bei der inhaltlichen Beurteilung der kommunalen Entscheidung (in einer Analogie zum englischen *Common Law* und zur dortigen Judikatur der Gerichte) deren (materielle) „Vernünftigkeit" *(skalig)* ein maßgebliches Krterium ist.

4. Abschließende und vergleichende Bemerkungen: Konvergenz oder Divergenz?

Zu der in Ländervergleichen vielfach diskutierten Frage, ob sich die bisherigen Unterschiede zwischen den Politik- und Rechtssystemen der Länder verringern („Konvergenz") oder erhalten bleiben, wenn nicht gar vertiefen („Divergenz"), werden zwei Positionen vertreten. Die Verfechter der „Konvergenzthese" argumentieren insbesondere mit der Bestimmungskraft „externer" Faktoren („Globalisierung", „Europäisierung" usw.), während die Vertreter der „Divergenzthese" auf den fortwirkenden Einfluss insbesondere „interner" Faktoren (wie landesspezifische Traditionen, Politik- und Akteurskonstellationen usw.) verweisen.

Die vorstehende Skizze zu den städtebaulichen Planungssystemen in England, Schweden und Frankreich legt die Schlussfolgerung von fortbestehenden und teilweise sogar verstärkten Unterschieden nahe und stützt damit die „Divergenzthese".

In *England* ist mit der radikalen Änderung des städtebaulichen Planungssystems im Jahr 2004 die überkommene Zweiphasigkeit von *kommunalem* Flächennutzungsplan und Bebauungsplan aufgegeben und von der Verknüpfung von *regionaler* Entwicklungsplanung und *kommunaler* Bebauungsplanung abgelöst worden. Mit der Reform wurde auf offenkundige Schwächen des bisherigen Planungssystems reagiert, die zum einen in dem überdimensionierten Zuschnitt der kommunalen Handlungsebenen (*counties* mit durchschnittlich 700 000 Einwohnern und *districts* mit durchschnittlich 120 000 Einwohnern) und zum anderen in der getrennten Zuweisung der beiden Planungsphasen an die Letzteren bzw. die Ersteren begründet gewesen sein dürften. Ob und wie sich die Ersetzung der bisherigen *structure plans* der *counties* durch die *regional spatial strategies* der acht Regionen (mit einer Durchschnittsgröße von etwa sechs Millionen Einwohnern) bewähren wird, bleibt abzuwarten. Jedenfalls ist die jüngste Reform des Planungssystems von einer weiteren massiven Stärkung der Zentralregierung (in der Gestalt des zuständigen Ministers, *Secretary of State*) im gesamten kommunalen Planungs- und Baugenehmigungsprozess und von der spiegelbildlichen Schwächung der kommunalen Selbstverwaltung geprägt. In der auffälligen Zentralisierung des städtebaulichen Planungssystems kommt der „Exzeptionalismus" der Entwicklung der britischen Politik- und Verwaltungswelt zum Ausdruck.

Frankreich steht mit dem Versuch, eine funktionierende übergemeindliche Flächennutzungsplanung – im zweiphasigen städtebaulichen Planungssystem – funktionsfähig zu etablieren, noch immer weitgehend am Anfang. Die Gründe für das bisher weitgehende Versagen der übergemeindlichen Planung sind vor allem darin zu sehen, dass sich die territorial extrem fragmentierten Kommunen (36 000 mit durchschnittlich 1 700 Einwohnern) bislang administrativ, aber auch politisch als nur beschränkt fähig gezeigt haben, eine (übergemeindliche) Flächennutzungsplanung zu verwirklichen. Das Ausbleiben einer kommunalen Territorialreform erweist sich hier als folgenreich und wird auch durch die Vielzahl von interkommunalen Verbänden (*Etablissements Publics de Coopération Intercommunale, EPCI*) der *Intercommunalité* kaum wettgemacht. Die jüngste Reform (*Loi Chevènement* von 1999), die darauf zielt, den Wildwuchs der interkommunalen Verbände (*syndicts, communautés*) zu strukturieren und zu vereinfachen, hat allerdings die Voraussetzungen für die übergemeindliche Entwicklungsplanung (SCOT) deutlich verbessert. Hervorzuheben ist, dass in allen Gemeinden, in denen eine qualifizierte Bebauungsplanung (PLU) nicht vorliegt (in etwa der Hälfte aller Gemeinden, also insbesondere in den kleinen und kleinsten Gemeinden), die Entscheidung über die Baugenehmigung weiterhin (wie vor 1982) förmlich und praktisch bei den staatlichen Dienststellen liegt.

Schweden liefert das Beispiel eines kommunalen Planungssystems, das auf der territorialen Basis seiner 289 Kommunen (mit durchschnittlich 30 000 Einwohnern) ein zweiphasiges städtebauliches Planungsverfahren offenbar leistungsfähig praktiziert. Dies geschieht bei einem hohen Grad kommunaler Autonomie. Diese wird auch dadurch gefördert, dass die nationale Gesetzgebung deutlich dereguliert wurde, eine An- und Einpassung an staatliche oder regionale Planungsvorgaben in Ermangelung solcher gesamtstaatlicher oder regionaler Planungswerke nicht stattfindet und direkte staatliche Intervention in den Planungs- und Baugenehmigungsprozess nur ausnahmsweise (insbesondere zur Durchsetzung von Umweltschutz) stattfindet.

In der Frage, ob es sich (innerhalb der eingangs eingeführten Unterscheidung) um ein *reguliertes* oder *diskretionäres* städtebauliches Planungssystem handelt, zeigen sich in den drei Ländern unterschiedliche, teilweise gegenläufige Entwicklungen. Frankreich ist – in Übereinstimmung mit seiner „römisch-rechtlichen" und „kodifikationsrechtlichen" Tradition – nach wie vor als weitgehend *reguliertes* Planungssystem einzuordnen, was freilich darin zu relativieren ist, dass die Kommunen (*communes*) inzwischen einen durchaus erheblichen Spielraum reklamieren und ausüben, „um ihre planerischen Vorstellungen zu entfalten, was einer sehr großen Macht des Bürgermeisters in diesem Bereich entspricht" (Emmanuel Moulin)[4]. Hingegen hat sich Großbritannien von einem ursprünglich eher *diskretionären* Planungstypus zu einem stärker *regulierten* vor allem darin entwickelt, dass die Dichte von (für die kommunale Ebene praktisch verbindlichen) Vorschriften, Erlässen usw. der Zentralregierung und die sie begleitende und durchsetzende zentralstaatliche Intervention markant zugenommen haben und der traditionelle Interpretationsspielraum (*material considerations*) der kommunalen Instanzen entsprechend geschrumpft ist. In Schweden ist eine umgekehrte Entwicklung zu beobachten, in deren Verlauf die Dichte gesetzlicher Regulierungen ausgedünnt und der *diskretionäre* Handlungs- und Interpretationsspielraum der kommunalen Ebene erweitert wurde.

Über die Bestimmungsfaktoren dieser teilweise gegenläufigen Entwicklungen müssen an dieser Stelle (aus Platzgründen) wenige (rudimentäre) Stichworte genügen. Offenkundig sind diese Unterschiede („Divergenzen") wesentlich auf „landesspezifische" („interne") Faktoren zurückzuführen, unter denen in erster Linie die (institutionelle, kulturelle und rechtliche) Tradition der einzelnen Länder und die je-

---

4   Emmanuel Moulin in einem kritischen und ergänzenden Kommentar zur Vortragsfassung dieses Textes.

weils relevante Akteurs- und Parteienkonstellation, deren Politikstrategien, Handlungsinteressen usw. zu identifizieren sind.

Literatur (Auswahl)

Booth, Philip, Grande-Bretagne, in: GRIDAUH (Hrsg.), Le juge et l'urbanisme dans les pays de l' Europe de l'Ouest (Les Cahiers du GRIDAUH, No. 9), Paris 2004, S. 214 ff.

Coulson, Andrew, Land-Use Planning and Community Influence: A Study of Selly Oalk, Birmingham, in: Planning, Practice & Research, Vol. 18 (2003), No. 2–3, S. 181 ff.

European Commission, The EU Compendium of Spatial Planning Systems and Polices, Brussels 1997.

GRIDAUH (Hrsg.), Le juge et l'urbanisme dans les pays de l' Europe de l'Ouest (Les Cahiers du GRIDAUH, No. 9), Paris 2004.

Jacquot, Henri, und François Priet, Droit de l' Urbanisme, 5. Aufl. Paris 2004.

Kalbro, Thomas, und Hans Mattson, Urban Land and Property Markets in Sweden, London 1995.

Khakee, Abdul, Planning in a Mixed Economy: The Case of Sweden, Stockholm 1979.

Kistenmacher, Hans, Gérard Marcou und Hans-Günther Cley, Raumordnung und raumbezogene Politik in Frankreich und Deutschland, Hannover 1994.

Moulin, Emmanuel, Aktuelle Entwicklung im französischen Städtebaurecht, in: Deutsches Verwaltungsblatt, Heft 6 (2004), S. 356–360.

Scharmer, Eckhart, Städtebaurecht in Ländern der EG (Materialien des Deutschen Instituts für Urbanistik 2/93), Berlin 1993.

Schmidt-Eichstaedt, Gerd, Bauleitplanung und Baugenehmigung in der Europäischen Union, Stuttgart und andere 1998.

Schmidt-Thomé, Kaisa, und Christer Bengs, European Spatial Development Planning and Spatial Planning and Development in the Baltic Countries, Nordregio Report 1999, http://www.nordregio.se/esdpbalt.htm

Der Autor

Prof. Dr. jur. Hellmut Wollmann,
Professor (emeritiert) für Verwaltungslehre an der Humboldt-Universität zu Berlin; Gesellschafter des IfS Instituts für Stadtforschung und Strukturpolitik GmbH Berlin.

Arno Bunzel

Planspiele und Praxistests als Instrumente der Gesetzesfolgenabschätzung im Städtebaurecht

1. Einführung

Unbeeinflusst durch die in den letzten Jahren verstärkt geführte Diskussion um eine Verbesserung der Gesetzgebung durch die konsequente Nutzung der Instrumente der Gesetzesfolgenabschätzung (GFA) sowohl auf der Ebene des Bundes als auch in den Ländern hat sich im Bereich des Städtebaurechts ein Standard der Gesetzesvorbereitung entwickelt, der bereits als Gesetzesfolgenabschätzung bezeichnet werden kann. Er stößt auf große Akzeptanz des zuständigen Bundestagsausschusses, der betroffenen Landesministerien und kommunalen Spitzenverbände sowie bei den Städten und Gemeinden als Normadressaten.

Bis zum heutigen Tag werden Novellierungen im Bereich des Städtebaurechts, von wenigen Ausnahmen abgesehen, einer prognostischen Gesetzesfolgenabschätzung durch Planspiele oder Praxistests im Rahmen des Gesetzgebungsverfahrens unterzogen. Dies gilt z.B. für die Novelle der Baunutzungsverordnung 1990, für das Bau- und Raumordnungsgesetz von 1997 (Bunzel und andere 1997), für das Gesetz zur Umsetzung der UVP-Änderungsrichtlinie und weitere EG-Richtlinien zum Umweltschutz aus dem Jahre 2001 (Bunzel und andere 2001) sowie zuletzt für das Europarechtsanpassungsgesetz Bau (EAG Bau), das am 20. Juli 2004 in Kraft trat (Bunzel 2004). Auch die jüngste Novelle des Baugesetzbuches (BauGB) wird einem Praxistest unterzogen. Diese Praxis der Gesetzesvorbereitung reicht mittlerweile weit in die Geschichte des Städtebaurechts zurück. Bereits vor Erlass des Städtebauförderungsgesetzes 1971 (Dieterich 1971, S. 220 f.), vor der beabsichtigten Novellierung des Bundesbaugesetzes 1973, 1974 und 1975 (Schäfer 1978, S. 385 f.), vor der Novelle des Städtebauförderungsgesetzes 1980 (Schäfer/Autzen 1980) und vor Erlass des BauGB 1985 (Schäfer/Scharmer/Schmidt-Eichstaedt 1986) wurden Planspiele durchgeführt.

Das Deutsche Institut für Urbanistik hat bei Entwicklung und Etablierung dieser Methode als Instrument der Gesetzesfolgenabschätzung im Städtebaurecht eine zentrale Rolle gespielt. Als Bindeglied zwischen Wissenschaft und Praxis, wegen seiner großen Sachnähe sowohl zu den Anwendungsproblemen als auch zu Fragen der Rechtsentwicklung war und ist das Institut in besonderer Weise prädestiniert dafür, die sich im Rahmen von Planspielen und Praxistests stellenden schwierigen Aufgaben der Moderation und Prozessgestaltung bis hin zur Präsentation und Beratung der politischen Gremien wahrzunehmen.

Planspiele und Praxistests sind damit längst zu einem Markenzeichen des Difu geworden. Anlass genug, dieses Instrument der Rechtswirkungsforschung selbst einer kritischen Überprüfung zu unterziehen. Dabei soll die Analyse in den Rahmen der mittlerweile fortgeschrittenen allgemeinen Methodenentwicklung der Gesetzesfolgenabschätzung eingeordnet werden.

2. Erfordernis einer Gesetzesfolgenabschätzung

Das Erfordernis einer Gesetzesfolgenabschätzung muss sowohl im Kontext der verwaltungswissenschaftlichen Debatte um die Modernisierung des Staates als auch in seiner rechtswissenschaftlichen Dimension diskutiert werden. Der Begriff ist vor allem durch die Deutsche Hochschule für Verwaltungswissenschaften Speyer systematisch entwickelt, geprägt und in seinen Konturen ausgearbeitet worden (Fricke/Hugger 1979; 1980). Gesetzesfolgenabschätzung wird verstanden als wissenschaftlich fundierte, interdisziplinäre Methodik zur vergleichenden Bewertung von Folgen beabsichtigter oder in Kraft getretener Rechtsvorschriften (Ennuschat 2004, S. 992; Böhret/Konzendorf 2001, S. 9; Edinger 2004, S. 149). Ihr Ziel ist es, die Qualität von Normen zu erhöhen oder die Grundlagen zur Beantwortung der Frage, ob ein Regelungserfordernis besteht, zu verbessern (Grimm 2000, S. 88). Kriterien sind unter anderem die Verständlichkeit, die Befolgbarkeit sowie die Vollziehbarkeit von Regelungen sowie der Umfang der Gesetzesausführungskosten, die ein Gesetz stets mit sich bringt (BMI 2000, S. 6).

2.1 Modernisierung des Staates durch bessere Gesetzgebung

Zu den zentralen Kritikpunkten in der Debatte um die Modernisierung des Staates gehören die unbestritten große Zahl und die vermeintlich schlechte Qualität der Gesetze. Die Begriffe „Normflut" und „Aktionismus des Gesetzgebers" kennzeichnen plakativ das Paradigma dieser Debatte, das schließlich Eingang in das Programm der Bundesregierung „Moderner Staat – Moderne Verwaltung" von 1999 gefunden hat. Dieses auf drei Säulen beruhende Programm zielt auf Reform und Innovation in der öffentlichen Verwaltung. Aufbauend und in Umsetzung dieser programmatischen Vorgaben hat die Bundesregierung auf Initiative des Bundesministeriums des Innern unter anderem Maßnahmen ergriffen, um die Qualität neuer Regelungsvorhaben zu erhöhen. Dabei geht es nicht nur um den

Abbau und die Reduktion bestehender „Bürokratie", sondern es soll auch frühzeitiger im Rechtsetzungsverfahren dafür Sorge getragen werden, dass keine neue Bürokratie aufgebaut wird. Zentrale Ansatzpunkte hierfür sind die Verankerung der Gesetzesfolgenabschätzung in der Gemeinsamen Geschäftsordnung der Bundesministerien (GGO) sowie die Verbesserung des Instrumentariums der Gesetzesfolgenabschätzung und seiner Implementierung.

Unter der wissenschaftlichen Leitung der Deutschen Hochschule für Verwaltungswissenschaften Speyer wurden ein „Handbuch zur Gesetzesfolgenabschätzung" (Böhret/Konzendorf 2001) sowie ein praxisorientierter „Leitfaden zur Gesetzesfolgenabschätzung" (BMI 2000) erstellt, die systematische Darstellungen der Methoden und Beispiele beinhalten. Die vorgeschlagenen Methoden der Gesetzesfolgenabschätzung wurden selbst einem „Praxistest" unterzogen (BMI 2002). Eine neue praxisorientierte Arbeitshilfe mit dem Schwerpunkt Konkretisierung der Vorgaben der Gemeinsamen Geschäftsordnung der Bundesministerien zur Gesetzesfolgenabschätzung (GFA) liegt im Entwurf vor (Die Bundesregierung 2006). Schließlich gewinnt die GFA auch auf europäischer Ebene zunehmend an Bedeutung. Im Jahre 2002 wurde von der Europäischen Kommission eine Mitteilung über die Folgenabschätzung vorgelegt. Seit 2003 wird die GFA als ein Instrument zur Qualitätsverbesserung des Strategieentwicklungsprozesses durch die EU-Kommission für alle wichtigen Initiativen eingeführt.

Das Bundesministerium des Innern hat zudem ein Handbuch zur Vorbereitung von Rechts- und Verwaltungsvorschriften und das Bundesministerium der Justiz ein Handbuch zur rechtsförmlichen Gestaltung von Gesetzentwürfen herausgegeben, deren Anwendung durch § 42 Abs. 3 und 4 GGO angeordnet wird.

2.2   Das rechtliche Erfordernis der Gesetzesfolgenabschätzung

Das Grundgesetz spricht keine ausdrückliche Verpflichtung zur GFA aus. Das Bundesverfassungsgericht (BVerfG) hat jedoch sowohl aus dem Verhältnismäßigkeitsgrundsatz, als auch unmittelbar aus der Verpflichtung des Staates zum Schutz der Grundrechte Anforderungen formuliert (Ennuschat 2004, S. 993; Kettiger 2001), die bei der Vorbereitung von Gesetzen zu beachten sind. Hieraus ergibt sich eine Verpflichtung zur sachgerechten Prognose, der zufolge der Gesetzgeber sich „des erreichbaren, für die gebotene verlässliche Prognose ... wesentlichen Materials bedienen und es mit der gebotenen Sorgfalt daraufhin auswerten muss, ob es seine gesetzgeberische Einschätzung hinreichend zu stützen vermag (BVerfG E 50, S. 290 [333 f.]; E 88, S. 203 [263]). Ergänzend hierzu wird aus ähnlichen verfassungsrechtlichen Erwägungen eine Beobachtungs- und Nachbesserungspflicht gesehen (BVerfG E 88, S. 203 [309 f.]; E 56, S. 54 [78 f.]). Grundsätzlich wird damit eine qualifizierte Gesetzesfolgenabschätzung sowohl zur Vorbereitung und Verbesserung von Gesetzentwürfen als auch im Sinne einer Wirkungsanalyse zur Erfolgskontrolle gefordert, ohne allerdings die methodischen Anforderungen über die genannten allgemeinen Kriterien hinaus weiter zu spezifizieren.

Diese Spezifizierung erfolgt durch die Gemeinsame Geschäftsordnung der Bundesministerien, das heißt durch eine untergesetzliche Regelung mit Selbstbindungswirkung. Bereits am 11. Dezember 1984 und ergänzend am 20. Dezember 1989 hatte die Bundesregierung die so genannten zehn blauen Prüffragen mit weiteren Unterfragen eingeführt. Anhand dieser von den Bundesministerien des Innern und der Justiz entwickelten Prüffragen sollten die jeweils zuständigen Bundesminister alle Rechtsetzungsvorhaben hinsichtlich Notwendigkeit, Wirksamkeit und Verständlichkeit prüfen. Die „Blauen Prüffragen" wurden 1996 in § 22a GGO II verankert[1]. Bereits zum 1. September 2000 wurden diese sehr detaillierten Vorgaben für eine Gesetzesfolgenabschätzung allerdings wieder zugunsten einer generelleren Regelung aufgegeben, da ihre Anwendung aus den unterschiedlichsten Gründen in vielen Gesetzgebungsverfahren auf Probleme stieß.

Die neue Gemeinsame Geschäftsordnung der Bundesministerien (GGO) verlangt nun in § 43 Abs. 1 Nr. 5, dass bei jeder Vorlage von Gesetzen, Rechtsverordnungen und allgemeinen Verwaltungsvorschriften in der Begründung des Gesetzentwurfs unter anderem die Gesetzesfolgen darzustellen sind. Hierzu zählen nach § 44 Abs. 1 GGO die wesentlichen Auswirkungen des Gesetzes, die sowohl die beabsichtigten Wirkungen als auch die unbeabsichtigten Nebenwirkungen umfassen. Die Darstellung der voraussichtlichen Gesetzesfolgen muss im Benehmen mit den jeweils fachlich zuständigen Bundesministerien erfolgen und hinsichtlich der finanziellen Auswirkungen erkennen lassen, worauf die Berechnungen oder die Annahmen beruhen. Das Bundesministerium des Innern kann zur Ermittlung von Gesetzesfolgen Empfehlungen geben.

Bei Darstellung der Auswirkungen auf die Einnahmen und Ausgaben (brutto) der öffentlichen Haushalte ist auch auf die voraussichtlichen vollzugsbedingten Auswirkungen einzugehen (§ 44 Abs. 2 GGO). Auswirkungen auf die Haushalte der Länder und Kommunen sind gesondert aufzuführen. Das für den Gesetzentwurf federführende Bundesministerium hat hierzu bei den Ländern und kommunalen Spitzenverbänden rechtzeitig Angaben zu den Ausgaben einzuholen (§ 44 Abs. 3 GGO). Darzustellen sind im Benehmen mit dem Bundesministerium für Wirtschaft und Technologie auch die Kosten für die Wirtschaft, insbesondere auch für mittelständische Unternehmen, sowie die Auswirkungen des Gesetzes auf Einzelpreise, das Preisniveau sowie die Auswirkungen auf die Verbraucherinnen und Verbraucher (§ 44 Abs. 4 GGO).

Schließlich ist in der Begründung zum Gesetzentwurf auch festzulegen, ob und nach welchem Zeitraum zu prüfen ist, ob die beabsichtigten Wirkungen erreicht worden sind, ob die entstandenen Kosten in einem angemessenen Verhältnis zu den Ergebnissen stehen und welche Nebenwirkungen eingetreten sind (§ 44 Abs. 6 GGO). Das damit skizzierte Erfordernis einer retrospektiven Gesetzesfol-

---

[1] Gemeinsame Geschäftsordnung der Bundesministerien – Besonderer Teil (GGO II) in der Fassung der Bekanntmachung vom 15. Oktober 1976 (GMBl S. 550), zuletzt geändert durch Rundschreiben des BMI vom 25. März 1996 (GMBl S. 449) – außer Kraft getreten am 1. September 2000.

genabschätzung ist allerdings nicht weiter konkretisiert. Seine Ausgestaltung liegt im Ermessen des jeweils federführenden Ressorts.

Aus § 42 GGO ergeben sich zudem bestimmte weitere qualitative Anforderungen. Gesetzentwürfe müssen danach unter anderem sprachlich richtig und möglichst für jedermann verständlich gefasst sein. Sie sollen die Gleichstellung von Frauen und Männern sprachlich zum Ausdruck bringen und sind grundsätzlich dem Redaktionsstab der Gesellschaft für deutsche Sprache beim Deutschen Bundestag zur Prüfung auf ihre sprachliche Richtigkeit und Verständlichkeit zuzuleiten.

2.3   Bausteine der Gesetzesfolgenabschätzung

Der von Böhret und Konzendorf entwickelte Leitfaden zur Gesetzesfolgenabschätzung unterscheidet zwischen drei unterschiedlichen Arten der Gesetzesfolgenabschätzung (BMI 2000): die prospektive Gesetzesfolgenabschätzung, die begleitende Gesetzesfolgenabschätzung und die retrospektive Gesetzesfolgenabschätzung. Die prospektive Gesetzesfolgenabschätzung ist ein Verfahren zur Folgenabschätzung im Vorfeld des förmlichen Gesetzgebungsverfahrens (Witthohn 2004, S. 38). Sie setzt also noch bei der Ausarbeitung des Gesetzentwurfs und damit meist im zuständigen Ministerium an (Karpen 2002, S. 444). Mit ihrer Hilfe sollen die Tatsachengrundlage für die vorgesehene Regelung vertieft und verbreitert werden, damit Regelungsalternativen erkannt, untersucht und auf ihre Eignung überprüft werden können (Ennuschat 2004, S. 992; Karpen 2002, S. 444; Brocker 2002, S. 463). Die prospektive Gesetzesfolgenabschätzung dient damit auch der Klärung des Regelungsbedarfs und der Prüfung von Regelungsalternativen (Böhret/Konzendorf 2000, S. 5).

Demgegenüber findet die begleitende Gesetzesfolgenabschätzung während des förmlichen Gesetzgebungsverfahrens statt. Ziel ist es hier, die Wirksamkeit eines bereits vorliegenden Gesetzentwurfs im Rahmen einer Prognose zu überprüfen und auf diese Weise zur Verbesserung der Wirksamkeit und zur Vermeidung von nicht beabsichtigten Nebenwirkungen beizutragen (Ennuschat 2004, S. 992; Schuppert 2003, S. 26; Witthohn 2004, S. 38). Der Anstoß zur Durchführung einer begleitenden Gesetzesfolgenabschätzung erfolgt in der Regel durch die Leitung des zuständigen Ressorts (Böhret/Konzendorf 2001, S. 91).

Die retrospektive Gesetzesfolgenabschätzung ist ein Verfahren zur Überprüfung der Wirkungen eines Gesetzes auf der Basis von Erkenntnissen über seine reale Umsetzung (Ennuschat 2004, S. 992). Hierher gehört der klassische Bereich der Rechtstatsachenforschung, der durch das Difu über viele Jahre und zahlreiche Projekte nicht nur im Bereich des Städtebaurechts entwickelt wurde. Erkenntnisse aus der retrospektiven Gesetzesfolgenabschätzung dienen zugleich als Grundlage zur Klärung des Änderungsbedarfs an bestehenden Gesetzen. Es sollen Schlüsse für eine Überarbeitung, die Erarbeitung eines neuen Gesetzes bzw. dessen Aufhebung getroffen werden (Witthohn 2004, S. 38).

3. Planspiele und Praxistests

Bevor die Methoden „Planspiel" und „Praxistest" im Einzelnen erläutert werden, muss zunächst eine Abgrenzung der Begriffe erfolgen, da insbesondere der Begriff „Planspiel" nicht nur in der Rechtswirkungsforschung, sondern auch in anderen Bereichen Verwendung findet.

3.1 Begriffsklärung

Der Begriff „Planspiel" wurde bereits zu Zeiten des großen Generalstabs der preußischen Armee verwendet und bezeichnete damals eine Methode, um die Strategie und das taktische Vorgehen bei militärischen Manövern vorzubereiten und die Erfolgsaussichten zu überprüfen. Als Methode der Entscheidungsvorbereitung findet das Planspiel zudem im Bereich der Betriebswirtschaft erhebliche Verbreitung. Schließlich werden „Planspiele" auch im Bildungswesen und hier insbesondere im Bereich der Fortbildung als pädagogisches Werkzeug genutzt.

Nach den jeweiligen Einsatzbereichen verfolgen Planspiele spezifische Interessen und verwenden hierauf bezogen differenzierte Techniken. Hierzu gehören z.B. Rollenspiele im Bereich der Pädagogik, Simulationsspiele und Simulationen im Bereich der Betriebswirtschaft und des Unternehmensmanagements oder Fallstudien und Praxistests, die sowohl im Bereich der Betriebswirtschaft und des Unternehmensmanagements als auch in der Rechtswirkungsforschung Anwendung finden. Dementsprechend kann der Prozess der Problemlösung oder Entscheidungsfindung im Planspiel in technischer Hinsicht sehr unterschiedlich organisiert sein. Das Spektrum reicht von einer ausschließlich technischen Simulation bis hin zu Rollenspielen, bei denen es um die Erprobung von Verhaltensmustern in bestimmten Rollen und Funktionen geht. Die Kombination aus beiden methodischen Ansätzen ist möglich (hierzu grundlegend Böhret 1986; Böhret/Wordelmann 1972).

In der Gesetzesfolgenabschätzung wird mit dem Begriff „Planspiel" eine Methode bezeichnet, mit der der Entwurf einer Rechtsvorschrift insgesamt oder ausgewählte Teile davon im Hinblick auf bestimmte Prüfkriterien in einem wirklichkeitsnahen Testfeld so zur Anwendung gebracht werden, als ob die geplanten Normen schon in Kraft wären. Es handelt sich also um ein Testverfahren mit experimentellem Charakter. Auch der „Praxistest" wird als Testverfahren mit entsprechender Zielsetzung verstanden. Es geht also in der Regel um eine begleitende Gesetzesfolgenabschätzung in dem zuvor ausgeführten Sinn. In wenigen Fällen (z.B. bei der Grundsteuerreform) wurden Planspiele auch zur prospektiven Gesetzesvorbereitung genutzt (Lehmbrock/Coulmas 2001). Wegen der relativen Unbestimmtheit des Prüfprogramms ergeben sich dann aber spezifische Probleme.

Nach Böhret und Konzendorf dienen Praxistests hauptsächlich der Überprüfung der künftigen Praktikabilität und Vollzugseignung (von Teilen) eines Regelungsentwurfs unter unmittelbarer Einbeziehung von mindestens einer Gruppe realer

Normadressaten, anhand realitätsnaher oder früherer Praxis entnommener Fälle zur Ermittlung von Eignung, Defiziten und Effizienz (Böhret/Konzendorf 2001, S. 95). Planspiele dienen nach der Definition von Böhret und Konzendorf demgegenüber „der risikolosen, praxisorientierten Erprobung der Funktionsfähigkeit eines Regelungsentwurfs in Quasirealität anhand von praktischen Fällen oder hypothetischen Ereignissen, möglichst simuliert von Rollenträgern mit Erfahrungen im späteren Wirkungsfeld der Rechtsvorschriften" (ebenda). Schon diese Definitionen machen deutlich, dass eine konturenscharfe Abgrenzung von Planspielen einerseits und Praxistests andererseits im Rahmen der Gesetzesfolgenabschätzung kaum möglich und wenig ertragreich ist.

Die Erfahrungen im Bereich des Städtebaurechts zeigen, dass die Begriffe „Planspiel" und „Praxistest" zum Teil synonym verwandt werden, eine unterschiedliche methodische Herangehensweise dabei aber nicht beabsichtigt war und ist. So wurden etwa die Ergebnisse des Planspiels zur Novelle des Baugesetzbuches (BauGB) 1997 mit dem Untertitel „Ergebnisse des Praxistests und Text des Regierungsentwurfs" publiziert (Bunzel und andere 1997). Das Planspiel wird als „Vorab-Praxistest" bezeichnet, mit dem überprüft werden kann, ob und inwieweit die vorgesehenen Neuregelungen praktikabel, problemadäquat und voraussichtlich wirksam sind (ebenda, S. 19). Bei der Überprüfung zur BauGB-Novelle 2006 wurde der Begriff Praxistest genutzt, um damit zum Ausdruck zu bringen, dass es hier um eine im Umfang deutlich kleinere Gesetzesfolgenabschätzung geht als bei der zurückliegenden letzten BauGB-Novelle 2004, für die noch ein Planspiel durchgeführt wurde. Das methodische Gerüst war in allen Fällen grundsätzlich das gleiche.

2.   Bausteine der Methode „Planspiel" bzw. „Praxistest"

Mit dem Planspiel soll im Rahmen des Gesetzgebungsverfahrens überprüft werden, ob und inwieweit die vorgesehenen Änderungen und Neuregelungen praktikabel, problemadäquat und wirksam sind. Grundkonzept ist die Anwendung eines Regelungsentwurfs auf konkrete Fälle durch reale Verwaltungseinheiten und sonstige Betroffene. Bei der Überprüfung der geplanten Regelungen sind verschiedene Prüfaspekte und Prüfkriterien zu beachten (vgl. Übersicht 1).

Übersicht 1: Verschiedene Prüfaspekte und Prüfkriterien bei der Überprüfung der geplanten Regelungen*

Prüfaspekte	Kriterien
Ausrichtung der Regelung auf das vorgegebene Ziel	• Grad, Umfang (Vollständigkeit) und Zeitraum der Zielerreichung, • Vermeidung der Einbeziehung von nicht dazugehörigen Sachverhalten, • Notwendige Differenzierung der Sachverhalte, • Widerspruchsfreiheit in sich, • Auswirkungen auf bereits vorhandene Regelungen, • Abstimmung mit diesen Regelungen, • Auswirkungen im Übrigen.
Geeignetheit der vorgesehenen Maßnahmen zur Zielerreichung	• Durchsetzbarkeit der vorgesehenen Anforderungen, • Ermittlung des durch den Vollzug hervorgerufenen zusätzlichen Aufwandes, insbesondere im Vergleich mit bisherigen Regelungen mit gleichartigen Zielen, • Kosten- und Nutzenabschätzung.
Verständlichkeit und Eindeutigkeit	• präzise Wortwahl, • einheitliche Terminologie, • Abstimmung der Terminologie mit gleichartigen Regelungen.
Verfahren	• Praktikabilität vorgesehener Verwaltungsabläufe, • Anregungen für Alternativlösungen.
Weitere Regelungserfordernisse	• Verbesserungen der Gesetzesformulierungen, • Erlass von ergänzenden Durchführungsvorschriften oder Richtlinien, • Erforderlichkeit und Gestaltung von Informations- und Fortbildungsmaßnahmen.

*Quelle: Eigene Darstellung.

3.2.1 Auswahl geeigneter Testpersonen oder -institutionen

Die Überprüfung eines Gesetzentwurfs durch Praxistest oder Planspiel erfolgt durch Normadressaten. Insoweit ist die grundlegende Frage, welche Adressaten die geplanten Neuregelungen haben. Dabei ist zu beachten, dass Gesetze häufig Auswirkungen sowohl in den Bereichen der kommunalen und staatlichen Verwaltungen als auch bei den unmittelbar oder zumindest mittelbar in ihren Rechten oder sonstigen Interessen berührten gesellschaftlichen Gruppen und Personen haben. So hat z.B. die Einführung der Eingriffsregelung in der Bauleitplanung durch das Investitionserleichterungs- und Wohnbaulandgesetz 1993 die für die Bauleitplanung sowie die für den Naturschutz zuständigen Verwaltungseinheiten unmittelbar in deren Gestaltungsmöglichkeiten berührt (Bunzel/Henkel/Lunebach 1994). Daneben wurden aber auch Grundstückseigentümer und potenzielle Vorhabenträger sowie die freiberuflich tätigen Planer und Architekten von der

Novelle berührt, da die sich aus der Neuregelung ergebenden Belastungen im Ergebnis von diesen Gruppen zu tragen waren. Ein anderes Beispiel ist die in mehreren gesetzgeberischen Schritten erfolgte Abschaffung der Teilungsgenehmigung, die nicht nur die planende Verwaltung und die Bauaufsichtsbehörden interessieren musste, sondern auch die Notare und die Grundbuchämter sowie die betroffenen Grundstückseigentümer (Bunzel 1998, ders. 1997). An den genannten Beispielen wird auch deutlich, dass von einer geplanten Neuregelung verschiedene Teile der Verwaltung in unterschiedlicher durch ihre Aufgaben geprägter Weise betroffen sein können.

Wegen der Vielzahl unterschiedlicher Normadressaten und Normbetroffener ist in der Regel die Eingrenzung auf bestimmte Adressatenkreise erforderlich, um das Testverfahren praktikabel und in der Komplexität noch beherrschbar zu gestalten. Die Kehrseite dieser Beschränkung liegt in der verminderten Aussagekraft der Ergebnisse, welche eben nur einen Ausschnitt der voraussichtlichen Auswirkungen der geplanten Neuregelungen wiedergeben.

Die Planspiele und Praxistests im Bereich des Städtebaurechts wurden deshalb grundsätzlich zunächst auf den Kreis der öffentlichen Verwaltung und in den meisten Fällen auf den Bereich der Kommunalverwaltungen beschränkt und Städte und Gemeinden als primäre Normadressaten für das Testverfahren ausgewählt. Konkret an dem Planspiel oder Praxistest zu beteiligen sind dann Mitarbeiterinnen und Mitarbeiter aus den Verwaltungseinheiten, die für die Umsetzung der geplanten Neuregelung zuständig sind. Soweit der Regelungsgegenstand dies erforderte, wurden auch Kreisverwaltungen in ihrer Funktion als untere Bauaufsichtsbehörde einbezogen. Soweit Regelungen im Testverfahren zu prüfen waren, die nur in bestimmten Regionen von Bedeutung sind, musste darauf geachtet werden, gezielt Kommunen aus diesen Regionen einzubeziehen. Dies traf z.B. bei der BauGB-Novelle 2004 für die Regelungen zur Privilegierung von Bioenergieanlagen im Außenbereich zu (Difu 2004, S. 18). Um diesen regionalen Besonderheiten bei der Auswahl der Gemeinden kein übermäßiges Gewicht zukommen zu lassen, bietet sich an, Gemeinden zu dieser Frage lediglich ergänzend einzubeziehen und den Prüfgegenstand in diesen Regionen auf die speziellen Regelungen zu beschränken, die zu deren Einbeziehung in das Testverfahren geführt haben.

Bei der Auswahl der Testpersonen oder -institutionen wird auch der Aspekt der Repräsentativität des Testverfahrens berücksichtigt. Repräsentativität ist dabei nicht im statistischen Sinne zu verstehen. Vielmehr geht es darum, Repräsentanten unterschiedlicher Gruppen der einzubeziehenden Normadressaten zu finden. So wird regelmäßig angestrebt, dass die zu beteiligenden Institutionen bzw. Städte und Gemeinden in unterschiedlichen Bundesländern liegen, um die jeweiligen Besonderheiten in der Verwaltungskultur und im Landesrecht und deren Bedeutung für die Wirksamkeit und Praktikabilität der geplanten Neuregelung erkennbar zu machen. Da Verwaltungsverfahren in starkem Maße auch von der Größe und Leistungsfähigkeit der Verwaltungseinheiten abhängen, werden regelmäßig auch Städte und Gemeinden unterschiedlicher Größenordnung einbezogen. Zudem war regelmäßig von Bedeutung, dass neben kreisfreien Städten auch kreisangehörige Städte und Gemeinden einbezogen wurden, um die sich daraus ergebenden funktionalen Unterschiede berücksichtigen zu können. Schließlich gelangten nach der Wiederherstellung der deutschen Einheit die spezifischen Bedingungen der ostdeutschen Bundesländer in den Blickpunkt, so dass grundsätzlich auch Städte und Gemeinden aus diesen Bundesländern einbezogen wurden.

Die Verteilung der in die Planspiele oder Praxistests einbezogenen Kommunen über verschiedene Bundesländer hat daneben auch die Funktion, die Akzeptanz der Ergebnisse in den Bundesländern zu verbreitern.

3.2.2 Durchführung der Planspiele und Praxistests

Eine zentrale methodische Herausforderung bei der Durchführung von Planspielen und Praxistest liegt darin, den Personen, die den Gesetzentwurf testen sollen (im Weiteren Testpersonen genannt), die dabei zu bewältigende Aufgabe zu vermitteln. Die Erwartungshaltung der Testpersonen ist dabei keinesfalls einheitlich. Zum Teil besteht die Vorstellung, selbst in die Rolle des Gesetzgebers zu schlüpfen und eigene Regelungsvorschläge zu machen. Zum Teil wird der Aufwand unterschätzt, der für die Bearbeitung des Planspiels oder Praxistests erforderlich ist, weil z.B. auf Erfahrungen mit unaufwändigeren Fallstudienuntersuchungen zurückgegriffen wird. Auch muss der Ablauf des Testverfahrens erklärt werden. Zu diesem Zweck hat sich bewährt, ein Prüfprogramm zu entwickeln, das den Testpersonen an die Hand gegeben wird. Dem Prüfprogramm ist zu entnehmen, wie die Prüfung der einzelnen Regelungen erfolgen soll. So wird z.B. festgelegt, welche Art von Verfahrensvorgang dem Testverfahren unterzogen werden soll und wer daran zu beteiligen ist. Zudem werden die Fragestellungen aufgeführt, die bei der Prüfung der jeweiligen Vorschrift zu beantworten sind. Dies erleichtert einerseits die Bearbeitung durch die Testpersonen. Andererseits wird auch die Vergleichbarkeit der Ergebnisse des Planspiels auf diese Weise verbessert.

Um das Prüfprogramm und den Gegenstand des Testverfahrens den Testpersonen effektiv zu vermitteln, hat sich die Veranstaltung eines Auftaktworkshops bewährt. Die Testpersonen haben hier die Möglichkeit, Rückfragen zu stellen und Unklarheiten anzusprechen. Die Vermittlung im Rahmen eines Workshops stellt zudem sicher, dass den Testpersonen das Prüfprogramm und der Gegenstand des Testentwurfs in identischer Weise vermittelt werden. Dies wiederum ist wichtig, um die Vergleichbarkeit der Ergebnisse der Testverfahren zu erhöhen. Unabdingbar ist zudem, dass den mitwirkenden Testpersonen aus unterschiedlichen Regionen Gelegenheit zum Erfahrungsaustausch gegeben wird. Es ist wichtig, dass die Testpersonen das Planspiel oder den Praxistest als gemeinsames Vorhaben begreifen, das darauf zielt, ein einheitliches Votum oder mehrere sich widersprechende Voten zu den vorgeschlagenen Neuregelungen abzugeben. Der Auftaktworkshop kann damit auch einen wichtigen Beitrag zur Förderung der Motivation bei den mitwirkenden Testpersonen leisten. Wichtige, die Motivation fördernde Faktoren sind z.B. die

Möglichkeit, auf die Gesetzgebung zur Verbesserung der Rechtslage im eigenen Wirkungskreis Einfluss zu nehmen, und das entstehende „Wir-Gefühl".

Da Planspiele und Praxistests außerhalb der sonst anfallenden Aufgaben und der bestehenden Verwaltungsroutinen stattfinden, bedarf es auch nach der grundlegenden Einführung in das Testverfahren einer Betreuung der Testpersonen. Vor Ort müssen die erforderlichen internen Diskussionsprozesse angestoßen, moderiert und dokumentiert werden. Die Meinungsbildung kann und muss durch Hinweise auf die relevanten Fragen unterstützt werden. Aufgetretene Fragen und sichtbar gewordene Probleme müssen erfasst und geklärt werden. Dies erfordert in der Regel eine intensive Vor-Ort-Betreuung. Diese beginnt bereits mit der Frage, welche Personen vor Ort konkret in das Planspiel oder den Praxistest einbezogen werden sollen.

Die Überprüfung der Neuregelung setzt dann voraus, dass geeignete Verwaltungsverfahren und sonstige für den Praxistest relevante Vorgänge und Sachverhalte aus der bisherigen Praxis der beteiligten Verwaltungen identifiziert werden. Diese Auswahl ist grundlegend für die Qualität des Praxistests und muss deshalb mit den Koordinatoren des Testverfahrens abgestimmt werden. Ziel ist es dabei, eine möglichst große Bandbreite unterschiedlicher Anwendungsfälle zu berücksichtigen. Die ausgewählten Sachverhalte sind dann die praktischen Testfälle für den Gesetzentwurf. Die Testpersonen haben zu klären, welche verfahrensmäßigen und materiellen Anforderungen bezogen auf die konkreten Sachverhalte und Verwaltungsvorgänge nach dem Gesetzentwurf abweichend von der bisherigen Rechtslage zu beachten wären. Diese Klärung führt dann zu einem Votum, mit dem die Praktikabilität, die beabsichtigten und unbeabsichtigten Wirkungen, die Verständlichkeit und relevante weitere Aspekte jeder getesteten Vorschrift bewertet werden.

Diese jeweils vor Ort in den Regionen erarbeiteten Voten werden üblicherweise abschließend noch einmal mit den anderen Testpersonen aus den jeweils anderen Regionen rückgekoppelt und zur Diskussion gestellt. Die Begründung und die einzelnen Voten können auf diese Weise einer letzten Prüfung unterzogen werden, bevor sie in ein Gesamtergebnis überführt werden. Damit ist das eigentliche Testverfahren abgeschlossen.

3.2.3 Präsentation

Planspiele und Praxistest sind regelmäßig Instrumente der „begleitenden" Gesetzesfolgenabschätzung. Gegenstand ist also ein Gesetzentwurf, der bereits von der Bundesregierung verabschiedet ist. Demgemäß stellt sich üblicherweise die Frage, wie die Ergebnisse des Testverfahrens in das bereits laufende parlamentarische Verfahren eingebracht werden. Wiederholt fand zu diesem Zweck eine Präsentation im Rahmen einer Sitzung des federführenden Bundestagsausschusses oder in einer gesonderten Veranstaltung für die Mitglieder der federführenden und beratenden Ausschüsse statt. Im Rahmen dieser Präsentation werden die Ergebnisse des Testverfahrens anhand ausgewählter dem Testverfahren zugrunde liegender Verwaltungsvorgänge und Sachverhalte erläutert, und zwar durch die Testpersonen. Die Präsentation erreicht auf diese Weise ein hohes Maß an Authentizität. Der Regelungsgegenstand wird durch die Erläuterung der getesteten Beispiele realitätsnah veranschaulicht. Den Abgeordneten wird die Rückfrage direkt in die Praxis hinein ermöglicht. Auf den Wert dieses Verfahrens wies z.B. der Vorsitzende des 18. Ausschusses des Deutschen Bundestages, Werner Dörflinger, bei der Präsentation der Planspielergebnisse zum Bau- und Raumordnungsgesetz (BauROG) 1997 hin. Er lobte in seinen abschließenden Worten die Präzision der Aussagen sowie die Professionalität der Präsentation und hob hervor, dass den Abgeordneten und den zahlreichen sonstigen Zuhörerinnen und Zuhörern der Präsentation durch die plastische Schilderung konkreter Fallbeispiele die Auswirkungen der Neuregelungen auf die Verwaltungspraxis in hervorragender Weise vor Augen geführt wurden (Difu-Berichte 1997, S. 8). Die daneben stattfindenden Anhörungen der kommunalen Spitzenverbände werden auf diese Weise ergänzt und häufig besser verständlich, im Einzelfall aber auch widerlegt.

4. Bewertung des methodischen Ansatzes

Planspiele und Praxistests sind nur einer von mehreren Bausteinen der Gesetzesfolgenabschätzung. Sie ermöglichen nur eine bessere Einschätzung der Gesetzesfolgen in dem Ausschnitt, der von den Testpersonen authentisch abgebildet wird. Es ist deshalb wichtig, die Aussagekraft der genannten Testverfahren im Hinblick auf die Erwartungen an die Gesetzesfolgenabschätzung offenzulegen und kritisch zu würdigen. Testverfahren ersetzen keinesfalls eine sorgfältige Analyse des Regelungserfordernisses im Vorfeld der Erstellung des Gesetzentwurfs. Hier sind die Instrumente einer prospektiven Gesetzesfolgenabschätzung anzuwenden.

4.1 Zwischen Abhängigkeiten und Neutralität

Dem Testverfahren liegt üblicherweise ein Gesetzentwurf zugrunde, der bereits entsprechend den Vorgaben der Gemeinsamen Geschäftsordnung der Bundesministerien interministeriell abgestimmt ist. Es liegt daher auf der Hand, dass das federführende Ministerium an dem mit dem Gesetzentwurf gefundenen Konsens grundsätzlich festhalten will. Für das federführende Ministerium wirft Kritik an dem Gesetzentwurf deshalb zunächst neue Probleme für das Gesetzgebungsverfahren auf. Das Ministerium wird deshalb regelmäßig Wert darauf legen, dass die Durchführung des Testverfahrens in enger Abstimmung mit ihm erfolgt. Das Testverfahren wird hierdurch selbst zu einem kritischen, aber konstruktiven Dialog zwischen dem federführenden Ministerium und den Testpersonen. Dieser Dialog hatte zum Beispiel bei der BauGB-Novelle 2004 zur Konsequenz, dass die im Auftaktworkshop geäußerte Kritik bereits bei der weiteren Ausarbeitung des Gesetzentwurfs durch das Ministerium aufgegriffen werden konnte. Umgekehrt sind die Testpersonen gezwungen, in diesem Dialog die Testergebnisse im Lichte der Rückfragen seitens des Ministeriums auf ihre Trag- und Überzeugungskraft hin zu überprüfen.

Die Einflussmöglichkeiten des federführenden Ministeriums sind deshalb in die Konzeption des Testverfahrens einzubinden. Sie führen jedoch nicht zu einer Verfälschung des Testergebnisses, sondern erhöhen tendenziell die Trag- und Überzeugungskraft. Der Einfluss des federführenden Ministeriums schlägt allerdings bei der Festlegung und Beschränkung des Gegenstands der Überprüfung durch. Die Ausklammerung bestimmter Regelungsbereiche wird deshalb grundsätzlich die Frage aufwerfen, ob sich die Bundesregierung der kritischen Überprüfung durch die Praxis in einem Testverfahren entziehen will. Eine solche Irritation kann vermieden werden, wenn die Festlegung des Prüfgegenstands nachvollziehbar durch methodische oder inhaltliche Erwägungen begründet wird.

4.2   Politische Opportunität

Gesetzgebung ist Ausdruck politischen Gestaltungswillens und eine von wenigen Handlungsmöglichkeiten, die der demokratisch und rechtsstaatlich verfasste Staat zur Gestaltung der Lebenswirklichkeit in der Gesellschaft hat. Gesetzgebung ist also kein Selbstzweck, sondern interessengeleitet, verfolgt politische Ziele, will bestimmte Wirkung erreichen, andere (Neben-)Wirkungen vermeiden. Dies gilt auch für solche Gesetze, die unter dem Leitgedanken der Deregulierung und Vereinfachung stehen. Denn auch mit diesen Gesetzen sind Wirkungen verbunden, deren Eintritt beabsichtigt und erwartet wird, aber keinesfalls bei Erlass der Gesetze bereits erwiesen ist.

Festzustellen, ob die Ziele, die ein Gesetzentwurf verfolgt, wünschenswert sind, ist nicht Aufgabe der Gesetzesfolgenabschätzung und damit auch nicht Aufgabe der Testverfahren (Ennuschat 2004, S. 993). Es geht hier allein darum, die Auswirkungen, die ein Gesetz bezogen auf das vorgegebene politische Ziel haben wird, sowie die sonstigen beabsichtigten und unbeabsichtigten Auswirkungen zu erkennen, zu beschreiben und auf dieser Grundlage den Gesetzentwurf zu bewerten. Dies wird aus der Sicht der Testpersonen zum Teil als Mangel empfunden, führt im Ergebnis aber zu einer Objektivierung der Testergebnisse.

Aus diesem Grund kann es auch nicht Aufgabe des Planspiels sein, eigene Gesetzgebungsalternativen mit neuen politischen Zielen zu erstellen. Wohl aber können die Normanwender aus ihrer praktischen Erfahrung heraus zur Erreichung der Ziele des Gesetzgebungsvorhabens alternative Formulierungsvorschläge unterbreiten oder im Einzelfall auch alternative Maßnahmen zur Erreichung der vorgegebenen Ziele vorschlagen.

4.3   Die Frage der Repräsentativität

Planspiel und Praxistests können keinen Anspruch auf Repräsentativität ihrer Ergebnisse erheben. Dazu ist die Anzahl der Kommunen, die in diese Testverfahren einbezogen werden können, zu gering. Die Testkommunen werden üblicherweise aber so ausgewählt, dass ihre Verwaltungskraft und ihre Problemlagen typisch für die deutschen Kommunen sind. Wenn also auch keine Repräsentativität gegeben ist, so haben die Ergebnisse als Aussagen typischer Normanwender doch ihr eigenes Gewicht. Einschränkend ist insoweit allerdings festzustellen, dass nur solche Kommunen in Testverfahren einbezogen werden können, die ein Interesse an der Mitwirkung haben und bereit sind, einen nicht unerheblichen Aufwand für die Mitwirkung zu investieren. Tendenziell handelt es sich also wohl um Kommunalverwaltungen mit überdurchschnittlichem Engagement.

4.4   Zeitdruck

Eine umfassende oder gar optimale Gesetzesfolgenabschätzung ist langwierig und komplex. Gesetzesfolgenabschätzung wird den Erfordernissen der Politik, schnell auf gesellschaftliche Probleme zu reagieren, deshalb nicht gerecht. Planspiele und Praxistests sind allerdings Instrumente der Gesetzesfolgenabschätzung, die auch bei engen zeitlichen Vorgaben in den meisten Fällen noch eingesetzt werden können. Sie können Defizite in der Vorbereitung des Gesetzes allerdings nicht in vollem Umfang auffangen, sondern lediglich reduzieren.

Aus dem Ablauf des Gesetzgebungsverfahrens ergibt sich ein weiteres Problem der Gesetzesfolgenabschätzung. Die notwendige Beteiligung des Bundesrates führt dazu, dass im fortgeschrittenen Verfahren Änderungen an dem Gesetzentwurf vorgenommen werden. Zum Teil sind solche Änderungen selbst unter hohem Zeitdruck und dem Erfordernis der Kompromissfindung zustande gekommen und deshalb häufig nicht mit der sonst üblichen Sorgfalt vorbereitet sowie mit Sachverständigen und Interessengruppen erörtert worden. Eine Gesetzesfolgenabschätzung fehlt dann oft ganz (Schulze-Fielitz 2004, S. 864). Auch Planspiel und Praxistest sind in diesem Verfahrensstand meist abgeschlossen.

Andererseits eröffnet der Umstand der zeitgleichen Durchführung der Testverfahren und des Gesetzgebungsverfahrens die Möglichkeit, Änderungsvorschläge, die im Gesetzgebungsverfahren vorgeschlagen werden, selbst in das Planspiel oder den Praxistest einzubeziehen. Auch hier bewährt sich die Einbindung des federführenden Ministeriums in die Durchführung der Testverfahren und deren Abstimmung mit diesem.

Literatur

BMI, Bundesministerium des Innern, Stabsstelle Moderner Staat – Moderne Verwaltung (Hrsg.), Leitfaden zur Gesetzesfolgenabschätzung, Stabsstelle Moderner Staat – Moderne Verwaltung in Zusammenarbeit mit dem Innenministerium Baden-Württemberg, Berlin 2000.

BMI, Bundesministerium des Innern, Stabsstelle Moderner Staat – Moderne Verwaltung (Hrsg.), Abschlussbericht über den Praxistest zur Erprobung des Handbuches und des Leitfadens zur Gesetzesfolgenabschätzung an ausgewählten Vorhaben der Ressorts, Berlin, Juli 2002, http://www.staat-modern.de/Anlage/original_802701/Praxistest-zur-Gesetzesfolgenabschaetzung.pdf.

Böhret Carl, und Peter Wordelmann, Zur Bedeutung von Simulationen/Planspielen für die öffentliche Verwaltung, in: Die Verwaltung (1972), S. 317–322.

Böhret, Carl (Hrsg.), Simulationsmodelle für die öffentliche Verwaltung, Speyer 1986.

Böhret, Carl, und Götz Konzendorf, Rechtsoptimierung mittels Gesetzesfolgenabschätzung: Waldgesetz Rheinland-Pfalz (Speyerer Forschungsberichte 192), Speyer 1998.

Böhret, Carl, Gesetzescontrolling – ein wichtiges Element der Gesetzesfolgenabschätzung, in: Budäus, Dietrich, Willi Küpper und Lothar Streitferdt, Neues öffentliches Rechnungswesen, Wiesbaden 2000, S. 551–569.

Böhret, Carl, und Götz Konzendorf, Handbuch Gesetzesfolgenabschätzung (GFA), Baden-Baden 2001.

Brocker, Lars, Gesetzesfolgenabschätzung – Ein Überblick, in: Deutsche Richterzeitung, (2002), S. 462–467.

Bundesministerium der Justiz, Handbuch der Rechtsförmlichkeit, 2. neubearb. Aufl., Köln 1999, http://www.bmj.de/rechtsfoermlichkeit/index.htm.

Bunzel, Arno, Michael Henkel und Jochem Lunebach, Beiträge zum Investitionserleichterungs- und Wohnbaulandgesetz. Anwendung der naturschutzrechtlichen Eingriffsregelung in der Bauleitplanung und im Baugenehmigungsverfahren (Difu-Arbeitshilfe Städtebaurecht), Berlin 1994.

Bunzel, Arno, Petra Lau, Rolf-Peter Löhr und Rudolf Schäfer, Planspiel „BauGB-Novelle 1997" (Difu-Materialien 1/1997), Berlin 1997.

Bunzel, Arno, Novelle des BauGB 2004 im Planspiel-Test, in: ZfBR Zeitschrift für Deutsches und internationales Bau- und Vergaberecht (2004), S. 328–337.

Bunzel, Arno, Die Baurechtsnovelle auf dem kommunalen Prüfstand, in: Archiv für Kommunalwissenschaften (AfK), II. Halbjahresband (1997), S. 254–281.

Bunzel, Arno, Teilungsgenehmigung, Vorkaufsrecht, Fremdenverkehrs- und Milieuschutzsatzungen, in: Bunzel, Arno, Lothar Hecker, Petra Lau, Rainer Müller-Jökel und Michael Schaber, Neuerungen im Baugesetzbuch 1998 – kommentiert für die Praxis (Difu-Arbeitshilfe), Berlin 1998, S. 115–127.

Bunzel, Arno, Petra Lau, Rudolf Schäfer, Christina Specovius und Stephan Tomerius, Planspiel zur Durchführung der UVP in der Bauleitplanung (Difu-Materialien 2/2001), Berlin 2001.

Deutscher Bundestag, Bürokratieabbau durch optimierte Gesetzesfolgenabschätzung. Antwort der Bundesregierung auf die Kleine Anfrage der Abgeordneten Andrea Voßhoff, Hartmut Schauerte, Dr. Michael Fuchs, weiterer Abgeordneter und der Fraktion der CDU/CSU, BT-Drucksache 15/2131, http://dip.bundestag.de/parfors/parfors.htm

Die Bundesregierung, Moderner Staat – Moderne Verwaltung. Leitbild und Programm der Bundesregierung, Berlin Dezember 1999, http://www.staat-modern.de/static/archiv/programm/index.html.

Die Bundesregierung, Arbeitshilfe Gesetzesfolgenabschätzuung (GFA) – Entwurf, Berlin 2006, http://www.staat-modern.de/Anlage/original_983927/Arbeitshilfe-zur-Gesetzesfolgenabschaetzung-Entwurf.pdf.

Dieterich, Hartmut, Das Stuttgarter Prinzip zum Städtebauförderungsrecht, Stadtbauwelt (1971), S. 220–223.

Deutsches Institut für Urbanistik und Forschungsgruppe Stadt + Dorf (Hrsg.), Planspiel BauGB-Novelle 2004. Bericht über die Stellungnahme der Planspielstädte und Planspiellandkreise (bearbeitet v. Arno Bunzel, Franciska Frölich und Christian Strauss, Rudolf Schäfer, Petra Lau und Nina Specovius), Berlin 2004, http://edoc.difu.de/orlis/DF8055.pdf

Edinger, Florian, Folgenabschätzung und Evaluation von Gesetzen, in: Zeitschrift für Gesetzgebung (ZG) (2004), S. 149–165.

Ennuschat, Jörg, Wege zu besserer Gesetzgebung – sachverständige Beratung, Begründung, Folgenabschätzung und Wirkungskontrolle, in: Deutsches Verwaltungsblatt (DVBl) (2004), S. 986–994.

Fricke, Peter, und Werner Hugger, Test von Gesetzentwürfen – Voraussetzungen einer testorientierten Rechtssetzungsmethodik – Teil 1, Speyer 1979; dies., Teil 2, Speyer 1980.

Grimm, Christoph, Gesetzesfolgenabschätzung – Möglichkeiten und Grenzen – aus der Sicht des Parlaments, in: Zeitschrift für Rechtspolitik (2000), S. 87–91.

Hill, Hermann, Gesetzgebung in der postindustriellen Gesellschaft, in: Zeitschrift für Gesetzgebung (ZG) (1995), S. 82–86.

Karpen, Ulrich, Gesetzesfolgenabschätzung. Ein Mittel zur Entlastung von Bürgern, Wirtschaft und Verwaltung?, in: Zeitschrift für Rechtspolitik (ZRP) (2002), S. 443–446.

Kettinger, Daniel, Wirkungsorientierte Gesetzgebung, in: Verwaltung & Management (2001), S. 226–232.

Köck, Wolfgang, Gesetzesfolgenabschätzung und Gesetzgebungsrechtslehre, in: Verwaltungsarchiv (VerwArch) 93 (2002), S. 1–21.

Lehmbrock, Michael, und Diana Coulmas, Grundsteuerreform im Praxistest. Verwaltungsvereinfachung, Belastungsänderungen, Baulandmobilisierung (Difu-Beiträge zur Stadtforschung, Band 33), Berlin 2001.

Leisner, Walter Georg, Gesetzesausführungskosten in der Verwaltung – Zu einem Zentralproblem der Gesetzesfolgenabschätzung, in: Deutsches Verwaltungsblatt (DVBl) (2001), S. 1799–1809.

Lücke, Jörg, Die Allgemeine Gesetzgebungsordnung, in Zeitschrift für Gesetzgebung (ZG) 16 (2001), S. 1–49.

Schäfer, Rudolf, Verbesserung der Gesetzgebung durch Verwaltungsplanspiele? Erfahrungsbericht über die Planspiele bei der Novellierung des BBauG, in: Kevenhörster, Paul, und Hellmut Wollmann (Hrsg.), Kommunalpolitische Praxis und lokale Politikforschung, Berlin 1978 (Deutsches Institut für Urbanistik), S. 385–409.

Schäfer, Rudolf, und Rainer Autzen, Planspiel Novelle StBauFG, Berlin 1980 (Deutsches Institut für Urbanistik).

Schäfer, Rudolf, Eckart Scharmer und Gerd Schmidt-Eichstaedt, Planspiel zum Baugesetzbuch, Deutsches Institut für Urbanistik (Hrsg.), Berlin 1986.

Schneider, Hans-Peter, Meliora – Wege zu besserer Gesetzgebung, in: Zeitschrift für Gesetzgebung (ZG) (2004), S.104–121.

Schulze-Fielitz, Helmuth, Wege, Umwege oder Holzwege zu besserer Gesetzgebung durch sachverständige Beratung, Begründung, Folgeabschätzung und Wirkungskontrolle?, in: Juristenzeitung (2004), S. 862–871.

Schuppert, Gunnar Folke, Gute Gesetzgebung, in: Zeitschrift für Gesetzgebung (ZG) Sonderheft (2003).

Smeddinck, Ulrich, Gesetzesfolgenabschätzung und Umweltverträglichkeitsprüfung – Zur Evaluierung des UVP-Gesetzes, in: Die öffentliche Verwaltung (DÖV) (2004), S. 103–109.

Witthohn, Alexander, Qualitätsmanagement, Gesetzesfolgenabschätzung und Budgetierungen als Neue Steuerungsinstrumente in Niedersachsen, in: Niedersächsische Verwaltungsblätter (NdsVBl) (2004), S. 36–40.

Der Autor

Privatdozent Dr. Arno Bunzel,
Studium der Rechtswissenschaften an der Westfälischen Wilhelms-Universität Münster, Wissenschaftlicher Mitarbeiter am Institut für Stadt- und Regionalplanung der TU Berlin (1988-1992), seit 1992 wissenschaftlicher Mitarbeiter und seit 1995 Koordinator im Arbeitsbereich „Stadtentwicklung und Recht" des Deutschen Instituts für Urbanistik (Difu); Forschungsschwerpunkte: Bau- und Planungsrecht, Raumwirksames Umweltrecht, Deregulierung

Gerd Schmidt-Eichstaedt

Städtebauliche Verträge im Kontext der Neuregelungen des Europarechtsanpassungsgesetzes EAG Bau 2004

1.   Einführung

Das Europarechtsanpassungsgesetz Bau (EAG Bau) trat am 20. Juli 2004 in Kraft – exakt termingerecht zum Ende der Frist zur Umsetzung der Richtlinie Nr. 2001/42/EG über die Prüfung der Umweltauswirkungen bestimmter Pläne und Programme (sog. Plan-UP-RL). Das EAG Bau diente zugleich der Umsetzung der Richtlinie Nr. 2003/35/EG über die Beteiligung der Öffentlichkeit bei der Ausarbeitung bestimmter umweltbezogener Pläne und Programme. Mit dieser Richtlinie wurde wiederum die Aarhus-Konvention – eine Vereinbarung von Mitgliedstaaten der EU insbesondere über grenzüberschreitende Information und Beteiligung – in nationales Recht überführt.

Eher am Rande der Novelle als mit gänzlich neuen Inhalten wurde auch § 11 Baugesetzbuch (BauGB) – also die Vorschrift über die Städtebaulichen Verträge – ergänzt. In der Hauptsache ging es um die Anpassung des § 11 BauGB an die neuen Festsetzungsmöglichkeiten in § 9 BauGB.

So wird in § 11 Abs. 1 Nr. 2 BauGB nun ausdrücklich erwähnt, dass bei der Grundstücksnutzung auch eine befristete oder bedingte Nutzung vereinbart werden kann. In § 11 Abs. 1 Nr. 4 wird als möglicher Inhalt von städtebaulichen Verträgen vorgezeichnet, dass entsprechend den mit den städtebaulichen Planungen und Maßnahmen verfolgten Zielen und Zwecken auch die Nutzung von Netzen und Anlagen der Kraft-Wärme-Kopplung sowie von Solaranlagen für die Wärme-, Kälte- und Elektrizitätsversorgung vereinbart werden kann.

Schließlich wurden zwei neue Vertragstypen in die neuen Vorschriften des BauGB zum Stadtumbau und zur Sozialen Stadt (§§ 171 a bis e) aufgenommen, nämlich der Stadtumbauvertrag nach § 171 c BauGB und der Vertrag zur Förderung der Sozialen Stadt nach § 171 e Abs. 5 BauGB. Wie ordnen sich diese Neuregelungen in das Gefüge des novellierten BauGB ein? Das soll nachfolgend geprüft werden.

2. Die vertragsbezogenen Neuregelungen im BauGB

2.1 Festsetzung zeitweiliger Nutzungen nebst Folgenutzung

In der bauleitplanerischen Praxis zeigte sich: in manchen Fällen ist von vornherein erkennbar, dass bestimmte bauliche oder sonstige Nutzungen und Anlagen nur für einen bestimmten Zeitraum oder unter bestimmten Bedingungen benötigt werden. Ein klassisches Beispiel ist die Durchführung von Großveranstaltungen wie z.B. der Weltausstellung EXPO oder der Olympischen Spiele. Für die Weltausstellung EXPO wurde für den Zeitraum eines Jahres ein großes Ausstellungsgelände benötigt, das nach Beendigung der Ausstellung entweder zurückgebaut oder anderen Verwendungen zugeführt werden sollte. Erwünscht war dazu die Aufstellung eines B-Plans mit zwei aufeinander folgenden Nutzungen. Das Oberverwaltungsgericht (OVG) Lüneburg hatte es jedoch schon zuvor für unzulässig erklärt, in einem Bebauungsplan zunächst eine alsbald auslaufende Nutzung festzusetzen und zugleich für den Zeitraum danach eine Folgenutzung zuzulassen[1]. Durch den neu formulierten § 9 Abs. 2 BauGB werden derartige Konstellationen nun regelbar. Danach kann im Bebauungsplan in besonderen Fällen festgelegt werden, dass bestimmte der in ihm festgesetzten baulichen und sonstigen Nutzungen und Anlagen nur

1. für einen bestimmten Zeitraum zulässig oder

2. bis zum Eintritt bestimmter Umstände zulässig oder unzulässig sind. Die Folgenutzung soll festgesetzt werden.

Mit der Anknüpfung an einen bestimmten Zeitraum kann auf Großveranstaltungen Bezug genommen werden, wie z.B. die Ausrichtung von Sportveranstaltungen. Mit der Bezugnahme auf den Eintritt bestimmter Umstände wird es möglich, die Zulässigkeit der Nutzung eines festgesetzten Wohngebietes von der vorherigen Errichtung von Schutzvorkehrungen oder auch abriegelnden Gebäuden abhängig zu machen, die zwischen dem Baugebiet und z.B. einer Straße liegen, von der starker Verkehrslärm ausgeht. Dies war von der Rechtsprechung zuvor für unzulässig erkannt worden[2].

---

1   Grundlegend: OVG Lüneburg, Urteil vom 8.2.2000 – 1 K 5513/98 –, Baurecht (BauR) 2000, S. 1302; Leitsatz: § 9 BauGB erlaubt weder zeitlich gestaffelte unterschiedliche Festsetzungen noch bedingte Festsetzungen. Das gilt auch dann, wenn eine Nutzung, wie der Bodenabbau, aus der Natur der Sache begrenzt ist und sich daher die Frage der Folgenutzung aufdrängt.

2   OVG Lüneburg, Urt. vom 7. April 2003 – 1 KN 3206/01 –, Zeitschrift für deutsches und internationales Baurecht (ZfBR) 2003, S. 701. Leitsatz: Eine „Riegelbebauung", die zum Schutz einer benachbarten Wohnbebauung vor den Auswirkungen einer großen Stell-

2.2   Nutzung von erneuerbaren Energien

Die Nutzung erneuerbarer Energien wird vom EAG Bau sowohl in Gebieten nach § 30 BauGB – also im beplanten Innenbereich – als auch im Außenbereich nach § 35 BauGB gefördert. Kraft Ergänzung des Textes von § 9 Abs. 1 Nr. 23 BauGB, der sich bislang nur mit dem Verbot der Verwendung von luftverunreinigenden Stoffen beschäftigte, ist es nunmehr erlaubt, im Geltungsbereich von B-Plänen bei der Errichtung von Gebäuden bestimmte Maßnahmen für den Einsatz erneuerbarer Energien wie insbesondere Solarenergie vorzuschreiben.

Im Außenbereich ist nunmehr auch die energetische Nutzung von Biomasse im Rahmen von landwirtschaftlichen oder gartenbaulichen Betrieben oder Betrieben der Massentierhaltung nach § 35 Abs. 1 BauGB privilegiert. Dazu wurde in § 35 Abs. 1 BauGB als Nr. 6 eine sehr detaillierte Regelung eingefügt. Die Regelungstechnik entspricht jener Kleinteiligkeit, die sich der Gesetzgeber in § 35 BauGB angewöhnt hat, um mögliche Missbräuche bereits im Keim zu ersticken. Die energetische Nutzung von Biomasse ist daher nur dann zulässig, wenn

- das Vorhaben in einem räumlich funktionalen Zusammenhang mit dem übrigen Betrieb steht,

- die Biomasse überwiegend aus diesem und aus nahegelegenen Betrieben stammt,

- nur eine Anlage je Hofstelle oder Betriebsstandort betrieben wird und

- die installierte elektrische Leistung der Anlage nicht 0,5 Megawatt überschreitet.

2.3   Stadtumbau und Soziale Stadt

Mit den §§ 171a – e wurden Sondervorschriften in das Baugesetzbuch eingefügt, mit denen Stadtumbaugebiete und Gebiete zur Durchführung von Maßnahmen im Rahmen des Bund-Länder-Programms „Stadtteile mit besonderem Entwicklungsbedarf – die soziale Stadt" (kurz meist: Soziale Stadt) festgelegt werden können. Im Unterschied zu den städtebaulichen Sanierungsgebieten und den städtebaulichen Entwicklungsbereichen werden diese Gebiete jedoch nicht durch Satzung, sondern durch einfachen Beschluss der Gemeindevertretung festgelegt. Damit folgt das Gesetz der bisherigen Praxis in den jährlichen Verwaltungsvereinbarungen zwischen dem Bund und den Ländern nach § 164b BauGB. Danach kann der Bund zur För-

---

platzfläche festgesetzt wird, findet mit dem intendierten zeitlichen Vorrang der Errichtung der Riegelbebauung vor der Stellplatznutzung keine Rechtsgrundlage in § 9 BauGB. OVG Koblenz, Urteil vom 31.3.2004 – 8 C 11785/03 –, BauR 2004, S. 1116. Leitsatz: § 9 BauGB bietet keine Handhabe, um die zeitlich vorrangige Verwirklichung einer sog. Lärmschutz- oder Riegelbebauung vor der schutzbedürftigen Bebauung sicherzustellen.

derung städtebaulicher Sanierungsmaßnahmen nach Art. 104a Abs. 4 Grundgesetz den Ländern nach Maßgabe des jeweiligen Haushaltsgesetzes Finanzhilfen für Investitionen der Gemeinden und Gemeindeverbände nach einem in gleicher Weise geltenden allgemeinen und sachgerechten Maßstab gewähren. Der Maßstab und das Nähere für den Einsatz der Finanzhilfen werden durch die Verwaltungsvereinbarung festgelegt. Die Praxis der Vereinbarungen zwischen Bund und Ländern hat sich inzwischen dahin entwickelt, dass der Einsatz der Mittel nicht nur in förmlich festgelegten Sanierungsgebieten und förmlich festgelegten Entwicklungsbereichen vertraglich erlaubt und geregelt wird, sondern auch in Gebieten, die durch einfachen Beschluss der Gemeindevertretung festgelegt wurden. Diese (verfassungsrechtlich nicht völlig unbedenkliche) Praxis ist nunmehr durch § 171b Abs. 4 gesetzlich abgesichert. Danach sind die §§ 164a und 164b (über den Einsatz der Finanzhilfen des Bundes) im Stadtumbaugebiet entsprechend anzuwenden.

Die Vorschriften über den Stadtumbau einerseits und die Soziale Stadt andererseits enthalten weitgehend parallele Vorschriften. Eine Besonderheit stellt nur die Satzung zur Sicherung eines ordnungsgemäßen und sozial gerechten Ablaufs des Stadtumbaus nach § 171d BauGB dar. Diese Satzung findet im Rahmen der Sozialen Stadt keine Entsprechung. Im Übrigen gilt in beiden Fällen im Wesentlichen das gleiche Muster:

Im *ersten Schritt* auf dem Weg zur Festlegung eines Stadtumbaugebiets ist unter Beteiligung und Mitwirkung der Betroffenen sowie unter Beteiligung der Behörden und Träger öffentlicher Belange ein städtebauliches Entwicklungskonzept aufzustellen, in dem die Ziele und Maßnahmen schriftlich darzustellen sind, die in dem betreffenden Gebiet zur Anwendung kommen sollen.

Im *zweiten Schritt* legt die Gemeinde das Gebiet fest, in dem die Maßnahmen durchgeführt werden sollen. Dafür genügt ein einfacher Beschluss. Das Gebiet ist „in seinem räumlichen Umfang so festzulegen, dass sich die Maßnahmen zweckmäßig durchführen lassen".

Parallel zur Gebietsfestlegung sollen – soweit immer möglich und erforderlich – *städtebauliche Verträge*, insbesondere mit den beteiligten Eigentümern, geschlossen werden. Diese Verträge sind besonders in Stadtumbaugebieten wichtig, denn ohne Mitwirkung der Grundeigentümer kann ein geordneter Rückbau mit seinen Rückbau- und Abrissmaßnahmen kaum durchgeführt werden. Sehr wesentlich ist es, den Zeitablauf des Rückbaus und auch die Kostentragung zu regeln. Die Versuche der Praxis, einen Ausgleich der Lasten zwischen den beteiligten Eigentümern durch Vertrag zu erreichen, waren allerdings bisher kaum von Erfolg gekrönt. Soweit die Eigentümer in den neuen Ländern Mittel aus dem Programm „Stadtumbau Ost" in Anspruch nahmen, wurde ihnen abverlangt, auf die Ausübung von Ansprüchen nach dem Planungsschadensrecht (§§ 39 – 44 BauGB) im Kontext des Stadtumbaus und Stadtrückbaus zu verzichten. Auch ohne Planänderung kann sich in Stadtumbaugebieten ein Verlust oder ein Rückgang der Baulandqualität dadurch ergeben, dass bisher im Zusammenhang bebaute Ortsteile so ausgedünnt oder gar vollständig beseitigt werden, dass am Ende nur ein Außenbereich zu verzeichnen ist. In solchen Fällen wäre es widersinnig, die Eigentümer auf der einen Seite durch Abrissprämien bei den Rückbaumaßnahmen gefördert zu haben, ihnen zugleich aber die Anspruchsgrundlage für die Ausübung von Ansprüchen nach § 42 BauGB wegen einer von Amts wegen herbeigeführten Aufhebung oder Minderung der baulichen Nutzung zu gewähren.

Die Vorschriften des Stadtumbaus (und auch der Maßnahmen der Sozialen Stadt) sehen eine weitgehende Kooperation mit den Grundeigentümern und den Betroffenen vor. Dies ist sicherlich das richtige Konzept. Ob es immer gelingen wird, die Betroffenen zum Abschluss von städtebaulichen Verträgen zu veranlassen, muss jedoch bezweifelt werden. Im Allgemeinen wird dies nur möglich sein, wenn öffentliche Mittel angeboten werden.

Was geschieht, wenn es nicht zu vertraglichen Lösungen kommt? Die Zwangsmittel zur Durchsetzung von Stadtumbaumaßnahmen sind relativ eingeschränkt. Die Satzung nach § 171d BauGB zur Sicherung der Durchführung von Maßnahmen des Stadtumbaus ist eher dazu bestimmt, Maßnahmen aufzuhalten als anzustoßen. So bleibt am Ende als aktive Maßnahme zur hoheitlichen Durchsetzung des Stadtumbaus nur die Enteignung nach dem ergänzten Katalog des § 85 BauGB. Die dadurch erzwungene konsequente Vorgehensweise der Gemeinde ist jedoch keineswegs ein Nachteil. Auf diese Weise wird von vornherein klargestellt, welche Möglichkeiten es gibt: entweder die kooperative Mitwirkung oder – im verfassungsrechtlich eingegrenzten Ausnahmefall – die Enteignung. Dazwischen liegen die Prozesse der langwierigen Verhandlung und der mühsamen Einigung.

3. Die Leistungsvarianten in § 11 BauGB

Das System des § 11 BauGB – der Hauptvorschrift über die städtebaulichen Verträge – ist daran ausgerichtet, zu welcher Leistung sich der Vertragspartner gegenüber der Gemeinde verpflichtet. Vier Varianten von Leistungen lassen sich die Städte und Gemeinden am häufigsten über städtebauliche Verträge zusichern:

- Übernahme von Planungen und Maßnahmen durch den Investor auf dessen Kosten;

- unentgeltliche Übertragung von Grundstücken;

- Übernahme von Kosten durch den Investor, die die Gemeinde für städtebauliche Maßnahmen im Kontext der Baulanderschließung oder des Projekts aufwenden muss;

- Übernahme spezieller Bindungen durch den Bauherrn.

Auch die Neuregelungen des EAG Bau lassen sich in diese Systematik des Gesetzes einordnen. Die Systematik soll daher kurz erläutert werden.

3.1 Die Übernahme von Maßnahmen und Planungen

Die Übernahme von Maßnahmen und Planungen durch den Investor auf seine Kosten (§ 11 Abs. 1 Nr. 1) steht vom Typ her dem „Unternehmer-Erschließungsvertrag" nach § 124 BauGB am nächsten. Hier wie dort übernimmt der Investor die physische Herstellung bestimmter Bauwerke (Straßen, Kindergarten, Sporthalle), häufig auch schon die Vorlage der Entwürfe der notwendigen städtebaulichen Pläne sowie zugehöriger Gutachten. Das Gesetz stellt klar, dass die Verantwortung der Gemeinde für das gesetzlich vorgesehene Planaufstellungsverfahren unberührt bleibt. Das gilt auch dann, wenn der Investor die Vorbereitung und Durchführung einzelner Verfahrensschritte wie der Bürgerbeteiligung ganz übernommen hat, was grundsätzlich zulässig ist (vgl. auch § 4b BauGB). In umstrittenen Fällen sollte der Investor allerdings nicht mit der organisatorischen Betreuung des ihm geltenden Bebauungsplans beauftragt werden.

3.2 Die Bereitstellung von Grundstücken

Wenn der Investor für das Baugebiet einen Kindergarten errichtet, dann muss er dazu auch das erforderliche Grundstück bereitstellen. Nach Fertigstellung wird das Grundstück in aller Regel an die Gemeinde übereignet. Dass diese „Bereitstellung von Grundstücken" im Rahmen von städtebaulichen Verträgen zulässig ist, steht zwar erst in § 11 Abs. 1 Nr. 3, es gilt aber auch für Nr. 1. Im Übrigen ist gerade bei der Bereitstellung von Grundstücken die Grundregel des § 11 Abs. 2 wichtig, dass die vereinbarten Leistungen den gesamten Umständen nach angemessen sein müssen. Die Gemeinde darf sich zwar – z.B. im Rahmen einer freiwilligen Umlegung nach Nr. 1 – mehr Fläche abtreten lassen als jene 30 Prozent, die nach § 58 Abs. 1 Satz 2 BauGB als Umlegungsvorteil in einer Flächenumlegung höchstens einbehalten werden dürfen. Es muss sich aber immer um Flächen handeln, die unter Wahrung des Sachzusammenhangs und der Angemessenheit[3] für öffentliche Zwecke benötigt werden[4]. Die Obergrenze des insoweit Zulässigen dürfte dann erreicht sein, wenn sich die Gemeinde Flächen gleichsam an Zahlung statt abtreten lässt und aus dem Erlös eine öffentliche Aufgabe bezahlt, die auch der Investor selbst nach den Maßstäben des § 11 hätte übernehmen dürfen. Beispiel: Der Investor stellt zugunsten der Gemeinde nicht nur das Grundstück für eine Grundschule im Baugebiet bereit, sondern daneben auch so viele Grundstücke für Wohnungsbau, dass aus dem Erlös des Verkaufs dieser Grundstücke der Bau der Schule bezahlt werden kann. Eine allgemeine Flächenabgabe für den sozialen Wohnungsbau wäre dagegen ebenso unzulässig wie die Zahlung eines Geldbetrags zur Ablösung einer solchen Pflicht.

---

3 So ausdrücklich BVerwG Neue Juristische Wochenschrift (NJW) 1985, S. 989.

4 Beispiel für zulässige Forderung: BVerwG ZfBR 1994, S. 140 (Abtretung von Straßenland zur Erschließung); Beispiel für unzulässige Forderung: OVG Lüneburg, 21.07.1999 – 1 K 4974/97 –, ZfBR 2000, S. 134 (Abtretung von mehr als der Hälfte künftigen Baulands für soziale Zwecke).

3.3 Die Übernahme von Kosten

Die Übernahme von Kosten nach § 11 Abs. 1 Nr. 3 BauGB ist an die Bedingung gebunden, dass die finanzierten Maßnahmen „Voraussetzung oder Folge" der vom Investor geplanten Vorhaben sind. In dieser Formulierung spiegelt sich die Rechtsprechung zum Folgekostenvertrag wider. Das Bundesverwaltungsgericht (BVerwG) hat betont, dass der Verkauf von Hoheitsrechten nach wie vor unzulässig ist; dagegen steht das so genannte Koppelungsverbot: Hoheitliche Leistungen dürfen nicht von im Gesetz nicht vorgesehenen Gegenleistungen des Empfängers oder Nutznießers abhängig gemacht werden[5]. Zulässig ist es aber, wenn sich die Gemeinde solche zusätzlichen Aufwendungen vom Investor erstatten lässt, die als Voraussetzung oder Folge notwendig mit seinem Vorhaben verbunden sind; die Aufwendungen müssen unmittelbar kausal im Sinne einer notwendigen Bedingung mit der Aufschließung des vom Investor gewünschten Baulands verknüpft sein[6]. Alle Kosten, die der Gemeinde auch dann entstanden wären, wenn der Investor nicht an sie herangetreten wäre (sog. Sowiesokosten), sind nicht erstattungsfähig.

3.4 Die Übernahme von Bindungen

Die Übernahme von Bindungen durch den Investor nach § 11 Abs. 1 Nr. 2 schließlich ist zum Teil dem Durchführungsvertrag zum Vorhaben- und Erschließungsplan nach § 12 verwandt. Denn die zu einem Durchführungsvertrag nach § 12 gehörende Übernahme der Verpflichtung, ein Vorhaben in bestimmter Frist zu verwirklichen, ist nichts anderes als die Übernahme einer bestimmten Pflicht im Hinblick auf die Grundstücksnutzung (Baupflicht), so wie sie in § 11 Abs. 1 Nr. 2 BauGB vorgesehen ist.

4. Einordnung der neuen Vertragsinhalte in die Systematik des § 11 BauGB

4.1 Vertragliche Befristung oder Bedingung von Baurechten

Die vertragliche Befristung und Bedingung von Baurechten gehört zum Vertragstyp „Übernahme von Bindungen" nach § 11 Abs. 1 Nr. 2 BauGB. Die Hauptfrage lautet: In welchem Umfang dürfen öffentlich-rechtlich garantierte Baurechte durch städtebauliche Verträge und/oder vereinbarte Dienstbarkeiten oder Baulasten auflösend oder aufschiebend bedingt oder befristet werden?

---

5   Vgl. OVG Reinland-Pfalz BauR 1992, S. 479 (Unzulässige Geldforderung einer Gemeinde als Gegenleistung für die Erteilung des Einvernehmens zu einer Grundstücksteilung); BVerwG, 16.05.2000 – 4 C 4.99 –, ZfBR 2000, S. 491 (Unzulässige Geldspende für kommunale Kinderspielplätze als Gegenleistung für die Einbeziehung eines Außenbereichsgrundstücks in einen Bebauungsplan).
6   Grundsatzentscheidung: BVerwG ZfBR 1993, S. 84 im Anschluss an BVerwGE 42, 331.

4.1.1 Auflösende Bedingung

Für Bebauungspläne wird die Zulässigkeit einer auflösenden Bedingung oder beendenden Befristung im Grundsatz schon durch § 12 BauGB beantwortet. Denn für vorhabenbezogene Bebauungspläne ist es geradezu konstitutiv, dass sich der Vorhabenträger durch Vertrag zur Durchführung seines Vorhabens binnen einer bestimmten Frist verpflichtet. Kommt der Vorhabenträger seiner Verpflichtung nicht nach, „soll die Gemeinde den Bebauungsplan aufheben" (§ 12 Abs. 6 Satz 1). Aus der Aufhebung können Ansprüche des Vorhabenträgers gegen die Gemeinde nicht geltend gemacht werden.

Aus der Regelung in § 12 werden auch die Grenzen der Zulässigkeit einer vertraglichen Befristung von Baurechten erkennbar:

- Die Aufhebung des Baurechts bei Nichtverwirklichung erfolgt nach § 12 BauGB nicht automatisch, sondern nur kraft erneuter Planung; diese Planung muss abwägungsgerecht sein. Zuvor ist zu prüfen, ob Anlass und Gelegenheit zu einem Wechsel des Vorhabenträgers bestehen. Wenn ja, darf die Gemeinde ihre Zustimmung im Regelfall nicht verweigern.

- Nur wenn die Aufhebung abwägungsgerecht ist, gibt es keine Ansprüche auf Ersatz von Planungsschäden.

4.1.2 Aufschiebende Bedingung oder Befristung

In Zeiten des Stadtumbaus ist es nicht unüblich geworden, die Eigentümer von Baugrundstücken, deren aufstehende Bebauung mit Subventionierung durch öffentliche Mittel aus dem Stadtumbau-Programm beseitigt wird, vertraglich zu verpflichten, ihr Grundstück während einer bestimmten (mehrjährigen) Frist nicht wieder zu bebauen. Damit wird das Baurecht auf Zeit entzogen. Möglicherweise wird in dieser Zeit eine andere als bauliche Nutzung per Befreiung zugelassen.

Gibt es hier Grenzen des Zulässigen? Es liegt auf der Hand, dass ein öffentlich-rechtlich festgestelltes Baurecht nicht *auf Dauer* durch städtebaulichen Vertrag mit der für die Planung zuständigen Gemeinde entzogen werden darf. Baurechte, die vom Planungsträger auf Dauer entzogen werden sollen, müssen durch öffentlich-rechtliche Planung entzogen werden. Anderenfalls wird das Planungsschadensrecht umgangen.

Eine vertragliche Aussetzung von Baurechten kann also immer nur *auf Zeit* erfolgen. Wie lange, ist eine Frage der Abwägung. Während der vertraglichen Aussetzung ist der Lauf der Plangewährleistungsfrist in entsprechender Anwendung des § 42 Abs. 5 gehemmt. Wenn ein Eigentümer durch Veränderungssperre oder Zurückstellung seines Baugesuchs an der Verwirklichung seines Baurechts gehemmt wurde, verlängert sich die Sieben-Jahres-Frist entsprechend. Dies muss auch bei vertraglicher Hemmung gelten.

4.2 Duldungspflichten

Einschränkende Bedingungen der zulässigen Nutzung können auch durch Duldungspflichten herbeigeführt werden. Ist es zulässig, ein Grundstück nur unter der Bedingung zu veräußern, dass der Erwerber bestimmte Immissionen aus der Nachbarschaft duldet?

Hier gilt Folgendes: Der Eigentümer darf nicht zu seinem Nachteil auf Rechte verzichten, die das öffentliche Recht zu seinen Gunsten – möglicherweise auch im Interesse der öffentlichen Sicherheit und Ordnung – konstituiert hat. Niemand kann sich wirksam dazu verpflichten, gesundheitsschädliche Immissionen zu dulden. Eine Duldungspflicht ist nur dann zulässig, wenn der Betroffene zugleich verpflichtet wird, den Immissionen durch technische Vorkehrungen so entgegenzuwirken, dass keine Gesundheitsschäden eintreten können und dass die öffentliche Sicherheit und Ordnung gewahrt bleibt. Unzulässig und unwirksam sind daher Verträge, mit denen von den Auswirkungen eines B-Plans negativ Betroffene auf ihre Abwehrrechte verzichten, ohne dass der Vertrag den zugrunde liegenden Konflikt löst. Beispiel: Zulässig ist der Verzicht auf Abwehrrechte gegen Lärm, wenn der Vertrag zugleich den Einbau ausreichender Schallschutzfenster regelt. Unzulässig ist der Verzicht auf Abwehrrechte gegen die negativen Auswirkungen eines Legehennenbetriebs, wenn gegen die schädlichen Umwelteinwirkungen selbst nichts getan wird[7].

4.3 Die Rückbauverpflichtung nach Aufgabe der Nutzung als „qualifizierte Befristung"

Nach § 35 Abs. 5 BauGB in der Fassung des EAG Bau ist vom Vorhabenträger für privilegierte Vorhaben nach § 35 Abs. 1 Nr. 2 bis 6 BauGB „als weitere Zulässigkeitsvoraussetzung" eine Verpflichtungserklärung abzugeben, das Vorhaben nach dauerhafter Aufgabe der zulässigen Nutzung zurückzubauen und Bodenversiegelungen zu beseitigen. Darin liegt eine aufschiebende Bedingung für die Zulässigkeit (die Zulässigkeit tritt nur nach Abgabe der Verpflichtungserklärung ein), verbunden mit einer qualifizierenden Handlungspflicht, nämlich der Rückbauverpflichtung.

In der Literatur wird behauptet, dass die in § 35 Abs. 5 Satz 2 BauGB normierte Rückbauverpflichtung bundesrechtlich keine neue Verpflichtung schaffe, sondern diese als bestehend voraussetze[8]. Bereits nach geltendem Recht führe die Aufgabe der Nutzung eines privilegierten Vorhabens zu einem formell und materiell baurechtswidrigen Zustand. Einen Bestandsschutz gebe es insoweit nicht. Man beruft sich insoweit auf den – vom BVerwG bestätigten – Beschluss des OVG Lüneburg

---

7   BVerwG, 23.01.2001 – 4 BN 3.02 –, ZfBR 2002, S. 371.
8   Jörg Berkemann/Günter Halama, Erstkommentierungen zum BauGB 2004, 1. Aufl. Bonn 2005, S. 437 (zu § 35 Rdnr. 127).

vom 21.1.2000 (Rückbau einer militärisch nicht mehr genutzten Nachrichtenstation im Landschaftsschutzgebiet)[9].

Ob man dem uneingeschränkt folgen kann, erscheint zweifelhaft. Folgende Erwägungen könnten dem entgegenstehen: Eine legal errichtete bauliche Anlage wird als solche weder formell noch materiell dadurch rechtswidrig, dass sie nicht mehr genutzt wird und die Nutzung endgültig aufgegeben wird. Das hohle, nicht mehr genutzte Gebäude bleibt rechtmäßig, solange von ihm keine bauordnungsmäßigen Gefahren für die Sicherheit und Ordnung auszugehen drohen. Letzteres wird bei Ruinen vielfach der Fall sein, ist jedoch nicht zwingend. Eine nicht mehr genutzte mittelalterliche Burg oder eine aufgegebene Wassermühle im Außenbereich (ohne Denkmalschutz) ist nicht per se formell und materiell rechtswidrig. Sie bleibt rechtmäßig. Es ist grundsätzlich Sache des Eigentümers, darüber zu entscheiden, ob und wann er eine auf seinem Grundstück befindliche ungenutzte bauliche Anlage beseitigen möchte, es sei denn, dass von ihr Gefahren ausgehen. Denn: Nichtnutzung ist keine genehmigungspflichtige Nutzungsänderung! Für militärische Nutzungen errichtete bauliche Anlagen stellen wiederum einen Sondertatbestand dar, der in § 37 Abs. 2 BauGB besonders geregelt ist; die vom OVG Lüneburg bestätigte Rückbauverpflichtung nach Aufgabe ist ein Spiegelbild der besonderen Privilegierung nach § 37 Abs. 2 BauGB, mit der nahezu jeder Widerstand überwunden werden kann. Der Wegfall des Bestandsschutzes wegen endgültiger Aufgabe der Nutzung führt nicht per se zu einer Beseitigungspflicht! Diese muss sich aus anderen Vorschriften ergeben.

Wenn man dieser Auffassung folgt, ist die nunmehr in § 35 Abs. 5 BauGB konstituierte Rückbauverpflichtung durchaus neu. Denn sie tritt ohne Rücksicht auf die Frage ein, ob eine bauordnungsrechtliche Gefahr vorliegt. Die in § 35 geregelte Rückbauverpflichtung könnte als Ausfluss der planungsrechtlichen Erkenntnis gewertet werden, dass der Außenbereich nicht für bauliche Anlagen bestimmt ist – bis auf die Wirtschaftstellen land- und forstwirtschaftliche Betriebe, die alle in gewissem Umfang auch der Pflege des Außenbereichs dienen. Die Rückbauverpflichtung für alle Vorhaben nach § 35 Abs. 1 Nr. 2 – 6 ist also die Dokumentation einer planungsrechtlichen Auffassung, wonach das Bauen im Außenbereich – mit Ausnahme land- und forstwirtschaftlicher Vorhaben – nur verliehen wird, aber kein Ausfluss des Eigentums ist. Dieses ist (dieses wäre?) eine durchaus neue bodenrechtliche Regelung. Im Ergebnis würde sie bedeuten, dass es das Baurecht als immanenten Bestandteil des Eigentums nur noch im Innenbereich gäbe.

---

9   OVG Lüneburg, Urt. vom 21.1.2000 – 1 L 4202/99 –, ZfBR 2000, S. 349; bestätigt durch BVerwG, Beschluss vom 21.11.2000 – 4 B 36.00 –, ZfBR 2001, S. 200.

4.4 Förderung der Kraft-Wärme-Kopplung, der Nutzung von Solarenergie (und der Nutzung von Biomasse?) durch Vertrag

In § 11 Abs. 1 Nr. 4 (neu) BauGB wird erlaubt, dass entsprechend den mit den städtebaulichen Planungen und Maßnahmen verfolgten Zielen und Zwecken auch die Nutzung von Netzen und Anlagen der Kraft-Wärme-Kopplung sowie von Solaranlagen für die Wärme-, Kälte- und Elektrizitätsversorgung vereinbart werden kann. Ziele und Zwecke der Bauleitplanung konnten auch schon vor dem EAG Bau über vertragliche Verpflichtungen gestützt werden, daher liegt hier keine materielle Neuregelung vor. Nicht erwähnt ist die Nutzung von Biomasse, die neu in § 35 BauGB aufgenommen wurde. Darf „entsprechend den mit den städtebaulichen Planungen und Maßnahmen verfolgten Zielen und Zwecken" auch die Nutzung von Biomasse vertraglich gefördert werden? Auch dagegen ist nichts einzuwenden. Warum hat es der Gesetzgeber dann nicht ebenfalls in § 11 BauGB klargestellt? Vermutlich hielt er dies nicht für notwendig, weil es sich bei der Nutzung von Biomasse um eine typische Außenbereichsnutzung handelt, die nur selten in eine städtebauliche Planung eingeht und daher keiner begleitenden vertraglichen Regelung bedarf. Biomasse-Anlagen werden nur selten ausdrücklich im F-Plan dargestellt werden (dazu sind sie zu klein); einer Regelung durch B-Plan bedürfen sie nicht, weil sie im Außenbereich privilegiert sind.

4.5 Stadtumbau durch Vertrag

Bei entsprechender Mitwirkungsbereitschaft der beteiligten Eigentümer kann der Stadtumbau – ebenso wie eine Sanierungsmaßnahme und auch eine Entwicklungsmaßnahme – der Sache nach vollständig durch Verträge geregelt werden. Sofern nach Maßgabe der entsprechenden Vereinbarungen Städtebauförderungsmittel eingesetzt werden sollen, ist allerdings auch bei im Übrigen vollständiger vertraglicher Ausgestaltung die Festlegung eines zugehörigen Gebiets – also eines Stadtumbaugebiets oder eines Sanierungs- oder Entwicklungsgebiets – erforderlich. Dabei sollte es bleiben, damit die Förderpolitik der Gemeindeverwaltung von der Gemeindevertretung (und auch von der Kommunalaufsicht) nachvollzogen werden kann.

Auch im Übrigen bleibt zu beachten, dass das besondere Städtebaurecht die Maximen vorgibt, unter deren Geltung der Stadtumbau, die Programme der Sozialen Stadt, die Sanierungs- und Entwicklungsmaßnahmen durchgeführt werden sollen. Das besondere Städtebaurecht bildet das Gerüst, an dem der Inhalt der Verträge sich auszurichten hat. Die Vertragslösungen funktionieren nur deswegen, weil die Gemeinden im Falle der Nichteinigung jederzeit auf das Hoheitsinstrumentarium des besonderen Städtebaurechts zurückgreifen können. Das besondere Städtebaurecht ist also auch in Zeiten konsensualen Verwaltungshandelns unverzichtbar.

Diese Aussage gilt unbeschadet der Tatsache, dass städtebauliche Verträge im Einzelfall auch dazu geeignet sein können, unerwünschte Folgen des besonderen Städtebaurechts zu korrigieren. Dies gilt derzeit z.B. für den Fall, dass die Erhebung von

Ausgleichsbeträgen in einem Sanierungsgebiet mit Leerstandsproblematik auf einen am Ertragswert der Gebäude ausgerichteten Vorteilsausgleich unter den Eigentümern begrenzt werden soll. Dies ist unter Anwendung des § 154 Abs. 3 BauGB (Ablösung des Ausgleichsbetrags) in Verbindung mit § 155 Abs. 4 BauGB (teilweises Absehen von der Erhebung des Ausgleichsbetrags zur Vermeidung unbilliger Härten) schon heute möglich, bedarf jedoch der vertraglichen Absicherung.

5.   Fazit

In der Praxis enthalten viele städtebauliche Verträge Bestandteile nach mehreren Ziffern des § 11 Abs. 1 BauGB. Auch die nach den Neuregelungen des EAG Bau zulässigen Verträge lassen sich in die bisherige Systematik einordnen. Für alle Verträge gilt, dass sich die Gemeinde nicht über die Finanzierung ihrer genuinen Aufgaben hinaus bereichern darf. Diese Grenze besteht auch dann, wenn die Gemeinde es „eigentlich nur gut meint", indem sie z.B. versucht, über Bindungsverträge zugunsten des sozialen Wohnungsbaus so genannte Besserverdienende an den Kosten des sozialen Wohnungsbaus zu beteiligen. Vertragliche Bindungen zugunsten der Errichtung von Gebäuden des sozialen Wohnungsbaus auf Grundstücken im Plangebiet sind zulässig, auch zugunsten von Einheimischen[10]; Verpflichtungen zur Finanzierung von Wohnungsbauprojekten außerhalb des Plangebiets sind und bleiben jedoch unzulässig.

Der Autor

Prof. Dr. jur. Gerd Schmidt-Eichstaedt,
Professor an der Technischen Universität Berlin, Institut für Stadt- und Regionalplanung; Fächer: Baurecht, Planungsrecht; Mitglied im Institutsausschuss des Deutschen Instituts für Urbanistik (Difu). 1971 Wiss. Mitarbeiter im Kommunalwissenschaftlichen Forschungszentrum, 1973 Koordinator im Deutschen Institut für Urbanistik (Difu), 1979–1992 stellv. Institutsleiter des Difu.

---

10   BVerwG ZfBR 1993, S. 299 (Weilheimer Modell).

Peter Runkel und Anja Röding

Infrastrukturanpassung beim Stadtumbau Ost

1.   Einführung

Bevölkerungsrückgang und eine veränderte Altersstruktur wirken sich unmittelbar auf die soziale und technische Infrastruktur aus. Kindergärten stehen leer, weil keine Kinder mehr zu betreuen sind, dafür fehlen Einrichtungen der Altenbetreuung. Wasser- oder Fernwärmeleitungen sind wegen verminderter Abnahmen zu groß dimensioniert. Die Infrastruktur insgesamt muss an die veränderte Nachfrage angepasst werden. Dies stellt die Träger der sozialen Infrastruktur – in erster Linie die Kommunen – vor erhebliche Probleme. Rückgang von Einwohnerzahlen und sinkender Verbrauch pro Einwohner wirken sich auf die technische Infrastruktur aus und setzen die Versorgungsunternehmen unter Kostendruck.

Mit dem Programm Stadtumbau Ost haben Bund und Länder auf die veränderten demographischen Rahmendingungen reagiert. Das Programm soll den Wohnungsmarkt stabilisieren, indem Wohnungen durch Rückbau aus dem Markt genommen werden, sowie innenstadtnahe Quartiere als Wohn- und Wirtschaftsstandorte durch bauliche Maßnahmen aufwerten. Finanziell gefördert werden sowohl der Rückbau dauerhaft nicht mehr benötigter Wohnungen als auch die Aufwertung der Innenstädte und der vom Rückbau betroffenen Stadtquartiere. Das Programm ist auf eine Laufzeit von 2002 bis 2009 angelegt. Zurzeit werden rund 332 Kommunen gefördert. Seit dem Start des Programms war die Anpassung der Infrastruktur im Aufwertungsteil des Programms verankert. Damit war die Anpassung der technischen als auch der sozialen Infrastruktur – dies schließt den Rückbau von Anlagen ein – von Anfang an grundsätzlich förderfähig.

Die Städtebauförderung von Bund und Ländern wird auch in der laufenden Legislaturperiode den Gemeinden des Stadtumbaus Ost bei der Anpassung der städtischen Infrastruktur helfen. Der Koalitionsvertrag vom 11.11.2005, der der Regierungsarbeit im Bund zu Grunde liegt, gewährleistet die Städtebauförderung auch nach der geplanten Föderalismusreform als gesamtstaatliche Aufgabe von Bund, Ländern und Gemeinden. Zugleich bekennen sich die Koalitionsparteien zum Programm Stadtumbau Ost und sehen dessen Fortführung auch nach 2009 vor.

Die Anpassung der Infrastruktur wird im Koalitionsvertrag ausdrücklich angesprochen. Es wird gefordert, dass künftig nicht nur die Wohnungseigentümer, sondern auch die Ver- und Entsorgungswirtschaft an der Vorbereitung und Umsetzung des Stadtumbaus zu beteiligen sind.

Lösungsansätze zur Anpassung der Infrastruktur wurden in den letzten Jahren in verschiedenen Modellvorhaben und Gutachten herausgearbeitet. So hatte der Bund bereits 2001 ein Modellvorhaben zu „Anpassungsstrategien für ländliche/periphere Regionen mit starkem Bevölkerungsrückgang in den neuen Ländern" gestartet. Das Modellvorhaben war das Erste einer nach 2003 fortgesetzten Reihe von Modellprojekten, die sich mit den Auswirkungen des demographischen Wandels auf die Sicherung und Weiterentwicklung der öffentlichen Daseinsvorsorge der sozialen und der technischen Infrastruktur befassten (vgl. Bundesamt für Bauwesen und Raumordnung 2005).

Zur Anpassung der technischen Infrastruktur wurden daneben verschiedene Forschungsvorhaben durchgeführt. Um das Thema ins Blickfeld der Akteure des Stadtumbaus zu rücken und die Versorgungsunternehmen als Partner bei der Erstellung städtebaulicher Entwicklungskonzepte zu erkennen, wurden bereits im Wettbewerb Stadtumbau Ost 2002 eine Expertise „Anpassung der technischen Infrastruktur" erstellt und deren Ergebnisse in den Workshops des Wettbewerbs behandelt (vgl. Herz und andere 2002).

Aktuell lässt das Bundesamt für Bauwesen und Raumordnung (BBR) „Strategien der Landes- und Regionalplanung zur Bewältigung des demographischen Wandels" untersuchen. Damit soll ein umfassender und strukturierter Überblick über aktuelle einschlägige Aktivitäten der Landes- und Regionalplanung zur Bewältigung des demographischen Wandels gewonnen werden. Geplant ist die Gegenüberstellung von Leitbildern, Strategien, Konzepten und Instrumenten, die die Übertragbarkeit einzelner Lösungsansätze auf andere regionale Verhältnisse erleichtern soll[1].

2.   Aktueller Umsetzungsstand beim Stadtumbau Ost

Bis Ende des Jahres 2005 wurden im Rahmen des Bund-Länder-Programms Stadtumbau Ost Bewilligungen für den Rückbau von 197 265 Wohnungen erteilt. Damit wurden in den ersten vier Programmjahren bereits Mittel für den Rückbau von mehr als der Hälfte der 350 000 Wohneinheiten bewilligt, die bis 2009 rückgebaut werden sollen. Der Abriss von 112 194 Wohnungen ist bereits vollzogen.

---

1   Die Zusammenstellung der Dokumente aktueller raumordnerischer und landesplanerischer Leitbilder, Strategien und Konzepte zur Sicherung der öffentlichen Daseinsvorsorge aus allen Ländern umfasst beispielsweise Raumordnungspläne, Regionalpläne, regionale Entwicklungskonzepte und Kreisentwicklungspläne. Das Projekt wird von Prof. Dr. Peter Dehne und Johann Kaether der Hochschule Neubrandenburg bearbeitet (www.bbr.bund.de/ressortforschung).

Darüber hinaus sind aus Mitteln von Länderprogrammen 22 620 Wohnungen abgerissen worden. Die aktuelle Rückbauzahl beträgt somit 134 814 Wohnungen.

Der Einsatz der Bundesfinanzhilfen für Aufwertung und Rückbau erfolgte im ersten Jahr des Programms 2002 in allen Ländern etwa gleichmäßig. In den Jahren 2003 und 2004 haben dann die beiden Länder mit den höchsten Wohnungsleerständen, Sachsen und Sachsen-Anhalt, von der Möglichkeit Gebrauch gemacht, auch mehr als die Hälfte der Bundesfinanzmittel für den Rückbau einzusetzen. In Sachsen wurden im Jahr 2003 rund 77 Prozent und im Jahr 2004 etwa 80 Prozent der Fördermittel für den Rückbau verwendet. In Sachsen-Anhalt lagen diese Zahlen bei etwa 60 Prozent (2003) und rund 93 Prozent (2004). Im Durchschnitt aller Länder wurden in den Jahren 2002 bis 2004 etwa 60 Prozent der Bundes- und Landesmittel für den Rückbau und zirka 40 Prozent für die Aufwertung eingesetzt. Anders stellt es sich dar, wenn man den kommunalen Eigenanteil hinzurechnet, der mit 33 1/3 beim Aufwertungsteil hinzu kommt. Berücksichtigt man dies, so sind von 2002 bis 2004 insgesamt 535,93 Millionen Euro für die Aufwertung und 528,12 Millionen Euro für den Rückbau eingesetzt worden. Das entspricht einem Verhältnis von 50,37 zu 49,63 Prozent und damit den ursprünglichen Vorgaben, die von einer Gleichwertigkeit beider Programmteile ausgingen.

Tabelle: „Art der beantragten Aufwertungsmaßnahmen 2004"*

Art der Aufwertung	Laufende Maßnahmen 2004 (Mehrfachnennungen waren möglich)	
	Anzahl der Nennungen	Anteil in Prozent (n=292)
Wohnumfeldverbesserung	247	85
Erarbeitung/Fortschreibung ISEK	215	74
Wiedernutzung freigelegter Flächen	207	71
Anpassung städtischer Infrastruktur	180	62
Sonstige Bau- und Ordnungsmaßnahmen	155	53
Aufwertung des vorhandenen Gebäudebestandes	144	49
Wiederherstellung nicht mehr bewohnbarer Wohnungen	70	24
Fördergebiete Gesamt	292	

*Quelle: Bundesministerium für Verkehr, Bau und Stadtentwicklung (2006, S. 41).

Rund zwei Drittel der Programmstädte haben von 2002 bis 2004 Aufwertungsmittel erhalten. Da die Hälfte der Städte mehrere Fördergebiete ausgewiesen hat und hinsichtlich des Einsatzes der Aufwertungsmittel oft klare Prioritätensetzungen vorgenommen werden, erhält nur etwa jedes zweite Fördergebiet Aufwertungsmittel. Einen ersten Überblick über die Art der Aufwertungsmaßnahmen gibt eine Analyse der beantragten Aufwertungsmaßnahmen der Bundestransferstelle Stadtumbau Ost.

Aus den Anträgen ist allerdings nicht ohne weiteres ableitbar, dass die Maßnahmen in dieser Form auch bewilligt und umgesetzt werden. Sie stellen dennoch ein wichtiges Indiz dar. Eine differenzierende Auswertung der bewilligten Aufwertungsmaßnahmen liegt bislang nicht vor[2]. Eine umfassende Auswertung der Programmjahre 2002 bis 2004 ist dagegen im ersten Statusbericht „Stadtumbau Ost – Stand und Perspektiven" der Bundestransferstelle dargestellt (vgl. Bundesministerium für Verkehr, Bau und Stadtentwicklung 2006).

2.1   Anpassung der sozialen Infrastruktur beim Stadtumbau Ost

Bei der sozialen Infrastruktur müssen Einrichtungen an eine abnehmende und alternde Bevölkerung angepasst werden. Gleichzeitig geht es um die Aufrechterhaltung wohnortnaher Bildungsangebote und der medizinischen Versorgung.

Von Geburtenrückgang und Abwanderungen waren kurz nach der Wende zunächst die Kindertagesstätten betroffen. Im Land Brandenburg ging beispielsweise die Zahl der Kindertagesstätten von 4 286 im Jahr 1992 auf 1 904 Einrichtungen im Jahr 2002 zurück. Längst werden auch die Grund- und Oberschulen vom Bevölkerungsrückgang erfasst. Nach einer Prognose des Ministeriums für Bildung, Jugend und Sport des Landes Brandenburg werden voraussichtlich 205 Schulen von ehemals 435 Schulen im Land geschlossen (vgl. Beer 2003).

Bei der sozialen Infrastruktur spielte zunächst Anfang der 90er-Jahre die Umnutzung der Gebäude eine große Rolle. So boten beispielsweise leer gefallene Kindertagesstätten relativ großzügige Flächen und günstige Mieten. In wenigen Fällen wurden Kindereinrichtungen zu Seniorenwohnungen oder Ärztezentren umgebaut. Die meisten Einrichtungen dürften ihrer Zweckbestimmung nach im Bereich soziale Infrastruktur verblieben sein, da es eine Vielzahl von Trägern gab, die nach Räumen für Kinder-, Jugend- und Seniorenprojekte suchten (vgl. ebenda).

Die Kommunen stehen beim Stadtumbau weiterhin vor der Entscheidung, welche Gebäude und Grundstücke, die bisher für Zwecke der sozialen Infrastruktur genutzt wurden, veräußert (abhängig von der Höhe eines Verkaufserlöses), nachgenutzt (abhängig von der Vermietbarkeit und dem kommunalen Nachnutzungsbedarf), durch Abriss bereinigt (Kostenaufwand, Nachnutzung), für künftige bauliche Entwicklungen vorgehalten werden sollen oder für Zwischenlösungen geeignet sind[3]. Oft sind Kooperationen über Gemeindegrenzen hinweg erforderlich. Dabei geht es um die Abstimmung von Leistungen und die gemeinsame Nutzung von

---

2   Im Jahr 2006 ist eine Befragung der Programmstädte zum Stand der Umsetzung des Stadtumbaus geplant, mit der unter anderem auch weitere Aussagen zu diesem Thema erwartet werden.

3   Das Ministerium für Infrastruktur und Raumordnung des Landes Brandenburg thematisierte die unterschiedlichen Möglichkeiten im Workshop „Soziale Infrastruktur und Stadtumbau"; vgl. Freudenberg und andere (2004, S. 43).

Grundkapazitäten (vgl. Bundesamt für Bauwesen und Raumordnung 2005, S. 117). Die folgenden Aspekte können bei der Anpassung eine Rolle spielen:

- Möglichkeiten der Zusammenlegung von Schulklassen oder -typen (organisatorische und pädagogische Dimension),

- Möglichkeiten der Um- oder Mehrfachnutzung, beispielsweise von Kitas und Schulen als Einrichtungen für ältere Mitbürger (städtebauliche, baulichtechnische Dimension),

- Standortschließungs- und Standortkooperationskonzepte sowie die Auswirkungen auf den Zubringerverkehr (stadt- und regionsstrukturelle Dimension) (vgl. ebenda, S. 9).

Die Umnutzung kann aus dem Aufwertungsteil des Programms Stadtumbau Ost gefördert werden. Sieht das städtebauliche Entwicklungskonzept vor, eine leer stehende Kindertagesstätte als Jugendklub zu nutzen, so sind die dafür nötigen Umbauten förderbar. Auch das Programm Soziale Stadt kann für die Umnutzung verwendet werden. Der Abriss von Gemeinbedarfseinrichtungen konnte bisher gleichfalls aus dem Aufwertungsteil des Programms Stadtumbau Ost gefördert werden. Eine Ausnahmeregelung bestand bisher für das Land Berlin. In Berlin durften nach der Verwaltungsvereinbarung Städtebauförderung bis einschließlich 2005 Rückbaumittel auch für den Rückbau von Gemeinbedarfseinrichtungen eingesetzt werden[4]. Diese Regelung bestand, da das Land in den ersten Jahren des Programms vor allem brach gefallene Gemeinbedarfseinrichtungen als das wichtigste zu lösende städtebauliche Problem benannte. Das Wohnungsleerstandsproblem wurde vom Land zunächst als sekundär angesehen.

Der Umgang mit leer gefallener Infrastruktur hängt von der jeweiligen Situation in der einzelnen Stadt ab. Brach gefallende Gebäude und Flächen können auch Chancen eröffnen. Es kann weder das Ziel sein, um jeden Preis Gebäude zu erhalten, noch sie abzureißen, weil es Fördermittel gibt (vgl. Beer 2003). In vielen Städten wurden bereits gute Beispiele für Um- und Nachnutzung verwirklicht, auch wenn dabei oft schwierige Finanzierungsbedingungen und komplizierte Eigentumsverhältnisse zu bewältigen waren[5]. Zu den erfolgreichen Ansätzen gehören die Berufsschulkonzepte der Regionen Mecklenburgische Seenplatte und Lausitz-Spreewald. Dort wurde die Reduzierung der Berufsschulstandorte mit einer fachlichen Profilierung der Schulen verbunden. Dazu gehörte auch die Einführung von jahrgangsübergreifendem Unterricht, durch den die Trägfähigkeit dezentraler Grundschulen in der Region Ostthüringen gesichert werden konnte (vgl. Bundesamt für Bauwesen und Raumordnung 2005, S. 117 ff.).

---

4   Verwaltungsvereinbarung Städtebauförderung 2005, Protokollnotiz Nr. 7.
5   Beispielsweise im Land Brandenburg, das auf die Priorität Innenstadt setzt; vgl. Freudenberg und andere (2004, S. 44).

2.2   Anpassung der technischen Infrastruktur beim Stadtumbau Ost

Die Bedarfsstrukturen im Bereich der Trinkwasserversorgung, der Abwasserent-sorgung und Wärmeversorgung haben sich in den letzten 15 Jahren in den neuen Bundesländern grundlegend verändert. So ging der spezifische Pro-Kopf-Verbrauch zurück, da sich die Bürger heute umwelt- und kostenbewusster verhal-ten und deshalb weniger Energie und Wasser verbrauchen. Weitere Gründe für den Rückgang des Verbrauchs sind die kleineren Wohnungshaushalte sowie der drastische Nachfragerückgang aufgrund des Zusammenbruchs industrieller Pro-duktionsstätten. Dies hat zur Reduzierung des Trinkwasserbedarfes und Abwas-seranfalls in vielen Städten um bis zu zwei Drittel geführt. Seit Mitte der 90er-Jahre ist durch den zunehmenden Leerstand, vor allem in hoch verdichteten Sied-lungsgebieten, ein weiterer Rückgang des absoluten Trinkwasserbedarfs und Ab-wasseranfalls zu beobachten. Ähnlich verhält es sich bei zentralen Wärmeversor-gungssystemen. Umfassende Gebäudesanierungen nach 1990, wie z.B. die Wär-medämmung oder der Einbau sparsamer Heizsysteme, sowie die Erneuerung der Anlagentechnik haben einen erheblichen Rückgang der Nachfrage nach Fern-wärme verursacht. Darüber hinaus führt der zunehmende Leerstand zu einem weiteren Rückgang der Wärmenachfrage und stellt die Funktionsfähigkeit zentra-ler Wärmeversorgungen in Frage (vgl. Koziol/Walther 2006, S. 4).

Der Versorgungswirtschaft entstehen beim Stadtumbau aber auch zusätzliche Be-lastungen durch Rückbau, Stilllegung und Verlegung der Leitungen. Gleichzeitig gehen durch den Leerstand in Plattenbaugebieten rentable Versorgungsgebiete verloren, die bisher andere, weniger dichte Gebiete subventionierten. Die damit verbundenen Folgen für die Systeme der Stadttechnik wurden in den zurücklie-genden Jahren zunehmend erkannt. Neben der Funktionsfähigkeit der stadttechni-schen Systeme und dadurch ausgelöste notwendige Anpassungs- und Rückbau-maßnahmen sind für den Verbraucher die Wirkungen auf Gebühren und Preise wichtig. Von großem Interesse sind auch die Möglichkeiten der Vermeidung von Infrastrukturfolgekosten durch eine adäquate Einbeziehung der Aspekte der Stadt-technik (vgl. ebenda).

Beim Stadtumbau differieren gelegentlich die Interessen der Wohnungseigentümer und der Versorgungswirtschaft. Für die Versorgungswirtschaft ist es in der Regel am zweckmäßigsten, die Stadtgebiete vom Netzende her – von außen nach innen – zurückzubauen. Die Wohnungsunternehmen wollen dagegen die Gebäude ab-reißen, die den höchsten Leerstand ausweisen. Das können auch Gebäude sein, die nicht am Rand eines Gebiets oder Versorgungsstrangs liegen. Da der Leer-stand Betriebskosten verursacht, sind die Wohnungsunternehmen grundsätzlich an einem schnellen Abriss interessiert.

Die technischen Fragen des Infrastrukturrückbaus sind inzwischen ausführlich un-tersucht, wie zum Beispiel in der Expertise „Anpassung der technischen Infrastruk-tur", die im Auftrag des Bundesministeriums für Verkehr, Bau- und Wohnungswe-sen verfasst wurde (vgl. Herz und andere 2002). Eine stadttechnische Bewertung nach Gebiets- und Stadtumbautypen hat das Land Brandenburg erarbeiten lassen (vgl. Ministerium für Stadtentwicklung, Verkehr und Wohnen des Landes Brandenburg 2003). Offen ist dagegen, mit welcher Strategie sich im Einzelfall die unterschiedlichen Interessen der Ver- und Entsorger sowie der Wohnungswirtschaft am besten ausgleichen lassen.

Zumindest in der Anfangsphase des Stadtumbaus haben auch rechtliche Fragen die Anpassung der Infrastruktur erschwert. In den neuen Ländern sind komplizierte Regelungen zur Frage zu beachten, in wessen Eigentum die Leitungen stehen und wer für sie verantwortlich ist. So wurden Leitungen häufig in so genannten Sammelkanälen oder Kollektoren zusammengeführt, die in den Wohngebäuden liegen. Es gelten besondere Regelwerke für Elektrizität, Gas, Wasser, Abwasser und Fernwärme. Das Recht der DDR, das nach dem Einigungsvertrag noch teilweise gilt, Vorschriften des Einigungsvertrages und nach der Wiedervereinigung erlassenes Recht wirken zusammen. Das reicht vom Eigentumsrecht des Bürgerlichen Gesetzbuchs bis zum Vermögenszuordnungsrecht. Die wesentlichen rechtlichen Probleme des Stadtumbaus sind jedoch heute geklärt. Dazu haben vor allem Untersuchungen der Verbände der Versorgungswirtschaft und der Wohnungsunternehmen beigetragen[6]. Fest steht nun z.B., wem das Eigentum an Leitungen zusteht und welche Nutzungsrechte bestehen. In Bezug auf das Steuerrecht gibt es dagegen noch offene Fragen. Das betrifft etwa die Bildung von Rückstellungen in Erwartung künftiger Abbruchmaßnahmen oder die Möglichkeit, Teilwerte abzuschreiben, wenn Wertminderungen durch Rückbau anstehen (vgl. Koziol/Walther 2006, S. 66).

Für das Förderprogramm ist eine wichtige Frage, inwieweit die notwendige Anpassung der Infrastruktur zu den Aufgaben des Stadtumbaus gehört. Gegenstand der Städtebauförderung sind nur die Kosten von Investitionen und Rückbaumaßnahmen. Fraglich ist z.B., ob nur die Anpassung der Infrastruktur im Stadtumbaugebiet förderfähig ist oder auch der Umbau der vorgelagerten Anlagen außerhalb des Stadtumbaugebiets. Zu klären ist ferner, inwieweit die Versorgungsträger angesichts ihrer Einnahmen aus Gebühren und Preisen auf Förderung angewiesen sind und inwieweit bei überörtlichen oder überregionalen Trägern die Einnahmen zu berücksichtigen sind, welche die Unternehmen andernorts erzielen. In den neuen Ländern kommt hinzu, dass die technische Infrastruktur vielfach aufgrund von Entwicklungen überdimensioniert ist, die in keinem Zusammenhang mit dem konkreten Abreißen von Wohnungen beim Stadtumbau stehen. Ein wesentlicher Teil der Überdimensionierung wäre von den Ver- und Entsorgungsunternehmen auch dann zu bewältigen, wenn es keinen Stadtumbau gäbe.

---

6   Vgl. Verband Sächsischer Wohnungsunternehmen e.V./Verband Sächsischer Wohnungsgenossenschaften e.V. 2004 und vgl. Verband kommunaler Unternehmen 2004.

Übersicht: Typische Folgeerscheinungen von Schrumpfungsprozessen und
               Abgrenzung stadtumbaubedingter Folgen*

| System | Folgen durch Minderauslastung von Netzen und Anlagen | | Folgen durch Stadtumbau |
	Zentrale Anlagen	Hauptverteilung und Wohngebietserschließung (Leitungen und Anlagen)	Wohngebietserschließung (Leitungen und Anlagen)
Technische Folgen — Wasserversorgung	ggf. Wiederverkeimung in überdimensionierten Wasserspeichern	Ablagerungen, ggf. vermehrte Rostbildung und Wiederverkeimung	Unterbrechung von Leitungen, ggf. Verlust von Verteilanlagen (HA-Stationen) durch Gebäudeabriss
Abwasserentsorgung	Erhöhter technischer Aufwand der Abwasserreinigung durch veränderte Abwasserzusammensetzung	Ablagerungen, anaerobe Schwefelwasserstoffbildung, vermehrte Korrosion	Unterbrechung von Leitungen, ggf. Verlust von Pumpanlagen infolge Rückbau von Gebäuden, ggf. Unterschreitung von Funktionsgrenzen
Fernwärmeversorgung	Verringerung des Nutzungsgrades der Wärmeerzeugung	Erhöhung der relativen Verteilverluste, Verringerung der Regelfähigkeit	Unterbrechung von Leitungen, Wegfall von zentralen Verteilstationen (HA-Stationen) und Hausübergabestationen durch Rückbau von Gebäuden

*Quelle: Koziol/Walther (2006, S. 23).

Um die Einbeziehung der technischen Infrastruktur in den Stadtumbau voranzubringen, hat das Bundesministerium für Verkehr, Bau und Stadtentwicklung im Sommer 2005 das Forschungsvorhaben „Anpassung der technischen Infrastruktur – Erkenntnisstand, Bewertung und offene Fragen" in Auftrag gegeben. Die zu untersuchenden Fragen wurden mit den Ländern und den Verbänden der Versorgungswirtschaft erörtert. Dabei ging es vor allem um die Klärung der Frage, unter welchen Voraussetzungen die Anpassung der technischen Infrastruktur mit Mitteln des Programms Stadtumbau Ost gefördert werden kann. Inzwischen liegen die Ergebnisse des Forschungsvorhabens vor, das von Prof. Dr. Matthias Koziol und Jörg Walther von der Brandenburgischen Technischen Universität Cottbus bearbeitet wurde.

In dem Gutachten wird überzeugend dargelegt, wie wichtig es ist, dass alle Träger der Infrastruktur, insbesondere die Ver- und Entsorgungsunternehmen, frühzeitig in die Vorbereitung und Umsetzung des Stadtumbaus einbezogen werden. Sie sollten bereits an der Erarbeitung und Fortschreibung der städtebaulichen Entwicklungskonzepte beteiligt werden, die Grundlage für den Stadtumbau sind. Zu den städtebaulichen Entwicklungskonzepten sollten Infrastrukturkonzepte (Versorgungskonzepte) gehören, für welche die Grundsätze des städtebaulichen Entwicklungskonzepts gelten: Aus einer gesamtstädtischen Betrachtungsweise sind Strategien für den Stadtumbau im Fördergebiet abzuleiten. Dabei sind für alle

Stadtumbaumaßnahmen die Folgekosten auf Seiten der Infrastruktur darzustellen und in die Entscheidung über die Bewilligung von Fördermitteln einzubeziehen (vgl. Koziol/Walther 2006, S. 61 ff.).

Weiterhin wurde eingehend untersucht, mit welchen Strategien die Kosten des Stadtumbaus für alle Beteiligten minimiert werden können. Dabei bestätigt sich, dass der flächenhafte Rückbau von außen nach innen grundsätzlich die kostengünstigste Alternative darstellt. Die teuerste Variante von den Gesamtkosten her ist demgegenüber ein Stadtumbau, der zur Optimierung der wohnungswirtschaftlichen Kostenbilanz auf einen dispersen Stadtumbau setzt und zu umfangreichen kurzlebigen Leitungsumlegungen mit Restnutzungsdauern von unter drei Jahren führt (vgl. ebenda, S. IV).

Im Einzelnen wurde untersucht, bei welchem Vorgehen die unterschiedlichen Interessen der Wohnungseigentümer und der Versorger am besten berücksichtigt werden. Im Gutachten wird empfohlen, investive Anpassungsmaßnahmen so anzulegen, dass sich eine ökonomisch sinnvolle (Rest-)Nutzungszeit ergibt. Auch sollte für Investitionen, die beim Stadtumbau durchgeführt werden, eine verlässliche Grundlage geschaffen werden. Die neuen Regelungen des Baugesetzbuchs zum Stadtumbau bieten dafür die Instrumente. Danach soll das konsensuale Verfahren im Vordergrund stehen, also der Abschluss von städtebaulichen Verträgen. Vertragspartner städtebaulicher Verträge können sowohl Wohnungseigentümer und Versorgungsunternehmen als auch die Kommune und das Versorgungsunternehmen sein (vgl. ebenda, S. 62).

Im Gutachten werden weiterhin strategische Vorgehensweisen, nicht nur für das ganze Stadtumbaugebiet, sondern auch für die Gebäudeebene dargestellt. So ist es wichtig, ob das Wohnungsunternehmen beim Rückbau von Gebäuden eine Entlastung bei den Altschulden erhält. Trifft das zu, kann es sich aus der Sicht der Gesamtkostenbetrachtung (Folgekosten für Wohnungswirtschaft und Versorgungswirtschaft) lohnen, einen Gebäudeabriss zugunsten einer vorübergehenden Gebäudestilllegung zurückzustellen, um eine günstigere stadttechnische Lösung zu ermöglichen. Das gilt aber in der Regel nur bei Rückstellungen für einen Zeitraum von maximal drei Jahren, da die Altschuldenentlastung noch nicht mit der Gebäudestilllegung, sondern erst beim Rückbau eintritt. Ist der Rückbau jedoch nicht mit einer Altschuldenentlastung verbunden, bringt auch die längerfristige Stilllegung Gesamtkostenvorteile, wenn sie zu einer Kosten sparenden Anpassung der Infrastruktur führt. Das Gutachten macht deutlich, wie wichtig die zeitliche Koordination von Rückbauvorhaben für die Belange der technischen Infrastruktur ist. Dies sei nur bei umfassender Abstimmung des Stadtumbaus sowohl mit den Wohnungseigentümern als auch mit den Versorgern zu erreichen (vgl. ebenda, S. 35 ff.).

Zur Einsparung von Kosten wird vorgeschlagen, dass die Wohnungsunternehmen weitgehend darauf verzichten, die Beseitigung nicht mehr genutzter Leitungen zu verlangen. Die Allgemeinen Versorgungsbedingungen (AVB) sehen vor, dass der Grundstückseigentümer in der Regel die Beseitigung nicht mehr genutzter Leitungen innerhalb von fünf Jahren verlangen kann. Durch einen Verzicht auf die Einhaltung dieser Fünfjahresklausel könnte das Versorgungsunternehmen den kostenträchtigen Rückbau von Leitungen zurückstellen und diese zunächst nur stilllegen. Mit diesem Verzicht soll nicht der grundsätzliche Anspruch auf Beseitigung der Leitung entfallen. Der Rückbau der Leitungen soll aber erst verlangt werden können, wenn eine konkrete Nachnutzung des Grundstücks beabsichtigt ist, die den Leitungsrückbau erfordert (vgl. ebenda, S. 64).

Im Gutachten wird ebenso dargestellt, inwieweit der Stadtumbau, insbesondere der Rückbau von Wohnungen, Anpassungsmaßnahmen bei der Infrastruktur erfordert und zu welchen zusätzlichen Betriebs- und Kapitalkosten das führt. So wird dargelegt, dass in einzelnen Kommunen bereits Stadtumbau bedingte Preisaufschläge erhoben werden[7]. Durch einen koordinierten Stadtumbau lasse sich jedoch die Höhe des Kostenanstiegs und damit die Wirkung auf Gebühren und Preise für Bürger und Wirtschaft positiv beeinflussen (vgl. Koziol/Walther 2006, S. 56 ff.).

Weiterhin wird als Ergebnis des Forschungsprojekts festgehalten, dass der bei der städtischen Infrastruktur vorhandene Anpassungsbedarf nur teilweise durch den Stadtumbau bedingt ist. Danach gelten die Überkapazitäten, die sich aus dem allgemein zurückgegangenen Verbrauch ergeben, als nicht durch den Stadtumbau bedingt. Als Ursache für den allgemeinen Verbrauchsrückgang werden die gestiegenen Energie- und Wasserpreise sowie die auf geringeren Verbrauch abzielenden Investitionen aufgeführt. Deshalb tritt der Gutachter dafür ein, dass die Versorgungswirtschaft ihren Finanzierungsbedarf nicht nur gegenüber den für die Städtebauförderung zuständigen Ministerien des Bundes und der Länder geltend macht, sondern auch gegenüber anderen für die Infrastruktur zuständigen Ressorts. Dazu gehören insbesondere die Umwelt-, Verbraucherschutz- und Gesundheitsministerien (vgl. ebenda, S. 65 ff.).

Zur Frage, inwieweit die Anpassung der technischen Infrastruktur im Rahmen des Stadtumbau-Programms gefördert werden kann, wird vorgeschlagen, sich an § 150 Baugesetzbuch (BauGB) anzulehnen. So sollen diejenigen Maßnahmen zum Rückbau von Überkapazitäten und zur Sicherstellung einer funktionierenden Versorgung gefördert werden, die im Stadtumbaugebiet durch den Rückbau von Wohnungen erforderlich werden (ebenda, S. 29 ff.).

Die Fragen bei der Anpassung der technischen Infrastruktur konnten mit dem Forschungsprojekt „Anpassung der technischen Infrastruktur – Erkenntnisstand, Bewertung und offene Fragen" weitgehend geklärt werden. Mit der Umsetzung der im Gutachten aufgezeigten Vorschläge wird im Einvernehmen mit den Ländern begonnen. Dies geschieht auch in enger Abstimmung mit der Wohnungs- und der Versorgungswirtschaft sowie den kommunalen Spitzenverbänden[8]. Alle Beteilig-

---

7   Als Beispiel wird die Erhöhung der Fernwärmekosten in Frankfurt (Oder) um 9,4 Prozent genannt.
8   Die Verbände der Wohnungswirtschaft und der Versorgungsunternehmen haben gemeinsam mit dem Deutschen Städtetag ein Positionspapier erarbeitet, das sich mit

ten haben sich bereits darauf verständigt, neue Anstrengungen zu unternehmen, um die frühzeitige Beteiligung der Versorgungsunternehmen bei der Vorbereitung und Umsetzung des Stadtumbaus sicherzustellen. In die Verwaltungsvereinbarung Städtebauförderung 2006 soll deshalb eine neue Regelung aufgenommen werden, die festlegt, dass die Ver- und Entsorgungsunternehmen an der Erarbeitung und Fortschreibung der städtebaulichen Entwicklungskonzepte zu beteiligen sind.

3.   Ausblick

Die Anpassung öffentlicher – sozialer und technischer – Infrastruktur erfordert von ihren Trägern (in der Regel Gemeinden, Kreisen und kommunalen Zweckverbänden) oft auch Kooperationen über Gemeinde- und Kreisgrenzen hinweg. So erhält die von der Raumordnung seit langem geforderte Kooperation im regionalen Verbund durch den Stadtumbau neue Umsetzungschancen (vgl. Bundesamt für Bauwesen und Raumordnung 2005, S. 110). Die angestrebte stärkere Berücksichtigung der Infrastruktur beim Stadtumbau darf jedoch nicht zu Lasten der Ziele des Stadtumbaus gehen, das heißt den Wohnungsmarkt durch den Rückbau von dauerhaft leer stehenden Wohnungen zu stabilisieren und die Attraktivität der Städte, insbesondere der Innenstädte, dadurch zu steigern, dass die das Stadtbild prägenden Gebäude erhalten und instand gesetzt werden. Um das sicherzustellen, beabsichtigt die Bundesregierung, im Rahmen des Bundeshaushalts 2006 zusätzliche Mittel für den Stadtumbau Ost in Höhe von 20 Millionen Euro bereitzustellen, die in erster Linie für die Rückführung der städtischen Infrastruktur bestimmt sind.

Bund und Länder haben sich auf der 111. Bauministerkonferenz vom 9. bis 10. Juni 2005 darauf verständigt, dass der Bund eine länderübergreifende Zwischenevaluierung des Programms Stadtumbau Ost durchführt. Dies ist auch vor dem Hintergrund der Föderalismusreform angezeigt. Der vorgesehene neue Artikel 104 b Grundgesetz besagt, dass die Verwendung von Finanzhilfen in regelmäßigen Zeitabständen überprüft wird. Die Ergebnisse der Zwischenevaluierung sollen Hinweise darauf geben, wie das Programm Stadtumbau Ost nach 2009 fortgeführt wird. Das Bundesministerium für Verkehr, Bau und Stadtentwicklung bereitet in Abstimmung mit den Ländern eine Befragung der Kommunen im Programm Stadtumbau Ost vor, die zur Vorbereitung der Zwischenevaluierung dient.

Literatur

Beer, Ingeborg, Vortrag „Anpassung der sozialen Infrastruktur an den Rückbauprozess" auf der Tagung „Stadtumbau" des Instituts für Städtebau Berlin vom 11. Juni bis 13. Juni 2003 (unveröff. Manuskript).

---

dem Zusammenwirken beim Stadtumbau befasst; vgl. DST/GdW/AGFW/BGW/VKU (Februar 2006).

Bundesamt für Bauwesen und Raumordnung (Hrsg.), Anpassungsstrategien für ländliche/periphere Regionen mit starkem Bevölkerungsrückgang in den neuen Ländern (Werkstatt: Praxis, H. 38), Bonn 2005.

Bundesministerium für Verkehr, Bau und Stadtentwicklung (Hrsg.), Stadtumbau Ost – Stand und Perspektiven. Erster Statusbericht der Bundestransferstelle, Berlin 2006.

Deutscher Städtetag (DST), GdW Bundesverband deutscher Wohnungs- und Immobilienunternehmen e.V. (GdW), Arbeitsgemeinschaft für Wärme und Heizkraftwirtschaft e.V. (AGFW), Bundesverband der deutschen Gas- und Wasserwirtschaft e.V. (BGW), Verband kommunaler Unternehmen e.V. (VKU), Gemeinsames Positionspapier „Stadtumbau – starke Partnerschaft für die Zukunft der Städte", Februar 2006.

Freudenberg, Dieter, Volker Rohr und Ina Schust, Ergebnisse des LBVS-Workshops „Soziale Infrastruktur und Stadtumbau", in: MIR AKTUELL, Magazin des Ministeriums für Infrastruktur und Raumordnung des Landes Brandenburg, H. 4 (2004), S. 43–45.

Ministerium für Stadtentwicklung, Verkehr und Wohnen des Landes Brandenburg (Hrsg.), „Arbeitshilfe zur Anpassung der technischen Infrastruktur im Stadtumbauprozess", Fachbeiträge zu Stadtentwicklung und Wohnen im Land Brandenburg (ISW-Schriftenreihe H. 2/2003).

Herz, Raimund, Matthias Werner und Lars Marschke, Anpassung der technischen Infrastruktur, in: Bundesministerium für Verkehr, Bau- und Wohnungswesen (Hrsg.), Fachdokumentation zum Bundeswettbewerb „Stadtumbau Ost". Expertisen zu städtebaulichen und wohnungswirtschaftlichen Aspekten des Stadtumbaus in den neuen Ländern, Bonn 2002, S. 50–59.

Koziol, Matthias, und Jörg Walther, Anpassung der technischen Infrastruktur – Erkenntnisstand, Bewertung und offene Fragen. Gutachten im Auftrag des Bundesministeriums für Verkehr, Bau und Stadtentwicklung und des Bundesamts für Bauwesen und Raumordnung, Entwurf des Endberichts, Cottbus 2006.

Verband kommunaler Unternehmen (VKU) (Hrsg.), Rechtliche Bewertung der Verlegung, Anpassung und des Rückbaus von Leitungen und Anlagen der öffentlichen Ver- und Entsorgung im Rahmen des Stadtumbau Ost, Köln 2004.

Verband Sächsischer Wohnungsunternehmen e.V. und Verband Sächsischer Wohnungsgenossenschaften e.V. (Hrsg.), Beendigung von Versorgungsverträgen bei Abriss, Dresden 2004.

Verwaltungsvereinbarung Städtebauförderung 2005.

Der Autor/Die Autorin

MDir Dr. Peter Runkel,
1975 Eintritt in das Bundesministerium für Raumordnung, Bauwesen und Städtebau, seit 1998 Bundesministerium für Verkehr, Bau- und Wohnungswesen, seit 2004 Leiter der Abteilung Stadtentwicklung, Wohnen im Bundesministerium für Verkehr, Bau und Stadtentwicklung (BMVBS); Mitglied der Akademie für Raumforschung und Landesplanung; Herausgeber und Kommentator verschiedener Werke zum Bau- und Raumordnungsrecht.

Anja Röding,
Dipl.-Ing. Stadt- und Regionalplanung (TU Berlin); zunächst in Wohnungswirtschaft und Stadtentwicklung tätig; seit 2002 stellv. Projektleiterin für die Betreuung des Wettbewerbs Stadtumbau Ost im Bundesamt für Bauwesen und Raumordnung (BBR); seit Nov. 2003 Referentin im Bundesministerium für Verkehr, Bau und Stadtentwicklung (BMVBS), Abteilung Stadtentwicklung, Wohnen.

Erika Spiegel

Wohnungsbau als Städtebau: Von der Knappheit an Flächen zur Knappheit an Menschen

Zum Thema

Weit mehr als dies heute vorausgesehen wird, wird die rückläufige Entwicklung der Bevölkerung Struktur und Gestalt der deutschen Städte verändern. Dabei kommt dem Wohnungsbau eine Schlüsselrolle zu. Keine andere städtische Funktion ist derart eng mit Zahl und Zusammensetzung der Bevölkerung verbunden wie das Wohnen. Wie und wo eine Bevölkerung wohnen will, die zum ersten Mal seit fast 150 Jahren nahezu beliebige Wahlmöglichkeiten auf dem Wohnungsmarkt hat, ist jedoch mit großen Unsicherheiten behaftet. Angesichts der keineswegs eindeutigen empirischen Belege muten alle Voraussagen einer nachhaltigen „Rückkehr in die Stadt" denn auch eher wie Beschwörungsformeln an (vgl. Sigismund 2006). Mit Ausnahme einiger Städte in den neuen Ländern, die sich mit unverstelltem Blick, Mut und Phantasie der Zukunft stellen, ist jedoch eine grundsätzliche Auseinandersetzung mit den stadtstrukturellen Auswirkungen einer abnehmenden Bevölkerung allenfalls in Ansätzen zu erkennen.

1.   Bestandsaufnahme

Struktur und Gestalt zumindest der größeren deutschen Städte sind durch zwei große Wachstumsschübe geprägt: die Jahrzehnte zwischen 1870 und 1914, die so genannte Gründerzeit, und – dies jedoch mit großen Unterschieden zwischen Ost und West – die Jahrzehnte nach dem Zweiten Weltkrieg, in denen das Wachstum allerdings neben der Bevölkerungszunahme auch durch eine erhebliche Vergrößerung der Wohnfläche je Einwohner bedingt war.

Dabei fand die erste große Wachstumsphase ihren Niederschlag in einem breiten Gürtel von Geschosswohnungsbauten um die historischen Kerne, die ihre Wohnfunktion weitgehend verloren und zur Geschäftsstadt wurden. Die vorherrschende Bebauungsform war der Baublock, der durch ein mehr oder weniger engmaschiges Straßensystem erschlossen wurde. Die krassen Unterschiede zwischen den „herrschaftlichen" Vierteln des Großbürgertums und den „Mietskasernen"-Vierteln der Arbeiterschaft ergaben sich vor allem aus der Größe und Ausstattung der Wohnungen, der Dichte der Bebauung, der Nähe zu Freiflächen und der Lage im Stadtgebiet. Der bereits kurz nach 1870 einsetzende erste Exodus der Oberschicht in die neuen Villenviertel am Stadtrand fand gewissermaßen *fuori le mura* statt, der städtebauliche Zusammenhang der gebauten Stadt blieb davon unberührt.

Die zweite große Wachstumsphase nach dem Zweiten Weltkrieg sprengte diesen Rahmen. Der Wiederaufbau der zu 50 bis 80 Prozent zerstörten Wohnungsbestände fand zwar im Wesentlichen innerhalb des gründerzeitlichen Stadtgrundrisses statt. Und auch wo die ersten großen Flächensanierungen noch *tabula rasa* machen wollten, wurden sie sehr bald durch eine „behutsame" Stadterneuerung abgelöst, die sich auf die Instandsetzung und Modernisierung der Wohnungen, vielleicht noch eine „Entkernung" der Innenhöfe beschränkte, die Blockränder aber weitgehend unangetastet ließ. Nur die relativ wenigen Kleinsiedlungen, die bereits kurz nach 1950 am Rande der damaligen Stadt entstanden, folgten eher gartenstädtischen Vorbildern. Für den Massenwohnungsbau, der sich bald als notwendig erweisen sollte, waren diese jedoch nicht geeignet. Die Großsiedlungen der 1960er- und 1970er-Jahre, für die ausreichende Flächen nur an der Peripherie der Städte zur Verfügung standen, brauchten denn auch auf gewachsene Strukturen keine Rücksicht zu nehmen. Die Preisträger der städtebaulichen Wettbewerbe, aus denen viele dieser Großsiedlungen hervorgingen, konnten sich als Avantgarde eines neuen Städtebaus fühlen.

Nicht nur im historischen Vergleich, auch im Vergleich zu zahlreichen europäischen Nachbarländern ist das Versorgungsniveau der Bevölkerung mit Wohnungen in der Bundesrepublik heute relativ hoch. Dies gilt für Größe und Ausstattung der Wohnungen wie für die durchschnittliche Wohnfläche je Einwohner. Auch die Eigentümerquote, in der Bundesrepublik traditionell niedrig, steigt laufend an und liegt inzwischen bei 45 Prozent in den alten und 35 Prozent in den neuen Ländern. Trotz des erheblichen Rückgangs des Wohnungsneubaus ist daher ein nennenswerter Nachholbedarf an Wohnungen nicht zu erkennen. Vielmehr ist, von wenigen Teilmärkten abgesehen, eine deutliche Entspannung der Wohnungsmärkte zu beobachten. Sie schlägt sich in weithin stagnierenden Mieten und Grundstückspreisen sowie in wachsenden Baulandreserven nieder, außerhalb der neuen Länder aber erst vereinzelt in nennenswerten Leerständen, dies vor allem in altindustrialisierten und schon länger vom Strukturwandel gebeutelten Regionen. Fast überall sind damit jedoch abnehmende Steuerungsmöglichkeiten der Wohnungsbelegung durch die Kommunen verbunden, die allerdings auch durch die Abnahme der Belegungsrechte und den Verkauf der Wohnungsbestände an Fondsgesellschaften und Finanzinvestoren bedingt sind.

2. Prognosen und Perspektiven

2.1 Zur Bevölkerungsentwicklung

Die Bundesrepublik wird an Bevölkerung verlieren. Seit Mitte der 1970er-Jahre hat sich die Geburtenrate auf einem Niveau von 1,3 bis 1,4 Geburten pro Frau eingependelt, das die Reproduktion der Bevölkerung nur noch zu zwei Dritteln garantiert. Damit rangiert die Bundesrepublik im unteren Drittel der Mitgliedstaaten der Europäischen Union, in der die Spannweite der Geburtenraten von 1,9 (Frankreich, Irland) bis 1,1 (Lettland) reicht. Bevölkerungsprognosen, die allein die natürliche Bevölkerungsbewegung berücksichtigen, kommen denn auch für die Bundesrepublik zu einem Rückgang der Bevölkerung von 82,5 Millionen im Jahr 2002 auf 53,7 Millionen im Jahr 2050. Da die natürliche Bevölkerungsbewegung weitgehend durch die Geburtenraten der Vergangenheit bestimmt ist, ergäbe sich auch bei einem – in dieser Höhe und Geschwindigkeit eher unwahrscheinlichen – Wiederanstieg der Geburtenrate auf 2,1 bereits bis zum Jahr 2025 erst ab 2080 ein Ausgleich der Geburtendefizite (Birg 2001, S. 117).

Will die Bundesrepublik den Rückgang der Bevölkerung auch nur verlangsamen, so ist sie daher auf Zuwanderung angewiesen. Die meisten Prognosen kalkulieren diese Zuwanderung auch schon ein, wenngleich in unterschiedlicher Höhe. Am häufigsten wird zurzeit mit der mittleren Variante des Statistischen Bundesamtes, die von einem jährlichen Wanderungsgewinn von 200 000 Personen ausgeht, gerechnet. Dies würde bis zum Jahr 2020 noch einen leichten Anstieg und erst dann einen Rückgang der Bevölkerung über 81,2 Millionen im Jahr 2030 auf 75,1 Millionen im Jahr 2050 bedeuten. De facto betrug der Wanderungsgewinn im Jahr 2003 aber nur 144 000, in den Jahren 2004 und 2005 sogar lediglich 83 000 bzw. 79 000 Personen. Es empfiehlt sich daher, die auf den derzeitigen Prognosen beruhenden Erwartungen und Planungen nach unten zu korrigieren.

Hinzu kommt, dass die Bundesrepublik selbst einer erneuten Zunahme der Zuwanderung äußerst skeptisch gegenübersteht. Jeder Zuwanderer weniger, ob Asylbewerber, Spätaussiedler oder nachziehender Familienangehöriger, wird als Erfolg gewertet. Erwünscht sind allenfalls Fachkräfte, bei denen trotz hoher Arbeitslosigkeit der Nachwuchs knapp wird. Ob die Bundesrepublik für solche Fachkräfte attraktiv ist, wird sich jedoch erst erweisen müssen. Von den 20 000 *Green Cards* für IT-Fachkräfte, die im Jahr 2000 beschlossen worden waren, wurden nur 16 800 in Anspruch genommen. Auch wächst die Konkurrenz um qualifizierte Einwanderer zwischen den Mitgliedstaaten der Europäischen Union, von denen keiner seinen Bevölkerungsstand aus eigener Kraft halten kann. Es könnte sich zeigen, dass sich eher die Bundesrepublik für die Aufnahme von Zuwanderern qualifizieren muss als Zuwanderer für eine Aufnahme in die Bundesrepublik.

Mit weit weniger Unsicherheiten behaftet ist die Verschiebung der Altersstruktur. Auch bei 200 000 Zuwanderern netto im Jahr wird sich die Zahl der unter 20-Jährigen schon bis zum Jahr 2020 von 17,1 auf 14,6 Millionen verringert, die der ab 60-Jährigen von 20,1 auf 24,2 Millionen erhöht haben. Noch gravierender ist jedoch der bereits unmittelbar bevorstehende Rückgang der 30- bis 45-Jährigen, deren Zahl schon bis 2015 von reichlich 20 auf knapp 16 Millionen, das heißt um mehr als 20 Prozent zurückgehen wird. Ein solcher Rückgang kann weder an den Arbeitsmärkten noch an den Wohnungs- und einer Vielzahl anderer altersspezifisch differenzierter Märkte spurlos vorübergehen. Nicht ohne Grund ist allerorts ein harter Wettbewerb um „junge Familien mit Kindern" im Gange.

Tabelle 1: Bevölkerungsentwicklung der Bundesrepublik bis 2020 nach Kreistypen (1999 = 100)*

	Alte Länder		Neue Länder	
	2010	2020	2010	2020
Agglomerationsräume	100	99	103	106
Kernstädte in Agglomerationsräumen	97	95	99	100
Hochverdichtete Kreise in Agglomerationsräumen	101	101	114	122
Verdichtete Kreise in Agglomerationsräumen	103	104	104	108
Ländliche Kreise in Agglomerationsräumen	105	107	111	119
Verstädterte Räume	101	100	94	90
Kernstädte in Verstädterten Räumen	99	97	93	89
Verdichtete Kreise in Verstädterten Räumen	102	102	93	89
Ländliche Kreise in Verstädterten Räumen	101	100	95	92
Ländliche Räume	101	101	93	89
Ländliche Kreise höherer Dichte	102	102	94	89
Ländliche Kreise geringerer Dichte	100	99	93	89

*Quelle: Bundesamt für Bauwesen und Raumordnung, Raumordnungsprognose 2020, in: Informationen zur Raumentwicklung, Heft 3/4 (2004). Die Prognose geht von einem jährlichen Zuwanderungsgewinn von 230 000 Personen aus.

Im Einzelnen wird die Bevölkerungsentwicklung jedoch regional und lokal sehr unterschiedlich verlaufen. Dies gilt nicht nur für die Unterschiede zwischen den alten und den neuen Bundesländern, wobei mit weiteren Dekonzentrationstendenzen in den alten und Konzentrationstendenzen in den neuen Ländern gerechnet wird. Deutliche Unterschiede ergeben sich auch innerhalb der alten Länder, und zwar zwischen den altindustrialisierten und den „neu" industrialisierten oder eher dienstleistungsorientierten Regionen, zwischen agglomerationsfernen und agglomerationsnahen Räumen sowie, innerhalb der Agglomerationsräume, zwischen den Kernstädten und ihrem engeren und weiteren Umland, schließlich, im ländlichen Raum, zwischen dichter und dünner besiedelten Räumen. Weniger genau zu prognostizieren, aber heute schon zu erkennen sind die Unterschiede zwischen einzelnen Stadtteilen; dort werden vor allem die Altersstruktur der Bewohner, die Qualität der Wohnungsbestände und die räumliche Verteilung der Zuwanderer für eine differenzierte Entwicklung sorgen.

2.   Zur Nachfrage nach Wohnungen

Die Nachfrage nach Wohnungen wird zwar weniger durch die Zahl der Einwohner als durch die Zahl der Haushalte bestimmt, und diese wird, bedingt durch die Zunahme der älteren und alten Ein- und Zweipersonenhaushalte, vorerst noch wachsen. Auch eine weitere Vergrößerung der Wohnfläche je Einwohner könnte noch zu einer zusätzlichen Nachfrage führen, sofern nicht die Absenkung der Transfer- und Renteneinkommen dem einen Riegel vorschiebt. In jedem Falle tragen diese Impulse nicht weit. Spätestens ab 2020 wird auch mit einem Rückgang der Zahl der Haushalte gerechnet.

Von einigen spektakulären Ausnahmen, etwa München, abgesehen, wird der Wohnungsmarkt also noch deutlicher als bisher zu einem Nachfragermarkt werden, der Nachfrager zu einem umworbenen Kunden. Dass zu einer Entspannung des Wohnungsmarktes auch Leerstände gehören, ist für die Bundesrepublik zwar neu, zunächst aber nur ein Indiz für die Normalisierung eines Marktes, der lange Zeit durch Knappheiten und eine hohe Regelungsdichte geprägt war. Entspannte Wohnungsmärkte aber sind, wie andere Märkte auch, dadurch gekennzeichnet, dass technisch oder funktional Veraltetes nicht mehr nachgefragt und durch Neues ersetzt wird, ein Nebeneinander von Abriss und Neubau also die Regel ist. Dies ist auch so lange kein Problem, wie die Neubauten nach Zahl und Standort in etwa den nicht mehr gefragten Altbauten entsprechen. Es wird allerdings zum Problem, wenn dies nicht der Fall ist, wenn weniger Neubauten nachgefragt als Altbauten aufgegeben werden. Und es wird erst recht zum Problem, wenn die Standorte auseinander fallen, in einem Teil der Stadt (oder Stadtregion) Neubauten nachgefragt, in einem anderen Altbauten aufgegeben werden, wenn also nicht nur Wohnungen, sondern ganze Wohnstandorte zur Disposition stehen.

Im Hinblick auf die „marktaktive" Nachfrage wird sich das Geschehen auf den Wohnungsmärkten auf absehbare Zeit auf drei, unter Berücksichtigung der Zuwanderung auf vier Bevölkerungsgruppen konzentrieren, und zwar auf

- die 20- bis 30-Jährigen, die nach dem Auszug aus dem Elternhaus eine erste eigene Wohnung suchen. Dabei handelt es sich um eine nach Ausbildungsstand, beruflichem Status und Einkommen zwar außerordentlich heterogene Gruppe, der aber eine gewisse Freizeit- und Erlebnisorientierung gemeinsam ist. Daraus resultiert eine Präferenz für innerstädtische Standorte, wobei auch ethnisch und sozial gemischte Viertel Anziehungskraft ausüben. Am Erwerb von Eigentum besteht in der Regel (noch) kein Interesse, wie denn den meisten 20- bis 30-Jährigen der Übergangscharakter dieser Lebensphase durchaus bewusst ist. In jedem Falle dürfte diese Gruppe ohne Schwierigkeiten im Bestand unterkommen, dessen Potenziale allerdings kaum ausschöpfen;

- die 30- bis 45-Jährigen, die, sofern sie eine eigene Familie gründen, die erste Familienwohnung beziehen, später vielleicht noch einmal eine größere Wohnung brauchen. Bei diesen ist jedenfalls zurzeit noch davon auszugehen, dass sie ein Haus mit Garten bevorzugen. Dieses wird ihnen denn auch an fast jedem Standort in Aussicht gestellt, von der innerstädtischen Brache bis zur Waldsiedlung in einer Umlandgemeinde, wobei ein Preisgefälle durch verbilligte Grundstücke und andere Vergünstigungen abzuschwächen versucht wird. Und auch wer besonders „individuell" wohnen will, kann dies ebenso gut in einer umgebauten Scheune wie in einer stillgelegten Fabrik;

- die älteren allein lebenden, oft verwitweten Frauen, die bei weiter steigender Lebenserwartung vielleicht vermehrt eine betreute Wohnung suchen;

- die neuen Zuwanderer, die sich – sofern es sich nicht um qualifizierte Fachkräfte handelt, deren Standortpräferenzen in der Regel kaum von denen ihrer einheimischen Kollegen abweichen – zunächst auf die innerstädtischen Altbauquartiere konzentrieren werden, in denen sie mit billigen Wohnungen und der Hilfe von Landsleuten rechnen können.

Diesen „marktaktiven" Alters- und Bevölkerungsgruppen steht der große Block der 45- bis etwa 75-Jährigen gegenüber, die, insbesondere nach dem Auszug der Kinder, so großzügig behaust und auch heute schon zu 60 bis 70 Prozent durch Wohneigentum gebunden sind, dass sie vergleichsweise selten umziehen, und wenn, dann vorzugsweise in die Nähe der Kinder oder in landschaftlich bevorzugte Gegenden, in denen sie mit einem ihren Bedürfnissen entsprechenden Dienstleistungsangebot rechnen können. Von ihnen wird zwar angenommen, dass sie verstärkt in die (Innen)Städte zurückkehren werden. Die Belege hierfür sind jedoch noch spärlich. Zumindest die größeren Umlandgemeinden sind längst keine Dienstleistungswüsten mehr, und „Kultur" gehört ohnehin zum periodischen Bedarf.

3.   Zu den Standortpräferenzen

Auch neuere und neueste Umfragen sprechen daher nicht für einen merklichen Wandel der Standortpräferenzen, sie bestätigen eher die Prognosen des Bundesamtes für Bauwesen und Raumordnung über die künftige Verteilung der Bevölkerung. Gemeinsam ist ihnen der Hinweis auf eine deutliche Präferenz für mittelgroße und kleinere Städte und Gemeinden, auch die Großstädter selbst würden nur zu 40 Prozent in einer Großstadt leben wollen, zu 28 Prozent in einem Vorort. Dies entspricht auch ziemlich genau den Ergebnissen einer repräsentativen Lebensstiluntersuchung aus dem Jahr 1996. Nach ihrer Wunschgegend befragt, entschieden sich auch damals schon 69 Prozent der (westdeutschen) Befragten für Klein- und mittelgroße Städte oder ländliche Gemeinden, zehn Prozent für das Umland einer größeren Stadt, ebenfalls zehn Prozent für den Rand und lediglich elf Prozent für die inneren Bereiche einer Großstadt (Schneider/Spellerberg 1999, S. 204).

Tabelle 2: Von je 100 Befragten wollen in Zukunft gern leben*

	Landbe-wohner	Klein-städter	Mittel-städter	Groß-städter
Auf dem Lande (bis 4 999 Einwohner)	59	47	20	8
In einer Kleinstadt (5 000 bis 19 999 Einwohner)	19	36	22	12
In einer Mittelstadt (20 000 bis 99 999 Einwohner)	17	7	45	11
In einer Großstadt (100 000 Einwohner und mehr)	3	3	9	40
In einem Vorort am Rand einer Großstadt	2	5	5	28
	100	100	100	100

*Quelle: Opaschowski, Horst: Besser leben, schöner wohnen? Darmstadt 2005, S. 188 (Basis: Interviews im Rahmen einer repräsentativen Stichprobe von 4 000 deutschsprachigen Personen ab 14 Jahren in der Zeit vom 26. Oktober 2004 bis 11. April 2005).

4. Gefährdete Standorte

Bei aller Vorsicht gegenüber Antworten auf hypothetische Fragen (die in diesem Falle jedoch nur vielfach dokumentierte reale Verhaltensweisen bestätigen) ergibt ein Vergleich der Standortpräferenzen der Bevölkerung mit den Standorten der Wohnungsbestände gerade für Großstädte erhebliche Diskrepanzen, die nicht nur einen Teil der derzeitigen Vermietungsschwierigkeiten und Leerstände erklären, sondern auch künftige erwarten lassen. Wenn die in den neuen Ländern gemachte Erfahrung zutrifft, dass die zunehmende Wahlfreiheit der Bewohner zu einer Stärkung attraktiver und einer Schwächung weniger attraktiver Stadtteile beiträgt, so dürften sich die einzelnen Stadtteile in der Tat sehr unterschiedlich entwickeln, und zwar mit Unterschieden nicht nur zwischen innerer und äußerer, sondern auch innerhalb der inneren und innerhalb der äußeren Stadt.

Dabei scheinen in der *inneren Stadt* am wenigsten gefährdet die ehedem großbürgerlichen Stadtteile der Gründerzeit, deren großzügig geschnittene Wohnungen sich überall einer lebhaften Nachfrage und eines stabilen, wenn nicht steigenden Preisniveaus erfreuen, und dies desto mehr, je grüner sie selbst und je näher sie zu innerstädtischen Park- oder Wasserflächen gelegen sind. Wenn und wo Rückwanderer vom Stadtrand oder aus dem Umland zu verzeichnen sind, so vorzugsweise dort.

Umso stärker gefährdet sind die Arbeiterwohngebiete der gleichen Zeit, in denen sich nach wie vor Defizite der Wohnungen mit Defiziten des Wohnumfeldes und einer auch sonst wenig attraktiven Lage überschneiden. Hier konzentriert sich denn auch das so genannte unterste Wohnungsmarktsegment, das am ehesten „aus dem Markt heraus fällt" und in das daher nicht mehr investiert wird. Bevor es aber „aus dem Markt heraus fällt", dient es noch allen jenen als Auffangbecken, die auf die niedrigsten Mieten angewiesen sind, ob es sich dabei um die *working poor*, um Sozialhilfe- oder Empfänger von Arbeitslosengeld II handelt oder auch um alte und neue Zuwanderer, die in der Heimat eine Familie zu unterhalten haben.

Wenn sich einige dieser Viertel zu so genannten Szenevierteln entwickelt und damit Erwartungen für die Innenstadt insgesamt geweckt haben, so wird leicht übersehen, dass die symbolische Bedeutung der „Szene" oder der „Szenen" in der Regel erheblich über ihre reale, ob soziokulturelle oder sozioökonomische, hinausgeht – so wichtig sie für das Flair und die Reputation einer Stadt sein mag. Die Beispiele, in denen, ausgelöst durch einige Pioniere oder die Nähe zu kulturellen Experimentierstätten, ehemalige Arbeiterquartiere zu gesuchten Wohnvierteln einer neuen Bohème wurden, sind jedenfalls dünn gesät, und dies umso mehr, als für große Teile dieser Bohème die Szeneviertel weniger Wohnort als Treffpunkt und Ort der kollektiven Selbstdarstellung sind.

Eine andere Art potenzieller Problemgebiete stellen die innerstädtischen oder innenstadtnahen Brachen dar, die Bahn, Post, Militär oder verlagerte Industriebetriebe hinterlassen haben, und für die bisher neben Büro-, Einkaufs- und „Entertainment"-Zentren auch Stadtwohnungen oder sogar Stadthäuser für junge Familien vorgesehen waren, und zwar desto mehr, je weniger sich noch Investoren für andere Nutzungen fanden. Ob aber gerade derartige Stadthäuser, sei es mit oder ohne (kleinem) Garten, auf Interesse stoßen, wird nicht nur vom Preis, sondern auch von der – aus der Sicht der Eltern – Zuträglichkeit der baulich-räumlichen und sozialen Umwelt für ihre Kinder abhängen, nicht zuletzt von der Zugänglichkeit guter Schulen. Eher zu erwarten ist eine Nachfrage nach Zweitwohnungen für Geschäftsleute oder „Opernwohnungen" für wohlhabende Umlandbewohner, wie sie auch aus anderen europäischen Großstädten bekannt sind.

Weniger auf einzelne Gebietstypen beschränkt, dafür aber doppelt problematisch sind die zunehmenden Leerstände an verkehrsreichen Hauptgeschäftsstraßen. Dort vertreiben der Strukturwandel im Einzelhandel die Geschäfte und der Lärm die Bewohner, andere, weniger empfindliche Nutzungen sind aber selten in Sicht. Sofern dies innerhalb der gründerzeitlichen Stadt geschieht, würde mit einem Abriss der leer stehenden Gebäude aber gerade eines ihrer wichtigsten Strukturmerkmale, der geschlossene Block, in Frage gestellt, von den Auswirkungen auf die Blockinnenbereiche ganz zu schweigen. Das Stehenlassen als „Lärmschutzhäuser" kann aber sicher nur eine Übergangslösung sein.

Für die *äußere Stadt* gilt, dass zurzeit die Einfamilienhausgebiete unmittelbar diesseits und jenseits der Stadtgrenzen am wenigsten gefährdet erscheinen. Deren Besitzer haben in der Regel für eine laufende Modernisierung gesorgt, und wenn sie inzwischen alt genug sind, um bald einen Erbgang auszulösen, so dürften die Häuser, wenn denn die Preise die Umbau- oder Abrisskosten berücksichtigen, die ein neuer Eigentümer aufzubringen hätte, schnell Abnehmer finden. An der Nachfrage nach Baugrundstücken in ähnlich günstiger Lage mangelt es jedenfalls nicht.

Begrenzt gilt dies auch für die Wohnsiedlungen der 50er-Jahre. Sofern sie nicht bereits durch die Eigentümer, oft kleinere Genossenschaften, modernisiert wurden, entsprechen die Wohnungen zwar nach Größe und Ausstattung nicht heutigen Ansprüchen. Die relativ günstige Lage zum Stadtkern, die geringe Dichte, der eigene Garten, auch eine gewisse „Wohnlichkeit" haben aber auch dort vielfach schon Erneuerungsprozesse ausgelöst, die sich für die Eigentümer offenbar auch ohne öffentliche Förderung rechnen und sich in einem Nebeneinander von Umbau, Abriss und Neubau niederschlagen.

Gefährdet sind aber die Großwohnsiedlungen am Stadtrand, nicht nur die „Platte". Auch bei guter Qualität der Wohnungen sind sie durch die Monotonie der großen Serie und hochgeschossige Gebäudetypen, die in der Bundesrepublik noch nie viel Sympathie genossen haben, belastet. Wo die Kommunen Belegungsrechte besaßen, haben sich zudem auch dort Konzentrationen von benachteiligten Bevölkerungsgruppen gebildet, die die Siedlungen zusätzlich belasten. Aber auch in den neuen Ländern, in denen sie zunächst als bevorzugte Wohnlagen galten, drohen sie inzwischen zum Auffangbecken für eine Restbevölkerung zu werden, die weder die Mittel noch die Kraft hat, noch einmal umzuziehen. Wo aber die Hochhäuser „abgestockt" und durch Mietergärten ergänzt, die Zeilen durch Reihen- oder Atriumhäuser ersetzt wurden, haben sich durchaus Interessenten gefunden. Auch die offene Bauweise, das „viele Grün", die Nähe zu Erholungsgebieten können, wie Befragungen selbst in Plattensiedlungen gezeigt haben, für viele Bewohner durchaus als Standortvorteil gelten (Kabisch und andere 2004).

Auf das gesamte Stadtgebiet bezogen, kann man daher durchaus bezweifeln, ob die zuerst im Rahmen des Stadtumbaus Ost entwickelte Devise „Rückbau von außen nach innen" den Wohn- und Standortpräferenzen eines großen Teils der Bevölkerung entspricht. Die größte Herausforderung bleibt in jedem Falle die drohende Entleerung weniger attraktiver innerstädtischer Wohngebiete, dazu der Funktionsverlust wichtiger innerstädtischer Straßenzüge, die zusammen Struktur und Gestalt der gründerzeitlichen Stadt wesentlich prägen.

3.   Konzepte und Strategien: „Weniger Dichte – mehr Grün"

Für die städtebauliche Planung ergeben sich daraus mindestens zwei Problemkonstellationen, mit denen sie wenig Erfahrung hat. Zum einen geht es um die Entwicklung baulich-räumlicher und funktionaler Konzepte für ein Nebeneinander von bebauten und nicht (mehr) bebauten Grundstücken, von zukunftsfähigen und weniger zukunftsfähigen Stadtteilen. Zum anderen geht es um die stadt- und sozialverträgliche Gestaltung der langen Übergangszeiten, die ein kontinuierliches Abbröckeln der Nachfrage nach Wohnungen in weniger zukunftsfähigen Stadtteilen, in denen daher auch eine Sanierung im traditionellen Sinne keine Zukunft mehr hat, mit sich bringt.

3.1 Wohnstandorte

Als Beispiel für die systematische Entwicklung von Konzepten für Gebietstypen, denen unterschiedliche Zukunftschancen prognostiziert werden, kann die Stadt Leipzig gelten. Dabei haben die dort entwickelten Konzepte noch den Vorzug, dass sie bereits die jeweiligen planerischen Handlungserfordernisse und -möglichkeiten mit einbeziehen (vgl. Stadt Leipzig 2003, 4.5.2). Dabei wurde zunächst nur unterschieden nach

- *konsolidierten Gebieten*, bei denen von einer Entwicklung „im Selbstlauf bzw. mit geringem Steuerungsbedarf" ausgegangen werden kann;

- *Erhaltungsgebieten*, das heißt Gebieten mit ähnlichen Potenzialen, aber in weniger gutem Zustand, in denen die „Erhaltung, Qualifizierung und ggf. Vervollständigung der prägenden Bebauungsstruktur" angestrebt wird;

- *Umstrukturierungsgebieten mit Priorität*, in denen eine „kurz- bis mittelfristige Strukturveränderung zur Entwicklung neuer Bebauungsstrukturen oder übergeordneter Freiräume" umgesetzt werden soll;

- *Umstrukturierungsgebieten ohne Priorität*, für die eine „längerfristige Strukturveränderung mit teilweise noch offener Entwicklungsperspektive" erforderlich ist.

Erst später in diesen Katalog aufgenommen wurden zwei weitere Gebietstypen, deren eigenständige Problematik jedoch unmittelbar evident ist, und zwar

- *Bestandsanpassungsgebiete*, in denen, sehr vorsichtig ausgedrückt, „die Anpassung und Qualifizierung der Bebauung für ein künftig realistisches Nutzungsmaß sowie die Nutzung vorhandener oder entstehender Baulücken für die Wohnumfeldaufwertung im Mittelpunkt stehen", in denen, mit anderen Worten, weder das Potenzial für eine völlige Wiederherstellung der Blockstrukturen noch für blockübergreifende Freiräume oder neue Bebauungsstrukturen vorhanden ist und in denen daher „die Handlungsspielräume für kleinteilige, blockbezogene Abbruch- und Aufwertungsmaßnahmen herausgearbeitet werden sollen";

- *Gebäudezeilen mit Erhaltungspriorität*, bei denen es in der Praxis vorrangig um die stark gefährdeten Gebäudezeilen an Hauptverkehrsstraßen geht, die wegen ihrer stadtbildprägenden Bedeutung „ggf. auch unabhängig von einer kurzfristigen Nutzungsperspektive gesichert bzw. wieder geschlossen werden sollen".

Überträgt man diese Gebietstypen auf die gründerzeitlich geprägten innerstädtischen Wohngebiete, wie sie in zahlreichen größeren Städten auch im Westen vorhanden sind, so bedeutet dies

- eine konsequente Erhaltung oder Wiederherstellung der Blockstrukturen in den ehedem (groß)bürgerlichen Wohnvierteln, die aufgrund ihrer Lagequalitäten und ihres Gebäudebestandes mit einer dauerhaften Nachfrage rechnen können;

- eine Vervollständigung der Blockstrukturen und Aufwertung der Wohnungsbestände in solchen Vierteln, die ebenfalls von der Lage her eine ausreichende Nachfrage erwarten lassen, wobei die Aufwertung vereinzelte Abbrüche und eine entsprechende Vergrößerung wohnungsbezogener Freiflächen einschließen kann;

- einen Umbau der Blockstrukturen in den nach Lage und Qualität der Wohnungen weniger attraktiven Gebieten, in denen der Bevölkerungsrückgang das Nachfragepotenzial weiter reduziert, und zwar mit dem Ziel, die nicht mehr benötigten Wohnflächen zu größeren, gegebenenfalls auch blockübergreifenden Freiräumen zusammenzufassen;

- eine Sicherung der Blockränder an stadtbildprägenden innerstädtischen Straßenzügen – wobei langfristig und bei dauerhaften Leerständen wohl auch hier eine Umstrukturierung nicht zu vermeiden ist.

3.2   Wohnungsbestände

Da diese Konzepte zwar die Qualität der vorhandenen Wohnungsbestände berücksichtigen, im Wesentlichen aber auf die Erhaltung oder Rückgewinnung der Qualität von Wohnstandorten ausgerichtet sind, wurden sie durch Entwicklungsziele für den Wohnungsbestand ergänzt (ebenda, 4.3.2). Diese sehen vor allem vor

- einen restriktiven Umgang mit dem Wohnungsneubau, insbesondere dem Geschosswohnungsneubau, der auf Ersatzbauten und Lückenschlüsse begrenzt werden sollte. Auch die Wiederbebauung von Brachen sollte auf Stadthäuser oder innerstädtische Einfamilienhäuser beschränkt bleiben;

- einen ebenso restriktiven Umgang mit der Schaffung zusätzlichen Wohnraums in zur Sanierung anstehenden Beständen, ob durch Dachausbau oder Teilung von Wohnungen. Grundsätzlich sollte auch in Sanierungsgebieten die Zahl der Wohnungen nicht erhöht, eine Verdichtung nicht angestrebt werden. Eindeutigen Vorrang hat die Erhaltung einer möglichst großen Zahl von Gebäuden;

- eine Doppelstrategie hinsichtlich der Wohnungsgrößen: einerseits Steigerung des Wohnflächenverbrauchs, etwa durch Zusammenlegung von Wohnungen, andererseits ausreichendes Angebot kleiner, preiswerter und dem Wohnungsbindungsgesetz entsprechender Wohnungen für sozial schwache Haushalte;

- eine Umnutzung von Wohnungen an Hauptverkehrsstraßen für Gewerbebetriebe, insbesondere solche, die bei der Entkernung von Blockinnenbereichen zugunsten von wohnungsnahen Freiflächen verlagert werden müssen.

Wenn und wo auch bei weniger Einwohnern der stadtbildprägende Grundriss der gründerzeitlichen Stadt erhalten bleiben soll, muss es also darum gehen, innerhalb dieses Grundrisses nicht mehr, sondern weniger Wohnungen unterzubringen als zuvor, nicht weiter zu verdichten, sondern zu entdichten. Wenn trotzdem nicht überall alle Altbauten gerettet, nicht überall alle geschlossenen Baublöcke erhalten werden können, so gilt es daher aber auch, die sich damit bietende Chance einer Aufwertung gerade der besonders gefährdeten Gebiete durch „mehr Grün" so zu nutzen, dass dieser Grundriss erkennbar und erlebbar bleibt.

3.3   Freiräume

Die Chance zu „mehr Grün" ergibt sich also auf zwei Maßstabsebenen, die je für sich sehr unterschiedliche Konzepte und Maßnahmen erfordern: zum einen auf der Ebene der einzelnen Blöcke, dort als relativ kleinteiliges, mittelbar oder unmittelbar wohnungsbezogenes Grün, das die Blöcke als solche unangetastet lässt; zum anderen auf einer blockübergreifenden Ebene, dort als eigenständiges, eher landschaftlich geprägtes Strukturelement, das jedoch die Blockstruktur insgesamt nicht in Frage stellt.

Dabei hat die Ebene der einzelnen Blöcke, de facto die mehr oder weniger temporäre Umnutzung einzelner Baulücken, bis jetzt weitaus die meiste Aufmerksamkeit gefunden (vgl. unter anderem BBR 2004). Insbesondere die gemeinschaftliche Nutzung für Sport und Spiel, die Aufteilung in Mietergärten, die Überlassung als Grabeland sind bei den Bewohnern auf so viel Gegenliebe gestoßen, dass diese auch bereit waren, die Anlage und Pflege zu übernehmen. Auf diese Ebene richten sich auch die meisten Aufforderungen zur Entfaltung „kreativer Potenziale", zur Beteiligung an künstlerischen Inszenierungen oder Installationen, die die Chancen der neuen Freiräume deutlich machen sollen.

Diese Ebene ist es aber auch, auf der vor allem Übergangslösungen für solche Gebiete gefunden werden müssen, denen keine langfristige Perspektive mehr beschieden ist. Will man die weniger werdenden Bewohner nicht unzumutbaren Wohn- und Lebensverhältnissen aussetzen, so können die wachsenden Leerstände und Lücken nur durch eine sorgfältige Freiraumplanung, die jedem Anzeichen von Verwahrlosung ein Zeichen des gemeinsamen öffentlichen Interesses entgegensetzt, kompensiert werden.

Weit weniger Aufmerksamkeit gefunden hat die Umwandlung größerer Brachen zu blockübergreifenden Freiräumen. Für diese gibt es zwar genug historische Beispiele, die sich bei der Bevölkerung großer Beliebtheit erfreuen, von fürstlichen Gärten über ehedem militärisch genutzte Ring- und Wallanlagen bis zu den von vornherein zur Erholung und Vergnügung gedachten Volksparks. Aber auch wenn die Grunderwerbsprobleme gelöst werden könnten, sind diese Arten von Freiräumen inzwischen nach Anlage und Pflege zu aufwändig, um als Vorbilder dienen zu können. Insofern gibt es auch für neue blockübergreifende Freiräume erst wenige konkrete Beispiele, etwa, wieder in Leipzig, das Rietzschkeband, das die zahlreichen Brachen des Leipziger Ostens untereinander verbinden, dabei aber einen engen Bezug zur angrenzenden Bebauung aufrecht erhalten soll, etwa durch Nachbildung fehlender Blockkanten durch Baumreihen (vgl. Giseke 2003).

Wenn dabei häufig von neuartigen Landschaftselementen die Rede ist, so sind damit jedoch nicht die „neuen Landschaften", geschweige denn die „neuen Stadtlandschaften" gemeint, die der stadtregionalen Ebene eine neue Qualität geben sollen. Es geht nicht um eine neuartige „Einbettung der Stadt in die Landschaft", von der in diesem Zusammenhang oft die Rede ist, sondern um die Einbettung neuartiger Landschaftselemente in die Stadt, deren struktureller Zusammenhang damit nicht zerrissen, sondern eher gestärkt werden soll. Es geht daher aber auch nicht mehr nur um die Kompensation spezifisch städtischer sozialer und ökologischer Defizite, wie sie lange Zeit die Forderung nach „mehr Grün" begründete, sondern um eine wechselseitige Korrespondenz von Stadt- und Freiraum, die sich ästhetisch und funktional ergänzen, aber nicht einander unterordnen (Giseke 2004, S. 669 ff.).

Überall, im Westen wie im Osten, werden Größe, Zahl und stadträumliche Lage der mittel- bis langfristig nicht mehr benötigten Wohnbauflächen dazu zwingen, die Struktur- und Ordnungsvorstellungen der letzten Jahrzehnte, die einerseits auf Wachstum, andererseits auf Verdichtung ausgerichtet waren, zu überdenken. Es sind neue stadträumliche Konzepte erforderlich, die eine strukturelle Verbindung von bebauten und nicht mehr bebauten Stadt-Teilen, von stadttypischen und landschaftsähnlichen Elementen ermöglichen, und zwar landschaftsähnlichen Elementen nicht als „Ersatz" für Gebautes, sondern als durchaus eigenständiges Strukturelement. Dabei ist keineswegs ausgeschlossen, dass eine solche Verbindung von stadttypischen mit landschaftsähnlichen Elementen auch den Präferenzen zumindest des Teils der städtischen Bevölkerung entspricht, dem offenere, weniger dicht bebaute und mehr garten- und landschaftsbezogene Stadträume eher entgegenkommen als viele der kompakten, verdichteten, nahezu flächendeckend überbauten Stadträume der Gründerzeit.

Literatur

Birg, Herwig, Die demographische Zeitenwende. Der Bevölkerungsrückgang in Deutschland und Europa, München 2001.

Bucher, Hansjörg, und Claus Schlömer, Wohnungsmärkte im demographischen Wandel, in: vhw Forum Wohneigentum, H. 3 (2005), S. 122–128.

Bundesamt für Bauwesen und Raumordnung (BBR), Raumordnungsprognose 2020. Regionen und Städte im demographischen Wandel, in: Informationen zur Raumentwicklung, H. 3/4 (2004).

Bundesamt für Bauwesen und Raumordnung (BBR) (Hrsg.), Zwischennutzung und neue Freiflächen. Städtische Lebensräume der Zukunft, Berlin 2004.

Giseke, Undine, Die zentrale Stellung der Freiraumplanung bei der sozialen und kulturellen Ausgestaltung der postindustriellen Stadt, in: Informationen zur Raumentwicklung , H. 11/12 (2004), S. 669–678.

Giseke, Undine, Über Irritationen zur Freiflächenkultur. Im Leipziger Osten werden neue Wege des Stadtumbaus beschritten, in: Deutsches Architektenblatt, H. 4 (2003), S. 11–13.

Kabisch, Sigrun, Matthias Bernt und Andreas Peter, Stadtumbau unter Schrumpfungsbedingungen. Eine sozialwissenschaftliche Fallstudie, Wiesbaden 2004.

Opaschowski, Horst W., Besser leben, schöner wohnen? Leben in der Stadt der Zukunft, Darmstadt 2005.

Schneider, Nicole, und Annette Spellerberg, Lebensstile, Wohnbedürfnisse und räumliche Mobilität, Opladen 1999.

Sigismund, Markus, Zurück in die Stadt?, in: Bundesbaublatt, H. 5 (2006), S. 14–16.

Stadt Leipzig, Stadtentwicklungsplan Wohnungsbau und Stadterneuerung, Teilplan Stadterneuerung, Fortschreibung 2003.

Statistisches Bundesamt, Bevölkerung Deutschlands bis 2050. Ergebnisse der 10. koordinierten Bevölkerungsvorausberechnung, Wiesbaden, Juni 2003.

Die Autorin

Prof. (em.) Dr. Erika Spiegel,
1968–1978 o. Prof. für Soziologische Grundlagen der Raumplanung an der Univ. Dortmund; 1978–1981 Leiterin des Deutschen Instituts für Urbanistik (Difu); 1981–1993 o. Prof. für Sozialwissenschaftliche Grundlagen des Städtebaus an der TU Hamburg-Harburg; 1991/1992 Vizepräsidentin der Akademie für Raumforschung und Landesplanung.

Hartmut Häußermann

Europäische Stadt oder Schnäppchenmarkt?

Weil die Zinsen so niedrig sind, weil global floatierendes Finanzkapital nach Anlagemöglichkeiten sucht, und weil die Nachfrage nach Wohnungen demographischen Prognosen zufolge in den meisten Städten nachlassen wird, halten sich gegenwärtig viele Kommunalpolitiker für sehr clever, wenn sie die öffentlichen Wohnungsbestände meistbietend verkaufen. Oft verlieren sie auch einfach die Nerven, weil sie den hohen Schuldenstand angesichts des Versprechens, für einige Zeit weniger Zinsen zahlen zu müssen, nicht mehr für erträglich halten. Die schon vollzogenen und geplanten Verkäufe von öffentlichen Wohnungsbaugesellschaften an renditeorientierte Anlagefonds stellen aber nicht nur eine Episode der städtischen Wohnungspolitik, sondern eine grundlegende Wende dar. Zur Disposition steht das Selbstverständnis der kommunalen Politik: Ist die Stadt nur Marktplatz für internationale Investitionen oder vielmehr eine Organisation von und für die Bürgerinnen und Bürger, die auch die Solidarität mit denjenigen einschließt, die über zu wenig Ressourcen verfügen, um am Wohnungsmarkt erfolgreich zu agieren. Dies betrifft weniger das Vorhalten von preiswerten Wohnungen für arme Haushalte als vielmehr die Rolle der Stadt bei der Wohnungsversorgung und bei der Steuerung der sozialräumlichen Entwicklung. Zur Diskussion stehen also zwei grundsätzliche Fragen: Soll die Stadtpolitik eine Verantwortung übernehmen für die Wohnungsversorgung der Haushalte, die aufgrund ihres geringen Einkommens im privatwirtschaftlichen Angebot keine angemessene Wohnung finden können? Will und soll eine Stadt auf die Entwicklung ihrer sozialräumlichen Struktur Einfluss nehmen, oder will sie das vollkommen den Marktprozessen überlassen?

Globalisierung und Schuldenkrise

Mit dem Abbau von Handelsschranken und mit der Öffnung der Finanzmärkte für globalen Austausch wurde ein neues Zeitalter für die Entwicklung der privatwirtschaftlich organisierten Nationalökonomien eingeleitet. Im Laufe dieses Prozesses werden die nationalen Unterschiede in der Regulierung der Wirtschaft und in der Rolle, die der Staat für die soziale Sicherung seiner Bürgerinnen und Bürger übernimmt, zwar nicht verschwinden, aber sie werden deutlich kleiner. Das „Modell Deutschland", mit dem die SPD in den 1980er-Jahren noch Wahlkampf betrieb, gehört bereits der Vergangenheit an. Anstelle von politisch definierten, demokratisch legitimierten Zielen wird die Steuerung von Teilbereichen der Wirtschaft und des gesellschaftlichen Zusammenlebens immer häufiger dem Markt überlassen. Eine neoliberale Vorstellung von ökonomischer und gesellschaftlicher Entwicklung hat in den letzten beiden Jahrzehnten international eine absolute Dominanz bei der politischen Ideologie erreicht. Nach ihr sind marktförmige Organisationen jeder anderen Form der Produktion oder Verteilung von privaten oder auch öffentlichen Gütern überlegen. Seit dem Zusammenbruch der kommunistischen Systeme machen sich neoliberal agierende Politikerinnen und Politiker auch nur noch wenig Sorgen um eine politische Konkurrenz, der man Zugeständnisse machen müsste, um die Loyalität der Wähler zu erhalten.

Das „Modell Deutschland" basierte zu einem guten Teil auf der starken Stellung, die die deutsche Industrie auf dem Weltmarkt hatte. Durch die Exportüberschüsse erreichte Deutschland in der Zeit nach dem zweiten Weltkrieg einen nie zuvor gekannten Wohlstand, und sowohl die öffentlichen Haushalte als auch die Institutionen der Sozialversicherung schwammen für etwa zwei Jahrzehnte gleichsam im Geld. Mit der Globalisierung kam das Modell jedoch in eine Krise: Das ökonomische Wachstum stagniert, die Arbeitslosigkeit ist hoch; die industrielle Fertigung ist in vielen Bereichen einer Konkurrenz aus Niedriglohnländern ausgesetzt, die zu einem Abbau von Arbeitsplätzen bei den klassischen Industrieunternehmen insbesondere in den großen Städten führte – und in der Folge wurden die Einnahmen des Staates und der Kommunen geringer. Das international fluide Kapital soll durch günstige steuerliche Bedingungen bei Investitionslaune gehalten werden, dafür sorgen die periodisch auftretenden Reformen der Unternehmensbesteuerung. Die Steuereinnahmen gehen dadurch zurück und müssen durch höhere Verbrauchersteuern wieder aufgebessert werden – eine Umverteilung von Steuerlasten zu Lasten der Bürgerinnen und Bürger, die dann leider wieder dafür beschimpft werden müssen, weil sie zu wenig konsumieren und damit die Binnennachfrage stagnieren lassen. Auf allen staatlichen Ebenen löst in diesem ausweglos erscheinenden Krisenzirkel eine Ausgabenkürzungswelle die andere ab, und dennoch steigt die Verschuldung laufend.

Zins und Tilgung nehmen einen wachsenden Anteil an den Ausgaben ein – insbesondere bei Städten, in denen aufgrund des ökonomischen Strukturwandels und wegen der Abwanderung der Besserverdienenden ins suburbane Umland die Steuereinnahmen stark gesunken und die Ausgaben für sozialpolitische Aufgaben stark gewachsen sind. Immer mehr Gemeinden geraten so in eine Notsituation, in der die Staatsaufsicht das Recht an sich zieht, über jeden einzelnen Haushaltsposten zu entscheiden. Damit ist dann die kommunale Selbstverwaltung am Ende. Um diesen traurigen Zustand zu vermeiden, entwickelt die Stadtpolitik viel Phantasie – und dabei beseitigt sie manchmal die kommunale Handlungsfähigkeit lieber selbst, bevor dies der böse Staatskommissar tun kann.

Verkauf kommunaler Wohnungen – eine stadtpolitische Grundsatzentscheidung

In dem Bemühen, wieder finanzielle Spielräume zu erreichen, drängen die Kämmerer – und in den Stadtstaaten die Finanzsenatoren – darauf, kommunales Eigentum zu verkaufen und mit den Erlösen den Schuldenstand zu vermindern. Offenbar üben auch die Aufsichtsbehörden, also die Innen- und Finanzminister, entsprechenden Druck aus, be- und verstärkt durch die neoliberalen Anstöße und Anordnungen der EU-Wettbewerbskommissare. Nach hergebrachten hauswirtschaftlichen Überlegungen erscheint dies zwangsläufig: Wenn es zu viele Schulden und noch Eigentum gibt, auf das man auch verzichten kann, dann muss man dieses Eigentum verkaufen. Nach den kommunalen Eigenbetrieben in den Bereichen von Ver- und Entsorgung mit Wasser, von Energie und Müll sind seit der Jahrtausendwende die Wohnungsbaugesellschaften an der Reihe – nicht etwa, weil deren Verkauf jetzt als besonders sinnvoll angesehen wird, sondern weil es jetzt möglich ist. Es gibt jetzt Käufer. Was nach einheimischen Maßstäben als ziemlich unverkäuflich galt, ist plötzlich Objekt von Investitionsbegierden, die aus dem Bereich internationaler Kapitalanleger an die Kommunen herangetragen werden. Einige hunderttausend Wohnungen sind seit 2000 schon an solche Fonds verkauft worden, und vielerorts werden weitere Verkäufe vorbereitet.

Die Frage, ob eine Stadt ihre Wohnungsbaugesellschaft(en) restlos verkaufen soll, kann oder darf nicht allein nach pragmatischen, auf die aktuelle Haushaltssituation bezogenen Gesichtspunkten entschieden werden. Dies ist vielmehr eine eminent politische Frage, weil sie an das Selbstverständnis von Stadt- und Kommunalpolitik rührt. Sie kann nur im Rahmen einer Vorstellung davon, welche Rolle die Stadt als Körperschaft für das Zusammenleben in der Gemeinde haben soll, beantwortet werden. Man kann in dieser Frage nicht experimentell verfahren nach dem Motto: Probieren wir's doch einfach mal aus – denn rückgängig zu machen sind solche Verkäufe nie, jedenfalls nicht ohne starke finanzielle Einbußen für die Stadt. Es handelt sich also um eine stadtpolitische Grundsatzentscheidung und nicht um einen betriebswirtschaftlichen Imperativ, wie uns die alerten Absolventen diverser *Business-Schools* in den Beratungsunternehmen und modernisierungsversessene Jung-Politiker glauben machen wollen. Dass im Fall Dresden auch PDS-Politiker darauf hereingefallen sind, zeigt deren Schwierigkeit, sich in einer unübersichtlichen Lage selbständig zu orientieren, und ihre Unkenntnis der politischen Geschichte der städtischen Selbstverwaltung – oder gar ihre Geringschätzung dieser Selbstverwaltung.

Zwei Grundsatzfragen

Ob die Städte an kommunalem Eigentum im Wohnungsbereich festhalten sollen, entscheidet sich an den Antworten auf zwei Grundsatzfragen: 1.) Soll die Stadtpolitik Verantwortung übernehmen für die Wohnungsversorgung der Haushalte, die aufgrund von geringem Einkommen im privatwirtschaftlichen Angebot keine angemessene Wohnung finden können? Eigentlich ist dies gar keine Frage, denn die Städte sind ja dazu verpflichtet – die Frage lautet also nur: wie? Möglicherweise müssen die Städte für diese Aufgabe gar nicht über eigene Wohnungsbestände verfügen – aber der gesellschaftspolitische Zweck des öffentlichen Wohneigentums ging in der Vergangenheit sehr viel weiter: Mit eigenem Wohnungsbau wollten die Kommunen in den 1920er- und in den 1960er-Jahren die Standards der Wohnungsversorgung und die räumliche Verteilung von Schichten und Klassen im Stadtgebiet beeinflussen. 2.) Die zweite grundsätzliche Frage lautet: Will und soll eine Stadt auf die Entwicklung ihrer sozialräumlichen Struktur heute und in Zukunft noch Einfluss nehmen, oder will sie diese Entwicklung vollkommen den Marktprozessen überlassen? Zu den beiden Fragen folgende Anmerkungen:

1. Warum haben sich Städte überhaupt eigenen Wohnungsbestand zugelegt? Die Ursprünge liegen in der Weimarer Republik. Nachdem Wohnungs- und Städtebaureformbewegungen vor dem ersten Weltkrieg immer wieder das Wohnungselend und die krassen sozialen Gegensätze innerhalb der Städte angeprangert hatten, ohne den Staat zu einer politischen Intervention bewegen zu können, schufen das Ende der Monarchie und die neue Demokratie die Gelegenheit dazu. Nun wurden von den staatlichen Ebenen Instrumente für Stadtplanung und öffentliche Wohnungsbauförderung bereitgestellt, mit denen die Städte eine aktive Städtebau- und Wohnungspolitik verfolgen konnten. Da sich privates Kapital damals kaum im Mietwohnungsbau engagierte, entstanden zivilgesellschaftliche Initiativen (Berufsvereinigungen, Gewerkschaften, sozialpolitische Institutionen), die zur Gründung von Genossenschaften führten; außerdem wurden Wohnungsbaugesellschaften in öffentlicher Trägerschaft gegründet, die alle auf gemeinnützige Zwecke verpflichtet wurden. Sie schufen den Grundstock für ein Segment des Wohnungsangebotes in der Stadt, das explizit marktfern angesiedelt war und mit Hilfe öffentlicher Subventionen qualitativ hoch stehende Wohnungen auch für jene Stadtbewohner bieten sollte, die sich das mit ihren niedrigen Einkommen auf dem offenen Markt nie hätten leisten können. Es ging also weniger um die Beseitigung der Wohnungsnot – dies hätte auch ein unregulierter Markt besorgen können –, sondern um die Ausbreitung humaner Wohnstandards auch in den proletarischen Schichten. Der gemeinnützige Zweck war die Dämpfung sozialer Gegensätze und die Integration der Arbeitermassen, die bis dahin eine Existenz am Rande der Gesellschaft geführt hatten.

Beim öffentlich geförderten Wohnungsbau handelte es sich nicht um Armenfürsorge, sondern um eine gesellschaftspolitische und stadtstrukturelle Initiative, die der Reform der Wohnverhältnisse und der Korrektur der klassenspezifisch ungleichen Stadtstrukturen dienen sollte. Die proletarischen Viertel mit ihren gesundheitsgefährdenden Wohnbedingungen sollten nach und nach durch „moderne", durchgrünte und besonnte Wohnmöglichkeiten ersetzt werden. Dies diente der Entproletarisierung und Integration der Arbeiterklasse. Sozialräumliche Mischung sollte möglich gemacht und Wohnkultur durch vorbildliche Gestaltung verbreitet werden.

Diesen Zielen kamen die Wohnverhältnisse in den Städten im Laufe des 20. Jahrhunderts immer näher – in Ost und West, wenn auch mit jeweils spezifischen Defiziten und Errungenschaften. Die soziale Aufgabe, auch für Haushalte, die in Not geraten und von staatlichen Transfers abhängig sind, angemessene Wohnungen bereit zu stellen, stellt sich daher heute ganz anders als in Zeiten größter Wohnungsnot – aber sie bleibt eine Aufgabe, voraussichtlich von wachsendem Umfang. Bei einem hart kalkulierenden privaten Vermieter gilt: für wenig Geld gibt es nur schlechte Wohnungen. Will die Stadt diese zusätzliche Diskriminierung vermeiden, muss sie höhere Mieten zahlen, sie wird erpressbar, wenn sie keine eigenen Bestände für diese Aufgabe einsetzen kann. Wo also liegt langfristig der finanzielle Vorteil?

2. Wo liegt langfristig der finanzielle Vorteil? Die zweite Frage ist heute gerade deshalb von besonderer Brisanz, weil – wie die Entwicklung seit Mitte der 1990er-Jahre deutlich zeigt – die Armut in den Städten zunimmt, und weil die Zahl von Haushalten, die an oder unterhalb der Armutsgrenze leben, auch in Zukunft nicht abnehmen wird. Bund und Länder haben mit dem Programm „Stadtteile mit besonderem Entwicklungsbedarf – die soziale Stadt" (kurz meist: Soziale Stadt) die räumliche Konzentration von Haushalten, die große soziale Probleme haben, zum Anlass für ein neues Interventionsprogramm genommen und diese Aufgabe inzwischen auch gesetzlich verankert. Der Wortlaut im Baugesetzbuch: „Städtebauliche Maßnahmen der Sozialen Stadt sind Maßnahmen zur Stabilisierung und Aufwertung von durch soziale Missstände benachteiligten Ortsteilen oder anderen Teilen des Gemeindegebiets, in denen ein besonderer Entwicklungsbedarf besteht. Soziale Missstände liegen insbesondere vor, wenn ein Gebiet auf Grund der Zusammensetzung und wirtschaftlichen Situation der darin lebenden und arbeitenden Menschen erheblich benachteiligt ist." (§ 172e,2). Gemeint ist damit eine starke räumliche Konzentration von Armut. Diese soll vermieden oder bekämpft werden, weil durch sie negative Wirkungen für die Lebensbedingungen der Bewohnerinnen und Bewohner und eine zusätzliche Benachteiligung befürchtet werden. Überdies erscheint durch die räumliche Zuspitzung von sozialen Unterschieden der soziale Frieden gefährdet, wie die vielen städtischen Revolten in den USA, in England und zuletzt in Frankreich gezeigt haben.

Die Städte brauchen einen Wohnungsbestand, auf den sie als Eigentümer Einfluss haben, um sowohl die Herausbildung neuer Obdachlosensiedlungen zu verhindern, als auch um Entmischungsprozesse in Stadtquartieren zu bremsen oder gar zu verhindern und so den sozialen Zusammenhalt in der Stadt zu festigen und zu erhalten. Die Verkäufe kommunaler Wohnungsbaugesellschaften an renditeorientierte Anleger widersprechen dieser Zielsetzung und berauben die Städte der aufgrund des rapiden Abbaus der Sozialwohnungsbestände ohnehin schwindenden Möglichkeiten, auf die räumliche Verteilung der bedürftigen Haushalte Einfluss zu nehmen.

Im sozialen Zweck liegt die Reserve für höhere Renditen

Der Kauf von kommunalen oder ehemals gemeinnützigen Wohnungsunternehmen erscheint privaten Investoren deshalb als lukratives Geschäft, weil sie in diesen Unternehmen viele Potenziale für eine Ertragssteigerung sehen. Damit haben sie zweifellos Recht. Aber es ist gerade die Distanz zur ausschließlich an der Rendite orientierten Geschäftsführung, die es rechtfertigt, dass diese Unternehmen als öffentliches Eigentum geführt werden. Sie erfüllen nämlich nicht primär einen Bereicherungszweck für die kommunalen Eigentümer, sondern haben eine stadtpolitische Aufgabe. Selbst wenn auf den Beständen keine Sozialbindungen liegen, können kommunale Unternehmen über die Definition der Unternehmensziele und über die Kontrolle durch die Aufsichtsräte, die wenigstens zum Teil aus lokalen Politikerinnen und Politikern bestehen, eine Geschäftsführung durchsetzen, die sich an den Geboten der sozialen Integration und Kohäsion und an der Vermeidung von räumlicher Ausgrenzung orientiert – also an einer Gemeinnützigkeit, die bis 1988 noch steuerlich gefördert wurde.

Dass Kommunalpolitikerinnen und -politiker mit steigender Finanznot immer häufiger von ihren Wohnungsunternehmen eine höhere Rendite einfordern, ist zwar bekannt; aber noch nie haben sie es gewagt, die Höhe der Rendite ohne Skrupel über das Allgemeinwohl zu stellen. Für einen Investor, für den die höchste Rendite das allein leitende Ziel des Unternehmens ist, gilt dies nicht. Er müsste Skrupel haben, wenn er darauf verzichten würde, die maximale Rendite zu erwirtschaften. Der Übergang von öffentlichen Wohnungsbeständen in die Hände von Anlagefonds bedeutete nicht nur einen Verlust von Einfluss- und Steuerungsmöglichkeiten, vielmehr werden dabei die stadtpolitischen Effekte des Umgangs mit diesen Beständen in ihr direktes Gegenteils verkehrt. Die sozialpolitische Rücksichtnahme und die Gemeinwohlorientierung sind nämlich die Gründe dafür, dass aus den Unternehmen bisher nicht die höchst mögliche Rendite herausgepresst wurde – und ebendies macht ihre Attraktivität für betriebswirtschaftliche Optimierer aus. Wegen ihrer sozialen Ausrichtung bieten diese Unternehmen so große Potenziale für eine Renditesteigerung.

Die kommunalen Wohnungsbaugesellschaften beanspruchen für sich, nicht nur eine bescheidene Rendite an die Kommunen abzuliefern, sondern zusätzlich eine „Stadtrendite". Diese liegt darin, dass die Wohnungsunternehmen auch Aufgaben übernehmen, die über den einzelbetrieblichen Zweck hinausgehen und der sozialen Integration in der Stadt dienen – sei es durch die Aufnahme von Wohnungsnotfällen, sei es durch Gemeinwesenarbeit, die präventiv soziale Probleme vermeidet und so zu Ersparnissen bei der Stadt im Sozialetat beiträgt, sei es durch eine integrative Belegungsstrategie. Die „Stadtrendite" besteht darin, dass die Wohnungsbaugesellschaften ein Belegungsmanagement in ihren multilokalen Beständden pflegen können, das die Entmischung von Quartieren verhindert oder zumindest verlangsamt. Dass sich die kommunalen Wohnungsbaugesellschaften in der Vergangenheit nicht immer und nicht überall so freundlich zum Gemeinwesen oder zu den Bewohnerinnen und Bewohnern verhalten haben, ist bekannt. Aber im Gegensatz zu renditeorientierten Anlagefonds sind sie lokale Partner, mit denen über solche Themen diskutiert werden kann – und zwar auch öffentlich! Denn als Unternehmen in öffentlichem Eigentum sind sie letztlich Teil jenes institutionellen Systems, das von der Bewohnerschaft als ihre Stadtverwaltung angesehen wird. Und daher sind es die Bürgerinnen und Bürger der Stadt, die Fragen nach der Legitimation und Effektivität ihres Handelns stellen, und nicht *Broker* aus der Londoner City. Ist nach einem Verkauf das neue Management in die Chefetage eines bislang kommunalen Wohnungsunternehmens eingezogen, stehen Themen der sozialen Integration oder der Stadtverträglichkeit von Entscheidungen nicht mehr auf der Tagesordnung. Anforderungen dieser Art stehen die Manager, die zuvor vielleicht eine Staubsaugerproduktion stillgelegt oder eine Hühnerfarm rationalisiert haben, ziemlich verständnislos gegenüber. Karriere machen sie auch nicht durch die Kooperation mit lokalen oder regionalen Institutionen, sondern allein durch die Ertragssteigerung – und zwar innerhalb weniger Jahre.

Die Kurzfristigkeit des Anlageinteresses ist der entscheidende Punkt. Würden die Verwalter von Finanzinvestitionen langfristig denken, müssten sie sich mit Themen der sozialen Stabilität und damit der Zufriedenheit ihrer Mieterinnen und Mieter auseinander setzen. Private Investoren, die dies tun, gibt es auch – sie sind von denjenigen zu unterscheiden, die mit dem wirkungsmächtigen Bild der „Heuschrecke" belegt wurden. Das Abfressen von frischem Grün ohne Reinvestition ist eben keine Grundlage für eine nachhaltige Entwicklung.

Mögliche Folgen

Der primäre Anreiz liegt für die Finanzinvestoren darin, dass deutsche Wohnungsbestände im internationalen Vergleich außerordentlich preisgünstig sind und daher Reserven für Preissteigerungen vermutet werden können. Die Kreditzinsen sind auf dem globalen Finanzmarkt extrem niedrig, sie liegen um mehr als zwei Prozent unter den erzielbaren Renditen. Also setzen die Investoren ein Minimum an Eigenkapital ein und kaufen die Bestände auf Kredit. Die Zinsen lassen sich ohne weiteres aus den laufenden Einnahmen finanzieren – was nicht zuletzt durch den deutschen Sozialstaat ermöglicht wird, der mittels Wohngeld und der Übernahme von Wohnungskosten für ökonomisch schwache Haushalte durch die Kommunen den stetigen Fluss der Mieteinnahmen garantiert. Dass die neuen Eigentümer ihre Mieterinnen und Mieter vergraulen, ist daher auf entspannten Wohnungsmärkten nicht zu erwarten – denn gerade die Haushalte, für die das Wohnungsamt die Miete überweist, gehören zu den verlässlichsten Kunden. Aber wo und wie werden sie wohnen?

Soziale, kulturelle und ethnische Segregation

Die rein marktförmige Organisation der Wohnungsversorgung führt immer zu stärkerer sozialer, kultureller und ethnischer Segregation, als dies auf sozialstaatlich moderierten oder staatlich regulierten Märkten der Fall ist. Dies liegt schlicht daran, dass die Wohnumwelt Teil der Qualität einer Wohnung ist. Und zur Wohnumwelt zählt neben der Lage, neben den landschaftlichen oder städtebaulichen Qualitäten und neben der Infrastruktur auch das Image eines Gebiets, das von seinen Bewohnerinnen und Bewohnern geprägt wird. Jeder Immobilienführer bezeichnet das soziale Milieu eines Quartiers als ein Qualitätskriterium, und bei den höchsten Preislagen werden oft auch die Namen von Prominenten genannt, die in dieser Nachbarschaft leben oder gelebt haben. Kulturelle Distanzen werden in räumliche Distanzen übersetzt, und zu einer Vermarktungsstrategie, die höhere Einkommensgruppen im Blick hat, gehört immer die Versicherung, dass das Gebiet „exklusiv" sei, das heißt die Garantie, dass da kein „störendes Volk" wohnt, das unter Umständen lärmt oder ein seltsames Konsum- und Freizeitverhalten an den Tag legt. Dies ist besonders bei Familien mit Kindern wichtig, die durch die Auswahl des Wohnortes den Umgang ihrer Kinder beeinflussen möchten. Nebenbei wird durch solche Strategien auch die erwünschte komplementäre Segregation in den Schulen, die die Kinder besuchen müssen, herbeigeführt. Sozialer Wohnungsbau und der bewusste Einsatz von kommunalen Wohnungsbeständen folgte dieser Logik gerade nicht – in jüngerer Zeit bemühte man sich mancherorts sogar um die Integration von Minderheiten, denen man Wohnungsangebote außerhalb der stark segregierten „Ausländerviertel" machen konnte. Dass ein privater Anbieter, um sich eine hohe Rendite zu sichern, da anders verfahren muss, liegt auf der Hand.

Differenzierungsstrategie der Anleger

Welche Folgen muss man sich vorstellen, wenn die öffentlichen Wohnungsbestände in die Verfügung von Kapitalanlage-Firmen übergehen? Je nach Umfang des Wohnungsbestandes wird ein auf kurzfristige Rendite orientierter Anleger eine Differenzierungsstrategie einschlagen und „Produkte" für ein Marktsegment mit hoher Kaufkraft, für einen Käufermarkt und für eine wenig kaufkräftige Nachfrage herstellen. Die Bestände werden also aufgeteilt, hier wird kräftig investiert, dort gar nicht – und ein Teil wird an andere, risikofreudigere Investoren weitergereicht oder an Mieter und weitere Interessenten verkauft. Durch die Verkaufserlöse und den Überschuss der Einnahmen, der die Kreditkosten übersteigt, können enorme Gewinne auf das, im Verhältnis zum Gesamtvolumen, geringe eingesetzte Eigenkapital erzielt werden.

Was mit den nicht verkauften Beständen längerfristig passiert, ist unklar. Zumindest kann nicht ausgeschlossen werden, dass die nicht weiter verkäuflichen Wohnungen einer juristisch selbständigen Gesellschaft übertragen werden, die nicht mehr investiert, dadurch noch eine Weile Geld herauszieht und dann Pleite geht.

Ähnlich wie bei der Sanierung vergifteter Industriebrachen müsste dann am Ende wieder die öffentliche Hand einspringen und die heruntergekommenen Wohnungen übernehmen.

Die Wohnung: Heimat, Privatsphäre, schützender Rückzugsort

Mitte der 1960er-Jahre, als sich die Studentenbewegung auch für stadtpolitische Themen zu interessieren begann, entstand eine Veröffentlichung, die den propagandistischen Titel trug: „Wohnung darf nicht länger Ware" sein. Die Übertragung der marxistischen Analyse der Warenform auf das Wohnen war ein ganz unüblicher Vorgang, der auch ganz ungewohnte Einsichten brachte. Die Stoßrichtung der Analysen richtete sich grundsätzlich gegen die Annahme der wohnungswirtschaftlichen Theorien, dass man Wohnungen produzieren, handeln und verbrauchen könne wie Autos, Kühlschränke oder Käse. Dagegen wurde das nahe liegende Argument gehalten, dass Wohnungen ja nicht transportierbar sind, also bei der Analyse von Angebot und Nachfrage immer nur lokale Märkte betrachtet werden können. Die Ware Wohnung weist also Spezifika auf, die sie von den übrigen Waren signifikant unterscheiden. Dazu gehört auch der Gebrauchswert der Wohnung, der oft mit dem Marktwert sehr wenig zu tun hat – insbesondere bei jenen Wohnungseigentümern, die viel Eigenarbeit in das Haus oder die Wohnung investiert haben. Und dazu gehört die Wohnung und das Haus als ein sehr wichtiges Element für die Konstruktion des Selbst: Es ist voll gestopft mit Erinnerungen, mit erfüllten und enttäuschten Hoffnungen, mit Materialisierungen aus dem Leben der Mitbewohner. Die Wohnung gibt im besten Fall Sicherheit, sie ist ein Ort der Privatheit und des Rückzugs, ja des Schutzes in einer Umwelt, von der erhebliche Erschütterungen ausgehen können.

Die Wohnung ist also nicht nur Ware, vielmehr ist die wahre Wohnung Heimat. Hier berühren sich der marxistische und der konservative Blick auf Wohnung und Haus: Beide sehen deren Gebrauchswert nur gesichert, wenn sie auf Distanz gebracht sind zu den Bewegungen und Dynamiken von Märkten. Die Wohnungsreformer im 19. Jahrhundert, vor allem die Propagandisten des Wohnungseigentums als eines Wegs zur Lösung der Wohnungsfrage, hatten dies immer im Auge. Für die Reichen war es nie eine Frage: Man baut oder kauft sich sein Haus nach eigenen Vorstellungen. Für die unteren Einkommensschichten sollte dies durch Genossenschaften oder Bausparen ermöglicht werden. Und auch der erst in der Demokratie nach dem Ende des Kaiserreichs möglich gewordene gemeinnützige Sektor sollte mit öffentlicher Unterstützung Wohnungen bieten, die, marktfern finanziert, eine Heimat auch für diejenigen bieten, die sonst am stärksten dem Markt ausgeliefert waren. Insbesondere sollten nicht die Unterprivilegierung auf dem Arbeitsmarkt und jene auf dem Wohnungsmarkt direkt verkoppelt bleiben und zur Verfestigung einer sozialen Lage führen, von der weitere negative Effekte für die nachwachsenden Generationen befürchtet wurden. Die Kommunen wollten seit den 1920er-Jahren durch ihren eigenen Wohnungsbestand dazu beitragen, dass diese Entkoppelung der Schicksale auf dem Arbeits- und Wohnungsmarkt für mehr Haushalte möglich wird, als es ohne dieses Angebot der Fall gewesen wäre.

Unruhige Zukunft

Der große englische Historiker Eric Hobsbawm kam in einer summarischen Betrachtung der Sozialgeschichte seit Beginn der Industrialisierung zu der Erkenntnis, dass die schwerste Belastung der Arbeiterexistenz die Unsicherheit gewesen sei – Unsicherheit überall: bei der Beschäftigung, beim Einkommen, bei der Wohnung, in der Krankheit und im Alter. Die Beherrschung von vielen dieser Risiken durch den Aufbau kollektiver Sozialversicherungssysteme sei die herausragende zivilisatorische Leistung der Sozialstaaten. Durch sozialen Wohnungsbau und durch Mieterschutz-Gesetze wurden auch die Unsicherheiten im Wohnbereich vermindert.

Der Verkauf dieser Bestände an renditeorientierte, international agierende Anleger bringt als Mindestfolge Unruhe und Unsicherheit in diese Wohnungen und in die Quartiere. Dies kann zu einer steigenden Zahl von freiwilligen und erzwungenen Umzügen führen, die die Grundlage für Entmischungsprozesse sind. Wie die neuen Muster aussehen, wird man erst nach etwa einem Jahrzehnt sehen, denn der Schutz des Bürgerlichen Gesetzbuches gilt in Deutschland ja auch dann noch, wenn internationale Geldanleger Eigentümer geworden sind. Zwar scheinen sich einige Kommunalpolitiker sehr darüber zu freuen, wenn ihnen die Käufer per Vertrag noch einmal bestätigen, was bereits gesetzlich geregelt ist – aber das Wohngefühl leidet auf jeden Fall darunter, wenn man damit rechnen muss, früher oder später gezwungen zu sein, seine Rechte über den Rechtsanwalt oder Gerichtsprozesse durchsetzen zu müssen. Eine Wohnung sollte Schutz und Ruhe bieten, und nicht Anlass für Ängste um die eigene Sicherheit sein müssen.

Das Ende der Europäischen Stadt?

Mit dem Abbau von öffentlichem Eigentum an Grund und Boden, mit der Privatisierung von Infrastrukturbetrieben und Wohnungsbaugesellschaften scheint eine Epoche der Stadtpolitik zu Ende zu gehen, die im Mittelalter begründet worden war und in der Industrialisierung durch den „Munizipalsozialismus" eine neue Ausformung erfahren hatte.

Max Weber definierte die Europäische Stadt als Idealtypus ausschließlich mit sozialen und politischen Charakteristika, die die Städte in keinem anderen Teil der Welt aufwiesen, nämlich durch:

- die Autonomie der Städte, die sich auf Gewerbeaufsicht und politische Verwaltung erstreckte,

- eine selbständige Gesetzgebung und Rechtsprechung,

- die Selbstverwaltung und Selbstbestimmung der Stadtbürger, die sich aus dem Verbandscharakter der Stadt ergaben, die wie eine Genossenschaft organisiert war.

Die Europäische Stadt war ein handlungsfähiges politisches Subjekt, gleichsam ein Stadtstaat. Sie wurde von den (Besitz-)Bürgern als eine „Schwurgemeinschaft" gebildet und verwaltet. Die Stadtmauer war mehr als eine räumliche Grenze, sie trennte die feudale, ländliche Gesellschaft sozial, politisch und ökonomisch von der Stadtgesellschaft. Die europäischen Städte waren im Mittelalter Inseln einer aufscheinenden Modernität in einem feudal strukturierten Umland. Vorformen des Marktes, der Demokratie und des Individualismus, die ihre zentralen Elemente bildeten, waren Merkmale einer Stadtkultur, die es nirgendwo sonst auf der Welt im Mittelalter und in der frühen Neuzeit gab.

Der Genossenschaftscharakter der Städte aus dem Mittelalter ist in der Rechtsstellung der Städte in Deutschland heute noch – wenn auch sehr versteckt – lebendig. Städte sind in Deutschland Körperschaften des öffentlichen Rechts. Sie sind dadurch ein selbständiges Subjekt und nicht Teil des Staatsapparates. In § 28 des Grundgesetzes heißt es, dass den Gemeinden „das Recht gewährleistet sein (muss), alle Angelegenheiten der örtlichen Gemeinschaft im Rahmen der Gesetze in eigener Verantwortung zu regeln". Alle Probleme, um die sich Bund, Länder und Gemeinden heute bei der Bestimmung der Kompetenzen und Verantwortlichkeiten der Städte streiten, sind in diesen Formulierungen enthalten: Eine örtliche Gemeinschaft wird hier postuliert, die „in eigener Verantwortung" die lokalen Angelegenheiten regeln soll, allerdings nur, „im Rahmen der Gesetze". Diese Gesetze werden von den Bundesländern erlassen, und darin wird der Rahmen festgelegt, in dem die Gemeinden Verantwortung tragen können. Von Autonomie kann daher nicht mehr die Rede sein, aber die Idee der lokalen Selbstbestimmung klingt doch nach.

Die Körperschaft des öffentlichen Rechts „Gemeinde" ist ein politisches Subjekt, das drei Sphären von Politik vereinigt:

1. Die kommunale Selbstverwaltung ist ein formalisierter Prozess der demokratischen Willensbildung, der die Besonderheit aufweist, dass die Bürgermeister direkt vom Volk gewählt werden. Sie haben dadurch eine herausgehobene Stellung, für die es keine Parallele in der deutschen politischen Organisationslandschaft gibt. Außerdem haben seit Mitte der 90er-Jahre alle Länder Vorschriften für Bürgerbegehren oder Referenden in ihre Landesverfassungen aufgenommen, die die Rolle der Bürger bei den Entscheidungen der lokalen Politik stärken sollen. Verglichen mit den staatlichen Ebenen von Ländern und Bund ist die Rolle des parlamentarisch verfassten Gemeinderates eingeschränkt.

2. Die Stadt ist auch der Ort der Selbstorganisation der Zivilgesellschaft, der Ort, an dem sich bürgerschaftliches Engagement realisieren kann. Dies ist die Sphäre der Stadtbürger, die sich in die Tradition des *Citoyen* stellen und sich nicht mit den Rechten eines *Citizen* begnügen. Dabei geht es sowohl um

Kontrolle der politischen Macht als auch um Selbstorganisation von kollektiven Angeboten.

3. Schließlich sind die Kommunen Ausführungsorgane für Staatsaufgaben, die durch die Gesetzgebung von Bund und Ländern bestimmt und nicht immer mit den entsprechend notwendigen Finanzen ausgestattet werden.

Im Übergang von der Agrar- zur Industriegesellschaft, der begleitet war von einem Übergang von der aristokratischen Feudalgesellschaft zur bürgerlichen Demokratie, waren es vor allem die Städte, die die technische Infrastruktur und die politische und soziale Organisation der Entstehung einer neuen Gesellschaft organisierten. Während sich die Reichsebene vor allem mit imperialen Großmachtsstrategien beschäftigte, waren es auf lokaler Ebene das Bürgertum und die Wohlfahrtsvereine, die eine Interventionsstadt organisierten, die außerhalb Europas ohne Beispiel war. Weil die Städte nach und nach die Verantwortung für die Wohnungsversorgung, für die Energie-, Wasser- und Verkehrsversorgung übernahmen, wurde dieses Engagement als „Munizipalsozialismus" bezeichnet. Es handelt sich dabei um eine Art Wohlfahrtsstadt, um eine inklusive Stadt, die sich um ihre Entwicklung als räumliche und soziale Einheit bemüht. Seinen Niederschlag fand dies in der Entwicklung eines Systems von Stadtentwicklungsplanung, das, beginnend in den letzten beiden Jahrzehnten des 19. Jahrhunderts, von der Idee einer Planung für die Entwicklung der gesamten Stadt und des Ausbaus von Versorgungseinrichtungen für alle Schichten der Bevölkerung getragen war. Obwohl die politischen Machtträger aufgrund des Dreiklassenwahlrechts nur eine geringe demokratische Legitimation hatten, war doch eine Gemeinwohlorientierung in der Bearbeitung der lokalen Angelegenheiten mehr oder weniger selbstverständlich geworden. Dadurch wurden die Städte zu einer Art Integrationsmaschine, die – ermöglicht durch das enorme wirtschaftliche Wachstum – nach und nach alle vom Land zugewanderten Schichten in den Arbeitsmarkt und in die städtischen Fürsorge- und Versorgungseinrichtungen einbezog.

Ihr Instrument war die Stadtentwicklungsplanung, die den Ausbau der Infrastruktur, die Wohnungsversorgung, Jugendfürsorge, Gesundheitseinrichtungen und andere soziale Dienste umfasste. Die Stadt trat dabei als Bauherr, als Eigentümer und als Betreiber auf. Die anfänglichen Versuche mit privatwirtschaftlicher Organisation bei der Energie- und Wasserversorgung, die für das liberale Bürgertum gleichsam den „natürlichen" Weg darstellte, wurden beendet, weil die privaten Betriebe ihre Monopole ausnutzten, um überhöhte Gewinne abzuziehen, ohne in die Infrastruktur zu investieren. Diese Erfahrungen mit privaten Trägern kollektiver Infrastruktur machen Städte heute auch wieder – aber wer zieht eigentlich diejenigen, die Fehlentscheidungen getroffen haben, zur Rechenschaft?

Wenn die Folgeprobleme der jetzigen Verkaufsentscheidungen auftreten, werden allerdings die Politikerinnen und Politiker, die diese Entscheidungen trafen, nicht mehr im Amt sein. Deshalb wird sie auch niemand zur Rechenschaft ziehen. Eine kurzsichtige und gemeinschaftsfeindliche Politik durchzusetzen, ist leider ohne jedes Risiko. Dass in Dresden die unglaubliche Zahl von 45 000 Unterschriften gegen die Privatisierung gesammelt wurde, hat die vom Gedanken eines Befreiungsschlages betäubten Mitglieder des Stadtrates nicht beeindrucken können. In Köln hat die Koalition aus Liberalen und Konservativen, die den Verkauf der kommunalen Wohnungsbaugesellschaft beschlossen hatte, ein Bürgerbegehren, das von Grünen, SPD, Gewerkschaften und Mieterbund unterstützt wurde, nicht zugelassen – und ist an dieser Frage dann doch selbst gescheitert. Es scheint so, dass überall dort, wo die Bürgerinnen und Bürger über die Verwendung ihres Vermögens entscheiden können, ein Verkauf an spekulative Anleger abgelehnt wird. Befürwortet wird er von Unternehmensberatern und von den höheren Etagen der Finanzministerien. Werden sich die Traditionen der Europäischen Stadt gegen die neoliberalen Strömungen behaupten können?

Der Autor

Prof. Dr. Hartmut Häußermann,
1976–1978 Prof. für Stadt- und Verwaltungssoziologie, Universität (GH) Kassel; 1978–1993 Prof. für Stadt- und Regionalsoziologie, Universität Bremen; 1990–1993 Leiter der Zentralen Wissenschaftlichen Einrichtung „Arbeit und Region" im Kooperationsbereich Universität – Arbeiterkammer; seit 1993 Prof. für Stadt- und Regionalsoziologie, Humboldt-Universität zu Berlin. 2005 Mitbegründer und Sprecher des Georg-Simmel-Zentrums für Metropolenforschung. 2002 bis 2006 Präsident des Research Committee on the Sociology of Urban and Regional Development der International Sociological Association (ISA).

Foto: HU Berlin

Jürgen Friedrichs

Hat die Förderung von Wohneigentum positive Effekte in einem benachteiligten Wohngebiet?

1. Problem

Die Annahme, Wohneigentum habe positive Effekte für die Haushalte, gehört wohl zu den grundlegenden Überlegungen der Wohnungspolitik. Sie liegt z.B. der Eigentumsförderung in der Bundesrepublik nach dem Zweiten Weltkrieg zugrunde (Häußermann/Siebel 1996; Herlyn/Herlyn 1983), ebenso dem forcierten Programm in England in der Regierungszeit von Margret Thatcher, Wohneigentum zu fördern (Saunders 1990).

Mit dieser Annahme ist eine weitere verbunden: Eigentum führe zu eher „konservativen" Einstellungen; sie liegt den politischen Programmen (oft nur implizit) zugrunde. Einige empirische Studien belegen in der Tat einen Zusammenhang von Wohneigentum (unter Kontrolle von Variablen des sozialen Status) und der Wahl konservativer Parteien (unter anderen Crewe 1991; Häußermann/Küchler 1993; Johnston 1987; Pattie/Dorling/Johnston 1995), andere jedoch nicht (Saunders 1990, S. 239 ff.). Ferner zeigen empirische Befunde, dass Eigentum sich positiv auf die Instandhaltung der Wohnung oder des Hauses (Galster 1987, Kap. 9), auf die Erziehung und die Leistungen der Kinder (z.B. Aaronson 2000; Boehm/Schlottmann 1999; Green/White 1997; Harkness/Newman 2002) und die lokale Partizipation (Haurin/Dietz/Weinberg 2003; Rossi/Weber 1996) auswirkt.

Will man diese Befunde erklären, so kann dies durch drei miteinander verbundene Annahmen erfolgen, die auf der Analyse von Galster (2003, S. 896) aufbauen: 1. Wer Eigentum erwirbt, sei es ein Haus oder eine Wohnung, tätigt eine langfristige Investition. Deshalb ist er daran interessiert, den Wert der Investition zu erhöhen, mindestens aber real zu erhalten. 2. Der Wert des Objektes hängt auch vom Wert der umgebenden Objekte im Wohnviertel *und* von dem Ruf oder Image des Wohnviertels ab. 3. Um den Wert des Objektes zu erhöhen (zumindest zu erhalten), werden Eigentümer nicht nur in den Erhalt ihres Objektes, sondern auch in das Wohnviertel investieren.

Gelten diese Annahmen aber auch für ein benachteiligtes Wohngebiet? Wenn also die primäre Investition (Objekt) eine sekundäre (Wohnviertel) nach sich zieht oder erfordert, dann wäre es eine sinnvolle Strategie, in solchen Gebieten den Erwerb von Eigentum zu fördern. Zur Beantwortung dieser Frage soll die folgende Analyse beitragen.

In dem untersuchten Wohngebiet hat die zu zwei Dritteln in städtischer Hand befindliche Gemeinnützige Aktiengesellschaft für Wohnungsbau (GAG) sowohl Eigentumswohnungen errichtet als auch Miet- in Eigentumswohnungen umgewandelt (vgl. Bighini 2006). Das Ziel dieser Maßnahmen war, das Gebiet zu „stabilisieren", das heißt die Bewohnerstruktur zu erhalten, die Fluktuation zu vermindern, die Durchmischung zu fördern und letztlich das Gebiet aufzuwerten.

Der Ausdruck „Stabilisierung" wird verwendet, um einen positiven Effekt einer Maßnahme auf ein gegebenes, meist benachteiligtes Gebiet zu bezeichnen. Das Konzept „Stabilisierung" ist zweifellos mehrdeutig. Es umfasst zumindest drei Dimensionen: 1. eine geringe Fluktuationsrate, also wenige Zu- und Fortzüge; auf der Individualebene eine höhere Wohndauer und geringere Fortzugsabsichten; 2. eine stärkere Partizipation an den Institutionen oder Veranstaltungen im Wohngebiet; 3. eine stärkere soziale Kontrolle durch die Bewohnerinnen und Bewohner selbst.

Wenn man also den Eigentümern so positive Eigenschaften zuschreibt, dann sollten sie sich auch stärker als Mieter für das (ihr) Wohngebiet einsetzen und vermutlich auch weniger negative Eigenschaften des Gebietes wahrnehmen, das heißt abweichendes Verhalten seltener wahrnehmen, aber auch stärker verurteilen. Im Folgenden wird empirisch untersucht, welche Einstellungen Eigentümer und Mieter zu dem Gebiet haben. Dabei geht es speziell um die Wahrnehmung von und die Urteile zu abweichendem Verhalten.

2.   Hypothesen

Wenn man die Einstellungen von Eigentümern untersucht, so ist zu berücksichtigen, dass die positiven Einstellungen zu dem Gebiet vermutlich bereits eine Ursache für den Kauf waren – und nicht dessen Folge. Diese Überlegung stimmt auch mit den Annahmen der Theorie der kognitiven Dissonanz überein: Ihr zufolge träte eine kognitive Dissonanz auf, wenn jemand Eigentum in einem Wohnviertel erwürbe, das Objekt positiv, aber die Umgebung negativ beurteilte. Daher wird Eigentum sehr wahrscheinlich nur dann erworben, wenn die Einstellungen sowohl zu dem Objekt als auch zu dem Wohnviertel positiv sind.

Nur durch eine Panelstudie ließe sich prüfen, wie die Einstellung vor und wie sie nach dem Erwerb des Eigentums war bzw. ist. Dieser Unterschied ist nun aber für das Wohngebiet nicht bedeutsam. Entscheidend für das *Gebiet* sind die Einstellungen der Bewohnerinnen und Bewohner, also auch deren Wahrnehmung. Wenn die Eigentümer positiv urteilen, so werden sie nach dem Thomas-Theorem

(Thomas 1965, S. 114) auch ihrer subjektiven Wahrnehmung entsprechend handeln – hier: sie nehmen also sekundäre Investitionen vor.

Diese Annahmen sollten nicht nur für den Erwerb von Eigentum in einem Wohngebiet der Ober- oder Mittelschicht gelten, sondern auch für ein benachteiligtes Wohngebiet. Es ist sogar zu vermuten, dass sie in noch stärkerem Maße zutreffen, weil sich der Investor oder der private Haushalt des Risikos, in einem solchen Gebiet einen Wertverlust zu erleiden, stärker bewusst ist. Deshalb, so die weitere Annahme, wird er auch eine größere Bereitschaft aufbringen und in das Gebiet investieren, um den Wert seines Objektes nicht vermindern zu lassen.

Ich gehe von folgenden Hypothesen aus:

1. Eigentümer und Mieter unterscheiden sich nach sozio-demographischen Merkmalen; Eigentümer sind wahrscheinlich älter, haben eine höhere durchschnittliche Haushaltsgröße, haben ein höheres Einkommen und eine höhere Schulbildung, beziehen jedoch seltener Transfereinkommen.

2. Aufgrund ihrer Investition ist die Bereitschaft, fortzuziehen, bei Eigentümern geringer als bei Mietern.

3. Die Wahrnehmung abweichenden Verhaltens ist bei Eigentümern niedriger als bei Mietern.

4. Eigentümer üben mehr soziale Kontrolle im Gebiet aus als Mieter.

5. Die Bereitschaft, im Falle eines beobachteten Konfliktes einzugreifen und/oder die Polizei zu holen, wird von Eigentümern höher als von Mietern eingeschätzt.

3. Methode und Stichproben

Die Daten der nachfolgenden Analyse stammen aus einer repräsentativen *Face-to-face*-Befragung von 720 deutschen und 238 türkischen Bewohnerinnen und Bewohnern des Stadtteils Köln-Vingst/Höhenberg. Die Auswahl erfolgte aufgrund einer Wahrscheinlichkeitsstichprobe aus der Kartei des Einwohnermeldeamtes. Die Ausschöpfung lag bei 46 Prozent. Die Studie wurde im Frühjahr und Sommer 2004 durchgeführt[1]. Hier werden nur die Ergebnisse für die deutschen Bewohnerinnen und Bewohner berichtet.

Das rechts-rheinisch gelegene Gebiet ist eines der am meisten benachteiligten Wohngebiete Kölns. Im Jahr 2004 waren von der Bewohnerschaft 11,0 Prozent Sozialhilfeempfänger (Köln: 6,8%), 20,3 Prozent arbeitslos (Köln: 12,9%) und

---

1 Die Studie wurde gemeinsam mit Prof. Dr. Jörg Blasius, Universität Bonn, durchgeführt und von der Deutschen Forschungsgemeinschaft gefördert (FR 517/27-1).

30,2 Prozent Ausländer (Köln: 17,2%). In der Stichprobe waren insgesamt 20,7 Prozent Bezieher von Transfereinkommen.

Tabelle 1: Sozio-demographische Merkmale der Eigentümer und Mieter, in Prozent

Merkmal	Eigentümer	Mieter	Signifikanz
Alter, in Jahren			**
16-15	8,2	13,5	
26-35	8,9	13,3	
36-45	14,4	16,5	
46-55	24,0	18,7	
56-65	22,6	12,6	
65 u. älter	21,9	25,4	
Schulbildung			***
Hauptschule	36,4	54,8	
Mittlere Reife	24,3	21,5	
Abitur	39,3	23,6	
Haushaltstyp			n.s.
Verheiratet, mit Kind(ern)	26,2	21,5	
Verheiratet, ohne Kinder	33,8	33,5	
Alleinerziehend	11,7	11,7	
Alleinlebend	16,6	23,0	
Zus.lebend ohne Kind(ern)	5,5	5,3	
Verwitwet, keine Kinder	6,2	5,1	
Äquivalenzeinkommen, in Euro[1]			***
Unter 500	0,9	13,4	
500 bis unter 750	10,7	14,9	
750 bis unter 1000	13,4	20,0	
1000 bis unter 1250	17,0	15,5	
1250 bis unter 1500	24,1	19,6	
1500 und darüber	33,9	16,6	
Tansfereinkommen			***
Ja	3,5	25,2	
Wohndauer			*
Bis 3 Jahre	17,1	28,1	
4 bis 9 Jahre	18,5	24,5	
10 bis 24 Jahre	37,7	24,5	
25 Jahre und länger	26,7	22,9	
Umzugsabsicht			***
Nein	66,7	45,6	
Ja, ohne Aktivität	25,2	30,7	
Ja, mit Aktivität	8,2	23,7	
N	147	557	

1 Berechnet nach neuer OECD-Skala. Signifikanzen: * p < .05; ** p < .01; *** p < .001.

Die Eigentümer, zumeist von Wohnungen, sind über das gesamte Gebiet verteilt. Die Kosten für den Erwerb von Eigentum sind im Vergleich zu anderen Gebieten Kölns relativ niedrig: Nach einer Erhebung des Statistischen Amtes der Stadt Köln im Jahre 2005 liegen die Durchschnittswerte für Immobilien in diesem Gebiet zwischen 1 250 bis 1 417 Euro/m², der Kölner Durchschnitt liegt bei 1 913 Euro; in den „guten" Stadtteilen muss man mindestens 2 250 Euro zahlen (Feldgen 2006).

Tabelle 1 zeigt die sozio-demographischen Merkmale der Mieter und Eigentümer. Wie zu vermuten war, unterscheiden sich Eigentümer- und Mieterhaushalte beträchtlich. Die Eigentümer sind älter und gebildeter, zudem verfügen sie über ein höheres Äquivalenzeinkommen. Eigentümer und Mieter unterscheiden sich auch in der Wohndauer und in den Fortzugsabsichten. Die Eigentümer wohnen signifikant länger im Gebiet; ferner haben, wie vermutet, Eigentümer signifikant seltener die Absicht fortzuziehen (33,3% vs. 54,4%).

4. Wahrnehmung abweichenden Verhaltens

Einstellungen und Wahrnehmung in Sachen abweichendes Verhaltens wurden in der Studie durch unterschiedliche Skalen erfasst. Die Skalen beruhen jeweils auf einzelnen Situationen (Items). Von diesen Skalen, die alle mit Hilfe abgesicherter statistischer Verfahren (CATPCA) gewonnen wurden, berichte ich nur die Ergebnisse für die zentrale Skala, nämlich die Beurteilung von wahrgenommener Devianz. Es handelt sich um eine Skala, mit deren Hilfe das beobachtete abweichende Verhalten im Gebiet gemessen wird; diese Skala *Disorder* ist eine Übersetzung des nordamerikanischen Originals (Ross/Mirowsky/Pribesh 2001).

Beide Gruppen nehmen in erheblichem Maße Zerstörung, Kriminalität, Drogen- und Alkoholkonsum in dem Wohngebiet wahr. Die Eigentümer beurteilen das Gebiet jedoch positiver als die Mieter, wenngleich die Unterschiede nur bei zwei Items signifikant sind. Der Tendenz nach nehmen Eigentümer weniger Devianz wahr als Mieter und beurteilen das Gebiet als sicherer. Auch die Unterschiede in den Mittelwerten deuten in diese Richtung.

Tabelle 2:   Items der Skala „Disorder", Prozent Zustimmung[1]

Items	Eigentümer	Mieter	Korrelation Signifikanz
Hier in Vingst/Höhenberg gibt es viel Graffiti/besprühte Wände	38,8	33,8	.04
V/H ist laut	53,7	54,8	.08
Mutwillige Zerstörung kommt in V/H häufig vor	56,6	59,8	.17*
V/H ist sauber	20,6	29,1	.03
Die Menschen in V/H kümmern sich sehr um ihre Wohnungen	84,1	80,9	.12
In der Nähe meiner Wohnung hängen sehr viele Menschen auf der Straße herum	30,6	43,6	.20**
In V/H gibt es viel Kriminalität	60,9	67,0	.11
In V/H ist der Drogenkonsum hoch	66,7	66,1	.11
In V/H ist der Alkoholkonsum hoch	78,9	79,3	.11
Ich habe oft Ärger mit meinen Nachbarn	5,4	11,2	.09
Mein Wohngebiet ist sicher	51,4	46,7	.09
Mittelwert	-.115	.023	n.s.

1 Anteile „trifft voll zu" und „trifft zu".

Korrelationskoeffizient: eta. Signifikanz: * $p < .05$; ** $p < .01$; *** $p < .001$.

Nun muss der Wohnstatus für die Einstellungen nicht entscheidend sein, vielmehr können die sozio-demographischen Unterschiede zwischen den beiden Gruppen viel bedeutsamer sein – was auch die Daten in Tabelle 1 nahe legen. Um zu prüfen, ob der Wohnstatus auch dann noch einen Effekt hat, wenn man die sozio-demographischen Merkmale kontrolliert, wurde eine multiple Regression gerechnet. Deren Ergebnisse sind in Tabelle 3 aufgeführt.

Tabelle 3: Multiple Regression, standardisierte Koeffizienten, abhängige Variable: Skala „Disorder"

Variable	Modell 1	Modell 2
Verheiratet mit Kind(ern) (Ref.)		
Verh. ohne Kind(er)	-.11	-.09
Alleinerziehend	-.01	.01
Alleinlebend	-.35**	-.33**
Zusammenlebend o. Kind(er)	-.22	-.21
Verwitwet	-.11	-.08
Alter	-.06	-.05
Schulbildung	-.08	-.10
Äquivalenzeinkommen	-.04	-.04
Transfereinkommen	-.09	-.08
Wohndauer in Jahren	.02	.01
Fortzugsabsicht	.38***	.39***
Eigentümer-Mieter	-	.15
Konstante	-.05	-.22
Adj. R2	.11	.11

Signifikanz: * $p < .05$; ** $p < .01$; *** $p < .001$.

Im Modell 1 wurden nur die sozio-demographischen Merkmale eingeführt. Von ihnen hat nur die Fortzugsabsicht einen starken und hoch signifikanten Effekt: Wer schon etwas unternommen hat, um fortzuziehen, nimmt auch in höherem Maße *Disorder* im Wohngebiet wahr.

Wenn aber das Merkmal „Wohnstatus" bedeutsam ist, dann sollte das Ausmaß erklärter Varianz (R^2) von Modell 1 zu Modell 2 deutlich zunehmen. Wie man sieht, ist dies nicht der Fall. Es ist nicht der Wohnstatus, sondern es sind die sozio-demographischen Merkmale der Eigentümer, die zu einer anderen Wahrnehmung und Beurteilung von *Disorder* im Gebiet führen. Auffällig ist, dass Alleinlebende signifikant weniger abweichendes Verhalten wahrnehmen. Die Einstellungen (gemessen über diese Skala) haben demnach nichts mit dem Eigentum oder dem Wohnstatus zu tun. Dieser Befund ist nach den Ergebnissen in Tabelle 1 nicht überraschend, unerwartet ist der extrem niedrige Wert, den der Wohnstatus zur Aufklärung der Varianz beiträgt. Demnach leistet dieses Merkmal einen so geringen Beitrag zur Erklärung der Varianz, dass es den Anschein hat, es könne vernachlässigt werden. Ich werde jedoch im Abschnitt 6 zeigen, dass dies eine zu einfache Interpretation ist.

5. Soziale Kontrolle

Die dritte Stabilisierungshypothese lautete, Eigentümer würden in stärkerem Maße als Mieter eine soziale Kontrolle ausüben. Um dies zu prüfen, wurden in der Studie zwei Fragen gestellt: Wenn man ein abweichendes Verhalten von Jugendlichen beobachtet, würde dann a) jemand von den Bewohnern eingreifen und b) jemand die Polizei rufen? Die drei Situationen abweichenden Verhaltens sind in Tabelle 4 aufgeführt; die Skala wurde von Oberwittler (2002, 2004) entwickelt. Im Gegensatz zu der Frage nach der wahrgenommenen *Disorder* kann man hier davon ausgehen, die Einstellungen seien nicht schon vor dem Erwerb des Eigentums vorhanden gewesen, sondern eher eine Folge davon, Eigentum erworben zu haben.

Tabelle 4: Bereitschaft, im Falle eines beobachteten Konflikts einzugreifen, in Prozent

Items	Eigentümer	Mieter	Korrelation Signifikanz
Eine Gruppe von Jugendlichen steht abends draußen herum, macht Lärm und verunsichert die Anwohner*	37	48,2	.10*
Jemand greift ein**	55,7	46,1	.09
Jemand ruft die Polizei **	74,8	70,8	.08
Jugendliche beschädigen mutwillig etwas (Postkästen, Mülleimer, Pflanzen, Telefonzelle o. ä.)*	32,7	40,4	.07
Jemand greift ein**	61,7	48,5	.12*
Jemand ruft die Polizei **	81,5	73,4	.09
Es gibt eine Schlägerei zwischen Jugendlichen, bei der jemand verletzt wird*	7,7	12,5	.06
Jemand greift ein**	45,2	41	.05
Jemand ruft die Polizei **	82,2	79,7	.03
Mittelwert Skala „Einschreiten"	.171	-.039	*
Mittelwert Skala „Polizei rufen"	.098	-.025	.06

* „Wie oft haben Sie so etwas hier schon selbst beobachtet oder durch andere davon gehört?", Anteil „ja, oft".

** Anteil der Antwortvorgaben „ja, sicher" und „ja, vermutlich".

Korrelationskoeffizient: eta. Signifikanz: * p < .05; ** p < .01; *** p < .001.

Die Ergebnisse zeigt Tabelle 4. Eigentümer und Mieter unterschieden sich signifikant in ihren Reaktionen, denn die Eigentümer gehen häufiger davon aus, jemand werde eingreifen, und auch häufiger davon, jemand werde die Polizei rufen. Dies gilt für die drei Items (oder Situationen), vor allem für die riskante Reaktion, dass ein Bewohner eingreift, aber der Tendenz nach auch dafür, die Polizei zu rufen – also überhaupt etwas zu unternehmen. In der Tabelle sind sowohl die Anteile derer aufgeführt, die auf eine einzelne Situation reagieren würden, als auch die Mittelwerte, wenn man die drei Items in einer Skala zusammenfasst (Verfahren: CATPCA): eine Skala für „Einschreiten" (Cronbach's Alpha = .67) und eine für „Polizei rufen" (Cronbach's Alpha = .69). Die Mittelwerte sind für beide Skalen aufgeführt; die Differenz ist für „Einschreiten" signifikant, für „Polizei rufen" knapp nicht signifikant.

Mithin würden die Eigentümer eher etwas gegen abweichendes Verhalten von Jugendlichen unternehmen als die Mieter. Selbst wenn man unterstellt, die Angaben seien von sozialer Erwünschtheit beeinflusst, so gibt es doch keine plausiblen Gründe, eine solche Antwort-Tendenz Mietern in einem stärkeren Ausmaß zu unterstellen als Eigentümern.

In einem letzten Schritt untersuche ich, ob Eigentümer im Vergleich zu Mietern ein höheres Ausmaß informeller Kontrolle und sozialer Kohäsion wahrnehmen. Den eingangs aus der vorliegenden Literatur zitierten Ergebnissen nach sollte dies der Fall sein. Um diese Hypothese zu testen, wurde die Skala *Collective Efficacy* verwendet, die von Sampson und anderen (Sampson 2004; Sampson/Raudenbush/Earls 1997; Sampson/Morenoff/Earls 1999; vgl. die Übersicht in: Sampson/Morenoff/Gannon-Rowley 2002) entwickelt und seither in mehreren Studien (unter anderem Xu/Fiedler/Flaming 2004) verwendet wurde, darunter in Deutschland von Oberwittler (2003, 2004). Sie besteht aus sechs Items, mit denen das Konzept gemessen wird; es kann auch als Sozialkapital eines Wohngebietes interpretiert werden.

Tabelle 5: Items „Collective Efficacy", Eigentümer und Mieter, Prozent Zustimmung[1]

Items	Eigentümer	Mieter	Signifikanz p
Die Leute hier helfen sich gegenseitig	32,9	20,3	.001
Hier kennen sich die Leute gut	41,4	28,6	.001
Man kann den Leuten in der Nachbarschaft vertrauen	50,7	22,7	.001
Die Leute hier kommen gut miteinander aus	46,6	30,6	.001
Die Leute hier haben Respekt vor Gesetz und Ordnung	45,6	23,3	.001
Mittelwert	.449	-.127	.001

1 Anteil der Antwortvorgaben „trifft voll zu".

Korrelationskoeffizient: eta. Signifikanzen: * p < .05; ** p < .01; *** p < .001.

Wie die Ergebnisse in Tabelle 5 zeigen, liegen für alle Items signifikante Unterschiede vor: Eigentümer nehmen in einem sehr viel stärkeren Maße als Mieter eine soziale Kohäsion wahr, sie schätzen das Sozialkapital des Gebietes erheblich höher ein. Um die Effekte der sozio-demographischen Variablen von denen des Wohnstatus zu trennen, wurde analog Tabelle 3 eine multiple Regressionsanalyse gerechnet (Tabelle 6).

Im Modell 1 wurden erneut nur die sozio-demographischen Variablen eingeführt; von ihnen haben das Alter und die Merkmale des Sozialstatus (Schulbildung, Einkommen) alle einen positiven und signifikanten Effekt. Je höher der soziale Status ist, desto stärker der Effekt auf das wahrgenommene Sozialkapital. Wie kaum anders zu erwarten, hat die Fortzugsabsicht einen negativen Effekt auf die Höhe des wahrgenommenen Sozialkapitals. Führt man nun den Wohnstatus ein (Modell 2), so hat auch dieser einen unabhängigen positiven (und signifikanten) Effekt. Auch wenn man die sozio-demographischen Variablen kontrolliert, hat also der Wohnstatus einen Effekt, und die erklärte Varianz erhöht sich geringfügig.

Tabelle 6: Multiple Regression, standardisierte Koeffizienten, abhängige Variable: Skala „Collective efficacy".

Variable	Modell 1	Modell 2
Verheiratet mit Kind(ern) (Ref.)		
Verh. ohne Kind(er)	-.03	.01
Alleinerziehend	-.09	-.09
Alleinlebend	-.04	.00
Zusammenlebend o. Kind(er)	.05	.06
Verwitwet	-.09	-.04
Alter	.10**	.10**
Schulbildung	.14**	.10
Äquivalenzeinkommen	.07**	.06*
Transfereinkommen	-.13	-.09
Wohndauer in Jahren	.05	.03
Fortzugsabsicht	-.24***	-.21***
Mieter vs. Eigentümer		.38***
Konstante	-.57*	-.94***
Adj. R^2	.11	.12

Signifikanz: * $p < .05$; ** $p < .01$; *** $p < .001$.

6.   Diskussion

Eigentümer und Mieter unterscheiden sich signifikant in ihren sozio-demographischen Merkmalen, weshalb auch in dieser Studie – wie schon in den eingangs zitierten Studien zum Wahlverhalten oder den Effekten auf Kinder – der Wohnstatus nur eine geringe zusätzliche Erklärungskraft aufweist.

Eigentümer haben auch eine sehr viel geringere Fortzugsabsicht. Ferner nehmen Eigentümer tendenziell weniger abweichendes Verhalten, aber mehr soziale Kontrolle (und Sozialkapital) im Wohngebiet wahr als Mieter. Diese Befunde stützen alle fünf eingangs formulierten Hypothesen.

Auch wenn die sozio-demographischen Merkmale in viel höherem Maße als der Wohnstatus die Wahrnehmungen und Einstellungen erklären, sind die Befunde für die Diskussion über die Stabilisierung benachteiligter Wohngebiete bedeutsam. Maßnahmen zur Stabilisierung des Gebiets könnten sich auf eben solche Personen oder Haushalte richten, die jene Merkmale aufweisen, die sich in der Regression als wichtig herausgestellt haben: höheres Alter, höheres Einkommen, höhere Schulbildung.

Es wäre aber ein überaus komplizierter Prozess, solche Haushalte anzusprechen und dazu zu bewegen, in das Gebiet zu ziehen. Im Vergleich dazu ist es hingegen viel einfacher, eben solche Haushalte anzuziehen, wenn man ihnen die Möglichkeit bietet, in dem benachteiligten Wohngebiet Eigentum zu erwerben. Nun könnte man sagen, um ein Gebiet aufzuwerten oder nur zu stabilisieren, reiche es aus, bestimmte Personengruppen in das benachteiligte Gebiet anzuziehen, also eben jene, deren Strukturmerkmale die Eigentümer kennzeichnen. Dies wäre jedoch eine sehr vereinfachende Folgerung aus den Ergebnissen der Studie.

Sinnvoller erscheint es, das Argument umzukehren: Wenn man ein benachteiligtes Wohngebiet in dem oben definierten Sinne stabilisieren will, dann sollte man zu attraktiven Preisen Eigentum im Gebiet anbieten, weil dies vermutlich die einzige Möglichkeit ist, diese Gruppe überhaupt dazu zu bewegen, in das Gebiet zu ziehen.

Überdies ist zu erwarten, dass die Eigentümer eine Signalfunktion sowohl nach innen (auf und für das Gebiet) als auch nach außen (für die anderen Stadtbewohner) haben, nämlich zu signalisieren, das Gebiet habe ein besseres Image und sei attraktiver geworden.

Literatur

Bighini, Barbara, Aufwertung und Stabilisierung von Wohngebieten am Beispiel der Kölner Wohngebiete Vingst und Höhenberg, Köln, Seminar für Soziologie (unveröff. Magisterarbeit) 2006.

Boehm, Thomas P., und Alan M. Schlottmann, Does Home Ownership by Parents Have an Economic Impact on Their Children?, in: Journal of Housing Economics, No. 8 (1999), S. 217–232.

Crewe, Ivor, Labor Force Changes, Working Class Decline, and the Labour Vote: Social and Electoral Trends in Postwar Britain, in: Piven, Frances Fox (Hrsg.), Labor Parties in Postindustrial Societies, Cambridge 1991, S. 20–46.

Feldgen, Willi, Wohneigentum wird preiswerter, Kölner Stadt-Anzeiger vom 23.3.2006, S. 13.

Green, Richard K., Measuring the Benefits of Homeowning: Effects on Children, in: Journal of Urban Economics, No. 41 (1997), S. 441–461.

Harkness, Joseph, und Sandra Newman, Homeownership for the Poor in Distressed Neighborhoods: Does This Make Sense?, in: Housing Policy Debate, No. 13 (2002), S. 597–630.

Haurin, Donald R., Toby L. Parcel und R. Jean Haurin, Impact of Homeownership on Child Outcomes, in: Retsinas, Nicholas P., und Eric S. Belsky (Hrsg.), Low-Income Homeownership. Examining the Unexamined Goal, Cambridge/Washington, DC 2002, S. 427–446.

Galster, George C., Empirical Evidence on Cross-Tenure Differences in Home Maintenance and Conditions, in: Land Economics, No. 59 (1983), S. 107–113.

Galster, George C., Investigating Behavioural Impacts of Poor Neighbourhoods: Towards New Data and Analytic Strategies, in: Housing Studies, No. 18 (2003), S. 893–914.

Green, Richard K., und Michelle J. White, Measuring the Benefits of Homeowning: Effects on Children, in: Journal of Urban Economics, No. 41 (1997), S. 441–461.

Haurin, Donald R., Robert D. Dietz und Bruce A. Weinberg, The Impact of Neighborhood Homeownership Rates: A Review of the Theoretical and Empirical Literature, in: Journal of Housing Research, No. 13 (2003) S. 119–151.

Häußermann, Hartmut, und Manfred Küchler, Wohnen und Wählen. Zum Einfluß von Hauseigentum auf die Wahlentscheidung, in: Zeitschrift für Soziologie, Heft 22 (1993), S. 33–48.

Häußermann, Hartmut, und Walter Siebel, Soziologie des Wohnens, München 1996.

Herlyn, Ingrid, und Ulfert Herlyn, Wohnverhältnisse in der Bundesrepublik, 2. überarb. Aufl., Frankfurt a. M./New York 1983.

Oberwittler, Dietrich, Tom Blank, Tilman Köllisch und Thomas Naplava, Soziale Lebenslagen und Delinquenz von Jugendlichen. Ergebnisse der MPI-Schulbefragung 1999 in Freiburg und Köln, Freiburg 2001.

Oberwittler, Dietrich, Methodenbericht der postalischen Bewohnerbefragung 2001, Freiburg i. Br. 2002 (unveröff. Manuskript, Max-Planck-Institut für ausländisches und internationales Strafrecht); www.iuscrim.mpg.de/forsch/krim/oberwittler1.html.

Oberwittler, Dietrich, Die Messung und Qualitätskontrolle kontextbezogener Befragungsdaten mithilfe der Mehrebenenanalyse – am Beispiel des Sozialkapitals von Stadtvierteln, in: ZA-Informationen, Nr. 53 (2003), S. 11–41.

Oberwittler, Dietrich, Stadtstruktur, Freundeskreise und Delinquenz. Eine Mehrebenenanalyse zu sozialökologischen Kontexteffekten auf schwere Jugenddelinquenz, in: Oberwittler, Dietrich, und Susanne Karstedt (Hrsg.), Soziologie der Kriminalität, Wiesbaden 2004, S. 135–170 (Sonderheft 43 der Kölner Zeitschrift für Soziologie und Sozialpsychologie).

Pattie, Charles, Daniel Dorling und Ron Johnston, A Debt-owing Democracy: The Political Impact of Housing Market Recession at the British General Election of 1992, in: Urban Studies, No. 32 (1995), S. 1293–1315.

Rohe, William M., Shannon van Zandt und George McCarthy, Social Benefits and Costs of Homeownership, in: Retsinas, Nicholas P., und Eric S. Belsky (Hrsg.), Low-Income Homeownership. Examining the Unexamined Goal, Cambridge/Washington, DC 2002, S. 384–406.

Ross, Catherine S., John Mirowsky und Shana Pribesh, Powerlessness and the Amplification of Threat: Neighborhood Disadvantage, Disorder, and Mistrust, in: American Sociological Review, No. 66 (2001), S. 568–591.

Rossi, Peter H., und Eleanor Weber, The Social Benefits of Homeownership: Empirical Evidence from National Surveys, in: Housing Policy Debate, No. 7 (1996), S. 1–35.

Sampson, Robert J., Neighborhood and Community: Collective Efficacy and Community Safety, in: New Economy, No. 11 (2004), S. 106–113.

Sampson, Robert J., Jeffrey D. Morenoff und Felton J. Earls, Beyond Social Capital: Spatial Dynamics of Collective Efficacy for Children, in: American Sociological Review, No. 64 (1999), S. 633–660.

Sampson, Robert J., Stephen W. Raudenbush und Felton J. Earls, Neighborhoods and Violent Crime: A Multilevel Study of Collective Efficacy, in: Science, No. 277 (1997), S. 918–924.

Sampson, Robert J., Jeffrey D. Morenoff und Thomas Gannon-Rowley, Assessing "Neighbourhood Effects": Social Processes and New Directions in Research, in: Annual Review of Sociology, No. 28 (2002), S. 443–478.

Saunders, Peter, A Nation of Homeowners, London 1990.

Thomas, William I., Person und Sozialverhalten, Neuwied/Berlin 1965.

Xu, Yili, Mora L. Fiedler und Karl H. Flaming, Discovering the Impact of Community Policing: The Broken Windows Thesis, Collective Efficacy, and Citizens' Judgment, in: Journal of Research in Crime and Delinquency, No. 42 (2005), S. 147–186.

Der Autor

Prof. Dr. Jürgen Friedrichs,
seit 1974 Professor für Soziologie; 1983 Lehrstuhl für Soziologie, Universität Hamburg; 1982 Gründer und Leiter der Forschungsstelle Vergleichende Stadtforschung, Universität Hamburg; 1991 Lehrstuhl für Soziologie an der Universität zu Köln; Direktor des Forschungsinstituts für Soziologie; Mitglied im Institutsausschuss des Deutschen Instituts für Urbanistik (Difu).

Wirtschaft und Finanzen

Busso Grabow[1]

Städterankings – Strategische Entscheidungshilfe statt Siegerwettbewerb

1. Zeitgeistphänomen Städterankings

Städterankings haben wieder Konjunktur – „Kinderfreundlichkeit", Bildung und immer wieder Wirtschaft sind heute ihre Gegenstandsbereiche. Sie spiegeln in bemerkenswerter Weise gesellschaftliche und politische Paradigmen wider. Themen, die in der politischen Agenda auf den vorderen Plätzen stehen, finden sich über kurz oder lang in Publikumsmagazinen als Städterankings wieder. Die Ergebnisse werden kommentiert und gefeiert, bestritten oder ignoriert, je nach Betroffenheit und Anlass.

Es liegt nahe, dass das Difu als Forschungsinstitut der deutschen Städte in diesem Zusammenhang immer wieder gefragt ist – in zwei Rollen: als Einrichtung mit der Kompetenz, solche Vergleiche durchzuführen, und als Einrichtung, die kritisch zu der Ranking-Mode Stellung nimmt. Quantitative Städtevergleiche nimmt das Difu aus den später angeführten Gründen nur selten vor. Stellung wurde bereits mehrfach bezogen; so widmete sich ein ganzes Kapitel in der Studie „Weiche Standortfaktoren" (Grabow//Henckel/Hollbach-Grömig 1995, S. 169 ff.) ausführlich diesem Thema, und der Institutsleiter des Difu, Heinrich Mäding, bezog in der Rubrik „Standpunkt" in der Reihe „Difu-Berichte" Position und stellte die Kernfrage: „Was ist davon aus Sicht der Städte zu halten?" (Mäding 2001). In diesem Beitrag wird versucht, aus kommunaler und methodischer Perspektive einige Antworten zur Diskussion beizusteuern.

Städterankings haben eine vergleichsweise lange Tradition. Früher sprach man noch nicht von *Ranking* oder *Benchmarking*, sondern von Städtevergleichen[2] – der Wettbewerbsgedanke war weniger ausgeprägt. Inzwischen wurde „Wettbe-

---

1   Mit hilfreicher Unterstützung von Frank Petrasch und Antje Seidel-Schulze.
2   Simon stellt für den Zeitraum 1965 bis 1988 allein knapp 30 Quellen vor, in denen Städtevergleiche zu ganz unterschiedlichen Themenfeldern vorgenommen wurden (Simon 1988, S. 384).

werbsfähigkeit" zu einem der heute zentralen auch kommunalpolitischen Paradigmen (vgl. dazu z.B. Mäding 2006). Sie wird für die jeweils aktuellen Themenbereiche „durchdekliniert". Nicht zufällig standen in den 1970er- und 1980er-Jahren noch häufiger Themen der Lebensqualität im Vordergrund, kamen in den 1990er-Jahren Umweltrankings auf und wurden gleichzeitig und bis heute Wirtschaftsentwicklung und Arbeitsmarkt zu beherrschenden Fragen. Im Zuge der aktuellen Diskussion um die Ergebnisse der PISA-Studie und die erwarteten massiven demographischen Veränderungen mit einer Erosion der Sozialsysteme werden beispielsweise Benchmarks der „Kinder- und Familienfreundlichkeit" zum Thema.

Städterankings haben kurze Verfallszeiten in der öffentlichen Wahrnehmung. Dies und die Verkaufsträchtigkeit führen – bei der Konkurrenz um verkaufte Auflagen – dazu, dass Städterankings immer wieder neu, immer wieder anders und immer wieder mit ganz „neuen" Fragestellungen durchgeführt werden. Über 80 dokumentierte Städte- und Regionenvergleiche bis heute (Simon 1988; Grabow/Henckel/Hollbach-Grömig 1995; Schönert 2003; Köhler/Seczer 2005; Maretzke 2006; vorliegender Beitrag) zeugen vom Drang zur Aufmerksamkeitserzeugung. In wohl kaum einem anderen Bereich, der die Städte und Gemeinden betrifft, fallen öffentliche Wahrnehmung und wissenschaftliche Befassung stärker auseinander.

Wer gibt Rankings in Auftrag?

Die Liste der Illustrierten, Magazine und (Wirtschafts-)Zeitungen (z.B. HörZu, Quick, Bunte, Focus, Stern, Geo, BIZZ, Capital, Impulse, Wirtschaftswoche, Handelsblatt, Die Zeit), die das populäre und auflagensteigernde Thema „Städtetests und Städtevergleiche" für sich entdeckt haben, ist inzwischen lang. Der Hauptgrund dafür: „Die eigene Stadt ist ein Bauchthema – und deshalb ein journalistisches Thema", so der verantwortliche Politredakteur der Wirtschaftswoche (Schumann 2004). „Zur Erreichung eines breiten Publikums sind die Ergebnisse entsprechend pointiert dargestellt und konzentrieren sich vor allem auf ‚Gewinner und Verlierer'" (Schönert 2003, S. 1). Städtetests, die bewusst auf die Klassifizierung und Identifizierung von „Siegern" und „roten Laternen", also auf eindimensionale Rangplätze, verzichten, bilden die große Ausnahme. Allerdings ist auch einigen verantwortlichen Redakteuren bereits aufgefallen, dass man sich in der Fülle der Rankings nur noch mit neuen Ansätzen von der Konkurrenz abheben kann (Schumann 2004).

Neben den Magazinen und Zeitungen gehören auch Interessenverbände (z.B. die Initiative Neue Soziale Marktwirtschaft) und Stiftungen (z.B. die Bertelsmann-Stiftung) zu den Auftraggebern oder Initiatoren. Meist steckt dahinter dieselbe Idee: „Der Vergleich soll die Rathausverwaltungen und Stadtparlamente auf Trab bringen" (Schumann 2004), Wettbewerb und Reformen sollen angekurbelt werden.

Wer führt sie durch?

Die Auftraggeber führen die Untersuchungen in aller Regel nicht selber durch, sondern vergeben sie an Forschungseinrichtungen. Es gibt – vereinfachend dargestellt – vier Typen von Auftragnehmern:

- renommierte Forschungseinrichtungen ohne spezifischen Interessenhintergrund. Sie liefern in der Regel vernünftige methodische Qualität, können sich aber der problematischen Anforderung, Komplexität möglichst zu vereinfachen, oft nicht verschließen;

- „Fließbandproduzenten" von Städterankings. Obwohl die Rankings häufig methodisch stark angreifbar sind, haben sie eine stabile Marktposition und lassen sich wenig durch berechtigte Kritik „beirren";

- interessengeleitete Forschungseinrichtungen. Sie versuchen meist, „Botschaften" zu vermitteln, und die Ergebnisse stehen – wenig verwunderlich – mit dem Interessenhintergrund in enger Verbindung. Die methodische Qualität ist unterschiedlich;

- Marktneulinge, z.B. an Universitätsinstituten. Sie lassen sich oft zu stark von den Interessen der Auftraggeber leiten. Die methodische Qualität ist unterschiedlich, die Datenkenntnis häufig sehr eingeschränkt.

2.   Das Operationalisierungsdilemma: Wird das gemessen, was interessiert?

Will man charakteristische Sachverhalte in Städten beurteilen, so ist das entscheidende Problem die Auswahl der Merkmale, die die Sachverhalte (und relevante Teilaspekte davon) auch tatsächlich „messen". Dieses Problem der Operationalisierung stellt sich unabhängig davon, ob man „objektive" Tatbestände oder subjektive Einschätzungen erfassen will. Gerade bei komplexen Sachverhalten ist die Zahl der möglichen Merkmale sehr groß und bei weitem nicht vollständig erfassbar. „Die Auswahl der einzubeziehenden Merkmale kann sich an einem theoretischen Bezugsrahmen (z.B. der Sozialökologie) und an bereits empirisch getesteten Hypothesen (z.B. der Sozialraumanalyse und Faktorialökologie) orientieren." (Simon 1988, S. 395) Auf jeden Fall muss eine deutlich reduzierte Auswahl von Merkmalen getroffen werden, die jedoch, wenn man die Zusammenhänge zwischen ihnen erkennt, komplexe Systeme sehr zutreffend beschreiben können (Vester/von Hesler 1980, S. 3; Vester 1983). Wichtig ist dabei vor allem, dass alle relevanten Teilbereiche durch angemessene Merkmale repräsentiert werden.

Erhebungsinstrumente und Validität

Das kleinste Problem bei Städterankings im Hinblick auf die Qualitätsbewertung stellt normalerweise die Datenerhebung dar. Bei der Beschaffung sekundärstatistischen Materials lassen sich nur wenige Fehler machen. Häufig herrscht allerdings Unkenntnis über den Aussagegehalt der jeweiligen statistischen Quellen mit der Folge von Fehlinterpretationen – Beispiele dafür finden sich bei Grabow/Henckel/Hollbach-Grömig (1995, S. 191).

Als Erhebungsinstrumente bei Meinungsbefragungen kommen in der Regel computergestützte Telefoninterviews zum Einsatz. Meist von Instituten durchgeführt, deren Metier Markt- und Meinungsforschung ist, lässt sich hierbei regelmäßig professionelles Vorgehen ohne große methodische Mängel konstatieren. Größere Probleme stellen in diesen Fällen schon eher die Operationalisierungen (Fragestellung) und die Auswahl der Samples dar.

Kernfrage bei der Operationalisierung ist, ob die Indikatoren zuverlässig den interessierenden Tatbestand beschreiben. Hierauf wird selten genügend Sorgfalt gelegt. Am Beispiel der Messung der Arbeitslosigkeit hat Maretzke (2006, S. 327 ff.) illustriert, wie unterschiedliche Operationalisierungen zu ganz unterschiedlichen Ergebnissen führen können. Dabei geht es einerseits um den zu beobachtenden Tatbestand: Er kann z.B. durch die Zahl der Arbeitslosen, der Langzeitarbeitslosen oder der Unterbeschäftigten[3] gemessen werden. Andererseits spielt die Bezugsgröße eine Rolle: Ist es die Gesamtbevölkerung, sind es die Erwerbsfähigen oder die Erwerbspersonen? Durch die jeweils möglichen Kombinationen verfügt man damit bereits über neun potenzielle Indikatoren zur Beschreibung regionaler Unterschiede der Arbeitslosigkeit. „Je nachdem, welchen Indikator man (...) heranzieht, verbessert oder verschlechtert sich der Rangplatz (...) dieser Kreise um bis zu 25 %." (ebenda, S. 329).

Auch wenn die ausgewählten Merkmale geeignet sind, einen bestimmten Tatbestand zu messen, stellt sich zusätzlich die Frage, wie dieser in seiner gesellschafts- und wirtschaftspolitischen Bedeutung interpretiert werden muss. Dangschat führt hier das Beispiel des viel verwendeten Indikators Bruttoinlandsprodukt an: „Da auch die offensichtlich kontraproduktiven Leistungen (wie Reparaturen aller Art an Gesellschaft und Umwelt, die zuvor durch Produktionssteigerungen oder Organisation im Raum [Verkehr] verursacht wurden) hineingerechnet werden, ist die Fragwürdigkeit dieses Indikators seit ca. 40 Jahren in kritischer Diskussion – das hat aber der Konjunktur dieses Maßes keinen Abbruch getan." (Dangschat 2001, S. 1)

---

3   Das Merkmal „Unterbeschäftigung" beschreibt das Phänomen „Arbeitslosigkeit" am umfassendsten (Maretzke 2006, S. 327), wird aber in Städterankings nur selten verwendet.

Kausalität

In der Regel wird unterstellt, dass ein gemessener Tatbestand auf die Entwicklung der Städte oder Regionen einwirkt, also beispielsweise die „Wirtschaftsfreundlichkeit" oder die „harten" Standortqualitäten einer Stadt auf die Wirtschaftsentwicklung. Dies kann, muss aber nicht so sein. An einem Beispiel soll dies illustriert werden. Im Focus-Städtetest von 1999 wurden die Standortbedingungen für Existenzgründer „gerankt", mit den Themenkomplexen Verwaltung, Umfeld, Gründerklima und Marktpotenzial. Stellt man die Rangplätze der Städte dort in Bezug zu dem tatsächlichen Gründungsgeschehen, wie es regelmäßig durch das Gründungspanel des Zentrums für Europäische Wirtschaftsforschung (ZEW) beschrieben wird, stellt man keinerlei Zusammenhang fest (vgl. Abbildung 1).

Abbildung 1

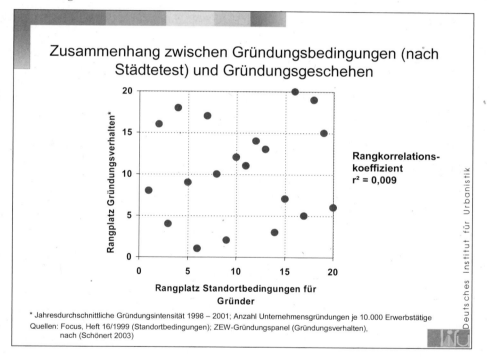

Zusammenhang zwischen Gründungsbedingungen (nach Städtetest) und Gründungsgeschehen

Rangkorrelationskoeffizient $r^2 = 0{,}009$

Rangplatz Gründungsverhalten*

Rangplatz Standortbedingungen für Gründer

* Jahresdurchschnittliche Gründungsintensität 1998 – 2001; Anzahl Unternehmensgründungen je 10.000 Erwerbstätige
Quellen: Focus, Heft 16/1999 (Standortbedingungen); ZEW-Gründungspanel (Gründungsverhalten), nach (Schönert 2003)

Deutsches Institut für Urbanistik

Relativ- und Absolutzahlen

Es ergaben sich ganz unterschiedliche Aussagen, je nachdem, ob Relativzahlen oder Absolutwerte verwendet werden (Blinkert 1989, S. 438). Werden in Städtetests beispielsweise nur die absoluten Zahlen von Kultureinrichtungen, Kinos, Kulturveranstaltungen verwendet, so wird man automatisch große Städte auf den ersten Rangplätzen finden. Setzt man die absoluten Größen dagegen in Bezug zur

Einwohnerzahl, werden Großstädte in ihrer Bedeutung als kulturelle Zentren sicherlich unterschätzt. So ist es häufig durchaus sinnvoll, zur Beschreibung ein und desselben Teilaspektes Absolut- und Relativzahlen zu verwenden.

Objektive versus subjektive Indikatoren

Die Abgrenzung „objektive" versus „subjektive" Daten meint vereinfachend den Unterschied zwischen sekundärstatistischen, meist amtlichen Daten (objektiv) und der Primärerhebung von Einschätzungen durch Befragungen (subjektiv)[4].

Bei der „objektiven" Messung der Qualität eines Wirtschaftsstandortes und der subjektiven Beurteilung fallen die Ergebnisse häufig weit auseinander. Ein Beispiel: eine Vielzahl von Rankings auf der Basis von Sekundärdaten gibt der Standortqualität von München weit bessere Bewertungen als jener von Berlin. Im seit 1990 durchgeführten Ranking aus Sicht europäischer Führungskräfte[5] rangiert Berlin jedoch auf Platz 8 vor München auf Platz 9.

Noch stärker können die Unterschiede bei der Einschätzung der Lebensqualität ausfallen. Welche unerwarteten Ergebnisse sich bei Erhebungen subjektiver Einschätzungen im Vergleich mit objektiven Städtevergleichen oder Imagestudien ergeben können, zeigte der Städtetest der Illustrierten „Bunte" aus dem Jahr 1987. In dieser Untersuchung, die ausschließlich subjektive Einschätzungen zur Grundlage der Beurteilung machte, wurden Duisburg und Essen (aus der Sicht ihrer Bürgerinnen und Bürger) besser bewertet als alle anderen Großstädte, also beispielsweise München, Stuttgart oder Berlin. Bei einer „reinen" Beurteilung nach objektiven Tatbeständen sähe das Ergebnis, dies zeigen andere Vergleiche, sehr viel anders aus.

Binnensicht und Außensicht

Bei der Erhebung von Einschätzungsmerkmalen ist zu beachten, ob es sich um die „Innensicht" der Befragten handelt, das heißt die Beurteilung einer Stadt oder Region, die sie aus dem eigenen Erleben kennen, oder um die „Außensicht" von Befragten, die in der Regel wesentlich ungenauere Informationen haben und deren Einschätzungen einer anderen Stadt in erster Linie von „Bildern" und Images geprägt sind. Diese Unterscheidung von Innen- und Außensicht wird häufig in der

---

4   Selbstverständlich können in Befragungen auch „objektive" Daten erhoben werden wie z.B. die Branche oder Beschäftigtenzahlen von Unternehmen. Umgekehrt kann die Auswahl eines „objektiven" Merkmals sehr subjektiv erfolgen.

5   Cushman & Wakefield Healey & Baker (Hrsg.), European Cities Monitor 2005, http://www.cushmanwakefield.com/. Für die Studie wurden 500 Führungskräfte der größten europäischen Unternehmen befragt. Sie sollten unter 30 Städten in Europa die begehrtesten Geschäftsstandorte auswählen. Kriterien waren der leichte Marktzugang, die gute Anbindung an das internationale Verkehrsnetz, Personalkosten sowie die Anzahl qualifizierter Arbeitskräfte. Auch das Wirtschaftsklima wurde bei der Auswahl berücksichtigt.

Interpretation von Städtevergleichen vernachlässigt. Die positive Beurteilung einer Stadt aus der unternehmerischen Innensicht muss noch keineswegs bedeuten, dass die Stadt von außen entsprechend positiv wahrgenommen wird.

Bestands- und Veränderungsindikatoren

Neben den üblichen Merkmalen zur Zustandsbeschreibung der Untersuchungs-einheiten (z.B. Wirtschaftskraft, Größe der Verwaltung) werden sinnvollerweise zunehmend auch Indikatoren zur Bewertung herangezogen, die die Veränderung der Situation im Zeitablauf beschreiben. Solche Veränderungskennzahlen („Dynamik-Indikatoren") können z.B. deutlich machen, ob sich bisherige Vorreiter auf ihren „Lorbeeren ausruhen" oder ob in bisher schwachen Regionen Aufholprozesse stattfinden. Es gehört mittlerweile beinahe zum Standard von Rankings, entsprechende Kennzahlen auszuweisen, etwa in den Städtetests der Wirtschaftswoche oder in den Zukunftsatlanten von Prognos. Zu beachten ist nur, ob entsprechende Veränderungen nicht nur ein methodisches Konstrukt sind oder durch statistische Ausreißer (vgl. unten) zustande kommen.

Veränderungen sind dann besonders gut zu beurteilen, wenn sekundärstatistische Daten für verschiedene Zeitpunkte nach dem gleichen Messkonzept vorliegen oder wenn – bei primärstatistischen Erhebungen wie beispielsweise Befragungen – ein bestimmtes Panel über längere Zeit betrachtet wird. Dabei sollten die Fragen und die Aggregationsmethode unverändert bleiben. Gut nachzuvollziehen sind so beispielsweise Änderungen in der Außenwahrnehmung von Städten, wie es am Beispiel der seit 1990 stattfindenden Erhebung von Healey & Baker – jetzt Cushman & Wakefield Healey & Baker – illustriert werden kann (vgl. Abbildung 2)[6].

---

6   Die jeweiligen Ergebnisse stehen unter http://www.cushmanwakefield.com/ jeweils zum Download zur Verfügung.

Abbildung 2

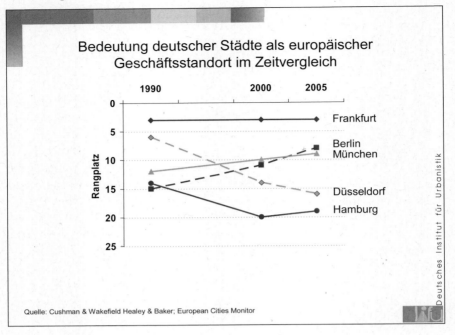

Bedeutung deutscher Städte als europäischer Geschäftsstandort im Zeitvergleich

Quelle: Cushman & Wakefield Healey & Baker; European Cities Monitor

Statistische Ausreißer und Fehlinterpretationen

Wer sich intensiver mit sekundärstatistischen Daten befasst, weiß um die Tücken im Detail. Besonders bei kleinräumigen Auswertungen etwa auf der Ebene von Kreisen und kreisfreien Städten können Sondersituationen Daten grundlegend verzerren. Hierzu einige Beispiele: Bei einer Fusion von Unternehmen wird die erbrachte Wirtschaftsleistung neu nach den Betriebsstätten „zerlegt", mit möglicherweise deutlichen Veränderungen am neuen Sitzort. Wird ein Dynamik-Indikator wie die Veränderung der Wertschöpfung (Bruttoinlandsprodukt) verwendet, wird damit ein Wirtschaftswachstum (oder -schrumpfung) vorgespiegelt, das so gar nicht stattgefunden hat. Dieser Effekt wird beispielsweise für das gute Abschneiden des Landkreises Helmstedt im Prognos-Zukunftsatlas 2004 verantwortlich gemacht (Beckmann 2004).

Es gibt weitere Beispiele für Fehlinterpretationen:

- In einer Untersuchung zur Verkehrssicherheit ergaben sich exorbitant hohe Zahlen an Verkehrsunfällen in der Stadt Kamen, mit dem Schluss, dass man in der Stadt besonders gefährdet sei. Erst die regionalen Akteure wiesen dann darauf hin, dass zum Untersuchungsgebiet das Kamener Kreuz gehört, das meist befahrene Autobahnkreuz in Deutschland. Die hohen Unfallzahlen hatten somit nichts mit der Situation in der Stadt selber zu tun.

- Villingen-Schwennigen wurde in einer Untersuchung zur Stadt mit der höchsten Umweltqualität in Deutschland gekürt, unter anderem wegen des hohen „Grünanteils". Dieser kommt allerdings dadurch zustande, dass die ehemals getrennten Gemeinden verwaltungsmäßig zusammengelegt wurden. Da die Teilstädte aber nicht zusammengewachsen sind, zählt der urspünglich ländliche Raum seit der Zusammenlegung zur Stadt und wurde als dazwischen liegende riesige städtische Grünfläche eingeordnet.

Transparenz

Für jede ernstzunehmende Darstellung von Städtetests sollte es selbstverständlich sein, dass die verwendeten Datenquellen dokumentiert, die Erhebungsinstrumente benannt und bei Befragungen die wesentlichen Charakteristika der Stichprobenziehung offengelegt werden[7]. Damit sollten auch Hinweise auf Interpretationsprobleme verbunden sein. Nur so lassen sich die Ergebnisse nachvollziehen und eventuell in anderen Zusammenhängen auswerten. Ein Problem ist teilweise, dass in den Kurzberichten der Magazine und Zeitungen die Methoden oft nur ganz knapp angerissen sind, mit dem Hinweis auf die käuflich verfügbare Gesamtstudie. Diese ist dann aber nur über einen „Prohibitivpreis" zur erwerben, was eine kritische Auseinandersetzung mit den Verfahren und Datenquellen erschwert[8].

3. Das Aggregationsdilemma: Wie zutreffend ist das Gesamtbild?

Eindimensionale versus mehrdimensionale Rankings

Mit Ausnahme weniger Städtevergleiche wird in fast allen Untersuchungen der Versuch unternommen, die komplexe Wirklichkeit, wie sie sich in Teilbereichen (z.B. Umwelt, Wohnen) oder in übergeordneten Aspekten (Lebensbedingungen, Standortqualität) darstellt, auf einfache und eindimensionale Rangfolgen zu reduzieren. Damit wird, mit mehr oder weniger geeigneten Methoden, die modellhafte Nachbildung von individuellen Entscheidungsprozessen angestrebt, die bei der Standortwahl oder der Wahl eines Wohn- oder Arbeitsortes stattfinden. Bei individuellen Prioritätssetzungen kommt man in der Regel, ohne dass die einzelnen Argumente genau und bewusst auseinander gehalten werden, zu „eindimensionalen" Rangfolgen: Es gibt die „Lieblingsstadt" oder die Städte, in denen man auf keinen Fall wohnen möchte, es gibt den bevorzugten Betriebsstandort. Die modellhaften Verfahren versuchen, meist durch unterschiedliche Gewichtungen ver-

---

7   Zumindest in den ausführlichen Dokumentationen darf dies nicht fehlen.
8   Vgl. dazu auch die Kritik von Volker Ronge in einer Pressemitteilung der Universität Wuppertal zum Focus-Städtetest aus dem Jahr 2000 (Heft 5/2000) unter http://www.presse.uni-wuppertal.de/archiv/mitteilungen/2001/HitlistederStaedte.html; aufgerufen am 19.7.06.

schiedener Teilaspekte, diese individuellen Meinungsbildungsprozesse nachzuvollziehen. Doch sind individuelle Prioritätensetzungen und die Gewichtungen
einzelner Faktoren von Person zu Person so unterschiedlich, so „unscharf" und im
Zeitablauf schwankend, dass starre Rechenmodelle wenig geeignet sind, um komplexe individuelle Meinungsbildung zu simulieren. Individuelle Rangordnungen
sind zudem dadurch gekennzeichnet, dass sie weder eindeutig noch wider-
spruchsfrei sind (im Gegensatz zu berechneten Rangfolgen, in denen z.B. der
Rang 42 immer und genau zwei Ränge besser ist als Rang 44).

*Grundsätzlich lässt sich feststellen: Kein Verfahren für die Erstellung eindimensio-
naler Städterangfolgen führt bei komplexen Sachverhalten zu validen und wirklich
interpretationsfähigen Ergebnissen.* Dies gilt selbst für Rankings, bei denen die
Aggregation nicht durch ein Rechenmodell vorgenommen wird, sondern den Befragten selbst auferlegt wird. Der einzige Nutzen der Erstellung eindimensionaler
Rangfolgen besteht im Grunde darin, komplexe Informationen auf einen möglichst einfachen Nenner zu bringen und damit möglicherweise Interesse für die
differenzierteren Ergebnisse zu erzeugen. Im Regelfall wird unterschlagen, dass
die einfache Darstellung gleichzeitig einen Verzicht auf einen Großteil der relevanten Informationen bedeutet[9].

Rangskalen versus metrische Skalen

Die häufig vorgenommene Überführung von metrischen Skalen in Rangskalen
führt bereits grundsätzlich zu Informationsverlusten. Unterschiede zwischen absoluten Werten werden dabei verschleiert. Da viele Merkmale in ihren Ausprägungen normalverteilt sind, bilden Rangplatzdifferenzen im „Mittelfeld" von Rankings
nur kleine absolute Unterschiede ab, während die gleichen Rangplatzunterschie-
de an den Rändern der Verteilung („Spitzenreiter und Verlierer") für große absolute Unterschiede stehen. Am Beispiel eines objektiven Merkmals – den Gewerbe-
steuerhebesätzen (hier für das Jahr 2004) –, das in nahezu jedem wirtschaftsbezogenen Städtevergleich herangezogen wird, sollen die Bewertungsprobleme dargestellt werden. Die Spanne der Hebesätze bei den 116 kreisfreien Städten reicht
von 300 bis 490; etwa die Hälfte liegt in dem relativ engen Bereich zwischen 390
und 440. Der Rangplatz 29 (Heidelberg) entspricht einem Hebesatz von 390, der
Rangplatz 60 (Berlin) einem Hebesatz von 410 – ein Unterschied von 31 Rangplätzen steht für einen Hebesatzunterschied von 20 Prozentpunkten. Alleine zwischen den Rängen 1 und 2 (Coburg mit 300 und Kaufbeuren mit 330) ist der Unterschied der Hebesätze aber größer als zwischen den Rängen 29 und 60.

---

9   Jede Reduzierung auf weniger Dimensionen, als sie durch die erhobenen Merkmale aus-
     gedrückt werden, vermindert den Informationsgehalt; eine Dimension (Städterangfolge)
     ist das Extrem. Die Erfahrungen mit multivariaten, informationsreduzierenden Verfahren
     zeigen, daß bei komplexen Variablengefügen der Erklärungsgehalt einer Dimension
     manchmal nicht mehr als 10 oder 20 Prozent der gesamten Information ausmacht.

Unabhängig von der Art der Gewichtung der einzelnen Variablen ist es methodisch unsinnig, Städte bei einzelnen Merkmalen zunächst nach Rangplätzen zu ordnen und dann diese Rangplätze zu gewichten oder zusammenzuzählen, wie in Städtetests immer wieder geschehen (z.B. Kinderfreundlichkeit deutscher Großstädte 2004, durchgeführt von empirica delasasse). Grundsätzlich erlaubt das Skalenniveau von Rangfolgen keine weiteren Rechenoperationen wie Addition, Durchschnittsbildung usw. mehr – dies wird in den Sozial- und Wirtschaftswissenschaften bereits im Grundstudium gelehrt. Wird trotzdem so verfahren, sind – völlig unabhängig von der Gewichtungsmethode – die zusammenfassenden Ergebnisse der entsprechenden Studien nicht mehr sinnvoll interpretierbar.

Sinnvoll kann dagegen die inzwischen häufiger gewählte Vergabe von Punkten sein, die die Platzierung der Städte innerhalb der Wertespanne angibt. Bei maximal 100 zu vergebenden Punkten bekäme im obigen Beispiel der Gewerbesteuererhebesätze Coburg (auf Platz 1) 100 Punkte, Heidelberg (Platz 29) 53 Punkte und Berlin (Platz 60) 42 Punkte. Obwohl auch dieses Verfahren noch Mängel aufweist[10], ist es wesentlich aussagekräftiger als die Darstellung von Rangplätzen.

Nutzenskalen, Skalenniveaus und Kompensationsannahmen

Mit durch Punktevergabe „standardisierten" Ausprägungen sind Zusammenfassungen einzelner Variablen möglich[11]. Problem ist dabei wie bei allen Standardisierungen, dass Merkmale mit sehr großen Ausprägungsunterschieden (in Bezug auf die Handlungsrelevanz und den Nutzen) und Merkmale mit kleinen Unterschieden „nivelliert" werden. Problematisch ist bei der Vergabe von Punkten auch, wenn diese als Nutzenwerte verstanden werden und mit anderen Nutzenwerten in Beziehung gesetzt werden. Entspricht ein Unterschied von 20 Punkten beim Merkmal „Gewerbesteuerhebesatz" dem Unterschied von 20 Punkten beispielsweise bei der Autobahnnähe? Dies wird unterstellt, sobald die beiden Merkmale etwa durch additive Verknüpfung kombiniert werden. Entsprechende Annahmen ließen sich eigentlich nur treffen, wenn sie durch Nutzenbewertungen oder durch Berechnung der finanziellen Lasten erhoben würden, wobei offensichtlich ist, dass es bei nahezu allen wirtschaftsbezogenen Merkmalen große Nutzenunterschiede zwischen verschiedenen Branchen oder Betriebstypen gibt.

Jede Aggregation, ob additiv oder multiplikativ, unterstellt, dass „schlechte" Ausprägungen eines Indikators durch „gute" Ausprägungen eines anderen kompen-

---

10 Am sinnvollsten, aber nicht so plakativ, ist die Verwendung von standardisierten Werten (die sich an Mittelwerten und Varianz orientieren), wobei allerdings die Behandlung von „Ausreißern" ein weiteres Problem darstellt. Ebenfalls ungelöst bleiben dadurch die Schwierigkeiten der subjektiv wahrgenommenen Unterschiede im Vergleich mit den gemessenen und die Aggregation von standardisierten Merkmalen zu (Gesamt-)Indikatoren, in die standardisierte Merkmale zunächst einmal mit dem gleichen Gewicht eingehen.

11 Dies gilt im engen Sinne eigentlich nur für standardisierte Ausprägungen von intervallskalierten Variablen, lässt sich hier aber vereinfachend unterstellen.

siert werden könnten. Aggregationen führen grundsätzlich zu wie auch immer ge
arteten Durchschnittsbildungen. In der konkreten Frage von Standortentscheidungen von Menschen oder Unternehmen[12] werden aber selten Durchschnitte gebildet; oft entscheiden Schwellenwerte. Beispielsweise kann für einen international tätigen Manager wichtig sein, ob es für sein Kind vor Ort eine internationale Schule gibt, oder es geht bei Standortentscheidungen um das Vorhandensein einer bestimmten Höhe von Fördermitteln. Subjektive Entscheidungsprozesse laufen in der Regel wesentlich vielschichtiger ab, als es durch eine rein additive Verknüpfung und Durchschnittsbildung von Merkmalen suggeriert wird.

Additive Verfahren, Gewichtungen, multiplikative Verfahren

„Von den unendlich vielen Funktionen des Zusammenhangs zwischen zwei (und erst recht mehreren Variablen) wird in der Regel die Addition gewählt. Diese Vorgehensweise wird nur deswegen für objektiv gehalten, weil es (fast) alle so machen und weil keiner weiß, was die ‚wirkliche' Beziehung ist." (Dangschat 2001, S. 2). Im Grundsatz ist die additive Verknüpfung immer dann sinnvoll, wenn man von einer Kompensation des Nutzens im Vergleich einzelner Merkmale ausgehen kann. Multiplikative Verknüpfungen sollten nur dann gewählt werden, wenn sich Vor- und Nachteile gegenseitig deutlich verstärken.

Häufig wird gegenüber der ungewichteten Addition der Merkmalsausprägungen[13] (z.B. in Form von Punkten) eine Gewichtung der Merkmale vorgenommen. Dies ist dann besonders schlüssig, wenn die Gewichtung durch die Zielgruppen der Befragung selbst erfolgt, wie es beispielsweise im Städtetest der Bunten aus dem Jahr 1987 geschah.

Verglichen mit dem Verfahren, bei dem die Einschätzungen der Zielgruppe direkt zum Maßstab der Gewichtungen genommen werden, ist die Heranziehung von „Experten" nur die zweitbeste Vorgehensweise. Besonders problematisch ist es, wenn die Gewichtungen willkürlich durch die Bearbeiterinnen und Bearbeiter vorgenommen werden[14]. Jede Gewichtung führt zu anderen Ergebnissen. Es ist festzustellen, dass diesem Aspekt, verglichen mit der Diskussion über die Angemessenheit von Daten und Operationalisierungen, in der Regel viel zuwenig Aufmerksamkeit geschenkt wird.

---

12 Bei konkreten Standort- oder Wohnortentscheidungen spielen allgemeine Rankings in den seltensten Gründen eine entscheidende Rolle (wohl aber individuelle Rankings).

13 Selbst in einer ungewichteten Addition verbergen sich „versteckte" Gewichtungen, durch die Annahme der Äquivalenz von Nutzenskalen und die häufige Korrelation von Merkmalen.

14 Blinkert (1989, S. 436 ff.) zeigt in einer Auswertung anhand der Daten eines Impulse-Städtetests, wie willkürlich die Ergebnisse der Untersuchung sind und dass andere Gewichtungen und Verfahren zu ganz anderen Ergebnissen führen können.

Multikorrelationen, verdeckte Gewichtungen und Größeneffekte

Jedes noch so ausgefeilte Gewichtungsverfahren kann jedoch ein Problem nur schwer beseitigen: Merkmale messen häufig ähnliche Sachverhalte oder sind von einer „Hintergrundvariablen" abhängig, so dass die Einbeziehung entsprechender Variablen zu einer Übergewichtung bestimmter Aspekte führt, die von den Bearbeitern nicht vorgesehen ist und meist auch nicht wahrgenommen wird.

Werden verschiedene Teilaspekte zur Standortqualität verwandt, z.B. objektive Faktoren wie Industrialisierungsgrad, Qualifikation, Altlastenflächen oder Langzeitarbeitslose oder subjektive Faktoren wie Bedeutung der Steuer- und Abgabenbelastung und Flächenbedarf, so räumt man dem (Meta-)Faktor „Industriebesatz mit ‚alten' Industrien" ein großes Gewicht ein, möglicherweise ohne dass dies bewusst ist.

Hierzu ein Beispiel aus dem Capital-Städteranking 2005 („Die Hoffnungsträger"): Es werden die Indikatoren Wirtschaftsleistung, Zahl der Arbeitsplätze, Bevölkerung und Kaufkraft pro Kopf herangezogen – als Statuszahlen und Veränderungsindikatoren. Zum einen hängen die Merkmale sowieso schon eng zusammen, zum anderen wurden bei den Statusangaben Absolutzahlen verwendet, so dass der Größeneffekt zusätzlich massiv durchschlägt[15]. So beträgt die Korrelation zwischen Wirtschaftsleistung und Arbeitsplätzen 0,97, ein extrem hoher Wert. Ähnlich hohe Zusammenhänge gibt es zwischen den Veränderungsindikatoren: Beispielsweise hängen die Veränderung der Wirtschaftsleistung und jene der Kaufkraft fast 1:1 zusammen (Korrelation 0,94). Dennoch werden die vier verschiedenen Indikatoren munter gewichtet, mit dem Ergebnis, dass die Gesamtpunktzahl für das Ranking mit der Punktzahl für die Wirtschaftsleistung fast identisch ist (Korrelationskoeffizient 0,96). Man hätte sich das ganze methodische „Brimborium" sparen und gleich die Wirtschaftsleistung sowie die Veränderung der Wirtschaftsleistung als einzige Indikatoren verwenden können[16].

Diesem Problem ist am besten gerecht zu werden, wenn Verfahren eingesetzt werden (wie z.B. die Faktorenanalyse)[17], die den ähnlichen Informationsgehalt von Variablen messen und „versteckte Überindikatoren" herausfiltern. Die „Faktoren", die diese Verfahren liefern, vermindern die Dimension des Variablenraumes in der Regel deutlich, bei nur geringem Informationsverlust. Jede Gewichtung sollte eigentlich erst an den Faktoren (genauer: den Faktorwerten) ansetzen[18].

---

15 Die Korrelation zwischen Wirtschaftskraft und Bevölkerung beträgt 0,87.
16 Eine Faktorenanalyse über die eingesetzten Variablen ergibt, dass zwei Faktoren bereits 82 Prozent des Informationsgehalts der acht einbezogenen Variablen erklären.
17 Es gibt weitere Verfahren, die auch für gemischte Variablensätze (mit unterschiedlichem Skalenniveau), ordinale oder sogar dichotome Merkmale geeignet sind. Die Erläuterung dieser Möglichkeiten würde aber den Rahmen dieses Abschnitts sprengen.
18 Zieht man die Einschätzung der Befragten (oder von anderen Experten) für die Gewichtung heran, so ist dies mit einem zweiten Befragungsschritt auch forschungspraktisch möglich.

Ebenfalls (und parallel) durchführbar ist die Elimination von informationsredundanten Merkmalen (vgl. z.B. Blinkert 1989, S. 438 f.). In manchen Städtetests wird auch schon so verfahren, etwa im Test der „Kinderfreundlichen Stadt" aus dem Jahr 2004.

Größeneffekte tauchen unabhängig davon auf, ob Absolutzahlen (so korrelieren viele Merkmalsausprägungen oft hoch mit der Einwohnerzahl) oder Relativzahlen verwendet werden. Viele Indikatoren mit Bezug zur jeweiligen Gesamtfläche der Städte sind problematisch, da durch Gebietsreformen oder historisch enge Flächensituationen etwa die Verwendung von Dichteindikatoren schnell zu Fehlschlüssen führt (vgl. Grabow/Henckel/Hollbach-Grömig 1995, S. 191 f.).

Signifikanz, Interpretation von Unterschieden

Die unterschiedliche Einordnung von Städten auf Rangskalen suggeriert häufig gravierende Unterschiede, die in der Tat gar nicht vorhanden sind (vgl. auch oben). „Das Problem verschärft sich entsprechend, wenn alle Werte einer Rangliste relativ dicht beieinander liegen (...)" (Gallus 2005, S. 21). Beim Ranking der unternehmerfreundlichsten Großstadt aus dem Jahr 2000 gibt es zwischen dem ersten und dem letzten Platz eine Schulnotendifferenz von gerade einmal 0,46. Aus dem verfügbaren Datenmaterial lassen sich die Signifikanzen für Dritte nicht ableiten, in der Studie werden darüber auch keine Aussagen gemacht. Aus Erfahrungswerten lässt sich allerdings vermuten, dass die Unterschiede kaum aussagekräftig sind.

Lassen sich bei einzelnen Merkmalen noch Signifikanzaussagen machen bzw. interpretationsfähige Unterschiede benennen (den schon unwahrscheinlichen Fall repräsentativer Stichproben vorausgesetzt), so ist dies bei der Zusammenziehung mehrerer Variablen nahezu unmöglich. Schon bei der Aggregation weniger Variablen, teilweise auf unterschiedlichem Skalenniveau, kann keine statistisch begründete Aussage mehr über die Stichhaltigkeit der dokumentierten Unterschiede gemacht werden. Ob sich beispielsweise zwei Städte auf Rang 20 oder 30 in Bezug auf bestimmte Merkmalskomplexe signifikant unterscheiden, ist nicht mehr seriös zu belegen. Erst recht gilt dies natürlich für die Reduktion der sehr komplexen Wirklichkeit auf eindimensionale Rangfolgen.

Wie oben beschrieben, können sowohl die Art der Operationalisierung der Merkmale als auch die Art der Aggregation erhebliche Konsequenzen für die Rangfolge der Untersuchungseinheiten haben. Gerade bei den Einheiten im „Mittelfeld" eines Rankings ergeben sich leicht gravierende Unterschiede der Rangplätze. In Modellrechnungen mit unterschiedlicher Indikatorenwahl und unterschiedlichen Gewichtungsverfahren haben sich vielfach Differenzen in den Rangplätzen von 20 Prozent und mehr ergeben, in Einzelfällen sogar Rangplatzverschiebungen um 150 Plätze (bei 394 Kreisen und kreisfreien Städten) (Maretzke 2006). Ein wichtiges und methodisch erklärbares Ergebnis letztgenannter Studie ist aber auch, dass die nach oben oder nach unten herausragenden Untersuchungseinheiten in ihrer guten bzw. schlechten Platzierung vergleichsweise „unempfindlich" im Hinblick auf Operationalisierungsschritte oder Gewichtungsverfahren sind (ebenda). Dies erklärt vielleicht auch, warum München in vielen Rankings auf der Basis sekundärstatistischer Daten immer weit vorne liegt und viele ostdeutsche Städte meist auf den hinteren Plätzen zu finden sind.

In Bereichen wie dem Hochschulwesen, in denen Rankings seit längerer Zeit professionell im Einsatz sind, werden zwar noch einzelne Werte ausgewiesen. Für handlungsrelevante Entscheidungen werden allerdings nur noch Ergebnisgruppen genannt, deren Mitglieder sich dann tatsächlich signifikant unterscheiden. Es gibt dort drei Gruppen: die Spitzen- und die Schlussgruppe (mit durchgängig signifikant über- bzw. unterdurchschnittlichen Werten) sowie eine Mittelgruppe, die entweder durchgängig durchschnittliche Werte besitzt oder deren Mitglieder uneinheitlich einzuordnen sind (Gallus 2005, S. 21)[19]. Damit wird bewusst auf eine individuelle Vergleichbarkeit verzichtet, um zu vermeiden, dass minimale Unterschiede im Zahlenwert eines Indikators als Qualitätsunterschied fehlinterpretiert werden. Für die Berichterstattung in einer Publikumszeitschrift wäre dies wohl „das Grab". Dessen ungeachtet wäre es eine „saubere" Vorgehensweise auch bei Städterankings.

4. Erkenntnisgewinne und Instrumentalisierung

Städterankings verfestigen positive wie negative Klischees (Schönert 2003, S. 1). Da viele der Rankings dieselben oder ähnliche Indikatoren verwenden, kommen sie bei bestimmten Fragestellungen naturgemäß zu ähnlichen Ergebnissen. Dass München beispielsweise durch seine besondere wirtschaftliche Stärke und hohe Freizeitqualitäten charakterisiert ist, wird penetrant wiederholt, vielfach mit dem Anspruch des herausragenden Neuigkeitswerts, auch wenn „alte Brötchen aufgebacken" werden. In Bezug auf den „Sieger" München heißt es im Wirtschaftswoche-Städtetest 2005: „Der dienstälteste Wirtschaftsdezernent der Republik hat es jetzt sogar schwarz auf weiß. Was Wirtschaftskraft und Lebensqualität angeht, ist die bayerische Metropole die Nummer eins in Deutschland (…)." Dabei ist es der x-te Test, bei dem München ganz vorne abschneidet (vgl. Übersicht im Anhang). Genauso, wie die „Siegerplätze" häufig von denselben Städten eingenommen werden, geht es mit den „Verlierern". Städte der neuen Bundesländer, die aufgrund des Übergangs in die Marktwirtschaft nach der Vereinigung keine konkurrenzfähige Wirtschaft aufweisen konnten, die aufgrund massiver städtebaulicher Veränderungen zu DDR-Zeiten stark an Attraktivität verloren haben und die vielfach unter gravierendem Abwanderungsdruck stehen, belegen regelmäßig die letzten Plätze, verbunden mit Titelzeilen wie „Und wo die Lichter ausgehen" (Wirtschaftswoche, 20/2005, S. 24). Dies hat dann nichts mehr mit seriösem Journalismus zu tun, ist vielmehr auf dem Niveau der Boulevardpresse. Ein Ergebnis ist, dass sich entsprechende Bilder verfestigen und Auf- bzw. Abwärtsspiralen ver-

---

19 Vgl. auch die Informationen dazu auf den Seiten zum Hochschulranking des Centrums für Hochschulentwicklung (CHE) unter www.che.de.

stärken. Eine rechtliche Handhabe gegen eine solche Berichterstattung besteht jedoch nicht (Treffer 2006, S. 29).

Keine neue Erkenntnis, aber in den Köpfen durch vielfache Wiederholung verfestigt sind die unterschiedlichen Profile von Städten. Am Beispiel von vier Städten wird dies illustriert (vgl. Abbildung 3)[20]. München ist beispielsweise gekennzeichnet durch starke Wirtschaftskraft, verbunden mit hohem Freizeitwert, während Berlin bei allen wirtschaftlichen Indikatoren auf den hinteren Plätzen landet, dafür im Bereich Freizeit, Lebensqualität und Wohnen ganz vorne „mitmischt". Aufgrund von „Gesetzmäßigkeiten" des Marktes werden hohe Qualitäten als Wirtschaftsstandort und beim Freizeitwert immer auch zu hoher Nachfrage führen und damit mit hohen Wohn- und Lebenshaltungskosten verbunden sein (und umgekehrt).

Abbildung 3

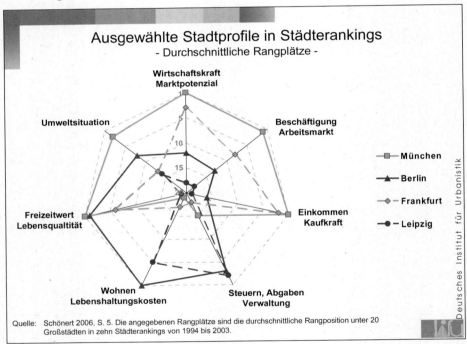

Auch wenn sich immer wieder ähnliche „Siegerstädte" ergeben: Ergebnisse von Rankings sind nicht direkt vergleichbar, wenn nicht die Merkmale, Erhebungs-

---

20 Die von Schönert (2003) vorgenommene Durchschnittsbildung von ordinalskalierten Werten ist grundsätzlich und besonders bei den teilweise unterschiedlichen Fragestellungen der ausgewerteten Rankings höchst problematisch. Sie wird hier nur deswegen in ihren Ergebnissen wiedergegeben, weil sie hervorragend zur Illustration der unterschiedlichen Profile dient.

zeitpunkte und Aggregationsverfahren identisch sind – dies gilt unabhängig vom Untersuchungsgegenstand. „Jedes Ranking steht derzeit mehr oder weniger als Unikat neben dem anderen." (Gallus 2005, S. 20) Dass München zum x-ten Male vorne rangiert, liegt in erster Linie an der Robustheit von Ergebnissen bei den Spitzenreitern und den Abgeschlagenen trotz unterschiedlicher Operationalisierungen und Aggregationsmethoden (vgl. oben).

Wenn zum soundsovielten Mal die gleichen sekundärstatistischen Datenquellen ausgewertet werden, verwundert es nicht weiter, dass sich die Ergebnisse der Studien ähneln. Erkenntnisgewinne ergeben sich vor allem dann, wenn

- ansonsten „verstreute" Daten in neuer thematischer Zusammenstellung aufbereitet,

- zusätzliche „graue" Datenquellen genutzt,

- Befragungsdaten einbezogen,

- Zeitreihen und Veränderungsprozesse dokumentiert und

- Zusammenhänge oder „versteckte" Sachverhalte mit Hilfe statistischer Methoden aufgedeckt

werden.

Sehr kritisch sollte auch geprüft werden, für welche Gruppen die Ergebnisse überhaupt gelten. Je stärker Städte der Ort der zukunftsträchtigen Branchen, der neuen kreativen Dienstleister, der „Bühnen für die aufstiegsorientierten hedonistischen, technokratischen Milieus" (Dangschat 2001, S. 2) sein sollen und der Wettbewerb unter den Städten diese Zielgruppen besonders in den Blick nimmt, desto eher stehen die von den „neuen Eliten" bevorzugten Standortbedingungen im Mittelpunkt auch von Rankings: Hochkultur, städtebauliche Attraktivität, Events, hoher Freizeitwert werden bewertet und als Maßstab für die Konkurrenzfähigkeit von Städten herangezogen. Die Leistungen von Städten in der Bewältigung ihrer Kernaufgaben (z.B. bei der Haushaltskonsolidierung, auf dem Arbeitsmarkt, bei der Integration) werden durch diese Rankings weitgehend ignoriert. Immerhin stimmt leicht optimistisch, dass zumindest einzelne Untersuchungen (Kinderfreundlichkeit deutscher Großstädte 2004, Prognos-Familienatlas 2005) auch in andere Richtungen zeigen – unabhängig von der methodischen Qualität dieser Studien.

Selbst wenn Sachverhalte zutreffend operationalisiert wurden, wenn methodisch „sauber" vorgegangen und dies auch transparent gemacht wurde, stellt sich immer noch die entscheidende Frage nach den Kausalitäten. „Damit sind wir Schritt für Schritt von den Datenproblemen zu den Interpretationsproblemen gekommen. Sind die Sterbefälle pro 1000 Einwohner hoch wegen der schlechten Luft oder wegen der guten Luft, die auch Investitionen in viele Altenheime angelockt hat? Das Ranking selbst legt implizit meist eine Interpretation nahe, ohne auf die Ursache-Wirkungs-Ketten explizit einzugehen. Diese aber sind besonders wichtig, wenn Stadtspitzen aus den Ergebnissen Schlussfolgerungen für die Qualität des

Verwaltungshandelns und schließlich Schlussfolgerungen für eigene Maßnahmen ableiten wollen." (Mäding 2001)

Vielfach werden die Konsequenzen für schlechtes Abschneiden kommunalen Akteuren zugeschrieben, die selbst kaum Einflussmöglichkeiten besitzen. Dort, wo Handlungsmöglichkeiten bestehen, muss man sich im letzten Schritt der Kette „Analyse – Interpretation und Erkenntnis – Konsequenzen" fragen: Werden die richtigen Schlüsse aus den Rankings gezogen? Haben die Kommunen überhaupt Möglichkeiten und Fähigkeiten, aus den Ergebnissen von Benchmarks strategisches Handeln zu entwickeln? „Von der Wahrnehmung eines Rangplatzes bis zur Entwicklung einer Strategie ist es ein weiter Weg." (Mäding 2001) Da strategisches Handeln fast immer langfristig angelegt sein muss, ist auch offensichtlich, dass nicht jedes Ranking zu jeweils kurzfristigen Aktivitäten führen kann und darf. Als „Hintergrundwissen" kann es dagegen durchaus für langfristig orientierte Veränderungen herangezogen werden. Gegebenenfalls können und müssen neue Erkenntnisse aus Rankings zu Korrekturen bei der kontinuierlichen Überprüfung des strategischen Handelns genutzt werden. Grundlage der Ausrichtung einer Stadt auf die Herausforderung der Zukunft sind aber nicht sporadische und in ihrer Interpretierbarkeit oft fragwürdige Städterankings, sondern ein langfristig angelegtes Informations- und Wissensmanagement im Zusammenhang mit Controlling-Instrumenten, für das die Kommunen – hier im Grundsatz die Statistik und Stadtforschung – selbst verantwortlich sind.

Fazit

Die oben angeführten Kriterien zu Grunde gelegt, lässt sich feststellen, dass Städterankings in den 1990er-Jahren im Durchschnitt methodisch besser werden. Dies gilt gleichermaßen für die Aggregationsverfahren wie für die Auswahl von Merkmalen und die Einbeziehung von Veränderungsindikatoren[21]. Dennoch muss immer noch genau hingesehen werden: „Vor Unfug bei Rankings ist niemand gefeit"[22], und jede einfache „Sieger"- und „Verliererliste" bei komplexen Sachverhalten wird dadurch nicht besser.

Obwohl Städterankings weder für Kommunalverantwortliche[23] noch für Unternehmen[24] eine wirkliche Entscheidungshilfe sind, werden sie immer wieder durchgeführt, weil es – ähnlich wie bei der Wahrnehmung von Fußballtabellen – wohl ein großes Interesse bei vielen (Leserinnen und Lesern) gibt, zu wissen, ob

---

21 Allerdings haben die Tests von Bunte 1987 und HörZu 1990 schon Standards gesetzt, die teilweise wieder in Vergessenheit gerieten.

22 So der Pressesprecher und Leiter der Presse- und Öffentlichkeitsarbeit des Deutschen Städtetages, Volker Bästlein, im Editorial der Zeitschrift „der städtetag", Heft 1/2001.

23 So das Ergebnis einer Bestandsaufnahme bei kommunalen Wirtschaftsförderern (Lackner 1992).

24 Vgl. die Vertreterin einer Immobilienconsulting, Renate Kölbel: „Städterankings sind für Investoren ohne großen Wert", Frankfurter Allgemeine, 16.6.2006.

man besser oder schlechter ist als andere. Die Meinungsbildungs- und Unterhaltungsfunktion steht vielfach vor der Informationsfunktion (Treffer 2006, S. 4 ff.).

Grundsätzlich lässt sich aber feststellen: Rankings helfen eher, als dass sie Schaden anrichten. Zu den positiven Folgen sind – in Anlehnung an Schönert (2003, S. 2) – im Idealfall zu zählen:

- Aspekte der Stadtentwicklung werden in einer breiteren Öffentlichkeit diskutiert.

- Regionale Diskussionsprozesse lassen sich verstärken.

- Die handelnden Akteure sind aufgefordert, Position zu beziehen,

- Positive Veränderungsprozesse werden innerhalb und außerhalb der Region wahrgenommen.

- Erfahrungen mit dem Instrument Benchmarking werden gesammelt.

Als mögliche Nachteile drohen (vgl. ebenda):

- Positive wie negative Bilder und räumliche Klischees werden verfestigt.

- Die Komplexität der Wirkungszusammenhänge sowie die Rollen und Möglichkeiten unterschiedlicher Akteure werden selten diskutiert.

- Langfristig angelegte Entwicklungsstrategien werden leicht in Frage gestellt.

- Die Gewinner „sonnen" sich und sehen keinen Handlungsbedarf mehr.

- Die Verlierer lehnen entsprechende Benchmarks als methodisch fragwürdig grundsätzlich ab.

- In der Flut der Studien werden einzelne hilfreiche Untersuchungen oft nicht mehr richtig wahrgenommen: „Man darf die Studien nicht überbewerten. Es gibt einfach zu viele", so der Frankfurter Wirtschaftsförderer in Schumann (2004).

Es wäre eine besondere Herausforderung für Städtestatistiker, sich auf aussagekräftige Indikatoren zu einigen, methodische Empfehlungen auszusprechen, eine vergleichende Berichterstattung aufzusetzen und damit dem Wildwuchs an Rankings mit begrenztem Aussagewert „autorisierte" Darstellungen entgegen zu setzen. Im Zusammenhang mit der Erhebung subjektiver Einschätzungen könnte das durch koordinierte Umfragen gelingen, die z.B. von den deutschen Urban-Audit-Teilnehmerstädten für das Jahr 2006 vorbereitet werden[25]. Eigene Benchmarks zu

---

25 Im Rahmen des Urban Audit wurde 2004 in 31 europäischen Städten eine vergleichende internationale Erhebung zur Lebensqualität durchgeführt (http://www.urban-audit.org/UAPS%20leaflet.pdf). In Anlehnung an diese Erhebung wird im KOSIS Verbund Urban Audit (KOSIS = Kommunales Statistisches Informationssystem) für das Jahr 2006 eine koordinierte Bürgerumfrage zur Lebensqualität in deutschen Städten geplant.

ausgewählten Themen unter Einbeziehung der Akteure vor Ort mit der Definition von Zielerreichungsvariablen (Schönert 2003, S. 8) wären ein ergänzender Weg.

Ob Städterankings Dritter Aussagekraft besitzen, lässt sich anhand einer Checkliste prüfen, die sich an den Ausführungen in den Abschnitten 2 und 3 orientiert[26]:

- Werden die Sachverhalte angemessen operationalisiert?
- Werden kausale Zusammenhänge angenommen und formuliert?
- Werden – wenn angemessen – objektive und subjektive Daten kombiniert?
- Werden Veränderungsindikatoren einbezogen?
- Werden Größeneffekte berücksichtigt?
- Werden statistische „Ausreißer" überprüft?
- Sind Methoden und Datenquellen transparent?
- Beschränkt man sich auf bestimmte Themenfelder?[27]
- Wird bei der Aggregation weitgehend auf Rangskalen verzichtet?
- Werden Einzelindikatoren in der Zusammenfassung begründet gewichtet?
- Werden versteckte Gewichtungen und informationsredundante Merkmale eliminiert?
- Wird auf eindimensionale Rankings bei komplexeren Themenstellungen verzichtet?
- Gibt es Signifikanzaussagen zu den Unterschieden?
- Wurden Ergebnisgruppen gebildet?

Je häufiger die Antwort „ja" lautet, desto positiver ist das jeweilige Ranking zu bewerten.

In Anlehnung an Überlegungen zu dem Thema im Hauptausschuss des Deutschen Städtetages im Frühjahr 1996 kann gesagt werden: Städtevergleiche können hilfreich sein als Hintergrund für den Qualitätswettbewerb, für den interkommunalen Leistungsvergleich und als strategische Entscheidungshilfe[28]. Als „Siegerwettbewerb" sind sie untauglich[29]. Erfrischend wäre, wenn sich auch einmal der Oberbürgermeister einer „Siegerstadt" von den Ergebnissen kritisch distanzierte.

---

26 Vgl. dazu auch ausführlicher Grabow/Henckel/Hollbach-Grömig (1995, S. 206 ff.).

27 „Insbesondere die sehr breit gefassten Rankings der Publikumsmagazine eignen sich insofern kaum als Entscheidungsbasis für Unternehmer, Wirtschaftsförderung oder städtische Verwaltung." (Gallus 2005, S. 22)

28 Beispielhaft dafür steht der Bericht der Region Bodensee-Oberschwaben, in dem man sich systematisch mit den Ergebnissen einer Reihe von Rankings auseinander setzt und auch die Schwächen der Region auf dieser Basis kritisch diskutiert; vgl. Köhler/Seczer (2005).

29 Der Beschluss des Hauptausschusses vom 14.2.1996 lautet: Der Hauptausschuss hält Städtevergleiche generell für ein wichtiges und zulässiges Instrument der mittel- und langfristigen Entscheidungsfindung (…) sofern diese Vergleiche nach wissenschaftlichen Methoden und unter Einbeziehung der Fachkompetenz der Städte durchgeführt werden. Städtevergleiche, bei denen anhand schwammiger Kriterien die öffentlichkeitswirksame Darstellung von Gewinnern und Verlierern im Vordergrund steht, werden abgelehnt.

Die Diskussion um Rankings als Evaluationsinstrument für Hochschulen zeigt den richtigen Weg auch für Städterankings (Gallus 2005, S. 22). So sie denn methodisch „sauber" und transparent angelegt sind (vgl. Checkliste), könnten sie „einen entsprechend forcierten Diskussionsprozess um kommunale Leistung in Gang setzen, innerhalb dessen insbesondere auch Veränderungsprozesse nach außen kommuniziert werden können." (Ebenda)

Literatur

Beckmann, Karin, Stellen die Rankings die Wirklichkeit auf den Kopf?, in: Regio-Vision, Newsletter der Nord/LB Regionalwirtschaft, Heft 3 (2004), S. 5.

Blinkert, Baldo, Welche Städte haben den höchsten Wohnwert?, in: der städtetag, Heft 7 (1989), S. 436–441.

Dangschat, Jens, Hamburg vor Köln und München, Berlin deutlich dahinter, Leipzig abgeschlagen. Warum und für wen der „Unsinn" von Rankings Sinn macht, in: ARL-Nachrichten, Heft 1 (2001), S. 1–3.

Gallus, Rainer, Probleme aktueller Städterankings: Kriterien bei der Interpretation von Ranglisten, in: Stadtforschung und Statistik, Heft 2 (2005), S. 20–23.

Grabow, Busso, Dietrich Henckel und Beate Hollbach-Grömig, Weiche Standortfaktoren, Stuttgart 1995 (Schriften des Deutschen Instituts für Urbanistik, Band 89).

Köhler, Stefan, und Christian Seczer, Rankings und Online-Erhebungen. Die Region Bodensee-Oberschwaben im bundesweiten Vergleich, Info-Heft No. 7, Regionalverband Bodensee-Oberschwaben, Ravensburg 2005.

Lackner, Wolfgang, Städteranking und kommunale Wirtschaftsförderung, Arbeitsbericht, Institut für Städtebau und Landesplanung, Universität Fridericiana zu Karlsruhe 1992.

Mäding, Heinrich, And the winner is … – Standpunkt: Städterankings, Difu-Berichte Nr. 2 (2001), S. 2–3.

Mäding, Heinrich, Städte und Regionen im Wettbewerb – ein Problemaufriss, in: Werner Jann, Manfred Röber, Hellmut Wollmann (Hrsg.), Public Management – Grundlagen, Wirkungen, Kritik. Festschrift für Christoph Reichard zum 65. Geburtstag, Berlin 2006, S. 271–283.

Maretzke, Steffen, Regionale Rankings – ein geeignetes Instrument für eine vergleichende Bewertung regionaler Lebensverhältnisse?, in: Informationen zur Raumentwicklung, Heft 6/7 (2006), S. 325–335.

Münzenmaier, Werner, Wirtschaftskraft, Einkommen und Kaufkraft. Unterschiedliche Positionierung Stuttgarts im Großstädtevergleich und ihre Ursachen, in:

Statistik und Informationsmanagement (Landeshauptstadt Stuttgart, Statistisches Amt), Heft 11 (2005), S. 406–419.

Schönert, Matthias, Städteranking und Imagebildung, in: BAW-Monatsbericht (BAW Institut für Wirtschaftsforschung), Heft 2 (2003), S. 1–8.

Schumann, Frank, Stadt im Spiegel, Frankfurter Rundschau, 2. Juli 2004.

Simon, Karl Heinz, Probleme vergleichender Stadtforschung, in: Jürgen Friedrichs (Hrsg.), Soziologische Stadtforschung, Sonderheft 19 (1988) der Kölner Zeitschrift für Soziologie und Sozialpsychologie, S. 381–409.

Treffer, Gerd, Presserechtliche Betrachtungen zum Thema „Städterankings", Sonderdruck des Deutschen Städtetages, Köln und Berlin 2006.

Vester, Frederic, und Alexander von Hesler, Sensitivitätsmodell, Frankfurt/M. 1980.

Vester, Frederic, Ballungsgebiete in der Krise, München 1983.

Der Autor

Dr. rer. pol. Busso Grabow,
Diplom-Ökonom, Forschungstätigkeit an der Universität Augsburg zu Themen der Gemeindesoziologie von 1979–1984. Seit 1984 wissenschaftlicher Mitarbeiter und Projektleiter am Deutschen Institut für Urbanistik (Difu), Berlin. Koordinator des Arbeitsbereichs Wirtschaft und Finanzen.

Anlage

Übersicht: Zusammenstellung ausgewählter Rankings von 1992–2006*

Jahr	Titel	Thema	Raumeinheit	Daten-art	Zahl Indikatoren	Spitzenreiter	Auftraggeber
1992	Europäische Zukunftsstandorte	L	272 europäische Regionen	O, S	k.A.	k.A.	Wirtschaftswoche
1994	Umweltreport / 105 Städte im Test	L	105 Städte	O, S	k.A.	Bremen *	Focus, Ausgabe 10
1994	Bevorzugter Wohnstandort, bevorzugter Produktionsstandort	W, L	20 Städte (Europa)	S	k.A.	k.A.	Manager Magazin (Ausgabe 3)
1995	Arbeitsmarkt / Der Job-Atlas 1995	W	444 Kreise und kreisfreie Städte	k.A.	k.A.	München *	Focus, Ausgabe 13
1995	Die 24 Top-Städte im Vergleich	L	84 Städte	k.A.	k.A.	München *	Focus, Ausgabe 22
1995	Focus Test / Nepper, Schlepper, Bürgermeister	L	84 Städte	k.A.	k.A.	Erfurt	Focus, Ausgabe 49
1999	Arbeitsmarkt und Wohnqualität für Angestellte	W, L	83 Städte	k.A.	k.A.	Köln *	BIZZ, Ausgabe 7
1999	Focus Gründer- Städtetest	W	83 Städte	O	34	Heidelberg	Focus, Ausgabe 16
2000	Unternehmerfreundliche Großstadt	W	25 Städte	S	k.A.	Bielefeld	Impulse (Ausgabe 9), RWE, Bertelsmann Stiftung
2000	Focus Städte-Test	W, L	83 Städte	O	45	Hamburg *	Focus, Ausgabe 50
2000	Bellevue Städtetest	L	10 Städte	O	50	München	Bellevue
2000	Prognos-Technologie-Atlas	W	97 Raumordnungs-regionen	O, S	11	München	Wirtschaftswoche
2001	Bellevue Städtetest	L	10 Städte	O	50	München	Bellevue
2001	k.A.	W	60 Städte	O, S	4	München	Capital, Ausgabe 7
2001	Der große HÖRZU-Städtetest "Sicherheit"	L	83 Städte	O	k.A.	Remscheid	HÖRZU, Ausgabe 46
2001	Der große HÖRZU-Städtetest "Beruf & Karriere"	L	83 Städte	O	k.A.	Erlangen	HÖRZU, Ausgabe 47
2001	Der große HÖRZU-Städtetest "Leben & Wohnen"	L	83 Städte	O	16	Ludwigsburg	HÖRZU, Ausgabe 48
2001	Der große HÖRZU-Städtetest "Gesundheit & Umwelt"	L	83 Städte	O	41	Würzburg	HÖRZU, Ausgabe 48
2001	Der große HÖRZU-Städtetest "Freizeit und Kultur"	L	83 Städte	O	5	Hamburg	HÖRZU, Ausgabe 49
2001	Der große HÖRZU-Städtetest "Gesamtergebnis"	L	83 Städte	O	k.A.	München	HÖRZU, Ausgabe 49
2002	Standorte in Deutschland	W	82 IHKs	S	1	Frankfurt a. M.	-
2002	Bellevue Städtetest	L	10 Städte	O	50	München	Bellevue

Jahr	Titel	Thema	Raumeinheit	Daten-art	Zahl Indikatoren	Spitzenreiter	Auftraggeber
2002	Prognos-Technologie-Atlas	W	97 Raumord-nungsregionen	O, S	11	**München**	Wirtschaftswoche
2003	k.A.	W	60 Städte	O, S	4	**Düsseldorf**	Capital, Ausgabe 2
2003	Bellevue Städtetest	L	10 Städte	O	50	**München**	Bellevue
2004	Kreise und Städte im Test	W, L	440 Kreise und kreisfreie Städte	O	22	**Eichstätt**	Geo, Ausgabe 5 (Bei-lage)
2004	Deutsche Großstädte im Vergleich	W	50 Städte	O, S	68	**München**	Wirtschaftswo-che/Initiative Neue So-ziale Marktwirtschaft
2004	Prognos-Zukunftsatlas 2004	W	439 Kreise und kreisfreie Städte	O	29	**München LK**	Handelsblatt
2004	Kinderfreundlichkeit deutscher Großstädte	L	83 Städte	O	51	**Münster**	BILD, e.V. "Ein Herz für Kinder"
2004	Bellevue Städtetest	L	10 Städte	O	50	**München**	Bellevue
2004	Unternehmer-freundliche Großstadt	W	25 Städte	S	6	**Leipzig**	Impulse, RWE, Ber-telsmann Stiftung
2004	Urban Audit Percepti-on Survey	L	31 Städte (Euro-pa)	S	22	**Malaga (3. Platz Leipzig)**	Europäische Kommis-sion (Urban Audit)
2005	Europas Beste - Vor-bilder für deutsche Metropolen im Stand-ortwettbewerb	W	32 Städte (Euro-pa)	O	1	**Dublin (11. Platz Köln)**	-
2005	Städte-Ranking: Die Hoffnungsträger	W	60 Städte	O, S	4	**München**	Capital
2005	Deutsche Großstädte im Vergleich	W	50 Städte	O, S	69	**München**	Wirtschaftswo-che/Initiative Neue So-ziale Marktwirtschaft
2005	Bellevue Städtetest	L	10 Städte	O	50	**München**	Bellevue
2005	Prognos-Familienatlas	L	439 Kreise und kreisfreie Städte	O	16	**-**	BMFSFJ
2005	Europas attraktivste Metropolen für Mana-ger	L	58 Städte (Euro-pa)	O	42	**Paris (Frankfurt Platz 2)**	Manager Magazin, Ausgabe 58
2005	The Economist Intelli-gence Unit's Liveabil-ity Ranking	L	127 Städte (welt-weit)	k.A.	40	**Vancouver (Frankfurt Platz 11)**	The Economist
2005	Ranking der EU-Regionen	W	249 europäische Regionen	O	k.A.	**Großraum Lon-don (Oberbayern mit München Platz 7)**	Capital, Ausgabe 12
2006	Prognos-Zukunftsatlas 2006	W	439 Kreise und kreisfreie Städte	O	3	**Wolfsburg**	-

L = Aspekte der Lebensqualität W = Aspekte der Wirtschaftskraft und Standortqualität O = objektive Daten S = subjektive Daten
k.A. = keine Angabe.

*Quelle: Eigene Darstellung.

Michael Reidenbach

15 Jahre kommunale Investitionstätigkeit in den neuen Bundesländern

Volumen, Struktur und Finanzierung 1991 bis 2005

Einleitung

Vernachlässigt man die in der zweiten Hälfte des Jahres 1990 nach der Wirtschaftsunion an die Kommunen der neuen Länder geflossenen Ausgaben und Finanzierungsmittel mangels genauer Kenntnis[1], dann macht der Zeitraum Anfang 1991 bis Ende 2005 genau 15 Haushaltsjahre in der Finanzgeschichte dieser ostdeutschen Gemeinden und Gemeindeverbände aus. 15 Jahre, das entspricht der Hälfte einer Generation, dem Zeitraum, der nach den Vorstellungen der Politik derzeit für die Angleichung der Lebensverhältnisse der neuen an die alten Bundesländer vorgesehen ist[2]. Die folgenden Ausführungen konzentrieren sich auf einen Ausschnitt, nämlich auf die Entwicklung der Vermögenshaushalte der Kommunen in den fünf neuen Bundesländern im Zeitraum 1991 bis 2005. Die Investitionen, die über die kommunalen Unternehmen, Zweckverbände und Krankenhäuser durchgeführt wurden, bleiben außer Acht, ebenso wie die in Berlin (Ost) geflossenen Mittel[3].

---

1 Für das 2. Halbjahr 1990, also für die erste Zeit nach Einführung der DM, gibt es keine amtliche Finanzstatistik und auch sonst kaum Angaben aus Geschäftsstatistiken. Der Bund stellte damals umgerechnet rund 770 Mio. Euro für Infrastrukturmaßnahmen der Kommunen zur Verfügung. Nimmt man an, dass zusätzlich ein Teil der Maßnahmen mit Krediten finanziert wurde, so kommt man auf eine Größenordnung von rund 1 Mrd. Euro.

2 So die Begründung für den Solidarpakt II, in dem den ostdeutschen Ländern und Kommunen bis 2019 spezielle Finanzmittel zur Verfügung gestellt werden.

3 Die kommunalen Investitionen einschließlich der kommunalen Unternehmen sind für das Jahr 2002 beschrieben in: Michael Reidenbach, Die Sachinvestitionen der Kommunen und ihrer Unternehmen – eine Bestandsaufnahme, Aktuelle Information des Difu, Februar 2006.

Die Ausgabenseite

Die Bereitstellung einer funktionsfähigen Infrastruktur geschieht in der Regel durch Investitionen, das sind überwiegend Baumaßnahmen, aber auch der Erwerb von Sachen und Zahlungen für die Investitionen Dritter. Zunächst ist festzustellen, dass das Investitionsniveau von 1991 bis 1992 stark anstieg, da sowohl der Aufbau der Verwaltung als auch die Bereitstellung von Finanzierungsmitteln an Dynamik gewannen. Im Jahre 1992 wurde so eine einmalige Spitze an kommunalen Investitionen erreicht. Von diesem Gipfelniveau gingen die Investitionen zuerst langsam, dann aber recht schnell kontinuierlich zurück[4]. In Abbildung 1 wird dieser Rückgang nachgezeichnet.

Abbildung 1: Ausgaben in den Vermögenshaushalten der Kommunen in den neuen Bundesländern 1991 bis 2005 in Mrd. Euro (ohne besondere Finanzierungsvorgänge)*

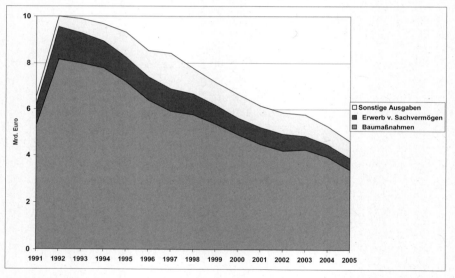

*Quelle: Statistisches Bundesamt und eigene Berechnungen.

Im Jahre 1992, dem Maximum, wurden in den Vermögenshaushalten der Kommunen 10,0 Mrd. Euro ausgegeben, für das Jahr 2005 wird ein Volumen von 4,6 Mrd. Euro nachgewiesen, dies entspricht einem Rückgang um 54 Prozent[5]. Insge-

---

4   Als Zahlenbasis wurden, soweit nichts anderes angegeben wurde, die Jahresrechnungsergebnisse der kommunalen Haushalte 1992 bis 2003 sowie die Kassenergebnisse der Vierteljahresstatistik der öffentlichen Haushalte für die Jahre 1991, 2004 und 2005 verwendet.

5   Bei einer Wertung dieser Zahlen ist aber zu berücksichtigen, dass sich die Preise für Bauleistungen und Ausrüstungen seit 1991 erheblich verändert haben. Als Folge des Baubooms in der ersten Hälfte der Neunzigerjahre stiegen die Preise für Bauleistun-

samt sind seit 1991 über die kommunalen Vermögenshaushalte gut 111 Mrd. Euro geflossen, davon 98 Mrd. Euro für Sachinvestitionen (ganz überwiegend für Baumaßnahmen), die restlichen 13 Mrd. Euro entfielen auf sonstige Ausgaben wie Zuweisungen an Dritte oder Erwerb von Beteiligungen (siehe Tabelle 1). Bei einer durchschnittlichen Bevölkerung von 14,1 Mio. im Zeitraum 1990 bis 2005 ergibt sich so pro Einwohner ein Volumen an Sachinvestitionen von rund 7 000 Euro.

Tabelle 1: Ausgaben der kommunalen Vermögenshaushalte in den neuen Bundesländern 1991 bis 2005 (ohne besondere Finanzierungsvorgänge)*

Ausgaben	Summe 1991 bis 2005	
	Mrd. Euro	in %
Sachinvestitionen	98,1	88,0
davon:		
Baumaßnahmen	84,9	76,2
Erwerb von Grundstücken	6,5	5,8
Erwerb v. beweglichen Sachen	6,7	6,0
Sonstige Ausgaben	13,4	12,0
darunter:		
Erwerb v. Beteiligungen	1,3	1,2
Zuweisungen für Investitionen an Sonstige	7,7	6,7
Ausgaben d. Vermögenshaushalts insgesamt	111,5	100,0

*Quelle: Statistisches Bundesamt und eigene Berechnungen.

Das Niveau der Vermögensausgaben mag sich in den neuen Ländern stark verringert haben, es liegt aber immer noch deutlich über den Investitionsausgaben pro Einwohner der Kommunen in den Flächenländern der früheren Bundesrepublik. Dies äußert sich besonders bei einem Vergleich der Baumaßnahmen: In den neuen Bundesländern beliefen sich diese im Jahre 2005 auf 251 Euro pro Einwohner, der vergleichbare Wert für die alten Bundesländer liegt bei 173 Euro, also um fast 30 Prozent niedriger.

Auch relativ, das heißt innerhalb der kommunalen Haushalte, ist die Bedeutung der Sachinvestitionen stark zurückgegangen. So machten die Sachinvestitionen in den neuen Ländern im Jahre 1992 noch 32,5 Prozent der Ausgaben der Gesamt-

gen rasch an, so beim Hochbau bis 1995 um 25 Prozent und beim Tiefbau um 11 Prozent gegenüber den Niveaus des Jahres 1991. Die nachlassende Nachfrage nach Bauleistungen führte in der zweiten Hälfte der Neunzigerjahre zu einem Rückgang der Preise beim Hochbau, der sich bis zum Jahre 2002 erstreckte, danach stiegen die Preise wieder leicht an. Die Hochbaupreise lagen 2005 27 Prozent über dem Niveau des Jahres 1991, die Tiefbaupreise hingegen auf dem Niveau des Jahres 1991.

haushalte aus, im Jahre 2005 war dieser Anteil auf 15,3 Prozent geschrumpft. Während die Investitionen zurückgefahren wurden, gingen die übrigen Ausgaben der Kommunen also längst nicht im gleichen Umfang zurück. Damit wiederholt sich auch in den neuen Bundesländern ein Vorgang, der in den alten Bundesländern seit Mitte der Sechzigerjahre zu beobachten ist.

Abbildung 2:   Verteilung der kommunalen Baumaßnahmen nach Aufgabenbereichen 1992 bis 2005

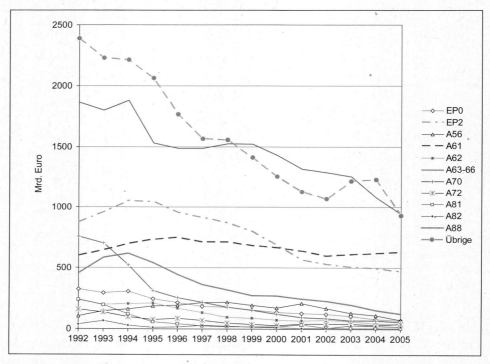

*Quelle: Statistisches Bundesamt (Kassenstatistik) und eigene Berechungen. (Zur Erläuterung der Haushaltseinzelpläne bzw. -abschnitte siehe Tabelle 2).

Eine differenzierte Aussage zur Entwicklung der Sachinvestitionen nach einzelnen Aufgabenbereichen lässt sich nur der Statistik der Rechnungsergebnisse entnehmen. Diese wird jedoch erst mit einiger Zeitverzögerung erstellt, so dass hier auf die Daten der vierteljährlichen Kassenstatistik zurückgegriffen wird, die für zwölf Aufgabenbereiche die jeweiligen Baumaßnahmen ausweist (siehe Tabelle 2)[6]. Von dem absoluten Rückgang der Baumaßnahmen im Zeitraum 1992 bis 2005 ist nur der Bereich „Städteplanung etc." ausgenommen, alle anderen Bereiche haben mehr oder weniger große absolute Rückgänge erlitten. Da diese Rückgänge nicht gleichmäßig ausgefallen sind, hat sich die Struktur der Baumaßnahmen im Jahre

---

6   Für 1991 liegt keine Aufteilung der Baumaßnahmen nach Aufgabenbereichen vor.

2005 gegenüber der des Jahres 1992 merklich verändert. Höhere Anteile haben neben dem eben genannten Bereich insbesondere die großen Bereiche der Schulen und Straßen gewonnen. Dieser Bedeutungszuwachs ist höchst wahrscheinlich auf eine Konstanz der Förderungsmittel des Landes bzw. des Bundes für diese Bereiche zurückzuführen. Der Anteil der Baumaßnahmen der Abwasserbeseitigung wurde deutlich reduziert: Einerseits verbirgt sich dahinter, dass vor der Gründung der Abwasserzweckverbände viele Baumaßnahmen über die kommunalen Haushalte abgewickelt wurden. Zum anderen wurde in einigen Regionen zuviel an Kläranlagenkapazitäten bereitgestellt, so dass als Reaktion erst einmal eine Verringerung der Maßnahmen erfolgte, obwohl für die gesamten neuen Bundesländer noch ein erheblicher Nachholbedarf besteht[7].

Tabelle 2: Volumen und Struktur der Baumaßnahmen 1992 und 2005 und Summe 1992 bis 2005 in den neuen Bundesländern*

Aufgabenbereich	Baumaßnahmen 1992		Baumaßnahmen 2005		Summe 1992 bis 2005	
	in Mrd. Euro	in %	in Mrd. Euro	in %	in Mrd. Euro	in %
Allgemeine Verwaltung (EP 0)	0,3	4,0	0,1	2,0	2,5	3,2
Schulen (EP 2)	0,9	10,9	0,5	13,9	10,7	13,5
Eigene Sportstätten (A 56)	0,1	1,3	0,1	2,2	2,2	2,8
Städteplanung, Vermessung und Bauordnung A 61)	0,6	7,5	0,6	18,6	9,3	11,7
Wohnungsbauförderung (A 62)	0,2	3,0	0,0	1,1	1,7	2,1
Gemeinde-, Kreis-, Landes- und Bundesstraßen (A 63-65)	1,9	23,2	0,9	27,7	20,4	25,8
Abwasserbeseitigung (A 70)	0,8	9,4	0,1	1,6	3,6	4,5
Abfallbeseitigung (A 72)	0,2	1,9	0,0	1,2	0,9	1,2
Versorgungsunternehmen (A 82)	0,2	3,0	0,0	0,2	0,8	1,0
Verkehrsunternehmen (A 83)	0,0	0,5	0,0	0,6	0,3	0,4
Allgemeines Grundvermögen (A 89)	0,5	5,7	0,1	3,6	4,8	6,0
Übrige Bereiche	2,4	29,7	0,9	27,4	22,0	27,8
Insgesamt	8,0	100,0	3,4	100,0	79,3	100,0

*Quelle: Statistisches Bundesamt und eigene Berechnungen.

---

7 Siehe Michael Reidenbach und andere, Der kommunale Investitionsbedarf bis 2009, Berlin 2002, S. 129.

Die Ausgaben für den Erwerb von Grundstücken sowie für bewegliche Sachen (Pkws, Computer) erreichten in der Summe etwa das gleiche Volumen im 15-Jahreszeitraum, in den letzten Jahren besaß der Erwerb von Sachen ein leichtes Übergewicht. Für den Erwerb von Beteiligungen wurden 1,3 Mrd. Euro ausgegeben, also ein vergleichsweise kleiner Betrag, da darin auch Kapitalerhöhungen an bestehenden Unternehmen enthalten sind. Die finanzielle Unterstützung der eigenen Unternehmen ist auch in den Zuschüssen für Investitionen an Sonstige enthalten, auf die knapp 7 Prozent der Ausgaben entfielen.

Abbildung 3:   Erwerb von Sachen und Beteiligungen der Kommunen in den Neuen Bundesländern 1991 bis 2005*

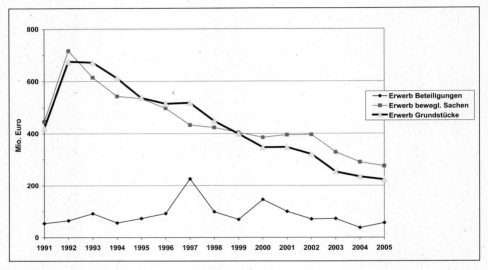

*Quelle: Statistisches Bundesamt und eigene Berechnungen.

Die Einnahmenseite

Die Einnahmen der Vermögenshaushalte (ohne besondere Finanzierungsvorgänge) sind in Abbildung 4 für den Verlauf der Jahre 1991 bis 2005 und in Tabelle 3 als Summe dieser Jahre dargestellt. Klar erkennbar ist die dominante Rolle, die in allen Jahren die Zuweisungen der Länder und des Bundes sowie der EU für die Finanzierung der Ausgaben spielten[8]. Über zwei Drittel des Gesamtbetrags kamen aus dieser Quelle. Der starke Rückgang im Jahre 1994 war durch das Auslaufen der kommunalen Investitionspauschale des Bundes hervorgerufen worden, ein Ausfall, der dann von den Ländern teilweise aufgefangen wurde.

---

8   Auch die westdeutschen Städte und Gemeinden haben unter anderem über eine erhöhte Gewerbesteuerumlage zur Finanzierung des Fonds Deutsche Einheit und des Solidarpaktes beigetragen, der genaue Beitrag zur Finanzierung lässt sich aber nicht feststellen.

Tabelle 3: Einnahmen der Vermögenshaushalte in den neuen Bundesländern 1991 bis 2005 (ohne besondere Finanzierungsvorgänge)*

	Summe 1991 bis 2005	
	Mrd. Euro	in %
Zahlungen von Bund, Land für investive Zwecke	58,2	70,0
Veräußerungserlöse	16,9	20,3
darunter		
• Veräußerung von Grundstücken	13,0	15,6
• Veräußerung von Beteiligungen	1,9	2,3
Beiträge	3,4	4,0
Sonstige Einnahmen	4,8	5,7
Einnahmen der Vermögenshaushalte zusammen	83,2	100

*Quelle: Statistisches Bundesamt und eigene Berechnungen.

Abbildung 4:   Einnahmen der kommunalen Vermögenshaushalte 1991 bis 2005*

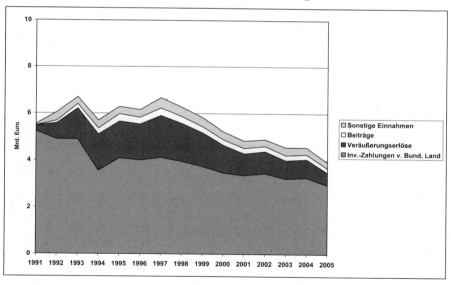

*Quelle: Statistisches Bundesamt und eigene Berechnungen.

In der Gesamtsicht wird auch deutlich, dass die Veräußerung von Vermögen einen wesentlichen Finanzierungsfaktor darstellt. Immerhin ein Fünftel oder fast 17 Mrd. Euro der Erlöse wurden damit aufgebracht. In den Anfangsjahren wurden diese Beträge fast ausschließlich durch den Verkauf von Grundvermögen erzielt (siehe Abbildung 5). Nach 1996 gingen diese Verkaufserlöse rapide zurück, zu vermuten ist, dass die Zahl der zum Verkauf geeigneten Grundstücke schrumpfte und/oder die Nachfrage nach der ersten Euphorie nachließ. Erst seit 1996 wurden auch in nennenswertem Umfang Beteiligungen verkauft, mit recht großen Schwankungen in den einzelnen Jahren. Der Verkauf von beweglichen Sachen spielte keine Rolle.

Die Verkaufserlöse sind allerdings nicht immer direkt der Finanzierung von Investitionen zugute gekommen. Vielmehr flossen sie teilweise den Verwaltungshaushalten zu, um dort Fehlbeträge zu finanzieren oder die für die ordentliche Tilgung notwendigen Mittel bereitzustellen.

Abbildung 5:   Veräußerung von Vermögen in den ostdeutschen Kommunen nach Arten 1991 bis 2005 in Mrd. Euro*

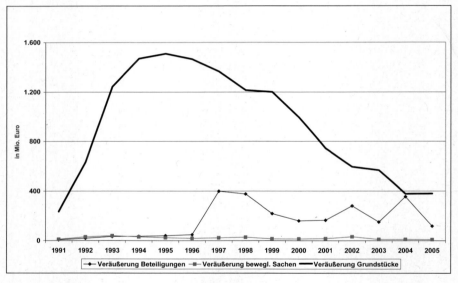

*Quelle: Statistisches Bundesamt und eigene Berechnungen.

Beiträge für die Erschließung machen nur einen kleinen Teil der Einnahmen aus. Dies ist auf zwei Momente zurückzuführen: Zum einen werden nur die Erschließungsbeiträge für die Straßen erfasst, da die Abwasserbeseitigung weitgehend ausgegliedert ist, zum anderen wird die Erhebung eher restriktiv gehandhabt, da sie in Ostdeutschland nicht sehr akzeptiert wird.

Saldo der Einnahmen und Ausgaben

Stellt man nun die Einnahmen den Ausgaben gegenüber, so erhält man den nichtfinanzierten Teil des Vermögenshaushaltes. Die Einnahmen sind im Laufe der 15 Jahre nicht so stark wie die Ausgaben zurückgegangen, so dass sich die Schere zwischen beiden Kurven verringert hat. In der Tendenz bedurfte es also, bedingt vor allem durch die abnehmende Investitionstätigkeit, eines immer kleineren Betrages, um den Vermögenshaushalt ins Gleichgewicht zu bringen. Schon ein relativ kleiner Betrag von 700 Mio. Euro genügte 2005 dafür.

Abbildung 6: Ausgaben und Einnahmen der kommunalen Vermögenshaushalte der neuen Bundesländer 1991 bis 2005 im Vergleich (ohne besondere Finanzierungsvorgänge)*

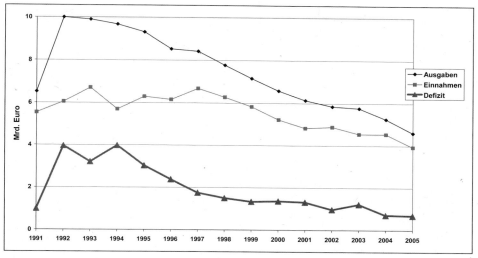

*Quelle: Statistisches Bundesamt und eigene Berechnungen.

Tabelle 4: Deckung der Ausgaben der kommunalen Vermögenshaushalte in den neuen Bundesländern 1991 bis 2005*

	Summe 1991 bis 2005	
	Mrd. Euro	in %
Einnahmen der Vermögenshaushalte ohne besondere Finanzierungsvorgänge (siehe Tabelle 3)	83,2	74,6
Rücklagenentwicklung	-0,0	0,0
Nettokreditaufnahme	12,0	10,8
(Netto-)Zuführung von den Verwaltungshaushalten (als Restgröße berechnet)	16,3	14,6
Ausgaben der Vermögenshaushalte	111,5	100,0

*Quelle: Statistisches Bundesamt und eigene Berechnungen.

Die Finanzierungslücke zwischen den Einnahmen und Ausgaben wurde in Teilen durch die Aufnahme von Krediten gedeckt. Dabei stand die Aufnahme von

Schuldscheindarlehen bei Banken im Vordergrund, nur wenige Anleihen wurden von sächsischen Großstädten aufgelegt. Die Kreditaufnahme stieg in den ersten Jahren steil an, um die hohen Investitionsausgaben mitzufinanzieren. Dieser Anstieg wurde auch durch spezielle Programme des European Recovery Program (ERP) und der Kreditanstalt für Wiederaufbau gefördert, welche den Kommunen sehr günstige Zins- und Tilgungskonditionen anboten. Nach 1995 ging die Schuldenaufnahme am Kreditmarkt merklich zurück, nach 2001 wurden im Saldo sogar Schulden getilgt. Zusätzliche Kredite über die Schuldentilgung hinaus konnten also nicht mehr aufgenommen werden: Die Kommunen hatten die Grenze ihrer dauerhaften Leistungsfähigkeit, das Hauptkriterium für die Aufnahme zusätzlicher Kredite, erreicht. Seit 2001 geht die Verschuldung sogar zurück, ein Vorgang, der sich noch erheblich ausweiten wird, wenn größere Städte, wie z.B. für Dresden angekündigt, die Erlöse aus der Veräußerung von Vermögen für die Schuldentilgung einsetzen werden.

Abbildung 7:   Entwicklung der Verschuldung der Kommunen am Kreditmarkt in den neuen Bundesländern 1990 bis 2005*

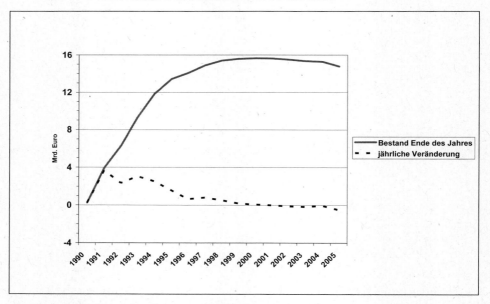

*Quelle: Statistisches Bundesamt und eigene Berechnungen.

Es verbleiben als Restgröße zu den 111,5 Mrd. Euro Ausgaben im Vermögenshaushalt dann noch 16,3 Mrd. Euro, die als Eigenanteil der Kommunen angesehen werden müssen. Das heißt, ein Sechstel der Ausgaben des Vermögenshaushalts wurde aus dem Überschuss der Verwaltungshaushalte finanziert, ein Wert, der zeigt, wie schmal die Eigenfinanzierungsbasis der ostdeutschen Kommunen war und ist. Diese (Netto-)Zuführung vom Verwaltungs- zum Vermögenshaushalt, bei dem die Zuführung vom Vermögens- zum Verwaltungshaushalt bereits abgezogen ist, ist in den letzten Jahren wieder etwas geringer geworden (siehe Abbildung 8)[9].

Abbildung 8:   Netto-Zuführung vom Verwaltungs- zum Vermögenshaushalt der Kommunen in den neuen Bundesländern 1992 bis 2003*

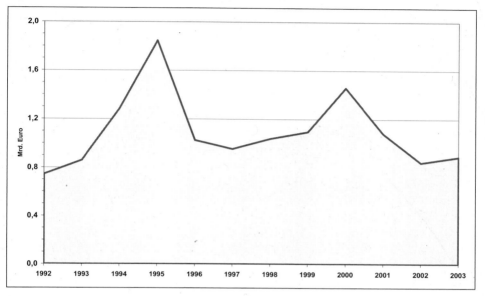

*Quelle: Statistisches Bundesamt und eigene Berechnungen.

Ausblick

Die Aufsummierung der Ausgaben der Vermögenshaushalte lässt erkennen, welche großen Beträge seit 1991 über die kommunalen Haushalte der neuen Bundesländer geflossen sind. Bezogen auf die Bevölkerungszahl 2004 waren dies immerhin fast 8 300 Euro pro Einwohner. Wenn man bedenkt, dass das kommunale Vermögen in Deutschland im Durchschnitt pro Einwohner im Jahre 2004 etwas über 13 000 Euro betrug[10], dann verdeutlicht dieser Betrag, was an Erweiterung und Erneuerung der kommunalen Infrastruktur in den Neuen Bundesländern geleistet worden ist. Trotz dieser großen Aufbauleistung ist der Bedarf der Kommunen aber nach wie vor immens[11]: Zu stark wirkte die Hinterlassenschaft der DDR, die es wirtschaftlich nicht schaffte, genügend Ressourcen für die Erhaltung der kommunalen Infrastruktur zu generieren.

---

9   Die Darstellung der Zuführungen ist in der Kassenstatistik unvollständig und wurde daher nicht in die Abbildung aufgenommen.
10   Siehe Reidenbach, S. 5.
11   Siehe Reidenbach und andere, S. 335 ff.

Die Finanzierungsrechnung lässt auch erkennen, dass der Anteil der Kreditaufnahme an der Finanzierung der Investitionen längerfristig gesehen nicht so groß ist, wie häufig unterstellt wird: Der aufgenommene Kredit muss im Gegensatz etwa zu den erhaltenen Zuweisungen oder Erschließungsbeiträgen zurückbezahlt werden.

Was im Einzelnen mit den Mitteln geschehen ist oder ob die Mittel sinnvoll angewandt wurden oder nicht, wurde bisher kaum einer umfangreichen Überprüfung unterzogen. Sicherlich hat es da und dort ineffiziente Verwendungen gegeben, z.B. durch zu große Gewerbegebiete, die jetzt teilweise leer stehen. Letztlich war dies aber der Preis, der für schnellstes Handeln nach der Wende und das Sammeln von Erfahrung in kommunaler Selbstverwaltung zu zahlen war. Im Großen und Ganzen wird man davon ausgehen können, dass die eingesetzten Mittel ihren Zweck, die Infrastrukturlücke zwischen West und Ost zu schließen, schon teilweise erreicht haben.

Die Analyse verdeutlicht aber auch, dass sich in den letzten Jahren eine zunehmende Abhängigkeit von den Zuweisungen der Länder, des Bundes und der EU entwickelt hat. Im Durchschnitt wurden 2005 über drei Viertel der Sachinvestitionen durch Zahlungen der Länder und des Bundes gedeckt. Mehr denn je sind die Kommunen daher darauf angewiesen, dass die Länder ihnen einen angemessenen Teil der Solidarpaktmittel II weiterleiten und nicht in der eigenen Tasche verschwinden lassen. Da diese Mittel aber degressiv ausgestaltet sind – das heißt, von 2009 bis 2019 sinken die Beträge kontinuierlich –, ist eine Kompensation für diesen Mittelausfall dringend erforderlich. Die längst überfällige Reform des Gemeindesteuersystems könnte dazu einen wesentlichen Beitrag leisten.

Literatur

Reidenbach, Michael, und andere, Der kommunale Investitionsbedarf in Deutschland. Eine Schätzung für die Jahre 2000 bis 2009, Berlin 2002 (Difu-Beiträge zur Stadtforschung, Band 25).

Reidenbach, Michael, Die Sachinvestitionen der Kommunen und ihrer Unternehmen – eine Bestandsaufnahme, Berlin 2006 (Aktuelle Information des Deutschen Instituts für Urbanistik).

Der Autor

Dipl.-Volkswirt Michael Reidenbach,
Studium an der Freien Universität Berlin, 1968–1973 Lehr- und Forschungstätigkeit am Institut für finanzpolitische Forschung der Freien Universität Berlin, seit 1973 wissenschaftlicher Mitarbeiter beim Deutsches Institut für Urbanistik (Difu), Berlin; Mitglied im Institutsausschuss des Difu.

Horst Zimmermann[1]

Kommunale Verschuldung – neu betrachtet

1. Anlass und Fragestellung der Untersuchung

Die Verschuldung der deutschen Städte und Gemeinden hat in den Jahren seit 1990 dramatisch zugenommen. Dies gilt für die aggregierten Zahlen, etwa für den bereinigten Überschuss im Jahresdurchschnitt oder den Saldo, insbesondere aber auch mit Blick auf einzelne Städte, in denen das Defizit im Jahre 2003 mehr als 50 Prozent der laufenden Einnahmen ausmachte und diese in einem Fall sogar überstieg[2]. Im Folgenden wird überwiegend auf die kommunale Ebene abgestellt[3]. Sicherlich haben ähnliche Entwicklungen auch bei Bund und Land stattgefunden, doch kann sich der Bund über die stärkere Ausschöpfung eigener Steuern immer wieder helfen, und auch die Länder können über ihre Mitwirkung im Bundesrat für steuerlichen Ausgleich sorgen. Die Kommunen hingegen sind auf ihre eigenen Mittel angewiesen, sofern nicht in Extremfällen die Landeszuweisungen erhöht werden, beispielsweise als Zuweisungen aus dem Ausgleichsstock.

Hinzu tritt die langjährige Erfahrung, dass es auch in Gemeinden mit durchaus zufriedenstellender Finanzsituation als selbstverständlich gilt, einen Teil der Ausgaben, insbesondere mit Verweis auf die Investitionen, jeweils durch Nettokreditaufnahme zu finanzieren. Es ist gerade diese kontinuierliche Bereitschaft zur Schuldenaufnahme, die im Folgenden im Vordergrund steht, nicht hingegen das einmalige Ereignis wie die Schließung des Werks eines größeren Steuerzahlers oder Ähnliches.

---

1   Der Autor ist Heinrich Mäding seit Jahrzehnten verbunden, seit vielen Jahren als Mitglied des Institutsausschusses des Difu und in den letzten beiden Jahren überdies im Präsidium der Akademie.

2   Vgl. zur quantitativen Bedeutung der Fragestellung Schwarting (2005) und die Gemeindefinanzberichte, etwa Gemeindefinanzbericht 2005, Übersicht 9 auf S. 22–24.

3   In diesem Beitrag wird überwiegend mit kreisfreien Städten und kreisangehörigen Gemeinden argumentiert. An sich müssten aber die Landkreise und ihre kreisangehörigen Gemeinden zusammen gesehen werden. Sie sind durch die Kreisumlage miteinander verkoppelt, so dass das Verbot der Schuldenaufnahme für nur eine dieser beiden Ebenen leicht zur Verlagerung der Schuldenaufnahme auf die andere führen könnte.

Dieser Sachverhalt wird im Folgenden zum Anlass genommen, grundsätzlich zu fragen, ob und wieweit kommunale Verschuldung überhaupt sinnvoll ist und zugelassen werden sollte. Dazu wird zunächst auf die Grundsatzdiskussion in der Finanzwissenschaft zurückgegriffen, die sich auf die Verschuldung aller Ebenen bezieht und zu eindeutigen Ergebnissen gekommen ist, jedenfalls was die Situation in Deutschland heute betrifft. Es wird dann die angedeutete Gewohnheit, kontinuierlich Schulden aufzunehmen, auch wenn die Finanzlage dies nicht unbedingt erzwingt, zum Anlass genommen, diesen Vorgang aus Sicht der politischen Ökonomie zu betrachten, also unter Einbeziehung der Interessenlage der Betroffenen. Aus dieser Analyse werden dann Folgerungen unterschiedlichen „Härtegrads" für die Behandlung der kommunalen Verschuldung gezogen.

2.   Begründbare und nicht begründbare Schuldenaufnahme[4]

Unter den Begründungen für eine Schuldenaufnahme, gleich welcher Ebene, sind temporäre Anlässe und eine kontinuierliche Schuldenaufnahme zu unterscheiden. Temporär können außergewöhnlich hohe Ausgaben notwendig sein, beispielsweise für einen Krieg, wegen einer wirtschaftlichen Depression oder auch im besonderen Fall der Wiedervereinigung Deutschlands. Hierzu ist das Argument des *Tax Smoothing* formuliert worden (Barro 1979). Demnach ist es nicht sinnvoll, Steuersätze kurzfristig heraufzusetzen, um sie bald wieder auf das Ausgangsniveau vor Eintritt dieser außergewöhnlichen Finanzierungssituation zu senken. Dazu müssten besonders hohe Steuersätze angewendet werden, die ihrerseits außergewöhnlich hohe Zusatzlasten mit sich bringen.

Mit Blick auf die Gemeindeebene wird man hier an ein größeres Investitionsvorhaben denken. In großen Städten kommen solche Vorhaben aber in jedem Jahr vor und sind sicherlich kein Grund, von außergewöhnlichen Ausgaben zu sprechen. In kleinen Gemeinden allerdings kann eine große erforderliche Investition einen Sondereinfluss ausüben. Doch steht für solche absehbaren größeren Projekte das Instrument der Rücklage zur Verfügung, so dass das Argument auch hier nicht durchschlägt. Insgesamt sind temporäre Anlässe auf der Gemeindeebene kaum ein Grund für Schuldenaufnahme.

Für die kontinuierliche Schuldenaufnahme, die sich in der überwiegenden Zahl der deutschen Gemeinden eingebürgert hat, gelten in der Finanzwissenschaft andere Argumente. Im Vordergrund steht das Argument der intertemporalen Lastverteilung. Es besagt, dass durch die Verschuldung im Vergleich zur Steuerfinanzierung Lasten in die Zukunft transferiert werden können; und, falls das als möglich erscheint, könnte die Verschuldung zur Finanzierung zukunftswirksamer Leistungen herangezogen werden. Wenn also heute eine neue Straße gebaut wird (als Teil der Infrastruktur), die über Jahrzehnte genutzt werden kann, so stünden der Generation der

---

4   In diesem und im letzten Teil des Beitrags wird zurückgegriffen auf Zimmermann (1999, S. 199–208).

zukünftigen Nutzer dieser Infrastruktur dann die mit der Schuldenfinanzierung einhergehenden zukünftigen Belastungen gegenüber. Die Generationen würden über die Zeit hinweg gleichmäßig belastet, weshalb man auch von intergenerationaler Lastverteilung spricht. – Am Rande vermerkt, besteht für die Gemeinde als kleine regionale Einheit die Besonderheit, dass sie ihre Schulden überwiegend bei Gläubigern außerhalb der Gemeinde aufnimmt. Das bedeutet, dass zum Zeitpunkt der Schuldenaufnahme außerhalb der Gemeinde gespart und beispielsweise auf Konsum verzichtet wurde, während gleichzeitig innerhalb der Gemeinde konsumiert oder investiert wurde. Zu dem späteren Zeitpunkt der Rückzahlung der Schulden kehrt sich dieser Prozess dann um. Die eigentliche reale (güterwirtschaftliche) Belastung der Gemeinde hat insoweit dann erst zu einem späteren Zeitpunkt stattgefunden. Dies ist eine Analogie zu den Argumenten, die auf eine Auslandsverschuldung im Gegensatz zu einer Inlandsverschuldung angewendet werden.

Unter den Argumenten zur kontinuierlichen Verschuldung hat das Lastverschiebungsargument die größte Durchschlagskraft. So weit sich hieraus Rechtfertigungen für eine zumindest partielle Verschiebung der Finanzierungslasten in die Zukunft ableiten lassen, sind diese Lasten aber zugleich in einem größeren Zusammenhang zu sehen. Es ist zu prüfen, ob von den übrigen Gebietskörperschaftsebenen und insbesondere auch von den Sozialversicherungen nicht gleichzeitig ebenfalls erhebliche Lasten in die Zukunft verschoben wurden. Diese Diskussion wird neuerlich unter dem Begriff der Nachhaltigkeit in der Finanzpolitik geführt[5]. Die Diskussion hat, jedenfalls für Deutschland, zu dem Ergebnis geführt, dass durch diese anderen Entscheidungsträger bereits erhebliche Lasten in die Zukunft verschoben wurden und immer noch verschoben werden. Obwohl diese anderen Lasten allenfalls in sehr geringem Maße der kommunalen Ebene zuzuschreiben sind, so mahnen sie doch zu großer Vorsicht auch bei der Generierung kommunaler Belastungen der Zukunft.

Von ganz anderer Art ist eine zweite Begründungslinie für eine kontinuierliche Schuldenaufnahme. Sie stellt auf ein sich selbst finanzierendes Objekt ab, das einzelwirtschaftlich öffentliche Einnahmen in Form von Entgelten erbringt, die dann den Schuldendienst abdecken. Dieser Fall wird am Ende des Beitrags gesondert behandelt.

Bis zu diesem Punkt wurden Argumente angeführt, die in einer wissenschaftlichen Diskussion zur Begründung einer kontinuierlichen Schuldenaufnahme akzeptabel sind. In einer öffentlichen Diskussion zu den hier erörterten Argumenten und zu der Folgerung, dass die kommunale Verschuldung eingeschränkt werden sollte, wurde dem Verfasser entgegengehalten: „Aber wie sollen die Gemeinden dann ihre Sozialhilfe finanzieren?" Der Frager stand mit seiner Auffassung nicht allein, sondern hatte ein allgemein verbreitetes Unbehagen artikuliert. Mit diesem Argument wird eine Klasse von Verschuldungsgründen anderer Art angesprochen. Während die

---

5   Vgl. zum Überblick über die Konzepte und zu entsprechenden Berechnungen Wissenschaftlicher Beirat (2001).

bisherigen Argumente sich implizit auf Gemeinden bezogen, die mit Blick auf ihre langfristigen Möglichkeiten der Schuldentilgung durchaus finanzkräftig sind, die sich also eine Verschuldung am ehesten leisten können, ist mit der genannten Diskussionsfrage der Fall angesprochen, dass Verschuldung dort erfolgt, wo sie eigentlich am schlechtesten verkraftet werden kann und Schulden im Zweifelsfall kaum rückzahlbar sind: bei unter großer Finanznot leidenden Gemeinden.

Diese Umschreibung trifft heute auf viele Gemeinden zu. Die prekäre Lage wird vor allem durch das Anwachsen der Sozialausgaben der verschiedensten Art und durch die geringen Einnahmen hervorgerufen, wobei beide Effekte zum erheblichen Teil dem Einfluss der Bundes- und Landesebene zuzuschreiben sind. Insgesamt handelt es sich jedenfalls bei diesen und ähnlichen Argumenten nicht um haltbare rationale Begründungen für eine kontinuierliche Schuldenaufnahme, sondern um ad hoc getroffene politische Entscheidungen, die vielleicht auch anders hätten getroffen werden können. Dies aber ist Gegenstand der Politischen Ökonomie bzw. der Public-Choice-Theorie, in der auch die Interessen der Beteiligten berücksichtigt werden.

3. Politische Ökonomie der kommunalen Verschuldung: Verwaltung contra Politik

„Wir von der Verwaltung würden einen ausgeglichenen Haushalt vorlegen". So äußerte sich der für die Kämmerei verantwortliche Beamte einer mittelgroßen deutschen Stadt vor den Studenten in einem Seminar zu Kommunalfinanzen, und er fügte hinzu, dass es nach seiner Auffassung die generelle Präferenz „der Verwaltung" sei, ausgeglichene Haushalte vorzulegen[6]. Was bedeutet diese Aussage, falls sie sich in einer Rundfrage als allgemeines Statement bestätigen würde? „Die Verwaltung" kennt die Spielräume bei den diesjährigen Ausgaben (vgl. das Beispiel in Schilder 2006), sie kann die Unabdingbarkeit oder Aufschiebbarkeit neuer Ausgaben gelassener einschätzen als der Politiker oder die Politikerin, und nicht zuletzt kann sie die Einnahmespielräume in der nahen Zukunft realistisch abschätzen. Wenn diese Annahmen zutreffen, dann ist aus dieser Sicht einer von der Politik eher abgehobenen Verwaltung ein ausgeglichener Haushalt üblicherweise in der typischen deutschen Gemeinde möglich.

Dieser Sicht könnte entgegengehalten werden, dass diese Normalsituation heute für eine große Zahl, vielleicht die Mehrzahl der deutschen Gemeinden, nicht zutrifft. Dann ist allerdings zu klären, was die Ausnahmesituation von der Normalsituation unterscheidet. Wenn es zutrifft, dass die über die längere Frist unbefriedigende Einnahmesituation nicht auf einer konjunkturellen Abwärtsbewegung be-

---

6   Diskussionsbeitrag des Leiters der Kämmereiverwaltung der Stadt Marburg, Gerhard Frank (Zimmermann 1999, S. 262). Diese Auffassung wurde einige Jahre später von dem entsprechenden Vertreter einer Gemeinde mit etwa 4 000 Einwohnern ausdrücklich bestätigt (Lorenz Herb im Gespräch mit dem Verfasser).

ruht, sondern auf einem strukturellen Defizit der deutschen Wirtschaft, dann ist es unabdingbar, sich mit den heutigen durchschnittlich sehr knappen Finanzen dauerhaft abzufinden. Auch hier kann im Zweifelsfall „die Verwaltung" ruhiger abschätzen, wo – ohne Rücksicht auf kurzfristige Wahlüberlegungen – alte Ausgaben gekürzt und neue nicht veranschlagt werden sollten.

Aus diesem Blickwinkel ist „Politik" der Gegenspieler der Verwaltung und zugleich die alleinige Ursache für die große Zahl der Haushaltsdefizite in deutschen Gemeinden. Gerade in fiskalisch normalen Zeiten hätte die Politik keinen Grund gehabt, Schulden aufzunehmen, nur um Ausgaben zu tätigen, die aus politischer Sicht und zumeist mit Blick auf den nächsten Wahltermin als opportun erschienen.

Die Gemeindepolitikerinnen und -politiker erscheinen in dieser Sicht als Getriebene. Die treibenden Kräfte sind gemeindeintern in der Parteienkonkurrenz und gemeindeextern in der Bürgermeisterkonkurrenz zu sehen, wobei Letztere auf Erstere zurückgeführt werden kann, wenn mit Hinweis auf Pressemitteilungen über die Verfügbarkeit einer neuen öffentlichen Leistung in einer Nachbargemeinde die Parteien der eigenen Gemeinde unter Druck gesetzt werden, diese Leistung auch anzubieten. Es liegt also immer eine Verführbarkeit vor, die auf zusätzliche Ausgaben zielt. Nun könnten diese zusätzlichen Ausgaben auch durch Kürzungen bei anderen Ausgaben oder durch das Ausschöpfen der üblichen Einnahmen, also durch höhere Steuern und Gebühren, finanziert werden. Die besondere Problematik der Haushaltsdisziplin ergibt sich aber durch die Verfügbarkeit des Instruments der Verschuldung. Es beinhaltet eine besondere Qualität der Verführbarkeit, die mit dem Begriff der Schuldenillusion umschrieben wurde. Von ihr spricht man, wenn sich Bürger und gemeindliche Entscheidungsträger über die Folgebelastung der Schuldenaufnahme, die im Schuldendienst (Verzinsung und spätere Rückzahlung) liegt, nicht ausreichend im Klaren sind (Zimmermann 1999, S. 199). Die Schuldenillusion wird als einer der Gründe angeführt, warum es ständig zur überhöhten Schuldenaufnahme kommt.

Im Ergebnis wird die überhöhte Schuldenaufnahme hier politökonomisch erklärt. Sie entsteht dadurch, dass die immer vorhandene Verführbarkeit in Richtung erhöhter Ausgaben dadurch zu einem Problem wird, dass die Verfügbarkeit eines Instruments hinzutritt, dessen langfristige Folgen übersehen oder verdrängt werden. Diese politökonomische Erklärung passt im Übrigen zu den Versuchen, generell die beobachteten Phänomene der öffentlichen Finanzwirtschaft ökonomisch zu erklären. Die im Teil 2 aufgeführten eher neoklassischen Argumente zugunsten einer Schuldenaufnahme können die empirisch beobachtete hohe Verschuldung aller Ebenen nicht erklären. Das hat in dem bekannten Aufsatz „Zwanzig Jahre ‚Neue Finanzwissenschaft'" von Richter und Wiegard zu dem eigenartigen Ergebnis geführt, dass hier nur für die Schuldenaufnahme politökonomisch argumentiert wurde, während die übrigen Ausschnitte der öffentlichen Finanzwirtschaft überwiegend neoklassisch interpretiert wurden (Richter/Wiegard 1993).

4.   Ein Szenario ohne kommunale Haushaltsverschuldung

Die erwähnte Verführbarkeit der Politik ist als politisches Faktum weitgehend un-
abänderlich. Folglich ist an der Verfügbarkeit des Instruments der Verschuldung
anzusetzen. Dazu wird im Folgenden überlegt, was geschehen bzw. „zusammen-
brechen" würde, wenn eine kommunale Verschuldung für den üblichen Gemeindehaushalt nicht mehr erlaubt wäre.

Dazu ist vorweg zu reflektieren, inwieweit die Situation bei den Kommunen anders ist als bei Ländern oder Bund. Die Situation beim Bund ist von besonderer
Art. Ein vollständiges Verbot der Verschuldung ist hier schon deshalb nicht gut
denkbar, weil die konjunkturpolitische Verantwortung in allererster Linie beim
Bund liegt und dieser für den Fall einer echten Rezession – aber auch nur hierfür
und nicht für wirtschaftsstrukturelle Verwerfungen – in der Lage sein muss, zeitweilig Schulden aufzunehmen. Zugleich ist er die Ebene, die sich bei späteren
Schwierigkeiten durch hohen Schuldendienst noch am ehesten helfen kann, nicht
zuletzt durch den Zugriff auf eigene Steuern. Allerdings ist er zugleich insoweit in
einer schwierigen Situation, als es, jedenfalls vor Einführung der Maastricht-
Kriterien, keine externe Institution gab, die seine Verschuldung bremste. Bei den
Ländern hingegen ist dies durch die Sanktionsmechanismen der Beistandspflicht
in Haushaltsnotlagen gegeben, und bei den Gemeinden kontrolliert die Kommunalaufsicht das Verschuldungsverhalten. In der Gegenüberstellung der drei Ebenen gelten im Übrigen im internationalen Vergleich die nachgeordneten Ebenen
der Länder und Gemeinden mit Bezug zur Schuldenaufnahme als eher gefährdet
als die Zentralebene (Schaltegger/Feld 2005).

Im Vergleich der Instrumente, mit denen übermäßige Verschuldung auf der Gemeindeebene eingedämmt werden könnte, würde man vielleicht zuerst an Elemente der direkten Demokratie denken, so wie in vielen Kantonen in der Schweiz
oder auch in dortigen Gemeinden größere Verschuldungsvorhaben dem Referendum unterliegen (Feld/Kirchgässner 2001). In ökonometrischen Studien hat sich
gezeigt, dass Elemente der direkten Demokratie auf der Ebene der Kantone am
ehesten nur den Staatsanteil begrenzen können, also zu weniger Ausgaben führen, dass sie aber auf das Defizitverhalten weniger Einfluss haben als quantitative
Begrenzungen (Schaltegger/Feld 2005, S. 3). Hingegen wirken Elemente der direkten Demokratie gerade auf der Gemeindeebene eindeutig auch in Richtung der
Defizitbegrenzung (Feld/Kirchgässner 1999). Das hat sicherlich auch damit zu
tun, dass die Bürgerinnen und Bürger hier besonders genau den Sinn des Finanz-
gebarens einschätzen können, weil größere Investitionsprojekte dem Referendum
unterliegen, in dem zugleich die erforderliche Erhöhung der Steuersätze angegeben und damit genehmigt werden muss. Daneben sind auch hier quantitative Begrenzungen hilfreich. In der Schweiz werden vielfältige quantitative Begrenzungen für die Verschuldung der Kantone und Gemeinden eingesetzt. Sie wirken
nachweislich auf das Defizitverhalten ein (Feld/Kirchgässner 2005, Teil 2). Diese
Vorschriften sind zum Teil sehr komplex und unterscheiden sich zwischen den

Kantonen spürbar. Hier wäre, wenn eine starke quantitative Begrenzung der kommunalen Schuldenaufnahme für Deutschland erwogen wird, nach instrumentellen Varianten zu suchen, die dem angestrebten Ziel am nächsten kommen.

Hier hingegen soll eine radikale Variante der quantitativen Begrenzung als Gedankenexperiment, also als offene Form eines Szenarios, durchgespielt werden: Was würde geschehen, wenn in Deutschland die Haushaltsverschuldung auf der kommunalen Ebene völlig verboten würde? Es dürften also im Vermögenshaushalt keine Schulden aufgenommen werden (und im Verwaltungshaushalt ohnehin nicht). Schuldenaufnahme würde nur für echte Kassenkredite zulässig sein, und des Weiteren kann man sich eine sehr spezielle Ausnahme vorstellen (s. unten letzten Teil). Im Ergebnis würde das geschehen, was man sich für eine Gemeinde in einer üblichen finanziellen Situation eigentlich für den Normalfall vorstellt. Investitionen werden aus dem Überschuss der laufenden Einnahmen über die laufenden Ausgaben zuzüglich eventueller Investitionszuweisungen von Bund und Land finanziert. Wenn dies im einzelnen Jahr nicht möglich ist, müssen zunächst Rücklagen gebildet werden, die dann zum Zeitpunkt der Investition wieder aufgelöst werden. Reichen auch diese Instrumente nicht aus, müssen Gebühren und Beiträge erhöht werden.

Ein Schuldenverbot auf der Gemeindeebene hätte zugleich Auswirkungen auf die Politik von Land und Bund. Diese wären stärker als bisher verantwortlich dafür, dass die Gemeinden – im Vergleich der drei Ebenen – ausreichend ausgestattet werden. Dazu gehören ausreichende Bemessungsgrundlagen der kommunalen Steuern[7] ebenso wie angemessene Zuweisungen. Heute hingegen lassen Bund und Land die Gemeinden in die Schuldenfalle laufen. Fast noch wichtiger ist aber, dass auf diese Weise, vielleicht verbunden mit einer doch einmal eingeführten Konnexität von der Bundesebene zur Gemeindeebene[8], auch die Zuordnung der Aufgaben, die Definition von Standards für gemeindliche Leistungen usw. überprüft würden. Die Zuwächse der kommunalen Ausgaben beziehen sich ganz überwiegend auf den sozialen Bereich, und dieser ist sehr stark durch Bund und Land vorbestimmt. Auf diese Weise hätte ein kommunales Verschuldungsverbot zugleich eine heilsame Wirkung auf die Beziehungen zwischen den drei Ebenen.

Die Frage, welche Form dieses Verbot nehmen würde, wäre gesondert zu klären. Die für den Gesamtstaat vorgeschlagenen drei Stufen, wonach indikatorgestützt in einer ersten Stufe jede Schuldenaufnahme erlaubt, in einer zweiten Stufe diese nur verbunden mit einem Schuldenrückzahlungsplan zulässig ist und in einer letzten Stufe durch Verfassungsorgane der Rückgang auf die zweite Stufe erzwungen wird (Wentzel 2005, S. 609 f.), sind im Falle der einzelnen Gemeinde kaum defi-

---

7   Hier könnten die derzeitigen Reformüberlegungen zur Unternehmenssteuerreform sozusagen nebenher eine Verbesserung erbringen. Vgl. Union treibt Unternehmenssteuerreform voran, in: Frankfurter Allgemeine Zeitung, 16.3.2006, S. 13.

8   Einen guten ersten Ansatz bietet die im Gesetzentwurf vom 6.3.2006 zur Föderalismusreform enthaltene neue Grundgesetzformulierung: „Durch Bundesgesetz dürfen Gemeinden und Gemeindeverbänden Aufgaben nicht übertragen werden".

nierbar. Eine Regel für die kommunale Ebene müsste vielmehr so ausgestaltet sein, dass sie durch die Kommunalaufsicht auch sanktioniert werden kann.

Ehe auf einen Sonderfall für die Schuldaufnahme eingegangen wird, sei angemerkt, dass die hier angeführten Überlegungen sicherlich analog auch für Land und Bund angestellt werden könnten. Die Diskussion um die Einhaltung der Maastricht-Kriterien beispielsweise zeigt, dass alle Ebenen zusammen eine zu starke Neigung zur öffentlichen Verschuldung aufweisen. Was in dieser generelleren Diskussion politökonomisch zusätzlich beachtet werden sollte, ist die Rolle der Rechnungshöfe von Bund und Land. Sie kann man zur Verwaltung im oben umschriebenen Sinne rechnen, denn sie sollen in politisch abgehobener Form die öffentliche Haushaltswirtschaft bewerten. Die Chefs der Rechnungshöfe haben einstimmig einen Aufruf erlassen, der die eindeutige Empfehlung enthält, dass eine neue Verschuldungsregel mit mehr „Biss" geschaffen werden solle. Außer in wirtschaftlichen Krisenzeiten soll überhaupt keine Haushaltsfinanzierung durch Kredite erlaubt sein. Zugleich sei die Tilgung der in Krisenzeiten aufgenommenen Kredite schon bei der Schuldenaufnahme verbindlich zu regeln. Mittel- bis langfristig sind nach diesem Aufruf sogar Haushaltsüberschüsse anzustreben, damit begonnen werden könne, den bereits angehäuften Schuldenberg abzutragen (Konferenz 2004, S. 3). Es ist wahrscheinlich an der Zeit, die Schuldenfinanzierung auf allen Ebenen zu begrenzen, weil mit ihr unter dem Druck der politischen Konkurrenz mehr Unheil als Segen gestiftet wird.

5.   Eine vertretbare Ausnahme

Wenn man die Schuldenaufnahme der öffentlichen Hand mit der Schuldenaufnahme eines privaten Unternehmens vergleicht, so würden Unternehmen immer dann Schulden aufnehmen, wenn die dadurch finanzierte Investition durch ihre Rendite unter anderem den Schuldendienst zu erwirtschaften verspricht. Wenn ein Unternehmen mit jeder Schuldenaufnahme so verfährt, wird es typischerweise keine Schulden über die hinaus ansammeln, deren Schuldendienst durch die erwarteten Erträge gedeckt ist. Voraussetzung ist, dass das Unternehmen die Schuldenaufnahme auf die Fälle beschränkt, in denen jede einzelne Investition den Schuldendienst zu tragen erlaubt.

Im öffentlichen Sektor hingegen hat es sich eingebürgert, Schulden ohne Bezug zu den damit finanzierten Aktivitäten aufzunehmen. Nach dem Haushaltsrecht können die neu aufgenommenen Schulden überhaupt nicht mehr dem einzelnen Verwendungszweck zugerechnet werden[9]. Nun gibt es aber im öffentlichen Sek-

---

9   Im früheren Haushaltsrecht war dies zwar in der Form vorgesehen, dass die Schuldenaufnahme nur für die im außerordentlichen Haushalt ausgewiesenen außerordentlichen Ausgaben, insbesondere Investitionen, zulässig war. Die Vorschriften waren aber so unpräzise und durchlässig, dass man vom außerordentlichen Haushalt als einem „Verschiebebahnhof" sprach. Zu einer erneuten Schuldenbegrenzung sollte dieser Pfad daher nicht erneut beschritten werden.

tor und insbesondere auf der Gemeindeebene zahlreiche Einrichtungen und neue Projekte, die durch Entgelte, also Erwerbseinkünfte, Gebühren oder Beiträge, ihren Schuldendienst erwirtschaften können. Sie erlauben es folglich auch in ihrer Gesamtheit, den Schuldendienst der jeweiligen Gebietskörperschaft so zu decken, dass auf Dauer keine zusätzliche Schuld angehäuft wird. Es handelt sich mithin um sich selbst finanzierende Objekte.

Die Diskussion knüpft damit an den letzten so genannten klassischen Deckungsgrundsatz an, der besagte, dass ein sich selbst finanzierendes Objekt, das einzelwirtschaftlich zu kostendeckenden öffentlichen Einnahmen in Form von Entgelten führt, über Schuldenaufnahme finanziert werden dürfe (zusammenfassend Zimmermann 1965). Zur Begründung einer Regelverschuldung kann dieses Argument aber nur insoweit dienen, wie solche sich selbst finanzierenden Objekte zu den permanenten Aufgaben staatlicher Tätigkeit zu rechnen sind. Im gemeindlichen Bereich finden sie sich deshalb in besonderem Maße, weil dort zahlreiche Aufgaben entgeltfähig sind. Zwar sollte unter ordnungspolitischen Gesichtspunkten immer zuerst geprüft werden, ob nicht eine Privatisierung möglich ist. Soweit dies aber technisch nicht möglich oder politisch nicht gewollt ist, können solche sich selbst finanzierenden Objekte zu den ständigen gemeindlichen Tätigkeiten gerechnet werden und kann darin eine Begründung für eine Regelverschuldung gesehen werden.

Der Objektbereich ist dadurch gekennzeichnet, dass eine öffentlich geführte Institution mit (nahezu) Vollkostendeckung arbeitet. Die Fälle umfassen beispielsweise kommunale Einrichtungen für Abwasserbehandlung, Abfallwirtschaft, Straßenreinigung oder auch die Friedhofsverwaltung. Die Gesamtheit der entgeltfähigen Bereiche bezeichnet einen nennenswerten Teil der kommunalen Finanzwirtschaft, wie der Anteil der Entgelte an den Gesamteinnahmen der Gemeinden von über 20 Prozent zeigt. Wenn eine solche öffentlich geführte Einrichtung gegründet oder erweitert wird, so stellt sich durchaus die Frage, warum die entsprechenden Finanzmittel über Steuern statt über Schuldenaufnahme finanziert werden sollten. Eine Schuldenaufnahme der öffentlichen Hand sollte zumindest erlaubt sein, denn ein Haushaltsproblem entsteht hier, wenn die Fälle richtig eingegrenzt werden, in aller Regel nicht (vgl. auch Ebert 1996, S. 162 ff.). Genau genommen dürfte eine Verschuldung der Gemeinde sogar geboten sein. Zum einen können durch anfängliche Schuldenfinanzierung und spätere Gebührenzahlungen die sonst vielleicht erforderlichen kurz- bis mittelfristig höheren Steuersätze vermieden werden (vgl. oben das Argument des Tax Smoothing). Zum anderen wird das Äquivalenzprinzip gestärkt, denn es kommt bei den so finanzierten Objekten zu einer stärkeren Verknüpfung von öffentlichen Ausgaben und ihnen gegenüberstehenden Entgelteinnahmen, als wenn die Steuerfinanzierung gewählt worden wäre.

Für die Kommunalaufsicht ändert sich die Aufgabe und wird tendenziell leichter. Es geht dann nicht mehr darum, die zukünftige Schuldendienstfähigkeit abzuschätzen und zu diesem Zweck mit Indikatoren wie der „freien Spitze" usw. zu arbeiten. Dennoch müsste die Kommunalaufsicht mit Blick auf die kommunale Verschuldung auch in dieser neuen Situation tätig sein, denn es wird dabei bleiben, dass de facto das Land eine *Bailout*[10]-Position innehat. Auch wenn unter juristischen Aspekten nicht sicher ist, dass das Land letztlich für die Gemeinde und insbesondere die kommunale Verschuldung haften muss (Engelsing 1998), so ist in der politischen Wirklichkeit in Deutschland eine solche Haftung wohl anzunehmen. Folglich muss beispielsweise wie bisher geprüft werden, wieweit die Kassenkredite wirklich nur die Überbrückungsfunktion innerhalb des Haushaltsjahres wahrnehmen oder wieweit sie verdeckt doch, wie heute häufig zu beobachten[11], der Haushaltsfinanzierung dienen. Vor allem aber muss die Kommunalaufsicht die neuen besonderen Institutionen mit ihrem Verschuldungsrecht im Auge behalten. Es muss gesichert sein, dass deren Haushaltsführung vom Gemeindehaushalt strikt getrennt bleibt. Dies müsste die Kommunalaufsicht auch dann prüfen, wenn zuvor eine externe Beurteilung, etwa im Zusammenhang mit dem Regelwerk nach Basel II, erfolgt ist. Diese Institutionen können sich nämlich selbst überschulden (so wie jedes private Unternehmen auch), und dann würde wiederum die Haftung des Landes einsetzen, denn es handelt sich ja nicht um privatwirtschaftliche Unternehmen, die dem üblichen Insolvenzverfahren zweifelsfrei unterliegen.

Wenn man die vorangegangenen Überlegungen zum Gedankenexperiment einer kommunalen Null-Verschuldung zusammenfasst, so lassen sich die folgenden Schlussfolgerungen ziehen:

- Eine solche Null-Verschuldung wäre in den meisten Fällen auch ohne externe Begrenzung möglich, wenn die Entscheidung der politischen Ebene entzogen würde und der Vorschlag der Verwaltung Vorrang hätte.

- Eine externe Begrenzung – mit dem Extremfall des Verbots der Schuldaufnahme – würde der Rationalität der Verwaltung entsprechen. Die sich selbst finanzierenden Objekte sollten hiervon ausgenommen werden.

- Zugleich würde der Zwang zur kommunalen Null-Verschuldung auch Bund und Land in die Verantwortung nehmen, die Kommunen ausreichend mit eigenen Einnahmequellen und mit Zuweisungen auszustatten, so dass die eigen- und fremdverantwortlichen Aufgaben erfüllt werden können. Insbesondere würden Aufgabenübertragungen und vorgegebene Standards dann genauer überprüft.

- Eine solche Diskussion und eventuelle Maßnahmen würden die Diskussion um entsprechende Maßnahmen für Bundes- und Landeshaushalte stärken. Dort ist das Erfordernis ebenso hoch, wie der Aufruf der Rechnungshöfe zeigt.

---

10 *Bailout* bedeutet allgemein sinngemäß „jemandem aus der Patsche helfen" und bezeichnet hier einen finanzwissenschaftlichen Begriff, der den Vorgang der Schuldenübernahme und Tilgung durch Dritte beschreibt.
11 Vgl. etwa Gemeindefinanzbericht 2005, S. 10.

Literatur

Barro, Robert J., On the determination of public debt, in: Journal of Political Economy, Bd. 87 (1979), S. 940–971.

Ebert, Werner, Kommunale Haushaltswirtschaft aus evolutorischer Perspektive, in: Lang, Eva, und Werner Ebert (Hrsg.), Kommunen vor neuen Herausforderungen, Berlin 1996, S. 123–175.

Engelsing, Felix, Zahlungsunfähigkeit von Kommunen und anderen juristischen Personen des öffentlichen Rechts, Stuttgart und andere 1998.

Feld, Lars P., und Gebhard Kirchgässner, Public debt and budgetary procedures: Top down or bottom up? Some evidence from Swiss municipalities, in: Poterba, James M., und Jürgen von Hagen (Hrsg.), Fiscal institutions and fiscal performance, Chicago und London 1999, S. 151–179.

Feld, Lars P., und Gebhard Kirchgässner, Does direct democracy reduce public debt? Evidence from Swiss municipalities, in: Public Choice, Bd. 109 (2001), S. 347–370.

Feld, Lars P., und Gebhard Kirchgässner, On the effectiveness of debt brakes: The Swiss experience, Discussion Paper, Marburg und St. Gallen 2005.

Gemeindefinanzbericht 2005, Hanns Karrenberg und Engelbert Münstermann, Keine Entwarnung trotz gestärkter Gewerbesteuer, in: Der Städtetag, Jg. 2005, Heft 5, S. 11–80.

Konferenz der Präsidentinnen und Präsidenten der Rechnungshöfe des Bundes und der Länder, Präsidentinnen und Präsidenten der Rechnungshöfe des Bundes und der Länder fordern Stopp der Staatsverschuldung, Pressemitteilung, Bonn, 7.5.2004.

Richter, Wolfram, und Wolfgang Wiegard, Zwanzig Jahre „Neue Finanzwissenschaft", in: Zeitschrift für Wirtschafts- und Sozialwissenschaften, Bd. 113 (1993), S. 169–224 und 337–400.

Schaltegger, Christoph A., und Lars P. Feld, Do large cabinets favor large governments? Evidence from Swiss sub-federal jurisdictions, Discussion Paper, St. Gallen und Marburg 2005.

Schilder, Peter, In die toten Winkel der Verwaltung leuchten, in: Frankfurter Allgemeine Zeitung, 22. 2. 2006, S. 3.

Schwarting, Gunnar, Einige Gedanken zur fiskalischen Disziplin kommunaler Gebietskörperschaften in Deutschland, in: Genser, Bernd (Hrsg.), Haushaltspolitik und öffentliche Verschuldung (Schriften des Vereins für Socialpolitik, N.F. Bd. 307), Berlin 2005, S. 131–169.

Wentzel, Dirk, Zur Begrenzung der Staatsverschuldung nach dem Scheitern des Stabilitätspaktes, in: Wirtschaftsdienst, 85. Jg. (2005), S. 605–612.

Wissenschaftlicher Beirat beim Bundesfinanzministerium, Nachhaltigkeit in der Finanzpolitik. Konzepte für eine langfristige Orientierung öffentlicher Haushalte (Schriftenreihe des Bundesministeriums der Finanzen, Heft 71), Berlin 2001.

Zimmermann, Horst, Der letzte „klassische" Deckungsgrundsatz, in: Finanzarchiv, N.F. Bd. 24 (1965), S. 70–83.

Zimmermann, Horst, Kommunalfinanzen, Baden-Baden 1999.

Der Autor

Prof. Dr. Horst Zimmermann,
emeritierter Professor für Finanzwissenschaft an der Philipps-Universität Marburg; Vizepräsident der Akademie für Raumforschung und Landesplanung in Hannover und Mitglied des Wissenschaftlichen Beirats beim Bundesministerium der Finanzen. Mitglied im Institutsausschuss des Deutschen Instituts für Urbanistik (Difu).

Foto: Hellmuth Graßmann

Carsten Thies

Sind die Gemeindefinanzen reformierbar?

1.   Ausgangspunkt

Forderungen aus dem kommunalen Raum nach einer Gemeindefinanzreform sind auch nach den Maßnahmen der vergangenen Jahre (Änderungen bei der Gewerbesteuer, Zusammenlegung von Sozialhilfe für Erwerbsfähige und Arbeitslosenhilfe zu einer einheitlichen Leistung) nicht verstummt. Man gewinnt den Eindruck, dass die Aussage „Nach der Reform ist vor der Reform" gerade für die Gemeindefinanzen gilt. Die Forderungen beziehen sich auf institutionelle Gegebenheiten (Mitwirkungsrechte der Kommunen), strukturelle Elemente (mehr Steuern bei weniger Zuweisungen), quantitative (zusätzliche Mittel und/oder Entlastung von Ausgaben) und qualitative Fragen (stetigere Steuereinnahmen, Ausgabenstruktur, Konnexität).

Allein dieser knappe Überblick über Elemente einer umfassenden Gemeindefinanzreform zeigt deren Komplexität und gibt einen ersten Hinweis darauf, warum es in der Vergangenheit nur einmal zu einem solchen Gesamtansatz kommen konnte: bei der großen Finanzverfassungsreform 1969, die eine sechsjährige Vorlaufzeit hatte. Dies bedeutet aber keinesfalls, dass es zu den angesprochenen Punkten in Bezug auf die Gemeindefinanzen Stillstand gab oder gibt. In diesem Beitrag wird versucht, dazu einige Hinweise zu geben.

2.   Entwicklung der Kommunalfinanzen

Im Folgenden geht es nicht um absolute Zahlen bzw. Finanzierungssalden, sondern ausschließlich um die Ausgaben- und Einnahmenstruktur. Einen Überblick über die Entwicklung von 1970 bis zum Jahr 2005 gibt die nachfolgende Tabelle.

In die Tabelle sind ab 1992 die Kommunen der neuen Länder einbezogen, auf einen getrennten Ausweis wurde verzichtet. Das Jahr 1992 wurde abweichend vom sonstigen Fünfjahresrhythmus gewählt, weil belastbares Zahlenmaterial für die Kommunen in den neuen Ländern erstmals für dieses Jahr zur Verfügung steht.

Tabelle 1: Kommunale Ausgaben- und Einnahmenstruktur 1970–2005¹*

	1970	1975	1980	1985	1989	1992	1995	2000	2005
	Anteil an den Gesamtausgaben bzw. -einnahmen in %								
Personalausgaben	26,8	30,1	25,7	27,5	27,1	27,8	26,6	27,1	26,7
laufender Sachaufwand	19,0	15,9	17,0	19,1	17,8	17,7	17,5	19,3	19,8
Zinsen	4,2	5,2	4,9	5,4	4,3	3,6	3,8	3,6	3,1
Soziale Leistungen	7,8	10,4	11,8	15,5	17,4	15,3	19,9	18,0	23,2
Sachinvestitionen	35,6	29,2	30,3	21,1	21,6	23,5	18,9	16,9	12,1
sonst. Ausgaben	6,5	9,3	10,2	11,4	11,8	12,1	13,3	15,1	15,2
Bereinigte Ausgaben insgesamt (ohne besondere Finanzierungsvorgänge)	100,0	100,0	100,0	100,0	100,0	100,0	100,0	100,0	100,0
Steuern und steuerähnl. Einnahmen	32,9	32,9	38,3	39,0	39,3	32,6	30,3	35,1	35,9
Laufende Zuweisungen vom Land	20,7	19,5	22,1	22,3	21,5	25,9	27,3	27,2	28,7
Investitionszuweisungen vom Land	9,1	11,3	9,5	6,6	5,8	7,7	6,4	5,5	5,0
Gebühren, Beiträge u.ä.	20,6	21,6	13,7	14,7	14,7	14,8	15,7	13,2	11,7
sonst. Einnahmen	16,8	14,7	16,3	17,4	18,7	19,0	20,3	18,9	18,7
Bereinigte Einnahmen insgesamt (ohne besondere Finanzierungsvorgänge)	100,0	100,0	100,0	100,0	100,0	100,0	100,0	100,0	100,0

1   Rechnungsergebnisse der kommunalen Haushalte, 2005 Kassenstatistik

*Quelle: Finanzberichte des Bundesministeriums der Finanzen 1990, 1995, 2000 und 2006.

Es zeigen sich relativ stabile Anteile der Ausgaben für Personal und laufenden Sachaufwand sowie ein im Zeitablauf stets niedriger Anteil der Zinsausgaben an den bereinigten Ausgaben der Kommunen insgesamt. Letzteres ist sicherlich auf die Besonderheiten des kommunalen Haushaltsrechts sowie auf die Kommunalaufsicht zurückzuführen. Das Gewicht der Ausgaben für soziale Leistungen nahm hingegen bis 1989 stetig und zum Teil stark zu. Auch der seinerzeit geringe Anteil sozialer Leistungen bei den Kommunen in den neuen Ländern konnte die Entwicklung nur kurzzeitig stoppen. Bereits 1995 wurden neue Rekordanteile erreicht. Die deutliche Entlastung der kommunalen Sozialhilfeaufwendungen durch die Einführung der Pflegeversicherung verliert wegen der Deckelung der Leistungen aus dieser Versicherung nach und nach an Gewicht. Im Jahr 2000 war mit 18 Prozent wieder ein hoher Anteil der Aufwendungen für soziale Leistungen an den Ausgaben insgesamt zu verzeichnen. Der starke Anstieg im Jahr 2005 war auf die Zusammenführung von Sozialhilfe für Erwerbsfähige und Arbeitslosenhilfe zu einer einheitlichen Transferleistung ab diesem Jahr zurückzuführen. Dem standen allerdings auf der Einnahmenseite zusätzliche Zuweisungen von Bund und Ländern gegenüber, so dass die Kommunen per Saldo durch die Einführung des Arbeitslosengeldes II entlastet werden. Eindeutig ist das Bild bei den Sachinvestitionen: Ihr Anteil an den bereinigten Ausgaben insgesamt nahm von 1970 bis zum Jahr 2005 von rund 36 auf rund 12 Prozent ab. Auch die anfänglich noch sehr hohe Investitionsquote in den neuen Ländern konnte diese Tendenz nur kurzzeitig umkehren. Aufwendungen für Sachinvestitionen sind bei Konsolidierungszwängen am ehesten disponibel. Ihr Bedeutungsrückgang ist somit zum einen Reaktion auf den Anstieg der Ausgaben für soziale Leistungen und zugleich Reflex der Konsolidierungszwänge auf der kommunalen Ebene. Die stetige Zunahme des Anteils der sonstigen Ausgaben ist auf die bis heute anhaltende Ausgliederung kommunaler Einrichtungen aus den Kernhaushalten in Eigenbetriebe oder Eigengesellschaften zurückzuführen. Betriebszuschüsse und Verlustabdeckungen an diese Eigenbetriebe und Eigengesellschaften, aber auch an öffentliche Krankenhäuser, sind diesen Ausgaben zuzurechnen.

Auf der Einnahmenseite sind die abrupten Veränderungen des Anteils der Einnahmen aus Steuern an den bereinigten Einnahmen insgesamt bemerkenswert, wobei das Absacken des Anteils im Jahr 1992 auf die erstmalige Einbeziehung der steuerschwachen Kommunen in den neuen Ländern zurückzuführen ist. Bei den Einnahmen aus laufenden Zuweisungen vom Land sind zwar auch ständige Anteilsänderungen, aber bei weitem nicht in dem Ausmaß wie bei den Steuern zu verzeichnen. Der Anteil des Jahres 1992 wird auch hier durch die Einbeziehung der steuerschwachen und somit in stärkerem Maße zuweisungsabhängigen Kommunen der neuen Länder bestimmt. Bemerkenswert ist, dass der Beitrag der Investitionszuweisungen vom Land zu den bereinigten Einnahmen insgesamt bei weitem nicht so stark zurückgeht wie der Anteil der Investitionsausgaben an den bereinigten Ausgaben insgesamt. Diese Größe ist somit nur in geringem Maße für den Verfall der Kommunalinvestitionen verantwortlich. Eher lässt sich festhalten, dass die Länder über den kommunalen Finanzausgleich nicht in der Lage sind, die unstetige Entwicklung der kommunalen Steuereinnahmen in vollem Umfang aufzufangen. Die bereits bei der Ausgabenstruktur angesprochene anhaltende Tendenz zur Ausgliederung von kommunalen Einrichtungen aus den Kernhaushalten führt dazu, dass Gebühren und Beiträge ebenfalls nicht mehr in den Haushalten verbucht werden, sondern über die Eigenbetriebe und Eigengesellschaften abgewickelt werden. Dies erklärt das rückläufige Gewicht der Einnahmen aus Gebühren und Beiträgen bei der Kommunalfinanzierung. Der mit leichten Schwankungen konstant hohe Anteil der sonstigen Einnahmen an den bereinigten Einnahmen der Kommunen insgesamt erklärt sich aus den Einnahmearten, die hier zugeordnet sind: Es handelt sich in erster Linie um Einnahmen aus Konzessionsabgaben, um Einnahmen aus Vermögensveräußerungen, um Gewinnanteile von wirtschaftlichen Unternehmen und aus Beteiligungen sowie um Rückflüsse von Kapitaleinlagen.

Aus den strukturellen Änderungen der Kommunalfinanzen auf der Ausgaben- und Einnahmenseite lassen sich die Problembereiche recht eindeutig identifizieren. Der stete Zuwachs der Ausgaben für soziale Leistungen im Zusammenhang mit unstetigen Steuereinnahmen und Landeszuweisungen, die dieses nur zum Teil abfedern können, führten zu einem andauernden Einbruch der Ausgaben für Sachinvestitionen[1].

3. Reformfelder

3.1 Kommunale Steuereinnahmen

Wenn man sich einer Reform des kommunalen Steuereinnahmesystems nähert, ist es hilfreich, sich dessen Entwicklung seit Bestehen der Bundesrepublik Deutschland zu vergegenwärtigen. Dem dient die folgende Übersicht.

Der Übersicht ist zu entnehmen, dass das kommunale Steuereinnahmesystem seit Bestehen der Bundesrepublik Deutschland mehrfach wesentlich verändert wurde. Im Ergebnis wurden die Einnahmen der Kommunen auf eine breite Basis gestellt, die Einnahmen sind ihnen grundgesetzlich garantiert, und die Kommunen haben über die Ausübung des Hebesatzrechts eigenen Gestaltungsspielraum. So führt das heute bestehende kommunale Steuereinnahmesystem dazu, dass insgesamt Bürger und Betriebe in etwa gleichgewichtig zur Kommunalfinanzierung beitragen.

---

1 An diesem Befund ändert sich auch nichts, wenn man die Sachinvestitionen der ausgegliederten Bereiche mit einbezieht. Eine Untersuchung des Deutschen Instituts für Urbanistik (Difu) kommt zu dem Ergebnis, dass auch dann ähnlich starke Rückgänge zu verzeichnen sind. Vgl. Michael Reidenbach, Die Sachinvestitionen der Kommunen und ihrer Unternehmen – eine Bestandsaufnahme, Berlin 2006 (Aktuelle Information des Difu vom Februar 2006).

Übersicht 1: Die Steuereinnahmen der Gemeinden*

Ab 1949	Fakultative Beteiligung am Aufkommen der Landessteuern nach Maßgabe der jeweiligen Landesgesetzgebung: • Grundsteuer A und B • Gewerbesteuer (Ertrag, Kapital, Lohnsumme) • Einkommensteuer • Körperschaftsteuer • Vermögensteuer • Erbschaftsteuer • Verkehrssteuern (ohne Umsatzsteuer und Beförderungssteuer) • Biersteuer • Steuern mit örtlich bedingtem Wirkungskreis
Änderungen ab 1958	• Zuweisung des Aufkommens der Grundsteuer an die Gemeinden • Zuweisung des Aufkommens der Gewerbesteuer an die Gemeinden • Zwingende Beteiligung an den Einnahmen der Länder aus der Einkommen- und Körperschaftsteuer nach Maßgabe der jeweiligen Landesgesetzgebung • Fakultative Beteiligung an den übrigen Landessteuern nach Maßgabe der jeweiligen Landesgesetzgebung
Änderungen ab 1970	• Direkte Zuweisung eines Anteils am Aufkommen der Einkommensteuer in Höhe von 14 v.H. an die Gemeinden • Abführung einer Gewerbesteuerumlage (hälftig an Bund und Länder) • Zuweisung des Aufkommens an örtlichen Verbrauch- und Aufwandsteuern an die Gemeinden • Zwingende zusätzliche Beteiligung der Gemeinden an den Einnahmen der Länder aus der neu als Gemeinschaftsteuer fungierenden Umsatzsteuer nach Maßgabe der jeweiligen Landesgesetzgebung
Änderungen ab 1980	• Abschaffung der Lohnsummensteuer • Erhöhung des Gemeindeanteils am Aufkommen der Einkommensteuer auf 15 v.H.
Änderung ab 1993	• Direkte Beteiligung der Gemeinden am Aufkommen des Zinsabschlags mit 12 v.H.
Änderungen ab 1998	• Abschaffung der Gewerbekapitalsteuer • Direkte Beteiligung der Gemeinden am Aufkommen der Umsatzsteuer mit 2,2 v.H.
Somit Stand 2006	• Ertragshoheit an den Realsteuern (Grundsteuern A und B, Gewerbeertragsteuer) • Abführung einer Gewerbesteuerumlage an Bund und Länder (auf eine Aufzählung der zahlreichen Änderungen von Höhe und Verteilung der Umlage wird verzichtet) • Direkte Beteiligung am Aufkommen der Einkommensteuer mit 15 v.H. • Direkte Beteiligung am Aufkommen des Zinsabschlags mit 12 v.H. • Direkte Beteiligung am Aufkommen der Umsatzsteuer mit 2,2 v.H. • Zwingende Beteiligung an den Einnahmen der Länder aus der Einkommen-, Körperschaft- und Umsatzsteuer nach Maßgabe der jeweiligen Landesgesetzgebung • Fakultative Beteiligung an den übrigen Landessteuern nach Maßgabe der jeweiligen Landesgesetzgebung • Ertragshoheit an den örtlichen Verbrauch- und Aufwandsteuern

*Quelle: Eigene Darstellung.

Allerdings wurden bei der wichtigsten Steuerquelle der Kommunen, der Gewerbesteuer, im Zeitablauf nach und nach ertragsunabhängige Besteuerungselemente abgebaut (Lohnsummensteuer, Gewerbekapitalsteuer). Weiterhin ist sie für Einzelunternehmer und Personengesellschafter durch Freibeträge, gestaffelte Steuermesszahlen sowie ihre In-sich-Abzugsfähigkeit, ihre Abzugsfähigkeit als Betriebsausgabe sowie die Verrechnungsmöglichkeit mit der persönlichen Einkommensteuerschuld im Ergebnis in den meisten Städten und Gemeinden keine Belastung mehr.

Zwar konnte die aus der gestiegenen Ertragsabhängigkeit resultierende Unstetigkeit der Gewerbesteuerentwicklung zunächst durch die Umsatzsteuerbeteiligung und ab dem Jahr 2004 durch die Einführung der Mindestgewinnbesteuerung begrenzt werden. Bei den Diskussionen zur Unternehmenssteuerreform 2008 ist die Stetigkeit aber nach wie vor ein gewichtiges Kriterium bei Überlegungen zur Fortentwicklung der Gewerbesteuer. Dabei reicht das Spektrum von einer Stärkung der Hinzurechnungen bei der Gewerbesteuer (hälftige Einbeziehung aller Zinsen, hälftige Einbeziehung der Finanzierungsanteile von Mieten, Pachten, Leasingraten und Lizenzgebühren in die Steuerbemessungsgrundlage) bis zur Abschaffung der noch bestehenden Hinzurechnungen bei der Gewerbesteuer und dem Gedanken, die dann fehlende Stetigkeit durch andere Einnahmequellen sicherzustellen (vom Unternehmen an die Kommune abzuführende Anteile am Lohnsteueraufkommen, die das Unternehmen mit seiner an das Finanzamt abzuführenden Lohnsteuer voll verrechnen kann; Erhöhung der kommunalen Einnahmen aus der Grundsteuer für gewerblich genutzte Grundstücke; Erhöhung des Gemeindeanteils an der Umsatzsteuer).

Bei einer Stärkung der Hinzurechnungen wird nicht nur mehr Stetigkeit angestrebt, sondern auch der Abbau von Gestaltungsmöglichkeiten. Bei allen Überlegungen, einen Teil der mit einem Hebesatzrecht versehenen Gewerbesteuer durch eine zuweisungsähnliche Einnahme zu ersetzen, ist zu bedenken, dass dies zu einer Schwächung der kommunalen Finanzautonomie führt.

Zu der Frage dieses Beitrags „Sind die Gemeindefinanzen reformierbar?" bleibt in Bezug auf das kommunale Steuereinnahmesystems festzuhalten: Ja, sie sind reformierbar. Allerdings standen die Reformen seit der letzten großen Gemeindefinanzreform des Jahres 1969 immer im Konflikt mit nicht unmittelbar auf die Gemeindefinanzen bezogenen Zielen. So wurde die aus Sicht der Kommunen seitdem erfolgte qualitative Schwächung der Gewerbesteuer immer wieder mit der Stärkung des im internationalen Wettbewerb stehenden Standorts Deutschland begründet.

3.2 Finanzbeziehungen zwischen Ländern und Kommunen

Durch Bundesgesetze können interkommunale Disparitäten, die in erster Linie auf der Wirtschaftsstruktur vor Ort beruhen, allenfalls abgemildert, aber niemals beseitigt werden. Hier sind die Länder gefordert, die mit dem kommunalen Finanzausgleich über das geeignete Instrument verfügen.

Die Verteilung von Einnahmen, Aufgaben und Ausgaben zwischen dem Land und seinen Kommunen gehört zu den konfliktträchtigsten Feldern der Landespolitik. Das Kernstück dieser Politik ist der kommunale Finanzausgleich, zu dem die Länder nach der Finanzverfassung verpflichtet sind. Neben der Höhe der Landeszuweisungen steht die Aufteilung auf zweckgebundene und nicht zweckgebundene Zuweisungen regelmäßig im Mittelpunkt der politischen Diskussionen. Je nach den speziellen Gegebenheiten im jeweiligen Land kann es angezeigt sein, die Kommunen durch eher knappe allgemeine Zuweisungen einem anhaltenden Konsolidierungsdruck auszusetzen und zugleich über Investitionszuweisungen politische Schwerpunkte zu setzen. Umgekehrt kann die kommunale Selbstverwaltung am ehesten gestärkt werden, wenn der Anteil nicht zweckgebundener Zuweisungen so hoch und der Anteil zweckgebundener Zuweisungen so niedrig wie möglich sind. Eine solche Strategie kann wohl in erster Linie in einer Situation zum Tragen kommen, in der die Kommunen insgesamt Finanzierungsüberschüsse aufweisen. Auch in einer solchen Situation ist aber darauf zu achten, dass die Kommunen über ihre Rücklagenbildung für schlechtere Zeiten Vorsorge treffen.

Am konfliktträchtigsten ist die Gestaltung des kommunalen Finanzausgleichs in Zeiten, in denen ein Konsolidierungsdruck nicht aufgebaut werden muss, weil er aufgrund der Finanzsituation der Kommunen bereits vorhanden ist, und zugleich das Land ebenfalls über Finanzierungsengpässe klagt. In diesen Fällen werden häufig selbst allgemeine Zuweisungen an Bedingungen geknüpft oder gleich in Schuldendiensthilfen umgewandelt.

Auch Fragen der interkommunalen Verteilung des kommunalen Finanzausgleichs sind in Zeiten knapper Kassen – und das ist seit geraumer Zeit die Regel – sehr konfliktträchtig. Dabei wird zunehmend auch der (in Baden-Württemberg schon seit längerem umgesetzte) Gedanke einer teilweisen Mitfinanzierung der kommunalen Finanzausgleichsmasse durch die Kommunen selber diskutiert. Im Ergebnis führt dies zu einer Umverteilung von Einnahmen der besser gestellten zu den schlechter gestellten Kommunen. Dabei gilt es, Übernivellierungen zu vermeiden, die für die einzelne Kommune falsche Anreize setzen würden.

Letztlich versuchen die Länder trotz knapper Spielräume die Zuweisungen des kommunalen Finanzausgleichs möglichst stetig zu entwickeln. Dabei werden unterschiedliche Wege gewählt, wie z.B. der Stabilisierungsfonds in Rheinland-Pfalz oder die Nutzung von Über- oder Unterzahlungen des Landes als Ergebnis von Spitzabrechnungen zur Glättung der Entwicklung der kommunalen Finanzausgleichsmasse.

Ohne dass der Erfolg oder Misserfolg einer kommunalen Finanzausgleichsstrategie im jeweiligen Land zu kommentieren wäre, bleibt festzuhalten, dass der kommunale Finanzausgleich reformierbar ist. Er steht praktisch ständig auf der Tagesordnung der Landespolitik, er wird unter Hinzuziehung wissenschaftlichen Sachverstandes fortentwickelt und teilweise radikal verändert.

3.3 Soziale Leistungen

In der Sozialpolitik gab es in der Vergangenheit zwei Reformen mit großen Auswirkungen auf die Aufwendungen der Kommunen für soziale Leistungen: die Einführung der Pflegeversicherung und die Einführung des Arbeitslosengeldes II.

Nach Einführung der Pflegeversicherung gingen die Aufwendungen der Kommunen für soziale Leistungen vom Jahr 1995 bis zum Jahr 1999 um rund 3 Mrd. Euro zurück. Dieser Entlastungseffekt wirkt dauerhaft fort. Er wurde von Beginn an durch weiter zunehmende Ausgaben der Kommunen in anderen sozialen Feldern (insbesondere Kinder- und Jugendhilfe, Wiedereingliederungshilfe für Behinderte) unterzeichnet. Allerdings verliert er dadurch an Gewicht, dass die Leistungen der Pflegeversicherung gedeckelt sind, so dass bei zunehmenden Kosten, insbesondere in Einrichtungen, die älteren Menschen wieder in die Sozialhilfe „hineinwachsen". Im Ergebnis nehmen die Ausgaben für soziale Leistungen seit dem Jahr 2000 wieder zu.

In dieser Situation kam es mit Wirkung ab dem Jahr 2005 zu einer weiteren Entlastung der kommunalen Sozialhaushalte durch die Zusammenführung der Sozialhilfe für Erwerbsfähige und der ehemaligen Arbeitslosenhilfe zum neuen Arbeitslosengeld II. Dadurch entfallen auf der kommunalen Ebene in erster Linie die Ausgaben für die Hilfe zum Lebensunterhalt für erwerbsfähige bisherige Sozialhilfeempfänger. Damit verbleibt nur ein verschwindend geringer Teil der bisherigen Sozialhilfeempfänger in der alleinigen Obhut der Kommunen. Teil des Kompromisses zur Einführung des Arbeitslosengeldes II war die Übernahme der Kosten der Unterkunft für die Empfänger dieser Transfers durch die Kommunen. Zudem werden die kommunalen Erfahrungen insbesondere zur psychosozialen Betreuung auch dieser Leistungsempfänger weiterhin genutzt. Um die vom Bund zugesagte Entlastung der Kommunen um 2,5 Mrd. Euro pro Jahr sicherzustellen, beteiligt sich der Bund wiederum mit einem Anteil an den kommunalen Aufwendungen für die Kosten der Unterkunft von Empfängern von Arbeitslosengeld II. Bei der Berechnung der kommunalen Entlastungen wird davon ausgegangen, dass die Länder ihre aus der Abschaffung des Wohngelds für Leistungsempfänger resultierenden Entlastungen in vollem Umfang an die Kommunen weitergeben. Auch wenn man sich im Zusammenhang mit der Einführung dieser Transferleistung eine noch stärkere Entflechtung zwischen den Ebenen hätte vorstellen können, ist aus Sicht der Bundesregierung die zugesagte Entlastung eingetreten. Dies wäre bereits bei einer geringeren Beteiligungsquote des Bundes an den Kosten der Unterkunft gesichert. Bei einer Bewertung der Daten der amtlichen Statistik darf also nicht auf die Bruttodaten (mit einem deutlichen Anstieg der Aufwendungen für soziale Leistungen) geschaut werden, sondern auf die Entwicklung der Nettozahlen (unter Berücksichtigung der Zuweisungen von Bund und Ländern an die Kommunen).

Die Reform bringt es mit sich – dieser Effekt ist sogar gewollt –, dass die Kommunen unterschiedlich betroffen sind, obwohl sie in der Gesamtheit entlastet werden. So profitieren insbesondere Kommunen mit einem bisher überdurchschnittlich hohen Anteil an erwerbsfähigen Sozialhilfeempfängern bei zugleich geringem

Anteil von Arbeitslosenhilfebeziehern. Eine solche Konstellation ist regelmäßig in strukturschwachen Ballungsräumen der alten Länder anzutreffen. Kommunen mit einem eher unterdurchschnittlichen Anteil an erwerbsfähigen Sozialhilfeempfängern und höchstens durchschnittlichem Anteil an ehemaligen Arbeitslosenhilfebeziehern werden hingegen weniger oder gar nicht entlastet. Dies dürfte in erster Linie auf die Landkreise in den alten Ländern zutreffen. In Kommunen, bei denen ein unterdurchschnittlicher Anteil an erwerbsfähigen Sozialhilfeempfängern mit einer überdurchschnittlichen Anzahl von Arbeitslosenhilfebeziehern einhergeht, wären eindeutig Belastungen aus der Reform zu erwarten. Dies trifft auf die Kommunen in den neuen Ländern zu. Aus diesem Grund erhalten die neuen Länder eine von der Gesamtheit der Länder finanzierte Sonderbedarfsbundesergänzungszuweisung in Höhe von rund 850 Mio. Euro netto. Nicht akzeptabel erscheinende interkommunale Verteilungswirkungen als Folge der Einführung des Arbeitslosengeldes II sind durch die Länder abzumildern, die mit dem kommunalen Finanzausgleich über das dazu geeignete Instrument verfügen.

In der Diskussion über den zukünftigen Mitfinanzierungsanteil des Bundes bei den Kosten der Unterkunft werden zurzeit auf kommunaler Ebene und Länderebene unterschiedlichste Modelle sowohl zur Ermittlung der Basisdaten als auch zur Verteilung des zugesagten Entlastungsbetrages von 2,5 Mrd. Euro entwickelt. Es wird darauf zu achten sein, dass die politisch gewollte Entlastung insbesondere strukturschwacher Großstädte als Folge der Reform durch solche Verteilungsregelungen nicht konterkariert wird, indem z.B. die Belastungsverteilung durch erwerbsfähige Sozialhilfeempfänger des Jahres 2004 in die Zukunft fortgeschrieben wird.

Auch in der Sozialpolitik ist die Frage „Sind die Gemeindefinanzen reformierbar?" also mit „ja" zu beantworten. Ähnlich wie bei den Steuern bleibt allerdings festzuhalten: Auswirkungen auf die Kommunen sind bei der politischen Entscheidungsfindung nur *ein* Kriterium neben vielen anderen.

3.4   Sachinvestitionen

Über die Bedeutung der kommunalen Investitionsausgaben für die örtliche Wirtschaft, aber auch für die Qualität des Gewerbestandorts Stadt bzw. Gemeinde gibt es keine Zweifel. Dennoch werden die kommunalen Investitionsausgaben inzwischen nicht nur an Investitionsnotwendigkeiten, sondern vor allem an der Kassenlage ausgerichtet. Der Schlüssel zu einer Stärkung und Verstetigung der Kommunalinvestitionen ist also in erster Linie in der Steuerpolitik, in der Sozialpolitik, in der Gestaltung der kommunalen Finanzausgleiche und nicht zuletzt natürlich auch in der Prioritätensetzung der Kommunalpolitik selber zu suchen. Dies alles ist einzubinden in eine Politik, die in erster Linie der Förderung des Wirtschaftswachstums verpflichtet ist. Keinen nennenswerten Erfolg hat hingegen eine Politik, die die Kommunalinvestitionen über Investitionsförderprogramme oder Kreditprogramme

beleben will. Erfahrungen aus der Vergangenheit zeigen, dass hier lediglich Stroh-
feuer unter Inkaufnahme erheblicher Mitnahmeeffekte bewirkt werden.

4. Ergebnis

Die Gemeindefinanzen sind reformierbar. Dies belegt der Blick in die Vergangenheit, aber auch die aktuelle Diskussion z.B. zur Unternehmenssteuerreform 2008.
Allerdings werden die Gemeindefinanzen in den seltensten Fällen unter der Überschrift „Gemeindefinanzreform" reformiert, sondern es ergeben sich wegen der vielfältigen Einnahmen- und Ausgabenverflechtungen im föderalen Bundesstaat finanzielle Auswirkungen auf der kommunalen Ebene, die Folge erforderlicher Gesetz-
gebungsmaßnahmen aus Sicht der jeweiligen Fachpolitik sind. Diese Auswirkungen
ständig und über alle Politikbereiche hinweg im Blick zu behalten und bei politischen Entscheidungen entsprechend zu gewichten, ist also in Zeiten, in denen wegen des erforderlichen mehrjährigen Vorlaufs und anderer drängender Probleme eine umfassende Gemeindefinanzreform kaum in Sicht ist, der beste Weg, die Gemeindefinanzen fortzuentwickeln.

Die entflechtenden Wirkungen der Föderalismusreform, besonders aber die Tatsache, dass der Bund künftig den Kommunen durch Bundesgesetz keine Aufgaben
mehr zuweisen kann, werden in vielen Politikfeldern die Diskussionen zu den finanziellen Auswirkungen für die Kommunen auf die Landesebene schieben, die
nach unserer Finanzverfassung auch für die Finanzausstattung der Kommunen zuständig ist.

Im Mittelpunkt von Überlegungen zur Stabilisierung der Kommunalfinanzen stand
in der Vergangenheit und steht angesichts fortdauernder Konsolidierungserforder-
nisse auch heute und zukünftig eine Wachstum fördernde Politik, die

- den Kommunen eine stetige Entwicklung der Steuereinnahmen garantiert,
- die Länder in ihrer Zuständigkeit für die quantitative und qualitative Gestaltung des kommunalen Finanzausgleichs stärkt,
- die Entwicklung der Ausgaben für soziale Leistungen nicht nur durch Wachstum, sondern auch durch Gesetzgebung begrenzt

und somit den Kommunen Spielräume für freiwillige Selbstverwaltungsaufgaben
und insbesondere für eine Stärkung ihrer Investitionen eröffnet.

Der Autor

Carsten Thies,
Leiter des Referats „Finanzielle Angelegenheiten der Gemeinden
und Gemeindeverbände" im Bundesministerium der Finanzen, Berlin.

Manfred Röber

Der „Bürgerhaushalt" – ein Instrument zur Demokratisierung der Haushaltsplanung?

Konzept, Verlauf und Ergebnisse eines Pilotprojekts im Bezirk Lichtenberg von Berlin

Einleitung

„Städte in Not – Reformen statt Kahlschlag": Mit diesem Hilferuf versuchten der Deutsche Städtetag und der Deutschen Städte- und Gemeindebund im Jahre 2003, die Haushaltsnöte und den anhaltenden Konsolidierungsbedarf der Kommunen ins Licht der Öffentlichkeit zu rücken. Trotz positiver Entwicklung bei den Gewerbesteuereinnahmen zeigt der Gemeindefinanzbericht 2005, dass die finanzielle Lage der Kommunen nach wie vor prekär ist (vgl. Karrenberg/Münstermann 2005). Dabei ist nicht zu bestreiten, dass die von den Kommunen unternommenen Anstrengungen, ihre Haushalte zu konsolidieren, ohne Zweifel Wirkung gezeigt haben. Mäding (2001, S. 361) führt dies im Wesentlichen auf neue Verfahren der Budgetierung und eine „Mischung aus induzierter Effizienzsteigerung, partiellem Leistungsabbau und einem neuen Umgang mit Vermögen" zurück. Diese angesichts der finanziellen Lage nachvollziehbare Konzentration auf das Ziel der Haushaltskonsolidierung hat in Verbindung mit anderen Elementen einer betriebswirtschaftlich orientierten Reform der öffentlichen Verwaltung bei vielen Bürgerinnen und Bürgern allerdings den Eindruck erweckt oder verstärkt, dass Politik und Verwaltung immer weniger Handlungsspielräume haben, um drängende (lokal-)politische Probleme zu lösen. Außerdem gibt es Zweifel, ob das neue auf der Grundlage der Doppik basierende Öffentliche Rechnungswesen als Kernstück der aktuellen Reformbemühungen den Informationsbedürfnissen der Bürgerinnen und Bürger wirklich Rechnung trägt. Und schließlich wird in der kommunalpolitischen Diskussion darauf hingewiesen, dass Bürgerinnen und Bürger nicht nur passiv Empfänger von immer prekärer werdenden öffentlichen Leistungen, sondern auch aktiv Handelnde in den Angelegenheiten sein wollen, die sie selbst unmittelbar betreffen.

Vor diesem Hintergrund wird inzwischen über die Möglichkeiten und Grenzen des Neuen Steuerungsmodells und über die Folgen einer am Kostenmanagement ausgerichteten Kommunalpolitik mit sehr kritischem Unterton diskutiert[1]. Im Mittelpunkt des wissenschaftlichen Diskurses und der kommunalpolitischen Debatten über eine Weiterentwicklung oder Ergänzung des Modells der Dienstleistungskommune steht das Konzept der Bürgerkommune (vgl. z.B. Banner 1998; Bogumil und andere 2003). Dabei geht es – neben der Förderung des klassischen Ehrenamtes – darum, die Partizipation an politischen Entscheidungen in der Weise zu stärken, dass Bürgerinnen und Bürger über die existierenden Formen der repräsentativen Demokratie und die herkömmlichen Beteiligungsmöglichkeiten[2] hinaus stärker direkt in die demokratischen Willensbildungs- und Entscheidungsprozesse einbezogen werden (vgl. hierzu auch Bogumil und andere 2003, S. 21). Ein in diesem Zusammenhang immer häufiger diskutiertes und in vielen Gebietskörperschaften praktiziertes Konzept ist das des Bürgerhaushalts, mit dessen Hilfe die Beteiligungsmöglichkeiten der Bürgerinnen und Bürger auch bei Entscheidungen über die Haushaltsplanung der Kommune gestärkt werden sollen.

Idee und Konzept des Bürgerhaushalts

Die Initialzündung für die augenblickliche Debatte über Bürgerhaushalte ging von der brasilianischen Stadt Porto Allegre aus, in der die Bürgerinnen und Bürger im Jahre 1989 erstmals die Möglichkeit hatten, sich aktiv an der Aufstellung des städtischen Haushaltsplans zu beteiligen[3]. Obgleich das in Porto Allegre entwickelte Konzept natürlich nicht als Kopie auf andere Städte übertragen werden kann, gilt „Porto Allegre" seither als Vorbild und Ansporn für alle Bemühungen, die Bürgerschaft stärker in die Kommunalpolitik einzubeziehen und den Bürgerinnen und Bürgern in der kommunalen Haushaltsplanung mehr Mitwirkungsmöglichkeiten einzuräumen. Mittlerweile haben weltweit mehr als 200 Städte und Gemeinden Erfahrungen mit Bürgerhaushalten gesammelt.

Die Erwartungen, die in den Städten und Gemeinden mit Bürgerhaushalten verbunden werden, sind allerdings sehr unterschiedlich. So soll beispielsweise durch mehr Transparenz und eine unmittelbarere Berücksichtigung der Bevölkerungsbedürfnisse sparsamer und effektiver mit Haushaltsmitteln umgegangen werden. Zusätzlich wird versucht, das in der Bevölkerung vorhandene Know-how verstärkt bei der Wahrnehmung öffentlicher Aufgaben zu nutzen (d.h. die Bürgerinnen und

---

1   Dies schlägt sich z.B. in der aktuellen Governance-Diskussion nieder, in der es unter anderem um eine neue Arbeitsteilung zwischen Staat, Wirtschaft und Zivilgesellschaft geht.
2   Hierzu zählen z.B. Bauplanungsverfahren, Beteiligungsverfahren für Kinder und Jugendliche und Bürgerversammlungen.
3   Ähnliche Modelle sind zu dieser Zeit auch in einigen Reformkommunen (wie z.B. Christchurch) diskutiert und zum Teil auch praktiziert worden, ohne dass von ihnen in Bezug auf den Bürgerhaushalt eine ähnliche Signalwirkung wie von Porto Allegre ausgegangen ist.

Bürger als Ko-Produzenten in den Leistungserstellungsprozess einzubeziehen). Schließlich geht es auch darum, angesichts sinkender Wahlbeteiligungen das Interesse der Bevölkerung an politischen Angelegenheiten durch direktere Formen der Beteiligung an Politik zu steigern.

In der Praxis unterscheiden sich die Bürgerhaushalte zum Teil erheblich. Diese Unterschiede beziehen sich im Wesentlichen auf folgende Fragen:

- Wann, auf welche Weise und in welchem Umfang sind die Bürgerinnen und Bürger über den Haushalt ihrer Gebietskörperschaft und den geplanten Bürgerhaushalt informiert worden?

- Wie viele Leute haben sich in welcher Form (Befragungen, Versammlungen, Internet) an der Diskussion über den Haushalt beteiligt?

- Welcher Umfang und welche Teile des Haushalts haben für die unmittelbare Beteiligung der Bürgerinnen und Bürger zur Verfügung gestanden?

- In welcher Weise werden die Ergebnisse der Bürgerbeteiligung in den Prozess der Haushaltsplanaufstellung einbezogen?

- Auf welche Weise werden die Bürgerinnen und Bürger über die im Rahmen des Beteiligungsverfahrens getroffenen Entscheidungen und über die Gründe für diese Entscheidungen informiert?

Da nicht ganz auszuschließen ist, dass sich Städte und Gemeinden mit dem Thema „Bürgerhaushalt" den Anschein von Aufgeschlossenheit und Modernität geben, wird es darauf ankommen, Mindeststandards oder Essentials zu formulieren, die erfüllt sein müssen, damit vom Bürgerhaushalt gesprochen werden kann. Hierzu gehört, dass

- der Haushalt lesbar sein muss, das heißt vom Bürger verstanden werden kann,

- die Bürgerinnen und Bürger ausreichend Gelegenheit haben müssen, sich an der Aufstellung des Haushalts zu beteiligen und

- Politik und Verwaltung Rechenschaft ablegen müssen über die von ihnen getroffenen Entscheidungen.

Grundlage aller Überlegungen für Bürgerhaushalte in deutschen Städten und Gemeinden sind die Gemeindeordnungen der Bundesländer. Die Bürgerinnen und Bürger haben danach in Haushaltsangelegenheiten nur die Möglichkeit, Ideen einzubringen, Anregungen zu formulieren und Vorschläge zu unterbreiten. Sie haben nicht das Recht, über den Haushalt zu entscheiden. Insofern ist der Bürgerhaushalt kein Element der „Direkten Demokratie" (wie beispielsweise Bürgerentscheide), sondern ein Bestandteil der „administrativ gesteuerten Verfahren" (Keim 2000, S. 242), in die nicht mehr nur intermediäre Organisationen (das heißt in der Regel organisierte Interessen), sondern vermehrt auch einzelne Bürgerinnen und Bürger einbezogen werden. Die endgültige Entscheidung über den Haushalt liegt auch beim Bürgerhaushalt nach wie vor in der Hand der gewählten Vertretungskörperschaft.

Bürgerhaushalt in Berlin-Lichtenberg

Initiative und Vorarbeiten

Die Initiative für einen Bürgerhaushalt in Berlin ging auf Überlegungen der Bundeszentrale für politische Bildung in Kooperation mit der Konrad-Adenauer-Stiftung, der Heinrich-Böll-Stiftung, der Friedrich-Ebert-Stiftung, der Rosa-Luxemburg-Stiftung und der Friedrich-Naumann-Stiftung zurück. Diese beschlossen im Jahre 2003, das Projekt „Bürgerhaushalt in Großstädten" zu starten und „die Einführung von Bürgerhaushalten in Berliner Bezirken zu fördern" (Bundeszentrale 2005, S. 5). In diesem Pilotprojekt sollte es vor allem darum gehen, ein Modell für einen lesbaren Haushalt und ein Konzept für einen Bürgerhaushalt zu erarbeiten, das auf größere Gebietskörperschaften übertragen werden kann[4].

Während sich der Bezirk „Mitte" zunächst um die Entwicklung eines lesbareren und verständlicheren Haushalts in seinem Internetauftritt kümmern wollte, zeigte der Bezirk „Lichtenberg" in dieser Phase großes Interesse, sich auf ein beteiligungsorientierteres Gesamtprojekt „Bürgerhaushalt" einzulassen[5]. Zur Vorbereitung eines solchen Pilotprojekts fand im September 2004 ein Workshop im Abgeordnetenhaus von Berlin statt, auf dem Vorstellungen für einen lesbaren Haushaltsplan und für ein Beteiligungsverfahren, das den Anforderungen großer Kommunen Rechnung trägt, entwickelt wurden. Diese Vorstellungen (insbesondere die zum Beteiligungsverfahren) basierten zum großen Teil auf den Ergebnissen eines Workshops vom 8. Mai 2004, auf dem im Kontext der „Berliner Agenda 21" im Rathaus Lichtenberg von Mitgliedern der Bezirksverordnetenversammlung und des Bezirksamtes über eine Studie zu einem möglichen „Bürgerhaushalt Berlin-Mitte" (Baumann und andere 2003) diskutiert wurde.

Konstitutionelle Rahmenbedingungen

Lichtenberg ist einer der zwölf Berliner Bezirke, der im Zuge der Gebietsreform im Jahre 2001 aus den zuvor selbständigen Bezirken Hohenschönhausen und

---

4   Diese Frage war deshalb wichtig, weil Erfahrungen mit Bürgerhaushalten bisher nur in kleineren Städten und Gemeinden gesammelt worden waren und weil es viele skeptische Stimmen gab, die bezweifelten, ob ein solcher partizipativer Ansatz überhaupt auf größere Gebietskörperschaften (oder einen Berliner Stadtbezirk mit rund 250 000 Einwohnern) übertragen werden könne.

5   Zusätzlich setzte auch in Marzahn-Hellersdorf die Diskussion über einen Bürgerhaushalt ein, wobei in diesem Bezirk aber ein Ansatz gewählt wurde, der sich nicht nur auf die steuerbaren Produkte beschränkt, der nicht flächendeckend auf den gesamten Bezirk bezogen ist und dessen Projektorganisation auf vorhandenen Netzwerken in den Stadtteilzentren basiert.

Lichtenberg hervorgegangen ist. Wie in allen Bezirken Berlins gibt es in Lichtenberg eine Bezirksverordnetenversammlung (BVV) mit 55 Mitgliedern, die von den Wahlberechtigten des Bezirks gewählt werden, und ein Bezirksamt, das aus dem Bezirksbürgermeister oder der Bezirksbürgermeisterin und fünf Bezirksstadträten besteht. Das Bezirksamtskollegium wird entsprechend dem Stärkeverhältnis der in der Bezirksverordnetenversammlung vertretenen Fraktionen gebildet. In der augenblicklichen, im Herbst 2006 ablaufenden Legislaturperiode entfallen von den 55 BVV-Sitzen 32 auf die PDS, 13 auf die SPD, 8 auf die CDU und 2 auf die FDP. Daraus ergibt sich die Zusammensetzung des Bezirksamtes mit vier PDS-Mitgliedern sowie einem SPD- und einem CDU-Stadtrat.

Nach Art. 66 II der Verfassung von Berlin erfüllen die Bezirke „ihre Aufgaben nach den Grundsätzen der Selbstverwaltung. Sie nehmen regelmäßig die örtlichen Verwaltungsaufgaben wahr." Ein Recht auf bezirkliche Selbstverwaltung im Sinne von Art. 28 II Grundgesetz kann hieraus aber nicht abgeleitet werden. Im Unterschied zu „normalen" Gemeinden sind die Berliner Bezirke demzufolge keine rechtsfähigen Gebietskörperschaften (vgl. Röber 2002), so dass auch der Bezirk Lichtenberg weder über Satzungs- und Besteuerungshoheit noch über Budget- und Personalhoheit (im Sinne einer eigenen Dienstherrenfähigkeit) verfügt. Daraus folgt, dass der Bezirk trotz erweiterter Mitwirkungsmöglichkeiten im Rahmen der Globalbudgetierung nach wie vor nicht selbst rechtsverbindlich über seinen Haushalt entscheiden kann. Die Bezirksverordnetenversammlung stimmt lediglich über den Haushaltsplanentwurf ab, den letztlich das Abgeordnetenhaus von Berlin als parlamentarische Vertretung der Einheitsgemeinde Berlin als Teil des Haushaltsgesetzes beschließt[6].

Abgesehen von dieser verfassungsrechtlichen Begrenzung stellt sich auch materiell-finanzpolitisch die Frage, über welche finanziellen Spielräume ein Bezirk wie Lichtenberg überhaupt verfügt. Von dem Gesamtbudget des Bezirks Lichtenberg in Höhe von knapp 515 Mio. Euro entfallen alleine auf die sozialen Transferleistungen als Pflichtaufgaben 73,3 Prozent und auf die Personalausgaben für die rund 2 300 Beschäftigten 16,6 Prozent. Der Teil der Ausgaben, der von der Bezirkspolitik eigenverantwortlich beeinflusst werden kann, ist demzufolge relativ gering. Das finanzielle Volumen der so genannten steuerbaren Produkte beläuft sich auf nicht mehr als etwa 30 Mio. Euro.

Akteure und Projektstruktur

Aus den Ausführungen zu den konstitutionellen Rahmenbedingungen kann unmittelbar abgeleitet werden, dass das Bezirksamt (einschließlich einiger Schlüsselakteure in der Bezirksverwaltung) hinsichtlich der Ziele und der benötigten Ressourcen sowie die Bezirksverordnetenversammlung als formelles Beschlussgremium

---

6   Auf diese konstitutionelle Restriktion hat das Bezirksamt Lichtenberg im Zusammenhang mit dem Bürgerhaushalt auch immer hingewiesen.

zu den zentralen Akteuren dieses Projekts gehören. Zur erfolgreichen Steuerung des Vorhabens ist eine ergänzende Projektstruktur geschaffen worden. Dabei handelt es sich zum einen um das *Lenkungsgremium*, dem die Bezirksbürgermeisterin und die beiden nicht der PDS angehörenden Bezirksstadträte und je ein Vertreter der vier Fraktionen angehören. Zusätzlich nehmen aus der Verwaltung der Leiter des Steuerungsdienstes, der Leiter des Personal- und Finanzservice und die Leiterin des Amtes für Umwelt und Natur sowie eine Vertreterin der Bundeszentrale für politische Bildung an den Sitzungen des Lenkungsgremiums mit beratender Stimme teil. Die operative *Projektleitung* liegt in den Händen der drei im Lenkungsgremium vertretenen Verwaltungsmitarbeiter. Die Projektleitung wird vom *Projektteam* (als Arbeitsgremium) unterstützt. Dem Projektteam gehören jeweils vier von den Parteien, von der Bürgerschaft und von der Verwaltung benannte Vertreterinnen und Vertreter sowie die drei Mitglieder der Projektleitung an. Schließlich ist für die Phase des Beteiligungsverfahrens noch ein *Redaktionsteam* gebildet worden, dessen Aufgabe darin besteht, die Vorschläge der Bürgerinnen und Bürger zu sichten, zu prüfen und eine Gesamtliste zu erstellen, und dem zehn Vertrauensleute der Bürgerschaft aus den einzelnen Ortsteilen, Vertreterinnen und Vertreter aus der Bezirksverordnetenversammlung, externe Moderatoren und fallweise Expertinnen und Experten zur Prüfung der Vorschläge angehören.

Ablauf des Projekts[7]

Den öffentlichen Startschuss für das Projekt bildete im November 2004 eine vierseitige Beilage der Lichtenberger Rathausnachrichten, in der die Grundidee des Bürgerhaushalts vorgestellt wurde. In dieser Beilage informierte das Bezirksamt Lichtenberg die Bürgerinnen und Bürger des Bezirks über Form und Inhalt der Haushaltsplanung und rief dazu auf, der Politik und der Verwaltung dabei zu helfen, die disponiblen finanziellen Mittel gerecht zu verteilen und darüber zu diskutieren, wie das Geld am klügsten eingesetzt werden kann.

Im Juli 2005 wurden 10 000 Exemplare des Fragebogens „Wie lebt es sich in Lichtenberg" an Bürgerinnen und Bürger im Bezirk verschickt, die durch Losverfahren ermittelt wurden. Der Fragebogen enthielt 36 Fragen zur Lebenssituation in Lichtenberg und zum geplanten Bürgerhaushalt. Nach Auswertung der 1 420 ausgefüllten und zurückgesandten Fragebögen wurden die Ergebnisse für die erste

---

7   Die Ausführungen zum Ablauf des Projekts basieren auf Informationen des Bezirksamtes Lichtenberg (vgl. z.B. neben diversen Broschüren http://www.buergerhaushalt-lichtenberg.de) und auf eigenen Recherchen, die unter meiner Leitung von einer studentischen Projektgruppe im Studiengang „Public Management" an der FHTW Berlin durchgeführt wird. Mitglieder der Projektgruppe sind Mario Burow, Juliane Günzel, Kai Hurrelmann, Jenny Krüger, Olesia Laichner, Annekathrin Müller, Ruzica Pranjic und Yvonne Wackermann.

zentrale Informationsveranstaltung am 24. September 2005 aufbereitet[8]. Parallel wurde eine Kampagne zur Öffentlichkeitsarbeit mit Online-Informationen, Broschüren, Flyern und Postern gestartet. Außerdem erhielten 25 000 wiederum nach dem Zufallsverfahren ausgewählte Einwohnerinnen und Einwohner Lichtenbergs Einladungen zur Auftaktveranstaltung. Auf dieser Veranstaltung, an der etwa 500 Bürgerinnen und Bürger teilnahmen, stellten die Bezirksbürgermeisterin, Mitglieder des Bezirksamtes und der Bezirksverordnetenversammlung das Projekt und die Ergebnisse der ersten Bürgerbefragung vor und sprachen mit den Bürgerinnen und Bürgern über deren Fragen und Anliegen. Auf dieser Veranstaltung wurde auch darüber informiert, dass die in Lichtenberg wohnenden und arbeitenden Personen auf drei Kommunikationswegen Vorschläge zum Bürgerhaushalt einbringen können: Bürgerversammlungen, Online-Dialog und Umfrage.

Die fünf dezentralen Bürgerversammlungen fanden Ende Oktober und Anfang November 2005 in den fünf Lichtenberger Ortsteilen statt. In jeder dieser relativ gut besuchten Versammlungen (die Teilnehmerzahlen reichten von 86 bis 157) wurde das Projekt „Bürgerhaushalt" noch einmal vorgestellt und erläutert. Außerdem wurden in jeder dezentralen Versammlung je zwei Bürgerinnen oder Bürger als Vertrauensleute der Bürgerschaft in das weiter oben schon beschriebene Redaktionsteam gewählt. Schließlich hatten die an diesen Versammlungen teilnehmenden Bürgerinnen und Bürger die Möglichkeit, mit Hilfe eines einfachen Punktbewertungsverfahrens über die Priorisierung der bis zu diesem Zeitpunkt vorliegenden Vorschläge zu entscheiden. Die 20 Vorschläge, die in den fünf dezentralen Bürgerversammlungen die meisten Punkte erhielten, gehörten dann mit den 20 Vorschlägen, die im Online-Dialog als Favoriten bestimmt wurden, zur Gesamtliste von maximal 120 Vorschlägen. Aus diesen Vorschlägen hat das Redaktionsteam dann in Zusammenarbeit mit Verwaltungsexperten eine Gesamtliste von 42 Vorschlägen erstellt, über die alle Bürgerinnen und Bürger des Bezirks auf den drei oben genannten Kommunikationswegen (Internet, Befragung und Versammlung) erneut abstimmen konnten.

In dieser Phase wies das Bezirksamt noch einmal darauf hin, dass die von den Bürgerinnen und Bürgern getroffenen Entscheidungen nur Vorschläge sein können, weil die endgültige Entscheidung im System der repräsentativen Demokratie bei den durch Wahlen legitimierten Gremien (das heißt Bezirksverordnetenversammlung und Abgeordnetenhaus) liegt. Die politischen Repräsentanten des Bezirks verpflichteten sich allerdings, den Bürgerinnen und Bürgern die Gründe für ihre (möglicherweise) abweichenden Entscheidungen zu erläutern und ihnen Rede und Antwort zu stehen.

An der zweiten schriftlichen Befragung, bei der 5 000 nach dem Zufallsverfahren ausgewählte Lichtenbergerinnen und Lichtenberger über 14 Jahre und alle dieje-

---

8   Die im Projekt durchgeführten Befragungen wurden von Prof. Dr. Heinrich Bücker-Gärtner von der Fachhochschule für Verwaltung und Rechtspflege (FHVR) Berlin fachlich begleitet und ausgewertet.

nigen, die bei der ersten Befragung im Sommer 2005 eine Teilnahme an der zweiten Befragung ausdrücklich erbeten hatten, angeschrieben wurden, haben sich insgesamt 763 Personen beteiligt[9]. Via Internet haben 55 Teilnehmerinnen und Teilnehmer über die Vorschläge abgestimmt. Die zentrale Abschlussveranstaltung am 21. Januar 2006[10] wurde von 265 Personen besucht, die dort ihr Votum über die Vorschläge abgaben.

Danach wurden die Vorschläge in den Fachausschüssen der Bezirksverordnetenversammlung diskutiert. An diesen Beratungen nahmen neben Verwaltungsvertretern auch die Mitglieder des Redaktionsteams teil. Nach Vorlage der Stellungnahmen aus den Fachausschüssen verabschiedete dann der Ausschuss für Haushalt, Finanzen und Personal einstimmig eine Beschlussempfehlung für die Bezirksverordnetenversammlung, in der das Bezirksamt ersucht wird, 37 der 42 der „im Prozess der partizipativen Haushaltsaufstellung eingereichten und bewerteten Vorschläge der Lichtenberger Bürgerinnen und Bürger" bei der Aufstellung des Ergänzungshaushalts für das Jahr 2007 zu berücksichtigen.

Am 22. März 2006 haben die Bezirksbürgermeisterin und die Stadträte in einer weiteren Bürgerversammlung noch darüber informiert, welche Vorschläge aus welchen Gründen (schon erledigt, keine bezirkliche Zuständigkeit usw.) nicht in die zur Abstimmung gestellte Gesamtliste aufgenommen wurden.

Den vorläufigen Abschluss der Pilotphase des Projekts bildete am 26. April 2006 der mit einer Enthaltung einstimmige Beschluss der Bezirksverordnetenversammlung Lichtenberg, der Beschlussempfehlung des Haushaltsausschusses zu folgen. In den meisten Fällen wurde empfohlen, diese Vorschläge kostenneutral in der jeweiligen Fachabteilung umzusetzen.

Bewertung

Trotz einer generell freundlichen Grundstimmung gegenüber dem Modell der Bürgerkommune mit stärkeren Beteiligungsrechten der Bevölkerung gibt es nach wie vor eine gewisse Skepsis gegenüber Ideen und Konzepten einer direkteren politischen Partizipation der Bürgerinnen und Bürger. Dies gilt insbesondere für jene Überlegungen, die sich auf die Mitwirkung bei Budgetentscheidungen beziehen, welche in den Gemeindeordnungen als Gegenstand von Bürgerbegehren und Bürgerentscheid explizit ausgeschlossen sind. „Auch wenn man eine größere Transparenz der kommunalen Finanzwirtschaft für erstrebenswert hält, sollte man

---

9   Vgl. hierzu und zu weiteren Einzelheiten Bücker-Gärtner (2006).
10 Die zentrale Abschlussveranstaltung ist ebenso wie die Auftaktveranstaltung und die fünf dezentralen Bürgerversammlungen von einer Arbeitsgruppe der Deutschen Hochschule für Verwaltungswissenschaften Speyer unter Leitung von Prof. Dr. Helmut Klages beobachtet und ausgewertet worden. Zusätzlich hat diese Arbeitsgruppe im September 2005 eine Befragung der Mitglieder der Bezirksverordnetenversammlung durchgeführt. Eine weitere Befragung der BVV-Mitglieder ist für den Frühsommer 2006 geplant.

dem Einzug direkt-partizipativer Elemente in die Haushaltsplanung, geschweige denn in den Haushaltsvollzug sehr kritisch gegenüberstehen:

- Der Rat würde tendenziell weiter entmachtet, mindestens entwertet.

- Die Bürgerbeteiligung bliebe aller Wahrscheinlichkeit nach entweder relativ inkompetent oder Spielwiese für kleinteilige Egoismen oder stark asymmetrisch oder alles dies in bunter Mischung" (Mäding 2001, S. 368 f.).

Diese Bedenken spielten natürlich auch in der Vorbereitungsphase des Lichtenberger Projekts eine nicht unerhebliche Rolle und sind bei allen direkt-partizipativen Konzepten ernsthaft zu berücksichtigen. Insgesamt überwog bei den Schlüsselakteuren in Politik und Verwaltung allerdings die Einschätzung, dass es angesichts des geringen Interesses an repräsentativ organisierter Lokalpolitik durchaus einen Versuch Wert sei, ein solches Pilotprojekt zu starten. Verlauf und Beteiligung haben den Protagonisten dieses Projekts ganz offensichtlich Recht gegeben und sie ermutigt, die Bürgerinnen und Bürger auch in die Haushaltsplanung für das Jahr 2008 einzubeziehen.

So wird angesichts der gewachsenen Distanz der Bürgerinnen und Bürger zur offiziellen Politik und des Fehlens von Erfahrungen mit einem solchen Projekt die Tatsache, dass sich in einem Bezirk wie Lichtenberg immerhin 4 000 Bürgerinnen und Bürger aktiv beteiligt und insgesamt mehr als 1 000 Personen an der Schlussabstimmung teilgenommen haben, von allen von uns befragten Akteuren in Politik und Verwaltung positiv bewertet[11]. Sehr zufrieden zeigt man sich insbesondere mit dem Verlauf der Bürgerversammlungen und der Haushaltsbefragung. Lediglich die Nutzung des Internets ist hinter den ursprünglich gehegten Erwartungen zurückgeblieben. Überdies wird die Qualität der von den Bürgerinnen und Bürgern unterbreiteten Vorschläge durchgängig als gut eingeschätzt. Schließlich kann als sichtbarer Ausdruck für den Erfolg des Lichtenberger Bürgerhaushalts auch gelten, dass das Projekt in der Öffentlichkeit auf große Aufmerksamkeit gestoßen ist und dass sich inzwischen mehrere in- und ausländische Städte für das Konzept und den Verlauf des Projekts interessieren.

Bei der Frage nach den Ursachen für den Erfolg ist zunächst darauf hinzuweisen, dass eine „Koalition" von engagierten Exekutivpolitikern und Verwaltungsführungskräften das Projekt zu ihrer gemeinsamen Sache machte und damit – wie sich z.B. bei Modernisierungsprojekten auf der Grundlage des Neuen Steuerungsmodells zeigte – eine günstige Ausgangssituation für innovative Veränderungsprozesse schuf. Außerdem gab es trotz anfänglicher Skepsis bei SPD und CDU sehr schnell einen parteiübergreifenden Konsens, das Projekt „Bürgerhaus-

---

11   Alle Beteiligten haben natürlich die Hoffnung, dass sich der Kenntnisstand der Lichtenberger Bevölkerung über das Projekt – der in einer von uns nach den dezentralen Bürgerversammlungen durchgeführten „Blitzumfrage" relativ niedrig war – erhöhen wird und dass die Zahl der teilnehmenden Bürgerinnen und Bürger in Zukunft steigt. In diesem Zusammenhang ist immer wieder darauf hingewiesen worden, dass man in Porto Allegre schließlich auch sehr klein angefangen habe.

halt" als Chance für eine bürgerorientierte Kommunalpolitik zu begreifen. Die PDS, die angesichts der Mehrheitsverhältnisse in der Bezirksverordnetenversammlung und im Bezirksamt das Projekt „Bürgerhaushalt" auch ohne Einbindung der anderen Parteien – und selbst gegen deren Widerstand – hätte „durchziehen" können, war von Anfang an darauf bedacht, jeden Anschein zu vermeiden, es handele sich um ein „PDS-Projekt". Dies wäre mit der großen Gefahr verbunden gewesen, dass ein für die lokale Demokratie interessantes Konzept sehr schnell als parteipolitisches Kampfinstrument stigmatisiert und letztlich politisch marginalisiert worden wäre. Die anderen Parteien konnten es sich wiederum nicht leisten, das Projekt abzulehnen, weil sie dann sofort verdächtigt worden wären, kein offenes Ohr für die Anliegen und Probleme der Bürgerinnen und Bürger zu haben. Insofern hatten alle politischen Akteure ein Interesse am Erfolg dieses Projekts, wobei allerdings nicht zu übersehen ist, dass der augenblickliche „Bürgerhaushalts-Glanz" vornehmlich auf die exekutiven Akteure – und hier insbesondere auf die Bezirksbürgermeisterin – strahlt.

Positiv hat sich sicherlich auch ausgewirkt, dass das Lichtenberger Projekt von der Bundeszentrale für politische Bildung unterstützt und gefördert wurde und dass ein solches Pilotprojekt zunächst immer eine Ausnahmesituation darstellt, die bei allen Beteiligten zusätzliche Kräfte freisetzt. Für den weiteren Erfolg des Bürgerhaushalts in Lichtenberg wird es deshalb wichtig sein, das Konzept auch ohne externe Unterstützung in den politischen und administrativen Alltag zu überführen und dabei dennoch die im Pilotprojekt erreichten Standards sowohl in quantitativer als auch in qualitativer Hinsicht zu sichern.

Außerdem wird auch auf das in vielen direkt-partizipativen Projekten auftretende Problem der sozial-selektiven Teilnahme (vgl. z.B. Bogumil und andere 2003, S. 27) und auf die damit einhergehende Dominanz sehr spezieller und häufig in Form von Verbänden und Vereinen organisierter Interessen zu achten sein. Die Tatsache, dass das Ranking der in den Versammlungen präferierten Vorschläge von der im Internet und in der Haushaltsbefragung ermittelten Rangfolge der Vorschläge zum Teil auffällig abwich, deutet darauf hin, dass es einigen Interessenten offenkundig gelungen ist, für ihre Anliegen gezielte Unterstützung zu mobilisieren[12]. Im Falle gravierender Verzerrungen muss die Bezirksverordnetenversammlung dann ihre politische Gesamtverantwortung übernehmen und in ihren Haushaltsentscheidungen die aus ihrer Sicht erforderlichen Korrekturen vornehmen.

Nicht zu unterschätzende Probleme in Bezug auf das nachhaltige Interesse der Bürgerinnen und Bürger könnten darin liegen, dass das Projekt auf einen bestimmten Entscheidungszeitpunkt bezogen ist, sich auf den ganzen Bezirk erstreckt, auf einer relativ zentralen Projektorganisation basiert und über keinen de-

---

12 In diese Richtung deutet auch ein Befragungsergebnis der Arbeitsgruppe aus Speyer, wonach die Mehrheit derjenigen, die an den dezentralen Bürgerversammlungen teilgenommen haben, aktiv in Parteien, Vereinen und sonstigen Organisationen mitarbeitet.

zentralen institutionellen Unterbau verfügt[13]. Nach unserem Eindruck gibt es in Lichtenberg vor dem Hintergrund der mit diesem Ansatz gemachten Erfahrungen allerdings schon erste Überlegungen, das Konzept des Bürgerhaushalts strategisch weiterzudenken und stärker an Kriterien der Lebenslagen und des Stadtteil- oder Sozialraums auszurichten.

Schließlich wird davon auszugehen sein, dass das aus Politik, Verwaltung und Bürgerschaft bestehende Kräftedreieck zumindest partiell verändert werden wird, wenn das Projekt „Bürgerhaushalt" erfolgreich fortgeführt und weiterentwickelt wird. Die Bürgerinnen und Bürger haben in diesem Prozess an Einfluss und an Selbstvertrauen gewonnen, ohne dass dies jedoch bislang nach Einschätzung der von uns befragten Akteure zu Lasten der Politik und der Verwaltung gegangen wäre. Vor dem Hintergrund anderer Untersuchungen ist dies aber nicht selbstverständlich (vgl. z.B. Bogumil und andere 2003, S. 35). Wenn Repräsentativpolitiker (und hier vor allem die der Opposition bzw. der Minderheit) befürchten müssen, dass um sie ein Bypass gelegt wird, dürfte ihre Neigung, „Kompetenzen an Vereine und Bürger abzugeben", sehr schnell abnehmen. Und wenn Verwaltungsmitarbeiterinnen und -mitarbeiter dauerhaft zusätzliche Belastungen durch das Bürgerengagement zu tragen haben und wenn sie überdies vielleicht sogar befürchten müssen, dass Bürgerinnen und Bürger in ihrer Mitgestalterrolle zu Konkurrenten und einer Gefahr für Arbeitsstellen werden (vgl. hierzu nochmals Bogumil und andere 2003, S. 88), dann könnte dies sehr schnell zu Frustration und Demotivation führen.

Aufgabe der für die Fortführung und Weiterentwicklung des Projekts Verantwortlichen wird es demzufolge sein müssen, solche Gefahren rechtzeitig zu erkennen und dafür zu sorgen, dass es zu einer tragfähigen neuen Balance von Politik, Verwaltung und Bürgerschaft kommt und dass es nach Möglichkeit dauerhaft nur Gewinner und keine Verlierer beim Projekt „Bürgerhaushalt" gibt.

Literatur

Banner, Gerhard, Von der Ordnungskommune zur Dienstleistungs- und Bürgerkommune, in: Der Bürger im Staat, Heft 4 (1998), S.179–186.

Bogumil, Jörg, Lars Holtkamp und Gudrun Schwarz, Das Reformmodell Bürgerkommune. Leistungen – Grenzen – Perspektiven, Berlin 2003.

Bücker-Gärtner, Heinrich, Welche Vorschläge haben Priorität? Zweite Befragung der BürgerInnen zum Bürgerhaushalt, 2006 (Unveröffentlichtes Manuskript).

Bundeszentrale für politische Bildung, Bürgerhaushalt in Großstädten. Arbeitsmaterialien für die Umsetzung. Dokumentation und Auswertung der Ergebnisse

---

13　In dieser Hinsicht dürfte es ganz interessant sein zu sehen, ob das Projekt im Bezirk Marzahn-Hellersdorf, das gleichsam im Windschatten des Lichtenberger Bürgerhaushalts „segelt", nachhaltigere positive Ergebnisse im Hinblick auf eine stärkere Beteiligung der Bevölkerung an lokaler Politik bringen wird.

des Workshop „Bürgerhaushalt für Berliner Bezirke: Lesbar, verständlich, für und mit Bürgern/innen", http://www.bpb.de/publikationen/8QCWP7,0,0, Bürgerhaushalt_in_Großstädten.html.

Karrenberg, Hanns, und Engelbert Münstermann, Keine Entwarnung trotz gestärkter Gewerbesteuer, in: der städtetag, Heft 05 (2005), S. 5–10 und S. 11–100.

Keim, Karl-Dieter, „Urban Governance" und intermediäre Selbstorganisation als Politik der Stadtentwicklung, in: Antrag auf Finanzierung des Sonderforschungsbereichs „Die Europäische Stadt" der Humboldt-Universität zu Berlin, Berlin 2000, S. 241–272.

Mäding, Heinrich, Haushaltswirtschaft im Spannungsverhältnis zwischen Haushaltskonsolidierung und Reform, in: Schröter, Eckhard (Hrsg.), Empirische Policy- und Verwaltungsforschung. Lokale, nationale und internationale Perspektiven, Opladen 2001, S. 359–370.

Röber, Manfred, Vom Zweckverband zur dezentralisierten Einheitsgemeinde: Die Entwicklung der Berliner Verwaltungsorganisation im 20. Jahrhundert, in: Röber, Manfred, Eckhard Schröter und Hellmut Wollmann, Moderne Verwaltung für moderne Metropolen: Berlin und London im Vergleich (Stadtforschung aktuell, Band 82), Opladen 2002, S. 38–61.

Winkel, Olaf, Die Bürgerkommune als Rettungsanker der kommunalen Selbstverwaltung, in: Gesellschaft – Wirtschaft – Politik, Heft 4 (2004), S. 499–520.

Der Autor

Prof. Dr. Manfred Röber,
Studium Soziologie und Betriebswirtschaftslehre, FU Berlin; 1979–1981 stellv. Referatsleiter, Senatsverwaltung für Finanzen Berlin; 1981–1999 Prof. für Verwaltungswissenschaft, Fachhochschule für Verwaltung und Rechtspflege (FHVR) Berlin; seit 1999 Prof. für Public Management, Fachhochschule für Technik und Wirtschaft (FHTW) Berlin.

Umwelt und Verkehr

Joachim Lorenz

Umweltschutz im Spannungsfeld zwischen europäischen Vorgaben und kommunaler Verantwortung

Die Europäische Union ist nicht nur im bundes-, sondern auch im kommunalpolitischen Alltag angekommen. Vor allem im Umweltschutz ist die europäische Rechts- und Normensetzung nicht mehr wegzudenken: 80 Prozent des gesamten bundesdeutschen Umweltrechts sind auf Entscheidungen in Brüssel und Straßburg zurückzuführen. Vor allem über Richtlinien, die als eine Art Rahmenrecht in nationales Recht umgesetzt werden müssen, gestaltet die EU den bundesdeutschen Umweltschutz mit. In jüngster Vergangenheit hat sich ein weiteres europäisches Instrumentarium im Umweltschutz einen Namen gemacht: die Thematischen Strategien, die mit einer umfangreichen Analyse, Konzeptdarstellung und Verknüpfung verschiedener Politikbereiche ihre Ziele erreichen möchten. Sie sind rechtlich zwar als unverbindliche Absichtserklärung zu betrachten, wirken sich aber trotz juristischer „Zahnlosigkeit" nachhaltig auf die unterschiedlichen politischen Ebenen aus und sind häufig eine Vorstufe für eine Richtlinie.

Mit den Kommunen als Selbstverwaltungseinheit stellt Deutschland zusammen mit einigen wenigen anderen europäischen Mitgliedsstaaten eine Besonderheit dar. Europäische Normen müssen häufig nicht nur auf die Bundes- und Landesebene, sondern auch auf die kommunale Ebene heruntergebrochen werden. Damit sind deutsche Kommunen in ihrem politischen Handeln unmittelbar von der EU berührt. Darüber hinaus hat die Europäische Union in letzter Zeit die kommunale Ebene als neues Handlungsfeld entdeckt. Konflikte sind dabei vorprogrammiert, da die von der Kommission entwickelten Instrumentarien nicht immer tauglich sind für das Aufgabenspektrum und die bereits vorhandene Zuständigkeit deutscher Kommunen. An einigen Beispielen soll dies im Folgenden aufgezeigt werden.

Thematische Strategie für die städtische Umwelt

Etwa 80 Prozent der Bevölkerung in Europa leben in urbanen Verdichtungsräumen. Wegen deren hohen Siedlungs- und Bevölkerungsdichte wirken Umweltprobleme dort besonders deutlich auf die Gesundheit und die Lebensqualität der Bürgerinnen und Bürger ein und beeinflussen die ökologische wie ökonomische Attraktivität einer Stadt als Standort für Wohnen, Arbeiten und Freizeit. Somit stehen die Städte in Europa vor großen umweltpolitischen Herausforderungen, darunter etwa die Verbesserung der Luftqualität, die Verringerung der hohen Verkehrsdichte und der Lärmbelastung, das Aufhalten der Zersiedelung und die Minimierung der Bodenversiegelung, die Reduktion der Treibhausgasemissionen und des Aufkommens an Abfall und Abwasser. Da die Auswirkungen kommunaler Entscheidungen oft sehr komplex und langfristig sind, bedarf es einer umfassenden integrierten und vorausschauenden Umweltpolitik in den Städten und ihrem Umland.

Auf der Grundlage dieser Erkenntnis legte die Europäische Kommission im Rahmen ihres 6. Umweltaktionsprogramms im Februar 2004 einen Entwurf für eine Thematische Strategie für die städtische Umwelt vor. Die Strategie schlug vor, dass zur Wahrung und zur Verbesserung der Umweltqualität die Städte und städtischen Ballungsräume zu konkreten Maßnahmen in vier kommunalen Handlungsfeldern verpflichtet werden sollten:

- nachhaltige Städtepolitik (z.B. Erstellung von städtischen Umweltmanagementplänen mit Festlegung von konkreten Zielen für die wesentlichen Umweltauswirkungen und die Einrichtung von Umweltmanagementsystemen zur Überwachung und Steuerung der Umsetzung der Ziele),

- nachhaltiger städtischer Nahverkehr (z.B. Erstellung von städtischen Nahverkehrsplänen),

- nachhaltiges Bauen (z.B. Senkung des Energieverbrauchs für Beheizung und Beleuchtung sowie des Trinkwasserverbrauchs, Recycling von Baumaterialien) sowie

- nachhaltige Stadtplanung (z.B. Priorität der Wiedernutzung von brach liegenden Flächen gegenüber Neuerschließungen „auf der grünen Wiese", Festsetzung von Mindestbebauungsdichten, Berücksichtigung des Einsatzes regenerativer Energiequellen).

Die Ziele des Strategieentwurfs wurden in Deutschland zwar generell begrüßt, die darin vorgesehenen Maßnahmen und Forderungen stießen jedoch auf erheblichen Widerstand insbesondere in den betroffenen Städten und Regionen und bei den kommunalen Spitzenverbänden. Dem Entwurf wurde vorgehalten, dass die vorgesehenen Maßnahmen nicht das deutsche Planungssystem (z.B. die Raumordnung, Landes- und Bauleitplanung) mit den darin bereits enthaltenen umweltbezogenen Anforderungen und Begrenzungen von Umweltauswirkungen berücksichtigten. Die Kritikerinnen und Kritiker befürchteten überdies, dass die vorgeschlagenen

Maßnahmen zu einem zusätzlichen (Umwelt-)Planungssystem mit einem erheblichen personellen und damit auch finanziellen Aufwand führen würden. Es wurde auch die Frage gestellt, ob der Umfang der zu erwartenden tatsächlichen Verbesserungen der Umwelt den erforderlichen zusätzlichen Aufwand überhaupt rechtfertigen könne oder sich sogar kontraproduktiv entgegen dem Interesse an einer integrierten Umweltpolitik auswirken würde. Es wurde befürchtet, dass die Maßnahmen nur zu weiteren bürokratischen Planungs- und Überwachungsinstrumenten führen, die die Entwicklung der deutschen Städte, die in einem großen nationalen und internationalen Wettbewerb stehen, behindern könnten.

Die Kommission nahm die Kritik an dem Entwurf, die in der zweijährigen Konsultationsphase nicht nur aus der Bundesrepublik Deutschland geäußert wurde, auf und verringerte die inhaltlichen und formalen Anforderungen der Thematischen Strategie für die städtische Umwelt an die von ihr betroffenen Städte und Regionen, wobei die grundsätzlichen umweltpolitischen Ziele beibehalten wurden. Der ursprünglich sehr starke Verpflichtungscharakter der Maßnahmen wurde weitgehend zurückgenommen und durch Empfehlungen und Angebote der Kommission zur Unterstützung der Städte ersetzt. Die wichtigsten Maßnahmen der Kommission, die in der Thematischen Strategie für die städtische Umwelt nunmehr vorgeschlagen werden, sind:

- Leitlinien für eine integrierte Umweltpolitik: Die Leitlinien sollen unter Einbeziehung von Erfahrungen der Städte entwickelt werden und die Umsetzung des EU-Rechts sowie integrierte Konzepte für eine lokale Umweltpolitik unterstützen;

- Leitlinien für Pläne für einen nachhaltigen städtischen Nahverkehr: Die Leitlinien werden die wichtigsten Gesichtspunkte von Verkehrsplänen beinhalten und sollen die Grundlage bilden für die Ausarbeitung und Durchführung von Aktionsplänen;

- Förderung eines EU-weiten Austauschs bester Praktiken: Die kommunalen und regionalen Behörden sollen beim Austausch guter Praktiken und bei Demonstrationsprojekten zu Fragen der Stadtentwicklung unterstützt werden;

- Internet-Portal der Kommission für kommunale Behörden: Die Kommission prüft, ob ein thematisches Portal für kommunale Behörden auf der Europa-Webseite realisierbar ist, um aktuelle Informationen besser zugänglich zu machen;

- Fortbildung: Die Kommission wird vorhandene Förderinstrumente (z.B. LIFE+) zur Ausbildung und zu fachlichem Kapazitätsaufbau bei den Kommunen einsetzen. Die Mitgliedstaaten werden ermuntert, ihrerseits entsprechende Aktivitäten aufzunehmen.

Das Ergebnis des mehr als zweijährigen europaweiten Konsultations- und Diskussionsprozesses zur Thematischen Strategie für die städtische Umwelt kann durchaus als Erfolg kommunaler Bemühungen gesehen werden. Er zeigt aber auch die

Notwendigkeit einer stärkeren Mitwirkung der Städte und Gemeinden bei der Erarbeitung von europäischen Richtlinien und sonstigen Vorgaben auf, denn in der Bundesrepublik Deutschland sind es in der Regel die Städte und Gemeinden, die die europäischen Vorgaben in und mit ihrem Handeln umsetzen müssen.

Fauna-Flora-Habitat- und Vogelschutzrichtlinie

Mit der FFH- und Vogelschutzrichtlinie wurde erstmals ein europäisches Instrument entwickelt, mit dem ein zusammenhängendes europäisches ökologisches Netz entstehen kann. Ziel der Richtlinien ist es, einen verbesserten Schutz der natürlichen Lebensräume sowie der wildlebenden Tiere und Pflanzen nach europaweit einheitlichen Standards sicherzustellen. Um dies zu erreichen, wurden die Mitgliedsstaaten aufgefordert, entsprechende Gebiete nach Brüssel zu melden. Deutschlandweit sind nun 9,3 Prozent des Staatsgebietes gemeldet, wobei auf Bayern 674 Gebiete entfallen, die 9,2 Prozent der Landesfläche ausmachen.

München meldete acht schutzwürdige Gebiete mit insgesamt ca. 1 367 Hektar oder 4,4 Prozent der Stadtfläche – für eine Großstadt ein durchaus respektables Ergebnis.

In München hat die EU mit den Richtlinien im Übrigen offene Türen eingerannt: Bereits im Mai 2000 bekannte sich die Landeshauptstadt München mit einem Stadtratsbeschluss zur Intention der Europäischen Union, ein europaweites Schutzgebietsnetz einzurichten. Indem München sich aktiv an der Umsetzung der Richtlinie beteiligte, leistete es einen erheblichen Beitrag zur Erhaltung der Biodiversität der Stadt und zur nachhaltigen Stadtentwicklung. Auch in einer Großstadt wie München leben hochgradig bedrohte und damit schutzbedürftige Arten. Über die beiden Richtlinien kann ihr Lebensraum besonders geschützt werden.

Für die europäischen Schutzgebiete besteht die Pflicht, alle Pläne und Projekte (also etwa auch der gemeindlichen Bauleitplanung), die sich auf die mit der Ausweisung eines Gebietes verfolgten Erhaltungsziele wesentlich auswirken können, einer Prüfung zu unterziehen. Die Vorgehensweise wurde von der bayerischen Staatsregierung mit einer gemeinsamen Bekanntmachung mehrerer Ministerien geregelt.

In allen Fällen, in denen eine erhebliche Beeinträchtigung auf nahe gelegenen FFH-Gebiete nicht von vorneherein offensichtlich und eindeutig auszuschließen war, wurden in den letzten Jahren im Rahmen der Bauleitplanung in München Untersuchungen zur Verträglichkeit durchgeführt. Wie sich jedoch herausstellte, war die Sorge unbegründet – in keinem Fall war eine erhebliche Beeinträchtigung durch die konkreten Planungen zu befürchten. Zum Nachweis der Erhaltung eines günstigen Erhaltungszustandes ist zudem eine regelmäßige Überwachung gefordert. Im April 2005 hat die Europäische Kommission europaweit geltende Standards für die Bewertung, das Monitoring und die Berichterstattung herausgegeben, welche auch die Vorgaben für die Erstellung des ersten nationalen Berichtes für das Jahr 2007 bilden. Die Zuständigkeit hierfür liegt bei den Bundesländern. Derzeit ist noch unklar, wie dieses Monitoring innerhalb der Naturschutzverwaltung implementiert werden soll und welche Rolle dabei den Unteren Naturschutzbehörden bei den kreisfreien Städten zukommt. Diese sind mit der derzeitigen personellen und finanziellen Ausstattung wohl kaum in der Lage, diese Zusatzaufgabe entsprechend den europäischen Vorgaben wahrzunehmen.

In Ergänzung zum flächenhaften Gebietsschutz enthalten beide Richtlinien artenschutzrechtliche Verbote, die generell – also auch außerhalb der europäischen Schutzgebiete – einen günstigen Erhaltungszustand der Arten des Anhangs IV der FFH-Richtlinie sowie aller europäischer Vogelarten gewährleisten sollen.

Auch wenn es noch abzuwarten ist, inwieweit die europäischen Vorgaben künftig faktisch einen verstärkten Schutz der Arten bewirken, sind die Fauna-Flora-Habitat- und die Vogelschutzrichtlinie auch aus Sicht der Kommunen zu begrüßen. Sie haben positive Auswirkungen für die europaweit einheitlichen Standards bei der Ausweisung von Schutzgebieten gebracht und auch in Großstädten den zum Teil vorhandenen Nachholbedarf zur Sicherung schutzwürdiger Flächen gewährleistet.

Strategische Umweltprüfung

Spätestens seit dem Inkrafttreten der EU-Richtlinie über die Durchführung von Umweltverträglichkeitsprüfungen im Jahre 1985 wurde in Umweltkreisen diskutiert, dass für einen effektiven und an den Wurzeln der Probleme ansetzenden Umweltschutz eigentlich eine Umweltverträglichkeitsprüfung für die vorgelagerten Pläne und Programme, also eine Strategische Umweltprüfung, erforderlich ist. Bei vielen projektbezogenen Umweltverträglichkeitsprüfungen wurde deutlich, dass bei einem relativ fortgeschrittenen Planungsstand keine grundsätzlichen Änderungen mehr möglich waren. Allenfalls waren noch kleinere Anpassungen möglich. Einige Kommunen wie München erkannten die Notwendigkeit einer Strategischen Umweltprüfung für Pläne und Programme und führten freiwillig eine Prüfung für bestimmte Vorhaben ein.

Im Jahre 2001 wurde dann vom Europäischen Parlament die von vielen Umweltschützer/-innen herbeigesehnte, aber von noch mehr Planungspraktiker/-innen befürchtete sogenannte PLAN-UP-Richtlinie erlassen. Diese sieht nun die Prüfung der Umweltauswirkungen von Plänen und Programmen vor. Die Umweltschützer/-innen erhofften sich mit diesem Instrument eine Abkehr vom nachsorgenden Umweltschutz hin zu einer Politik der Umweltvorsorge. In den Stadtplanungsämtern, die für die Erstellung der Bauleitpläne zuständig sind, wurde ein Ausufern der Bürokratie befürchtet, das zu einer Blockierung der Stadtplanung führen könnte.

Der Bundesgesetzgeber setzte im Jahre 2005 die PLAN-UP-Richtlinie mit dem Gesetz zur Einführung einer Strategischen Umweltprüfung und zur Umsetzung der Richtlinie 2001/42/EG (SUPG) dahingehend um, dass für alle Bebauungspläne eine Umweltprüfung in Form eines Umweltberichts, als Bestandteil der Begründung eines Bebauungsplanes, durchzuführen ist. Was hat sich nun konkret geändert?

Nach früherer Gesetzeslage war zunächst ein sogenanntes Screening erforderlich, bei dem eruiert werden musste, ob überhaupt eine Umweltprüfung durchzuführen ist. Nachdem nun alle Bauleitpläne einer Umweltprüfung zu unterziehen waren, fällt dieser Arbeitsschritt künftig weg. Die Umweltprüfung beginnt nach neuem Recht mit dem Scoping-Termin, bei dem der erforderliche Umfang der Prüfung festgelegt wird. In der Praxis kann der Wegfall des Screening-Termins durchaus als positiv gewertet werden, da vielen Beteiligten der Unterschied zwischen Screening und Scoping ohnehin nicht deutlich war.

In einem nächsten Schritt werden die relevanten Umweltbelange ermittelt und in einem Umweltbericht zusammengefasst. Da sich jedoch an den im Gesetz definierten Unweltbelangen, die bei der Aufstellung der Bauleitpläne und im Rahmen der Abwägung zu beachten sind, nichts geändert hat, ist der eigentliche Untersuchungsaufwand im Prinzip gleich geblieben. Gutachten zur Lärmproblematik, zu Altlasten, zur lufthygienischen Situation etc. waren bei konsequenter Gesetzesanwendung je nach konkreter Situation auch schon vor Einführung der Strategischen Umweltprüfung zu erstellen. In der Praxis ist jedoch bei einem Scoping-Termin eine gewisse Eigendynamik festzustellen. Manche der am Tisch sitzenden Experten versuchen, die Bedeutung ihres Fachbereichs dadurch zu dokumentieren, dass sie zusätzliche Gutachten einfordern. Ist so eine Forderung erst einmal ausgesprochen, ist es kaum möglich, davon wieder abzuweichen.

Der eigentliche Mehraufwand der SUP besteht jedoch darin, dass die Umweltbelange, seien sie nun in umfangreichen Gutachten oder durch einfache Anhörung von Experten ermittelt, nun in systematischer Form innerhalb eines Umweltberichtes zusammengefasst werden müssen. Aufgrund der gesetzlichen Forderungen, dass zu den einzelnen Schutzgütern jeweils Aussagen zum Bestand, zur Entwicklung des Gebietes ohne Durchführung des Vorhabens sowie zu den Auswirkungen des Vorhabens mit einer Bewertung der Alternativen erforderlich sind, werden die Texte häufig zu komplizierten Konstrukten. Nur so sei „rechtssicher" zu dokumentieren, dass alle geforderten Umweltfaktoren geprüft wurden. Der entstandene Text ist oft selbst von Planungsexperten schwer zu lesen, geschweige denn, dass die eigentlich relevanten Umweltaspekte vom Bürger verstanden werden.

Das Problem besteht darin, dass es bei der Umsetzung der EU-Richtlinie in deutsches Recht nicht gelungen ist, eine wirkliche Integration des Umweltberichtes in die Begründung des Bebauungsplans zu realisieren. Da der Umweltbericht als selbständiger Bestandteil der Begründung zu erstellen ist, werden grundsätzliche Aussagen zum Vorhaben (z.B. Beschreibung des Projektes, Abwägungsgrundsätze etc.) doppelt aufgeführt. Die Begründung eines Bebauungsplans wird dadurch weiter aufgebläht.

Erste Erfahrungswerte zeigen jedoch, dass es nicht zu den befürchteten Verfahrensverlängerungen gekommen ist. Wenn durch einen konsequenten, systematischen Planungsprozess die einzelnen Verfahrensschritte zeitnah abgearbeitet werden, kommt es in der Regel zu keiner größeren Verzögerung.

Für den Umweltschutz ist es jedoch eine Enttäuschung, dass es durch die Strategische Umweltprüfung nicht zum erhofften Wandel hin zu einem vorbeugenden Umweltschutz gekommen ist. Insbesondere bei vorhabenbezogenen Bebauungsplänen sind die Spielräume so eng, dass die aus Sicht der Umwelt gewünschten Alternativen kaum zu realisieren sind.

Die Strategische Umweltprüfung und ihre Umsetzung in das nationale Recht haben 2006 ersten Geburtstag gefeiert. Daher ist es für eine fundierte Einschätzung noch zu früh. Erste Erfahrungen stammen aus der Erstellung von Bebauungsplänen. Bezüglich der Auswirkungen der Strategischen Umweltprüfung bei Flächennutzungsplänen gibt es noch wenige Erkenntnisse.

Momentan zeigt es sich, dass die Umsetzung vor allem von den Stadtplanern und ihrer Offenheit gegenüber den Belangen des Umweltschutzes abhängt. Es ist also nicht so sehr das Spannungsfeld zwischen Europa und Kommune, das hier über den Erfolg und Misserfolg entscheidet, sondern das Spannungsfeld zwischen den Umweltschützern und den Stadtplanern. Wenn dieser Konflikt gelöst wird, besteht Hoffnung, dass bei Anwendung der Umweltprüfung im Rahmen der vorbereitenden Bauleitplanung Umweltaspekte frühzeitig berücksichtigt werden und es dann doch noch zu einer Integration der Umweltvorsorge kommt.

Luftqualitätsrahmenrichtlinie

Einen Meilenstein zur Verbesserung der Luftqualität bildet die Luftqualitätsrahmenrichtlinie der Europäischen Union aus dem Jahre 1992 und ihre daran anschließenden Tochterrichtlinien: Für Partikel (Feinstaub, PM_{10}) und Stickstoffdioxid (NO_2) wurden erstmals europaweit einheitliche Luftgütegrenzwerte definiert, die eine für die menschliche Gesundheit und/oder die Umwelt insgesamt möglichst unbedenkliche lufthygienische Situation gewährleisten sollen.

Über die Novellierung des Bundes-Immissionsschutzgesetzes (BImSchG) und die 22. Bundes-Immissionsschutzverordnung wurde die europäische Richtlinie in bundesdeutsches Recht umgesetzt. Bei der Gefahr der Nichteinhaltung bzw. bei Nichteinhaltung der darin umgesetzten europäischen Grenzwerte sind Luftreinhaltepläne bzw. Aktionspläne zu erstellen, die Maßnahmen aufzeigen sollen, mit denen lang- bzw. kurzfristig die Grenzwerte eingehalten werden können.

Beide Arten von Plänen sind nicht als planungsrechtliche Instrumente, sondern als verwaltungsinterne Projekte zu verstehen, die alle vom jeweiligen Projekt berührten Verwaltungsbereiche, nicht jedoch den Bürger binden. Außenwirkung erlangen sie erst durch behördliche Einzelmaßnahmen, die auf den entsprechenden Eingriffsregelungen des BImSchG oder anderer Rechtsvorschriften basieren müssen. Der Inhalt der Pläne ist auch von Planungsträgern zu berücksichtigen. Außerdem sind die Pläne Handlungsvoraussetzung für Maßnahmen im Hinblick auf Verbote oder Beschränkungen im Straßenverkehr. Wesentlich ist, dass, wie die bisherigen Erfahrungen gezeigt haben, diese Luftreinhaltepläne zukünftig nicht isoliert gesehen werden können, sondern versucht werden sollte, diese in Lärmminderungs- oder Verkehrsentwicklungspläne sowie aufgrund der Pendlerproblematik sogar auch in Regionalplanungen zu integrieren, um z.B. das Problem der – erwünschten – Verkehrsbündelung auf Hauptachsen und der damit einhergehenden erhöhten Luftschadstoffbelastung zu lösen.

Luftreinhalte-/Aktionspläne schaffen keine neuen Zuständigkeiten, d.h. für die Aufstellung der Pläne ist das jeweilige Bundesland zuständig. Für die Durchführung insbesondere der verkehrsbezogenen Maßnahmen ist aber i.d.R. die jeweilige Kommune verantwortlich, auf der auch die Hauptlast der Zuarbeit und der Rechtfertigung gegenüber der Öffentlichkeit liegt, da bei Nichteinhaltung der Grenzwerte die Bürgerinnen und Bürger sich zuerst an die ihnen am nächsten stehende Verwaltungsebene, nämlich die Kommunalverwaltung, wenden.

In der Diskussion mit den Bürgern ergibt sich aber als grundsätzliches Problem, dass der Handlungsspielraum der Kommunen begrenzt ist. Zum einen müssen Maßnahmen durch die übergeordneten Behörden in den Luftreinhalteplan aufgenommen werden, was, wie das Beispiel des von der Landeshauptstadt München geforderten Lkw-Transit-Verbots zeigt, aufgrund unterschiedlicher Anforderungen und Intentionen der Beteiligten einen langwierigen Prozess auslösen kann. Weitere Maßnahmenvorschläge wie z.B. die Einführung einer Umweltzone werden mit einer Vielzahl an Forderungen nach Ausnahmegenehmigungen konfrontiert, die nur schwer in Einklang mit der gewünschten Schadstoffreduzierung zu bringen sind. Häufig geforderte straßenverkehrsrechtliche Maßnahmen, wie Sperrungen oder Beschränkungen des Verkehrs, können, wie ein Urteil des Bayerischen Verwaltungsgerichtshofes zeigt, ebenfalls nicht in der Zuständigkeit der Kommunen geregelt werden, sondern müssen Teil eines Luftreinhalte-/Aktionsplanes sein.

Hinzu kommt, dass ein Großteil der sehr effizienten Maßnahmen wie z.B. schärfere Abgasnormen für Fahrzeuge oder die Förderung von Partikelfiltern ebenfalls auf übergeordneter, also Bundes- oder EU-Ebene angesiedelt ist.

Die Europäische Union versucht, diesem Tatbestand in ihrem 6. Umweltaktionsprogramm dadurch gerecht zu werden, dass sie bei der Fortschreibung ihrer Luftreinhaltepolitik, den Thematischen Strategien, nicht nur einzelne Themenbereiche isoliert, sondern die betroffenen Politikbereiche, wie z.B. Energie (kleine Feuerungsanlagen mit dem Problem Holzbefeuerung), Verkehr (Einführung neuer Emissionsstandards wie EURO V/VI) und Landwirtschaft (Ammonium-Problematik als Sekundär-Partikel) kombiniert betrachtet.

Ein weiterer Schwerpunkt ist die bislang noch kontrovers diskutierte Fragestellung einer Revision der Grenzwerte, also die Frage, ob die bisherigen Werte beibehalten, verändert oder durch andere Komponenten (z.B. $PM_{2,5}$ anstelle PM_{10}) ersetzt werden sollen. Ebenso wird diskutiert, bei der Feinstaubbelastung besondere Effekte wie Sandstreuung im Winter oder meteorologisch bedingte Ereignisse bei der Beurteilung der gemessenen Konzentrationen nicht zu berücksichtigen. Inwieweit dies aufgrund des zusätzlichen Messaufwandes praktikabel ist, sei dahingestellt. Nicht vermittelbar in der kritischen öffentlichen Diskussion dürfte der Vorschlag sein, den bezüglich der Einhaltung besonders kritischen Tagesmittelwert von Feinstaub zugunsten eines anspruchsvolleren Jahresmittelwertes zu streichen. Dies würde im Falle von München, ebenso wie das diskutierte „Aussetzen" der Grenzwerte unter bestimmten Bedingungen, keine grundlegende Änderung bei der Beurteilung der Luftschadstoffsituation bedeuten.

Eine weitere Aufgabe der EU sollte sein, die unterschiedlichen Umsetzungen der Luftqualitätsrichtlinien in den Mitgliedsstaaten zu harmonisieren. Eine erste Auswertung der europäischen Kommission basierend auf den Daten der EU-15-Staaten für das Jahr 2003 zeigt, dass die Mitgliedsstaaten bereits dem Auftrag zur Einteilung ihres Staatsgebietes in Zonen (Ballungsräume) und Gebiete, für die sie die Luftqualität zu beurteilen haben, sehr unterschiedlich nachgekommen sind. Die Größe der Zonen variiert zwischen 0,8 km² und 338 145 km², die Anzahl der betroffenen Bevölkerung von 250 bis ca. zehn Mio., also letztendlich von einzelnen Straßenabschnitten bis hin zu Ballungsräumen. Entsprechend unterschiedlich fallen natürlich auch die zu ergreifenden Maßnahmen aus.

Umgebungslärmrichtlinie

Mit dem Blick auf den sogenannten Umgebungslärm hat die EU die Umgebungslärmrichtlinie verabschiedet. Ziel ist es, Lärmbelästigungen zu verhindern, vorzubeugen oder zu vermindern. Um dieses Ziel zu realisieren, ist die Aufstellung von strategischen Lärmkarten sowie Lärmaktionsplänen vorgesehen. Während die Lärmkarten die Lärmbelastungen aus den o.g. Lärmquellen erfassen, sollen die Lärmaktionspläne konkrete Maßnahmenvorschläge zur Bekämpfung des Umgebungslärm beinhalten. Die Lärmkarten müssen erstmals zum 30.6.2007, die Lärmaktionspläne bis zum 18.7.2008 aufgestellt werden. Im Rahmen der Erstellung der Lärmaktionspläne ist eine ausführliche Öffentlichkeitsbeteiligung vorgeschrieben.

Die EU-Umgebungslärmrichtlinie stellt Mindestanforderungen an Aktionspläne. So muss beispielsweise eine Bewertung der geschätzten Anzahl von Personen in bestimmten Lärmpegelklassen erfolgen, bei der Ausarbeitung von Maßnahmen zur Lärmminderung sollte insbesondere auf die Prioritäten eingegangen werden, die sich aus der Überschreitung relevanter Orientierungswerte ergeben.

Im Gegensatz zu den Vorgaben aus der Luftreinhalterichtlinie wurden bei der Umgebungslärmrichtlinie seitens der EU keine verbindlichen Grenzwerte festgelegt. Die Festlegung von Orientierungswerten liegt vielmehr bei den Mitgliedsstaaten selbst. Dieses Vorgehen berücksichtigt die unterschiedliche, subjektive Wahrnehmung von Lärm innerhalb der EU. Es besteht jedoch die Gefahr der unterschiedlichen und ungleichen Standards zum Schutz der Bevölkerung vor Lärmimmissionen.

In Bayern werden derzeit zwei Umsetzungsmöglichkeiten diskutiert. Bei der Variante 1 werden die Lärmkarten durch das Bayerische Landesamt für Umwelt und die Lärmaktionspläne durch die Bezirksregierungen erstellt. Variante 2 verlagert die Zuständigkeit auf die kommunale Ebene. Die Hinweise verdichten sich, dass Variante 2 zum Zuge kommen wird. Wegen dieser fehlenden abschließenden Zuständigkeitsregelung geraten die Handelnden zunehmend unter Zeitdruck.

In München stellt sich die Situation im Vergleich mit anderen Kommunen noch vergleichsweise günstig dar: Die Landeshauptstadt hat bereits nach dem inzwischen aufgehobenen § 47a BImSchG für 16 Teilgebiete Beurteilungspegelpläne ausgearbeitet; für acht dieser Gebiete sind Maßnahmenpläne erstellt. Bei den meisten Teilgebieten ergeben sich die stärksten Lärmkonflikte im Bereich des Hauptstraßennetzes. Die Beurteilungspegel an Wohngebäuden neben Hauptverkehrsstraßen liegen teilweise über 80 dB(A) tags bzw. 70 dB(A) nachts. In einigen Teilgebieten weisen auch Quellen wie Gewerbelärm oder Lärm aus Veranstaltungen ein hohes Konfliktpotenzial auf. Um hier Abhilfe zu schaffen, hat das zuständige Münchner Referat für Gesundheit und Umwelt umfangreiche Lärmminderungsmaßnahmen vorgeschlagen:

■ Organisatorische Maßnahmen/Maßnahmen an der Quelle:
Verkehrsvermeidung; Verkehrslenkung (insbes. des Lkw-Verkehrs) und -beruhigung, Förderung des ÖPNV sowie des nichtmotorisierten Verkehrs, Auflagen für Veranstaltungen, Industrie und Gewebeanlagen;

■ Maßnahmen zur Verhinderung und Verminderung der Schallausbreitung:
bauliche Maßnahmen im Straßenraum (lärmmindernder Belag), bauliche Maßnahmen zur Minderung auf dem Ausbreitungsweg (Schallschutzwand, -wall etc.);

■ Maßnahmen im Bereich der Gebäude:
passiver Schallschutz, Einbau von Schallschutzfenstern, Grundrissorientierung, Lückenschluss durch Schallschutzbebauung.

Die Planungskosten für die Aufstellung von Lärmminderungsplänen sind hoch. Eine Kostenanalyse auf Grundlage der nach altem Recht erstellten Lärmkarten und Aktionspläne ergab für München folgende Werte: Für die Lärmkarten fallen etwa 1,50 pro Einwohner an, für die Aktionspläne etwa 2,50 . Vorgenannte Kosten sind jedoch nicht direkt auf die Lärmminderungsplanung nach neuem Recht übertragbar.

Noch wesentlich aufwändiger wird die Umsetzung der in Aktionsplänen festgelegten Maßnahmen sein, da weniger technische oder verkehrsordnende Maßnahmen zur Reduzierung der Lärmemissionen und -immissionen führen als vielmehr stadtplanerische, stadtgestalterische und bauliche Maßnahmen. Deshalb und angesichts der leeren kommunalen Kassen wird trotz der EU-Vorgaben eine deutliche Reduzierung der Lärmbelastung in Städten ohne entsprechende Förderprogramme seitens des Bundes oder der Länder nicht möglich sein.

Darüber hinaus wird eine fristgerechte Fertigstellung der erforderlichen Lärmkarten und Aktionspläne sehr schwierig werden. Hier spielen neben den Kosten die verspätete Umsetzung der EU-Umgebungsrichtlinie in nationales Recht und die zum Teil nicht vorliegenden Zuständigkeitsregelungen der Länder eine nicht zu unterschätzende Rolle. Wenn die Kommunen noch keine Vorarbeit nach dem alten Recht geleistet haben, ist zu befürchten, dass die an sich positiv zu bewertende EU-Umgebungslärmrichtlinie ein stumpfes Schwert bleiben wird.

Fazit

In den letzten Jahren fand seitens der EU eine starke Ausdehnung von für Kommunen verpflichtenden Instrumenten der Umweltplanung mit gleichzeitig stärkeren Elementen der Bürgerbeteiligung statt. Diese Vorgaben zur lokalen Planung, z.B. durch die Thematischen Strategien, ersetzen immer mehr die früher stärker dominierende Festsetzung von technischen Standards und Grenzwerten. Wie die Debatte um Feinstaub zeigt, kommt die EU jedoch nicht ohne Festsetzung von Grenzwerten aus. Das Thema Feinstaub macht darüber hinaus die enge Verzahnung der politischen Ebenen in Deutschland deutlich. Die Kommunen sind zur Durchsetzung der Grenzwerte auf die Unterstützung durch Bund und Länder angewiesen. Lkw-Durchfahrtsverbote aus lufthygienischen Gründen erlassen hierzulande nicht die Kommunen, sondern die Länder; für umweltfreundliche Fahrzeuge ist der Bund zuständig.

Um europaweite verbindliche Umweltqualitätsziele durchzusetzen, sind realistische Zeiträume für alle Mitgliedsstaaten notwendig. Sanktionen sind bei Nichtbeachtung der Richtlinie für alle gleichermaßen zu verhängen. Für Deutschland mit seinem mehrgliedrigen bundesstaatlichen Aufbau sind Zeiträume eine besondere Herausforderung. EU-Regelungen müssen über den Bundesgesetzgeber mit Bundestag und Bundesrat und häufig über die Länderparlamente auf die kommunale Ebene heruntergebrochen werden. Angesichts des mehrstufigen Entscheidungssystem und der föderalen Struktur benötigt es gelegentlich einen sehr langen Atem, bis eine EU-Regelung hierzulande tatsächlich in die Realität umgesetzt werden kann. Zentralistisch ausgerichtete Mitgliedsländer wie Frankreich haben es hier leichter. Nicht nur aus diesem Grund ist immer zu fragen, ob es tatsächlich einer EU-weiten Regelung bedarf oder ob nicht lokalem Entscheiden und Handeln der Vorzug zu geben ist.

Damit Europa wirklich vor der Haustür, also in den Kommunen, stattfinden kann, ist der hohe Erfassungs- und Planungsaufwand europäischer Vorgaben kritisch zu hinterfragen. Vorgaben müssen einhaltbar sein! Ansonsten besteht die Gefahr, dass die Motivation der Kommunen sinkt, EU-weite Ziele und Vorhaben umzusetzen – auch wenn sie an sich als positiv bewertet werden.

Ein nicht zu unterschätzendes Problem im Spannungsfeld zwischen EU und Kommune ist das nicht greifende Konnexitätsprinzip. Demgegenüber gilt z.B. in Bayern dieses Prinzip. Die Kommunen werden so vor den finanziellen Folgen der ihnen übertragenen Aufgaben geschützt. Das Prinzip ist ein wichtiger Grundstein der kommunalen Selbstverwaltung. Für Recht- und Normensetzungen durch die EU kommt das Konnexitätsprinzip nicht zur Anwendung. Wie das Beispiel Umgebungslärmrichtlinie zeigt, bleiben dadurch die an sich positiv zu bewertenden EU-weiten Regelungen auf der Strecke, da sich niemand finanziell für verantwortlich erklärt bzw. die Kommunen sich aufgrund ihrer immer noch katastrophalen Haushaltslage nicht in der Lage sehen, europäische Normen umzusetzen.

Kommunen müssen sich aktiv in europäische Entscheidungsprozesse einmischen. So können sie verhindern, dass sie mit ressourcenaufwändigen Planungsverpflichtungen überfordert werden. Gleichzeitig können sie mit ihrem Einwirken dafür sorgen, dass sich die EU nicht nur auf einen Minimalkonsens festlegt, der dem Umweltvorsorgegedanken nicht gerecht wird. Einmischen heißt, dass Kommunen über die kommunalen Spitzenverbände, internationalen lokalen Städtenetzwerke, wie dem Klimabündnis oder Eurocities, oder durch die Mitwirkung von Mitarbeitern aus der Kommunalverwaltung in europäischen Expertengremien aktiv werden.

Der Autor

Joachim Lorenz
Referent für Gesundheit und Umwelt der Landeshauptstadt München, Vorsitzender des Umweltausschusses des Deutschen Städtetags, Vizevorsitzender des europäischen Städte- und Gemeindenetzwerks Klima-Bündnis e.V./Alianza del Clima

Klaus J. Beckmann

Stadt- und Regionalverkehr im Dilemma

Zukunftsfähigkeit zwischen demographischen Veränderungen, raumstrukturellen Gegebenheiten, Umweltschutzanforderungen und Finanzierungsengpässen

Ein funktions- und leistungsfähiger Stadt- und Regionalverkehr ist grundlegende Voraussetzung für die ökonomische und soziale Entwicklung der Städte und Gemeinden, für die Entwicklungsfähigkeit von Regionen sowie für die Erhaltung und Weiterentwicklung der polyzentrischen Siedlungsstruktur in Deutschland und Europa (BBR 2005; Europäische Kommission 1999). Die städtischen und regionalen Gesamtverkehrssysteme ermöglichen individuelle Alltagsmobilität sowie Güter- und Leistungstransporte. Sie sind somit eine unerlässliche Bedingung für die Teilhabe und Teilnahme von Menschen an sozialen, ökonomischen und kulturellen Vermittlungsprozessen sowie für wirtschaftliche Austauschprozesse (Beckmann 2000a; Beckmann 2001a). Gleichzeitig – und mit verschärfter Intensität – stehen städtische und regionale Gesamtverkehrssysteme unter den Anforderungen einer sozialen und ökologischen Verträglichkeit sowie einer dauerhaften Finanzierbarkeit (Schäfer 2006).

Städte haben in großräumigen Verkehrsnetzen einerseits die Funktion von „(Fern-)Verkehrsknoten" und ermöglichen damit intra- und intermodale Verknüpfungen der verschiedenen Fernverkehrsträger. Städte und Regionen beinhalten andererseits hochkomplexe multimodale Netze der Stadt- und Regionserschließung. Die Funktions- und Leistungsfähigkeit der städtischen und regionalen Verkehrsnetze sowie der bereitgestellten Verkehrsangebote sind somit zentrale Voraussetzung für die Entwicklungsfähigkeit des „Raumsystems" auf allen Maßstabsebenen (Europa, Bund, Bundesländer, Regionen, Gemeinden/Städte, Stadtteile). So sind die aktuell diskutierten raumordnerischen Leitbilder „Wirtschaftliches Wachstum und Entwicklung fördern" (Baustein: Metropolregionen und metropolitane Netze) und „Daseinsvorsorge sichern und anpassen" („Zentrale-Orte-Systeme") ohne leistungsfähige, zuverlässige, finanzierbare und ökologisch verträgliche Verkehrsnetze und Verkehrsangebote nicht umsetzbar (BMVBS 2005).

Die Gestaltung des Stadt- und Regionalverkehrs steht jedoch unter einem sich verändernden – nicht a priori konfliktfreien – Set von Anforderungen wie Gewährleistung der Teilnahme der Bürgerinnen und Bürger auch bei eingeschränkten individuellen Mobilitätsmöglichkeiten, Finanzierbarkeit der Verkehrsangebote, Verstärkung des Grades der Nutzerfinanzierung von Verkehrsangeboten, Sicherung eines Wettbewerbs innerhalb und zwischen den Verkehrsträgern, Sicherstellung notwendiger Unterhaltungs- und Erneuerungsmaßnahmen.

Die veränderten Rahmenbedingungen sollen exemplarisch an den zu erwartenden demographischen Entwicklungen und deren verkehrlichen Implikationen deutlich gemacht werden (vgl. auch Beckmann und andere 2005; Beckmann 2006; FGSV 2006). Die Aspekte der Verkehrs(infrastruktur)finanzierung und der verschärften Umweltqualitätsanforderungen an den Verkehr in ihrem Wechselverhältnis werden nur kursorisch behandelt.

1.   Veränderte Rahmenbedingungen der kommunalen und regionalen Verkehrsentwicklung

Demographische Veränderungen bedingen quasi „naturgesetzlich" Veränderungen der quantitativen und strukturellen Verkehrsnachfrage. Die Abnahme der Gesamtbevölkerung in einer großen Zahl der bundesdeutschen Städte, Gemeinden und Regionen bedeutet mittel- und langfristig eine Abnahme oder zumindest starke Dämpfung der Zunahme von Personenverkehrsaufkommen (Wege oder Fahrten) und zum Teil auch von Personenverkehrsaufwänden (Personen- oder Fahrzeugkilometer).

Diese generelle Entwicklungstendenz wird jedoch überlagert durch Effekte

- der Alterung der Bevölkerung,

- des kohortenspezifischen Mobilitätsverhaltens,

- der mit demographischem Wandel einhergehenden raumstrukturellen Veränderungen.

Die *Alterung* bedeutet vor allem eine modifizierte Einbindung in den Erwerbsprozess, zunehmend veränderte Haushaltsstrukturen (altersbedingte Verkleinerung) sowie altersbedingte Beschränkungen der für Mobilität frei verfügbaren Haushaltsbudgets. In der Gesamttendenz gehen die Anzahl der Wege wie auch die Wegaufwände pro Tag mit dem Eintritt in das Rentenalter zurück (Abbildung 1). Die Effekte des *kohortenspezifischen Mobilitätsverhaltens* sind vor allem dadurch begründet, dass die zukünftigen „Alten" über die Lebensphasen der Kindheit, der Jugend wie auch des – unter Umständen länger dauernden – Erwerbslebens Lebensweisen mit höherer Alltagsmobilität (Wegaufwände, Aktionsräume) und vor allem in individuell-motorisierter Form eingeübt haben („Mobilitätssozialisation").

Abbildung 1: Wegeanzahl und Wegaufwände werktags nach Alter und Zwecken (eigene Auswertungen KONTIV[1] 76, 82, 89 und MiD 2002; aus Beckmann und andere 2005, S. 54 und 61).

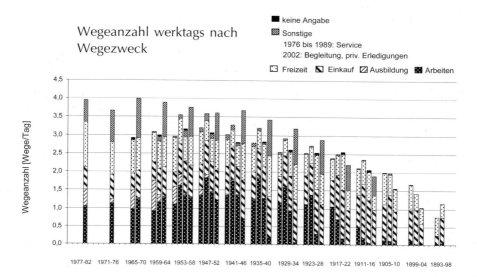

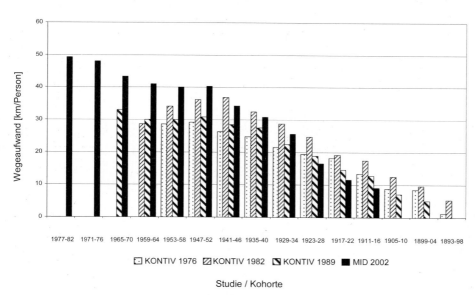

1 KONTIV (Kontinuierliche Erhebung zum Verkehrsverhalten)/MiD (Mobilität in Deutschland): Umfragen, die im Auftrag des Bundesministeriums für Verkehr, Bau- und Wohnungswesen in den Jahren 1976, 1982 und 1989 sowie – unter der Bezeichnung „Mobilität in Deutschland" – im Jahr 2002 durchgeführt wurden.

483

Ältere Menschen behalten nach dem Ausscheiden aus dem Erwerbsleben und damit im höheren Alter individuell-motorisierte Mobilitätsoptionen (Führerscheinbesitz, Pkw-Besitz, Beteiligung an Car-Sharing-Angeboten und Ähnliches). Mit einer sinkenden Motorisierung ab einem Alter von 70 Jahren ist auch für diejenigen Jahrgänge zu rechnen, die in jüngeren Jahren zu 80 Prozent und mehr einen Pkw besitzen. Aber selbst in einem Alter von 80 bis 85 Jahren dürften dann noch 75 Prozent ein Auto ihr Eigen nennen. Für die Männer liegt der Motorisierungsgrad der 80–85-Jährigen bereits heute bei 60 Prozent und dürfte in den Jahrgangsgruppen 1935 bis 1940 (also etwa im Jahr 2020) 75 Prozent erreichen (Abbildung 2). Physisch und psychisch bedingte Abnahmen der Pkw-Nutzung als Selbstfahrer sind erst in der Gruppe der Hochbetagten (älter als 80–85 Jahre) zu erkennen und in Zukunft – auch bei vermehrter Verfügbarkeit von Fahrzeugassistenzsystemen – zu erwarten (vgl. Beckmann und andere 2005).

Abbildung 2:   Fahrzeugbesitz/-verfügbarkeit nach Alter und Geschlecht sowie Geburtskohorten und Geschlecht (eigene Auswertungen KONTIV 76, 82, 89 und MiD 2002; aus Beckmann und andere 2005, S. 55 und 57).

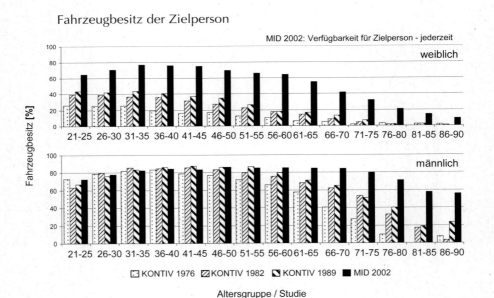

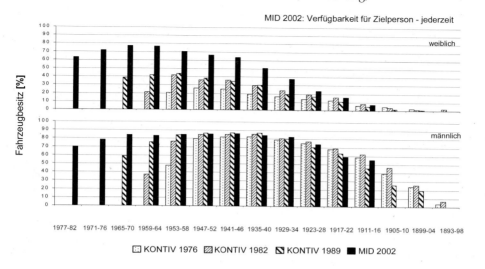

Die Alterung der Bevölkerung eröffnet aber auch Chancen und Potenziale. So sind verkehrlich die Wegzeitpunkte disponibler und lassen sich – beispielsweise durch finanzielle Anreize – von den Zeiten der Verkehrsspitzen weg verlagern, so dass Spitzenbelastungen relativ und absolut sinken können. Dies trägt letztlich zu einer Steigerung der Wirtschaftlichkeit und Effizienz von Auslastungen der Verkehrsinfrastrukturen und -angebote bei.

Potenziale liegen – unter der Voraussetzung entsprechender Wohnungsangebote, Wohnumfeldqualitäten sowie Nahraumausstattungen – in der wieder stärkeren Präferenz für städtische Wohnstandorte (Brühl und andere 2005). Sie liegen auch in der Leistungserbringung durch ältere Menschen im Leistungsbereich der „Gegenseitigkeit", das heißt im bürgerschaftlichen Engagement – von Kinderbetreuung in der Nachbarschaft bis hin zur qualifizierten Beratung von Jungunternehmern. Es ergeben sich Chancen zur zukunftsfähigen Entwicklung der Städte, da „Stadtpräferenzen" älterer Menschen, Innenentwicklung, Wiedernutzung von Brachflächen und Verbesserungen von Stadt(raum)qualitäten synergetisch zusammenwirken und auch die Standortattraktivität für Familien und Kinder erhöhen können.

Der Erhaltung und Erneuerung von sozialen, erwerbswirtschaftlichen und besonders auch von verkehrlichen Infrastrukturen kommt dabei ebenso eine hohe Bedeutung zu wie einem Nutzungsmanagement (hinsichtlich Raumnutzungen, aber auch Mobilität) und privaten sowie zivilgesellschaftlichen Trägerformen („Nachbarschaftshilfe", „private Mitnahme für alltägliche Wege").

Raumstrukturelle Effekte bedeuten, dass Wohnstandorte wie auch Arbeitsplätze, Einkaufs- und Freizeitgelegenheiten in den letzten Jahrzehnten verstärkt in das engere und weitere Umland der Städte verlagert wurden. Teilnahmebedürfnisse können immer weniger im Nahraum der Wohnstandorte, müssen vielmehr mit größeren Wegaufwänden – und damit zum großen Teil motorisiert – befriedigt werden. Die zunehmend dispersen und über größere Entfernungen ausgerichteten Mobilitätserfordernisse („Zwänge") bedeuten, dass sich Attraktivität und Passgenauigkeit der Angebote des Öffentlichen Personennahverkehrs (ÖPNV) für alle Verkehrsteilnehmergruppen verringern. Dies gilt insbesondere für die konventionellen, auf Massenleistungsfähigkeit ausgerichteten schienengebundenen öffentlichen Verkehrsmittel (Regionalbahnen, S-Bahnen, U-Bahnen, Stadtbahnen), aber auch für straßengebundene öffentliche Verkehrsmittel. Ein partieller Ausfall der hauptsächlichen („ÖV-affinen") Nachfragergruppen des Öffentlichen Verkehrs (ÖV) – Kinder, Schüler, Jugendliche, Rentner/Pensionäre, nicht-motorisierte Hausfrauen/-männer, nicht-motorisierte Erwerbstätige – bedeutet zwingend:

- Veränderungen bei den Angebotsformen des ÖPNV in Raum und Zeit,

- zum Teil Ausdünnungen der ÖV-Angebote (Takt, Betriebszeiten) mit der Gefahr weiterer Verlagerungen hin zur Pkw-Nutzung,

- eventuell Ergänzung der Infrastruktur- und Betriebsförderung im ÖPNV durch eine Subjektförderung hinsichtlich (Verkehrs-)Teilnahmemöglichkeiten.

Zu diesen nachfrageseitig induzierten Veränderungen kommt angebotsseitig hinzu, dass die Finanzaufwendungen in allen Verkehrsteilsystemen mittel- und langfristig – zum Teil stark – steigen werden. Dies hat mehrere Ursachen:

- Preissteigerungen infolge der tatsächlichen und/oder der politischen Verknappung von fossilen Energieressourcen,

- erhöhte Umweltstandards (hinsichtlich Luftreinhaltung, Umgebungslärmschutz),

- drastisch anwachsende Unterhaltungs- und Erneuerungskosten für Verkehrsinfrastrukturen infolge deren Alterung – zum Teil sogar exponentiell beschleunigt aufgrund der über lange Jahre zu geringen Unterhaltungsleistungen.

Mit abnehmenden Nutzerzahlen steigen die spezifischen Kosten für die Inanspruchnahme von Verkehrsangeboten und Verkehrsinfrastrukturen („Kostenremanenz" von Fixkosten; vgl. db research 2005), ebenso die spezifischen Kosten pro Steuerbürger oder Einwohner für Infrastrukturerhaltung und Sicherung von „Mindest-Verkehrsangeboten".

Die Möglichkeiten eines partiellen Rückbaus von Verkehrsanlagen oder einer Rücknahme von öffentlichen Verkehrsangeboten spielen – außer in einzelnen Teilräumen (strukturschwachen, entleerungsgefährdeten Regionen oder städtischen Rückbauquartieren) – keine relevante Rolle im Hinblick auf Einsparungen im Bereich der Verkehrsinfrastrukturen und Verkehrsleistungen.

Die quasi gegenläufig steigenden Anforderungen, die Belastungen für Mensch und Umwelt durch Verkehr zu verringern, bedeuten unter anderem:

- *Städtische* und *stadtintegrierte* Siedlungs- und Nutzungsstandorte werden umso notwendiger.

- Die Qualität der Angebote (Umfang, Art, Leistungsfähigkeit, Komfort) im nicht-motorisierten Individualverkehr (NMIV) und im ÖPNV muss sogar eher erhöht werden.

- Verschärfte Anforderungen an die baulichen Merkmale (z.B. die Straßenoberfläche), an den Betrieb (z.B. Verkehrsmanagement) von Verkehrsinfrastrukturen und an die Fahrzeuge (hinsichtlich Lärmemissionen, Schadstoffemissionen) verursachen zum großen Teil höhere Kosten.

Sollten die notwendigen Verbesserungen der Umweltqualität nicht erreicht werden, kann dies einen strukturellen Nachteil des Standortes „Stadt" verstärken; eine weitere Abwanderung von finanzstarken und sozialaktiven Bevölkerungsgruppen wie auch von Unternehmen zukunftsfähiger Branchen („Wissensökonomie", „Forschung und Entwicklung", „Dienstleistungen") wäre wahrscheinlich die Folge.

Die Städte befinden sich in der Gefahr, zunehmend zwischen demographische, ökonomische und ökologische „Mühlsteine" zu geraten. Dabei ist allerdings festzustellen, dass die städtischen Verkehrsprobleme zu einem großen Teil im stadtregionalen Umland (suburban) „gemacht" werden, ohne dass dort in einem ausreichenden Maße finanzielle Lasten mit getragen werden.

Tragfähige Lösungen für den Stadt- und Regionalverkehr der Zukunft setzen grundsätzliche Neuorientierungen des Planens und Vorgehens voraus. Nötig sind in diesem Zusammenhang

- dynamisierte Langfristbetrachtungen der Mobilitätsnachfrage und der Verkehrsanlagen hinsichtlich sozialer, ökonomischer und ökologischer Wirkungen, das heißt Lebenszyklusbetrachtungen für Anlagen und Einrichtungen;

- ein abgestimmtes stadtregionales Handeln mit einer Integration der Handlungsebenen von Bau, Betrieb, Management, Preisbildung, Information und Beratung im Zusammenhang der Verkehrssystemgestaltung (Beckmann 2001b);

- eine Zusammenführung von verkehrlichen und raumstrukturellen Handlungsmöglichkeiten (Innenentwicklung, Brachflächennutzung, Siedlungsangebote für Familien und alte Menschen, Verbesserung der Stadt[raum]qualitäten).

Diese Strategie- und Lösungsanforderungen werden durch weitere Faktoren verstärkt:

- Die ökonomischen Rahmenbedingungen der Städte verändern sich im Hinblick auf auch künftig (stark) angespannte Haushaltslagen, auf den durch Bevölkerungsabnahme und altersstrukturelle Veränderungen bedingten Einnahmeausfall (z.B. an Lohn- und Einkommensteuer, einwohnerbezogenen Schlüsselzuweisungen), mit Blick auf eine zunehmend schlechtere Steuerbarkeit des

Standortwahlverhaltens von international agierenden Großunternehmen und entsprechend drohende Steuerausfälle (bei Gewerbesteuer, Umsatzsteuer).

■ Es entstehen partiell Nachfragermärkte im Wohnungsbereich, wodurch Potenziale des Verbleibs von Wohnbevölkerung in den Städten oder des Rückzugs in die Städte erweitert und städtische Grundstücks- und Mietpreise gedämpft werden können (vgl. Brühl und andere 2005).

■ Lebensweisen und Lebensstile sind/werden teilweise wieder „stadtaffin" (vgl. Beckmann und andere 2006), das heißt, sie benötigen die Stadt als Lebensraum und werden gestützt durch Tendenzen zur Individualisierung, zur Verkleinerung von Haushalten oder zu neuen Haushaltsstrukturen.

2.   „Paradigmenwechsel" bei der Finanzierung der Verkehrsinfrastruktur – Mögliche Konsequenzen

Derzeit ist nicht auszuschließen, dass die Städte und Gemeinden finanziell – zumindest teilweise – „unter die Räder" der Föderalismusreform geraten; ebenso, dass die Anstrengungen des Bundes und der Länder zur Haushaltskonsolidierung die finanzielle Leistungsfähigkeit der Städte noch weiter verschlechtern – und damit die Attraktivität der Städte weiter gefährdet wird. Gefährdet sind beispielsweise die Finanzierung von Leistungen des schienengebundenen Regionalverkehrs (nach § 8 Abs. 1 Regionalisierungsgesetz RegG) sowie der Neu- und Ausbau der städtischen wie auch der regionalen Verkehrsinfrastrukturen (nach § 8 Abs. 2 RegG sowie nach Gemeindeverkehrsfinanzierungsgesetz GVFG).

Die Mittelausstattung nach § 8 (1) RegG soll nach derzeitigem Diskussionsstand bis 2010 durch Verzicht auf die bisherige Dynamisierung gegenüber früheren Vereinbarungen und Erwartungen in der Summe um etwa 2,15 Mrd. Euro reduziert werden. So soll ab 2014 möglicherweise das GVFG als zweckgebundene Förderung für Infrastrukturen des kommunalen Verkehrs auslaufen, in den allgemeinen Finanzausgleich mit den Ländern – allerdings mit investiver Zweckbindung – eingehen und 2019 grundsätzlich auf Erfordernis überprüft werden. Dies könnte allerdings bedeuten, dass die Aufgaben der „Verbesserung der Verkehrsverhältnisse in den Gemeinden" – heute sogar richtiger: der „Erhaltung der Verkehrsverhältnisse in den Gemeinden" – mit anderen (investiven) Aufgaben der Landeshaushalte (Schule, Kinder/Jugend, Kultur, Landesstraßen usw.) in Konkurrenz stehen. Die Chancen von „Langfristinvestitionen" dürften eher begrenzt sein, bedenkt man, dass aktuelle Problem- und Leistungsfelder der Landespolitik leicht in Gefahr stehen, auf dem Niveau von „Boulevard-Zeitungen" diskutiert zu werden.

Dabei weisen GVFG wie auch § 8 Abs 2 RegG ohnehin schon strukturelle Mängel auf, indem im Regelfall keine Erhaltungsmaßnahmen, sondern nur der – inzwischen in Häufigkeit und Umfang deutlich zurücktretende – Aus- und Neubau von Verkehrsanlagen sowie die Grunderneuerung zu den förderfähigen Maßnahmen gehören. Um vor diesem Hintergrund eine partielle Förderfähigkeit zu sichern, könnten

Gemeinden versucht sein, aus einem Unterhaltungsprojekt „kreativ" ein Projekt der Grunderneuerung oder des Aus-/Neubaus zu „entwickeln". Dies kann mit deutlich erhöhten absoluten und spezifischen Kosten verbunden sein. Ebenso ist die Finanzierung von unter Kriterien der Nachhaltigkeit wie der Effizienz (Nutzen-Kosten-Betrachtung) vorteilhaften Maßnahmen des Verkehrs- und vor allem des Mobilitätsmanagements (z.B. Telematik, neue Dienste, Information und Beratung) erschwert oder gar ausgeschlossen. Dies entspricht kaum den oben skizzierten Verkehrsverhältnissen und deren veränderten Rahmenbedingungen in den Städten.

Eine verstärkte Finanzierung von überregionalen Straßen (Bundesautobahnen und Bundesstraßen) durch die Nutzer wie auch eine Umsetzung der Anregungen zur Prüfung der Übertragung der Bundesstraßen auf die Länder (vgl. Kommission Verkehrsinfrastrukturfinanzierung 2000; Wissenschaftlicher Beirat 2005; Wissenschaftlicher Beirat 2006) und deren potenzielle (Teil-)Finanzierung aus Nutzerentgelten wird sich zum Teil direkt, zum Teil indirekt auf die verkehrliche Belastung kommunaler Straßennetze auswirken, da Verlagerungsvorgänge nicht auszuschließen sind. Dies stünde im diametralen Gegensatz zu den eingeschränkten Finanzierungsmöglichkeiten, so dass eine City-Maut in die Diskussion kommt. Eine „isolierte" City-Maut in Kernstädten könnte neben ihrer partiellen modalen Lenkungsfunktion räumliche Verlagerungen von Tätigkeitsstandorten (Einkaufsgelegenheiten, Arbeitsplätze, Freizeitgelegenheiten) mit sich bringen. Und diese könnten für die Kernstädte hinsichtlich Funktionsfähigkeit, Attraktivität für Bewohner und Besucher wie auch hinsichtlich der Finanzausstattung (Lohn-/Einkommensteueraufkommen, Gewerbesteueraufkommen, einwohnerbezogene Schlüsselzuweisungen usw.) in hohem Maße kontraproduktiv sein.

Die geschilderten Probleme sprechen nicht grundsätzlich gegen eine stärker nutzerorientierte Verkehrs(infrastruktur)finanzierung auch in Städten, sondern erfordern ein regional abgestimmtes, harmonisiertes und verlässliches Vorgehen. Dies gilt entsprechend für Vorschläge zu einwohner- oder unternehmensbezogenen Finanzierungsbeiträgen für die kommunale Verkehrsinfrastruktur sowie das Verkehrsangebot („Nahverkehrsabgabe", „ÖV-Beitrag" im Rahmen der grundstücksbezogenen Erschließungsbeiträge und Ähnliches).

Im Rahmen dieses augenscheinlichen „Paradigmenwechsels" der Finanzierung kommunaler Verkehrsinfrastrukturen und Verkehrsleistungen – mit deutlich stärkerer Akzentuierung der Nutzerfinanzierung – wurden und werden bisher allerdings einige Aspekte kaum diskutiert:

- generelle Rolle und Bedeutung der Daseinsvorsorge *(service public)* in allen Leistungsbereichen, aber insbesondere bei den „Verkehrsangeboten",

- soziale Ausgewogenheit und soziale Verträglichkeit dieser Lösungen sowie deren gegebenenfalls erforderliche Flankierung durch Ansätze einer erweiterten Subjektförderung („kostenlose Fahrscheine" für Sozialschwache; „Bereitstellung eines individuellen Pkw" in spezifischen individuellen und räumlich-

verkehrsangebotsstrukturellen Konstellationen wie peripheren Schrumpfungs-
räumen),

- Konsequenzen im Hinblick auf Teilnahmemöglichkeiten der Bürgerinnen
und Bürger in Stadt und Region – beispielsweise je nach deren Verfügbarkeit
über individuelle motorisierte Verkehrsmittel,

- im Grundsatz unabweisbare Erfordernisse einer verstärkten „regionalen" Ausstattung mit mehr Finanzierungsmitteln, um das Verkehrssystem unter Beach-
tung der regional angestrebten Siedlungs- und Verkehrsentwicklung effizien-
ter zu gestalten.

Kurz gesagt: Neben die ohnehin schon extrem beschränkten Spielräume kommunaler Haushalte zur Finanzierung von Verkehrsinfrastrukturen (Neubau, Ausbau,
Erneuerung und Unterhaltung) droht ein „Teilausfall" der Bundes- und Landesmittel zu treten. Zum Teil führt das Fehlen von Finanzmitteln schon heute zu Schwierigkeiten bei der kommunalen Gegenfinanzierung von Fördermitteln (GVFG).

Diese Gefährdung kommunaler Aufgabenerfüllung kann nur durch eine grundsätzliche Neuordnung der Finanzverfassung vermieden werden – z.B. hinsichtlich
des Gemeindeanteils an der Lohn-/Einkommensteuer oder an der Umsatzsteuer,
hinsichtlich der dauerhaften Sicherung einer kommunalen Unternehmensbesteuerung, hinsichtlich der Umgestaltung der Kraftfahrzeugsteuer und/oder der Grunderwerbsteuer zu Kommunalsteuern, hinsichtlich einer Ausgestaltung der Erschließungsbeiträge oder der Einführung einer einwohner- und/oder unternehmensbezogenen Nahverkehrsabgabe (vgl. dazu Lehmbrock und andere 2005).

Insgesamt sollte diese Problemlage als Ganze nicht dazu führen, dass eine verstärkte Nutzerfinanzierung von Verkehrsangeboten und zum Teil auch von Verkehrsinfrastrukturen grundsätzlich abgelehnt wird. Es bedarf jedoch zwingend einer gründlichen Klärung potenzieller unerwünschter Folgewirkungen. Nötig ist
insbesondere eine bessere finanzielle Ausstattung der Aufgaben der Verkehrsinfra-
strukturunterhaltung. Das Deutsche Institut für Urbanistik geht in einer 2002 vorgelegten Schätzung davon aus, dass für Städte und Gemeinden im Zeitraum 2000
bis 2009 ein Infrastrukturbedarf für Straßen und öffentlichen Verkehr von rund
175 Mrd. Euro besteht (Reidenbach und andere 2002).

3. Gestaltung des Stadt-/Regionalverkehrs zwischen individueller Mobili-
tät, Umgebungslärmschutz und Luftreinhaltung sowie begrenzter Wirksamkeit der Regionalplanung

Mit zunehmender Spezialisierung in Wirtschaft und Gesellschaft lösen sich früher
weitgehend vorgezeichnete Lebenswege, Familien- und Berufsbiographien auf.
Damit einhergehend nehmen die Anzahl der Wechsel und die Verschiedenartig-
keit von individuellen Wohnstandorten im Lebensverlauf zu. Dies gilt gleichermaßen für Wechsel von Arbeitgebern und Arbeitsplatzstandorten, von Ausbil-

dungs-/Schulstandorten, von bevorzugten Einkaufs-, Freizeit- oder Naherholungsgelegenheiten. Diese Entwicklung korrespondiert mit einer zunehmenden Ausdehnung von Aktionsräumen der Bewohnerinnen und Bewohner in Stadt und Region. Mit (Wohn-)Standortwechseln zwischen Regionen oder multiplen Wohnstandorten eines Haushalts in zwei oder mehreren Regionen (unterschiedliche Arbeitsplatzstandorte verschiedener Erwerbstätiger, Wochenendwohnstandorte usw.) nehmen auch intra-individuell interregionale Standortbezüge zu.

Derartige Lebens-, Lebensraum- und Aktionsraumgestaltungen werden zum Teil erst dadurch ermöglicht, zum Teil dadurch erleichtert, dass die räumliche Erreichbarkeit durch die „individuelle Verfügbarkeit" über Mobilitätsoptionen (Führerscheinbesitz, Pkw-Verfügbarkeit, Verfügbarkeit über ÖV-Dauerkarten) erweitert oder individualisiert ist. Wie Kutter (2005) zeigt, bedeutet dies eine drastische Erschwernis einer abgestimmten und zielgerichteten Steuerung von Raum- und Verkehrsentwicklung, insbesondere im regionalen Zusammenhang. Die breite individuelle Verfügbarkeit über motorisierte Verkehrsmittel und die nahezu flächendeckende Bereitstellung von leistungsfähigen, zuverlässigen und auch in Störungssituationen weitgehend betriebsfähigen Straßenverkehrsnetzen haben Folgen:

- Disperse Tätigkeitsstandorte werden für die meisten Menschen möglich.

- Periphere Wohnstandorte werden – unter der Annahme vermeintlicher Vorteile für die individuellen Haushaltsbudgets infolge geringerer Wohnkosten („Grundstückspreise", „Mietpreise" usw.) – attraktiv und wählbar.

- Erreichbarkeitsvorteile von Fernverkehrsnetzen werden für Unternehmen dadurch erschließbar, dass intraregional auch periphere (suburbane) Betriebsstandorte mit hochwertigen Fernverkehrsanschlüssen ausgewählt werden.

Die daraus resultierenden Verkehrsvorgänge – überwiegend in individuell-motorisierter Form (Pkw-Selbstfahrer, Pkw-Mitfahrer) – führen an Hauptverkehrsachsen und in Hauptzielbereichen des Verkehrs zu Überschreitungen von Luftreinhalte-Anforderungen oder von Lärmschutz-Grenzwerten. Dies gilt inzwischen auch für Hauptverbindungsachsen zwischen Orten im suburbanen Raum und vor allem für Ortsdurchfahrten dieser Verbindungsachsen. Besonders betroffen sind weiterhin: die in die Kernstädte hineinführenden radialen Verkehrsachsen, verknüpfende städtische Verkehrsringe (Autobahnringe, Stadttangenten, innere Ringe usw.), Innenstädte und innenstadtnahe, mischgenutzte Gebiete sowie singuläre Verkehrserzeuger (Gewerbebetriebe, Industriebetriebe, Sportarenen, Messen, Flugplätze oder „Hauptbahnhöfe") als Zielbereiche des regionalen und überregionalen Verkehrs. Besondere Probleme bringt der inzwischen fast flächenhaft beeinträchtigende Verkehrslärm mit sich – hier nicht nur als Folge des Straßenverkehrs, sondern auch des bisher lärmschutztechnisch kaum verbesserten Schienenverkehrs (z.B. Grauguss-Bremsbacken bei Güterzügen, Fehlen von Lärmschürzen bei Waggons des Personen- oder Güterverkehrs, Fehlen baulicher Lärmsanierungsmaßnahmen, Erschütterungen) sowie des Luftverkehrs.

Werden diese Beeinträchtigungen nicht reduziert, „verlieren" Städte an einer weiteren Front der Konkurrenz um Einwohner und attraktive Arbeitsplätze. Die auf der Grundlage der „EU-Luftqualitätsrahmenrichtlinie" (Richtlinie 96/62/EG vom 27.09.96), deren Tochterrichtlinien und Umsetzungen in bundesdeutsches Recht (Bundesimmissionsschutzgesetz BImSchG und 22. Bundesimmissionsschutz-Verordnung BImSchVO) sowie auf der Grundlage der so genannten Umgebungslärmrichtlinie geführten Diskussionen sind zum einen Ausdruck der Belastungen von Menschen an städtischen Verkehrsachsen und in weiten Bereichen der Kernstädte. Sie bedeuten zum anderen eine erhebliche Beeinträchtigung des Images von Kernstädten als attraktive und hochwertige Wohnstandorte, als vorteilhafte Betriebs-/Unternehmensstandorte. Die Reduktion der Belastungen ist zwingende Voraussetzung für eine Ausschöpfung der Potenziale zur „Renaissance der Städte". Es besteht sonst die Gefahr, dass die Finanzausstattung der Städte durch weitere Abwanderung von Menschen und Unternehmen (sozialselektiv, branchenselektiv) zusätzlich geschwächt wird.

Diese unabweisbare Problemlage der nahezu flächenhaften Belastungen und Beeinträchtigungen durch Verkehr kann nur bewältigt werden durch

- umfassende Ausschöpfung der fahrzeugseitigen Möglichkeiten der Emissionsreduktion (Ruß-/Partikelfilter, Kraftstoffverbrauchsreduktion, Reifengeräusche usw.) – gestützt durch strikte Vorgaben von schrittweise verschärften und damit kalkulierbaren Emissionsreduktionen sowie durch deren Kontrolle und Durchsetzung,

- emissionsreduzierende Strategien des Verkehrsmanagements und der Verkehrslenkung in Verbindung mit ordnungsrechtlichen Maßnahmen (Geschwindigkeitssteuerung, räumliche Lenkung usw.),

- konsequente Erweiterung von Optionen, Anreizen, aber auch Zwängen zur modalen und zeitlichen Verkehrsverlagerung (Angebote des ÖPNV und des nicht-motorisierten Individualverkehrs, Angebotsattraktivität und -zuverlässigkeit, preisliche Anreize, Maßnahmen des Mobilitätsmanagements [Dienste, Organisation, Information, Beratung]).

Handlungsprinzipien und Handlungsstrategien müssen in diesem Zusammenhang letztlich regional abgestimmt sein, regional umgesetzt und kontrolliert werden. Dies setzt unverzichtbar eine fachlich kompetente und mit entsprechenden Handlungsrechten ausgestattete Regionalebene voraus. Zur Sicherung der politischen Fundierung sind zu fordern:

- eine kommunal verfasste Regionalplanung,

- eine demokratisch legitimierte, das heißt direkt gewählte Organisationsform,

- eine angepasste regionale Finanzausstattung für Verkehrsinfrastrukturen und Verkehrsbetrieb, aber auch für öffentlich finanzierte oder bezuschusste regional bedeutsame Punktinfrastrukturen (Schulen, Sporteinrichtungen, Freizeit-/Naherholungsgelegenheiten usw.),

- eine Zuordnung der Kompetenzen zur Festlegung regionaler Nutzungs- und Standortmuster (Regionalplanung, Flächennutzungsplanung, z.B. in Form eines „Regionalen Flächennutzungsplans" nach § 9 Abs. 6 Raumordnungsgesetz ROG).

Die regionale Ebene benötigt somit nicht nur eine *strategisch-planerische*, sondern vor allem auch eine *operative Zuständigkeit* für zentrale öffentliche Aufgabenfelder – beispielsweise hinsichtlich

- Prioritätensetzungen für Verkehrsinfrastrukturfinanzierung im Straßen- oder Schienennetz,

- Betriebsstandards im ÖPNV und Lenkungsstrategien im motorisierten Individualverkehr (MIV) (Verkehrsmanagement, Mobilitätsmanagement),

- Festlegungen von Standortmustern großflächiger Einzelhandels- oder Freizeitgelegenheiten.

Ziel muss es sein, die Entwicklung der „Raum-/Siedlungsstruktur" sowie den „Ausbau und Betrieb von intermodalen Gesamtsystemen der Verkehrsinfrastruktur" stärker von der „individualisierten" (motorisierten) Raumüberwindung zu „entkoppeln". Dazu bedarf es einer gezielten Beeinflussung der „Gradienten" ganzheitlicher Raumnutzungskosten – bei Überlagerung von Standortkosten (Grundstücks-, Erschließungs- und Infrastrukturkosten, standortabhängige Steuerbelastungen) und standortspezifischen Mobilitätskosten –, indem ein entsprechendes Angebot an Siedlungsflächen gezielt bereitgestellt oder an preisgünstigen Standorten knapp bemessen wird. Dabei geht es nicht nur um eine quantitative Angebotssteuerung (z.B. Flächenausweisung in der Kernstadt zur Erweiterung von Standortwahloptionen und zur Beeinflussung der Marktkonstellationen), sondern auch um eine Sicherung von Standort-/Stadtqualitäten (z.B. hinsichtlich Freiraumausstattung, Gestaltqualitäten, Umweltbelastungen usw.).

Um die wahrscheinlichen Effekte abzuschätzen, damit aber auch die erwünschten Wirkungen zu stützen und die unerwünschten (Neben-)Wirkungen zu vermeiden, können methodische Ansätze eher qualifizierender Art (z.B. „Sensitivitätsmodelle") oder eher stark formalisierter Art (z.B. Mikrosimulationen des Standortwahlverhaltens von Einzelpersonen, Haushalten, Unternehmen oder Einrichtungen; Mikrosimulation des alltäglichen Raum-Zeit- und Mobilitätsverhaltens sowie der resultierenden Verkehrsströme) genutzt werden. So wurden am Institut für Stadtbauwesen und Stadtverkehr der Rheinisch-Westfälischen Technischen Hochschule Aachen beide Wege beschritten:

- Erarbeitet wurde ein Sensitivitätsmodell der regionalen Siedlungs-Verkehrs-Umwelt-Entwicklung, das für Diskussionen und Argumentationen im Rahmen politischer Vorbereitungs- und Entscheidungsprozesse genutzt werden kann, um potenzielle Effekte verkehrsplanerischer Maßnahmen und Handlungsstrategien zu verdeutlichen,

- Konzipiert und in Bausteinen umgesetzt wurde auch ein integriertes Modell der Raum-Verkehrsnachfrage-Verkehrsabwicklung-Umwelt-Wirkungen auf Basis von Mikrosimulation des Verhaltens der Raumakteure.

4. Handlungsprinzipien, Handlungsstrategien und ausgewählte Handlungsansätze einer zukunftsfähigen kommunalen Mobilitätsgestaltung

Die Gestaltung des angebotsseitigen Verkehrssystems (Anlagen, Betrieb, Verkehrsmittel, Betriebsregelungen) muss mit Blick auf die sich gesellschaftlich und individuell verändernden Mobilitäts- und Transportbedürfnisse wie auch die veränderten Rahmenbedingungen in Städten und Regionen – vereinfachend dargestellt – folgenden Anforderungen gerecht werden:

- steigendem Erhaltungs- und Erneuerungsbedarf vorhandener Verkehrsinfrastrukturen (bauliche Anlagen, Betriebseinrichtungen) infolge Alterung und Beanspruchung der Anlagen,

- verbleibendem Ausbau- und Neubaubedarf sowie vermehrtem Anpassungsbedarf aufgrund quantitativer und struktureller Veränderungen des Mobilitäts- und Transportbedarfs,

- verringerten öffentlichen – haushaltsbasierten – Finanzmitteln für Bau und Betrieb von Verkehrsinfrastrukturen,

- zunehmender Privatisierung von Gestaltung/Entwurf, Finanzierung, Bau und Betrieb von Verkehrsangeboten (Verkehrsinfrastruktur, Verkehrsmittel, Verkehrsdienste),

- vermehrt „extern" (etwa durch die EU) gesetzten Anforderungen an eine Stärkung von Markt- und Wettbewerbsbedingungen im Verkehrsbereich sowie an Umweltqualitäten in Städten und Regionen.

Damit befindet sich die kommunale und regionale Verkehrs- und Mobilitätsgestaltung in einem typischen Dilemma, das heißt einer kaum auflösbaren Konfliktsituation zwischen sich verändernden, zum Teil quantitativ, vor allem aber qualitativ steigenden Anforderungen auf der einen Seite, den begrenzten öffentlichen und vor allem finanziellen Gestaltungsmöglichkeiten auf der anderen Seite. Eine partielle – oder unter Umständen sogar grundsätzliche – Auflösung des Dilemmas erscheint nur möglich, wenn dem Anspruch einer „Integrierten Verkehrspolitik" bzw. einer „Integrierten Verkehrssystemgestaltung" genügt wird.

Auf städtischer und regionaler Ebene muss dies bedeuten, dass eine Abstimmung von (regionaler) Siedlungs-/Standortentwicklung und Verkehrssystemgestaltung nicht nur „reklamiert", sondern konsequent forciert und umgesetzt wird. Wird bedacht, dass in Kernstädten häufig bis zu 50 Prozent des gesamten Stadtverkehrs

(Wegezahl und vor allem Wegaufwände der Wegzwecke Beruf, Ausbildung, Einkauf/Besorgungen, Freizeit, Dienst) im Umland „gemacht" werden, das heißt ihren Ausgangs- und/oder Endpunkt im Umland haben, so wird unmittelbar deutlich: Beeinflussungen der (motorisierten) Wegezahl, der Verkehrsaufwände, der Verkehrsmittelwahl zugunsten des Öffentlichen Personennahverkehrs und/oder des nicht-motorisierten Individualverkehrs sowie der räumlichen Verteilung des Verkehrs müssen vor allem raumstrukturell vorbereitet und umgesetzt werden. Daraus lassen sich folgende prioritäre Aufgaben ableiten:

- Innenentwicklung der Kernstädte, aber auch der Mittel- und Kleinstädte im Stadtumland durch Arrondierung vorhandener Siedlungsstandorte, durch Nutzung von Brachflächen usw.,

- Siedlungsentwicklungen an leistungsfähigen Achsen oder Haltepunkten des schienengebundenen wie auch des straßengebundenen Öffentlichen Personennahverkehrs – möglichst in einer Entfernung, die den nicht-motorisierten Zugang ermöglicht,

- strukturelle Verbesserungen der Stadt- und Stadtraumqualitäten (hinsichtlich Freiraumausstattung, Verkehrsbelastungen, Unterbringung des ruhenden Verkehrs usw.).

Dazu bedarf es – insbesondere vor dem Hintergrund der Alterung der Stadtgesellschaft, aber auch der Erfordernisse einer kinder- und familienfreundlichen Stadt – vermehrt eines Managements, das die Nahraumausstattungen der Wohngebiete beispielsweise im Sinne des Konzeptes „Integrierter Standort-Gemeinschaften" (ISG) sichert und fördert. Aufgrund demographischer, nicht zuletzt haushaltsstruktureller Veränderungen (Zunahme von Ein- und Zweipersonenhaushalten, von Haushalten Alleinerziehender usw.) bedarf es in Wohngebieten und Stadtteilen außerdem eines Anstoßes, eines Managements und einer Moderation, um Dienstleistungsangebote zu fördern, so z.B.

- personenbezogene Dienste (Pflege, Betreuung, Kontakte, Transport),

- haushaltsbezogene Dienste (Haushaltshilfe, Einkaufshilfe, Bestell-/Bringdienste),

- wohnungs- und gebäudebezogene Dienste (Putzhilfe, Hausmeister, Reparatur-Service, Gartenpflege, Winterdienst usw.).

Es kann nur in Ausnahmefällen Aufgabe der Kommunen sein, diese Dienste als öffentliche Leistungen zu erbringen. Bei einer zum Teil privatwirtschaftlichen, zum Teil auch zivilgesellschaftlichen Erbringung entsprechender Leistungen wird es allerdings Aufgabe der Gemeinden bleiben, notwendige Rahmenbedingungen zu sichern, Anstöße und Anreize zu setzen sowie Abstimmungs- und Ausgestaltungsprozesse zu moderieren.

Aus dem Dreiklang der potenziellen Vermittlungsprinzipien von Leistungen – „Markt" (das heißt kostendeckende Preise, Gewinnerwartung der Anbieter),

„Transfer" (das heißt steuerfinanzierte Subventionen zum Ausgleich unterschiedlicher Teilhabe- und Teilnahmemöglichkeiten, Bereitstellung durch öffentliche Aufgabenträger) und „Gegenseitigkeit" (das heißt Leistungen im familiären oder sozialen Umfeld, zivilgesellschaftliches und partiell ehrenamtliches Engagement) – wird in den Städten vor allem das Prinzip „Gegenseitigkeit" an Bedeutung gewinnen (vgl. Beckmann 2001a). Dieses Prinzip schöpft vorhandene Leistungspotenziale – z.B. auch älterer Menschen oder von Menschen, die aus dem Erwerbsprozess ausgeschieden sind – aus. Es erscheint auf Dauer finanzierbar, vor allem auch sozial nachhaltig und sichert eine leistungsangemessene Teilhabe der verschiedenen Bevölkerungsgruppen.

Vor dem Hintergrund einer quantitativ zurückgehenden Nachfrage nach kollektiven Mobilitätsdiensten („ÖPNV") und einer steigenden Nachfrage nach deren „individualisierter" Ergänzung (z.B. Taxi, Anruf-Sammeltaxi, Bürgerbus) gilt es vor allem auch, bauliche und betriebliche Gegebenheiten der Angebote besser aufeinander abzustimmen und im Sinne eines umfassenden Mobilitätsmanagements (bedürfnisgerechte Dienste, Tarifgestaltung, Informations- und Leitdienste, Beratung) auszugestalten. Dabei kann es aufgrund der veränderten finanziellen Rahmenbedingungen zunehmend weniger darum gehen, Anlagen, Verkehrsmittel und Betrieb des ÖPNV unspezifisch („kollektiv") zu fördern. Es wird vielmehr nötig sein, eine Maßnahmenkombination aus zwei Komponenten zu finden:

- Angebotssystem „kollektiver" Transportdienste zu partiell kostendeckenden Preisen – gegebenenfalls unter Gegenrechnung der „kollektiven" ökonomischen Werte („externe Nutzen") aus Sicherung der Funktionsfähigkeit von Städten, aus Reduktion von Umweltbelastungen, aus In-Wert-Setzung/Funktionssicherung vorhandener öffentlicher Punktinfrastrukturen (Bildung, Kultur, Betreuung, Soziales usw.),

- bedarfsgerechte „Individualförderung", um die Nutzung kollektiver Transportangebote oder den Erwerb „individueller" Mobilitätsoptionen zu ermöglichen.

Soll das Prinzip der „Kostenwahrheit" gelten und sollen die Kosten auch entsprechend der tatsächlichen Beanspruchung angelastet werden, bedeutet dies allerdings in der Konsequenz eine „In-Wert-Setzung" kollektiver Transportangebote wie auch der nahraumgeeigneten nicht-motorisierten Mobilitätsoptionen (Zufußgehen, Fahrradfahren).

Die sektorale Integration von Siedlungs- und Verkehrsinfrastrukturentwicklung sowie Verkehrsangebotsgestaltung muss notwendigerweise auf andere Politikfelder (Steuerpolitik, Finanzpolitik, Sozialpolitik, Umweltpolitik usw.; vgl. dazu Lehmbrock und andere 2005) erweitert werden. Weitere Integrationen sind – obwohl vielfach schon postuliert, bisher aber kaum konsequent umgesetzt – unerlässlich:

- Integrationen der verschiedenen Maßnahmenarten und der unterschiedlichen Transportmodi,

- horizontale und vertikale räumliche Integrationen der Verkehrssystemgestaltung mit räumlich benachbarten, das heißt regionalen Gebietskörperschaften und Aufgabenträgern sowie mit in der Planungshierarchie über- oder untergeordneten Aufgabenträgern und Gebietskörperschaften (vgl. Beckmann 2001b).

Zunehmend bedeutsam werden vor dem Hintergrund ökonomischer, vor allem aber demographischer – und damit korrespondierender raumstruktureller – Veränderungen

- Integrationen verschiedener Zeithorizonte der Betrachtung (kurz-, mittel- und langfristig) zur Berücksichtigung des Lebenszyklus von Verkehrsanlagen – einschließlich Erneuerungsstrategien, Erneuerungszyklen und Erneuerungsmaßnahmen (Art, Intensität), die mit den zeitlichen Veränderungen der Nachfrage nach Art, Umfang und Qualität abgestimmt sein müssen.

Stadt- und Verkehrssysteme müssen – insbesondere in ihren baulichen Manifestationen, aber auch in den erprobten Regel- und Managementsystemen – vor allem den Anforderungen der Nachhaltigkeit genügen. Dies bedeutet letztlich eine Sicherung der Bestandsfähigkeit von Anlagen, Einrichtungen, Betriebsmitteln usw. durch „Anpassungsfähigkeit" an veränderte demographische und wirtschaftliche Gegebenheiten, an verschärfte Umweltschutzanforderungen wie auch an veränderte Haushaltsbedingungen der Städte. Diese Anpassungsfähigkeit ist vor allem durch intelligente „Bewirtschaftung" der Inanspruchnahme von Infrastrukturen zu erreichen – im Verkehrsbereich durch erweitertes Mobilitätsmanagement (z.B. Forcierung betrieblicher Mobilitätspläne, Mobilitätserziehung und -beratung, Wohnstandortwahlberatung), Verkehrssystemmanagement und steuernde Kostenanlastungen.

5.   Fazit

Die Veränderungen von Rahmenbedingungen für Siedlungs-, Infrastruktur- und Verkehrsentwicklung in Städten und Regionen wurden in diesem Beitrag notwendigerweise vereinfachend und selektiv dargestellt. Dabei wurde eine Fokussierung vorgenommen auf

- quantitative und strukturelle demographische Veränderungen,

- zukünftige finanzielle Rahmenbedingungen für die Erhaltung funktions- und leistungsfähiger sowie verlässlicher Verkehrssysteme,

- Verschärfungen der Anforderungen an Umweltqualitäten, die auch durch Verkehr beeinträchtigt werden.

Diese Fokussierung verdeutlicht den unabweisbaren Handlungsbedarf für Bund, Länder und Gemeinden, aber auch für Wirtschaft und Zivilgesellschaft. Sie soll und darf aber nicht den Eindruck einer „unauflösbaren Dilemma-Situation (Gefangenen-Dilemma)" erwecken. Vielmehr eröffnen die Unabweisbarkeit, die Dringlichkeit wie auch die Langfristigkeit des Handlungsbedarfs Potenziale für notwendige Maßnahmen-, Prozess- und Organisationsinnovationen. Sie können Rationalität, Integration und Zukunftsorientierung des Handelns fördern, wenn die Chancen erkannt und ausgestaltet werden.

So ist beispielsweise zu hoffen, dass

- die Stadtumlandgemeinden („Speckgürtel") erkennen: Sie werden gleichermaßen – wenn auch zeitlich verzögert, zum Teil aber mit relativ größerer Intensität – betroffen sein von Abnahme und Alterung der Bevölkerung, vom Erneuerungsbedarf der Infrastrukturen wie auch den Handlungserfordernissen aus (verkehrsbedingten) Umweltbelastungen (Luftreinhaltung, Lärmschutz);

- alle Akteure erkennen: Steigende Energiepreise wie auch Unterhaltungsaufwendungen benachteiligen flächenhafte Siedlungsformen und periphere/verkehrsaufwendige Siedlungsstandorte;

- ein gemeinsames Verständnis im stadtregionalen Zusammenhang entsteht für Erfordernisse der Kooperation, der Sicherung der Anpassungs- und damit der Bestandsfähigkeit von Siedlungsstrukturen, von Verkehrsinfrastrukturen, von Ver- und Entsorgungsnetzen, von sozialen Infrastrukturen usw. – und somit für Erfordernisse umfassender Lebenszyklusbetrachtungen bei raum- und verkehrsplanerischen Entscheidungen sowie für eine ernsthafte Integration von Raum- und Verkehrsgestaltung;

- fachlich und politisch vermehrt die Erfordernisse einer Prozess- und Wirkungsevaluation öffentlicher Handlungen und Maßnahmen (Rechtsetzung, Bau, Betrieb, steuerliche Anreize, Management, Information usw.) erkannt und gezielt umgesetzt werden („Evaluationskultur"; vgl. Wehmeier/Beckmann 2005).

Für den Handlungsbereich des Stadt- und Regionalverkehrs ergibt sich in einem derartigen Prozess der Innovation möglicherweise die Chance, eine zukunftsfähige „Mobilitätskultur" zu fördern, die von folgenden Prämissen ausgeht:

- Sicherung der Teilhabe- und Teilnahmemöglichkeiten aller Menschen (unabhängig von Alter, Geschlecht, ethnischer Herkunft, Finanzmittelverfügbarkeit usw.) sowie der wirtschaftlichen Austauschprozesse,

- Auslotung der Chancen lokaler und regionaler Kontaktkreise und Wirtschaftskreisläufe, um die Fernorientierung zu beschränken,

- Erhaltung von Wahlmöglichkeiten bei Teilhabe und Teilnahme,

- stärkere Reflexion der individuellen Nutzen und Kosten sowie der kollektiven Nutzen und Lasten bei der Ausgestaltung des individuellen Mobilitätsverhaltens (Wegeanzahl, Wegeziele, Wegezeitpunkte, Verkehrsmittel, Wegrouten), aber auch des Fahrverhaltens.

Literatur

Bundesamt für Bauwesen und Raumordnung/BBR, Raumordnungsbericht 2005, Bonn 2005.

Beckmann, Klaus J., Handlungsansätze zur Beeinflussung des Verkehrsverhaltens – Strategien, soziale Betroffenheiten und Forderungen, in: Forschungsgesellschaft für Straßen- und Verkehrswesen e.V. (Hrsg.), Verkehr wohin – Aspekte nach 2000, Köln 1990, S. 23–37.

Beckmann, Klaus J., Stadtverkehr 2000 – Fragen, Probleme, Lösungsansätze, in: Forschungsgesellschaft für Straßen- und Verkehrswesen e.V. (Hrsg.), „Deutscher Straßen- und Verkehrskongreß 1994", Köln 1996, S. 204–214.

Beckmann, Klaus J., Nachhaltiger Verkehr – Ziele und Wege. Aufgaben der Verkehrsentwicklungsplanung, in: Kissel, Harald (Hrsg.), Nachhaltige Stadt – Beiträge zur urbanen Zukunftssicherung (SRL Schriftenreihe Heft 47), Berlin 2000a, S. 127–149.

Beckmann, Klaus J., Anforderungen einer nachhaltigen Verkehrsentwicklung – Chancen einer Integration von Raum- und Verkehrsplanung, in: Forschungsgesellschaft für Straßen- und Verkehrswesen e.V., Zukunftsfähige Mobilität in Stadt und Region, Köln 2000b, S. 5–22.

Beckmann, Klaus J., Stadtentwicklung und Verkehr, in: Mehlhorn, Gerhard/Köhler, Uwe (Hrsg.), Der Ingenieurbau – Verkehr, Straße, Schiene, Luft, Berlin 2001a, S. 34–57.

Beckmann, Klaus J., Integrierte Verkehrskonzepte, in: Mehlhorn, Gerhard/Köhler, Uwe (Hrsg.), Der Ingenieurbau – Verkehr, Straße, Schiene, Luft, Berlin 2001b, S. 269–288.

Beckmann, Klaus J., Folgen des demografischen Wandels in Nordrhein-Westfalen für die Verkehrsentwicklung, in: Akademie für Raumforschung und Landesplanung (Hrsg.), Demografischer Wandel in Nordrhein-Westfalen, Hannover 2006, S. 111–146.

Beckmann, Klaus J., und Marcus Klönne, Szenarien und Politikstrategien für eine nachhaltige Mobilität, in: Institut für Stadtbauwesen und Stadtverkehr (Hrsg.), Schriftenreihe Stadt Region Land, Heft 76, Aachen 2004, S. 17–34.

Beckmann, Klaus J., Christian Holz-Rau, Guido Rindsfüser und Joachim Scheiner, Mobilität älterer Menschen – Analysen und verkehrsplanerische Konsequenzen, in: Echterhoff, Wilfried (Hrsg.), Strategien zur Sicherung der Mobilität älterer Menschen (Schriftenreihe der Eugen-Otto-Butz-Stiftung, Band 01), Köln 2005, S. 43–71.

Beckmann, Klaus J., Markus Hesse, Christian Holz-Rau und Marcel Hunecke (Hrsg.), StadtLeben – Wohnen, Mobilität und Lebensstil, Neue Perspektiven für Raum- und Verkehrsentwicklung, Wiesbaden 2006.

Beckmann, Klaus J., und Heike Mühlhans, Alltagsleben der Menschen im Computer? – Instrumentelle Voraussetzungen einer nachhaltigen Stadt- und Verkehrsentwicklung, in: RWTH Aachen (Hrsg.), Themenheft „Bridging sciences", Aachen (erscheint 2006).

Brühl, Hasso, Claus-Peter Echter, Francisca Fröhlich und Gregor Jekel, Wohnen in der Innenstadt – eine Renaissance? (Difu-Beiträge zur Stadtforschung 41), Berlin 2005.

Bundesministerium für Verkehr, Bau und Stadtentwicklung/BMVBS, Leitbilder und Handlungsstrategien für die Raumentwicklung in Deutschland, Diskussionspapier, Berlin 2005.

db research, Demografische Entwicklung verschont öffentliche Infrastruktur nicht, Frankfurt a. M. 2005.

Europäische Kommission (Hrsg.), EUREK – Europäisches Raumentwicklungskonzept. Auf dem Weg zu einer räumlich ausgewogenen und nachhaltigen Entwicklung der Europäischen Region, Luxemburg 1999.

Forschungsgesellschaft für Straßen- und Verkehrswesen e.V. (Hrsg.), Hinweise zu verkehrlichen Konsequenzen des demografischen Wandels, Köln (erscheint 2006).

Kommission Verkehrsinfrastrukturfinanzierung, Schlussbericht, Berlin 2000.

Kutter, Eckhart, Entwicklung innovativer Verkehrsstrategien für die mobile Gesellschaft – Aufgaben, Maßnahmenspektrum, Problemlösungen, Berlin 2005.

Lehmbrock, Michael, Tilman Bracher, Volker Eichmann, Christof Hertel, Gerd Kühn und Thomas Preuß, Verkehrssystem und Raumstruktur – Neue Rahmenbedingungen für Effizienz und Nachhaltigkeit (Difu-Beiträge zur Stadtforschung 40), Berlin 2005.

Reidenbach, Michael, Dieter Apel, Birgit Frischmuth, Busso Grabow, Heinrich Mäding und Ulla-Kristina Schuleri-Hartje, Der kommunale Investitionsbedarf in Deutschland – Eine Schätzung für die Jahre 2000 bis 2009 (Difu-Beiträge zur Stadtforschung 35), Berlin 2002.

Schäfer, Karl Heinz, Qualitätsziele und Indikatoren für eine nachhaltige Mobilität, in: Internationales Verkehrswesen (58), Heft 3/2006, S. 92–98.

Wehmeier, Thomas, und Klaus J. Beckmann, Evaluation verkehrlicher Maßnahmen und Programme – Leitlinien für die Praxis, in: Institut für Stadtbauwesen und Stadtverkehr (Hrsg.), Schriftenreihe Stadt Region Land, Heft 78, Aachen 2005, S. 5–14.

Wissenschaftlicher Beirat für Verkehr beim Bundesminister für Verkehr, Bau- und Wohnungswesen, Privatfinanzierung der Verkehrsinfrastruktur, Berlin 2005.

Wissenschaftlicher Beirat für Verkehr beim Bundesminister für Verkehr, Bau und Stadtentwicklung, Neuorganisation der Zuständigkeiten im Bereich der Bundesfernstraßen, Berlin (erscheint 2006).

Der Autor

Univ.-Prof. Dr.-Ing. Klaus J. Beckmann,
Direktor des Instituts für Stadtbauwesen und Stadtverkehr sowie Inhaber des gleichnamigen Lehrstuhls, Rheinisch-Westfälische Technische Hochschule Aachen. 1974 wissenschaftlicher Mitarbeiter, Institut für Stadtbauwesen, TU Braunschweig; 1985 Bauassessor; 1985 Universitätsprofessor für Kommunale Infrastrukturplanung, Universität Karlsruhe; 1990 Stadtbaurat Braunschweig; seit 1996 Universitätsprofessor für Stadtbauwesen, RWTH Aachen. Ab 1. Oktober 2006 Leiter des Deutschen Instituts für Urbanistik (Difu), Berlin.

Tilman Bracher

Optionen der Grundfinanzierung des kommunalen Verkehrs

1.   Aktuelle Herausforderungen

Umweltschutz, demographischer Wandel, Instandhaltungsbedarf

Bei den jährlich vom Difu zu „ihren" drängenden Problemlagen befragten kommunalen Stadtentwicklungsplanern stehen Verkehrsprobleme im Gegensatz zu früheren Jahren heute nicht mehr an vorderster Stelle. Im Jahr 2004 waren, wie auch in den Vorjahren, die kommunalen Finanzen der zentrale kommunale Problembereich (Bretschneider 2005). Stau- und Verkehrsprobleme sind teilweise gelöst und die Unfallzahlen zurückgegangen.

Dennoch besteht in vielen Kommunen akuter Handlungsdruck. „Trotz Fortschritten in Teilbereichen, insbesondere durch technische Maßnahmen zur Reduzierung der Luftschadstoffe, hat sich die Umweltproblematik im Verkehrssektor bisher nicht entspannt. Die durch den Straßenverkehr verursachten Folgeschäden an Gesundheit und Umwelt sind nach wie vor unakzeptabel hoch", heißt es im Sondergutachten des Sachverständigenrats für Umweltfragen (SRU 2005). Die auch durch Verkehr erzeugten CO_2-Emissionen befördern den globalen Klimawandel, und die Verfügbarkeit der fossilen Treibstoffe für den Verkehr wird enden.

In den Kommunen werden die bereits geltenden Grenzwerte zu Feinstaub- und Lärm massiv überschritten (vgl. UBA 2006). Punktuelle Maßnahmen im Umfeld von *hot spots* und Messstellen sind keine Lösung. Die Einführung neuer Technologien (z.B. Dieselrußfilter) kann durch Benutzervorteile (z.B. Zugangsberechtigung oder Steuervorteile) befördert werden (vgl. Lehmbrock 2006).

In der Folge des demographischen Wandels ist in den Kommunen mit sinkenden Einnahmen zu rechnen. Die kommunalen Einnahmen aus dem Finanzausgleich gehen bei abnehmenden Bevölkerungszahlen zurück. Vieles spricht dafür, dass die Aufgaben der Städte für Bürger aus dem Umland steigen werden, weil soziale

Dienstleistungen (Medizin- und Pflegeeinrichtungen, Schulen) nur noch dort angeboten werden können.

Die Finanzlage der Kommunen ist angespannt, und im Verkehrssektor fehlt es an Mitteln für Unterhalt und Betrieb der Verkehrsanlagen, während Investitionen aufgrund von Förderprogrammen vielerorts noch möglich sind. Nach einer Umfrage der Universität Dortmund ist die Finanzsituation im Verkehrsbereich bei 64 Prozent der Kommunen in den alten Bundesländern und bei 89 Prozent aller Kommunen in den neuen Bundesländern „angespannt". „Durchschnittlich geben die Kommunen 45 Euro je Einwohner und Jahr für den Neu- und Ausbau der Verkehrsinfrastruktur aus sowie 13 Euro für deren Instandhaltung." (Holz-Rau/Leimkühler 2006).

Aufgrund der desolaten Finanzsituation wird mit dem vorhandenen Straßen- und Schienennetz vielfach unwirtschaftlich umgegangen. Ein Grund dafür, dass die Kommunen so wenig Mittel für den Unterhalt der Verkehrsanlagen aufbringen, liegt in der Beschränkung der durch Bund, Länder und EU angebotenen Zuschussmöglichkeiten für Investitionen in den Neu- und Ausbau. Ein erheblicher Teil der derzeitigen Neubaumittel ist unter aktuellen Förderbedingungen nicht für die Bestandserhaltung einsetzbar; Kämmerer und Entscheidungsträger orientieren sich in ihren Planungen überwiegend am kommunalen Eigenanteil (vgl. Bracher 2002). So wäre in der Regel bei Betrachtung der Lebenszykluskosten eine laufende Unterhaltung von Infrastrukturen sinnvoll, während der Weg der Abwirtschaftung und des Neubaus (Grundsanierung) deutlich teurer kommt. Die Aktivitäten der Verkehrs- und Bauleitplanung scheinen mancherorts weniger durch die Ziele der kommunalen Politik und den Betriebskosten- und Instandhaltungsbedarf bestimmt als vielmehr durch die Förderkulisse. Bei entsprechender Umverteilung ließe sich die Bestandserhaltung mit den verfügbaren Mitteln im Grundsatz vermutlich sichern.

In den Kommunen fehlen vor allem Mittel für den Unterhalt. Verkehrsanlagen können bei dauerhaft sinkenden Einnahmen nicht mehr refinanziert und unterhalten werden. Beim öffentlichen Personennahverkehr (ÖPNV) werden Mittel für die Restrukturierung der Unternehmen, Sanierungsinvestitionen und Anpassungsinvestitionen benötigt. Im Investitionshorizont heutiger Verkehrsinvestitionen (Brücken, Tunnel) von 30 bis 100 Jahren sind vermutlich viele der heute so wichtig erachteten Infrastrukturerweiterungen unwirtschaftlich.

Ein neues wirtschaftliches Risiko für Kommunen besteht im denkbaren Fall der Verlagerung von Baulastträgerschaften von der Bundesebene auf die Landesebene und von dort auf die kommunale Ebene. Die vom Bundesrechnungshof (Bundesrechnungshof 2004) und vom Difu (Lehmbrock/Bracher und andere 2005) aufgeworfenen Varianten der Neuordnung der Verwaltung im Bereich der Bundesfernstraßen sieht eine Abstufung der Baulast vor, soweit Bundesfernstraßen überwiegend vom Nahverkehr genutzt werden. Ob die mit einer Abstufung verbundene

Neuverteilung der Finanzmittel die zusätzlichen Ausgaben abdecken wird, ist nicht absehbar.

Aufgabenträgerschaft des ÖPNV als Finanzierungsaufgabe

Für eine nachhaltige Verkehrs- und Siedlungsentwicklung kommt dem öffentlichen Personennahverkehr besondere Bedeutung zu. Aus Gründen der Daseinsvorsorge und aus verkehrspolitischen Gründen ist der ÖPNV eine öffentliche Aufgabe. Mehr als die Hälfte der im ÖPNV umgesetzten Mittel stammen aus öffentlichen Quellen (Lehmbrock/Bracher und andere 2005).

Die Kommunen sind gefordert, ihre Rolle als Aufgabenträger aktiv wahrzunehmen, über die Aufgabenzuordnung zwischen Aufgabenträger und Verkehrsunternehmen zu entscheiden und das gewünschte ÖPNV-Angebot festzulegen und vertraglich einzufordern. Wenn Aufgabenträger und Verkehrsbetrieb voneinander getrennt werden, stellt sich nicht zuletzt die Frage nach der Zukunft des kommunalen Verkehrsunternehmens.

Der kommunale ÖPNV wird bislang durch eine Vielzahl von Quellen finanziert. Zu den Fahrgelderlösen kommen Länderfinanzierung durch § 42 Personenbeförderungsgesetz (PBefG), Bundesfinanzierung durch Regionalisierungsmittel und Gemeindeverkehrs-Finanzierungsgesetz (GVFG), Querverbund, Mehrwertsteuervergünstigungen und anderes mehr. Vieles spricht dafür, dass in den Kommunen die bisherige Misch- und „Schattenfinanzierung" des ÖPNV aus demographischen, rechtlichen und fiskalischen Gründen erschwert oder einbrechen wird. Ein warnendes Beispiel bilden die im Zuge der Föderalismusreform vereinbarten Pläne zur Abschaffung der verkehrsspezifischen Zweckbindung des GVFG ab dem 1.1.2014, und rückläufige Schülerzahlen lassen erwarten, dass die für die Schülerbeförderung verfügbaren Landesmittel, die im ländlichen Raum einen wichtigen Teil der Grundfinanzierung des ÖPNV bilden, deutlich zurückgehen.

Der gegenwärtige Rechts- und Finanzierungsrahmen weist nicht nur beihilferechtliche Probleme auf, er ist weder konsistent noch effizient. Statt zu einer sinnvollen Gesamtstrategie führt die Vielfalt der Fördermöglichkeiten zur „Töpfchenoptimierung". Die beispielsweise nach dem GVFG verfügbaren Mittel stehen wegen ihrer Zweckbindung nur für bestimmte Investitionen, nicht aber für die Vergabe von ÖPNV-Leistungen zur Verfügung. Zur Sicherung eines effizienten ÖPNV sind auch Bund und Länder aufgerufen, den Rechtsrahmen zu überarbeiten, die Finanzierungsströme sinnvoller zu organisieren und die Aufgabenträger in den Kommunen angemessen auszustatten. Um ÖPNV langfristig zu gewährleisten, müssen Finanzierungsquellen neu erschlossen und dauerhaft gesichert werden.

2. Eckpfeiler der Grundfinanzierung

In den Kommunen gilt es, die Finanzlage des Verkehrssektors – ÖPNV und Staßenverkehr – zu sichern. Kommunen stehen vor der Aufgabe, gleichzeitig Mobilität auf hohem Niveau anzubieten, die durch den Verkehr entstehenden Belastungen gering zu halten und die Voraussetzungen für entfernungsintensive Lebensweisen und damit die Abhängigkeit vom motorisierten Verkehr einzuschränken (Nachhaltigkeit).

Kriterien für die Bewertung fiskalischer Instrumente sind also Ergiebigkeit *und* Lenkungswirkung (räumliche und verkehrliche Wirkung). Weitere Kriterien sind die rechtliche und politische Machbarkeit und, um zuverlässig planen zu können, die Möglichkeit der Zweckbindung von Einnahmen für Verkehrsausgaben angesichts des Non-Affektations-Prinzips. Nach diesem dürfen erhobene Steuern keiner Zweckbindung unterliegen, sondern stehen generell der Deckung von Staatsausgaben zur Verfügung. Andere Abgabeformen verlangen hingegen einen mehr oder weniger engen Zusammenhang zwischen dem Anlass der Erhebung und der Mittelverwendung.

Tabelle 1: Kommunale Einnahmen 2006 in den alten und neuen Ländern in Mrd. Euro*

	2006[1]	%
Einnahmen insgesamt[2]	149,50	
Steuern	55,40	37,1%
darunter:		
• Gewerbesteuereinnahmen	23,85	
• Einkommensteueranteil	19,03	
• Umsatzsteueranteil	2,67	
Gebühren	15,75	10,5%
Laufende Zuweisungen von Land/Bund	41,55	27,8%
Investitionszuweisungen von Land/Bund	7,50	5,0%
Sonstige Einnahmen	29,30	19,6%

*Quelle: DStGB 2006 (eigene Zusammenstellung und Berechnungen nach Angaben des Statistischen Bundesamtes).

1   Schätzung auf der Basis einer gemeinsamen Umfrage der Bundesvereinigung der kommunalen Spitzenverbände.
2   Ohne besondere Finanzierungsvorgänge (unter anderem Schuldenaufnahmen, Rücklagenzufuhren), ohne kommunale Krankenhäuser.

Die deutschen Kommunen finanzieren sich aus Steuern, Gebühren, Zuweisungen und „sonstigen Einnahmen". Nach der Finanzprognose der kommunalen Spitzenverbände zur kommunalen Haushaltslage (DStGB 2006) rechnen die Kommunen im Jahr 2006 insgesamt mit knapp 150 Mrd. Euro an Einnahmen. Der Steueranteil beträgt 37 Prozent und ist neben den laufenden Zuweisungen von Bund und Land (28 Prozent) die wichtigste Einkommensquelle der Kommunen (vgl. Tabelle 1).

Als Abgaben kommen Gebühren, Sonderabgabe, Beiträge oder Steuern in Betracht. Abgabepflichtige könnten die Bewohner, die Grundstückseigentümer oder die Kfz-Halter einer Stadt oder eines Ballungsraumes sein. Die nähere Ausgestaltung ist nach Zweck- und Rechtmäßigkeit zu untersuchen.

Nutzerfinanzierung und Verursacherprinzip

Als Gegenmodell zur Steuerfinanzierung wird die Nutzerfinanzierung des Verkehrs seit Jahren immer wieder gefordert. Die Einführung der Lkw-Maut im Jahr 2004 ist ein wesentlicher Schritt in diese Richtung (Kossack 2006). Das Verursacherprinzip besagt, dass derjenige die Kosten der Vermeidung oder Beseitigung einer Belastung (z.B. Umweltschaden) zu übernehmen hat, der für die Entstehung verantwortlich ist. Die Probleme ergeben sich im Detail und aus der Finanzverfassung.

Denkbar und zum Teil bereits Praxis ist die Regelung einer Nutzerfinanzierung aufgrund eines Bundes- oder Landesgesetzes oder durch Satzung aufgrund einer entsprechenden gesetzlichen Ermächtigung als kommunale Abgabe.

Instrumente, die einmalige oder unregelmäßige Vorgänge wie die Schaffung von Stellplätzen, die Anschaffung von Kraftfahrzeugen, Baulandausweisung und Neuerschließung, den Erwerb oder die Veräußerung von Grundstücken belasten, führen gegebenenfalls zu unregelmäßigen Erträgen. Strukturell eignen sich einmalige Einnahmen weniger zur Deckung laufender Ausgaben als z.B. für (unregelmäßige) Erweiterungsinvestitionen oder größere Sanierungsmaßnahmen.

An den Betrieb des Verkehrs, an Grundstücke oder an den Besitz geknüpfte fiskalische Instrumente ermöglichen kontinuierliche Einnahmen und eignen sich damit auch besonders zur Deckung laufender Ausgaben (z.B. Betriebskosten, Refinanzierungskosten).

Das Difu hat den kommunalen Investitionsbedarf für den Zeitraum 2000–2009 im Verkehr auf 179 Mrd. Euro geschätzt. Die Schätzung umfasst den Erweiterungs- und Ersatzbedarf für Straßen und öffentlichen Personennahverkehr unter Einbeziehung der kommunalen Verkehrsbetriebe (Reidenbach und andere 2002). Sobald sich die Konturen der künftigen Aufgabenverteilung abzeichnen und absehbar ist, welche Finanzierungsinstrumente in eine Finanzreform einbezogen werden, sollten die entsprechend erforderlichen Finanzierungsbeiträge entwickelt werden. Dabei wird auch zu überlegen sein, inwieweit privat-öffentliche Kooperationen (so genannte Public Private Partnerships/PPP) genutzt werden können.

Im Folgenden wird geprüft, welche Steuern, Gebühren und Abgaben in die Finanzierungsdebatte des Verkehrs einbezogen werden sollten.

3.   Steuern

Tabelle 2 zeigt die Größenordnung der Steuereinnahmen aus Mineralölsteuer, Einkommensteuer, Grunderwerbsteuer, Kfz-Steuer und Grundsteuer B.

Tabelle 2:   Kassenmäßige Steuereinnahmen ausgewählter Steuerarten in den Kalenderjahren 2004-2005 (Auszug)*

Steuerart	2004 Mrd. Euro	2005 Mrd. Euro
Gemeinschaftliche Steuern		
• Einkommensteuer	145,981	145,628
Bundessteuern		
• Mineralölsteuer	41,702	40,101
Landessteuern		
• Grunderwerbsteuer	4,646	4,791
• Kfz-Steuer	7,739	8,673
Gemeindesteuern		
• Grundsteuer B	9,591	9,850

*Quelle: Bundesministerium der Finanzen 2006 (http://www.bundesfinanzministerium.de/ lang_de/DE/ Service/Downloads/Abt__I/0602221a6002,templateId=raw, property=publicationFile.pdf) (Aufruf am 11.4.06).

Mineralölsteuer

Die Mineralölsteuer ist eine Bundessteuer mit faktischer Zweckbindung. 41,8 Mrd. Euro betrugen die Einnahmen 2005. Die Zweckbindung der Mineralölsteuer „für Zwecke des Straßenwesens" ist in § 1 Straßenbaufinanzierungsgesetz (StrFinG) festgelegt. § 10 Gemeindeverkehrs-Finanzierungsgesetz (GVFG) regelt Aufkommen und Zweckbindung für „Vorhaben zur Verbesserung der Verkehrsverhältnisse der Gemeinden". Die Gesetze sind nicht durch haushaltsrechtliche Regelungen zu ändern, sondern nur aufgrund einer förmlichen Gesetzesänderung, die natürlich auch in der Form eines Haushaltsbegleitgesetzes erfolgen kann.

Da die Mittel des GVFG zur Verwendung in den Gemeinden zur Verfügung gestellt werden, ist die Mineralölsteuer auch eine Finanzquelle der Gemeinden. Im Übrigen obliegt die Verwendung der Einnahmen aus der Mineralölsteuer den haushaltspolitischen Entscheidungen des Deutschen Bundestags.

Da die Mineralölsteuer den Verbrauch von Mineralöl als Kraftstoff besteuert, hat sie einen unmittelbaren Effekt auf die variablen Kosten des motorisierten Verkehrs. Ihre Lengungswirkung ergibt sich auf Grund der Preiselastizität der Nachfrage bezüglich der variablen Kosten.

Aufgrund der ausreichenden Ergiebigkeit, der bereits vorhandenen Zweckbindungsregelungen und ihrer verkehrsbezogenen Steuerungswirkung eignet sich die Mineralölsteuer gut als Einkommensquelle für die Grundfinanzierung des kommunalen Verkehrs.

Einkommensteuer

Mit der Einkommensteuer wird das Einkommen von natürlichen Personen am Wohnort (Hauptwohnsitz) besteuert.

Die Einkommensteuer (ebenso wie die Körperschaft- und die Umsatzsteuer) ist eine Gemeinschaftssteuer von Bund, Ländern und Gemeinden. Die Einnahmen betrugen 2005 146 Mrd. Euro. Die Gemeinden partizipieren an den Landesanteilen. Die aktuellen Verteilungsgrundlagen werden jeweils durch Rechtsverordnungen des Bundesministers der Finanzen (Bestimmung der maßgebenden Bundesstatistiken) und der Länder (Festsetzung der Schlüsselzahlen) geregelt. Dabei geht die jeweilige Einwohnerzahl einer Kommune zahlenmäßig in die Schlüsselberechnungen ein.

Auf den Verkehrssektor wirken sich besonders die Detailregelungen des Steuertarifs für die Abschreibungen und für die Abzugsmöglichkeit von Werbungskosten oder als „ehöhte Aufwendungen" aus. Berufstätige können für den Weg zur Arbeit und für Familienheimfahrten eine Entfernungspauschale als Werbungskosten (bis 31.12.2005) bzw. als „erhöhte Aufwendungen" (ab 1.1.2006) geltend machen (Bundesfinanzministerium 2006b). Die Einkommensteuergesetzgebung hat darüber hinaus unter anderem durch die Vorgaben zur Anerkennung von Werbungskosten und erhöhten Aufwendungen eine Reihe von Einzelregelungen hervorgebracht, die eine räumliche oder verkehrliche Differenzierung erkennen lassen (Entfernungspauschale sowie Regelungen für Umzug, Dienstwagen, Dienstreisen und Zweitwohnsitz).

Eine Sonderstellung der Kosten des Verkehrs im Rahmen der Werbungskosten und die Anerkennung „erhöhter Aufwendungen" zur Erzielung der Einnahmen sind nicht mehr angemessen. In der Begründung zum Steueränderungsgesetz 2007 bekennt sich die Bundesregierung zum „Werkstorprinzip", nach dem ausschließlich die Arbeitsstätte der Berufssphäre zugerechnet wird. Eine Sonderstellung des Verkehrs ist auch deshalb nicht gerechtfertigt, weil neben dem Verkehr auch andere Bereiche der allgemeinen Lebenshaltung zur Leistungsfähigkeit eines Arbeitnehmers beitragen: Kleidung, Verpflegung, Gesundheit, Sport und Bewegung, Schlafmöbel usw. Auch die räumliche Wirkung der Entfernungspauschale wird inzwischen negativ beurteilt, weil die indirekte steuerliche Förderung der Mobilität zwischen Arbeitsort und Wohnort zur Suburbanisierung beiträgt (Ortwin Runde: „Zersiedelungsprämie") (vgl. Apel/Henckel und andere 1995). Daher ist die Abschaffung der Entfernungspauschale aus steuersystematischen sowie raum- und verkehrspolitischen Gründen überfällig. Die Steuerausfälle durch die Entfernungspauschale betrugen in den Jahren vor der Steueränderung zum 1.1.2007 jährlich zwischen vier und fünf Mrd. Euro (vgl. Lehmbrock/Bracher und andere 2005).

Die Abschaffung der Entfernungspauschale führt zu Steuermehreinnahmen und erschließt damit verteilungspolitische Handlungsspielräume. Schwieriger dürfte es sein, die dauerhafte Zweckbindung dieser zusätzlichen Einnahmen zu sichern.

Grunderwerbsteuer

Die Grunderwerbsteuer wird derzeit in einheitlicher Höhe für bebaute und unbebaute Grundstücke erhoben, unabhängig von ihrer Lage, bemessen am Wert. Sie wird vom Erwerber getragen. Grundstücke, die im Rahmen einer Bodenbevorratungspolitik von den Gemeinden erworben werden, sind damit ebenso grunderwerbsteuerpflichtig wie Grundstücke, die bebaut werden sollen oder bereits bebaut und genutzt sind. Die Einnahmen der Länder betrugen im Jahr 2005 4,8 Mrd. Euro.

Die einheitliche Grunderwerbsteuer sollte aus Lenkungsgründen durch eine differenzierte Besteuerung abgelöst werden. Es wird empfohlen, den Grunderwerb bebauter und günstig gelegener Grundstücke steuerlich zu begünstigen und den Grunderwerb unbebauter Grundstücke stärker zu belasten. Eine stärkere Belastung bislang unerschlossener Grundstücke könnte auch in Form einer Abgabe erfolgen, wobei eine Neuerschließungsabgabe dann zweckgebunden zur Erschließung der Grundstücke eingesetzt werden könnte. Es wäre denkbar, darüber auch ÖPNV-Anbindung zu finanzieren.

Da die Aufgaben der Bauleitplanung und die Kosten der Erschließung auf der kommunalen Ebene liegen, sollte die Grunderwerbsteuer außerdem von einer Landes- zu einer Kommunalsteuer umgewandelt werden.

Kraftfahrzeugsteuer

Die Kraftfahrzeugsteuer ist die Steuer, die ein Fahrzeughalter für das Halten von Fahrzeugen bezahlen muss, um diese zum Verkehr auf öffentlichen Straßen zuzulassen. Sie ist eine Ländersteuer. Es gelten hubraum- und schadstoffbezogene Steuersätze. Das Aufkommen betrug 2005 knapp neun Mrd. Euro.

Die Lenkungswirkung der Kfz-Steuer liegt in der Bemessung der Besteuerungsgrundlagen an Umweltkriterien und Leistungsklasse.

Einerseits sind Überlegungen zur Abschaffung der Kraftfahrzeugsteuer in der politischen Diskussion, im Gegenzug zur stärker nutzungsbezogenen Besteuerung des Verkehrs durch die Mineralölsteuer, andererseits gibt es auch gute Gründe für eine Beibehaltung oder Erhöhung einer fahrzeugbezogene Belastung.

Untersuchungen zur Verkehrsnachfrage belegen, dass die Intensität der Nutzung des motorisierten Individualverkehrs durch einzelne Personen bei Vergleichbarkeit von Personenzahl, räumlichen Verhältnissen und ÖPNV-Angebot maßgeblich von der Zahl der im Haushalt verfügbaren Kraftfahrzeuge abhängt. Eine niedrigere Kfz-Ausstattung verspricht damit einen Rückgang der Verkehrsleistungen des motorisierten Individualverkehrs. Aufgrund der geringen Preiselastizität der Nachfrage dürfte die Steuerhöhe vor allem Einfluss auf die Wahl des Fahrzeugtyps und die Nutzungsdauer haben, dagegen eher geringen Einfluss auf das Niveau des Kfz-Bestands in Deutschland. Auch die Kfz-Steuer hat also einen begrenzten Lenkungseffekt.

Die Beibehaltung der Kfz-Steuer und ihre Umwandlung zu einer Kommunalsteuer erscheint aufgrund des Verkehrs- und Raumbezugs verkehrspolitisch sinnvoll. Durch die Breite der Bemessungsgrundlage ist sie relativ ergiebig. Die politische Durchsetzbarkeit im Rahmen der Föderalismusdebatte wird durch Überlegungen zur „Abschaffung der Kfz-Steuer" erschwert.

Grundsteuer B (Gemeindesteuer)

Zu den kommunalen Steuern gehört insbesondere die Grundsteuer. Die Einnahmen aus der Grundsteuer B im Jahr 2005 betrugen 9,8 Mrd. Euro. Die Grundsteuer kann Lenkungswirkung entfalten, insbesondere wenn sie – wie vom Difu seit langem vorgeschlagen – sowohl die Grundstücksfläche als auch den Grundstückswert berücksichtigt (Lehmbrock und andere 2001).

Als Element zur besseren Steuerung der räumlichen Entwicklung innerhalb der Kommunen und Regionen wird seit langem über eine Reform der Grundsteuer diskutiert. Eine Steuerungsfunktion im Hinblick auf nachhaltige Bodennutzung kann durch eine veränderte Bemessungsgrundlage erfolgen. Empfohlen wird, anstatt der bisherigen Einheitswerte eine am Bodenwert orientierte Bemessung der Grundsteuer einzuführen, die vor allem die Nutzung vorhandener Baurechte bewirken soll. Der Anreiz soll auch dazu führen, dass Grundbesitzer, die nicht bauen wollen, ihre bauberechtigten Grundstücke an bauwillige Investoren verkaufen.

Die Novellierung der Besteuerungsgrundlage der Grundsteuer erscheint aufgrund des Raumbezugs verkehrspolitisch sinnvoll.

4. Gebühren

Gebühren sind Geldleistungen, die als Gegenleistung für eine besondere Leistung – Amtshandlung oder sonstige Tätigkeit – der Verwaltung (Verwaltungsgebühren) oder für die Inanspruchnahme öffentlicher Einrichtungen und Anlagen (Benutzungsgebühren) erhoben werden (Kommunalabgabengesetz NRW § 4 Abs. 2).

Straßenbenutzungsgebühr

Das europäische Recht differenziert bezüglich Maut und Straßenbenutzungsgebühr. Nach der Richtlinie des Europäischen Parlaments und des Rates vom 17. Juni 1999 über die Erhebung von Gebühren für die Benutzung bestimmter Verkehrswege durch schwere Nutzfahrzeuge (Amtsblatt der Europäischen Gemeinschaften L 187/42 vom 20.7.1999) wird unter Maut eine Gebühr für die Fahrt eines Fahrzeugs zwischen zwei Punkten verstanden, deren Höhe sich nach der zurückgelegten Wegstrecke und dem Fahrzeugtyp richtet, und unter Straßenbenutzungsgebühr die Zahlung, die während eines bestimmten Zeitraums zur Benutzung eines Verkehrsweges durch ein Fahrzeug berechtigt.

In Deutschland ist insoweit die „Lkw-Maut" auf Bundesautobahnen eingeführt worden. Straßenbenutzungsgebühren wurden z.B. in Österreich und der Schweiz in Form der „Vignetten" eingeführt.

Die Einführung von Straßenbenutzungsgebühren auf Autobahnen für schwere Lkw ab zwölf Tonnen ist ein Einstieg in die Nutzerfinanzierung des Verkehrs. Die Einnahmen der Staatskasse betrugen im Jahr 2005 nach Abzug der Betreiberkosten 2,4 Mrd. Euro. Die Pällmann-Kommission hat der Bundesregierung vorgeschlagen, alle Motorfahrzeuge mit Straßenbenutzungsgebühren zu belegen (vgl. Kossack 2006). Dies wird jedoch weder von der gegenwärtigen Regierung noch den sie tragenden Parteien politisch vertreten. Da die Erhebung als Maut derzeit auch technisch nicht machbar zu sein scheint, dürfte für Pkw eher eine Vignettenlösung infrage kommen.

Die Erhebung in Form einer Gebühr bedingt gleichzeitig eine Bindung der Mittel für Verkehrszwecke. Zum gegenwärtigen Zeitpunkt sind die Handlungsmöglichkeiten durch EU-Recht bezüglich der Höhe und der Verwendung dieser Gebühren beschränkt, gleichwohl dürfte dies politisch lösbar sein, wenn die Bundesregierung initiativ wird, weil die Bundesrepublik Deutschland hier bislang für starke Handlungsbeschränkungen eintrat.

Aus Lenkungs- und Ergiebigkeitsgründen kommt eine Ausweitung der Straßenbenutzungsgebühren auf alle Motorfahrzeuge und alle Straßentypen sowie die Aufteilung der Erträge auf die einzelnen jeweiligen Gebietskörperschaften bzw. Baulastträger infrage.

Zugangsgebühr

Eine Gebühr für die Nutzung der Straßen und Stellplätze eines Gebiets (z.B. einer Stadt oder eines Stadtzentrums) lässt sich am Passieren von Zugangspunkten (Kordon) oder an der Aufenthaltsdauer bemessen.

Ob der gewünschte verkehrslenkende Effekt eintritt, hängt unter anderem von den räumlichen Wirkungen ab. Denkbar ist, dass eine Gebühr einen Einfluss auf die

Konkurrenz von Standorten hat. Da die interkommunale Konkurrenz in der politischen Diskussion teilweise eine große Rolle spielt, dürfte – unabhängig von der tatsächlichen Preiselastizität der Nachfrage – der Nutzen einer Zugangsgebühr von denjenigen bestritten werden, die auf Grund des interkommunalen Wettbewerbs erwarten, dass Verkehr in Nachbarorte abwandert, wenn im eigenen Ort eine Zugangsgebühr erhoben wird.

Stauabgabe (Congestion Charge)

Die Internalisierung externer (Stau-)Kosten wird von Verkehrswirtschaftlern seit Jahrzehnten debattiert. Eine Stauabgabe kann als Zugangsgebühr erhoben werden. Die primäre ökonomische und politische Begründung der jüngsten Modelle Londons *(Congestion Charge)* und Stockholms – Zugangsgebühren für Fahrten in die Innenstadtbereiche zu bestimmten Tageszeiten – ist die Stauvermeidung. Beide Städte erheben Mautgebühren bei der Überfahrung von Kordons um einen Innenstadtbereich. Die Beispiele Londons und Stockholms scheinen zu belegen, dass die gewünschten Effekte der Verkehrsvermeidung oder Verkehrsverlagerung eingetreten sind, ohne dass es zu großen unerwünschten Nebeneffekten kam.

In London beträgt die Gebühr für einen Pkw für Fahrten in den Innenstadtbereich zwischen 7.30 und 18 Uhr (Montag bis Freitag außer an Feiertagen) rund zwölf Euro/Tag. Außerhalb dieser Zeiten ist die Zufahrt frei[1].

Der von Januar bis Juli 2006 durchgeführte Stockholmer Versuch (Straßenbenutzungsgebühren für Fahrten in die Innenstadt) sah nach Tageszeit gestaffelt maximal 6,40 Euro/Tag vor (Johannson 2006).

Aufgrund des hohen Ausbaustandards der kommunalen Verkehrsnetze dürften die Staukosten in den deutschen Städten deutlich unterhalb des Londoner Niveaus liegen. Deshalb stellt sich die Frage, ob und gegebenenfalls wo eine durch Stau begründbare Zugangsgebühr für Stadtbereiche in Deutschland überhaupt infrage kommt. Die Beispiele Stockholms und Londons zeigen, dass der Erhebungs- und Kontrollaufwand der dortigen Systeme in einer relevanten Größenordnung Einfluss auf das Kosten-Nutzen-Verhältnis hat.

Die Einführung einer Staugebühr für die Innenstädte in den stark verkehrsbelasteten Kommunen setzt voraus, dass für das Erhebungs- und Kontrollsystem einfache Lösungen (Innenstadtvignette) gefunden werden.

Parkraumbewirtschaftung/Parkvignette

Die kommunale Stellplatzbewirtschaftung zielt auf die effiziente Allokation der knappen Stellplatzflächen. Die mit flächendeckenden Parkraumkonzepten ver-

---

1   Für bestimmte Gruppen gibt es Ausnahmen und Ermäßigungen, ebenso z.B. an den Tagen zwischen Weihnachten und Neujahr.

bundene Veränderung von Parkraumangebot und Parkraumnachfrage sichert öffentliche Flächen für Freiräume und Grün, Aufenthalts- und Gestaltungsqualität des öffentlichen Raumes und vielfältige Nutzungen (z.B. Ladezonen, Radfahrstreifen, Fahrradabstellplätze) vor dauerhaftem Zuparken. Während der Lenkungseffekt gut ist und die gesamtstädtische Ausweitung der Parkraumbewirtschaftung empfohlen wird, ist die fiskalische Ergiebigkeit wegen des im Vergleich zur Gebühreneinnahme hohen Betriebs- und Überwachungsaufwands gering (vgl. Lehmbrock 2001).

Überlegungen zur Einführung einer gesamtstädtischen Parkvignette beruhen auf dem Gedanken, die Gebühr für die Stellplätze im öffentlichen Raum pauschal (monatlich) zu erheben und sofort alle öffentlichen Stellplätze einer Stadt einzubeziehen.

Denkbar ist das Modell, dies über eine allgemeine kommunale Parkvignette für alle öffentlichen Stellplätze einer Kommune oder eines großflächigen Bereichs einzuführen, der weit über die bisher und weiterhin (zusätzlich) bewirtschafteten Zonen hinausgeht. Voraussetzung für die verkehrslenkende Effizienz ist, dass der Anteil der einbezogenen Parkplätze im öffentlichen Raum *wesentlich* ist und nicht stattdessen das Angebot an privaten Parkmöglichkeiten dominiert. Voraussetzung für die fiskalische Effizienz ist, dass die Einnahmen weit höher sind als der Vertriebs- und Kontrollaufwand. Aufgrund der anhaltenden Bedeutung der interkommunalen Konkurrenz ist nicht mit der Einführung dieses Instruments zu rechnen.

Im Gegensatz zur kommunalen Parkraumbewirtschaftung erscheint das Instrument einer kommunalen Parkvignette relativ aufwändig.

Kfz-Abgabe

Mit der Kraftfahrzeugsteuer wird der Besitz von Kraftfahrzeugen bereits besteuert. Die Lenkungswirkung einer Kfz-Abgabe entspricht der Lenkungswirkung der Kfz-Steuer (vgl. Abschnitt 4).

Beispiele für die Möglichkeiten, die Kfz-Haltung mit einer Abgabe/Gebühr zu belegen, sind die laufende Kfz-Halterabgabe, eine (einmalige) Gebühr für den Kfz-Kauf (Registriergebühren sind in einer Reihe von europäischen Ländern üblich, z.B. in Dänemark, wo dies erkennbaren Einfluss auf den Kfz-Bestand hat) oder eine Abgabe auf Zweitwagen. Aus Ergiebigkeitsgründen sollte insbesondere die Abgabe auf die Kfz-Haltung weiter verfolgt werden.

Aufgrund der gesellschaftlichen Bedeutung des Automobils und der Automobilindustrie treffen Überlegungen zur stärkeren Nutzung des Instruments einer Kfz-Abgabe auf starke Widerstände in einem hoch komplexen politischen Umfeld.

Stellplatzablösegebühr

Kommunen können – im Einzelnen ist dies im Baurecht in den Bundesländern unterschiedlich geregelt – Bauherren die Möglichkeit eröffnen, in bestimmten Fällen die Pflicht, bei Umnutzung oder Erweiterung von Gebäuden Stellplätze einzurichten oder nachzuweisen, durch Zahlung eines Geldbetrags abzulösen (fakultative Stellplatzablöse). Darüber hinaus können die Herstellung der Stellplätze örtlich eingeschränkt (Stellplatzbeschränkungssatzung) und der Bauherr verpflichtet werden, die Stellplatzbaupflicht für die Stellplätze, die aufgrund der Satzung vom Bauherrn selbst nicht hergestellt werden dürfen, durch Ablöse zu erfüllen (obligatorische Ablöse).

Die anfallenden Beträge können angesichts des begrenzten Bauvolumens keinen wesentlichen Beitrag zur Grundfinanzierung des Verkehrs leisten.

Grundbesitzabgabe

Die Wirkung von Grundstücken auf den Verkehr hängt ab von ihrer Lage und Nutzung. Verkehrseffizient sind zentrale, dicht bebaute Grundstücke – im Gegensatz zu dezentralen, unbebauten oder nicht dicht bebauten Grundstücken.

Denkbar wäre, eine einmalige oder regelmäßige (z.B. jährlich fällige) und nach der verkehrlichen Wirkung differenzierte Grundbesitzabgabe, analog, in Ergänzung oder als Ersatz zur Grundsteuer.

Da die Frage der Grundsteuerreform im Rahmen der Steuerdebatte aufgeworfen wurde, ist die Einführung der Grundbesitzabgabe im Rahmen der Reform denkbar. Sollte die Reform scheitern oder sich unabsehbar verzögern, sollte der Gedanke einer separaten Grundbesitzabgabe aufgegriffen werden.

Arbeitgeberabgabe (Versement de Transport)

Mit der in Frankreich eingeführten *Versement de Transport* leisten Arbeitgeber größerer Betriebe in Ballungsräumen eine Nahverkehrsabgabe auf die Lohnsumme.

Aufgrund der breiten Bemessungsgrundlage ist die fiskalische Ergiebigkeit hoch.

Da in der politischen Debatte in Deutschland allenthalben über bereits zu hohe Lohnnebenkosten geklagt wird, wäre ein derartiges Instrument politisch wohl nicht durchzusetzen. Es wäre denkbar, im Rahmen einer europäischen Debatte über die angemessene Finanzierung des Nahverkehrs eine europaweit harmonisierte Nahverkehrsabgabe anzustreben.

Erschließungsbeiträge und Straßenausbaubeiträge

Erschließungsbeiträge und Straßenausbaubeiträge dienen als Ersatz des Aufwandes für die Herstellung, Anschaffung und Erweiterung öffentlicher Einrichtungen und Anlagen, bei Straßen, Wegen und Plätzen auch für deren Verbesserung, jedoch ohne die laufende Unterhaltung und Instandsetzung.

Erschließungsbeiträge werden von den Grundstückseigentümern als Gegenleistung dafür erhoben, dass ihnen durch die Möglichkeit der Inanspruchnahme der Einrichtungen und Anlagen wirtschaftliche Vorteile geboten werden (§ 8 Abs. 2 Kommunalabgabengesetz NRW). Bundesrechtlich geregelt, auch wenn die Gesetzgebungszuständigkeit seit der Vereinigung auf die Länder übergegangen ist, sind im BauGB die Erschließungsbeiträge für die erstmalige bauliche Herstellung der (Anlieger-)Straßen, die von den Eigentümern der anliegenden Grundstücke erhoben werden. In der Regel werden die Kosten für die erstmalige bauliche Herstellung zu 90 Prozent auf die Eigentümer der anliegenden Grundstücke umgelegt. Die Ausgaben für den kommunalen Straßenbau als Erschließungsanlagen werden damit zu einem weit überwiegenden Anteil refinanziert.

Unter Umständen kann auch eine Variante der Nahverkehrsabgabe als Beitrag ausgestaltet werden. Ein anerkannter Erschließungstatbestand ÖPNV könnte dazu führen, dass der Belang der ÖPNV-Erschließung ein höheres Gewicht bei der Entscheidung über die Realisierung von Bauvorhaben bekäme. Ein solches Modell würde sich an jenes der Beitragserhebung für die technische Infrastrukturerschließung von Grundstücken (Wasser, Abwasser, Straße) anlehnen.

In den meisten Bundesländern – in Berlin wurde ein entsprechendes Gesetz erst jüngst verabschiedet – gibt es die so genannten Straßenausbaubeiträge. Straßenausbaubeiträge werden im Fall der Erneuerung oder Erweiterung der straßenbaulichen Anlagen erhoben. Die Kosten können nach der Mustersatzung des Städte- und Gemeindebundes zu bis zu 80 Prozent auf die Eigentümer der anliegenden Grundstücke umgelegt werden. Über dieses Instrument werden auch die Kosten der Sanierung des (Erschließungs-)Straßennetzes zu dem weit überwiegenden Teil durch die betroffenen Grundstückseigentümer getragen.

Keine Berücksichtigung finden im Rahmen der Beitragserhebung bisher die Kosten des Betriebs und der Unterhaltung des Straßennetzes.

5. Problematik der Gegenleistung

Bei allen vorgestellten Modellen stellt sich die Frage, ob sie nach den Maßstäben des Finanzverfassungsrechts rechtlich zulässig sind.

Abgesehen von der Steuer setzen alle Abgabetypen voraus, dass der Abgabepflichtige für seine Abgabe einen hinreichend spezifischen Vorteil, eine Gegenleistung oder einen Nutzen erhält. So werden Verwaltungsgebühren als Gegenleistung für die

Vornahme einer Amtshandlung erhoben und Benutzungsgebühren für die Benutzung einer öffentlichen Einrichtung. Auch Beiträge sind nur als Gegenleistung für eine besondere Leistung des Staates zulässig, wobei es im Unterschied zur Gebühr nicht auf die Inanspruchnahme dieser Leistung, sondern nur auf die Einräumung einer Nutzungsmöglichkeit ankommt. Die Erhebung von Sonderabgaben schließlich ist nur dann gestattet, wenn ein in die Verantwortung einer bestimmten Gruppe fallender Zweck mit den von dieser Gruppe aufgebrachten Mitteln umgesetzt werden soll. Die Gruppe muss hinreichend homogen sein, sie muss eine spezifische Sachnähe aufweisen, und es muss eine Finanzverantwortung der Gruppe vorliegen. Die Sonderabgabepflichtigen müssen dem zu finanzierenden Zweck näher stehen als jede andere Gruppe oder die Allgemeinheit der Steuerzahler.

Die Erhebung nichtsteuerlicher Abgaben muss also sachlich begründet und die Gegenleistung adäquat sein. Ohne im Folgenden die Frage der zutreffenden finanzverfassungsrechtlichen Einordnung der jeweiligen Konzepte im Einzelnen zu untersuchen, soll doch danach gefragt werden, ob sich eine die Abgabenerhebung rechtfertigende Gegenleistung überhaupt darstellen lässt.

Zugang und Stellplatznutzung

Es ist davon auszugehen, dass die Nutzung von Straßen und Stellplätzen eine adäquate Gegenleistung für die in entsprechenden Gebieten erhobenen Abgaben/Gebühren ist.

In der politischen Diskussion dürfte kritisch – und sachlich nicht falsch – angemerkt werden, dass die öffentliche Hand durch Mineralöl- und Kfz-Steuern bereits über mehr Einnahmen verfügt als für die Infrastrukturfinanzierung ausgegeben werden.

Umweltkarte für den ÖPNV

Die beispielsweise von „grüner Seite" früher häufig angedachte Gegenleistung einer „Umweltkarte" (ÖV-Netzkarte) für Autofahrer zu verschiedenen Abgabemodellen erscheint problematisch, soweit Autobesitzer oder -nutzer zwar zahlungspflichtig werden, aber keine entsprechende Gegenleistung erhalten, weil sie z.B. keinen Bedarf für eine entsprechende Umweltkarte haben. In Betracht käme aber gegebenenfalls die Ausgestaltung als Beitragsmodell. Das Auseinanderfallen des Anknüpfungspunkts für die Abgabepflicht und des daraus folgenden Nutzens stellt die Zulässigkeit des Modells gleichwohl in Frage.

Gutscheinmodell

Eine Gegenleistung für verkehrsbezogene Belastungen können marktfähige „Gutscheine" für Verkehrsleistungen der aus Raum- und Umweltsicht effizienten Verkehrsträger (ÖPNV, Fahrrad) darstellen, die in einen unmittelbaren Zusammenhang mit der Gebühr gebracht werden können. Beispiele sind übertragbare und für ein Jahr nutzbare Gutscheine für ÖV-Fahrkarten (Tageskarten) oder für Fahrradparken, Fahrradvermietung oder Fahrradservice.

Da zu erwarten ist, dass entsprechende Gutscheinangebote teilweise zu „Mitnahmeeffekten" führen, ist zwar nur teilweise eine Erhöhung, aber in jedem Fall eine Umlenkung der Finanzierungsströme des Verkehrssektors erzielbar. Auch hier stellt sich aber die Frage, ob die Entkopplung des Nutzens vom die Abgabepflicht auslösenden Tatbestand nicht ein Zulässigkeitshindernis darstellt.

ÖV-Erschließung

Die erforderliche Gegenleistung für die Einführung einer ÖV-Erschließungsabgabe ist eine adäquate Erschließungsqualität durch den öffentlichen Personennahverkehr. Diese kann z.B. durch die Entfernung zur Haltestelle, Verkehrsmittel, Taktdichte und Betriebszeiten sowie die mittleren bzw. maximalen Reisezeiten zu definierten Zielen festgelegt sein.

Das Modell setzt voraus, dass eine angemessene ÖV-Erschließung auch tatsächlich gesichert werden kann. Hier spielt die Problematik der unterschiedlichen Verantwortungen und Trägerschaften eine Rolle. Der Aufgabenträger des ÖPNV – bzw. der Verkehrsbetrieb, soweit das Angebot im Detail durch den Verkehrsbetrieb festgelegt wird – geht damit eine entsprechende Verpflichtung (Qualitätsstandards) ein.

Um diese Pflicht zu gewährleisten, kann ein Aufgabenträger im Rahmen einer funktionalen Leistungsbeschreibung diese Qualitätsstandards gegenüber dem Verkehrsbetrieb verankern.

6.   Pauschalierung und Neuordnung von Zuweisungen

Für die Finanzausstattung der Kommunen durch die Länder wird im Rahmen einer Neuordnung eine Bündelung der vorhandenen Finanzströme im ÖPNV und im Straßenverkehr empfohlen (Lehmbrock/Bracher und andere 2005).

ÖPNV-Pauschale zur Ausstattung der Aufgabenträger unter Einbeziehung des Personenbeförderungsgesetzes (PBefG)

Die für den ÖPNV benötigten Mittel sollten die kommunalen Aufgabenträger als pauschale Schlüsselzuweisung erhalten, die von den Ländern und dem Bund durch die Bündelung und Aufstockung der bisherigen Mittel gespeist wird. Einen Grundstock zur Gegenfinanzierung bieten die aus dem Verzicht auf § 45a PBefG frei werdenden Mittel für den Schülerverkehr der Länder, darüber hinaus ein Teil der Einkommensteuer, z.B. bei Verzicht auf die Pendlerpauschale.

Die Bemessung der angemessenen Mittelausstattung der ÖPNV-Aufgabenträger orientiert sich am Umfang der gemeinwirtschaftlichen Verkehrsverträge („Aufgabenträgerpauschale"). Eine weitere Direktförderung der Verkehrsunternehmen (insbesondere § 45a PBefG) ist daher nicht angemessen.

Der Finanzbedarf der ÖPNV-Aufgabenträgerpauschale für den gemeinwirtschaftlichen ÖPNV (ohne Schienenpersonennahverkehr) durch Verkehrsverträge wurde auf 3,4 Mrd. Euro geschätzt (Lehmbrock/Bracher und andere 2005). In diesem Umfang erscheinen Schlüsselzuweisungen für den ÖPNV erforderlich.

Straßenpauschale zur Ausstattung der Aufgabenträger des Straßenverkehrs

Das Modell einer Übertragung der Aufgabenverantwortung für einen großen Teil des klassifizierten Straßennetzes auf die regionale Ebene wurde in Lehmbrock/Bracher und andere (2005) entwickelt und durch eine Empfehlung des Wissenschaftlichen Beirats des Bundesministers für Verkehr, Bau und Stadtentwicklung im Frühjahr 2006 spezifiziert (Wissenschaftlicher Beirat 2006).

Um ihre Aufgaben effektiv wahrnehmen zu können, müssen auch die kommunalen Akteure adäquat ausgestattet werden. Der Finanzbedarf der Straßenpauschale wird entsprechend der Straßenlänge kalkuliert. Vorgeschlagen wird eine Straßenverkehrspauschale als Schlüsselzuweisung für Straßenbau und Betrieb.

Diese Pauschale sollte die Mittel für den bisher im Rahmen des GVFG ausgegebenen Straßenanteil in Höhe von rund einer Mrd. Euro umfassen sowie die Mittel für die regionalen klassifizierten Straßen, die bei Bund und Ländern durch die Übergabe der Straßennetze als Entlastungen anfallen.

Erforderlich sind eine Bindung der Fördermittel an Qualitätsziele und ein Wirkungsnachweis. Damit erfolgt eine Finanzierung und Stärkung der regionalen Ebene durch Zahlung der Straßenpauschale an die Regionen. Durch die im Rahmen der Förderrichtlinien festzulegende Wirkungsorientierung wird ein Anreiz zum freiwilligen Zusammenschluss bzw. zur Aufgabenübernahme gegeben.

7.   Fazit

Die Erschließung einer stabilen Einnahmengrundlage für die kommunalen Aufgabenträger des Straßenverkehrs und des ÖPNV erfordert mehr oder weniger weit reichende Änderungen des Finanzsystems der Bundesrepublik Deutschland, da die bisherigen Einnahmequellen der Kommunen kein den Aufgaben adäquates Volumen besitzen und deshalb gegenwärtig ein erheblicher Teil aus Landesmitteln oder über die Länder aus Bundesmitteln finanziert wird.

Die wichtigsten Möglichkeiten sind die Zweckbindung eines Anteils der Mineralölsteuer, die Erhebung von Straßenbenutzungsgebühren für das kommunale Straßennetz, die Einführung einer kommunalen Nahverkehrsabgabe im europäischen

Kontext und die Sicherung der kommunalen Verkehrsfinanzierung durch ausreichende Mittelzuweisungen des Bundes und der Länder.

Literatur

Apel, Dieter, Dietrich Henckel und andere, Flächen sparen, Verkehr reduzieren. Möglichkeiten zur Steuerung der Siedlungs- und Verkehrsentwicklung, Berlin 1995 (Difu-Beiträge zur Stadtforschung, Bd. 16).

Bracher, Tilman, und andere, Möglichkeiten der Umweltentlastung und Kostenreduzierung im Verkehr durch Verkehrsplanung. Leitfaden für die LCTP-Anwendung in Kommunen, Berlin 2002 (Umweltbundesamt, Texte 23/02).

Bretschneider, Michael, Hauptprobleme der Stadtentwicklung und Kommunalpolitik, Berlin 2005 (Difu-Materialien, Bd. 5/2005).

Bundesfinanzministerium, 2006a; http://www.bundesfinanzministerium.de/lang_de/DE/Service/Downloads/Abt__I/0602221a6002,templateId=raw, property= publicationFile. pdf (Aufruf am 11.4.06).

Bundesfinanzministerium 2006b, Kabinett beschließt Steueränderungsgesetz, Pressemitteilung 62/2006 vom 10.5.2006.

Bundesrechnungshof 2004: Gutachten zur Neuordnung der Verwaltung im Bundesfernstraßenbau. Kommissionsdrucksache 0082 der Kommission von Bundestag und Bundesrat zur Modernisierung der bundesstaatlichen Ordnung, Bonn 2004.

DStGB/Deutscher Städte- und Gemeindebund, Kommunalfinanzen 2004–2006 in den alten und neuen Ländern; www.dstgb.de (aufgerufen am 10.4.2006).

Grabow, Busso, und andere, Public Private Partnership Projekte. Eine aktuelle Bestandsaufnahme in Bund, Ländern und Kommunen. Im Auftrag der PPP Task Force im Bundesministerium für Verkehr, Bau- und Wohnungswesen, Berlin 2005.

Holz-Rau, Christian, und Harald Leimkühler, Kommunale Finanz- und Fördersituation im Verkehrsbereich, Dortmund 2006.

Johansson, T., Positive erste Erfahrungen mit dem Stockholmer Versuch, in: Stadtverkehr, H. 2 (2006), S. 49.

Kossack, Andreas, Pro und Contra Pkw-Maut, in: Der Nahverkehr 1–2 (2006), S. 54–58.

Lehmbrock, Michael, Tilman Bracher und andere, Verkehrssystem und Raumstruktur. Neue Rahmenbedingungen für Effizienz und Nachhaltigkeit, Berlin 2005 (Difu-Beiträge zur Stadtforschung, Bd. 40).

Lehmbrock, Michael, und Diana Coulmas, Grundsteuerreform im Praxistest, Berlin 2001 (Difu-Beiträge zur Stadtforschung, Bd. 33).

Lehmbrock, Michael, Feinstaub in der Stadt, Berlin 2006 (in Vorbereitung).

Mietzsch, Oliver, Kommunale Verkehrsfinanzierung vor neuen Herausforderungen: ein Werkstattbericht aus der Praxis, in: Verkehr + Technik, H. 5 (2006), S. 177–182.

Reidenbach, Michael, und andere, Der kommunale Investitionsbedarf in Deutschland. Eine Schätzung für die Jahre 2000 bis 2009, Berlin 2002 (Difu-Beiträge zur Stadtforschung, Bd. 35).

SRU/Sachverständigenrat für Umweltfragen, Umwelt und Straßenverkehr. Eckpunkte des Sondergutachtens, Juni 2005; http://www.umweltrat.de/02gutach/downlo02/sonderg/SG_Umwelt%20und%20Stra%DFenvekehr_Eckpunkte.pdf.

Umweltbundesamt, Aktuelle Immissionsdaten und Ozonvorhersage, Dessau 2006; http://www.env-it.de/luftdaten/pollutants.fwd.

Der Autor

Dipl. rer. pol. Tilman Bracher,
Diplom-Volkswirt, Studium Univ. Freiburg und University College London; Forschungstätigkeiten 1982–1985 Univ. Freiburg und TU Berlin, 1985–2001 Consultant, Leiter Mobilitätsforschung und Prokurist der IVU Traffic Techologies AG; seit 2001 am Deutschen Institut für Urbanistik (Difu), Berlin, Koordinator des Arbeitsbereichs „Umwelt und Verkehr".

Markus Hesse

Mobilität – von der Stadt aus betrachtet

1.   Einführung

In diesem Beitrag wird das Thema „Mobilität und Verkehr" im städtischen Kontext betrachtet, das heißt, die Entwicklung der Stadt wird als wichtige Rahmenbedingung für die Entstehung von Raumüberwindung und die Lösung damit einhergehender Probleme aufgefasst. Mit „Stadt" sind dabei sowohl die gebaute Stadt und ihre Siedlungsstruktur als auch urbane Lebensformen gemeint. Im Mittelpunkt stehen zwei zentrale Elemente von Stadtentwicklung: die Kernstadt im Sinne des kompakt bebauten, verdichteten Kernbereichs der europäischen Stadt mit einem spezifischen, in Innenstädten und gründerzeitlichen innerstädtischen Wohngebieten ansässigen Milieu auf der einen Seite; auf der anderen Seite wird ein Blick auf suburbane Räume geworfen, die in der Vergangenheit stark an Bedeutung gewonnen haben.

Diesen beiden Strukturtypen von Stadt, hinter denen sich de facto eine größere Streuung urbaner Erscheinungsformen verbirgt, wird ein bestimmender Einfluss auf Art und Umfang der Raumüberwindung nachgesagt: Der erste Typ wird als tendenziell nachhaltig assoziiert, der zweite wird aufgrund von Distanzzunahme und Motorisierung kritisch bewertet. Ausgangspunkt dieser Überlegungen ist insofern die Konzeptualisierung räumlicher Mobilität aus dem siedlungsstrukturellen Kontext. Konsequenterweise arbeiten Leitbilder wie z.B. das der europäischen Stadt oft mit kernstädtischen Utopien als handlungsleitend für die Zukunft. Ein solcher Ansatz erscheint jedoch diskussionswürdig, da er Gefahr läuft, eine tendenziell rückwärtsgewandte Auffassung von Stadt zu vertreten.

Im Ergebnis der hier angestellten Überlegungen wird für ein pluralistisches Verständnis von Stadtentwicklung als Rahmenbedingung von Mobilität und Verkehr plädiert. Es umfasst alle Elemente der europäischen Stadt als legitime Teile eines größeren Ganzen – der Stadtregion. Auch räumt es der gebauten Stadtstruktur einen relevanten, aber nicht dominanten Stellenwert als Faktor der Verkehrsentwicklung ein. Das diesbezügliche Leistungsvermögen von Leitbildern wird kritisch hinterfragt, da die Steuerung der Mobilität über gebaute Strukturen nur indirekt möglich ist. Problemorientierte Politikkonzepte müssen sich dem Faktum der Stadtregion stellen, ebenso wie der Tatsache, dass Strategien für *verschiedene* Raumkategorien nicht primär aus *einem* Ansatz abgeleitet werden können. Ein Schlüssel auf dem Weg zur Poblemlösung liegt vermutlich in mehrdimensionalen Politik- und Planungsansätzen, die lebensweltliche Dimensionen von Stadtentwicklung und Mobilität ähnlich berücksichtigen wie baulich-räumliche Strukturen.

2. „Die Stadt" als Rahmenbedingung von Mobilität und Verkehr

2.1 Die Kernstadt

Mobilität und Verkehr, Handel und Warentausch sowie Produktion und Distribution von Gütern sind konstituierend für die Entwicklung der Städte. Max Weber spricht in seinem klassischen Aufsatz „Die Stadt" (Weber 1921, S. 61) vom „regelmäßigen Güteraustausch am Ort der Siedlung" als einem wichtigen Merkmal der europäischen Stadt. Auch die wenig später formulierten Theorien zur Erklärung der siedlungsstrukturellen und wirtschaftsräumlichen Ordnung (etwa die Zentrale-Orte-Theorie Christallers, vgl. Christaller 1933) haben sich mit der Bedeutung arbeitsteiliger Versorgungssysteme für die Herausbildung von Städten befasst und umgekehrt die Rolle der Städte für die Entstehung von Marktgebieten betont. Das Konzentrationsvermögen der Stadt, bezogen auf Einwohner und Arbeitskräfte, auf Wirtschaftsstandorte, Infrastruktur und kulturelle Einrichtungen, Ideen und Interaktionen kann insofern als eine Konstante im Urbanisierungsprozess verstanden werden (Reulecke 1985; Siebel 2004). Dieser Konstante entspricht die herausgehobene Rolle, die das Stadtzentrum über Jahrhunderte hinweg in ökonomischer, sozialer und kultureller Hinsicht einnahm und die auch das theoretische wie empirische Bild der europäischen Stadt stark bestimmte (vgl. Friedrichs 1995).

Die beiden grundlegenden Eigenschaften der Stadt – Konzentration von Angeboten und Versorgung von Einzugsbereichen über das Stadtgebiet hinaus – standen stets unter maßgeblichem Einfluss der Transport- und Verkehrssysteme. Der Bedeutungsüberschuss der Stadt gegenüber ihrem Umland beruhte auch auf ihrer Verkehrserreichbarkeit. Spätestens in der industriellen Stadt mussten Arbeitskräfte und Rohstoffe in einem vorher nicht gekannten Ausmaß an den Produktionsort gebracht werden, was in dieser Form erst durch die Eisenbahn gelang. Ebenso haben sich die Kernstädte als ökonomische und kulturelle Zentren erst mit der Bereitstellung der modernen Massenverkehrsmittel vollends entfalten können. Die Rahmenbedingungen des Verkehrs, vor allem die technischen und ökonomischen Voraussetzungen der Transportsysteme sowie die Transportkosten, haben daher einen zentralen Stellenwert in den klassischen Theorien zur Entwicklung der Städte bzw. der räumlichen Struktur des Städtesystems. Auch wenn deren Erklärungsgehalt im Hinblick auf die stark gesunkenen Transportkosten und die Massenmotorisierung an Relevanz verloren hat, bleibt doch der enge Zusammenhang von Verkehrs- und Stadtentwicklung gegeben.

Foto 1:   Verkehr in der Großstadt – konstituierend (Warschau 1993)*

*Foto: M. Hesse.

Dies gilt in ganz besonderer Weise für die Innenstädte, in denen sich Siedlungs-dichte bzw. Nutzungskonzentration und Verkehrsdichte traditionell bündeln. Das Stadtzentrum galt lange als Ort höchster Erreichbarkeit (vgl. Alonso 1964) und damit auch als Kristallisationspunkt des Verkehrs. Die hervorragende Verkehrser-schließung des Zentrums in der Stadt der Fußgänger, Pferde- und Straßenbahnen des ausgehenden 19. Jahrhunderts trug insofern zum Bedeutungsgewinn der Stadt insgesamt bei. Die Konzentration von Nutzungen auf engem Raum, die der mo-derne Städtebau und die Infrastruktur- und Stadttechnik möglich machten, bot zahlreiche ökonomische Vorteile und wirkte sich positiv auf die Städte aus (vgl. Held 2005). Nach dem Zweiten Weltkrieg begann sich in Deutschland der moto-risierte Massenverkehr durchzusetzen. Zugleich trug die wachsende funktions-räumliche Trennung zur Verkehrsentstehung bei. Abstandserlasse und Ähnliches wurden zum Schutz der Wohnbevölkerung vor Emissionen eingeführt. Infolge dessen entstand eine räumlich getrennte Stadtstruktur, mit erheblichen Nachteilen für die Funktionsfähigkeit und Lebensqualität der einzelnen Stadtteile. Damit wurden auch strukturelle Zwänge zur Pkw-Benutzung erzeugt.

Historisch gesehen stellt die durch den Automobilverkehr überformte Stadt erst eine relativ junge, wenn auch sehr folgenreiche Epoche der modernen Stadtgeschichte dar (vgl. Wachs/Crawford 1992). In der Konsequenz des wachsenden Straßenverkehrs wurde die positive Bewertung von Mobilität und Erreichbarkeit in Frage gestellt: das Stadtzentrum entwickelte sich vielfach zum Ort der höchsten Belastung mit den negativen Folgewirkungen des Verkehrs. Je stärker die Innenstädte dem wachsenden Pkw-Verkehr durch den Bau von Schnellstraßen und Parkhäusern untergeordnet wurden, desto mehr wurden Attraktivität und Lebensqualität in städtischen Zentren beeinträchtigt. Schließlich trugen die Belastungen durch den Verkehr unter anderem zur Abwanderung von Unternehmen und Haushalten aus der Stadt ins Umland bei, was fatalerweise einen weiteren Anstieg des Verkehrsaufkommens zur Folge hatte.

2.2   Mobilität und Verkehr in der Kernstadt

Städtische Siedlungsräume weisen aufgrund ihrer spezifischen physischen Gegebenheiten sowie ihrer Bewohner- und Nutzungsstrukturen ein bestimmtes Verkehrsaufkommen auf. Ausschlaggebend hierfür sind nicht nur die Verkehrserschließung und die infrastrukturellen Eigenschaften des Raums, sondern auch die Ausstattung mit Versorgungseinrichtungen, die Bebauungsdichte sowie die Entfernung zum Stadtzentrum. Hinzu kommt die jeweilige soziale Komposition, das heißt die Differenzierung der Bewohnerschaft nach Haushaltsgröße, Alter und Einkommen. Erst das Zusammenwirken von (Verkehrs-)Infrastruktur, Sozialstruktur und Raumstruktur erklärt die jeweilige Eigenschaft eines Teilraums mit Blick auf das spezifische Aufkommen von Mobilität und Verkehr.

Kernstädtische Räume sind aufgrund von Dichte und Nutzungsintensität sowie je nach überörtlicher Bedeutung in hohem Maße vom Verkehr geprägt. Dabei haben sie im Zeitablauf sehr unterschiedliche Bewertungen erfahren: zunächst dominierte der Lagevorteil der Kernstadt, der vor allem der Innenstadt aufgrund ihrer guten Erreichbarkeit einen besonderen Stellenwert zuwies. Dies trug zu einer insgesamt positiven Bewertung der innerstädtischen Standorte an sich bei. Dieses Bild wandelte sich im Zuge der Massenmotorisierung: Mit wachsender Verkehrsdichte wurden die Innenstädte vielmehr als Problem wahrgenommen. Sie bildeten neben den spezialisierten Transportknoten die am stärksten vom Verkehr belasteten Teilräume der Stadt; folgerichtig waren sie nicht selten Gegenstand kritischer Analysen und radikaler Forderungen, etwa in Richtung autofreier Innenstädte.

Aufgrund von Nutzungsstruktur, städtebaulichen Eigenschaften und Verkehrserschließung bieten städtische Kernräume oder Innenstädte aber auch optimale Bedingungen für die nichtmotorisierte Fortbewegung (Fußgänger, Radverkehr) sowie für die Benutzung des öffentlichen Personennahverkehrs (ÖPNV). So sind die Anteile des öffentlichen Verkehrs in dieser Raumkategorie höher als anderenorts im urbanen Raum, erst recht in ländlichen Regionen oder in Räumen ohne ausgeprägte Zentrenstruktur (vgl. MiD 2002, S. 65). Auch die relativ hohen Anteile des

Zufußgehens und des Fahrradfahrens sprechen für die Kernstadt. Sie sind zugleich diejenigen Verkehrsarten mit den größten sozialen Teilhabechancen. Im Kontext dieser positiven Bewertung dichter Stadtstrukturen, die in vielen Industrieländern seit den 1980er-Jahren populär wurde, veränderte sich die Sicht auf die Innenstadt erneut. Sie wurde nun zum Ausgangspunkt der Hoffnung, städtische Mobilität nachhaltig gestalten zu können.

Diese Strategie macht sich die scheinbar offensichtliche Tatsache zunutze, dass sich Aufkommen und Abwicklung des Verkehrs in Verdichtungsräumen zwischen den Stadtzentren und ihren Randbereichen durchaus signifikant unterscheiden. Diese Unterschiede wurden zunächst vor allem auf die höhere Dichte dieser Quartiere, die geringeren Distanzen zur Innenstadt sowie die bessere ÖPNV-Erschließung bei geringerer Motorisierung der Haushalte zurückgeführt. Die größten Distanzen der Wohnbevölkerung wurden in kleinen Orten (weniger als 20 000 Einwohner) sowie in Millionenstädten zurückgelegt. Dies liegt im ersten Fall an den größeren Distanzen zum nächsten Zentrum, im zweiten an den steigenden Entfernungen innerhalb der Metropolen. Städte zwischen 100 000 und 500 000 Einwohnern wurden als für die eigene Bevölkerung relativ verkehrssparsam eingestuft (vgl. Holz-Rau 1997, S. 57 f.).

Jedoch besteht zwischen Dichte und Ortsgröße einerseits und dem Verkehrsaufwand andererseits keine kausale Beziehung. Der in einem Teilraum insgesamt erbrachte Verkehrsaufwand wird erst unter Einbezug der Arbeitsbevölkerung sichtbar, von der ein nicht geringer Teil von außerhalb einpendelt (vgl. Holz-Rau 1997; Motzkus 2002). Diese räumlichen Verflechtungen rücken Mobilität und Verkehr insofern in ein anderes Licht. In der Erklärung der Mobilitätsmuster sind darüber hinaus soziodemographische und -ökonomische Faktoren zu beachten: das Alter der Personen im Haushalt oder die Kinderzahl beeinflussen das Mobilitätshandeln stark. Als zentrale Determinante von Motorisierung und Mobilitätshandeln wirkt das verfügbare Einkommen: Quartiere mit einem höheren Anteil gut gestellter Haushalte dürften in aller Regel mehr Kfz-Verkehr generieren als solche Standorte, an denen sich einkommensschwache Haushalte konzentrieren. Ein weiterer wichtiger Faktor ist die Wohnstandortmobilität, das heißt die Art und das Ausmaß von Umzügen und Wanderungen. Denn durch den Wohnstandortwechsel verändern sich auch Wege und Zeiten der Alltagsmobilität. Routinen werden gebrochen, das Verkehrshandeln richtet sich neu aus, zugleich verändern sich soziale Netze und korrespondierende Aktionsräume.

Insofern würde ein statisches Bild der Kernstadt – als Kristallisationspunkt einer verkehrssparenden Entwicklung – diesen komplexen Strukturen nicht gerecht (vgl. Boarnet/Crane 2001). Dies wird erst recht deutlich, wenn man beim Blick auf die relevanten sozialen Gruppen (oder: Milieus) nicht nur Alter, Familienstand oder Einkommen berücksichtigt, sondern auch unterschiedliche Konsummuster, Freizeitgewohnheiten oder normative Orientierungen (vgl. Beckmann und andere 2006). Die Stadt stellt sich vielmehr als räumlich stark differenziertes, zeitlich sich sehr dynamisch veränderndes Gebilde heraus, in dem soziale und räumliche Faktoren komplex miteinander verknüpft sind.

3. Suburbanisierung als Treiber der Siedlungsentwicklung

3.1 Suburbia als dritter Raumtyp

Suburbanisierung, verstanden als der Bedeutungsgewinn des Umlands gegenüber der Kernstadt unter der Bedingung einer positiven Entwicklung der Stadtregion insgesamt, gehörte zu den bestimmenden Trends der Siedlungsentwicklung in der Nachkriegszeit in fast allen Industrieländern. In Deutschland hatte sich spätestens seit den 1960er-Jahren die Wachstumsdynamik von Bevölkerung und Beschäftigten von den Verdichtungsräumen und alten Kernen an die Stadtränder und in die vormals ländlichen Außenbereiche verschoben (BBR 2005, S. 191; Hesse/Schmitz 1998). Während die Kernstädte auch in den 1980er- und 1990er-Jahren trotz allgemeinen Bevölkerungswachstums in Deutschland Einwohner verloren hatten, waren ihre Umlandkreise und damit die suburbanen Räume überproportional stark gewachsen (Siedentop und andere 2003). Später wurden von diesem Prozess auch ländliche Gebiete im weiteren Umland der Kernstadt erfasst. Die Grenze zwischen *Stadt* und *Land* wurde diffus, im Übergangsbereich entstand ein „dritter Raumtyp". Er stellt eine komplexe Mischung aus Wohngebieten, Einkaufs- und Geschäftszentren, Industrie- und Gewerbegebieten sowie Infrastrukturen dar. Sieverts (1997) hat diese Räume als „Zwischenstadt" bezeichnet. Auch die Ränder der Klein- und Mittelstädte abseits der Großstadt oder im ländlichen Raum sind mit zunehmendem Wachstum bzw. Verflechtungsgrad Teil des suburbanen Raums geworden.

Diese Dezentralisierungsbewegung in Richtung Suburbia war, ebenso wie der Konzentrationsprozess zur Zeit der Urbanisierung, ohne die modernen Verkehrsmittel nicht denkbar (vgl. Matzerath 1996). Zuerst ermöglichte der öffentliche Nahverkehr den Auszug von Bevölkerung und Arbeitsplätzen aus der Kernstadt in suburbane Räume. So ist die typische suburbane Vorstadt z.B. in Berlin erst durch die S-Bahn entstanden, deren radiales Netz das Muster der Stadterweiterung über den Wilhelminischen Ring hinaus praktisch vorgab. Das private Kfz machte diese Absetzbewegung von der Kernstadt – im Verbund mit der stetig erweiterten Infrastruktur und vor dem Hintergrund der Attraktivität des Wohnens im Eigenheim „im Grünen" – zum Massenphänomen. Dank gut ausgebauter Verkehrswege und der Motorisierung der meisten Haushalte entstand ein selektives Muster von Raumnutzung, das man heute auch als „Regionalisierung von Lebensweisen" betrachten kann: Wohnen im Grünen, Arbeiten entweder dort oder in der Kernstadt, Freizeit im suburbanen Raum, aber auch in den Kulturzentren der Metropolen. Räumlicher Fixpunkt der Alltagsorganisation ist nicht mehr die Kernstadt, sondern das individuelle Netz von Aktivitäten, das sich über die ganze Stadtregion oder gar größere Bezugsräume legt (vgl. Priebs 2004).

Mit dieser tragenden Rolle des Verkehrs in der Suburbanisierung sind zugleich viele Probleme verbunden. Parallel zur Ausweitung der Bauflächen, zur Verringerung der Nutzungsdichte und zur funktionalen Entmischung steigen die Entfernungen zu Arbeitsplätzen, Einkaufs- und Freizeitgelegenheiten. In der Regel führen verringerte Erreichbarkeiten im Nahraum für Fußgänger und öffentlichen Verkehr zu weiterem Bedeutungsgewinn des Kfz-Verkehrs – wenngleich dieser Effekt von anderen Faktoren überlagert wird. Verkehrsbedingte Belastungen sind hoch, vor allem solange der Lebensmittelpunkt der suburbanen Bevölkerung noch in der Kernstadt liegt. In ökonomischer Hinsicht stellt die Bereitstellung der Infrastrukturen für eine geringere Nutzerzahl als in der Stadt (Erschließung, Ver- und Entsorgung usw.) ein vielfach diskutiertes Problem dar.

Je dichter Suburbia besiedelt wird, desto stärker ähneln die Randbereiche der Stadt. Dies hat ambivalente Folgen: zum einen erfolgt eine „Urbanisierung der Suburbs", die in den USA bereits in den 1960er-Jahren beobachtet wurde (vgl. Masotti/Hadden 1973); später wurde diese Entwicklung auch mit dem Etikett der „Post-Suburbanisierung" belegt (Kling und andere 1991). In diesen Arbeiten wird die These vertreten, dass sich der suburbane Raum nicht mehr nur aus Randwanderung speise, also quasi Parasit der Kernstadt sei, sondern Zuwanderung von außen erhalte, eigene Raum-Zeit-Muster ausforme usw. Auf diese Weise würde Suburbia zunehmend unabhängig von den Kernstädten; suburbane Räume hätten danach nicht nur eine eigene Geschichte jenseits der alten Stadt, sondern nehmen zunehmend eigene Züge an (vgl. Brake und andere 2005). Es ist aber unklar, ob dieses Stadium der Suburbanisierung bereits für Deutschland zutrifft (vgl. BBR 2005). Es wird indes beobachtet, dass mit wachsender Verstädterung der suburbanen Teilräume die Belastungen steigen: Dichtestress, Straßenverkehr und andere Nutzungen rücken die vermeintliche Idylle schnell in ein anderes Licht.

Foto 2:   Wohnen in Suburbia – Idylle mit Risiko (Genshagen b. Berlin 2003)*

*Foto: M. Hesse.

In jüngster Zeit steht die Diskussion Suburbias unter dem Eindruck veränderter empirischer Trends: Danach ist der Suburbanisierungsprozess in vielen Regionen Ostdeutschlands und teilweise auch Westdeutschlands vorläufig zur Ruhe gekommen (vgl. Müller/Siedentop 2004). In den meisten ostdeutschen Regionen hat sich der Wachstumsdruck umgekehrt: Abwanderung und demographischer Wandel bestimmen die Bevölkerungs- und Raumentwicklung. Es ist allerdings noch nicht absehbar, ob es sich dabei um einen Pendelausschlag oder um eine Art säkulare Wende handelt – nämlich den Abschied von der wachstumsgestützten Stadterweiterung durch Suburbanisierung. Es spricht aber viel für die Annahme, dass die bisher mit der Suburbanisierung verbundene Entdichtung des Siedlungsraums auch unter Schrumpfungsbedingungen voranschreitet. Damit wäre die Erwartung weiter steigenden Verkehrsaufwands verbunden.

3.2   Mobilität und Verkehr in suburbanen Räumen

Mobilität und Verkehr spielten in mindestens drei Teilprozessen der Suburbanisierung in Deutschland eine zentrale Rolle. Vielfach thematisiert ist der Zusammenhang von Wohnsuburbanisierung und Motorisierung, der auch als Wahlverwandschaft von Eigenheim und Automobil bezeichnet wurde (vgl. Andersen 1997). Der zeitversetzt eintretende Prozess der Gewerbesuburbanisierung löste die Raum-Zeit-Beziehungen weiter von der alten Kernstadt (Kahnert 1998); er wurde seit den 1980er-Jahren durch den Maßstabssprung und die Suburbanisierung von Handel und Freizeit forciert (Hatzfeld 1997). Der dritte, bisher kaum beachtete Teilprozess umfasst die Randwanderung und Peripherisierung der Logistik, wozu Transport, Distributions- und Großhandelsbetriebe gehören (vgl. Hesse 1999a). In diesen drei Prozessen wurden die Grundlagen für die Entstehung suburbaner Mobilitätsmuster gelegt.

In empirischen Erhebungen wurden suburbane Räume lange stark vernachlässigt. Verkehrsforschung und -statistik waren bisher stark auf die Wohnbevölkerung der Kernstädte fixiert. Fallstudien haben mittlerweile gezeigt, dass sich die Stadtränder durch vergleichsweise größere zurückgelegte Distanzen, eine höhere Motorisierung der Haushalte und eine stärker Pkw-orientierte Verkehrsmittelwahl auszeichnen. Räumliche Ursache hierfür sind meist die längeren Wege zu Arbeits-, Versorgungs- und Ausbildungsstätten (vgl. Kagermeier 1997). Dieser als „siedlungsstrukturell" bezeichnete Verkehrseffekt wird seit den 1980er-Jahren nachgewiesen (vgl. Hesse 1999b). Der Prozess der Suburbanisierung ostdeutscher Städte hat diesen Effekt noch erheblich verstärkt.

Im Rahmen der repräsentativen Stichprobe der Erhebung „Mobilität in Deutschland" (Infas/DIW 2004) wurde dieser Effekt jüngst bestätigt: Die Bewohner suburbaner Räume in Agglomerationen zeigen bei Kennwerten wie zurückgelegten Distanzen, Modal Split, Pkw- und ÖPNV-Nutzung, Motorisierung der Haushalte und ÖV-Erreichbarkeiten Ähnlichkeiten mit den Bewohnern ländlicher Gebiete. Sie unterscheiden sich deutlich von den Kernstadtbewohnern, vor allem bei den zurückgelegten Distanzen. Diese unterscheiden sich aber auch innerhalb suburbaner Gebiete zum Teil deutlich: Während die Distanzen in den suburbanen Gebieten der größten Regionen mit mehr als 500 000 Einwohnern fast dem Niveau der ländlichen Gebiete entsprechen, liegen sie in den suburbanen Gebieten der kleineren Regionen mit 100 000 bis 500 000 Einwohnern deutlich darunter (vgl. IÖR et al. 2005).

Der Einfluss der Suburbanisierung auf die Verkehrsentstehung wird beim Blick auf regionale Verflechtungen vollständig sichtbar. Vor allem der Pendelverkehr ist ein guter Indikator der Suburbanisierung, indem er die räumliche Polarisierung von Wohnstandort und Arbeitsplätzen aufzeigt. Sie trägt dazu bei, Mobilität zu „erzwingen". Außerdem ändert der Pendlerverkehr im Zeitablauf seine Richtung (vgl. Lowe 1998). So wird angenommen, dass radiale Zentrum-Peripherie-Beziehungen an Bedeutung verlieren, während interne und tangentiale Verflechtungen außen wichtiger werden. Allerdings fehlt hierfür noch der empirische Beleg. Unstrittig dürfte die wachsende Bedeutung von Aktivitäten außerhalb der Berufs- bzw. Arbeits- oder Ausbildungswege sein: Einkaufs- und Freizeitzwecke nehmen in der Alltagsmobilität stetig zu und tragen zur Ausdifferenzierung und Ausdehnung der Aktionsradien bei. Dies gilt für suburbane Teilräume vor allem dann, wenn sie durch Gewerbe- und Freizeitnutzungen angereichert sind. Das suburbane Mobilitätsbild ist insofern nur noch teilweise Ausdruck der veränderten Siedlungsstruktur, sondern mehr des sozialökonomischen Wandels insgesamt.

4. Konsequenzen: Stadtauffassung, Steuerungsbedingungen, Politikkonzepte

Welche Konsequenzen können aus den hier angestellten Überlegungen zur Diskussion von Mobilität im Kontext der Stadt resultieren? Inwieweit korrespondieren die empirischen Befunde mit grundsätzlichen Überlegungen zur Stadtentwicklung, und was würden diese für den Umgang mit Stadt bedeuten? Ich möchte dazu abschließend auf zwei Punkte eingehen: erstens auf unsere „theoretische" Auffassung von Stadt, also unser Bild stadträumlicher Differenzierung und stadträumlichen Wandels, zweitens auf die Frage nach den Spielräumen und Strategien zu ihrer Gestaltung, insbesondere mit Blick auf Mobilität und Verkehr.

Je nachdem, welche Auffassung von Stadt und deren Bedeutung für Mobilität und Verkehr man hat, ergeben sich unterschiedliche Schlussfolgerungen. Im städtischen Diskurs dominiert das Bild der „europäischen Stadt": verdichtet, kompakt und urban, mit einem relativ geringen bzw. planerisch steuerbaren Verkehrsaufwand. Die nahe liegende Konsequenz aus diesem Bild von Stadt lautet: Suburbanisierung stoppen, Dichte und Mischung fördern, Verkehr begrenzen. Das Gegenbild hierzu wurde insbesondere im Kontext der Diskussion um die Zwischenstadt gezeichnet: Suburbia als Raumkategorie anerkennen, an diese Situation angepasste Strategien und Konzepte entwickeln, Steuerung über Rahmenbedingungen nicht vergessen.

Diese beiden konkurrierenden Stadtauffassungen kommen zu gegensätzlichen Schlussfolgerungen. Sie eint jedoch, dass sie kein vollständiges Bild der heutigen Städte in Europa zeichnen: weder entsprechen Kernstädte dem Klischee der kompakten Stadt, noch bietet „Suburbia" *per se* eine neue Urbanität, an die sich hier problemlos anknüpfen ließe. Politikkonzepte scheinen bisher in den Zentren der Großstädte noch am erfolgreichsten zu sein. Planung nutzt hier Knappheiten an Raum (Straßenraum, Verkehrsraum, Parkraum) als zentrale Steuerungsbedingung, nicht selten werden sie gezielt geschaffen. Das sorgt zugleich für kontroverse Debatte und politischen Streit, weckt mithin hohe Erwartungen an die politische Regulierung. Die spezifische Struktur suburbaner Räume setzt die Steuerungsbedingungen dagegen völlig neu. Suburbia ist weniger dicht als die Kernstadt, die Haushalte sind in aller Regel höher motorisiert (ein anderes Klientel oder: Milieu) und haben kaum Parkplatzprobleme; die zurück gelegten Wege sind länger als in der Stadt, was Alternativen hemmt. Planungsgrundlagen zur Steuerung der Mobilität in diesen Räumen sind noch unterentwickelt.

Was tun? Der Umgang mit Mobilität in den Städten und ihren verschiedenen Teilen muss mehrdimensional sein, erst recht, wenn er Stadt und Mobilität „integrieren" will. Das heißt, es muss erstens eine tragfähige Balance zwischen Raumnutzung und Raumüberwindung und deren Organisation geben. Dabei ist zweitens die lebensweltliche Dimension von Wohnen, Arbeiten und Mobilität gleichberechtigt zum gebauten Raum und zur Angebotsqualität der Infrastrukturen bzw. Verkehrsnetze zu sehen. Es muss ein Sensorium für die Wohnwünsche der Menschen geben, für ihre Distinktions- und Abgrenzungsbedüfnisse – sonst laufen individuelle Entscheidungen (wieder) am planerischen Ziel vorbei. Im Versuch, dies alles zu integrieren, liegt aber zugleich das Risiko struktureller Überforderung: die komplexe Mobilität der ganzen Stadtregion zu steuern ist weit anspruchsvoller als das kluge Spiel mit Knappheit im Stadtzentrum.

Hinzu kommen künftig wachsende regionale Disparitäten, die die Steuerungskulisse stark verändern dürften. Sie lassen es als sinnvoll erscheinen, Wachstumsräume von Schrumpfungsgebieten zu unterscheiden. In Ersteren ist eine auf die öffentlichen Verkehrsträger bzw. die nichtmotorisierte Mobilität bezogene Siedlungs- und Infrastrukturplanung durchaus sinnvoll, wenngleich es hierfür bisher kaum überzeugend realisierte, effektive Beispiele gibt. Im (schrumpfenden) Bestand steht die Organisation und Optimierung der Mobilität im Mittelpunkt, als Konsequenz der anstehenden Restrukturierungs- und Umbauprozesse des Siedlungsraums. Soll städtische Mobilität in Zukunft nachhaltig sein, dann setzt dies schließlich die klare Definition politischer Leitplanken voraus, vor allem auf der Ebene der Rahmenbedingungen (vgl. Lehmbrock und andere 2005). Solange der Staat Mobilität fördert und Unternehmen wie Haushalte sich dies konsequent zunutze machen, gerät die landläufige Klage über das Verkehrsproblem zur routinierten Selbsttäuschung aller Beteiligten.

Literatur

Alonso, William, Location and Land Use. Toward a General Theory of Land Rent, Cambridge/MA 1964.

Andersen, Arne, Der Traum vom guten Leben. Alltags- und Konsumgeschichte vom Wirtschaftswunder bis heute, Frankfurt/Main, New York 1997.

Beckmann, Klaus J., und andere, StadtLeben – Wohnen, Mobilität und Lebensstil, Wiesbaden 2006.

Boarnet, Marlon, und Randy Crane, Travel by Design. The Influence of Urban Form on Travel, Oxford 2001.

Brake, Klaus, und andere, Kräfte, Prozesse, Akteure – Zur Empirie der Zwischenstadt (Zwischenstadt, Bd. 3), Wuppertal 2005.

Bundesamt für Bauwesen und Raumordnung (BBR) (Hrsg.), Raumordnungsbericht 2005 (Berichte, Bd. 21), Bonn 2005.

Burgess, Ernst W., The Growth of the City: an Introduction to a Research Project, in: Park, Robert, und andere. (Hrsg.), The City, Chicago, London 1927, S. 27–62.

Christaller, Walter, Die zentralen Orte in Süddeutschland. Eine ökonomisch-geographische Untersuchung über die Gesetzmäßigkeiten der Verbreitung und Entwicklung der Siedlungen mit städtischen Funktionen, Darmstadt 1968, reprograf. Nachdr. der 1. Aufl. Jena 1933.

Friedrichs, Jürgen, Stadtsoziologie, Opladen 1995.

Hatzfeld, Ulrich, Freizeitgroßanlagen als wachsendes Planungsproblem, in: Archiv für Kommunalwissenschaften (AfK), H. II (1997), S. 282–308.

Held, Gerd, Großstadt und Territorium, Wiesbaden 2005.

Hesse, Markus, Der Strukturwandel von Warenwirtschaft und Logistik und seine Bedeutung für die Stadtentwicklung, in: Geographische Zeitschrift 87, H. 3–4 (1999), S. 223–237 (1999a).

Hesse, Markus, Die Logik der kurzen Wege. Räumliche Mobilität und Verkehr als Gegenstand der Stadtforschung, in: Erdkunde. Wissenschaftliches Archiv für Geographie 53 (1999), S. 317–329 (1999b).

Hesse, Markus, und Stefan Schmitz, Stadtentwicklung im Zeichen von „Auflösung" und Nachhaltigkeit, in: Informationen zur Raumentwicklung, H. 7/8 (1998), S. 435–453.

Holz-Rau, Christian, Siedlungsstrukturen und Verkehr (Materialien zur Raumentwicklung, Bd. 84), Bonn 1997.

Infas/Deutsches Institut für Wirtschaftsforschung (DIW), Mobilität in Deutschland. Ergebnisbericht, Bonn-Bad Godesberg/Berlin 2004.

IÖR/Leibniz-Institut für ökologische Raumentwicklung e.V. und andere, Mobilität im suburbanen Raum. Neue verkehrliche und raumordnerische Implikationen des räumlichen Strukturwandels. Unveröff. Forschungsbericht für das BMVBW (FE 70.716), Dresden/Erkner/Leipzig 2005.

Kagermeier, Andreas, Siedlungsstrukturell bedingter Verkehrsaufwand in großstädtischen Verflechtungsbereichen, in: Raumforschung und Raumordnung 55 (1997), S. 316–326.

Kahnert, Rainer, Wirtschaftsentwicklung, Sub- und Desurbanisierung, in: Informationen zur Raumentwicklung, H. 7/8 (1998), S. 509–520.

Kling, Rob, und andere (Hrsg.), Postsuburban California: The Transformation of Orange County since World War II, Berkeley 1991.

Lehmbrock, Michael, und andere, Verkehrssystem und Raumstruktur. Neue Rahmenbedingungen für Effizienz und Nachhaltigkeit (Difu-Beiträge zur Stadtforschung, Bd. 40), Berlin 2005.

Lowe, John C., Patterns of Spatial Dispersion in Metropolitan Commuting, in: Urban Geography 19 (1998), S. 232–253.

Masotti, Louis H., und Jeffrey K. Hadden (Hrsg.), The Urbanization of the Suburbs (Urban Affairs Annual Reviews, Bd. 7), Thousand Oaks 1973.

Matzerath, Horst, Stadt und Verkehr im Industriezeitalter, Städteforschung (Veröffentlichungen des Instituts für vergleichende Städtegeschichte an der Universität Münster, Bd. A 41), Köln 1996.

Motzkus, Arnd H., Dezentrale Konzentration – Leitbild für eine Region der kurzen Wege? Auf der Suche nach einer verkehrssparsamen Siedlungsstruktur als Beitrag für eine nachhaltige Gestaltung des Mobilitätsgeschehens in der Metropolregion Rhein-Main (Bonner Geographische Arbeiten, Bd. 107), Sankt Augustin 2002.

Müller, Bernhard, und Stefan Siedentop, Wachstum und Schrumpfung in Deutschland – Trends, Perspektiven und Herausforderungen für die räumliche Planung und Entwicklung, in: Deutsche Zeitschrift für Kommunalwissenschaften (DfK) 43 Jg., H. I (2004), S. 14–32.

Priebs, Axel, Vom Stadt-Umland-Gegensatz zur vernetzten Stadtregion, in: Jahrbuch StadtRegion 2003, Opladen 2004, S. 17–42.

Reulecke, Jürgen, Geschichte der Urbanisierung in Deutschland, Frankfurt/Main 1985.

Siedentop, Stefan, und andere, Siedlungsstrukturelle Veränderungen im Umland der Agglomerationsräume (Forschungen, Bd. 114), Bonn 2003.

Siebel, Walter, Die europäische Stadt, Frankfurt/Main 2004.

Sieverts, Thomas, Zwischenstadt, Wiesbaden 1997.

Wachs, Martin, und Margaret Crawford (Hrsg.), The Car and the City. The Automobile, the Built Environment, and Daily Urban Life, Ann Arbor 1992.

Weber, Max, Wirtschaft und Gesellschaft: Grundriss der verstehenden Soziologie, 5. rev. Auflage, Studienausgabe, Tübingen 1980, Erstabdruck in „Archiv für Sozialwissenschaften und Sozialpolitik" 47, Bd. 1921, S. 612 ff. („Die Stadt").

Der Autor

Privat-Dozent Dr. Markus Hesse,
Freie Universität Berlin, Fachbereich Geowissenschaften, Arbeitsbereich „Theoretische, Empirische und Angewandte Stadtforschung" des Instituts für Geographische Wissenschaften.

Stadtgeschichte und Kultur

Michael Krautzberger

Denkmalschutz und bürgerschaftliches Engagement

1. Denkmalschutz und Interesse der Öffentlichkeit

Das Interesse, das Kulturdenkmäler und Denkmalensembles bei Bürgerinnen und Bürgern auslösen, ist beachtlich: Die Besucherrekorde, die Denkmäler am jährlichen „Tag des Offenen Denkmals" oder zu anderen besonderen Anlässen im Jahreslauf zu vermelden haben, sind eindrucksvoll – etwa vier Millionen Menschen nahmen in den vergangenen Jahren an den bundesweiten Veranstaltungen am zweiten Sonntag im September teil. Dies wird von vielen als ein Stimmungsbarometer für den Rückhalt bezeichnet, den Bau-, Boden- und Gartendenkmalpflege auch im Alltag bei der breiten Bevölkerung finden (Haspel 2004, S. 25). Zwei Drittel der Bevölkerung vertreten nach einer Studie des Instituts für Demoskopie Allensbach die Auffassung, dass Denkmalpflege zu den gesellschaftspolitischen Schwerpunktaufgaben zählt oder zählen sollte. Was verbirgt sich dahinter? Haspel nennt als Erklärung eine verbreitete Einstellung, „dass nicht nur natürliche, sondern auch kulturhistorische Ressourcen eine unverzichtbare Lebensqualität und ein wirkliches Identifikationsangebot darstellen":

- Die Befindlichkeit der Bewohner bleibe nicht unberührt von der Geschwindigkeit, mit der Siedlungs- und Landschaftsbilder der Veränderung unterzogen würden.

- Gingen pro Jahr mehr als zwei bis drei Prozent der Bausubstanz in Wohnquartieren verloren, so verlöre sie auch für die Bewohner ihre Vertrautheit.

- Denkmalpflege und Stadterhaltung seien ein notwendiges Korrektiv zu der wachsenden Dynamik der zivilisatorischen Prozesse, die uns immer mehr und schneller überalterte Relikte zu hinterlassen schienen.

- Denkmalpflege stärke insofern auch die kulturelle Infrastruktur auf einem ausgesprochen öffentlichkeitswirksamen Sektor.

- Denkmalpflege leiste einen wichtigen Beitrag in unserem Alltag, vermittele kulturelle Lebenszusammenhänge zwischen den Generationen, wecke und vertiefe Bindungen der Menschen an ihre historisch geprägte Lebenswelt.

2. Denkmalpflege ist eine staatliche Aufgabe

2.1 Die Entwicklung

Dieses breite öffentliche Interesse richtet sich auf ein Aufgabenfeld, das vom Staat als eigene Aufgabe wahrgenommen wird: Unter Denkmalschutz – so die verbreitete Definition – versteht man die auf Verboten und Geboten beruhende Methode zur Bewahrung der Kulturdenkmäler, während mit Denkmalpflege die fachlichen und finanziellen Hilfen für die Eigentümer und die Werbung für den Gedanken der Denkmalpflege umschrieben werden (so – für viele – Echter/Krautzberger 2005, S. 167).

Die ersten landesherrlichen Vorschriften zum Denkmalschutz für öffentliches Eigentum gibt es in Deutschland seit 1780; das erste vollständige Denkmalschutzgesetz auch für Privatbesitz wurde 1902 im Großherzogtum Hessen-Darmstadt verabschiedet. In der Bundesrepublik Deutschland ist der Denkmalschutz vor allem Angelegenheit der Länder im Rahmen ihrer Kulturhoheit. Alle Länder hatten bis 1980 Denkmalschutzgesetze erlassen, bis 1995 auch alle ostdeutschen Länder.

Deutschland hat – auch mit Hinblick auf das europäische Ausland – einen hohen Standard bei Ausweisung und Pflege von Denkmälern. Neben dem international bedeutsamen kulturellen Erbe wurde viel Wert darauf gelegt, auch Denkmäler wie Wohnhäuser der Gründerzeit, Siedlungen, Bauten der Industrie oder ländliche Architektur mit einzubeziehen. In Deutschland gibt es rund eine Million Denkmäler, wovon rund 300 000 auf die ostdeutschen Bundesländer entfallen. Diese Zahl schließt neben den Einzeldenkmälern städtebauliche Ensembles und Quartiere mit ein.

2.2 Erklärungen für das gesellschaftliche Engagement

Unbeschadet auch kritischer Positionen zum Denkmalschutz – „zuviel wird geschützt, und zuviel wird reglementiert" – sind dieser hohe Stellenwert und die Verbreiterung des Denkmalschutzes in Deutschland sicherlich in erster Linie mit dem beachtlichen öffentlichen Stellenwert des Denkmalschutzes in der Bevölkerung zu erklären, wobei dieser – neben vielen anderen wichtigen Gründen – nicht zuletzt auch in den herben Verlusten an historischem Erbe durch die Zerstörungen des Zweiten Weltkriegs wurzelt. Dabei darf auch nicht die „zweite Zerstörung" namentlich alter Stadtviertel in der Nachkriegszeit übersehen werden – seien es die Leitbilder der „autogerechten Stadt" im Westen, sei es die Baupolitik im Osten mit ihrer zunehmenden Bevorzugung des komplexen, industriellen Wohnungsbaus zulasten der gewachsenen Stadtteile. Die ablehnende Reaktion der Öffentlichkeit auf den Umgang mit den historischen Beständen hat das Interesse an den Aufgaben des Denkmalschutzes als bürgerschaftliche Aufgabe geprägt.

3. Wer bezahlt den Denkmalschutz?

3.1 Denkmalschutz kostet Geld

Kosten, Finanzierung und Steuervorteile sind neben den unwägbaren gefühlsmäßigen Bindungen die entscheidenden Faktoren bei Instandsetzung, Erhaltung und Pflege von Denkmälern (vgl. zum folgenden Martin 2004, S. 467). Diese drei Faktoren stehen in einem untrennbaren Zusammenhang. Bei der Finanzierung kommt es darauf an, nicht nur die nackten Kosten einer Instandsetzungsmaßnahme zu sehen; einbezogen werden müssen sämtliche Aspekte der Nutzungsmöglichkeiten und der Wirtschaftlichkeit, die z.B. bis zu einer angemessenen Verzinsung des Eigenkapitals reichen. Auffällig ist die breite Welle von denkmalpflegerischen Instandsetzungsmaßnahmen in den westlichen Bundesländern in den Jahren seit 1970. Motiviert haben die Denkmaleigentümer ab diesem Zeitpunkt sicher nicht die mit den Denkmalschutzgesetzen neu eingeführten Instandhaltungspflichten, sondern ausschließlich das gleichzeitig geschaffene System von Finanzierungshilfen und steuerlichen Anreizen wie die Zuschüsse der Denkmalpflege, der Stadtsanierung und der Dorferneuerung, ferner die Abzugsfähigkeit von Herstellungs- und Erhaltungsaufwendungen bei der Einkommensteuer. Wenn diese finanziellen Anreize entfallen, droht ein Rückfall in die Lethargie früherer Zeiten, wie sie im Übrigen auch in der DDR zu beobachten war. Im Interesse des Kulturstaats, der Erhaltung unserer Städte und Denkmäler, aber auch unserer Wirtschaft muss deshalb darauf geachtet werden, das Gleichgewicht der drei Faktoren Kosten, Finanzierung und Steuern nicht zu gefährden.

3.2 Denkmalschutz bedarf der Unterstützung

Maßnahmen an einem Baudenkmal können daher einen Aufwand erfordern, der über den bei einem „sonstigen" Bauvorhaben hinausgeht oder diesen sogar deutlich überschreitet. Und – um nur ein Beispiel zu nennen – ein museal genutztes Schloss wird sich meist nicht aus sich heraus tragen können. Gleichwohl sind bauliche Maßnahmen an einem Baudenkmal in vielen Fällen als solche nicht von vornherein unrentabel. Natürlich: dies ist von Denkmal zu Denkmal sehr unterschiedlich zu beurteilen. Eine Schlüsselfrage ist dabei die nach einer möglichst auskömmlichen und nachhaltigen Nutzung. Ganz entscheidend für eine Rentabilität ist, dass die Maßnahmen entsprechend qualifiziert vorbereitet, geplant und durchgeführt werden. Analysen zeigen, dass denkmalpflegerische Maßnahmen nicht teurer sein müssen als andere Maßnahmen an Altbauten. Aber ebenso unübersehbar ist der zusätzliche und spezifische Kostenaufwand für die denkmalpflegerischen Mehrkosten und für die Einschränkung von baulichen Änderungen und damit Einschränkungen einer sonst möglichen Nutzungsvielfalt. Und dies führt in nicht wenigen Fällen, namentlich wenn die Nutzungseinschränkungen auf die Rentabilität durchschlagen, zu Grenzen der Finanzierbarkeit: Ein Denkmal kann dann unrentabel, nämlich aus sich heraus nicht kostentragend und damit wirtschaftlich nicht lebensfähig sein. Ohne Zuschüsse oder sonstige Zuwendungen oder steuerliche Anreize stellt sich die Frage der Zumutbarkeit, das Denkmal als Eigentümer zu halten.

3.3   Denkmalschutz muss für Private zumutbar sein

Die Finanzierung denkmalpflegerischer Maßnahmen stellt wegen des kaum mehr überschaubaren Geflechtes von objektiven und subjektiven Komponenten eine höchst komplexe Aufgabe dar (ebenda, S. 500 ff.). Eigentümer und Investor werden sich nicht allein von gefühlsmäßigen Bindungen leiten lassen, sondern nicht minder auf Nutzung und Wirtschaftlichkeit achten. Fehlt die Zumutbarkeit und lässt sie sich im Einzelfall auch nicht durch einen sonstigen Ausgleich oder durch Kompensation herbeiführen, entfällt zwar die gesetzliche Erhaltungspflicht insoweit, und Maßnahmen können dann von den Behörden nicht erzwungen werden.

Auch wenn der Denkmalschutz Aufgabe des Eigentümers ist, stellt sich in besonderer Weise als Aufgabe, Denkmalschutz und Denkmalpflege finanziell dort zu unterstützen, wo der öffentliche oder private Eigentümer nicht über die erforderlichen Ressourcen verfügt oder es dem privaten Eigentum nicht wirtschaftlich zuzumuten ist, die Aufgabe zu leisten.

4.   Die Zivilgesellschaft engagiert sich

4.1   Die Bürgergesellschaft übernimmt Verantwortung für den Denkmalschutz – Die Deutsche Stiftung Denkmalschutz (DSD)

Der Staat, dem diese Unterstützungsaufgabe – namentlich durch Denkmalförderung mit Zuschüssen oder mit steuerlichen Vergünstigungen – zukommt, hat in den letzten Jahren zunehmend Schwierigkeiten, dieser Aufgabe nachzukommen: Die Denkmalförderungsmittel aller Länder wurden im vergangenen Jahrzehnt Schritt für Schritt zurückgefahren, und auch die steuerlichen Vergünstigungen wurden deutlich eingeschränkt. Da die Aufgaben nicht geringer wurden, liegt in der zunehmenden Verantwortung der Gesellschaft, der Bürgerschaft, des privaten Sektors, der Zivilgesellschaft also eine immer wichtiger werdende Aufgabe bei der Bewahrung des historischen Erbes.

Die Zahl der von Bürgerinnen und Bürgern oder von Unternehmen initiierten und getragenen Stiftungen im Bereich der Denkmalpflege ist bemerkenswert. Die Deutsche Stiftung Denkmalschutz (DSD) kooperiert daher sehr eng mit einem Netzwerk von Stiftungen – alleine könnte sie die sich stellenden Aufgaben auch nicht annähernd lösen. Umso wichtiger und erfreulicher ist das Engagement von einzelnen Persönlichkeiten, von Unternehmen oder von öffentlich initiierten Stiftungen für das baukulturelle Erbe und die Kooperation dieser Stiftungen und Einrichtungen miteinander und natürlich auch mit dem staatlichen und kommunalen Bereich, den Denkmalbehörden ebenso wie den staatlichen und kommunalen Förderstellen.

Die Deutsche Stiftung Denkmalschutz nimmt dabei eine spezifische Aufgabe wahr, ist sie doch maßgeblich auf ein breites bürgerschaftliches Engagement gestützt und der wichtigste nicht-staatliche Partner der Denkmalpflege. Ihre Aufgaben sollen im Folgenden daher im Einzelnen dargestellt werden.

4.2   Der Anfang und die Ziele der DSD

Als die Deutsche Stiftung Denkmalschutz im Jahre 1985 gegründet wurde, lag das Europäische Denkmalschutzjahr 1975 schon wieder zehn Jahre zurück, und fast ein Jahrhundert lang gab es schon den „National Trust for Places of Historic Interest or Natural Beauty" in England, um nur ein Beispiel aus den europäischen Nachbarländern zu nennen. Der Gründungsschirmherr der Deutschen Stiftung Denkmalschutz, Bundespräsident Richard von Weizsäcker, hat dies im April 1985 so ausgedrückt: „Ich glaube, es ist höchste Zeit, dass wir unsere Kräfte zusammenfassen, um dem Verfall von Denkmälern entgegenzuwirken, der zugleich ein Stück Zustand von Vergangenheitsbewusstsein und damit auch Gegenwartsbewältigung wäre. Jeder, der in seiner eigenen Gemeinde oder Stadt sich um diese Fragen kümmert, merkt die Dringlichkeit."

Die Gründerväter der Stiftung, 23 namhafte Wirtschafts- und Finanzunternehmen, hatten damals ein Startkapital von zusammen gut 500 000 DM aufgebracht. Für die Arbeit der Stiftung war zu bedenken, dass dies das Gründungskapital war und deshalb nur der Zinsertrag zur Erfüllung der Stiftungsaufgaben verwendet werden durfte. Die Arbeitsmöglichkeiten waren deshalb sehr begrenzt und änderten sich zunächst auch nicht nennenswert. Dies änderte sich allerdings schlagartig mit der Herstellung der deutschen Einheit. Kurz gesagt: mit der Wende kam die Wende. Nach Öffnung der Grenzen konnten sich viele Besucher der DDR vom dramatischen Verfall der Kirchen, Schlösser und Burgen sowie ganzer Altstädte überzeugen und suchten nach einer Institution, die Hilfe vermitteln konnte. Hier war die Deutsche Stiftung Denkmalschutz gefragt und zu schnellem Handeln aufgerufen. Bereits 1989 war die Stiftung in der Lage, Fördermittel in der DDR zur Verfügung zu stellen. Die Georgenkirche in Wismar war das erste Förderprojekt in den östlichen Bundesländern und ist seither zu einem „Flagschiff" in der Arbeit der Deutschen Stiftung Denkmalschutz geworden.

Als privatrechtlich organisierte, im Sinne des Steuerrechts gemeinnützig wirkende Stiftung versucht sie das bürgerschaftliche Engagement zu bündeln und dadurch dort zu helfen, wo die Not am größten ist. Die Stiftung verfolgt dieses Ziel im

Rahmen ihrer beiden Satzungsaufträge, zum Ersten der unmittelbaren Projektförderung und zum Zweiten der Bewusstseinsbildung in dem Sinne, das Bewusstsein über die Notwendigkeit von Denkmalschutz und Denkmalpflege in breite Kreise der Bevölkerung zu vermitteln und diese damit zu aktiver Mithilfe zu motivieren.

4.3 Die Förderung

Die Stiftung fördert Sanierungs- und Restaurierungsmaßnahmen an denkmalgeschützten Objekten. Dabei kann es sich sowohl um Baudenkmäler, technische Denkmäler, archäologische Grabungen, historische Gärten und Parks und in Ausnahmefällen auch Kleindenkmäler und Forschungsarbeiten handeln. Die Stiftung fördert keine Rekonstruktionen und Neubauten. Sie fördert keine Objekte in Bundesbesitz und nur in Ausnahmefällen Objekte in Landesbesitz. Anträge müssen mit der Stellungnahme des jeweiligen Landesamtes für Denkmalpflege, einem Maßnahmenkatalog der Sanierung und dem Kosten- und Finanzierungsplan an die Projektabteilung der Stiftung gestellt werden. Sie werden von der Wissenschaftlichen Kommission der Stiftung begutachtet und mit entsprechenden Empfehlungen dem Vorstand vorgeschlagen. Dieser beschließt mit dem Etat auch die Projektförderung.

Die Stiftung fördert durch nicht rückzahlbare Zuschüsse und in begrenztem Rahmen durch zins- und tilgungsgünstige Darlehen. Sie fördert nicht nach festen Prozentzahlen. Auswahlkriterien sind die Dringlichkeit der Maßnahme und die bau- und kulturgeschichtliche Bedeutung des Objektes sowie das Engagement des Denkmaleigentümers. Seit einigen Jahren bestehen die meisten Westländer außerdem darauf, dass ihre Erträgnisse aus der Fernsehlotterie GlücksSpirale, die eine wichtige Einnahmequelle der Stiftung ist, auch wieder in ihr Bundesland fließen. Dadurch wird die Förderfreiheit der Deutschen Stiftung Denkmalschutz erheblich eingeschränkt.

Die Deutsche Stiftung Denkmalschutz konnte seit ihrer Gründung bis 2005 mit über 370 Millionen Euro Maßnahmen an über 3 000 Projekten unterstützen. Davon sind 110 Millionen Euro private Spenden. Der Förderschwerpunkt lag auch noch 2005 mit rund 58 Prozent in den östlichen Bundesländern (2003: 59%, 2001: 63%, 1995: 75%, 1991: 95%). Die Förderung erfolgt in enger Absprache mit den Landesämtern. Grundsätzlich wird angestrebt, durch den Einsatz der Stiftungsmittel weitere Fördermittel zu initiieren. Die Stiftung fördert alle Gattungen von eingetragenen Kulturdenkmälern (Baudenkmäler, technische Denkmäler, Parks und Grünanlagen, archäologische Denkmäler) aller Epochen.

4.4 Durch Eigentum Denkmäler retten

Die Deutsche Stiftung Denkmalschutz übernahm auch eine Reihe von Denkmälern in ihr Eigentum, um sie vor dem Verfall oder einer ungeeigneten Nutzung zu retten. Dazu zählen das Palais Rantzau in Lübeck, das Prinzenhaus in Plön, mehrere Gebäude in Görlitz, Quedlinburg, Rostock und Stralsund, die Schlösser Höchst in Frankfurt, die Schlösser in Romrod und Stolberg.

Im Lande Brandenburg hat die Stiftung gemeinsam mit dem Land Brandenburg die Brandenburgische Schlössergesellschaft ins Leben gerufen, eine gemeinnützige GmbH, deren Gesellschafteranteile seit 2004 zu 94,9 Prozent von der DSD und zu 5,1 Prozent vom Land Brandenburg (früher 50 : 50) gehalten werden. Aufgabe der Gesellschaft ist es, brandenburgische Schlösser und Herrenhäuser zu restaurieren und einer denkmalgerechten Nutzung zuzuführen. Dabei soll die öffentliche Zugänglichkeit der Parks möglichst gewährleistet bleiben. Bisher wurden die Schlösser in Altdöbern (Landkreis Oberspreewald-Lausitz), Dahlwitz (Landkreis Märkisch-Oderland), Fürstlich Drehna (Landkreis Dahme-Spreewald), Großkmehlen (Landkreis Oberspreewald-Lausitz), Groß Rietz (Landkreis Oder-Spree), Lieberose (Landkreis Dahme-Spree) und Doberlug-Kirchhain (Landkreis Elbe-Elster) übernommen und vor weiterem Substanzverfall gesichert. Die Schlösser in Blankensee (Landkreis Teltow-Fläming), Diedersdorf (Landkreis Märkisch-Oderland), Reckahn (Landkreis Potsdam-Mittelmark), Reichenow (Landkreis Märkisch-Oderland) und Steinhöfel (Landkreis Oder-Spree) sowie die barocken Gebäude Gasthof „Zum Hirsch" und das Gärtnereihaus in Fürstlich Drehna sowie das Jägerhaus in Großkmehlen wurden komplett saniert und sind an geeignete Nutzer vermietet. Neben den genannten im Eigentum der Gesellschaft befindlichen Schlössern saniert die Gesellschaft für die Kommunen als Eigentümer die Schlösser in Doberlug und Martinskirchen. Neben den Schlössern setzte die Gesellschaft auch die zugehörigen Parkanlagen instand; insbesondere die Parkanlagen in Blankensee, Fürstlich Drehna und Steinhöfel wurden mit großem Aufwand als beispielgebende Gartenanlagen des frühen 20., 19. und späten 18. Jahrhunderts wieder hergestellt.

4.5   Die Einnahmen der DSD

Haupteinnahmequelle der Deutschen Stiftung Denkmalschutz sind heute Spenden und die Fernsehlotterie GlücksSpirale. Seit ihrer Gründung wirbt die Stiftung um Spenden von Firmen und Privatpersonen, und dies mit wachsendem Erfolg.

4.6   Bewusstsein für das kulturelle Erbe stützen

Ihrem Satzungsauftrag entsprechend betreibt die Deutschen Stiftung Denkmalschutz auch Bewusstseinsbildung, um den Gedanken des Denkmalschutzes in breite Kreise der Bevölkerung zu tragen. Sie realisiert dies durch die Initiativen am Tag des offenen Denkmals, die Jugendbauhütten, das Schulprojekt „denkmal aktiv", die Ortskuratorien, eine intensive Öffentlichkeitsarbeit mit entsprechender Pressearbeit, Vorträgen, Tagungen, durch MONUMENTE-Reisen, Anzeigenaktionen, Ausstellungen, Präsenzen bei Messen und Stadtfesten.

Tag des offenen Denkmals

Der Tag des offenen Denkmals wurde 1984 erstmals in Frankreich durchgeführt. Seitdem findet er europaweit im September, in Deutschland immer am zweiten Wochenende im September statt. Die Deutsche Stiftung Denkmalschutz übernahm auf Wunsch der Kultusministerkonferenz die bundesweite Koordination. Der Tag des offenen Denkmals hat für den Denkmalschutz allgemein eine nicht mehr zu übersehende Begeisterung für das baukulturelle Erbe Deutschlands mobilisiert.

DenkmalAkademie

In Schloss Romrod wurde Ende Juni 2002 die DenkmalAkademie der DSD eingerichtet. Sie bietet Veranstaltungen zu Denkmalschutz und Denkmalpflege sowie zur Unterhaltung von Denkmälern für Stifter, Förderer und interessierte Bürger, aber auch für Kirchenbaumeister, Journalisten und Ehrenamtliche an. Die Veranstaltungen leisten damit bei den Teilnehmerinnen und Teilnehmern einen Beitrag zur Bewusstseinsbildung, die für die Erhaltung und Pflege des kulturellen Erbes notwendig ist. Die DenkmalAkademie hat einen weiteren Sitz im Handwerkszentrum in Görlitz und in Schloss Hoechst; dort werden ebenfalls Seminare durchgeführt.

Görlitzer Fortbildungszentrum für Handwerk und Denkmalpflege

Zur Förderung der Aus- und Weiterbildung qualifizierter Handwerker in den für die Denkmalpflege wichtigen Techniken konnte 1992 auf Anregung und mit Unterstützung der DSD das Görlitzer Handwerkszentrum gegründet werden. Die Werkräume sind im – von der DSD sanierten – ältesten Profanbau der Stadt, dem Waidhaus, die Seminar- und Internatsräume in einem – ebenfalls mit Fördermitteln der Stiftung restaurierten – Barockgebäude am Karpfengrund untergebracht. Den Teilnehmerinnen und Teilnehmern der Ausbildungskurse werden sowohl historische Techniken als auch moderne Forschungsergebnisse über Restaurierungsmethoden vermittelt. Besonders wichtig in den Seminaren ist der Erfahrungsaustausch zwischen Handwerkern, Architekten und Denkmalpflegern.

Jugendbauhütten

Um jungen Menschen Gelegenheit zu bieten, Denkmalpflege theoretisch und praktisch kennen zu lernen und sich freiwillig für gesellschaftspolitisch relevante Fragen einzusetzen, wurde die Idee der Jugendbauhütten entwickelt. Anknüpfend an die Tradition der Bauhütten sollen Jugendliche Kenntnisse und Fertigkeiten in der Denkmalpflege vermittelt werden. Im Rahmen eines Freiwilligen Jahres in der Denkmalpflege (analog dem Freiwilligen Sozialen Jahr) werden Jugendliche z.B. in Handwerksbetrieben, Baubetrieben, Architektur- und Planungsbüros, Denkmalbehörden ein Jahr freiwillig tätig. Ergänzt werden diese praktischen Einsatzstellen durch theoretische Seminare. Nach dem erfolgreichen Start des Pilotprojektes Quedlinburg wurden 2001 drei weitere Jugendbauhütten gegründet, und zwar in Rheinberg/Raesfeld (Nordrhein-Westfalen), Romrod (Hessen) und Wismar (Mecklenburg-Vorpommern). 2003 folgten neue Jugendbauhütten in Stralsund, Görlitz und Mühlhausen. Eine Jugendbauhütte Berlin/Brandenburg nahm ihre Arbeit ab 1.9.2004 auf. In der Novellierung des Gesetzes zum Freiwilligen Sozialen Jahr im Juli 2002 wurden kulturelle Einrichtungen, zu denen auch die Jugendbauhütten gehören, ausdrücklich erwähnt. Die Tätigkeit in den Jugendbauhütten wird seitdem auch anstelle des Wehrersatzdienstes anerkannt.

Jugendprojekt „denkmal aktiv"

Um auch die nächste Generation für den Denkmalschutz zu interessieren und zu gewinnen, veranstaltet die Deutsche Stiftung Denkmalschutz eine Reihe weiterer Jugendprojekte. Dazu zählt vor allem auch das unter der Schirmherrschaft der deutschen UNESCO-Kommission durchgeführte Schulprojekt „denkmal aktiv". Allein im Schuljahr 2005/06 haben dank der Unterstützung durch die Kultusministerien Sachsen-Anhalt und Thüringen, das Städtebauministerium Nordrhein-Westfalen, das Deutsche Nationalkomitee für Denkmalschutz sowie das Auswärtige Amt und zweckgebundene Spenden 62 Schulen an dem Projekt teilgenommen. „denkmal aktiv" ist Netzwerkpartner der Initiative für kulturelle Jugendbildung „Kinder zum Olymp".

Bundespreis für Handwerk in der Denkmalpflege

Gemeinsam mit dem Zentralverband des Deutschen Handwerks hat die DSD den „Bundespreis für Handwerk in der Denkmalpflege" ausgelobt, der jedes Jahr in zwei Bundesländern vergeben wird. Ausgezeichnet werden private Denkmaleigentümer, die durch den Einsatz qualifizierter Handwerksbetriebe ihre Denkmäler vorbildlich sanierten. Mit dem Preis sollen erstens Denkmaleigentümer ermutigt werden, sich bei der Sanierung des leistungsstarken ortsansässigen Handwerks zu bedienen, zweitens sollen die Handwerksbetriebe darauf hingewiesen werden, dass sich Sanierungsmaßnahmen für sie wirtschaftlich lohnen. Auf Festveranstaltungen – durchweg mit den jeweiligen Ministerpräsidenten – erhalten die Eigentümer Geldpreise in Höhe von 15 000 Euro pro Bundesland und die beteiligten Handwerker der unterschiedlichen Gewerke Ehrenurkunden. Zu den Preisträgern der einzelnen Bundesländer gibt es jeweils ein informatives Faltblatt, das die Handwerksbetriebe auch zu Werbezwecken nutzen können.

Städtebaulicher Denkmalschutz; Stiftungslehrstuhl

Seit Anfang 1991 fördern der Bund und die ostdeutschen Länder in einem städtebaulichen Sonderprogramm historische Städte und Stadtteile. Die Stiftung unterstützt dieses Programm personell, aber unter anderem auch durch die Ermöglichung eines städtebaulichen Wettbewerbs und einer Wanderausstellung unter dem Titel „Denk!mal – Alte Städte – Neues Leben" der Teilnehmerstädte. Von besonders aktueller und zunehmend drängender Bedeutung ist es für die Stiftung dabei, auch die Fragen des Stadtumbaus einzubeziehen und die Planungs- und Entscheidungsprozesse so zu gestalten, dass sie offen für bürgerschaftliches Engagement sind.

Diesem Anliegen dient maßgeblich auch eine Stiftungsprofessur an der Technischen Universität Dresden. Die Professur soll das Themenfeld Stadtumbau, Stadtsanierung und Stadtentwicklung in Lehre und Forschung vertreten. Getragen von der Deutschen Stiftung Denkmalschutz wurde zur Wahrnehmung der Forschungsbelange in Görlitz ein internationales Kompetenzzentrum für Stadtumbau aufgebaut mit der wissenschaftlichen Aufgabe, das Wissen über die komplexen Prozesse von Stadterneuerung und Stadtumbau zu verbreitern.

Dehio

Die Deutsche Stiftung Denkmalschutz ist Mitherausgeber des ehrwürdigen Dehio, „Handbuch der deutschen Kulturdenkmäler". Sie tritt damit zusätzlich an die Seite der Dehio-Vereinigung und der Vereinigung der Landesdenkmalpfleger. Bei der Stiftung ist zudem die Dehio-Geschäftsstelle eingerichtet.

MONUMENTE

MONUMENTE, das Magazin für Denkmalkultur in Deutschland, ist ein wesentlicher Bestandteil der Öffentlichkeitsarbeit der Deutschen Stiftung Denkmalschutz. Das Magazin erscheint alle zwei Monate in einer Auflage von rund 150 000 Exemplaren. Die inzwischen 80 Seiten umfassende Zeitschrift berichtet zum einen über die bundesweite Arbeit der Deutschen Stiftung Denkmalschutz, zum anderen erzählt sie Geschichten über Denkmäler und deren Bewohnerinnen und Bewohner. Die Aufgabe der Zeitschrift ist es, den Förderern der Deutschen Stiftung Denkmalschutz sowohl die Ergebnisse der Projektförderung als auch die Vielfältigkeit und Schönheit der Denkmallandschaften Deutschlands darzustellen. Die Beiträge sollen die Förderer dazu anregen, der Stiftung auch weiterhin ihre Spenden anzuvertrauen. Aktuelle Informationen aus dem Gesamtbereich von Denkmalschutz und Denkmalpflege runden das Themenspektrum ab.

4.7 Ortskuratoren

Mit Hilfe ehrenamtlicher Mitarbeiterinnen und Mitarbeiter möchte die Deutsche Stiftung Denkmalschutz ihre Arbeit noch wirksamer gestalten. Insbesondere bei der Erfüllung des Ziels der Stiftung, die Bewusstseinsbildung für die Bedeutung des Denkmalschutzes in breite Kreise der Bevölkerung zu tragen, kommt den Ortskuratorien eine wichtige Rolle zu. Sie sollen die Notwendigkeit zur Erhaltung des kulturellen Erbes nachhaltig verdeutlichen und die Bürgerschaft zu tätiger Mithilfe aufrufen. In den Ortskuratorien setzen sich Bürgerinnen und Bürger für eine breite Unterstützung des Denkmalschutzes ein, sie bereiten Ausstellungen und Vorträge vor, werben für die Arbeit der Stiftung und engagieren sich für die örtlichen Baudenkmäler.

4.8   Treuhänderische Stiftungen/rechtsfähige Stiftungen

Die Deutsche Stiftung Denkmalschutz wirbt auch für die Errichtung von Stiftungen und treuhänderischen Stiftungen zugunsten einzelner Baudenkmäler oder Denkmalgruppen. Die Stiftungen beteiligen sich mit den Erträgen aus ihrem Kapital an der Restaurierung und fördern auf Dauer die laufenden Pflegearbeiten an den Denkmälern, eine Art „Pflegeversicherung" für Baudenkmäler. Diese Stiftungen bedürfen keines stiftungsrechtlichen Genehmigungsverfahrens, da sie nicht rechtsfähig sind. Steuerrechtlich sind sie aber eine eigenständige Körperschaft, deren Gemeinnützigkeit vom Finanzamt anerkannt wird. Das Stiftungskapital muss dem beabsichtigten Zweck und dem Baudenkmal angemessen sein, es kann schrittweise aufgebaut werden. Derzeit wird ein Mindestkapital von 50 000 Euro gefordert, um nach Abzug der Verwaltungskosten noch sinnvolle Fördermaßnahmen zu ermöglichen. Bisher werden etwa 150 dieser nicht rechtsfähigen Stiftungen von Einzelpersonen, Firmen und Verbänden mit einem Gesamtvermögen von rund 21,8 Millionen Euro treuhänderisch von der DSD verwaltet. Das „Stiftungszentrum der Deutschen Stiftung Denkmalschutz" berät auch bei der Errichtung rechtsfähiger Stiftungen und verwaltet sie nach stiftungsaufsichtlicher Genehmigung.

5.   Eine Schlussbemerkung

Bürgerschaftliches Engagement für die Staatsaufgabe Denkmalschutz – ein Widerspruch oder eine Antwort der Zivilgesellschaft auf die Überforderung des Staats und auf die Übernahme von Verantwortung durch Bürgerinnen und Bürger? Es kann bei alledem sicher nicht um eine theoretische oder ideologische Diskussion gehen, sondern um die notwendige direkte Hilfe und das finanzielle Engagement für das kulturelle Erbe. Der Erhalt der Kulturdenkmäler ist eine langfristige Aufgabe von gewaltiger finanzieller Dimension. Die Aufgabe braucht deshalb zugleich das partnerschaftliche Miteinander von engagierten Bürgerinnen und Bürgern und starken Institutionen. Der Staat ist gut beraten, dieses aufwachsende und breit verwurzelte Engagement partnerschaftlich zu begleiten und es durch kluge Anreize etwa im Steuer- und Stiftungsrecht als nachhaltige Quelle der Kulturförderung zu bestärken. Die Deutsche Stiftung Denkmalschutz hat sich deshalb übrigens auch entschlossen, am Sitz von Parlament und Regierung in der Bundeshauptstadt mit einer Repräsentanz die Stimme des bürgerschaftlichen Engagements hörbar zu machen. Dabei muss immer wieder darauf hingewiesen werden, dass der Staat im Verfassungssinne auch Kulturstaat ist – vielleicht steht dies neben dem Umwelt- und Tierschutz demnächst ja auch ausdrücklich als Staatsziel im Grundgesetz – und damit in der auch finanziellen Verantwortung steht, unserem Land seine vielfältige kulturgeschichtliche Identität zu erhalten.

Literatur

Echter, Claus-Peter, und Michael Krautzberger, Denkmalschutz/Denkmalpflege, in: Akademie für Raumforschung und Landesplanung (Hrsg.), Handwörterbuch der Raumordnung, Hannover 2005, S. 167–171.

Haspel, Jörg, Denkmalpflege als Kultur- und Standortfaktor, in: Martin, Dieter J., und Michael Krautzberger (Hrsg.), in: Handbuch Denkmalschutz und Denkmalpflege, München 2004, S. 25–30.

Kiesow, Gottfried, Denkmalpflege in Deutschland – Eine Einführung, 4. Aufl., Darmstadt 2000.

Martin, Dieter J., Kosten, Finanzierung, Zuwendungen, Steuern, in: Martin, Dieter J., und Michael Krautzberger (Hrsg.), in: Handbuch Denkmalschutz und Denkmalpflege, München 2004, S. 467–551.

Der Autor

Prof. Dr. Michael Krautzberger,
1973–2003 Bundesministerium für Raumordnung, Bauwesen und Städtebau (Bonn), seit 1998 Bundesministerium für Verkehr, Bau- und Wohnungswesen (Berlin); 1991 Ministerialdirektor, Leiter der Abt. Raumordnung und Städtebau; 1998 Leiter der Abt. Bauwesen und Städtebau; seit 1993 Honorarprof., Fakultät für Raumplanung der Universität Dortmund; seit 1998 Honorarprof., Juristische Fakultät der Humboldt-Universität zu Berlin; Vorstandsmitglied Deutsche Stiftung Denkmalschutz.

Theodor J. Dams[1]

Römersiedlung – Bauerndorf – Hansestadt

Die Entwicklung der Siedlung Ginderich von der Römerzeit bis zur Gegenwart

1.   Geographische Abgrenzung und Namensentwicklung

Unter Ginderich wurden geographisch der gleichnamige Ort sowie Werrich, Perrich, Papenacker, Poll und Gest verstanden (Bridger, in: Roelen 2000, S. 9), wie in Abbildung 1 ersichtlich (nach Wieland 1959). Diese Karte eignet sich besonders gut, um in einem historischen Längsschnitt den im Titel ausgewiesenen Zeitraum zu analysieren.

Im 11. Jahrhundert wird das spätere Ginderich mit „Rigendrische" aus Anlass der Schenkung der Kirche mit Zehnt an das Xantener Stift durch den Kölner Erzbischof Anno II. (1056–1075) genannt. 1190 wurde erstmals der Kirchspielort „Ginderike" ausgewiesen. 1348 wird vom Gerichtsbezirk Ginderich gesprochen; er gehörte zum Weseler Hegemal, wurde dann 1390 mit der Verleihung des Schöffensiegels durch Graf Adolf von Kleve dem Rechtszug Kalkar angegliedert.

In einer kolorierten Karte, die der in Sonsbeck geborene berühmte Kartograph S'Grooten für den spanischen König anfertigte (1579), wird das Kirchspiel mit

---

1   Der Glückwunsch: Heinrich Mäding verbrachte einen für ihn entscheidenden Lebensabschnitt an der Albert-Ludwigs-Universität Freiburg i. Br. und im Institut für Entwicklungspolitik: Studium zum Diplom-Volkswirt, Promotion und Habilitation. Er gestaltete die Forschungskonzeption des Institutes mit und brachte sich wissenschaftlich aktiv mit ein. Dafür sei ihm anlässlich seines 65. Geburtstages sehr herzlich gedankt. Mit Mädings Wechsel in die Stadtplanung/Urbanistik haben sich unsere Forschungsgebiete scheinbar entfernt. So war es nicht einfach, eine Nische für einen Beitrag zu finden, der einen Bezug zur Gesamtthematik dieser Festschrift aufweist: die Entwicklung meines Geburtsortes Ginderich von der Germanen- und Römerzeit zur Stadtwerdung 1975. Es wird damit einem Carl Burckhardt (Schweizer Historiker 1818–1897) zugeschriebenen (und hier leicht abgewandelten) Ausspruch gefolgt: Was für den Einzelnen die Selbsterkenntnis, ist für ein Dorf (Volk) seine Geschichte!

dem Namen „Genderoge" (?) belegt (Abb. 2). Das Gesamtwerk ist unter „Brüsseler Atlas" bekannt.

Abbildung 1:   Siedlungskarte zwischen Xanten und Wesel

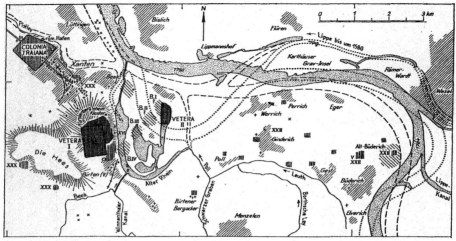

Zusammenstellung und Zeichnung: P. Wieland 1959.

Abbildung 2:   Chr. S'Grooten, Teilgebiet aus Brüsseler Atlas von 1579

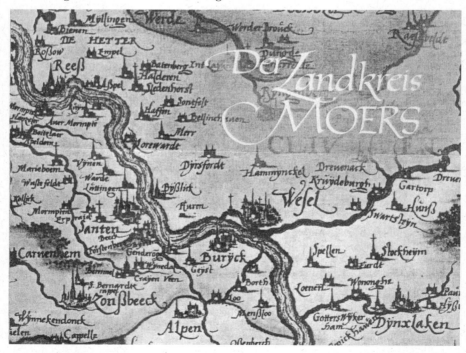

*Quelle: Brües (1963).

2. Das Faktum der Neuzeit

Die jeweils unterschiedliche Zuordnung zum rechts- (Wesel) oder linksrheinischen (Xanten) Gebiet wird bereits im 14. Jahrhundert deutlich. Bevor mit der geschichtlichen Analyse von zwei Jahrtausenden des Siedlungsgebildes „Ginderich" begonnen wird, soll das historische Faktum der Stadtwerdung als Endpunkt ausgewiesen werden: Am 1. Januar 1975 trat das Gesetz zur Neugliederung der Gemeinden und Kreise des Neugliederungsraumes Niederrhein in Kraft. „Über Nacht waren die Gindericher Weseler geworden" (Henrichs, in: Roelen, S. 169). Und sie hatten – im Gemeindeverbund mit der Bürgermeisterei Büderich – ihre kommunale Selbständigkeit und Verwaltung verloren. Jedoch waren sie Teil der Hansestadt Wesel geworden. Ginderich brachte 2 500 Einwohner in die Gesamtzahl der Bevölkerung von 64 500 Personen ein. Das Quantitative sollte nicht das Qualitative ersetzen: den reichen historischen Hintergrund dieser seit langer Zeit unabhängigen Siedlungseinheit Ginderich.

3. Römerzeit auf Gindericher Gebiet

Grabungsfunde auf Gindericher Gebiet belegen eine frühe Besiedlung dieses Raumes sowohl durch Germanen als auch Römer. Erstmals rückten 12 v. Chr. römische Legionen an den Niederrhein, um von dort die Regionen rechts des Rheins zu erobern. Die Niederlage in der Schlacht am Teutoburger Wald (9 n. Chr.) führte zu der Nordbegrenzung des Operationsgebietes durch den Rhein unter Kaiser Tiberius. In Vetera I und II (s. Abb. 1) lagerten 11 000 Legionäre mit zugehörigem Tross – ein „Lagerdorf ... das erste größere Bevölkerungszentrum in dieser Region". Der britische Archäologe Clive Bridger-Kraus legte in einem Beitrag „Römerzeit und Frühmittelalter auf Gindericher Gebiet" (in: Roelen, S. 9–40) sowie in einem Vortrag „Wo blieben die Veteranen der römischen Armee im Xantener Raum" (Waggeling 2005) eine hervorragende historische Analyse, archäologisch unterbaut, vor. Sie fand unter anderem auch im Archäologischen Park Xanten (APX) und im Regionalmuseum Xanten (RMX) ihren Niederschlag. Unter Hinweis auf diese Quellen wird hier nur auf einige Fakten verwiesen:

Unmittelbar auf Gindericher Gebiet – in der Mitte des 1. Jahrhunderts (so Bridger, S. 18) – wurde ein weiteres Lager errichtet und (wegen der Gefährlichkeit der Germanen) unter anderem mit Reitern belegt. Der Bataveraufstand im Jahre 69/70 n. Chr. führte zu ersten germanischen Erfolgen; dann jedoch tobte im Sommer 70 n. Chr. eine der größten Schlachten der römischen Zeit am Niederrhein (Bridger, S. 20) auf Gindericher/Werricher Gebiet (eventuell auch um Birten). Eine detaillierte Beschreibung der Schlacht liegt vom römischen Geschichtsschreiber Tacitus vor (Buch V, Kapitel 14–18). Die Wichtigkeit der Dokumentation wird dadurch deutlich, dass Bridger eine mehrseitige Übersetzung beifügt. Die Schlacht endete mit einem Sieg der römischen Legionen. Die Konzentration von römischen Truppen erforderte eine Versorgungslogistik, vor allem auch deshalb, weil die Landbewirtschaftung sich erst nach und nach der spezifischen Nachfrage der Römer anpasste. Die römisch bestimmte Agglomeration wurde durch die hohe Zahl von entlassenen Soldaten (Veteranen) verstärkt. Am unteren Niederrhein wird ihre Zahl auf rund achtzigtausend geschätzt (Bridger). Ein Teil davon dürfte sich auf Gindericher Gebiet niedergelassen haben. Die Veteranen wurden mit Geld, Haus und/oder Land abgefunden, wodurch auch neue Bauernhöfe entstanden.

In der Folgezeit wurde der Niederrhein aus der römischen Militärverwaltung entlassen (84 n. Chr. durch Kaiser Domitian), was zu einem starken wirtschaftlichen Aufschwung im 2. und 3. Jahrhundert führte; „...eine ländliche Besiedlung konnte (so) gedeihen" (Bridger, S. 24), gerade im Gindericher Raum „....im Umfeld des benachbarten Legionslagers Vetera II", denn dort gab es eine kaufkräftige Nachfrage. Im Jahre 267 n. Chr. eroberten germanische Stämme die römischen Anlagen auch im Gebiet Ginderich und Xanten (Vetera II). Die römische Herrschaft endete Mitte des 5. Jahrhunderts, und von da an bestimmten die Franken das politische und ökonomische Geschehen unseres Raumes.

4.   Zugehörigkeit zum Deutschen Reich

Wiederum war es der Niederrhein, auf dessen Fluren die entscheidende Schlacht im Jahr 939 von Kaiser Otto I. gegen Herzog Giselbrecht von Lothringen stattfand. Der Ort ist nicht genau bekannt; es heißt „bei Birten" und hat damit wahrscheinlich auch Ginderich zum Einzugsbereich gemacht. Im 11. Jahrhundert wird dann Ginderich als „Rigendrische" (1056/76) erwähnt (siehe: Punkt 1). Für Bridger beginnt damit „ein neues Kapitel in der Ginدericher Geschichte".

In der genannten Veröffentlichung von Martin Wilhelm Roelen (Wesel 2000) erfolgt die zeitliche Fortschreibung durch ein Kapitel „Gindericher Höfegeschichte" (Isabella Benninghoff-Lühl). Daraus ist für Ginderich die Zweigleisigkeit der Eigentums- und Besitzrechte an der Bodennutzung abzulesen:

1.   die dominierende Stellung der Kirche mit dem Xantener Viktorstift. Durch Schenkungen wurde es ein bestimmender Teil der Agrarverfassung;

2.   die Landesfürsten – in unserem Falle vor allem der Herzog von Kleve – mit ihren Pfandherren, die das Land/die Höfe zugunsten der „Laten" durch Erhebung der Zinsen und Erhebung von Pachten vergaben.

Das (kirchliche) Viktorstift Xanten hatte ein so umfangreiches Bodeneigentum, dass eine Eigenbewirtschaftung nicht mehr möglich war. Es wurde daher ein „Behandigungswesen" eingeführt; das heißt, Hufen und Katen wurden auf Lebenszeit dem „Behandigten" gegen einen geringen konstanten Zins überlassen. Das bedeutete bei schleichender Inflation praktisch (bis zur Säkularisation unter Napoleon) eine ökonomische Entwertung. Mehr noch, die „Behandigten" konnten die Parzellen im Erbgang aufteilen, und somit musste eine zunehmende Zahl von Bodennutzern zu Martini vom Stift beköstigt werden. Wem die weltliche Abhängigkeit zu schwer war, konnte sich als Wachszinspflichtiger dem Stift unterstellen. Im Jahre 1430 wurden in Ginderich und vorgelagerten Hofsiedlungen (Gest und Poll) 96 Wachszinspflichtige gezählt. Doch konnten durch diese Abgaben die Altäre des Xantener Doms nicht erleuchtet werden; daher führte das Stift eine Branntweinsteuer in Xanten ein!

Das Endprodukt dieser Rechtsverhältnisse war eine völlig zersplitterte Feldflur bereits seit Anfang des 15. Jahrhunderts, die bis Mitte des 20. Jahrhunderts den Zuschnitt der Landbewirtschaftung auch in Ginderich bestimmte. Im Laufe der Zeit wurden in Folge von wirtschaftlichen Rückschlägen die „Behandigungsgebühren" von „Rittergütern, wohlhabenden Bürgern und vom Klerus übernommen", die dann daraus Pachtgüter machten. Diese Entwicklung hatte Konsequenzen bei der durch Napoleon durchgeführten Säkularisation (9. Juni 1802 Auflösung des Xantener Stiftes mit 1 054 Hektar Grundbesitz und 36 Höfen). Die „Behandigten" zahlten für den Eigentumserwerb den 25-fachen Jahreszins („beinahe kostenlos" s.o.) und die Pachthöfe wurden versteigert (Benninghoff-Lühl, S. 43). Bei Benninghoff-Lühl finden sich detaillierte Angaben zu Höfen, die mit völlig unterschiedlichen Hoforganisationen das dörfliche Leben im Gindericher Ortskern bestimmten: (a) Der Hof zu Ginderich, im Besitz der Viktorstiftes, war Oberhof für die Eintreibung von Pachten und Zinsen („Klein-Gindrich"). In späteren Zeiten taucht er allerdings nicht mehr auf. (b) Der Schwanenhof, früher freier Sadelhof, der im 14. Jahrhundert als Lehen (des Landes Dinslaken) ausgegeben und 100 Jahre später auf den Herzog zu Kleve übertragen wurde, war bereits seit 1475 Verwaltungs- und Gerichtsstätte (Winschuh 1996). Auch hier gab es „Laten" und „Behandigte"; der Schwanenhof war praktisch ein „Landesherrliches Dömanengut mit 11 Gütern". (c) Der Iltschenhof (in Poll) als Pachtgut war Bindeglied zwischen Stift und „Behandigten" (17 Güter in Ginderich) durch die Eintreibung der Zinsen und Pachten. Vor den Hofesgeschworenen wurden auch Konflikte geschlichtet. 1390 verlieh Graf Adolph von Kleve das Schöffensiegel an den Gerichtsbezirk Gindrich, wodurch dessen zentralörtliche Bedeutung hervorgehoben wurde (Inschrift in lateinischer Sprache: Siegel der Schöffen von Ginderich).

5.   Kirche und Wallfahrt

Kirche und Wallfahrt machten Ginderich bereits in früher Zeit zu einem zentralen Ort am Niederrhein. Die Kirche hat einen romanischen Kirchturm (erbaut um 1220) und ein gotisches Hauptschiff mit Seitenschiffen (erbaut im ersten Viertel des 14. Jahrhunderts). Es wird angenommen, dass die Bauhandwerker des Xantener Doms die Arbeiten am Turm ausführten (Rohde 1989). Bereits vorher (1190) war die Pfarrkirche Ginderich dem Stift Xanten vom Kölner Erzbischof geschenkt worden, so dass diesem entsprechende Leistungen zuflossen. Gemessen an der Bevölkerung war die Kirche überdimensioniert (Abb. 3).

Jedoch lässt sich das dadurch erklären, dass Ginderich der älteste Marienwallfahrtsort am Niederrhein war: 1190 wurde dies urkundlich belegt (Kölner Erzbischof Anno II.; 1056–1075). Das Gnadenbild ist eine später geschaffene, um 1300 datierte sitzende Madonna mit dem Jesuskind auf dem Schoß. Diese Form der Darstellung war am Niederrhein üblich; Pohl (in Roelen, S. 93) hat die verschiedenen Formen der Darstellung ausgewiesen und das Verbreitungsgebiet abgegrenzt. Die Erstform des Gnadenbildes in Ginderich soll beim Kirchbau (um 1220) verloren gegangen sein. Sie wurde durch eine gotische Sitzmadonna um 1320 ersetzt. Ginderich als Ort der Marienwallfahrt muss im Mittelalter stark frequentiert worden sein. Es wird von erheblichen Einnahmen und Spenden zugunsten des Mirakel-Bildes gesprochen. Auch die Bevölkerung hatte ökonomische Vorteile durch die Steigerung der Wirtschaftskraft. Wo Einkommen entstehen, ist der Konflikt um die Verteilung nicht weit entfernt. Der Kirchmeister bestimmte die Verteilung des Geldes, und der Pfarrer mit seiner Kirche ging leer aus. Der Streit ging bis zu Papst Clemens VII. nach Rom, der 1527 seine Entscheidung in einer päpstlichen Bulle niederlegte. Das Kirchspiel Ginderich mit seinen rund 400 Seelen in damaliger Zeit war damit selbst in Rom bekannt! Die Anziehungskraft des Wallfahrtsortes Ginderich endete nach einem halben Jahrtausend durch das gesetzlich verfügte Verbot des preußischen Kurfürsten Friedrich Wilhelm im Jahre 1640.

Ein Zeitsprung in die Gegenwart: Bei der Einweihung der restaurierten Kirche im Dezember 2005 durch den Bischof von Münster Dr. Reinhard Lettmann wurde zur völligen Überraschung der Bevölkerung Ginderich nach 365 Jahren wieder zum Wallfahrtsort ausgerufen. Damit beschert Ginderich der Hansestadt Wesel einen attraktiven Marienwallfahrtsort!

Abbildung 3: Ansicht der Pfarrkirche. Erbaut 1220 und Anfang 14. Jh.

Abbildung 4: Gin,dericher Madonna um 1320

Quelle: Roelen (2000).

6. Der Einfluss der Franzosen und die Änderungen bis zur Weimarer Republik

Die Übergabe des linken Niederrheins durch Preußen (Sonderfrieden von Basel 1794) machte Ginderich 1798 zu einer französischen Gemeinde (wie 27 Gemeinden im Kanton Xanten) im neu errichteten Roer-Department (Roelen, S. 127). Bisher bestehende Strukturen wie etwa das Richteramt Büderich, welches zeitweilig auch Amt Ginderich genannt wurde, und das Schöffengericht Ginderich wurden aufgehoben. Ab dann galt das französische Verwaltungssystem. Kleinere Gemeinden wurden zu Mairien (Bürgermeistereien) zusammengefasst; im vorliegenden Falle Ginderich mit Büderich. Als Napoleon 1807 Wesel zu einer Festung ausbauen ließ, wurde linksrheinisch auf Büdericher Gebiet ebenfalls ein Fort errichtet. Der Landverlust von Büderich wurde durch die Zuweisung einer Staatsdomäne auf Gindericher Gebiet (Werrich) kompensiert. Der Konflikt zwischen den beiden Gemeinde – so Roelen – wurde dadurch verschärft, dass Altbüderich (um freies Schussfeld zu haben) geschleift und die Bevölkerung umgesiedelt wurde. Dadurch wurden die Grenzen zu Lasten Ginderichs verschoben, Pfarrbezirke eingeschlossen. Wichtig war auch der mit der Säkularisierung verbundene Verkauf des kirchlichen Grundeigentums, vorwiegend an die bisherigen Pächter.

Auch nach dem Abzug der Franzosen (1815) blieb die bisherige Kommunalverfassung weitgehend bestehen. Die Rheinische Gemeindeordnung (23.7.1845) bestimmte die weitgehende alleinige Kompetenz unabhängig vom Gemeinderat. Grundlegend geändert wurde demgegenüber das Wahlrecht, ausgeübt von den so genannten Meistbeerbten (Kriterien: mindestens 24 Jahre, männlicher preußischer Untertan, Zahlung der Einkommen- bzw. Klassensteuer von wenigstens 3 Talern). In Preußen galt das Drei-Klassen-Wahlrecht, bei dem die Landwirte als größte Steuerzahler auch Höhe und Struktur der Ausgaben bestimmten (ausführliche Darlegung siehe Roelen, S. 129–132). Eine Einigung zwischen Ginderich und Büderich über den Grenzverlauf, der durch die Franzosen bestimmt worden war, schien nicht in Sicht. Am 2. März 1848 wurde zwischen Ginderich und Büderich heftig um den Grenzverlauf gestritten – ohne eine Einigung, weil Ginderich auf seine Selbständigkeit mit altem Areal, auf das Büderich vorgestoßen war, bestand. Zwei Jahre später wurde der scharfe Grenzkonflikt durch Zusammenschluss der beiden Gemeinden scheinbar beendet; peinlich darauf bedacht, das Ergebnis als Provisorium zu betrachten, das jederzeit rückgängig gemacht werden konnte. Deshalb wurde festgelegt, „wem gehört was und wer zahlt was". Die Gemeinden waren getrennt für die Schuldentilgung zuständig und hatten jeweils eigene Haushalte. Die Ausgaben für gemeinsame Aufgaben wurden genau aufgerechnet. Die Gindericher waren z.B. nicht bereit, den Büdericher Nachtwächter und den Unterhalt der städtischen Straßen zu bezahlen. Die Armenkassen wurden getrennt geführt und anderes mehr. Roelen (2000) wertete mit großer Akribie und Genauigkeit die Unterlagen dieser Zeit aus (ebenda, S. 143). Die Gindericher hatten in der Samtgemeinde nach dem Drei-Klassen-Wahlrecht die Mehrheit der Stimmen im Gemeinderat, obwohl ihr Dorf nur ein Drittel der Gesamtbevölkerung ausmachte. Man höre und staune:

Nach 22 Jahren (!) Samtgemeinde wurde dann der Antrag auf Trennung der Gemeinden von den Gindericher Mitgliedern des Gemeinderates gestellt (1872). Er wurde jedoch mit der Mehrheit der Stimmen abgelehnt, allerdings zog sich die Diskussion noch bis 1909 hin. Obwohl die Gindericher in der Samtgemeinde einen großen Einfluss ausübten und fast durchgehend den Vorsitzenden des Gemeinderates stellten, war eine Einigung nicht möglich. Die Last der „falschen" Grenzziehung war stärker! Ginderich war selbst nicht bereit, einen Dorfvorsteher zu bestimmen, weil die alten Grenzen nicht eingehalten worden waren. Als diese wiederhergestellt wurden (1901), fand dann die Wahl statt.

Das Ende des Kaiserreichs und der Beginn der Weimarer Republik veränderten auch das Wahlrecht. Der Chronist vermerkt, dass das frühere Verhältnis der Gemeindratsmitglieder von vor 1919 zugunsten von Ginderich mit 13 zu 11 (Büdericher) lautete; nun seit 1924 verringerte es sich auf fünf zu 13. Die Dominanz der Gindericher Landwirte gehörte der Vergangenheit an! Wer diese 100-jährige Periode der Hin- und Her-Diskussion um Eingemeindung oder nicht, um die Selbständigkeit des Dorfes Ginderich verfolgt, bewertet das spätere „Hauruck-Verfahren" der Neuordnung aus dem Jahre 1975 mit politisch gemischten Gefühlen.

7. Der Aufschwung von Landwirtschaft und Dorf im 19./20. Jahrhundert

Das politische Leben und die kirchlichen Verhältnisse unseres Untersuchungsdorfes wurden für den genannten Zeitraum mit hoher Intensität bearbeitet (Roelen 2000). Demgegenüber bleibt die Analyse der wirtschaftlichen Verhältnisse auf wenige Fakten, insbesondere auf die der Arbeitsverfassung und der handwerklichen/gewerblichen Tätigkeiten beschränkt (ebenda). Die ökonomische Dynamik der Entwicklung von Landwirtschaft und Viehzucht blieb weitgehend ausgeklammert. Die wirtschaftliche Entwicklung wurde vor allem durch zwei Sachverhalte bestimmt: (1) das Bevölkerungswachstum mit der Gefahr des Drucks gegen die Nahrungsdecke (1857 große Hungersnot); (2) die äußerst zersplitterte Feldflur, die aus dem Mittelalter herrührte und eine hohe Hürde für die technische Entwicklung darstellte (der Versuch einer Flurbereinigung Ende der 1920er-Jahre im Interesse der Großbauern scheiterte).

Das Kirchspiel Ginderich umfasste 1787 eine Fläche von knapp 2 000 Hektar und 221 Einwohner plus vorgelagerte Bauernschaften von 345 Einwohnern, also insgesamt 566 Personen. 20 Jahre später, 1812, wurden über 700 Einwohner gezählt, das heißt 16 Prozent mehr. Um 1930 lebten dort rund 1 100 Menschen, das heißt mehr als das Doppelte gegenüber dem Bezugsjahr. Die Landwirtschaft erlebte im 19. und 20. Jahrhundert ihre organisch-technische Evolution (produktionssteigernde Maßnahmen), im Vergleich zur späteren mechanisch-technischen (Maschineneinsatz mit Einsparungen bei Arbeits- und Zugkraft). Sie konnte dadurch die zunehmend steigende Zahl der Arbeitskräfte absorbieren, obwohl bereits ein Sechstel der Haushalte zum Handwerk und zu den Dienstleistungen gehörte (1799). Die agrarische Arbeitsverfassung versuchten die politisch bestimmenden Landwirte allerdings zu schützen, indem sie z.B. die Ansiedlung des Salzbergwerks in der Gemeinde zu verhindern wussten.

Bis zum Ersten Weltkrieg kann eine Periode wachsenden Tauschwerts der Agrarprodukte verzeichnet werden, weil die Industrialisierung sich vor der Haustür (im Ruhrgebiet mit seinen Ausläufern auf das linksrheinische Gebiet) vollzog. Bodennutzung und Viehhaltung wurden daher intensiviert. Die Besömmerung der Brache (Aereboe 1917) hatte sich unter englischem Einfluss durchgesetzt. Die Zwei-Felder-Wirtschaft wurde zugunsten einer Drei-Felder-Wirtschaft gesprengt, jetzt jedoch mit zwei Blattfrüchten. Dies hatte eine Steigerung der Bodenfruchtbarkeit und der Erträge zur Folge. Theodor Brinkmann entwickelte in seinen Bonner Vorlesungen 1948 die rheinische Fruchtfolge sogar mit zwölf Gliedern (Dams/Enders, Vorlesungsmanuskript 1948), bei der ein Drittel bis zu 40 Prozent der landwirtschaftlichen Nutzfläche auf Blattfrüchte entfielen. Die Zuckerrübe hatte durch die Kontinentalsperre Napoleons Eingang gefunden, vorher schon die Kartoffel aus Lateinamerika. Justus von Liebig (1803–1873), der Schöpfer der modernen Düngerlehre, hatte die organisch-technische Modernisierung der Landwirtschaft mit höheren Erträgen forciert. Im Endergebnis führte die gestiegene Bodenproduktion zum Aufbau einer Nutztierhaltung (Rindvieh, Rot- und Schwarzbunt, Schweine, Geflügel), jedoch begleitet von einer starken Pferdehaltung (20 bis 50 Prozent des Gesamtviehbestandes), dominiert vom niederrheinischen Kaltblutpferd, das für die schwere Bodenbewirtschaftung benötigt wurde.

Auch die so genannte unterbäuerliche Schicht profitierte in vielfacher Weise von dieser Entwicklung. Der Blattfruchtbau bedeutete mehr Handarbeit: Rüben jäten und vereinzeln, Kartoffellesen usw. Das war Frauen- und Kinderarbeit mit zusätzlichem, wenn auch geringem Einkommen. Weil die Arbeitskraft knapp wurde, gab es selbst Formen des Teilbaus in Ginderich, wie sie sonst nur in Südeuropa vorkamen. Die Kombination mehrerer Tätigkeiten, bei hoher Eigenversorgung mit Nahrungsmitteln, verhinderte eine breitere Armut in der unterbäuerlichen Schicht. In der beruflichen Bildung blieb es wie gewohnt: Die Jungen gingen als Knechte auf die Höfe, verstärkt setzte sich die handwerkliche Ausbildung durch. Für die Mädchen blieb nach Abschluss der Volksschule nur die Tätigkeit als Magd auf dem Hof.

Im 20. Jahrhundert setzte die Mechanisierung der Landwirtschaft ein (mechanisch-technische Entwicklung), die auf Ersatz der menschlichen Arbeitskraft und der tierischen Zugkraft ausgerichtet war. Dies erscheint auf den ersten Blick reichlich spät. Der Einsatz des Dampfpfluges, wie er auf den Großdomänen im Osten üblich war und von Max v. Eyth (1836–1906) in seinem Buch „Hinter Pflug und Schraubstock" (1899) eindrucksvoll beschrieben wurde, war am Niederrhein wegen der parzellierten Feldflur nicht möglich. Hier musste die Anforderung zunehmender Intensivierung der Landwirtschaft weitgehend „aus der Armenkasse", das heißt mit Handarbeit, geleistet werden (so ein Ausspruch des Bonner Professors für Landtechnik, C. H. Dencker, in seiner Vorlesung). Die Landtechnik musste sich der Agrar- und Betriebsstruktur anpassen, was ihr hervorragend gelang. Die

Konsequenz: Das niederrheinische Kaltblutpferd verschwand fast ausnahmslos; die Zahl der Arbeitskräfte auf den Höfen nahm ab. Die Bodennutzung zur Herstellung von Pferdefutter (Hafer usw.) entfiel weitgehend und wurde dem Marktfruchtbau zugeführt. (Weitere Angaben zur wirtschaftlichen Entwicklung im nichtlandwirtschaftlichen Bereich siehe Roelen, S. 145–166.)

Warum diese breite Analyse des erfolgreichen Anpassungsprozesses der Landwirtschaft? Dieser ist einer der Gründe dafür, dass die Bauern von Ginderich ein solches Selbstbewusstsein in der Auseinandersetzung um die Selbständigkeit ihres Dorfes zeigten. Sie waren sich der ökonomischen Bedeutung der Landwirtschaft bewusst. Sonntags nach dem Hochamt versammelten sich die Landwirte in der „Burenkamer" der Gastwirtschaft, scharf getrennt von der übrigen Dorfbevölkerung, die im üblichen Schankraum ihr Bier trank. Der Versammlungsort wurde in den letzten Tagen (1945) von deutschen Truppen niedergebrannt. Jedenfalls gab es nach dem Zweiten Weltkrieg keine „Burenkamer" mehr. Vielleicht hat auch der Zustrom von Flüchtlingen und Vertriebenen aus Schlesien hieran mitgewirkt, die weitgehend aus der Landwirtschaft kamen.

Diese insgesamt relativ dynamische Entwicklung traf auf eine dörfliche Siedlungsstruktur, die bis auf den heutigen Tag die Ausdehnung des Stadtteils Ginderich im Rahmen der Stadt Wesel begünstigt. Sie ist als Straßendorf im Viereck gekennzeichnet, und manche der Bauernhöfe lagen – mit den Katen – an der Dorfstraße, mit den entsprechenden Ländereien in oder an diesem Viereck. Als der Kirchhof trotz Einbeziehung des Pfarrgartens als Beerdigungsstätte zu klein wurde, verlegte man 1870 die Neuanlage des Friedhofs in die Mitte dieses Vierecks der Hauptstraßen, nicht wie bei anderen Gemeinden an die Peripherie des Ortes. Wer einen Spaziergang macht, muss die Toten einbeziehen! Mit der Aussiedlung und der Auflösung landwirtschaftlicher Betriebe erfolgte die Verdichtung in der Mitte des Dorfes auf den dortigen freien Flächen – es bekam einen fast kleinstädtischen Charakter Ende des vergangenen Jahrhunderts. Weiterhin gab es Ausweichmöglichkeiten für Zuwanderer in die Vororte, z.B. Werrich. Diese Funktion der Wohnraumbeschaffung war im Interesse der Hansestadt Wesel leicht zu erfüllen. Diese Entwicklung hatte noch eine weitere Konsequenz: Es wurde ein weiteres (nun aber End-)Glied der Fruchtfolge angesetzt, die beste aller möglichen Lösungen, wie der langjährige Präsident des Deutschen Bauernverbandes, Edmund Rehwinkel, einmal ausführte: Bauland und Kies! Dies hat manche Bodeneigentümer auch in Ginderich zu wohlhabenden Bürgern gemacht!

Das kirchliche Leben war in diesen Jahrzehnten des 20. Jahrhunderts außerordentlich aktiv. Ein Pfarrer und ein Kaplan übernahmen die seelsorgerische Betreuung. An den hohen Festtagen wurden Ordensgeistliche zur Verstärkung herangezogen, von den Steyler Patres/Societas Verbi Divini (SVD) und von den Jesuiten/Societas Jesu (SJ). Zwei Messen täglich, regelmäßige Andachten, Prozessionen in die Feldfluren – manchem Alt-Gindericher sind in der Zeit nach 1933 die Predigten der Jesuiten noch gegenwärtig: Mit dem „Stürmer" der Nazis in der Hand und von der Kanzel herab wurde scharf gegen das bestehende System formuliert –

mit Rückhalt von Clemens August Graf von Galen (1878–1946, Bischof von Münster ab 1933) –, dessen Hirtenbriefe zum Teil nur von Hand zu Hand weitergereicht wurden. Und in vielen Haushalten wurde neben dem Kirchenblatt die „Stadt Gottes" und der „Feuerreiter" (beide von SVD verlegt) gelesen. (Über die Zeit des Nationalsozialismus in Ginderich siehe: Roelen, S. 144.)

Eine ökonomische Tatsache soll noch benannt werden: Inzwischen hatte die Pfarrei durch Schenkungen rund 30 Hektar Land als Eigentum. Sie konnte bei der Verpachtung soziale Aspekte berücksichtigen.

8. Auseinandersetzung mit dem Hochwasser

Eine Geschichte des Dorfes Ginderich, des heutigen Stadtteils von Wesel, kann ohne über die Jahrhunderte andauernde Bedrohung dieser Siedlung und ihres regionalen Umfeldes durch das Hochwasser des Rheins nicht geschrieben werden. Der Rhein verlagerte in früher Zeit immer wieder sein Flussbett (siehe: Abb. 1), trat über die Ufer und begrenzte damit auch die Siedlungskapazität von Ginderich.

Ein altes Sprichwort besagt, dass „Wasser nicht aufzuhalten ist und sich immer seinen Weg sucht". Daraus folgt, dass die Betrachtung der Auswirkungen des Hochwassers in Ginderich geographisch auf den unteren Niederrhein ausgeweitet werden muss; trotzdem bleibt Ginderich Zentralort der nachfolgenden Ausführungen. In der Auseinandersetzung zwischen Römern und Germanen spielte der Rhein eine besondere taktische Rolle. Darüber hat Tacitus ausführlich berichtet. Im Sommer 70 n. Chr. fand die Schlacht um Werrich/Ginderich/Birten statt. Es lohnt sich, deren Dramatik durch ein längeres Zitat des Historikers zu illustrieren. Tacitus schreibt: „Civilis (der Bataver-Heerführer) hatte quer in den Rhein einen Damm ausführen lassen ... (wodurch) das angrenzende Gelände überschwemmt werden sollte. So sah die Gegend aus: Sie war tückisch mit ihren unsicheren Untiefen und für uns (Römer) ungünstig. Denn die römischen Soldaten sind schwer bewaffnet und haben Angst vor dem Schwimmen. ... (im Kampf) ergab sich eine beängstigende Lage: Waffen und Pferde versanken in den sehr tiefen Sümpfen ... wie in einer Seeschlacht trieb man in den Wogen umher ...". Trotzdem ging die Schlacht für die Germanen verloren; ein Überläufer der Bataver verriet die Standorte der Germanen und führte die Römer in den Rücken der Angreifer! (Ausführliche Übersetzung von Tacitus, in: Bridger, S. 20–23).

Tragisch und zeitlos erscheint uns heute dieses Ringen der Menschen mit der Naturgewalt Hochwasser (geoscience online 2004). Ein Klever Graf errichtete im 13. Jahrhundert die ersten Deiche (kleinere Wälle). Ein geschlossener Schutz war nicht möglich, weil bis Mitte des 18. Jahrhunderts die jeweiligen lokalen Landherren zustimmen mussten. Der preußische König Friedrich II. wollte dieser Naturkatastrophe begegnen; 1767 erließ er das „Clever Deichreglement", was auch für Ginderich bedeutsam war. Damit sollte der Deichbau nach gemeinsam verpflichtenden Kriterien realisiert werden und zu einer geschlossenen Schutzlinie am Niederrhein führen.

Doch – so die Chronisten – knapp zwanzig Jahre später (1784) brach im Winter der Deich an 118 Stellen, und über tausend Menschen kamen um. Hier griff nun der preußische Staat ein, der an der Besiedlung der fruchtbaren Rheinebene interessiert war, und führte die staatliche Förderung des Deichbaus ein, die – bei wechselnden staatlichen Zuständigkeiten – bis zum heutigen Tag gilt.

Die Flut von 1809 ist in Umfang und Schäden für das Gebiet von Ginderich flussabwärts gut dokumentiert: Allein zwischen Kleve und Emmerich wurden über 300 Gebäude zerstört, 22 Menschen fanden den Tod, unter ihnen auch Johanna Sebus, die „mit dem Mut der Verzweiflung mehrere Menschen aus der nächtlichen Flut rettete" (geoscience online 1998–2004). Goethe hat ihr, veranlasst durch die Bekanntschaft mit Friedrich II., ein „poetisches Denkmal" gesetzt:

Der Damm zerreisst, das Feld erbraust
Der Damm verschwand, ein Meer erbrausts
Die Fluten spülen, die Fläche saust.
Den kleinen Hügel im Kreis umsausts.
Ich trage dich Mutter, durch die Flut,
Da gähnet und wirbelt der schäumende Schlund,
noch reicht sie nicht hoch, ich wate gut.
Und ziehet die Frau mit den Kindern zu Grund.

Die damalige Zeit mit ihren zerstörerischen Hochwasserfluten vermittelt einen Eindruck davon, was heute in manchen Entwicklungsländern vor sich geht – mit zu niedrigen oder zu schwachen Deichen und ohne Frühwarnsysteme.

In der Literatur finden sich Hinweise auf das verheerende Hochwasser Anfang 1855. Im Verlauf des 19. und 20. Jahrhunderts gab es weitere gravierende Hochwasserüberschwemmungen im Gindericher Gebiet: 1882 eine solche im Frühjahr, 1983 im Winter. 1926 wurde der höchste Pegelstand gemessen. (Diese Ereignisse wurden mit Eisenmarken oder Gusstafeln in der Frontmauer der Kate, die von unserer Familie bewohnt war, dokumentiert und korrekt justiert.)

Für die Reparatur der Deichschäden und für den Ausbau der Dämme waren so genannte Deichschauen zuständig, zu denen sich die Bevölkerung im Laufe der Zeit zusammengeschlossen hatte. Eine solche Deichschau gab es getrennt für Ginderich und Büderich. Sie endeten jeweils am linken Rheinufer. Die weitgehend auf Gemeindebasis abgegrenzten Deichschauen erwiesen sich für eine umfassende Planung des Hochwasserschutzes als zu klein oder die Koordination der kleinen Einheiten als zu schwierig. Daher wurde 1997 ein „Deichverband" gegründet, mit einem Deichgräf an der Spitze. Drei Sachverhalte sind von Bedeutung: (1) Der gewählte Deichgräf ist ein Gindericher Landwirt. (2) Die flächenmäßige Ausdehnung des Hochwassers des Jahres 1926 wurde als Grenzziehung der neu geschaffenen Institution herangezogen; sie durchschnitt damit die Grenzen der politischen Gemeinden. (3) Der Deichverband erhielt die Ortsbezeichnung „Poll", da keine der früheren Deichschauen die Namensführung erhalten sollte. Poll lag im Zentrum des Deichverbandes und gehörte zur Gemeinde Ginderich.

Außerdem befand sich in Poll die Schleuse, die bei Gefahr eines Dammbruchs zur Entlastung der Deiche geöffnet wurde.

Zum Verband gehören: Bislicher Insel, Unterbirten, Borth, Menzeln-Ost und -West; Alpen, Millingen und Wallach teilweise (je nach Überflutungsgrenze des Jahres 1926). Alle Siedlungen liegen linksrheinisch, das heißt, Wesel lag außerhalb des Planungsraumes.

Der Deichverband Poll umfasst 7 500 Hektar Schutzfläche. Die nicht unerheblichen Finanzaufwendungen werden zum Teil durch Eigenmittel (Zahlungen der Verbandsmitglieder je nach Einheitswert) abgedeckt (ein Sechstel bis ein Fünftel); der Hauptteil wird durch Zuschüsse des Landes Nordrhein-Westfalen zur Verfügung gestellt. Hinzu kommen Zahlungen des Bergbaus für senkungsbedingten Mehraufwand (Salzbergwerk Borth; der rechtsrheinische Kohlebergbau könnte in Zukunft auch herangezogen werden, da er bereits den Rhein bei Wesel untertunnelt hat).

Die eingesetzten Mittel, die der Deichverband Poll in seinen Jahreshaushalten ausweist, sind nicht unerheblich. In der Hebeliste 2005 wird von etwa 15 Millionen Euro gesprochen (Grunderwerb, Ingenieurleistungen, Baukosten usw.). Die Konstruktion der Deichverbände entspricht dem Prinzip der Subsidiarität, das heißt, Hilfe zur Selbsthilfe wird vom Staat unterstützt.

9. Alternativen der geographischen Neugliederung 1975

Mit Beginn des Jahres 1975 erfolgte durch die Neugliederung von Gemeinden und Kreisen des Niederrheins die Zuordnung von Ginderich (mit Büderich) zur Stadt Wesel. Dies war für viele Bewohner eine Überraschung. Die historische Analyse zeigt, dass das Dorf auf Xanten ausgerichtet war. Daran ändert auch nichts, dass die Weseler Handelsfamilien zur Zeit der Hansa (13. bis 17. Jahrhundert) ihr Magervieh auf den Gin="">dericher Fettweiden mästeten. Auch die Auseinandersetzung zwischen dem Herzog Johann von Kleve (1347) und dem Weseler Magistrat wegen der Steuerfreiheit der außerhalb von Wesel gelegenen Güter, die Wesel für sich entschied, dürfte keine Konsequenzen für den Zusammenhalt von Wesel über den Rhein hinweg gehabt haben. Jedoch war der Rhein – so Benninghoff-Lühl (in: Roelen, S. 47) – „keine so trennende Grenze, wie man es für die vorausgehenden Jahrhunderte hätte ansehen können".

Nach den Wahlen 1969 wurde in Büderich ein Ausschuss gebildet, der die Alternativen einer gemeindlichen Neuordnung erarbeiten sollte. Nach H. Henrichs (Roelen, S. 169) wurden folgende Lösungen erörtert: (1) Büderich und Ginderich kommen zu Alpen und Borth in Verbindung mit Rheinberg. (2) Ginderich und Büderich werden aufgeteilt, Büderich zu Wesel und Ginderich zu Xanten. (3) Ginderich und Büderich werden Wesel angegliedert. Die letztgenannte Lösung wurde zur politischen Realität. Dafür sprachen zwei Gründe:

(1) Es sollte – nicht nur bei Wesel – die administrative Trennung durch den Rhein überwunden werden. (2) Der Kreis Moers wurde aufgelöst, und bei der Neuordnung wurde der Kreis Wesel geschaffen (Abb. 5); dadurch wurde z.B. die Bindung von Ginderich an Xanten – nun auf Kreisebene – wiederhergestellt.

Abbildung 5:   Landkreis Wesel

Versuche, diese politische Entscheidung „von oben" (durch den NRW-Landtag) zu revidieren, erschienen nur auf dem Rechtsweg möglich. Sie versprachen im vorliegenden Falle wenig Erfolg. Damit ist Ginderich Teil der Hansestadt Wesel geworden. Ob ihre Bürgerinnen und Bürger darauf stolz sind, wurde noch nicht erfragt; auch nicht, ob die Weseler die Bedeutung des Wallfahrtsortes Ginderich für die Hansestadt Wesel bereits erkannt haben.

Ginderich hat einen langen Weg struktureller Wandlungen zurückgelegt, vom Bauerndorf – mittelalterlich geprägt – zu einer modernen Siedlung mit Schwerpunkten industrieller und handwerklicher Arbeitsplätze, ergänzt durch Aktivitäten im Dienstleistungssektor und – nicht zu übersehen – funktionierende Bauernhöfe in stark verminderter Zahl.

Bischof Heinrich Tenhumberg, Münster, umriss in den 1950er-Jahren die Herausforderungen für Landwirtschaft und Land in einem Vortrag vor der Agrarsozialen Gesellschaft und beschrieb klar die verschiedenen Möglichkeiten der Anpassung: (a) Man könne auf Neuerungen negativ reagieren, alles Neue wird dann ohne Prüfung zurückgewiesen. (b) Was kommt, wird primitiv okkupiert, ohne jede Überlegung, ob gut oder schlecht. (3) Die Menschen sollten die neuartigen Einflüsse kritisch reflektieren und sie nach Prüfung annehmen oder ablehnen. Durch Bildung und Ausbildung der Menschen sollte eine kulturelle Beherrschung gesucht werden.

Nach intensivem Studium der historischen Entwicklung ist man geneigt, dem Dorf Ginderich die „kulturelle Beherrschung" technischer und gesellschaftlicher Einflüsse zuzuerkennen!

10.   Eingemeindung – Dezentralisierung – Identifizierung

Eine Eingemeindung bietet Chancen und Risiken für die politische, ökonomische und gesellschaftliche „Entwicklung". Entscheidend ist die „Partizipation von unten", die eine Identifizierung der dörflichen Bevölkerung mit der dominierenden Stadt voraussetzt.

Das Dorf Ginderich – als Stadtteil der Hansestadt Wesel – hat jüngst (Mitte 2006) einen entscheidenden Schritt hierzu getan: es wurde ein historisch basierendes Dorfwappen geschaffen (Abb. 6), das von dem Gindericher Robert Winschuh entworfen wurde.

Abbildung 6:   Dorfwappen von Ginderich*

*Entwurf: Robert Winschuh.

Auf der linken Seite ist das Schöffensiegel von 1390 zu sehen, das die Haspel des Herzogtums Kleve zeigt. Auf der rechten Seite ist das Gnadenbild der Gottesmutter Maria aus der ersten Hälfte des 14. Jahrhunderts abgebildet. Das Dorfwappen wird in einer Basaltsäule auf dem Marktplatz – neben Gindericher Sinnbildern – eingemeißelt werden (Ausführung: Friedhelm Borgmann). Das Material entspricht in seiner Härte und Ausdauerfähigkeit dem Charakter der Gindericher Dorfbevölkerung! („Wir haben den Strukturwandel gut verkraftet", F. Christians, in: H. Buschmann, Rheinische Post, Ausgabe Wesel. 2.8.2006).

Bliebe noch der Ansatzpunkt der Dezentralisierung im Rahmen der Eingemeindung. Nur kurze Zeit war Ginderich als „Amt Ginderich" selbständig. Der Widerstand gegen eine Eingemeindung mit Büderich dauerte 22 Jahre! In der kommunalen Gemeinde hatte das Dorf (seit 25.1.1901) einen Ortsvorsteher; den gibt es heute nicht mehr. Seit der Gemeindeneuordnung (1975) wählt zwar die Bevölkerung die Mitglieder des Stadtrates Wesel, aber auf der Ebene des Dorfes bzw. der ehemaligen Gemeinde fehlt eine demokratisch gewählte Vertretung, die sich im Rahmen der vom NRW-Landtag verfügten Fusion mit Wesel um die politischen Belange „vor Ort" kümmert. Mit dieser Feststellung werden nicht die Verdienste des Heimatvereins und anderer Gruppen geschmälert.

In Baden-Württemberg wurde bei Eingemeindungen ein grundsätzlich anderer Weg beschritten. Zum einen hatte die Bevölkerung in einem Bürgerentscheid über die vorgesehene Eingemeindung zu befinden; zum anderen wurden – nach positiver Entscheidung zugunsten einer Eingemeindung – der Gemeinderat und das Bürgermeisteramt abgeschafft. An deren Stelle traten der Ortschaftsrat und sein Vorsitzender. Die Vertreter des Ortschaftsrates werden demokratisch – zum gleichen Zeitpunkt der Wahl der Stadträte – gewählt. Aus seiner Mitte wird der Ortschaftsratsvorsitzende gewählt (die frühere direkte Wahl des Bürgermeisters wurde nicht beim Ortschaftsratsvorsitzenden angewendet). Die Stadt Freiburg hat z.B. in den 70er-Jahren mit jeder der zur Eingemeindung anstehenden Kommunen einen individuellen Eingliederungsvertrag abgeschlossen, in dem auch die vom Oberbürgermeister delegierten Rechte an den Ortschaftsrat und seinen Vorsitzenden ausgewiesen werden. So können z.B. die Aufgaben des Standesbeamten, Teile der Verwaltung usw. übertragen werden; das Amt des Ortschaftsratsvorsitzenden wird ehrenamtlich (mit Aufwandsentschädigung) ausgeübt. Der Eingliederungsvertrag unterliegt der Prüfung durch die Rechtsaussicht. Das Land Baden-Württemberg hat zwar eine Gemeindeordnung erlassen, in der auch die Frage der Eingemeindung geregelt wird; aber in den Neugliederungsprozess selbst greift es nicht ein.

Das Amt des ehrenamtlichen Ortsvorstehers gab es in Ginderich – nach langen Diskussionen – ab 25.1.1901; die Inhaber des Amtes waren Wilhelm Krebber und danach sein Sohn Viktor Krebber (Roelen, S. 135 und 141). Es wurde im November 1933 durch die Nationalsozialisten abgeschafft.

Vielleicht gibt es in der Zukunft – vor dem Hintergrund der Erfahrungen in Baden-Württemberg – mit dem Fakt der Eingemeindung 1975 in Ginderich einen Krebber-Nachfolger!

Literatur

Aereboe, Friedrich, Allgemeine landwirtschaftliche Betriebslehre. Berlin 1917 (6. Auflage 1923).

Bridger, Clive, Römerzeit und Frühmittelalter auf Gindericher Gebiet, in: Roelen, Martin Wilhelm (Hrsg.), Römer – Wallfahrt – Landwirtschaft. Zwei Jahrtausende Gindericher Geschichte, Wesel 2000.

Bridger, Clive, Veteranen der römischen Armee im Xantener Raum. Vortrag Xanten 2005; siehe auch: Waggeling, Heinz-Josef, Wenn Römer in Rente gehen, in: Neue Rhein Zeitung vom 21.11.2005; C.K., Die CUT (Colonia Ulpia Trajana) – eine Veteranensiedlung?, in: Rheinische Post vom 19.11.2005.

Brinkmann, Theodor, Die Ökonomik des landwirtschaftlichen Betriebes. Grundriss der Sozialökonomik. Tübingen 1922; siehe auch: Dams, Theodor, und Bernhard Enders, Manuskript der Vorlesung Th. Brinkmann, Bonn 1947/48.

Brües, Otto, Der Landkreis Moers, Moers 1963.

Christians, Franz, Ginderich das Dorf im Grünen – Ein Dorf zum Leben, Ginderich 2005.

Deichverband Poll, Jährliche Hebelisten mit jeweiligen Angaben der auszuführenden Maßnahmen und der erforderlichen Finanzaufwendungen.

Elvin, Günther, und Gottfried Evers, Bauernhäuser am Niederrhein, Duisburg 1986.

Friedrich II. und Goethe, Johann Wolfgang von, Deichgeschichten; darin Hinweis auf Johann Wolfgang von Goethe, Johanna Sebus. Gedicht über die Flut von 1809, in: Geoscience online, 1998–2004, Stand 12.02.2004.

Geoscience online, Stand 12.02.2004.

Geschichte des Ortsteils Ginderich; http//www.wesel.de, Links Stadtinfo, Stadtporträt, Weseler Ortsteile, Ginderich; http://www.wesel.de/Kommunen/wesel/www-wesel.nsf/71eb214379103725c1256ac5005c117f/0ab5a999c9e2c06a-c1256cb00032437d?OpenDocument, Stand 6.6.2006.

Henrichs, Heinrich, Die Gemeinde Büderich-Ginderich nach dem Zweiten Weltkrieg, in: Roelen, Martin Wilhelm (Hrsg.), Römer – Wallfahrt – Landwirtschaft. Zwei Jahrtausende Gindericher Geschichte, Wesel 2000.

Henrichs, Heinrich, Unser Dorf Ginderich, Kirmes l996.

Herbermann, Clemens, Links der Lippe – Rechts der Ruhr, Gelsenkirchen 1969.

Maier-Weber, Ursula, Wesel in römischer Zeit, in: Prieur, Jutta (Hrsg.), Geschichte der Stadt Wesel, 2 Bde., Düsseldorf 1991.

Müller, Martin, Archäologischer Park/Regionalmuseum. Xanten, in: Pressespiegel 2005, Xanten 2006.

Prieur, Jutta, Das Süsternhaus Mariengeist im Kirchspiel Ginderich, in: Büderich. Beiträge zur Stadtgeschichte von Wesel, Wesel 1987.

Petrikovitz, Harald von, Die Legionsforschung Vetera II, in: Bonner Jahrbücher 159, Bonn 1959 (dort befindet sich erstmals die Kartierung von P. Wieland).

Pohl, Meinhard, Das Gindericher Gnadenbild. Zu niederrheinischen Sitzmadonnen des 14. Jahrhunderts, in: Roelen, Martin Wilhelm (Hrsg.), Römer – Wallfahrt – Landwirtschaft. Zwei Jahrtausende Gindericher Geschichte, Wesel 2000.

Rayermann, Gerhard, und Robert Winschuh, Von Höfen und Häusern in und um Ginderich, in: Henrichs, Heinrich, Unser Dorf Ginderich, Kirmes 1996.

Roelen, Martin Wilhelm (Hrsg.), Römer – Wallfahrt – Landwirtschaft. Zwei Jahrtausende Gindericher Geschichte, Wesel 2000.

Rohde, Friedrich, Ein vergessener Wallfahrtsort am Niederrhein – Von der Marienverehrung seit dem 12. Jahrhundert in Ginderich, in: Heimatkalender Kreis Wesel 1989.

WIKIPEDIA, Stichwort Ginderich; Stand 12.3.2006 und 9.4.2006.

Winschuh, Robert, Aus Ginderichs Kirchengeschichte, in: Roelen, Martin Wilhelm (Hrsg.), Römer – Wallfahrt – Landwirtschaft. Zwei Jahrtausende Gindericher Geschichte, Wesel 2000.

Der Autor

Prof. Dr. Theodor Dams,
Studium der Agrarwissenschaften und der Wirtschaftswissenschaften an der Universität Bonn; 1959–1965 Abteilungsleiter bei der EG-Kommission für Agrarstruktur- und Regionalpolitik; 1965–1990 Ordinarius für Wirtschaftspolitik der Wirtschaftswissenschaftlichen Fakultät der Albert-Ludwigs-Universität Freiburg und Direktor des Instituts für Entwicklungspolitik.

Albrecht Göschel

Leitsysteme zum Neuen:
Brisante Stadtvisionen des 20. Jahrhunderts am Beispiel der Stadt Dresden[1]

Es wurde einmal behauptet, das 20. Jahrhundert habe im Grunde nur zwei Stadtvisionen hervorgebracht und beide hätten die Stadt zerstört: die Gartenstadt, die sie zum Schrebergarten, und die rationale Stadt, die sie zur Kaserne transformieren wollte (Schulze-Fielitz nach Posener 1968, S. 7). Auch wenn diese Polemik zweifellos einen wahren Kern enthält, stellt sie doch eine Simplifizierung dar. Von mindestens vier Visionen, die durchaus alle „städtisch" waren – wenn auch nicht im Sinne der historischen europäischen Stadt –, spricht demgegenüber André Corboz, wenn er vier Phasen der Stadtentwicklung im 20. Jahrhundert unterscheidet und damit den prominenten Modellen „Gartenstadt" und „rationale Stadt" zwei weitere hinzufügt, die eines Städtebaus in der Stadt, einer Innenentwicklung als Konzept der letzten Jahrzehnte des 20. Jahrhunderts, und einer Stadtplanung in einer total verstädterten Welt, die zurzeit bestimmend wirke, „ihre Ziele aber noch nicht gefunden hat" (Corboz 2001, S. 71). Entsprechend dieser vier Phasen ließen sich also die folgenden vier Stadtvisionen unterscheiden: *Gartenstadt, rationale Stadt, historische Stadt* und *fraktale* oder *fragmentierte Stadt* – und alle vier lassen sich vermutlich in keiner deutschen Stadt so exemplarisch nachweisen, haben in keiner anderen Stadt so tiefe Wirkungen hinterlassen wie in Dresden. Das Besondere aber neben der klaren Ausprägung sind die historischen Bezüge, die sich in dieser Stadt wie in keiner anderen erschließen und in denen die Brisanz jedes Modells zwischen Hoffnung und Hybris beispielhaft zum Ausdruck kommt.

Die Durchsetzung des Planungsgedankens, der Städtebau und Stadtentwicklung des 20. Jahrhunderts bestimmt, beginnt auch in Dresden wie in anderen Städten, vor allem natürlich Berlin, mit der *Gartenstadtidee,* realisiert in der Gartenstadt

---

1   Der Text basiert auf dem Vortrag „Leitsysteme zum Neuen – Leitsystem Weltanschauung: Brisante Lebensvisionen des 20. Jahrhunderts", der vom Autor auf dem Symposion „Leitsysteme zum Neuen?" aus Anlass des Dresdner Stadtjubiläums „800 Jahre Dresden" am 12. November 2005 in Dresden gehalten wurde.

Hellerau, die zwar nicht die erste war, wie häufig behauptet (Hädicke 2006, S. 227), aber sicher eine der ersten und eine exemplarische in ihrem sozialreformerischen und gestalterischen Anspruch. Auch als „deutsches Letchworth" bezeichnet (Schubert 2004, S. 53), verfolgt diese Planung – das wird mit dem Bezug zum Projekt von Ebenezer Howard klar signalisiert – nicht die reaktionäre Ideologie des völkischen Siedelns, sondern die Synthese aus Lebens-, Sozial- und Kulturreform, wie sie sich in den sozialen Bewegungen seit den 1880er-Jahren zu entwickeln beginnen und für die Dresden neben Berlin einen frühen Schwerpunkt bildet (Seidel 2005; Rudert 2005, S. 120).

In diesem Reformmodell sind allerdings sehr viel weiter reichende Ansprüche als etwa die einer sozialpolitisch vertretbaren Wohnungsversorgung unmissverständlich zu erkennen. Bei Howard im Bild der drei Magneten (Posener 1968, S. 57), in der Hellerauplanung im Konzept einer Synthese und Harmonie von „Garten, Haus und Möbel(n) als einer gemeinsamen baukünstlerischen Aufgabe" (Wolf Dohrn, nach Schubert 2004, S. 230) zeigen sich die ganzheitlichen Vorstellungen vom „neuen Menschen" in der Stadt als Gesamtkunstwerk, und beide Traditionen scheinen an keinem anderen Ort so präsent wie in Dresden: zum einen in der Natur-Kultur-Synthese der Landschaftsmalerei des 18. Jahrhunderts, zum anderen in den zur Gartenstadt zeitlich parallelen Hygienebemühungen, die in Dresden sogar – ob zufällig oder nicht – exakt im gleichen Jahr wie die Firmengründung des Hellerauinitiators Karl Schmidt dazu führen, dass durch Lingner und Schlossmann die erste Säuglingsstation aufgebaut wird (Hädicke 2006, S. 227).

Die Verschmelzung von Natur und Kultur, von Landschaft und Stadt – im pragmatischen Denken Howards nur symbolisch dargestellt – ist in Dresden als ästhetische Erfahrung zur Zeit der Helleraugründung seit mehr als 150 Jahren präsent und durchaus lebendig, wie Reiseliteratur noch aus dem späten 19. Jahrhundert deutlich macht (Greve 2005). Sie prägt den überwältigenden Ruf dieser Stadt von der „Goethezeit" bis in die Romantik und darüber hinaus bis weit ins 20. Jahrhundert. Und es ist diese ästhetische Synthese, die die Gartenstadt Hellerau aufnimmt, mit der ganzen Utopieaufladung, die in dieser Landschaftsästhetik tradiert (Schneider 1982) und die in den Gartenstadtkonzepten lebensreformerisch mit dem Hygienemodell verknüpft wird. Besonders in den Ganzheitlichkeitsvorstellungen dieser Lebensreformbewegungen, zu denen in Dresden auch die „Brücke" gerechnet werden kann, lebt im Gegensatz z.B. zur französischen Moderne und deren Impressionismus, die das Fragmentarische von moderner Stadt und Stadtgesellschaft betont, diese nun „konservative", rückwärts gewandte Utopie des sozialen und urbanen Gesamtkunstwerks weiter, das Dresden als Stadterlebnis repräsentiert (Rudert 2005).

Weniger in den Veduten Canalettos – er bleibt in seinen Architekturdarstellungen dem Hochbarock verbunden und begründet konsequenterweise in Dresden auch keine Schule (Marx 2005, S. 76) – als vielmehr in der „aufklärerischen" Landschaftsmalerei Johann Alexander Thieles – er präsentiert bereits 1726 in Kenntnis niederländischer Landschaftsmalerei in einer Radierung die Stadt in der Landschaft, nicht die kristallinen Barockbaukörper, sondern die organische Durchdringung von Natur und Stadt (Marx 2006, S. 76, Abb. 59) – wird das neue, emanzipatorische und utopiehaltige Verhältnis zur Natur deutlich, das sich zeitgleich im Landschaftsgarten manifestiert (Krönig/Wegner 1997, S. 32; Schneider 1982) und zum Bezugspunkt der Gartenstadt nach Hellerauschem Muster wird: Die Landschaft als gleichermaßen natürliche wie kultivierte, durchsetzt mit Architektur – die „grünumgebenen Hütten" des Osterspazierganges, wenn's in Dresden auch etwas mehr als nur „Hütten" waren –, wird dem aufgeklärten Subjekt zur „angeschauten Vernunft, zu einem an den Einzelnen gerichteten Postulat von Zukunftsgerichtetheit" (Schneider 1982, S. 173). Im „neuzeitlich transzendierenden Charakter der Landschaft", in der „Verschmelzung von Natur und idealer Zivilisation" erscheint die „Utopie der Machbarkeit von Umwelt und Individuum, die Beherrschbarkeit der Mannigfaltigkeit in einer Verweltlichung der (religiösen) Gnadenerwartung" (ebenda, S. 178). Bis ins 20. Jahrhundert haben die Dresdner Maler in der Nachfolge von Thiele, sei es in der atmosphärischen Farbverschmelzung von Stadt und Fluss (Carl Gustav Carus, Kahnfahrt auf der Elbe, 1827; vgl. Paul 2005, S. 24, Abb. 15), sei es in den Stadtimpressionen um 1900 (z.B. bei Gotthard Kuehl, vgl. Seidel 2005, S. 112, 113, Abb. 108, 109), diese Vision der vollkommenen Schöpfung aus Natur- und Stadtverschmelzung in aufklärerischem Geist getragen. Sie haben so den Boden bereitet für eine Stadtplanung, die über sozialpolitische Reform nach heutigem Verständnis weit hinausgeht. Es ist diese umfassende Machbarkeitsvorstellung, der die Gartenstadt Hellerau verpflichtet ist, das ganzheitlich kulturelle Erziehungsprogramm eines „laboratoire d'une humanité nouvelle" wie es sich Dohrn, Claudel und Jaques Dalcroze erträumten und schließlich in der „Schule Hellerau für Rhythmus, Musik und Körperbildung" zu realisieren suchten (Hädicke 2006, S. 234).

Genau so eindeutig ist der Bezug zur modernen Hygienebewegung, symbolisch im Dresdner Hygienemuseum zum Ausdruck gebracht, dessen erst 1930 fertig gestellter Portikus zitathaft die Säulenstellung von Tessenows Hellerauer Theaterbau aufnimmt.

In diesem Anspruch umfassender Machbarkeit von Natur und Stadt, von neuer Gesellschaft und neuem Menschen, liegt, das ist inzwischen bekannt genug, die Hybris der Gartenstadtidee. Selbst die lebensreformerischen Planungen wie die Siedlung Hellerau werden bald attraktiv für reaktionäre Ideologie, Präfaschismus, Rassenwahn – „Rassenhygiene" – und „völkisches Siedeln". Bereits kurz nach dem Ersten Weltkrieg finden sich unter den Bewohnern Helleraus prominente Antisemiten, z.B. der Verleger Tanzmann, Bewohner eines Tessenowhauses, oder für lange Jahre, von 1921 bis 1936, Kurt Gerlach, gleichfalls Verleger, im Hauptberuf Volksschullehrer in Hellerau (Schubert 2004, S. 73). Dresden insgesamt ist nicht nur Sammelpunkt der neuen lebensreformerischen Bewegungen, sondern seit 1880 auch des Antisemitismus (ebenda, S. 55), der im grausamen 20. Jahrhundert seine Vorstellung von umfassender, „totaler" Machbarkeit in die Tat umsetzt.

Aber auch städtebaulich verwirklicht die Gartenstadt, die in der Hellerau so exemplarisch erscheint, das Gegenteil dessen, was in der Utopie von der neuen Natur-Kultur-Durchdringung, der Landschaft-Stadt-Synthese erhofft war. Statt die Vorteile von Stadt und Land zu verbinden, beider Nachteile aber zu eliminieren, geschieht mehr oder weniger das Gegenteil, die Zerstörung von Stadt und Land gleichermaßen in der Suburbanisierungskatastrophe. Diese nicht nur als städtebauliches Desaster zu verurteilen, fällt trotz aller „Zwischenstadtbemühungen" heute noch schwer; ihr wird noch immer mit der vagen Hoffnung auf Städterenaissance und Europäische Stadt entgegen getreten, obwohl doch allzu offensichtlich ist, dass es in dieser über 100-jährigen Siedlungsgeschichte, rechnet man die Villenkolonien als Vorläufer der Gartenstädte mit, kein Zurück mehr geben dürfte (Harlander 2001).

Mit den Rationalisierungsversuchen Tessenows in der Entwicklung vorgefertigter Wohnhäuser für die Gartenstadt Hellerau kündigt sich sehr früh – in Ansätzen bereits vor dem Ersten Weltkrieg – sogar innerhalb der Gartenstadtidee das Modell der *rationalen Stadt* an. Es gelangt in Jahrzehnten einer parallelen und konkurrierenden Entwicklung zur Gartenstadt allmählich zu einer gewissen Reife (Hädicke 2006, S. 231), kann allerdings in Dresden in prominenter Weise erst nach den flächendeckenden Zerstörungen des Zweiten Weltkrieges zum Zuge kommen. Spektakulärstes Projekt dieses „rationalen" und damit über „Funktionalität" deutlich hinausgehenden Stadtplanungsmodells ist wohl die „Prager Straße". Der Dresdner Soziologe Joachim Fischer behauptet, vor dieser Straße und ihren Bauten stünden Einheimische wie Touristen bald so rat- und verständnislos wie europäische Reisende vor den Pyramiden der Inkas (Fischer 2004). Der anhaltende gegen diese Planung vorgebrachte – allerdings auch nicht ganz von der Hand zu weisende – Vorwurf des Vandalismus zeigt, dass dieser Zustand bereits eingetreten sein könnte (Lupfer 2005, S. 135)

Man wird diesem Versuch einer sozialistischen Planung im Dresdner Kontext erst gerecht, wenn man anerkennt: Hier wurde kein Kompromiss unter begrenzten materiellen Möglichkeiten, kein „rationaler" Funktionalismus, sondern in der sozialistischen schönen Stadt das Gegenstück zur schönen Stadt der bürgerlichen Aufklärung gesucht und – im Rekurs auf klassische Revolutionsarchitektur (Schumpp 1972) – gefunden. Vollkommene Schönheit entsteht hier nicht aus einer Synthese von Natur-Landschaft und Kultur-Stadt, sondern aus vollkommener, übersubjektiver, unabdingbar universaler Vernunft, wie sie in uneingeschränkter, sauberster Form nur die – Cartesianische – Geometrie oder die Newtonsche Physik liefern kann. Reine geometrische Körper als Bauvolumen im fließenden, unbegrenzten Raum sind Kulminationspunkt und Vollendung dieses rationalen Schönheitsprinzips, wie es CIAM[2] und den Programmschriften und Programmbauten des „neuen Bauens" zugrunde liegt.

---

2   *Congrès International d'Architecture Moderne* (CIAM) (1928–1959) bildete als Organisation wie als Serie von Kongressen den Ausgangspunkt des „neuen Bauens".

Dass es perfektionierte Ordnungsprinzipien sind, die hier auf die Stadt angewandt werden, die jede Art von „Stadtkultur" im Sinne einer bürgerlichen, europäischen Urbanität zugunsten einer Stadt als Ausdruck einer Disziplinargesellschaft nur zerstören können (Müller u. Dröge 2005, S. 162), dass Überwachen – und Strafen – die Basiskategorien dieser Stadt darstellen, ist gleichfalls an wenigen Städten so deutlich geworden wie in Dresden, sei es in den realisierten Bauten der Prager Straße, sei es mehr noch im Entwurf gebliebenen Turm zum Volkshaus: Wenn auch verkleidet mit stalinistischen „Säulen für das Volk", stellt dieser Turm, der nicht in einem gegliederten Bau mit dem Volkshaus verbunden sondern isoliert gedacht war, einen reinen geometrischen Baukörper dar, um dessen „Krone" als Stadtkrone eine umlaufende Dachterrasse geplant war, von der aus Demonstrationen dirigiert werden sollten (Lerm 2005, S. 143). Die Kontrollfunktion des leeren, fließenden Raumes (Sennett 1995, S. 383), die Machtausübung durch Transformierung des „Bürgers" in einen Zuschauer (ebenda, S. 386) – und das waren die sozialistischen Demonstrationen, in denen das Volk der Macht zuschauen sollte, während diese es kontrolliert – lassen sich deutlicher kaum zum Ausdruck bringen.

Die totalitäre Hybris ist klar: Perfekte Zentralperspektive, Geometrie der Baukörper, freier fließender Raum waren die Attribute von Idealstadtdarstellungen der italienischen Renaissance. Mit diesen Bildelementen wurde die Präsenz des nicht darstellbaren, da alles Materielle durchdringenden Auges Gottes auch in der profanen, aber auf diese Weise geheiligten Stadt zum Ausdruck gebracht. Das alles durchdringende Auge säkularisierter, diesseitiger Erlösungs- und Gnadenerwartung einer posttheologischen Stadtplanerhybris manifestiert sich in der gleichen Formensprache, die auch die Renaissance und die Revolutionsarchitektur im jakobinischen Tugendterror verwenden – sicher auch in anderen sozialistischen Stadtkronen des DDR-Städtebaus realisiert, zumindest intendiert, aber wohl kaum so vollkommen wie in der Prager Straße und dem nicht verwirklichten Dresdner Volkshausturm. Die Stadt als geschlossene Disziplinierungsanstalt, das ist das Verständnis, das es nicht zynisch erscheinen lässt, wenn die DDR-Machthaber (Otto Grotewohl, nach Lerm 2005, S. 139) Dresden als Kunststadt, als Stadt der Kunst wieder erstehen lassen wollen: Dies ist ihre Vorstellung von der Stadt der Kunst, nicht feudalistische und bürgerliche Stadtästhetik, sondern die universalistische Ästhetik der Geometrie mit ihrer Ablesbarkeit und „Durchschaubarkeit".

Dass städtebaulich ein solches Modell der „rationalen" Stadt – in Ost und West – der Ausgangspunkt für die Ungeheuerlichkeiten der „Platte" wird, mit deren Einsatz zumindest im Osten die höchsten Bewohnerkonzentrationen an den stärksten Verkehrsflüssen und damit in enormer Umweltbelastung realisiert werden, erscheint fast nur noch als ironische Anmerkung, ist aber sogar in dieser Pervertierung der Straße noch plausibel, wenn man einem ästhetischen Futurismus folgt, der im Rennwagen, nicht in der Venus von Milo die höchste und einzig angemessene Manifestation von Kunst erblickte.

Während die „posttheologischen Gnadenerwartungen", die Ansprüche einer säkularisierten Selbsterlösung in den beiden ersten Stadtentwicklungsphasen des 20.

Jahrhunderts recht gut bekannt und leicht nachweisbar sind, fällt dies mit der dritten, die bei André Corboz (2001) als „Innenentwicklung" oder auch als „postmoderne Innenentwicklung" auftaucht, schwerer. In der Dominanz der historischen Rekonstruktion, als die diese Innenentwicklungskonzepte überwiegend erscheinen, lässt sich aber der Schlüssel finden, der einerseits den Blick für die „Hybris", andererseits für die höchst negativen Nebenfolgen auch dieses Modells schärft. Und auch für diese Entwicklung des Städtebaus darf Dresden als exemplarisch gelten.

Die *historisierende Innenstadtentwicklung*, die das „rationale Modell" ablöst, verwandelt die Stadt zum Museum, zur Sammlung kontextloser Ausstellungsstücke, als die herausragende Bauten erscheinen, sei es dass sie restauriert oder gar, wie es zunehmend üblich wird, aufwändig rekonstruiert werden. Es sind nicht nur die immer wieder zitierten Beispiele des Berliner oder Braunschweiger Schlosses oder der Dresdner Frauenkirche mit umgebendem Ensemble, die uns nachdenklich stimmen. Ganze Straßenzüge, alte Industriebauten, Fachwerk und Neue Sachlichkeit – alles kann zum Gegenstand einer bewahrenden Denkmal- und Stadtbildpflege werden, der es um das „Bild" geht, sei dieses auch aus kunsthistorischer Sicht nichts als Geschichtsklitterung, wie auf dem Frankfurter Römer oder im Umfeld der Dresdner Frauenkirche (Lupfer 2005, S. 130), und die mit Nutzungen und Funktionen des scheinbar Alten häufig recht bedenkenlos verfährt. Die Innenstädte „als Ganzes" nähern sich der „urbansten" Kultureinrichtung, dem Museum, das dem distanzierten Subjekt, dem Besucher, „Identität durch Besitz" (Müller/Dröge 2004) vermittelt.

Der Umschwung der Stadtentwicklung, der sich hier vollzieht und eine Abkehr vom „rationalen Modell" darstellt, hat seine vielfältigen Ursachen unter anderem in einer wachsenden Zukunftsskepsis, die sich in den 1970er-Jahren vollzieht und verzögert nach der deutschen Vereinigung auch die Stadt Dresden erfasst. Zukunft erscheint in dieser „deutschen Achsenzeit" tendenziell als katastrophisch (Dahrendorf 1992; Giesen 1993), nicht als der rational erschließbare Weg eines Fortschritts, der nach aufklärerischer Tradition in Zivilisation eingeschrieben und in immer kürzeren Schritten selbstverständlich, wenn auch mit Rückschlägen, realisierbar erscheint. Dass es immer so weiter gehen könnte, wird bereits als Katastrophe wahrgenommen. Die Beschleunigung selbst wird bedrohlich und lässt Bewohner wie Touristen der Städte nach dem Klassischen suchen, das der Zeit und damit einer Entwertung gegenwärtigen Lebens durch Innovationsbeschleunigung und Avantgardismus enthoben zu sein vorgibt (Lübbe 1994). Stadtgestaltung in den Einzelmonumenten oder in einer „historischen Rekonstruktion" tendiert zum konsumtiven Besitz einer expressiven Identitätskonstruktion der „Seins-Ökonomie" (Schulze 1992; Müller/Dröge 2004), in der sich das Individuum durch Verfügbarkeit expressiver Güter sein Selbst konstruiert. Die Sammlung wird zum Modell der Stadt.

Mit seinen exorbitanten Sammlungen – weltberühmt das „grüne Gewölbe" – erscheint Dresden als exemplarischer Fall einer solchen Stadt als Sammlung von Reichtum überzeitlicher Werte, unter die auch die herausragenden Einzelmonumente, nicht die Stadt-Natur-Synthese, fallen, so dass städtebaulich in dieser Perspektive das „Canaletto-Syndrom" (Rehberg 2002), nicht die Stadt in der Landschaft wie bei Thiele, den Malern der Goethezeit und den Romantikern Priorität erhält. Eher die barocke Schatzkammer als das „Gesamtkunstwerk Dresden" bildet den Bezugspunkt dieser Stadtrekonstruktion als Museum. Die Zerstörung des Ensembles, die nur Einzelobjekte übrig lässt, steigert diese Bewertung der Reste durch Rarität, durch den unermesslichen Wert des Seltenen und Einmaligen der wenigen Objekte, die geblieben sind oder rekonstruiert werden können. In grausamer Weise verwirklicht dieses Planungskonzept der musealen Stadt einen bösen Wunsch, der bereits 1833 geäußert wurde: „Man sollte Dresden in einen Aschenhaufen verwandeln, und ihm dann Denkmäler setzen, denn die ganz Stadt ist gemacht zu einer trivialen Gegenwart und einer schönen Erinnerung." (Hermann Meynert 1833, nach Greve 2005, S. 95)

Eine städtische Identitätspolitik, die die Seins-Ökonomie der Individuen in dieser Weise bedient, unterliegt aber unter gegenwärtigen Bedingungen einer kommunalen Konkurrenz um Wachstum an Wirtschaftskraft und an Einwohnern, an jungen, gut qualifizierten und deutschen Einwohnern als Grundlage eines kreativen, wachstumsfördernden Stadtmilieus. Mit kulturellen Alleinstellungsmerkmalen, zu denen vorrangig diese Sammlungsbestände gehören, wird diese Wachstumspolitik verfolgt. Unter gegenwärtigen demographischen Bedingungen, die zur Schrumpfung der umkämpften Bevölkerungsgruppen führen, kann Wachstum einer Stadt oder Region aber nur auf Kosten anderer und damit um so drastischer schrumpfender Städte oder Regionen erreicht werden. Die Kulturalisierung der Stadtentwicklung, wie sie in den Identitätskonstruktionen einer Seins-Ökonomie verfolgt wird, muss also unweigerlich zu einer Polarisierung von Städten und Regionen führen (Birg 2005). Die wohlfahrtsstaatliche Norm einer Gleichheit von Lebensbedingungen wird unterlaufen zugunsten eines „Neo-Tribalismus", in dem kulturelle Distinktionswirkungen (Bourdieu 1982) eingesetzt werden. Die Abkehr vom rationalen Modell der Stadtentwicklung impliziert eine Distanzierung von den universalistischen Normen, auf denen der moderne Staat basiert (Dahrendorf 1992). Ökonomische Konkurrenz als Basis marktwirtschaftlicher Ökonomie wird von der Institution des privaten Unternehmens auf die politische Institution der Kommune übertragen, und die damit verbundenen Ungleichheitsfolgen werden durch Kulturalisierung kommunaler Politik nach innen und außen gerechtfertigt (Matthiesen 2006). Dies scheinen die unabdingbaren Nebenfolgen des Modells einer historisierenden Innenentwicklung zu sein, wie sie als dritte Phase oder als drittes Modell die Stadtentwicklung im Westen seit den 1970er-Jahren, in den neuen Bundesländern seit der „Wende" prägt.

Fragt man nach der Hybris in diesem Konzept, wird man sie weniger in totalen Gestaltungsvorstellungen der Planer und Städtebauer finden – wie in den beiden bekannten Modellen von „Gartenstadt" und „rationaler Stadt" – als vielmehr in den Versuchen, politische Macht zu konstruieren. War diese in den beiden ersten Modellen selbstverständlich vorausgesetzt, muss sie jetzt im Sinne einer kulturellen Identifikation erst hergestellt werden, um durch Gemeinschaftsvorstellungen dem Trend zur politischen Fragmentierung entgegen zu wirken (Taylor 1996). Unverkennbar sind die Appelle an eine so genannte Bürgerschaftlichkeit, mit denen Lokalpolitik versucht, in einer Bevölkerung Begeisterung für die eigene Stadt zu wecken, die Gesamtheit der Bevölkerung jenseits nüchterner und partikularer Interessenwahrnehmung oder eines konfliktgeladenen Diskurses auf ökonomische Wachstumsziele einzuschwören. Zum Prinzip des Stadtmarketings, das Städte als Unternehmen zu behandeln sucht, gehört nicht nur eine Verwaltungsreform, um ein neues, effizienteres Steuerungsmodell durchzusetzen, sondern vor allem eine so genannte Partizipation, die die Einwohner wie Mitarbeiter eben dieses „Unternehmens Stadt" zur emotionalen Loyalität und Mitarbeit am Unternehmenserfolg verpflichten will.

Der Rekurs auf eine „Bürgerschaftlichkeit der europäischen Stadt", die zur Stützung dieser Strategie in der Regel bemüht wird, erscheint historisch schwer haltbar zu sein. Ein solches Bürgertum, eine derartige Bürgerschaftlichkeit hat sich nicht nur in der Entwicklung zur modernen Industriestadt des Fordismus vermutlich bereits in den 20er-Jahren des vorigen Jahrhunderts aufgelöst. Bürgerschaftlichkeit war vor allem – und dies wird in dem Zusammenhang ausgeblendet – durch den Versuch einer Synthese von lokalen Interessen und universalen Normen geprägt (Tenbruck 1989). Lokales bürgerschaftliches Engagement zeichnete sich demnach durch die Realisierung universaler Normen – der Durchsetzung von „rechtlichen", politischen und sozialen Bürgerrechten (Marshall 1992) – im lokalen Kontext aus. Die Integration einer gesamten Einwohnerschaft in ein ökonomisches, konkurrenzbestimmtes Wachstumsmodell könnte sich äußerstenfalls in frühbürgerlichen europäischen Städten z.B. der Hanse nachweisen lassen, so dass sich in treffender Weise die gegenwärtigen Bemühungen um bürgerschaftliches Engagement als „Hanseatisierung" der Städte (Picht) bezeichnen ließen. Der schleichende Souveränitätsverlust, den die Nationalstaaten im Zuge der ökonomischen Internationalisierung erfahren, kann jedoch diese Adaption unternehmerischen Handelns durch die Kommunalpolitik unausweichlich erscheinen lassen, auch wenn zurzeit die meisten deutschen Kommunen noch von der Vorstellung getragen sind, der Auflösung eines wohlfahrtsstaatlichen Konsenses neben den Wachstumsstrategien auch durch Reformen begegnen zu können, wie sie sich vor allem in Regionalisierungsbemühungen zeigen (vgl. hierzu die Ergebnisse des Forschungsverbundes „Stadt 2030", Göschel 2006).

Die Kulturalisierung der Stadtentwicklung, die dem dritten Entwicklungsmodell einer historisierenden Innenentwicklung zugrunde liegt, verweist als Gegenreaktion bereits auf die vierte, sich parallel entwickelnde Phase einer *Stadtplanung in einer verstädterten Gesellschaft*, in der sich die Stadt als unterscheidbarer Gegenstand zu „Nicht-Stadt", also zu Land oder Ländlichkeit, aufzulösen beginnt. Städte, zumal große Städte oder Metropolen, erscheinen als verdichtende Knoten in überregionalen, tendenziell grenzenlosen unräumlichen Netzen, als Netzstädte funktional differenzierter Netze, als spezifische Orte im abstrakten Raum. In diesem Wandel verlieren die Städte zum einen ihre klaren territorialen Grenzen, die nur als lebensweltlich irrelevante Verwaltungsgrenzen bestehen bleiben – und auch dies nur sehr bedingt, da die verschiedenen Versorgungsnetze im engeren Sinne, auf denen die Funktionsfähigkeit einer Stadt beruht, wie es die Regionalisierungsdebatte gezeigt hat, alle unterschiedliche Reichweiten haben können, so dass übergreifende Abgrenzungen unmöglich werden (Heinz 2000). Sie verlieren aber – funktional gesehen – auch ihre Mitte, da sich die funktional differenzierten Netze, deren Verdichtung die Stadt ausmachen, nicht in einem Punkt verbinden, sondern ihre je eigenen Konzentrationen und Verdichtungen aufweisen. Während die Mitte der „europäischen Stadt" aus dem Dreiklang von Markt, Rathaus und Kirche gebildet wurde, die im Zentrum optisch versammelt in Korrespondenz zueinander tretend die Grundlagen der Stadt – ökonomische Autarkie, politische Autonomie und normative Universalität – funktional und symbolisch verbinden, haben sich diese Funktionen in der modernen Stadt entweder aufgelöst oder in je eigene „Mitten" verlagert. Zumindest aber die klare Abgrenzung ist für ein politisches Gemeinwesen, das auf repräsentativer Demokratie basiert, unverzichtbar (z.B. Corboz 2001, S. 144), und ob nicht auch eine „zentrale Symbolisierung" notwendig ist, bleibt zumindest fraglich.

Der territorialen Entgrenzung, in der Raum und Ort der Stadt auseinander treten, und der funktionalen Differenzierung der Stadt entspricht die Heterogenisierung der Bevölkerung in Schichten, Ethnien und Lebensstile, denen das einigende Band der Kommune, der Gemeinde fehlt. An die Stelle eines von Bedeutungen getragenen Stadtbürgertums tritt der interessenbestimmte Stadtnutzer, der äußerstenfalls partikulare Interessengemeinschaft zur Bewältigung von Alltagsproblemen sucht. Dies sind die Bedingungen einer Stadtfragmentierung, einer *fraktalen Stadt*. Einerseits durchdringen sich in deren räumlicher Entwicklung Stadt und Land, ohne dennoch zu dem Gesamtkunstwerk zu werden, das die Gartenstadt in Bezug auf den aufklärerischen Landschaftsbegriff in einem visionären Zukunftsbegriff zu realisieren suchte; andererseits kommt ihr das bedeutungsgeladene Zentrum abhanden – es kann nur noch als museale Sammlung rekonstruiert werden. In der „Zwischenstadt zwischen Ort und Welt, Raum und Zeit, Stadt und Land" (Sieverts 1997) liegt der Versuch, diese „verstädterte Gesellschaft" jenseits jeden ontologischen Stadtbegriffs aus dem begrifflichen Fundus ästhetischer Theorie zu verstehen und ihre Qualitäten zu erschließen.

Dass auch die Stadt Dresden – im Interesse ihrer „Einwohner" und „Nutzer", denn „Bürger" könnten ein solches Votum wohl schwerlich fällen – als ein solches Fraktal in die Zukunft geht, scheint exemplarisch mit der Planung der neuen „Waldschlösschenbrücke" unmissverständlich besiegelt zu sein, war es doch die Mehrheit der Dresdnerinnen und Dresdner, die sich für dieses Bauwerk ausgesprochen hat. Bezeichnenderweise wird eher der Widerstand gegen dieses Bauwerk in bürgerschaftlicher Tradition gesehen denn dessen Durchsetzung (Rehberg 2002, S. 82). Die „Stadt als Sammlung" mehr oder weniger kontextloser Gegenstände von Ewigkeitswert wird durch diese Entscheidung nicht beeinträchtigt. Einem ästhetischen und normativen Ganzheitlichkeitsbild aber wird mit dieser

Maßnahme eine Absage erteilt, wenn dies denn noch möglich war nach Kriegszerstörung und „rationaler Stadt": Die Brücke zerschneidet genau den Dresdenblick, der in den Bildern Thieles von 1726 (Abb. 59, Marx 2005, S. 76) und 1740 (Abb. 50, Marx 2005, S. 66) die visionäre Stadtlandschaft kultivierter Natur und natürlicher Kultiviertheit als Ideale der Aufklärung repräsentierte, die in der „Gartenstadt" wieder belebt werden sollten. Was bleibt, sind einzelne Preziosen in der Zwischenstadt, in der städtebaulich, raumplanerisch fragmentiert, in Einzelprojekten situativer Optimierung gehandelt und geplant werden kann.

Zwar vermeidet die Interpretation der Verstädterung als Zwischenstadt die urbanen oder sozialen Ontologien, auf denen die planerische „Diktatur der Philanthropen" (de Bruyn 1996) basierte und die zur Quelle von Hybris werden. Sie rechnet mit begrenzter Macht der einzelnen politischen Akteure, begrüßt diese Begrenzung und entgeht damit jeder Versuchung, Stadtvisionen zu entwerfen, die nur unter diktatorischen Bedingungen zu realisieren wären und mit Gewissheit in katastrophale Planungsfehler geraten. Sie ist aber dennoch nicht ohne eine vergleichbare Brisanz. An einer ästhetischen Erfahrung, an einem Kunstwerk lässt sich dies schlagend erkennen: Während des gesamten Symposions, auf dem eine frühe Fassung diese Beitrags vorgetragen wurde, läuft immer dann, wenn ein Referent keine visuellen Medien einsetzt, also auch in den Pausen, ein Experimentalfilm, der nichts anderes zeigt als die berühmten riesigen Vogelschwärme – Stare sind es wohl –, die sich allabendlich über der römischen Stazione Termini bilden und dort ihr faszinierendes Luftballett aufführen. Was den Filmer begeistert, ist offensichtlich die Ästhetik einer fraktalen Struktur, wenn man von so etwas reden kann, die sich in diesen Schwärmen, in ihren Teilungen und Verbindungen, ihren Auflösungen und Neubildungen zeigt. Aber kann man heute, konnte man im Winter 2005/2006 Vogelschwärme sehen, ohne an die „Vogelgrippe" zu denken? Die fraktale Ästhetik dieser Flugkünstler weckt unweigerlich diese Assoziation, und sie zeigt die Brisanz, vielleicht die Hybris der globalen Netzstadt. Die Vernetzung mit dem Ganzen der globalen Welt transportiert nicht nur deren Informationen, Kulturen und Waren an jeden Knoten dieses Netzes, sondern auch alle Gefahren, Risiken und Bedrohungen (Giddens 1996, S. 319): Die Hybris der globalen Stadt äußert sich in der Pandemie, sei diese nun medizinischer, kultureller oder ökologischer Natur, in Dresden an den sich häufenden „Jahrhundertfluten", die zweifellos auch durch globale Klimaveränderungen ausgelöst werden. Wenn die Zwischenstadt die angemessene Modernisierung der Stadt darstellt, und wenn Moderne auf Optionserweiterung zielt, ist mit dieser unweigerlich auch Risikoerweiterung verbunden. Auf diese Risikoerweiterung wäre nicht mit einer Renaissance von Stadtbürgertum, sondern mit Weltbürgertum zu reagieren. Die Risikobereitschaft aber erscheint als Überforderung, der eine gegenwärtige Stadtbevölkerung mit lokalpatriotischer Unterforderung begegnet (Offe 2003) und die kaum als „bürgerschaftlich" zu bezeichnen ist. Dies wusste das Bürgertum, als es noch bestand: „Patriotismus – auch Lokalpatriotismus – ist ein Gefühl, das eines aufrechten Mannes – und einer aufrechten Frau – unwürdig ist" (nach Lessing, ohne Parenthesen).

Literatur

Birg, Herwig, Die ausgefallene Generation. Was die Demographie über unsere Zukunft aussagt, München 2005.

Bourdieu, Pierre, Die feinen Unterschiede. Zur Kritik der gesellschaftlichen Urteilskraft, Frankfurt a. M. 1982.

Bruyn, Gerd de, Die Diktatur der Philanthropen. Entwicklung der Stadtplanung aus dem utopischen Denken, Braunschweig/Wiesbaden 1996.

Corboz, André, Die vier Phasen der theoretischen Auseinandersetzung mit der Stadt im 20. Jahrhundert, in: Ders., Die Kunst, Stadt und Land zum Sprechen zu bringen, Basel und andere 2001, S. 65–74.

Dahrendorf, Ralf, Der moderne soziale Konflikt: Essay zur Politik der Freiheit, Stuttgart 1992.

Fischer, Joachim, Prager Straße in Dresden. Zur Architektursoziologie eines utopischen Stadtensembles, in: Ausdruck und Gebrauch. Dresdner wissenschaftliche Halbjahreshefte für Architektur – Wohnen – Umwelt, Heft 5 (2004), S. 4–14.

Göschel, Albrecht, Planung der Zukunft, Zukunft der Planung. Beiträge zum Forschungsverbund „Stadt 2030" Band V, hrsg. vom Deutschen Institut für Urbanistik, Wiesbaden 2006.

Greve, Anna, Der Mythos Dresden zwischen Kutsche und Eisenbahn. Die Stadt im Spiegel der Reiseliteratur des 18. und 19. Jahrhunderts, in: Dies., Gilbert Lupfer und Peter Plaßmeyer (Hrsg.), Der Blick auf Dresden. Die Frauenkirche und das Werden der Dresdner Stadtsilhouette, Berlin/Dresden 2005, S. 94–109.

Giesen, Bernhard, Die Intellektuellen und die Nation. Eine deutsche Achsenzeit, Frankfurt a. M. 1993.

Hädicke, Wolfgang, Dresden. Die Geschichte von Glanz, Katastrophe und Aufbruch, München/Wien 2006.

Harlander, Tilman (Hrsg.), Villa und Eigenheim. Suburbaner Städtebau in Deutschland, Stuttgart/München 2001.

Heinz, Werner, Zusammenfassung, in: Ders. (Hrsg.), Stadt und Region – Kooperation oder Koordination. Ein internationaler Vergleich, Stuttgart und andere 2000, S. 7–18 (Schriften des Deutschen Instituts für Urbanistik, Band 93).

Krönig, Wolfgang, und Reinhard Wegner, Jakob Philipp Hackert. Der Landschaftsmaler der Goethezeit, Köln 1997.

Lerm, Matthias, Identitätssuche nach 1945 – Zum Dresdenbild beim Neuaufbau, in: Greve, Anna, Gilbert Lupfer und Peter Plaßmeyer (Hrsg.), Der Blick auf

Dresden. Die Frauenkirche und das Werden der Dresdner Stadtsilhouette, Berlin/Dresden 2005, S. 136–147.

Lübbe, Hermann, Im Zug der Zeit. Verkürzter Aufenthalt in der Gegenwart, Berlin 1994.

Lupfer, Gilbert, Zerstörung und Abriss im Leben der Stadt, in: Greve, Anna, Gilbert Lupfer und Peter Plaßmeyer (Hrsg.), Der Blick auf Dresden. Die Frauenkirche und das Werden der Dresdner Stadtsilhouette, Berlin/Dresden 2005, S. 126–135.

Marshall, Thomas H., Bürgerrechte und soziale Klassen. Zur Soziologie des Wohlfahrtstaates, Frankfurt a. M./New York 1992.

Marx, Harald, „Eine wunderbare Atlantis". Ansichten der Stadt Dresden, in: Greve, Anna, Gilbert Lupfer und Peter Plaßmeyer (Hrsg.), Der Blick auf Dresden. Die Frauenkirche und das Werden der Dresdner Stadtsilhouette, Berlin/Dresden 2005, S. 67–79.

Matthiesen, Ulf, Beeskow: Von der wiedergefundenen Identität einer Kleinstadt im ländlichen Raum Ostdeutschlands – identitätspolitische und identitätstheoretische Anmerkungen, in: Deutsches Institut für Urbanistik (Hrsg.), Zukunft von Stadt und Region III. Dimensionen städtischer Identität. Beiträge zum Forschungsverbund „Stadt 2030", Wiesbaden 2006, S. 45–59.

Meynert, Hermann, Charaktergemälde von Dresden, grau in grau: für Alle, welche die Elbresidenz bewohnen oder kennen zu lernen wünschen, Plößneck 1833.

Müller, Michael, und Franz Dröge, Die ausgestellte Stadt. Zur Differenz von Ort und Raum, Basel/Gütersloh 2005.

Neidhardt, Hans-Joachim, Romantische Verfremdung und malerische Erscheinung, in: Greve, Anna, Gilbert Lupfer und Peter Plaßmeyer (Hrsg.), Der Blick auf Dresden. Die Frauenkirche und das Werden der Dresdner Stadtsilhouette, Berlin/Dresden 2005, S. 82–93.

Offe, Claus, Demokratie und Wohlfahrtsstaat. Eine europäische Regimeform unter dem Stress der europäischen Integration, in: Ders., Herausforderungen der Demokratie. Zur Integrations- und Leistungsfähigkeit politischer Institutionen, Frankfurt a. M. 2003, S. 239–273.

Posener, Julius, Howards „Tomorrow" – Ein gründlich missverstandenes Buch, in: Howard, Ebenezer, Gartenstädte von morgen. Das Buch und seine Geschichte, hrsg. von Julius Posener, Frankfurt a. M. 1968, S. 7–48.

Paul, Jürgen, Die Stadt am Wasser, in: Greve, Anna, Gilbert Lupfer und Peter Plaßmeyer (Hrsg.), Der Blick auf Dresden. Die Frauenkirche und das Werden der Dresdner Stadtsilhouette, Berlin/Dresden 2005, S. 20–27.

Rehberg, Karl-Siegbert, Das Canaletto-Syndrom. Dresden als imaginäre Stadt, in: Ausdruck und Gebrauch. Dresdner wissenschaftliche Halbjahreshefte für Architektur – Wohnen – Umwelt, Heft 1 (2002), S. 78–88.

Schneider, Helmut J., Utopie und Landschaft im 18. Jahrhundert, in: Vosskamp, Wilhelm (Hrsg.), Utopieforschung. Interdisziplinäre Studien zur neuzeitlichen Utopieforschung, Bd. 3, Stuttgart 1982, S. 172–190.

Schubert, Dirk, Theodor Fritschs völkische Version der Gartenstadt, in: Ders. (Hrsg.), Die Gartenstadtidee zwischen reaktionärer Ideologie und pragmatischer Umsetzung. Theodor Fritschs völkische Version der Gartenstadt, Dortmund 2004, S. 9–106.

Schulze, Gerhard, Die Erlebnisgesellschaft. Kultursoziologie der Gegenwart, Frankfurt a. M./New York 1992.

Seidel, Annagret, Impressionen einer Stadt – Gotthardt Kuehl und Dresden, in: Greve, Anna, Gilbert Lupfer und Peter Plaßmeyer (Hrsg.), Der Blick auf Dresden. Die Frauenkirche und das Werden der Dresdner Stadtsilhouette, Berlin/Dresden 2005, S. 110–117.

Sennett, Richard, Fleisch und Stein. Der Körper und die Stadt in der westlichen Zivilisation, Berlin 1995.

Taylor, Charles, Der Trend zur politischen Fragmentierung. Bedeutungsverlust demokratischer Entscheidungen, in: Weidenfeld, Werner (Hrsg.), Demokratie am Wendepunkt. Die demokratische Frage als Projekte des 21. Jahrhunderts, Berlin 1996, S. 254–273.

Tenbruck, Friedrich H., Die kulturellen Grundlagen der Gesellschaft. Der Fall der Moderne, Opladen 1989.

Sieverts, Thomas, Zwischenstadt. Zwischen Ort und Welt, Raum und Zeit, Stadt und Land, Braunschweig/Wiesbaden 1997.

Der Autor

Dr. Albrecht Göschel,
Architekt, Stadtplaner, Soziologe; bis 2006 wiss. Mitarbeiter des Arbeitsbereichs „Stadtentwicklung und Recht" des Deutschen Instituts für Urbanistik (Difu); Forschungsschwerpunkte: Städtebau, Stadtutopien, Planungstheorie, Kulturpolitik; Projektleiter des Ideenwettbewerbs „Stadt 2030" des Bundesministeriums für Bildung und Forschung (BMBF).

Wendelin Strubelt

Verwaltungsberichte einst und jetzt –
Der Fall Berlin

Ein fachlicher und auch ein persönlicher Rückblick

Einführende Bemerkungen

Wer sich in Deutschland mit Städten oder Regionen beschäftigt, stößt irgendwann einmal in seinem beruflichen Leben auf das Deutsche Institut für Urbanistik (Difu) und auf dessen Zeitschrift. Für mich war das damals noch so benannte „Archiv für Kommunalwissenschaften" sogar der Einstieg in meine eigenen wissenschaftlichen Veröffentlichungen. Mein Doktorvater, Rolf-Richard Grauhan, hatte die Anfrage erhalten, einen Satz von Verwaltungsberichten Deutscher Städte zu rezensieren – für eine Miszelle im „Archiv". Ob er keine Lust hatte oder meinte, er müsste mich fordern/fördern, ich weiß es nicht und kann ihn dazu leider nicht mehr befragen. Aber er übergab mir den Auftrag im Einvernehmen mit den damals verantwortlichen Redakteuren Wolfgang Haus und Johanna Jahn. So machte ich mich an die Arbeit und schrieb meinen ersten, dann veröffentlichten Artikel (Strubelt 1970).

Als ich gefragt wurde, für diese Festschrift einen Beitrag zu leisten, kam mir die alte Verbindung wieder in den Sinn. Immer bleibt augenscheinlich etwas haften, wenn man sich mit einem Thema oder einem Gegenstand intensiver auseinander gesetzt hat. Noch über Jahre hinweg verbindet man etwas mit diesem Thema oder Sujet. So erging es auch mir mit den Verwaltungsberichten.

Etwas Weiteres kam hinzu. Lange vor der Deutschen Einheit fand ich in einem Katalog des Zentralantiquariats der DDR in Leipzig einen Satz Verwaltungsberichte Berlins (von 1861 bis 1910) angeboten – also über einen Zeitraum, der für die Entwicklung Berlins zur führenden Großstadt Deutschlands und am Vorabend seiner kurzen Zeit als Weltmetropole äußerst wichtig zu sein schien. Und dies zu einem für mich günstigen Preis. Ich bestellte und bekam nicht viel später ein großes Paket mit insgesamt 21 Bänden. Ein erster Blick zeigte mir einerseits, dass eine ungeheure, gar nicht sofort verarbeitbare Fülle an Material zur Entwicklung Berlins, in Texten, Bildern und graphischen Darstellungen, enthalten war, das sich jeder schnellen Lektüre entzog. Andererseits entdeckte ich, dass ein Teil der Bände aus Privatbesitz stammte, ein anderer Teil der Bände jedoch ursprünglich dem Statistischen Amt der Stadt Breslau gehört hatte. Wie sie in den Besitz des Zentralantiquariats der DDR gekommen waren, war natürlich nicht erkennbar. Es war zwar allgemein bekannt, dass die frühere DDR mit Büchern, die für sie nur lästige „Doubletten" in abgelegenen Bibliotheken waren, einen Handel mit dem Westen zum Erwerb von Devisen betrieb. Aber aus Breslau? *Habent sua fata libelli!*

Seitdem haben diese Bände mich begleitet[1]. Eine dunkle, viel Platz einnehmende Reihe, physisch schwer, sehr solide gedruckt und gebunden, die etwas vorwurfsvoll in einer Ecke stand und mich in meiner Wahrnehmung aufforderte: Lies mich doch mal! Ich hatte eigentlich auch immer vor, sie einmal einer näheren Betrachtung, vielleicht gar Bearbeitung zu unterziehen, vor dem Hintergrund meiner Vergangenheit als „Experte" für Verwaltungsberichte. Aber es kam nie dazu, weil vieles dazwischen kam.

Jetzt fielen sie mir wieder ein, zumal ich anlässlich der singulären Festschrift zu Mädings sechzigstem Geburtstag ein „Poem" zum „steinernen Berlin", seinem und des Difu Dienstsitz, verfasst hatte[2].

Es gab also viele Anknüpfungspunkte. Jetzt war vielleicht der Augenblick gekommen, diesen „Schatz" zu heben, indem man ihn einer näheren Betrachtung unterzog, vor dem eigenen Erfahrungshintergrund und angesichts der verschiedenen

---

1   **Bericht** über die Gemeinde-Verwaltung der Stadt Berlin in den Jahren **1861 bis 1876**. Drei Hefte, Berlin 1879–1881. **Bericht** über die Gemeinde-Verwaltung der Stadt Berlin in den Jahren **1877 bis 1881**. Drei Theile, Berlin 1883–1885. **Bericht** über die Gemeinde-Verwaltung der Stadt Berlin in den Jahren **1882 bis 1888**. Drei Theile, Berlin 1889–1890. **Bericht** über die Gemeinde-Verwaltung der Stadt Berlin in den Jahren **1889 bis 1895**. Drei Theile mit Abbildungen, Karten und Plänen, Berlin 1898–1900. **Bericht** über die Gemeinde-Verwaltung der Stadt Berlin in den Verwaltungs-Jahren **1895 bis 1900**. Drei Theile mit Abbildungen, graphischen Darstellungen und einer Karte, Berlin 1904–1905. **Bericht** über die Gemeinde-Verwaltung der Stadt Berlin in den Verwaltungs-Jahren **1901 bis 1905**. Drei Theile mit Abbildungen, Plänen und graphischen Darstellungen, Berlin 1907–1908. **Bericht** über die Gemeinde-Verwaltung der Stadt Berlin in den Verwaltungs-Jahren **1906 bis 1910**. Herausgegeben vom Magistrat der Stadt Berlin. Drei Bände mit Abbildungen, Plan und graphischen Darstellungen, Berlin 1912.
Trotz aller Gleichartigkeit und auch -förmigkeit bei den bibliographischen Angaben fällt auf, dass mit den Jahren die Abstände zwischen den jeweiligen Berichtsräumen und den Erscheinungsjahren immer kürzer werden. Außerdem erscheinen die einzelnen Bände in immer kürzer werdenden Zeiträumen, weil wohl die herausgabetechnischen Möglichkeiten sich stetig verbesserten. Auch wird die Ausstattung mit Bildern in photo- und lithographischer Technik immer opulenter.

2   Es lautete: Aus gegebenem Anlaß für **Heinrich Mäding** / Aus dem steinernen Berlin / Steigt die Hitze der Stadt / Und formt der / Urbanistischen Wolken Gestalt / Erst jüngst sah ich / Eine. (Diese ganze Abhandlung ist auch eine urbanistische Wolke, vielleicht eher eine Laune.)

Bezüge zu Berlin, zum Deutschen Institut für Urbanistik und zu seinem scheidenden Leiter Heinrich Mäding. Dies möchte ich im Folgenden tun.

1. Verwaltungsberichte – Anspruch und Wirklichkeit

Zu Beginn ist vielleicht ein kurzer allgemeiner Rückblick auf die Verwaltungsberichte deutscher Städte und meine damaligen Ausführungen sinnvoll. Damals stellte ich fest:

„Die Verwaltungsberichte

- kranken an einem inneren Widerspruch zwischen Information und Repräsentation,
- sollen in der Mehrzahl die Stadt nach außen repräsentieren,
- stellen die Stadt als unpolitisches Verwaltungsinstrumentarium dar,
- wenden sich an ausgewählte Adressaten, an die ‚Mächtigen‘ in der Gesellschaft,
- teilen Fakten mit, die nur verwaltungsintern gesammelt zu werden brauchten,
- sind, was ihren Anspruch als Informant über die Stadt und ihre Verwaltung betrifft, kaum durch Inhalt und Gestaltung gerechtfertigt.“ (Strubelt 1970, S. 160)

Und im Hinblick auf ihren Stellenwert in der kommunalen Selbstverwaltung, insbesondere auch bezogen auf breitere Bevölkerungskreise, also die demokratische *constituency*, meinte ich für die Zukunft der Verwaltungsberichte folgende Forderungen aufstellen zu müssen:

- „Sie bieten ein großes, aber gestrafftes Spektrum an wichtigen Fakten und Daten an, möglichst vergleichend über mindestens zwei Jahre.
- Sie berichten eingehend über die politischen Vorgänge innerhalb der Stadtverwaltung und die Alternativen, die den wichtigsten Entscheidungen zugrunde gelegen haben.
- Sie wenden sich an möglichst weite Bevölkerungskreise.
- Sie enthalten Stellungnahmen verwaltungsexterner Fachleute zum Verwaltungsgeschehen und zu der Arbeit der politischen Gremien, um eine einseitige Perspektive zu vermeiden.“

Falls dies nicht eingehalten werde, drohten diese Berichte, so meine Einschätzung, „mehr der Selbstdarstellung als einer soliden Information und Dokumentation“ zu dienen (ebenda, S. 162). Heutzutage wäre diese Gefahr umso größer, als die verfügbaren graphischen Möglichkeiten und das Maß an zumutbarer Selbstdarstellung ganz andere Dimensionen erreicht haben. Aber der Blick soll hier, über 35 Jahre nach diesem Aufsatz, nicht auf heutige graphische und drucktechnische Glanzlichter (Hochglanzbroschüren) gerichtet werden, sondern auf das noch viel weiter zurückliegende Gestern.

2. Bericht 1861 bis 1876 – zum Ersten

Schaut man nämlich unter diesen – auf die Verwaltungsberichte der 60er-Jahre der alten Bundesrepublik bezogenen Perspektiven – in die noch älteren Bände der Berliner Verwaltungsberichte, dann wird unmittelbar und einprägsam deutlich, dass solche Berichte in Deutschland eine sehr lange Tradition haben. In dem ersten mir vorliegenden Bericht über die Jahre 1861–1876, der 1879 erschien, wird darauf hingewiesen, dass für Berlin schon dreimal derartige Berichte vorgelegt worden waren, nämlich für die Zeiträume 1829–1840 (1842 erschienen), 1841–1850 (1853 erschienen) und 1851–1860 (1863 erschienen). Die Ziele, die mit solchen Berichten verfolgt werden sollen, werden zu Beginn sehr klar umrissen:

„Indem wir diese Publikationen mit dem gegenwärtigen, die Verwaltung in den Jahren 1861–1876 umfassenden, Berichte wieder aufnehmen, werden die Verwaltungen anderer großer Städte eine – so hoffen wir – ihnen gewünschte Veranlassung haben, die Mittel, welche wir zur Erreichung der uns und ihnen im Wesentlichen gemeinsamen Zwecke anwenden, mit den Wegen zu vergleichen, auf welchen sie denselben Zielen zustreben. Die neu in unsere Kommunalverwaltung eintretenden Bürger und Beamten werden aus diesen Berichten über dasjenige, was auf den einzelnen Gebieten unserer Administration erreicht ist und was zu erreichen bleibt, schnell und sicher sich zu orientieren vermögen. Ein etwaiger künftiger Geschichtsschreiber Berlins wird in ihnen reiches Material für die Darstellung der politischen und sozialen Entwicklung unserer Stadt finden. Und sollte es ihnen gelingen, sich über diese Kreise hinaus Theilnahme zu gewinnen, so werden aus ihrer einfachen Darstellung des Ganges und der Resultate unserer Verwaltung jedem denkenden Leser die mannichfachen Probleme deutlich werden, welche die wachsende Anhäufung einer gewaltigen Menschenzahl auf verhältnismäßig kleinem Raum der Verwaltung unsres Gemeinwesens stellt3. (Bericht 1861–1876, 1. Heft, S. V/VI)

Dies fasst sehr gut zusammen, was Sache ist:

- Man will sich, damals wie heute, mit anderen Städten messen.
- Es sollen für neu Hinzutretende die Maßstäbe benannt werden.
- Man will auch später, im Rückblick eines zukünftigen Historikers, der ich hier nicht sein werde, gut abschneiden.

Und gleich am Anfang wird auf die besondere Tatsache hingewiesen, dass Berlin, das noch lange nicht Groß-Berlin war, auf einem relativ kleinen Territorium, dem der Gemarkung der alten preußischen Hauptstadt, einem enormen Bevölkerungswachstum unterlag (von 1829 mit einer Bevölkerung von 242 000 zu einer von 979 860 im Jahr 1876) – eine gesellschaftliche und kommunale Herausforderung, die, so gut beschrieben und formuliert, „fast zeitlos" wirkt. Trotz der anderen, heute altertümlich erscheinenden Diktion schimmern im Vergleich zu heute ähnliche – zeitlose? – Problemlagen durch, weswegen ich sie hier ebenfalls zitieren möchte:

„Gilt es doch der enggeschaarten großstädtischen Bevölkerung die Möglichkeit des ungehinderten raschen Verkehrs zu sichern; die schädlichen Einflüsse solcher gewaltigen Agglomeration auf die Gesundheit der Bevölkerung nach Möglichkeit abzuwehren; dem in Armuth und körperliches Elend versunkenen Theile derselben die nothwendige Hülfe zu gewähren; dem moralischen Verderben, das in der ‚Wildniß frechen Städtelebens', unter dem ‚Wust verfeinerter Verbrechen' – wie ein klassisches Dichterwort Schattenseiten großstädtischen Lebens bezeichnet – nur zu üppig wuchert, durch Einrichtungen im Schulwesen und für die Waisenpflege entgegenzuwirken, welche – soweit es Einrichtungen vermögen – den heranwachsenden Geschlechtern die Wege erschließen, um zu sittlicher und intellektueller Bildung zu gelangen; gilt es mit Einem Worte doch, alle die inneren und äußeren Hindernisse zu bekämpfen, welche besiegt werden müssen, wenn eine Großstadt, bei allem Glanze des Reichthums,

---

3   Bei Originalzitaten wurde hier und im Folgenden die alte Orthographie als Teil der alten Diktion beibehalten.

der Wissenschaften und Künste des Ruhmes nicht entbehren soll: eine **allen** ihren Einwohnern die freie Bethätigung ihrer Kräfte sichernde, in den öffentlichen Einrichtungen ihr leibliches und geistiges Wohl nach Möglichkeit fördernde, **Kulturstätte** zu sein." (Ebenda, S. VI, Hervorhebungen im Original)

Ausdrücklich benannt wird auch die Tatsache, dass man sich als neue Großstadt des Bürgertums noch verhaftet sieht in der Tradition einer Stadt, „welche wesentlich nur den Charakter einer fürstlichen, durch die von unseren Königen aufgerufene Thätigkeit bedeutender Künstler in ihrer äußeren Gestalt schön und großartig gestalteten Residenz trug."

Charakterisiert zwar durch
„in den gebildeten Kreisen der Gesellschaft ein reges, durch die Universität, die Akademie, das Theater, die öffentlichen Sammlungen gefördertes geistiges Leben. Aber neben jenen Kreisen bewegte sich ein noch in engen Bahnen des Erwerbes und geistigen Lebens befangenes Bürgerthum"
– zumal die Opfer, d.h. die Belastungen, welche „die französische Okkupation, dann die Befreiungskriege der verhältnißmäßig armen Provinz Brandenburg und ihrer Hauptstadt auferlegt hatten, kaum überwunden" waren. Insofern habe die Stadt mit der neuen Kommunalverfassung nach den Befreiungskriegen erst umgehen lernen müssen. Sie musste lernen, „die Stadt nicht mehr bloß als die Residenz des Königs, sondern zugleich als die Stadt der Bürger aufzufassen". Insofern blickte man auf London „mit Neid" – „auf dessen Kommunikationsmittel, auf dessen Pflaster, auf dessen Parks, auf dessen Markthallen, auf dessen Vorkehrungen für Salubrität und Reinlichkeit." Also auf das London, das „seit mehr als einem Jahrhundert Centrum einer reich entwickelten Industrie, eines weit über den Erdball verbreiteten Handelsverkehrs, eines durch keine feindlichen Invasionen erschütterten nationalen Reichthums" sei.

Man schätzt sich damals in Berlin also durchaus selbstkritisch ein und hatte eigentlich auch klare Perspektiven für die Zukunft, nämlich den Aufstieg von einer kleinen, gesitteten Residenzstadt Preußens zu einer weltweit orientierten Großstadt eines neuen Reiches, des damals neu entstandenen Deutschen Reiches, mit allen damit verbundenen Vor- und Nachteilen. Vorteile sah man in der Tatsache, dass Berlin als „die Hauptstadt des Deutschen Reiches, die Residenz des deutschen Kaisers, der Sitz des Deutschen Reichstages und der meisten deutschen Reichsbehörden" nun eine „neue Signatur" erreiche:

„In geistiger Beziehung durch die aus den neu erworbenen Provinzen der Monarchie und aus den anderen deutschen Staaten zeitweise oder dauernd dem sozialen Leben Berlins gewonnenen Elemente; in Bezug auf die äußere Gestalt der Stadt durch die für die Bedürfnisse der Reichsverwaltung hervorgerufenen monumentalen Bauten; in Beziehung auf die materiellen Existenzbedingungen durch das bereits allmälig vorbereitete, nunmehr durch das Eindringen der französischen Milliarden rasch bis zu einem völlig unerwarteten Grade geförderte, allgemeine Sinken des Geldwerthes. Es war eine durch den Luxus einzelner zu schnellem Reichthum gelangter Kreise, durch die bei leichter Kreditgewährung und zeitweilig rascherem Konsum maßlos ausgedehnte Produktion in ihren Wirkungen noch gesteigerte Folge der Verminderung des Geldwerthes, daß auf der einen Seite die Löhne der Handarbeit eine Höhe erreichten, welche für die Arbeiter eine starke Versuchung zu Übermuth und Verschwendung wurde; daß andererseits jene Epoche des leichten Verdienstes an der Börse, bei der Lohnarbeit, beim Handel, insbesondere auch bei dem Handel mit Grundstücken für die auf fest **Renten und Besoldungen** Angewiesenen, bis zu der – naturgemäß erst nach einiger Zeit, wenigstens für die Beamten eintretenden – Ausgleichung eine Zeit der Sorgen und Bedrängniß war, die besonders in der ‚Wohnungsnoth' zu Erscheinung kam." (Ebenda, S. IX, Hervorhebungen im Original)

3. Bericht 1861–1876 – zum Zweiten

Gerade das zuletzt genannte Phänomen, die damalige Wohnungsnot in Berlin wegen der ungeheuren Bevölkerungszunahme, kennen wir auch aus anderen Quellen. Heute als Zilles „Milljö" fast eher ein kulturhistorischer Topos, war es seinerzeit ein soziales Problem, das auch schon damals bekannt und gut dokumentiert war (vgl. Eberstadt 1909/1920; Pohle 1920). Wenn es hier auch benannt wird, so nimmt es in der Leistungsbeschreibung der Stadt einen eher kleinen Raum ein, es ist ja eigentlich auch keine Leistung, kein Ruhmesblatt. Nüchtern wird die demographische Veränderung durch die Zuwanderungen nachgezeichnet, die eine Verjüngung zur Folge hatte, und es wird betont, „daß also die jüdische Zuwanderung nicht nur die relativ bedeutendste, sondern auch die nachhaltigste ist."[4] (Bericht 1861–1876, Heft 1, S. 54)

In der Aufteilung nach den Beschäftigten ist der damals bereits relativ hohe Anteil an „Dienstleistungen" im „Handelsgewerbe" und bei „Bekleidung und Reinigung" auffallend, wobei unter letzter Kategorie sich vor allem das weibliche Dienstpersonal verbirgt. Welch knappe, nüchterne Feststellung, die die Probleme, wenn nicht gar das Leiden dieser sozialen Gruppe, das wir heute nur noch aus Romanen, häufig Trivialromanen, und Moritaten kennen, nüchtern verbirgt.

Eine weitere „Analogie" zu heute, wenn auch in anderer Dimension und Formulierung, soll noch angefügt werden: Durch die
„an der Peripherie fortschreitende Bebauung" werde „das innerhalb des Weichbildes gelegene zur Land- und Gartenwirtschaft benutzte Land" zusehends vermindert. Damit gehe „das der Vegetation gewidmete Areal alljährlich zurück, und unbekümmert um die Gesundheit der Gesamtbevölkerung zerstört der Neuanbauende die vorgefundene Vegetationsfläche, so daß der Gemeinde die neue Aufgabe erwächst, für die allen erforderliche Reinheit und Frische der Luft durch Anlage von Parks, Gartenplätzen und Alleen Sorge zu tragen."[5] (Ebenda, S. 57)

Ein Tatbestand, der für die Bevölkerung deshalb wichtig sei, weil die bekannt dichte Bebauung einher gehe mit einer hohen Dichte pro Wohnung:

„Von den 212 554 Wohnungen waren 74 003 auf einen einzigen Wohnraum beschränkt, 77 648 auf zwei Zimmer. Und doch sind es gerade diese Wohnungen, die nicht allein Miether und ihre Familien beherbergen, sondern in welchen noch außer diesen 10 475 Chambregarnisten und Aftermieter und 69 248 Schlafleute ihr Unterkommen fanden." (Ebenda, S. 58)

---

4 Eine Feststellung und Prognose, die aus der heutigen Rückschau den entsetzlichen Verlust des jüdischen Elements für die Entwicklung Deutschlands durch die Untaten der nationalsozialistischen Zeit in Deutschland überdeutlich werden lässt.

5 Damit war das Umfeld der drei Säulen der heutigen Nachhaltigkeit, also die ökonomischen, sozialen und ökologischen Dimensionen, schon damals eigentlich bekannt, wenn auch anders benannt.

Berücksichtigt man noch die Tatsache, dass im Berichtszeitraum die Mieten erheblich stiegen und ihr Anstieg nicht mit einer gestiegenen Qualität der Wohnungen einherging, sondern „vielmehr bei vielen, selbst in guten Stadttheilen erbauten Häusern, der Mangel an Licht und Luft sich fühlbar macht" (ebenda, S. 60), dann wird deutlich: Die sozialen Tatbestände in diesen misslichen bebauten Umwelten waren bereits damals nicht nur den Betroffenen, sondern auch den politisch Verantwortlichen bekannt. Noch etwas wurde für die weitere Entwicklung der Stadt in diesem Zusammenhang als wichtig benannt, nämlich die Entwicklung der Verkehrsverhältnisse, nicht zuletzt über Berlin hinaus in die angrenzenden Kommunen, etwa Charlottenburg. Es handelte sich um den Ausbau des Pferdebahnsystems:

„An die im Fortschritt begriffene vollständige Entwicklung des projektierten Netzes von Pferde-Eisenbahnen, wie an die in den nächsten Jahren zu erwartende Vollendung der mit Dampfkraft zu befahrenden Stadtbahn knüpft sich die Hoffnung, daß endlich auch in Berlin die Verhältnisse sich denen ähnlich gestalten werden, deren sich das in seinen Wohnverhältnissen mustergültige London zu erfreuen hat." (Ebenda, S. 63)

Hier war er wieder, der Vergleich Berlins mit London, das ungleich zivilisierter eingeschätzt wurde, mit dem man sich messen lassen wollte, in dessen Richtung man sich entwickeln wollte als spät gebildete Nation, als spät sich entwickelnde Metropole eines neuen Reiches – zwischen Anspruch und Hoffnung und zwischen Wunsch und Wirklichkeit, mit dem Ziel der Schaffung eines konkurrenzfähigen Handelsplatzes (!) und eines großstädtischen Raumes, der mehr als das alte Weichbild der Residenzstadt Berlin umfassen sollte (vgl. Plessner 1935/1959). Es waren dies also explizit bürgerliche Ziele für eine Stadt in einem durchaus noch aristokratisch geprägten (= feudalen?) Umfeld, d.h. in einem durchaus konflikthaften Umfeld.

Es ist unmöglich, auf alle einzelnen Projekte und Verbesserungen in der Infrastruktur (hier heißt es „Straßen, Brücken und Plätze", „Öffentliche Parks, Schmuck und Baumanlagen" oder „Straßenbeleuchtung" und „Wasserversorgung", ganz zu schweigen von der „öffentlichen Gesundheitspflege", dem „Schulwesen" und der „Armenpflege") einzugehen, alles dokumentiert mit Tabellen und umfassendem Zahlenmaterial.

Eine aus heutiger Sicht fast kurios zu nennende Tatsache sollte jedoch nicht unerwähnt bleiben: Dass der Magistrat von Berlin nämlich seine überkommene Aufgabe als Kirchenpatron, verbunden mit umfangreichen Verpflichtungen zum Bau neuer und zum Erhalt alter evangelischer Kirchen, durchaus nicht als eine freudige Aufgabe, eher als eine finanziell belastende ansah und sich deshalb auch im Konflikt mit dem Königs- und Kaiserhaus befand. Dies belegt der Satz über eine dazu anberaumte Audienz beim König: „Der Magistrat war in Gnaden entlassen, aber er hatte doch eine sehr ungnädige Antwort erhalten." (Bericht 1861 bis 1876, Heft 3, S. 27) Eine Aussage, die in dieser Deutlichkeit heute wohl nicht mehr in einem offiziellen Bericht zu lesen sein dürfte. Also alle Achtung für die damalige Offenheit zwischen den Institutionen des damaligen Obrigkeitsstaates, der sich offensichtlich eher gegenüber und bei den Bürgern – man ziehe vergleichend den „Untertan" von Heinrich Mann heran – positionierte, sich aber insbesondere gegenüber den Arbeitern als einer neuen Klasse repressiv verhielt und darstellte.

4.   Bericht 1877 bis 1881

Man sieht also durchaus, dass in der wachsenden Großstadt Berlin trotz allen Aufschwungs oder Wachstums und trotz aller nationalen Seligkeit das nüchterne Kalkül, eine realistische Sicht der Dinge bei den für Berlin Verantwortlichen gleichwohl nicht gelitten hatten. So wird in den Berichten über die Zeit von 1877 bis 1881 die Tatsache reflektiert, dass die Reichsgründung „zu einem überraschend schnellen Aufschwung auf allen Gebieten gewerblicher Thätigkeit", aber auch zu einem „Übermaß" geführt habe, das „immer weitere Kreise der Gesellschaft" ergriff.

„Der, wo nicht gewissenlose, doch leichtfertige Mißbrauch, welcher mit den Formen der Assoziation des Kapitals getrieben wurde, der Luxus der Wohlhabenden, die Steigerung der Genußsucht in allen Klassen der Bevölkerung mußten in der Seele des der Jagd nach dem Glücke unbefangen zuschauenden Beobachters die Sorge hervorrufen, die Nation stehe, nachdem sie das lang erstrebte ideale Ziel ihrer Einigung erreicht in Gefahr, den materiellen Erwerb, das materielle Wohlbefinden für das höchste Gut zu achten." Und weiter: „Dem Übermuth der Gründerzeit folgten die Jahre des Kraches, des Niederganges der gewerblichen Thätigkeit. Bei diesem Rückschlag mußten am meisten die in der Industrie beschäftigten Arbeiter leiden. Durch die enorme Steigerung der Löhne, bei dem leider noch viel zu wenig ausgebildeten Sparsinn unserer arbeitenden Klassen, zu einer ihren bisherigen Gewohnheiten nicht entsprechenden Konsumtion verleitet, sahen sie sich nunmehr bitterer Noth ausgesetzt und vielfach auf die öffentliche Armenunterstützung angewiesen.

So konnte es nicht ausbleiben, daß auf die wenigen Jahre, in welchen fast alle Volksklassen von den öffentlichen wie von den Erwerbsverhältnissen befriedigt waren, eine längere Reihe von Jahren folgte, in welcher Unzufriedenheit mit allen bestehenden Zuständen immer breitere Schichten der Gesellschaft erfüllte. Für die in einem Theil der Presse wie in Vereinen und Versammlungen den weitesten Volkskreisen bekannt werdenden sozialistischen Lehren war ein empfänglicher Boden vorhanden."[6] (Bericht 1877 bis 1881, 1. Teil, S. 31/32)

Eine sozialkritische Sicht aus konservativer Perspektive. Breiteren Raum nimmt aber dann doch das artikulierte Entsetzen über die zwei „Mordversuche auf das Leben des Kaisers" ein. Die damit verbundenen Botschaften und Audienzen werden ausführlich abgedruckt, um die Verbundenheit Berlins mit dem Herrscherhaus zu dokumentieren. Umso betroffener ist der Magistrat Berlins, als der Reichskanzler Bismarck bei der Beratung über ein Gesetz zur Besteuerung der Dienstwohnungen der Reichsbeamten im März 1881 sich folgendermaßen äußert:

„Wenn z.B. der Stadt Berlin damit gedient wäre, von dieser Beamtenlast befreit zu werden – ich habe mich immer dem Gedanken nicht verschließen können, daß der Reichstag und die Centralbehörden besser in einer anderen weniger bevölkerten und der Unruhe weniger ausgesetzten Stadt wie Berlin ihre Sitzungen hielten, so würden wir ja dann sehen, ob Berlin eine große Erleichterung von dem Weggang der Beamten und der Verlegung der

---

6   Den möglichen Vergleich zur deutschen Wiedervereinigung 1990 möge jeder für sich selbst ziehen. Interessant ist aber, dass hier aus durchaus bürgerlich-konservativer Sicht eine Kritik geübt wird, die auch aus anderer Perspektive, nämlich aus jener der Sozialdemokratie damals, wenn auch anders, geübt wurde.

Reichsresidenz nach einem anderem Ort verspürt, wo es für uns vielleicht doch aus manchen Gründen angenehmer sein würde zu leben." (Ebenda, S. 42)

Diese letzte Anspielung war wohl insgesamt ein Reflex auf die zuvor zitierten Feststellungen zur gesellschaftlichen Lage in Berlin, einschließlich der „sozialistischen Umtriebe". Ein Versuch, eine *splendid isolation* für die führenden Kräfte des Obigkeitsstaates zu erreichen, im Widerspruch zwischen dem Glanz einer Großstadt und ihrer als problematisch angesehenen gesellschaftlichen Realität und Vielfalt. Man kann dies auch als Indiz für die in Deutschland immer wieder gerade in konservativen Kreisen gepflegte Großstadtfeindschaft ansehen (vgl. Bergmann 1970).

Diese Berlin konsternierenden Ausführungen ihres Ehrenbürgers werden jedoch nicht direkt angegangen, sondern es wird der Kommentar einer „unpolitischen Monatsschrift" zitiert, in dem gefragt wird,
„wie unendlich ist die Gewalt dieses einzigen Mannes geworden, wenn er vermag, das an und für sich Unglaubliche der Öffentlichkeit insoweit aufzuzwingen, daß sie, ob auch kopfschüttelnd, zweifelnd spottend, es zur allgemeinen Diskussion stellen und, so oder so, sich mit ihm abfinden muß".

Aber diese Irritation war nur von kurzer Dauer, denn im November 1881 wurde im neu gewählten Reichstag der Antrag gestellt, „die Errichtung des Reichstagsgebäudes auf dem Königsplatz in unserer Stadt zu beschließen". Und auf die Glückwünsche zu Kaisers 86. Geburtstag kam in dem Dankschreiben
„die beruhigende Überzeugung (zum Ausdruck), daß an Allerhöchster Stelle ‚ungeachtet des Widerstreits der Meinungen auf politischem Gebiete' die Loyalität der Bürgerschaft die volle Anerkennung finde, und daß dort kein Zweifel darüber bestehe, daß Berlin ‚**der geistige und politische Mittelpunkt des Deutschen Reiches**' sei und bleiben werde." (Bericht 1877 bis 1881, 1. Teil, S. 43)

Diese Fußnote der Geschichte belegt jedoch eindrücklich, welche Spannungen zwischen der in jeder Hinsicht unaufhörlich wachsenden Stadt Berlin mit all den damit verbundenen Problemen und einer Reichsregierung und ihren Beamten bestanden, die sich in einer kleinen Residenzstadt jenseits aller großstädtischen Probleme ein besseres Leben/Wohnen wünschten. Ein erstaunliches Missverständnis, denn die wachsende Größe dieser Stadt Berlin korrespondierte auch mit der wachsenden Macht und Größe des Reiches und seines Strebens, in der Welt anerkannt zu werden. Dazu gehörte nun einmal eine „glänzende" Hauptstadt, die sich messen konnte mit den Kapitalen der anderen europäischen Mächte – einer wichtigen Referenzgruppe.

Aber diese sich entwickelnde, boomende sagt man heute, Großstadt hatte große Probleme, zumal sie sich auf einer sehr kleinen Fläche ausdehnen musste und außerhalb ihres Weichbildes eine ähnlich boomende Entwicklung stattfand, eine ungeordnete Suburbanisierung. Eine Tatsache, die immer problematischer wurde, denn:

„Je mehr die Bebauung der näheren Umgebung Berlins einen großstädtischen Charakter annahm, je erheblicher die Zahl derjenigen Personen wurde, welche zwar geistig Angehörige unserer Stadt blieben, formell aber Mitglieder einer Nachbargemeinde wurden, je vollkommener die Berlin mit der Umgegend verbindenden öffentlichen Transportmittel sich entwickelten, um so unbequemer wurde die unbedingte politische und administrative Scheidung Berlins und seiner Nachbarorte." (Ebenda, S. 44)

Dies hatte schon früher, in der Berichtsperiode zuvor, zu der Idee geführt, für Berlin eine „Provinz Berlin" zu schaffen. Sie verblieb aber in der politischen Auseinandersetzung hängen, weil keine Einigung über die „Mitwirkung des Laienelements in den höheren Instanzen der Staatsverwaltung" erreicht werden konnte. Dies sollte eben ausgeschlossen sein, war wegen des damit verbundenen demokratischen Elements unvorstellbar. Die Oberhoheit, die Aufsicht über Berlin er- oder behielt der Oberpräsident der Provinz Brandenburg als Oberpräsident von Berlin und für den Stadtkreis Berlin, wenn nicht gesetzlich anders bestimmt, anstelle des Regierungspräsidenten der Polizeipräsident von Berlin – als staatliche Instanz neben dem Magistrat von Berlin. Es blieb noch bei der alten bürokratischen Zuordnung, die dem Staat gewissermaßen wegen seines Misstrauens gegenüber der großstädtischen Entwicklung Berlins die Oberhoheit sicherte, also unter Ausschluss des „Laienelements". Misstrauen gegenüber der Stadt, der Großstadt und gegenüber den in ihr wirkenden gesellschaftlichen Gruppen (Klassen) bestimmte die Orientierung der preußischen Regierung, während die Stadt Berlin weiterhin darauf hoffte, dass man auch vor der „Interkommunalisierung (gleich Eingemeindung) von Nachbargemeinden in einem Umfange, wie sie seiner Zeit für Paris stattgefunden hat, nicht zurückschrecken" werde (ebenda, S. 46).

Da ist er wieder, der Vergleich mit den anderen europäischen Metropolen, gegenüber denen sich Berlin, eher indirekt ausgedrückt, in einem Wettbewerbsnachteil befinde, da die zentralistische Verwaltung Preußens in ihrer misstrauischen Einstellung gegenüber Berlin, gewissermaßen eine politische Unberechenbarkeit fürchtend, die Zügel nicht aus der Hand geben wollte. Diese Uneindeutigkeit, ja Zweideutigkeit der preußischen Regierung gegenüber Berlin und den dort ablaufenden wirtschaftlichen und gesellschaftlichen Modernisierungen lässt sich hier in den Berichten gut nachvollziehen, auch wenn die Aussagen dazu etwas versteckt, aber letztlich unüber**les**bar und als Quelle wichtig sind.

5.   Bericht 1877 bis 1881 – Schwerpunkt öffentliche Transportmittel

Dass die Entwicklung gleichwohl nicht stagnierte, dafür stand die Weiterentwicklung der „öffentlichen Transportmittel". Dabei muss man sich klar darüber sein, dass Berlin in den 70er- und 80er-Jahren des 19. Jahrhunderts vor einem entscheidenden technischen Wandel stand, der gewissermaßen für das Ende der Pferdeabhängigkeit des innerstädtischen Transports stand. Es war eine Zeit des Umbruchs, der insbesondere auf die Straßenplanungen und -erweiterungen großen Einfluss hatte. Während nämlich der Bau der dampfbetriebenen Stadtbahn vorangetrieben wurde, waren es gleichzeitig immer noch die privat betriebenen Pferdestraßenbahnen, die zu Straßenerweiterungen führten, da deren Nutzung sich zwischen 1876 und 1881 mehr als verdoppelte. Aber der nächste technische Durchbruch stand unmittelbar bevor, auch wenn er noch ungewiss schien:

„Ob der Verkehr in einzelnen Straßen unserer inneren Stadt gleichwohl einmal Dimensionen annehmen wird, welche es nothwendig machen, einen Theil desselben mit Benutzung **der Elektrizität als motorischer Kraft** über die Straßen hinwegzuführen, muß für jetzt dahingestellt bleiben. Daß dies möglich ist, steht fest. In Amerika ist die Anlage von Hochbahnen bereits in großer Ausdehnung zur Ausführung gelangt. Für Berlin waren **Siemens u. Halske** mit dem Projekt eines solchen Netzes hervorgetreten. Es wurden aber von der Ausführung desselben so erhebliche Störungen und Unbequemlichkeiten für die Bewohner der anliegenden Häuser befürchtet, daß man von derselben vorläufig Abstand genommen hat."[7] (Ebenda, S. 76)

Dies hatte durchaus Gründe, denn im engeren Stadtgebiet Berlins stieg die Bevölkerungsdichte weiter an, parallel dazu nahm die Wanderung in die „peripheren Stadttheile" zu. Dabei wird das beobachtet, was wir im Rückblick mit dem Berlin dieser Jahre assoziieren, nämlich „das Zusammendrücken der Bevölkerung in Miethskasernen" (ebenda, S. 99). Das „Überwuchern der Miethskasernen" geht zudem einher mit einer Minderung der Qualität der Wohnungen. Man war sich also auch auf offizieller Ebene der Stadt durchaus bewusst, was in der Stadt vor sich ging. Dabei hoffte man, dass durch den Ausbau der öffentlichen Verkehrsmittel, hier noch die Pferdebahnen, die Bevölkerung die Möglichkeit für bessere Wohnbedingungen erhalte, da sich dadurch der Wettbewerb steigere. Das Wachstum in ein Großberlin war die erwünschte Strategie:

„Durch diese Bahnen wie durch die gegen Schluß unserer Berichtsperiode dem Verkehr übergebene Stadtbahn wird der Bevölkerung in immer steigerndem Maße die Möglichkeit gegeben, sich weiter hinaus in der märkischen Ebene anzusiedeln und die innere Stadt dem Handel zu überlassen; mehr und mehr wird ihr Gelegenheit geschaffen, den Miethskasernen zu entgehen, welche aus dem Bedürfniß hervorgegangen sind, den bei den früheren geringen Verkehrsmitteln übermäßig in die Höhe geschraubten Preis des dem Centrum nahegelegenen Grund und Bodens durch rücksichtslose Ausschlachtung des betreffenden Luftraums nach Möglichkeit als einträgliche Kapitalsanlage auszunutzen. Mehr und mehr wird der Grundbesitz durch die von dem steigenden Verkehr erschlossenen Konkurrenz des Vorlandes genöthigt sein, sich mit normaleren Ansprüchen zu begnügen, und im demselben Grade wird auch die Möglichkeit erstehen, der Bevölkerung angemessenere, dem hygienischen Bedürfniß besser entsprechende und in Folge dessen auch für das Gedeihen derselben in moralischer und wirtschaftlicher Beziehung vortheilhaftere Wohnstätten zu schaffen." (Ebenda, S. 105)

Für eine solche Strategie und Politik war es wichtig, auch die entsprechenden Grundlagen zu schaffen. Deshalb war die 1875 erfolgte Übertragung der statistischen Erfassung der damit verbundenen Entwicklungen an das „Statistische Bureau" der Stadt von großer Bedeutung, da Letzteres nun die Aufgaben des „Statistischen Amtes des Königlichen Polizei=Präsidiums" übernahm, was also durchaus auch eine Erweiterung der kommunalen Verwaltung bedeutete. Interessant ist in diesem

---

7   Dann war es im Mai 1881 doch so weit, die erste „Elektrische" wurde in Betrieb genommen, aber eben nicht in Berlin, sondern in Lichterfelde, außerhalb des Berliner Weichbildes. Der Fortschritt war also auch in Berlin nicht aufzuhalten. Vgl. NZZ vom 13./14.5.2006 „Berlin feiert seine ‚Elektrische'. Legendäres Nahverkehrsmittel wird 125 und erfährt Renaissance".

Zusammenhang, dass der Ausbau der städtischen Statistik sich nicht nur auf Berlin beschränkte, sondern auch im Bezug auf eine internationale Kooperation mit dem Ziel einer internationalen Statistik der Großstädte vorangetrieben wurde. National war die Gründung einer „Vereinigung der Direktoren der statistischen Bureaus Deutscher Städte" genauso wichtig. Die Wiege unserer heutigen kommunalen Statistik stand also in Berlin, der Stadt, die zu dieser Zeit die fraglos dynamischste Stadt Deutschlands war (Bericht 1877 bis 1881, 3. Teil, S. 149). Letzteres wollte sie durchaus auch innerhalb Europas sein, denn man verglich sich explizit immer wieder mit anderen Metropolen, insbesondere London und Paris, aber auch mit Wien. Ein solcher Vergleich wird am Schluss des Berichts insbesondere gezogen im Hinblick auf die Versorgung mit städtischen Infrastrukturen, die damals durchaus noch vornehmlich im Besitz privater Firmen waren, bei Gas, Strom und Verkehr. Aber „es ging und geht auch das Bestreben – hier mehr, dort weniger allgemein – dahin, diese Einrichtungen von Hause aus von der öffentlichen Autorität herzustellen oder nachträglich in deren Eigenthum zu bringen." (Ebenda, S. 169) Dabei ist man sich zunehmend bewusst, dass die Finanzierung all dieser öffentlichen Einrichtungen im Wesentlichen von der „nachhaltigen Steuerkraft unserer Bürgerschaft" abhängen werde, ein Hoffen auf staatliche Zuwendungen wird als „äußerst fraglich" bezeichnet. Man ist realistisch, vertraut eher auf die eigene Kraft denn auf die Hilfe von außen, also vom preußischen Staat.

6. Bericht 1882 bis 1888

Zu Beginn des Berichtes über diese Periode steht ein kompakter Überblick über die dynamische Entwicklung Berlins. So umfasste 1859 die Zivilbevölkerung 455 681 Personen, während es 1887 bereits 1 365 968 Personen sind. Die Steuereinnahmen betrugen 1859 5 133 149 Mark, während es 1887/1888 eine Summe von 31 625 336 Mark ist. Diese Einnahmen, verbunden mit Einkünften aus den Pferdestraßenbahnen, den englischen Gaswerken und den Berliner Elektrizitätswerken, machten es der Stadt möglich „ihre Wirksamkeit weit über ihre gesetzlichen Verpflichtungen hinaus auszudehnen" (Bericht 1882 bis 1888, 1. Teil, S. XXI).

Allerdings blieb die Stellung Berlins im Staatsaufbau Preußens im Wesentlichen unverändert. Zwar schied mit Wirkung von 1883 die Stadt Berlin aus der Provinz Brandenburg aus und bildete einen eigenen Verwaltungsbezirk, wobei wie bisher der Oberpräsident von Brandenburg auch der von Berlin ist, aber im Wesentlichen verblieb die Aufsicht durch den Polizeipräsidenten. Der Wunsch, Letzteres zu verändern, blieb für Berlin vorerst unerfüllt. Es blieb die alte Aufsicht des „Obrigkeitsstaates", aber es wurde zumindest die Einführung eines Laienelements in der Form eines Bezirksrates jetzt auch für Berlin gestattet. Es wurde damit mehr Rechtssicherheit eingeräumt:

„Durch die in dieser Richtung getroffenen neuen gesetzlichen Anordnungen ist einerseits den Kommunalbehörden die Garantie gegeben, daß Beschlüsse des Magistrats oder der Stadtverordneten (die im Dreiklassenwahlrecht gewählt werden, W. St.) nicht mehr durch bloße

Regierungsverfügung sondern nur im Verwaltungsstreitverfahren aufgehoben werden können, andererseits den Bürgern das Recht gegeben, gegen Beschlüsse der Gemeindeverwaltung oder der Gemeindevertretung den Verwaltungsrichter anzurufen." (Ebenda, S. 31)

Am Ärgerlichsten war aber offensichtlich für Berlin – dagegen hatte der Magistrat verschiedene Petitionen eingereicht – die Aufsichtsfunktion des Polizeipräsidenten, der eben nicht nur für die Polizei im engeren Sinne zuständig war, sondern gewissermaßen die Funktion eines heutigen Regierungspräsidenten gegenüber der Stadt einnahm, allerdings mit deutlich mehr Befugnissen. In der Mitte der Stadt verfügte er auch über zwei große Verwaltungsgebäude, am Mühlendamm und am Alexanderplatz. Außerdem bestand die Verfügung, dass in allen Streitigkeiten, etwa zwischen Stadt und Ortspolizeibehörde bei der Festsetzung von Baufluchtlinien, jede Mittelinstanz ausgeschlossen worden war, indem darüber dann letztlich der „Minister für öffentliche Arbeiten" entschied. Dieser Minister war gewissermaßen erste und letzte Instanz. Zudem lag in seinen Zuständigkeiten auch die „Centralverwaltung für Eisenbahnen und öffentliche Flußläufe". Diese „Kombination von Funktionen in Einer Person" stelle zumindest „seine Objektivität für Jedermann" infrage (ebenda, S. 33). Berlin lag also ziemlich an der kurzen Leine, trotz allem Wachstum, trotz aller Bedeutung für das Reich und den Staat Preußen, vermutlich aber gerade deswegen.

Zentral ist in dem Bericht der Beitrag über die öffentlichen Transportmittel, wobei auch im Jahr 1888 immer noch die Pferdestraßenbahnen dominieren, bei denen Berlin zudem im Vergleich mit den anderen europäischen Städten eine Spitzenstellung einnahm in Dichte, Erreichbarkeit und Frequenz. Pferde stellen also weiterhin die dominierende „motorische Kraft" dar. Versuche mit Elektrizität wurden zwar 1887 unternommen, aber wieder eingestellt, nicht zuletzt aus finanziellen Gründen. Man sieht noch keine wirklichen Alternativen, weiß aber auch nicht, wie es um die Zukunft bestellt sein wird, wenn die Konzessionen der Pferdebahnen in 1909 bzw. 1911 erlöschen und die Anlagen in den Besitz der Stadt übergehen. Allerdings wird auch auf die wachsende Bedeutung der Stadtbahn hingewiesen, wobei die Verkehr fokussierende Kraft der Bahnhöfe und ihr Verhältnis zu den vorhandenen Straßendimensionen durchaus kritisch gesehen werden. Die „Elektrische" war weiterhin keine Wirklichkeit für das Innere Berlins. Aber die Elektrifizierung der Stadt machte 1988 einen entscheidenden Schritt voran mit einem Vertrag zwischen dem Magistrat und den Berliner Elektrizitätswerken, der es Letzteren gestattete, in Berlin Leitungen zu legen (ebenda, S. 254 ff.).

Jahre des technischen Übergangs also, aber es blieb auch der ausführlich dokumentierte „Stachel im Fleisch" der Stadt, nämlich der Bau eines neuen Polizeigebäudes (Präsidiums) auf deren Kosten, also einer Behörde, die staatlich war und auf die Berlin keinen Einfluss hatte, der sie aber unterstellt war und für deren Gebäude sie aufkommen musste.

7.   Bericht 1889 bis 1895

Zum ersten Mal werden die drei Bände dieser Periode eingeleitet durch für damalige Verhältnisse aufwändig gedruckte Photogravüren des Oberbürgermeisters, des Bürgermeisters und des Stadtverordneten-Vorstehers. Erstmals auch wird der Bericht über den Zeitraum eingeleitet durch eine allgemeine Darstellung wichtiger politischer Ereignisse, darunter als eines unter vielen der Rücktritt Bismarcks.

Für die Stadt Berlin im engeren Sinne wird einleitend festgestellt, dass der Zuzug nach Berlin nachlasse, auch die Zahl der Neubauten nehme ab. Aber dies gilt eben nur für das engere Stadtgebiet, da für weitere Bautätigkeiten fast kein Raum mehr zur Verfügung steht, wohl aber umso mehr im Umland.

Das Selbstbewusstsein der Stadt spiegelt sich auch in der Tatsache wider, dass man 1892 erwog, für 1896 oder 1897 oder auch für 1900 eine Weltausstellung nach Berlin zu holen. Aber dem kam Frankreich zuvor, indem es beschloss, 1900 eine solche Ausstellung in Paris zu veranstalten. Dies wurde zu einem Politikum, das sich aber auflöste, als der Kaiser einer Teilnahme des Deutschen Reiches an der Ausstellung in Paris zustimmte. Als Ersatz wurde für 1896 eine Berliner Gewerbeausstellung beschlossen. Interessant ist auch, dass die „Nothlage der Landwirtschaft" im Reich dominant diskutiert und behandelt wurde, während es den Städten augenscheinlich gut ging. Auf die damit verbundene Problemkonstellation zwischen Zollfreiheit und Zollschranken, die damals das Reich zu zerreißen drohte, aber auch in den Unterschieden des führenden politischen Personals ihren Niederschlag gefunden hatte, kann hier nur hingewiesen werden. Erneut ein Reflex einer allgemeinen gesellschaftlichen Konfliktsituation aus der Sicht Berlins.

Es fällt allerdings auf, dass in dem Kapitel „Die Gemeindebehörden in ihren Beziehungen zu dem Herrscherhause" eine stärkere Devotheit seitens der Stadtverwaltung, des Magistrats zu beobachten ist, etwa mit der Stiftung eines Schlossbrunnens durch die Stadt, während Kaiser Wilhelm die Reichshauptstadt mit einer Ruhmesallee der Hohenzollern-Fürsten schmücken will. Offensichtlich lief jetzt der Wilhelminismus zur Hochform auf.

Gleichzeitig schreitet die technische Modernisierung voran. Nach der Elektrizität stellen die Fernsprechanlagen eine neue Stufe der technischen Entwicklung dar, der sich die Stadtverwaltung stellen muss. Nachdem 1882 zuerst die Bürgermeister und andere Spitzen der Verwaltung ausgestattet worden waren, „sprangen die Vortheile eines direkten und sofortigen Verkehrs so grell in Augen", dass sofort weitere Dienststellen ebenfalls damit ausgestattet wurden (Bericht 1889 bis 1895, 1. Teil, S. 35).

Aber im Vergleich fällt doch der quantitative Unterschied zwischen damals und heute besonders auf, wenn etwa gesagt wird:

„Im Ganzen werden zur Zeit 266 Anschlüsse gezählt. In den 7 Dienststunden werden durch Vermittlung des städtischen Fernsprechamtes etwa 500 bis 600 Gespräche gehalten, so daß auf die Stunde etwa 70–80 entfallen oder jedes noch nicht ganz eine Minute erfordert." (Ebenda, S. 36)

Für die Zukunft Berlins wurde 1891 ein weiterer Vorstoß unternommen mit dem Ziel der Erweiterung des Berliner Stadtgebietes um angrenzende Gemeinden und Städte, etwa Charlottenburg. Aber während Berlin einen eher bescheidenen Vorschlag machte, war dies dem Oberpräsidenten zu geringfügig, weil er vermeiden wollte, dass nach kurzer Zeit eine erneute Erweiterung des Berliner Gebietes notwendig werden würde. Darüber wurden umfängliche Verhandlungen in Briefen und Ausschüssen geführt, die Ende 1897 noch nicht abgeschlossen waren. Auch hier sind die üblichen Verhaltensweisen, die wir aus Gebietsreformen kennen, zu beobachten, indem die Behörden von Charlottenburg und Schöneberg sich gegen eine solche Fusion aussprachen und gar um die Verleihung des Stadtrechtes nachsuchten. Als Ergebnis war festzuhalten:

„Die Bevölkerung der Vororte ist also in der Einverleibungsfrage recht sehr getheilter Meinung. Somit wird allem Anschein nach diese wichtigste Gestaltungsfrage Berlins als eine ungelöste noch in das neue Jahrhundert übergehen." (Ebenda, S. 43)

Während dieses wichtige Problem weiterhin einer Lösung harrte, steuerte der öffentliche Verkehr einer Wende zu. Zwar waren die Pferdebahnen (Straßenbahnen) immer noch das dominierende Verkehrsmittel, aber sie bekamen durch die Stadtbahn wachsende Konkurrenz, wenn auch die Umstellung der Straßenbahn vom Pferd auf einen motorischen (maschinellen) Betrieb in Berlin nur relativ langsam voran ging. So wurden 1891 der Stadt dazu bereits Vorschläge unterbreitet, aber erst 1895 entsandte Berlin eine Kommission in andere Städte (Dresden, Dessau, Hagen, Frankfurt a. M., Straßburg, Paris, London, Liverpool, Glasgow, Hamburg, Rotterdam), die sich ein Bild über die dortigen Straßenbahnbetriebe machen sollte. Anscheinend war Berlin wegen seiner Größe verhältnismäßig wenig innovationsfreudig, eher zögerlich. Aber man beschloss, zur geplanten Gewerbeausstellung in Treptow 1896 zwei Straßenbahnen mit gemischtem elektrischem Betrieb (ober- wie unterirdische Stromzuführung) zu bauen. Sodann sollte in dem Außenbezirk Pankow eine weitere Linie gebaut werden, also Modernisierung von außen nach innen. Aber man war sich des epochalen Umbruchs bewusst:

„Der Straßenbahnbetrieb in Berlin steht augenblicklich in den Anfängen einer vollständigen Umwandlung, vor einem wichtigen Wendepunkt in der Entwicklungsgeschichte unseres hauptstädtischen Verkehrslebens." (Ebenda, S. 65)

Ähnliche Fortschritte ließen sich im Detail für die Straßenbeleuchtung, die Wasserversorgung und die Entwässerung nachzeichnen, von den Schulbauten, von denen viele heute noch stehen, der Armenpflege und den Bauten für die „öffentliche Gesundheitspflege" inklusive der Irren- und Idioten-Anstalten, wie sie damals noch genannt wurden, ganz zu schweigen – indes: es fehlt hier der Platz. Man schaue aber einmal selbst nach, tauche ein in die Detailliertheit einer offensichtlich funktionierenden Verwaltung.

8.   Bericht 1895 bis 1900

Auch dieser Bericht, nach der Jahrhundertwende erschienen, wird eingeleitet durch eine Chronik der Jahre, die sich mit Innen- und Außenpolitik, mit Weltpolitik, wie es hier genannt wird, beschäftigt,

„da die Folgen derselben nicht ohne Rückwirkung auf den Vorort des Deutschen Reiches und die großen Regierungs= und Verwaltungszentralstellen gewesen sind, welche in Berlin den Sitz ihrer Tätigkeit haben."

Der „Eindruck der Berichtsperiode" sei insgesamt ein „freundlicher" gewesen. Dabei wird besonders das Inkrafttreten des Bürgerlichen Gesetzbuches hervorgehoben.

„Seit der Aufrichtung des Deutschen Reiches läßt sich hiermit kein geschichtlicher Vorgang von annähernd gleicher politischer und wirtschaftlicher Bedeutung vergleichen."

Eine nicht unbegründete Einschätzung! Erwähnt wird auch noch explizit der Erfolg der Gewerbeausstellung in Treptow von 1896, die eigentlich eine Weltausstellung hätte sein sollen, die aber gleichwohl ein „Aufblühen des Handels, des Gewerbes und der Kunstindustrie vor Augen geführt hat" (Bericht 1895 bis 1900, 1. Teil, S. IV).

Eher versteckt wird für den Jahreswechsel von 1897 auf 1898 die Beratung und Annahme der Flottenvorlage erwähnt, die dann zu Beginn des neuen Jahrhunderts noch erweitert wird. Von ihr wissen wir aber, dass sie der Anfang der Isolierung des Deutschen Reiches von den westeuropäischen Staaten war. Dem eigenen subjektiven Empfinden des Berichterstatters über die freundliche Entwicklung insgesamt gesellt sich also der Beginn des kommenden Unheils zu – in recht dürren Worten. Daneben stehen einzelne wichtige Ereignisse wie die Aufhebung des Verbindungsverbots von politischen Vereinen durch den Reichstag, die Gleichstellung von Gymnasien und Realgymnasien sowie die Gewährung des Promotionsrechtes zum Dr. Ing. anlässlich der 100-Jahrfeier der Technischen Hochschule in Charlottenburg. Aber für die interne Entwicklung Berlins war der neue Vertrag von Anfang des Jahres 1898 mit den Gesellschaften der Pferdebahnen wohl das wichtigste Ereignis, denn: „Sämtliche bestehenden Pferdebahnlinien werden in Kleinbahnen mit elektrischem Betriebe umgewandelt." Verbunden mit den Durchbrüchen in der eher naturwissenschaftlich-technischen Ausbildung stellt dies gewissermaßen einen Quantensprung in der technischen Entwicklung dar. Nicht weniger wichtig für die Entwicklung Berlins zur Industriestadt war die Bereitschaft der Stadt, sich an der Finanzierung des Mittellandkanals (Rhein-Elbe-Kanal) und des „Großschiffahrtsweges" Berlin-Stettin zu beteiligen – eine Infrastruktur, die Berlin heute noch zugute kommt.

Besondere Hinweise gelten dem Ehrenbürgerrecht des Malers Adolf von Menzel und dem Eintritt in den Ruhestand des Stadtbaurates James Hobrecht, der als Leiter „der städtischen Abteilung für Tiefbau" die Kanalisation geschaffen habe, „durch welche Berlin eine der gesündesten Städte der Welt geworden ist". (Ebenda, S. 1)

Aber die Neuorganisation der Berliner kommunalen Landschaft machte auch in diesem Zeitraum keine Fortschritte, allerdings wurden in der staatlichen Justiz- und Polizeiverwaltung Zusammenschlüsse mit Charlottenburg, Schöneberg und Rixdorf getätigt, die Vorboten einer Neuorganisation zu sein schienen.

Dass der Fortschritt aber am Anfang durchaus auch eine Schnecke sein kann, belegt der folgende Passus:

„Die Zahl der Fernsprechanschlüsse ist im Laufe der letzten Berichtsperiode von 266 auf 288 gestiegen; die Dienststunden des Fernsprechamtes im Rathause sind seit 1898 auf die Zeit von 8 Uhr Morgens bis 10 Uhr Abends festgesetzt worden." (Ebenda, S. 25)

Gleiches gilt für die eingeleiteten Verhandlungen über die Eingemeindungen von angrenzenden Kommunen zur Schaffung eines „Groß=Berlins", wie es damals bereits genannt wurde. Diese „sind trotz des ungewöhnlich großen Aufwandes von Zeit und Arbeit gewissermaßen im Sande verlaufen" (ebenda, S. 54). Es war nur zu einzelnen Grenzregulierungen gekommen, der große Wurf blieb noch aus, war an Verwaltungsquerelen gescheitert.

Fortschritte, die sich aus dem Umbruch im Einsatz der Verkehrstechnologien ergaben, führten aber innerhalb der Stadtverwaltung dazu, dass eine gesonderte „Städtische Verkehrs=Deputation" gegründet wurde (Bericht 1895 bis 1900, 2. Teil, S. 1). Letztere beschloss und förderte die Umwandlung der Pferdebahnlinien in elektrische Straßenbahnen, wobei diese weiterhin von den bisherigen privaten Gesellschaften betrieben wurden, aber unter Nutzung des städtischen Stromes. Allerdings erwies sich bald, dass die Intensität des Verkehrs keine wesentlichen Schnelligkeitsgewinne erlaubte, weil er im vorhandenen Straßenraum verblieb, weshalb alsbald die Forderung nach Schnellbahnen entstand. Die Entwicklung der elektrisch betriebenen Hochbahnen und Untergrundbahnen begann sich abzuzeichnen, wobei Letztere den besonderen geologischen Widrigkeiten Berlins zu begegnen hatten, weshalb sich insbesondere James Hobrecht dagegen aussprach. Gleichwohl wurde mit der Allgemeinen Elektrizitätsgesellschaft (AEG) ein Probetunnel vereinbart, der sich jedoch als sehr aufwendig und teuer erwies, wohingegen die Firma Siemens & Halske den Bau von Hochbahnen befürwortete. Deren Streckenführung machte es dann doch notwendig, die Linien teilweise als Unterpflasterbahn zu führen, wie insbesondere vom Polizeipräsidium gefordert. Wegen der zukünftigen Entwicklungsperspektiven erwies es sich bald als notwendig, einen Generalplan zu entwickeln, um ein Durcheinander geplanter und späterer möglicher Linien zu verhindern. Zu Beginn des neuen Jahrhunderts wurde also, wenn wir es aus der Rückschau betrachten, das moderne Verkehrssystem konzipiert, von dem Berlin bis heute profitiert, der Mix aus S- und U-Bahn. Dabei konnte die gute alte Straßenbahn über den Umweg der deutschen Teilung und dann Wiedervereinigung ihre Stellung im Osten Berlins halten; und sie ist auch heute noch nicht abgeschrieben gegenüber der Konkurrenz der modernen Busse, die damals noch niemand voraussehen konnte, von den individuellen Autos ganz zu schweigen.

Das weitere Wachstum der Stadt machte sich auch in der Notwendigkeit bemerkbar, Schulbauten immer stärker an den wachsenden Rändern der Stadt zur Verfügung zu stellen. Soziale Probleme wie die zunehmende Inanspruchnahme der städtischen Einrichtungen zur Gewährung von Obdach waren ein deutliches Zeichen für die jenseits allen ökonomischen Voranschreitens ebenfalls wachsenden Probleme der Armut inmitten des zunehmenden gesellschaftlichen Reichtums. Es war das Aufkommen der sozialen Frage, deren politische Implikationen in diesen Berichten nur versteckt benannt oder erkennbar werden.

9. Bericht 1901 bis 1905

Dieser Berichtszeitraum wird ebenfalls als von wirtschaftlichen und gesellschaftlichen Fortschritten geprägt charakterisiert. Aber angesichts der nicht explizit erwähnten sozialen Frage wird doch ausdrücklich darauf hingewiesen:

„Auf dem Gebiete der Fürsorge für die arbeitenden Klassen hat das Deutsche Reich auch in dem abgelaufenen Jahrfünft die führende Rolle gehabt." (Bericht 1901 bis 1905, 1. Teil, S. IV)

Diese Wertung wird belegt mit einer Fülle einzelner Gesetze und Maßnahmen. Man fühlt sich auch in internationaler Perspektive eher auf einer Insel der Glücklicheren, denn es wird festgestellt, dass der Krieg in Ostasien zwischen Japan und Rußland die günstige Entwicklung in Deutschland nicht hemmen konnte, „da es gelang, ihn auf diese vom deutschen Verkehr entfernte Gebiet zu beschränken" – wenn fern in der Türkei die Völker zusammenschlagen, ein bekanntes Schema des Schutzmechanismus der eigenen Kirchturmperspektive gegen alle Anfechtungen von außen. Dazu passte auch, dass man zum Schutze der einheimischen Landwirtschaft neue Zolltarife einführte. Eine Konstellation der *splendid isolation* in internationaler Hinsicht, aber gleichwohl verbunden mit Weltmachtansprüchen, wie sie sich in der Expedition gegen China und bei der Marokkokonferenz niederschlugen.

Intern gab es nichts Neues zu den Perspektiven Groß-Berlins, allenfalls kleine Gebietsarrondierungen. Dies reflektiert auch die Tatsache, dass die Einwohnerzahl Berlins (im engeren Sinne) sich in geringerem Maße als früher vermehrte, weil einer geringeren Zuwanderung eine stärkere Abwanderung gegenüber stand (ebenda, S. 213). Auch der Fernsprechverkehr nimmt innerhalb der Stadt nur leicht zu, die Zahl der Sprechstellen steigt von 388 auf 430.

Eine interessante, aber insgesamt nicht umwälzende Entwicklung sei nicht vergessen. Es wird ausführlich dargestellt, dass mit der Einführung von Zeitungskiosken „ein für Berlin ganz neues, echt weltstädtisches Unternehmen ins Leben getreten" ist (ebenda, S. 77).

In Sachen Beleuchtung der Stadt ist es interessant zu erfahren, dass zum damaligen Zeitpunkt Gas als Energieträger immer noch sehr viel verbreiteter ist als Strom. Hinsichtlich des Verkehrs wird erneut die Notwendigkeit der „Schaffung von Schnellbahnen, welche das Straßenniveau nicht in Anspruch nehmen", als dringend notwendig bezeichnet, um „den modernen Verkehrsbedürfnissen Rechnung" zu tragen (ebenda, S. 227). Dabei wird eindringlich darauf hingewiesen, wie schwer es war, mit der Obrigkeit, vertreten durch das Polizeipräsidium, zu einer einvernehmlichen Linienführung zu kommen. Aber nicht nur diese Widernisse gibt es, sondern auch Vetos von „Allerhöchster Stelle", also des Kaisers. Fürwahr keine einfache Aufgabe für eine Stadtverwaltung, eine neue Verkehrsinfrastruktur durchzusetzen, die Unterpflasterbahn (U-Bahn). Außerdem zeichnet sich in diesen ersten Jahren des neuen Jahrhunderts schon die nächste bedeutende Innovation im Verkehr ab, nämlich „in dem Bau von Automobilen zur Beförderung größerer Lasten", die jetzt als „Automobil=Omnibusse" probeweise eingesetzt wurden (ebenda, S. 236). Der individuelle Autoverkehr war noch kein Thema.

So begann das neue Jahrhundert mit Entwicklungen, die sich für den Rest des Jahrhunderts als die städtische Entwicklung äußerst prägend erweisen sollten. Demgegenüber waren die Verwaltungsstrukturen, in welche die Stadt, der Magistrat von Berlin, eingebunden war, eigentlich keineswegs Erfolg verheißend, geschweige denn zukunftsorientiert: quasi bedrängt einerseits durch einen starken Obrigkeitsstaat, vertreten durch das Polizeipräsidium, andererseits durch eine Fülle von eigenständigen und wachsenden Kommunen um Berlin herum, die selbst die Größe von Städten hatten.

10.   Bericht 1906 bis 1910

Diese letzte Periode der in meinem Besitz befindlichen Verwaltungsberichte der Stadt Berlin reicht bis in die Zeit unmittelbar vor den Ersten Weltkrieg hinein, denn die drei Bände erschienen alle im Jahr 1912. Insgesamt ist dies der zehnte „große Verwaltungsbericht", den Berlin seit Mitte des 19. Jahrhunderts herausgegeben hat. Federführender Redakteur ist diesmal der „Stadtrat Prof. Dr. Preuß", der bekannte Staatsrechtler Hugo Preuß, der später auch bei der Formulierung der Weimarer Verfassung eine wesentliche Rolle spielen wird.

Ganz allgemein wird am Anfang konstatiert, dass in der Berichtsperiode Industrie und Handel sich in einer günstigeren Konjunkturphase befanden, im Unterschied zur Periode zuvor. Dies sei aber nicht nur auf Deutschland beschränkt gewesen, sondern war „fast allen Teilen der Erde gemeinsam". Die Nachfrage sei in der Berliner Industrie so stark gewesen, dass man sie wegen Arbeitskräftemangel und unzureichenden Betriebsanlagen nicht immer habe befriedigen können. Dies und der Hinweis, dass insbesondere die elektrotechnische Industrie ungebrochen wachse, machen deutlich, welch wirtschaftlich günstige Zeiten vor dem Ersten Weltkrieg herrschten und welch dominierende Rolle Berlin als Industriestadt in dem damals technologisch modernsten Industriesektor spielte. Dieser Boom der Wirtschaft wurde allerdings begleitet von kontinuierlichen Preissteigerungen bei den Rohstoffen und bei den „unentbehrlichsten Nahrungsmitteln" (Bericht 1906 bis 1919, 1. Band, S. 9 ff.).

Aber auch damals schon waren die Staatsfinanzen nicht ausgesprochen rosig, denn in vielen Bereichen mussten die Steuern erhöht oder spezielle Verbrauchssteuern neu geschaffen werden. Für das politische Klima war es wichtig, dass in dieser Zeit die Gründung von politischen Vereinen, also Parteien, durch eine gemilderte Anzeigepflicht erleichtert wurde, wobei an deren Versammlungen aber keine Personen unter 18 Jahren teilnehmen durften. Ursprünglich hatte die Regierung gefordert, alle öffentlichen Versammlungen seien in deutscher Sprache zu führen; hieraus wird eine Regelung, „daß in den Kreisen mit 60% alteingesessener nichtdeutscher Bevölkerung 20 Jahre lang der Gebrauch der nichtdeutschen Sprache erlaubt sei." (Ebenda, S. 14) Schon damals war die Integration der nicht deutsch sprechenden Bevölkerung in das öffentliche politische Geschehen ein Problem, auch wenn es nicht um Türken ging, sondern um nichtdeutsche Minderheiten aus den Nachbarstaaten. Das Nebeneinander von Minderheiten und deutschen Mehrheiten ist also für Deutschland eigentlich eine alte Problemlage, die unter dem nationalsozialistischen Regime gewaltsam zu „lösen" versucht wurde, teilweise mit Hilfe von Raumplanern – vom Schreibtisch aus.

Damals war jedoch aus der Sicht der Stadt Berlin ihre Stellung „im Organismus der Staatsverwaltung und das Problem Groß=Berlin" von viel größerer Bedeutung. Fast vorwurfsvoll wird darauf hingewiesen, Berlin sei bei allen bisherigen Verwaltungsreorganisationen, die seit 1872 stattfanden und 1883 einen vorläufigen Höhepunkt erreichten, „weder in die neue Gliederung der Staatsverwaltung noch in die Neubildung der höheren Kommunalkörper organisch eingefügt worden". Als Folge aller gescheiterten Ansätze „über die Verfassung und Verwaltung der Provinz Berlin" seien Bestimmungen getroffen worden, die „hinsichtlich der Stellung Berlins innerhalb der Staatsverwaltung Elemente eines Stadtkreises, eines rudimentären Regierungsbezirkes und des Torsos einer Provinz unersprießlich vermengen". Und apodiktisch wird festgestellt:

„Von Anfang an fehlerhaft, ist dieser Zustand gerade in Folge der gewaltigen Entwicklung der letzten Jahrzehnte völlig unleidlich geworden. Während die Bevölkerungsagglomeration beispiellos gewachsen ist, hat das Weichbild Berlins seit 50 Jahren keine wesentliche Erweiterung erfahren. Berlin ist räumlich die kleinste Millionenstadt der Erde." (Ebenda, S. 35)

So vollziehe sich die Bevölkerungszunahme immer stärker nur noch in den „Vorortsgebieten". Und der Stadtkreis Berlin gehöre zu den Verwaltungsbezirken mit der geringsten Bevölkerungszunahme, während etwa der Regierungsbezirk Potsdam die stärkste Zunahme aufweise. Aber:

„Diese letztere ist tatsächlich, wirtschaftlich und sozial eine Berliner Bevölkerungszunahme. Demgemäß sind die Stadt= und Landgemeinden des suburbanen Agglomerationsgebietes untereinander und mit der Kernstadt zu einem einheitlichen Gebilde zusammengewachsen, das alle realen Eigenschaften einer städtischen Großgemeinde aufweist. Da die staatliche wie die kommunale Verwaltungsorganisation dieser Entwicklung der Siedlungsverhältnisse in keiner Weise gefolgt ist, haben beide jeden inneren Zusammenhang mit einander verloren; ja, sie stehen in unlösbarem Gegensatze, indem sowohl die Bildung der Staatsverwaltungsbezirke wie die der Gemeindegebiete und höheren Kommunalverbände das von jener Siedlungsentwicklung Verbundene organisatorisch auseinanderreißt, das von ihr Getrennte organisatorisch zusammenzwängt." (Ebenda, S. 35 f.)

Tatsächlich seien Berlin und sein Weichbild zu einem „großstädtischen Ganzen" geworden, deren interne Grenzziehungen auch für „Ortseingesessene" nicht mehr auseinander zu halten seien, aber die tatsächlichen Verflechtungen würden durch die „rechtliche Entwicklung" überhaupt nicht widergespiegelt. Bei Staatsverwaltung und Justiz habe es zwar Anpassungen gegeben, aber weil diese nicht einheitlich durchgeführt wurden, seien „die Mißstände nur noch vermehrt und die Verwirrung vergrößert worden" (ebenda, S. 36). So gelte dieses Durcheinander für die Polizeiverwaltung, die Postverwaltung, insbesondere aber für die Justiz. All dies sei insbesondere für das Geschäftsleben sehr unzuträglich, da es beispielsweise sehr unterschiedliche Ortsstatuten gebe, die Bebauungspläne nicht aufeinander abgestimmt werden und für die Versorgungs- und Entsorgungsstrukturen keine gemeinsamen organisatorischen Vorkehrungen existieren. Es gebe Unterschiede in der Gemeindebesteuerung und bei den Gebühren. Das Gemeindeschulwesen sei anders organisiert im Hinblick auf den Aufbau der Schulen und bei der Besoldung der Lehrer. Auch werde bei den „Armen= und Krankenlasten" Berlin sehr viel stärker belastet als seine umliegenden Städte und Gemeinden. Aber, so der Oberbürgermeister an den Minister des Innern:

„Die greifbarsten Missstände liegen auf dem Gebiete des Verkehrs, der seiner Natur nach sich am wenigsten durch Gemeindegrenzen einschränken läßt." Denn: „Hier hat seit Jahrzehnten jede einzelne Gemeinde ihre eigene Verkehrspolitik, ohne Rücksicht, nicht selten im Gegensatze zu den konkurrierenden Nachbargemeinden getrieben, mit verschiedenen Erwerbsgesellschaften unter verschiedenen Bedingungen und für verschiedene Zeiten Verträge abgeschlossen, welche jene Gesellschaften auf lange Zeit hinaus berechtigten, die öffentlichen Straßen zum Zwecke des Erwerbs nach anderen Rücksichten als denen des allgemeinen Wohls zu benutzen und auf Grund deren sogar der Versuch gemacht worden ist, die Errichtung neuer notwendiger Verkehrsanlagen zu verhindern."

Dies sei alles äußerst misslich, denn mit dem Verkehrswesen hänge „unlöslich eine gesunde kommunale Boden= und Wohnungspolitik, sowie ihr im Interesse des Gemeinwohls und der Gemeindeentwicklung gleich wichtiges Ziel: eine rationale Beeinflussung der Ansiedlung zusammen. Eine all diese Gebiete umfassende, planmäßige kommunale Tätigkeit ist bei einer Bevölkerungsverdichtung, wie sie die Groß=Berliner Agglomeration aufweist, ganz unentbehrlich; aber sie ist zugleich ganz unmöglich bei einer kommunalen Zersplitterung, wie sie eben die Groß=Berliner Agglomeration zeigt. Das hauptsächliche Betätigungsfeld einer fruchtbaren kommunalen Ansiedlungs=, Bau= und Bodenpolitik ist das Außengelände, das durch eine entsprechende Verkehrspolitik zu erschließen ist. Die unentbehrliche Voraussetzung dafür ist die Zugehörigkeit des aufzuschließenden Gebiets zu der aufschließenden Gemeinde; und diese unentbehrliche Voraussetzung für eine ebenso unentbehrliche kommunale Pflichterfüllung ist der Stadt Berlin völlig entzogen, seitdem der große Eingemeindungplan gescheitert ist." (Ebenda, S. 43)

Als Surrogat für bisher versagte Eingemeindungen und als Notbehelf gegen die ärgsten Missstände habe die Staatsregierung am Ende dieser Berichtsperiode den Entwurf eines „Zweckverbandsgesetzes für Groß=Berlin" in den Landtag eingebracht. Dieses Gesetz wurde im Juli 1911 verkündet und trat am 1. April 1912 in Kraft. Zwar habe Berlin immer argumentiert, dass es nur durch Eingemeindungen möglich sei, wirkliche Abhilfe zu schaffen, alles andere schaffe gewissermaßen nur noch mehr Probleme. Die tatsächlichen Verhältnisse würden nämlich die Organisation „einer städtischen Großgemeinde mit kommunaler Dezentralisation, nicht die einer Provinzialgemeinde, deren innere Natur auf ganz andere Voraussetzungen hinweist", erforderlich machen. Aber:

„Immerhin hat der Gesetzgeber mit der Schaffung des neuen Verbandes endlich die Unhaltbarkeit der kommunalen Zersplitterung Groß=Berlins anerkannt, ein Anerkenntnis, das sich niemals widerrufen läßt. Vielleicht wird man in fünf Jahren über die Möglichkeiten der damit begonnenen Gestaltung sicherer urteilen können."[8] (Ebenda, S. 44)

Mit diesem kommunalen Zweckverband Groß-Berlin wurde tatsächlich unmittelbar vor dem Ersten Weltkrieg der erste überkommunale Planungsverband in Deutschland geschaffen. Ihm folgte – aber erst nach dem Krieg und unter veränderten staatlichen Rahmenbedingungen – die dezentralisierte Einheitsgemeinde Groß-Berlin mit 20 Bezirken. Zusammen mit der Bildung des Siedlungsverbandes Ruhrkohlenbezirk, der auch noch vor dem Krieg konzipiert, aber erst danach verwirklicht wurde, hatte man damit den Grundstein für die überörtliche räumliche Planung gelegt. Es ist deren „Geburtsstunde" in Deutschland, was damals auch einen international beachteten Modernitätsschub bedeutete, den sich in der Folge sehr unterschiedliche politische Ideologien oder Vorstellungen zu eigen und zu nutzen machten (vgl. Schivelbusch 2005, S. 99 ff.).

Dieser bedeutende Einschnitt für die Entwicklung Berlins war von weit reichender Bedeutung, auch wenn andere Ereignisse, etwa der Neubau des neuen Stadthauses („als leitende Arbeitsstätte einer Zweimillionenstadt") oder auch des Märkischen Museums oder das Ersetzen der letzten hölzernen Brücke durch eine steinerne, fast umfassender dargestellt werden.

Wir erfahren, dass das städtische Fernsprechamt sich erneut ausgeweitet hat. Mit zwölf Beschäftigten, darunter zehn Gehilfinnen (Telefonistinnen) werden jetzt 194 statt bisher 96 Hauptanschlüsse betreut oder jetzt 671 statt bisher 334 Nebenanschlüsse, also immerhin eine gute Verdoppelung (Bericht 1906 bis 1910, 1. Band, S. 61).

Wichtiger und in direktem Bezug zur Entwicklung Groß-Berlins ist die des Verkehrswesens. Denn die „Regelung des Verhältnisses zu öffentlichen, auf Schienen betriebenen Transportanstalten, mit Ausnahme der Staatseisenbahnen" ist neben der „Feststellung der Fluchtlinien= und Bebauungspläne" und dem Erwerb und der Erhaltung von Freiflächen Aufgabe des neuen Zweckverbandes, dem „die Stadtkreise Berlin, Charlottenburg, Schöneberg, Rixdorf, Deutsch=Wilmersdorf, Lichtenberg und Spandau sowie die Landkreise Teltow und Niederbarnim" angehören werden (ebenda, S. 228).

Und gerade hinsichtlich der Verkehrsplanungen, insbesondere der Führung neuer Trassen, darunter die Untertunnelungen für die Straßenbahn, gab es heftige Auseinandersetzungen zwischen den Antragstellern, dem Magistrat von Berlin und der Staatsverwaltung, was erneut bis zur Einschaltung des Kaisers ging. Anderer-

---

8   Vgl. auch die Originalfassung des „Zweckverbandgesetzes für Groß=Berlin" vom Juli
     1911. Abgedruckt in: Bericht 1906 bis 1910, 3. Band, S. 180 ff.

seits wurde der Bau der Untergrundbahn und der Schnellbahnen fortgesetzt. Interessant ist in diesem Zusammenhang, dass auch in Berlin durchaus erwogen wurde, eine „Schwebebahn nach Elberfelder Muster" zu bauen. Es war also damals noch vieles im Umbruch, was sich auch darin widerspiegelt, dass es bei den Omnibussen in der Stadt noch ein Nebeneinander von „Automobilomnibussen" und „Pferdeomnibussen" gab.

Abschließend soll noch der Fortschritt bei den stadthygienischen Verhältnissen benannt werden, der für die Entwicklung der städtischen Lebensverhältnisse von ebenfalls weit reichender Bedeutung ist: durch den Anschluss von immer mehr Grundstücken an die Kanalisation gingen die allgemeine Sterblichkeit und die Typhus-Erkrankungen zurück, was mit einer eindrücklichen Graphik über die Zeit hinweg belegt wird (ebenda, S. 278).

Bei der Ausübung der Polizeigewalt, der Frage, in welchem Maße die Ortspolizei bei der Stadt oder beim Staat angesiedelt werden sollte, werden die Auseinandersetzungen, die zwischen den staatlichen und den kommunalen Dienststellen geführt werden, noch einmal besonders deutlich. Denn der Wunsch des Magistrats auf Übertragung weiterer Polizeiaufgaben wird vom preußischen Innenminister mit der Begründung verweigert:

„Es liege auf der Hand, daß gerade die Polizeigewalt auch nicht durch Friktionen behindert werden dürfe, wie sie speziell nicht ausbleiben könnten, wenn die Ausübung der Polizei einer Behörde übertragen werde, die bis zu einem gewissen Grade durch das Stadtparlament und durch andere Momente beeinflusst werden könne." (Bericht 1906 bis 1910, 3. Band, S. 21)

Diese Antwort macht einmal mehr deutlich, auf welch schmalem Grade sich damals eine bürgerliche Stadtverwaltung mit ihren mittels Dreiklassenwahlrecht gewählten Vertretern gegenüber einer immer noch weitgehend in obrigkeitsstaatlichem Denken verhafteten Regierung bewegte.

11.   Ausblick

Allerdings waren diese unterschiedlichen Auffassungen und Sichtweisen deutlich erkennbar und wurden auch schriftlich niedergelegt, wie hier in den Verwaltungsberichten. Das ist wohl auch jenseits aller einzelnen Details der Entwicklung Berlins in demographischer, wirtschaftlicher oder verkehrlicher Hinsicht das Interessanteste an diesen Berichten, da sie ein Bild der internen Vorgänge und Interessengegensätze vermitteln, wenn auch in „gebührender Form". Hinter der Detailfülle, die mit vielen Abbildungen, Karten, Graphiken und Diagrammen belegt wird, taucht so das Bild einer Stadt auf – allerdings nur aus der Sicht der sie tragenden Bürgerschaft und Verwaltung –, die sich intensiv bemüht, ihrer äußerst dynamischen Entwicklung im Konzert der europäischen Weltstädte, aber auch gegenüber ihren Bürgern gerecht zu werden. So werden viele Entwicklungen oder – vor allem bauliche – Errungenschaften eben aus Sicht der Stadtverwaltung und der sie tragenden Kräfte vorgestellt und bewertet. Viele Entwicklungen, von denen

Berlin auch heute noch, jenseits aller Wendungen der Weltgeschichte, geprägt ist, wurden damals angestoßen oder grundlegend entschieden. Die Fülle der Details ist fast erschlagend und konnte hier auch nur ausschnittsweise und zugespitzt auf einige wenige Aspekte dargestellt werden. Die Verwaltungsberichte in dieser Form sind in der Tat eine unerschöpfliche Quelle für Forscher und an der Berliner Stadt- und Regionalentwicklung Interessierte.

Insofern wurden diese umfassenden Verwaltungsberichte den Ansprüchen gerecht, die ich damals bei meiner Rezension der Verwaltungsberichte verschiedener deutscher Städte formuliert habe. Denn:

- „Sie bieten ein großes, aber gestrafftes Spektrum an wichtigen Fakten und Daten an, möglichst vergleichend über mindestens zwei Jahre.

- Sie berichten eingehend über die politischen Vorgänge innerhalb der Stadtverwaltung und die Alternativen, die den wichtigsten Entscheidungen zugrunde gelegen haben."

Allerdings haben sie sich sicher nicht an „möglichst weite Bevölkerungskreise" gewandt, denn schon von der damaligen Aufmachung her richteten sie sich eher an „Insider" aus Politik und Verwaltung. Auch gab es keine „verwaltungsexterne Fachleute", die gewissermaßen als Objektivitätsmaßstab eingebaut waren. Jedoch ist erstaunlich, in welch hohem Maße anerkannte Wissenschaftler innerhalb der Berliner Kommunalpolitik tätig waren, wie etwa Rudolf Virchow oder der schon erwähnte Hugo Preuß.

Am Erstaunlichsten ist jedoch, wie die Auseinandersetzungen zwischen kommunaler und staatlicher, gleich preußischer Verwaltung und Obrigkeit bis hinauf zum Kaiser deutlich erkennbar sind, jenseits aller Ehrerbietung, die insbesondere dem Kaiserhaus stets gezollt wird, wobei diese nach meinem Eindruck mit der Zeit zunimmt.

Liest man die Berichte vor dem Hintergrund unseres heutigen Wissens- und historisch weiter entwickelten Erkenntnisstandes, dann wird erst deutlich, welche eminente Quelle diese Verwaltungsberichte darstellen, nicht nur für die Stadtentwicklung Berlins, sondern für die politische, aber auch gesellschaftliche Entwicklung Deutschlands – Wissenschaft, Kultur und Wirtschaft sowie technische Entwicklung umfassend[9].

Die – angesichts der in diesen Berichten publizierten Menge des Materials – eher nur kursorischen Erträge meiner Lektüre der umfangreichen Literatur über die

---

9 Ob dies nur im Falle Berlin so war, kann ich in diesem Zusammenhang leider nicht überprüfen. Es gibt jedoch Anzeichen, dass Berlin wirklich ein besonderer Fall war, denn zwei Berichte, die ich aus Königsberg/Preußen in meinem Besitz habe, übrigens ausgeschieden durch die DDR aus der Bibliothek des Kaiserlichen Statistischen Amtes und ebenfalls verkauft über das staatliche Antiquariat, sind eher sehr nüchtern, statistisch gehalten, aber auch mit Diagrammen und Graphiken sehr aufwändig illustriert. Vgl. Bericht über die Verwaltung und den Stand der Gemeinde=Angelegenheiten der Königlichen Haupt= und Residenzstadt Königsberg i. Pr. während des Rechnungsjahres 1907 (Königsberg 1909) und 1909 (Königsberg o.J.).

Entwicklung Berlins in dieser Zeit (vgl. etwa Glatzer 1993, 1997, 2000; Geist/Kürvers 1984) gegenüberzustellen, würde nun vollends den Rahmen dieses Beitrags sprengen.

Aber auf eine andere „Quelle" soll hier doch kurz eingegangen werden, das Buch von Werner Hegemann mit dem bekannten Titel „Das steinerne Berlin"[10], 1930 erschienen. Denn einmal ist dies eines der berühmtesten Bücher über Berlin, und zum anderen widmete Hegemann dieses Buch dem Andenken von Hugo Preuß. Dieser war für den zuletzt erwähnten Verwaltungsbericht Berlins federführend gewesen. Nach Aussage von Adolf Wermuth, des letzten Oberbürgermeisters des alten Klein-Berlins und des ersten Oberbürgermeisters „der großen Einheitsgemeinde Berlin", war es Preuß, „der den Berliner Gedanken zum Aufbau der neuen Großstadt die Form gab" (Hegemann 1930, S. 7). In seiner Baugeschichte Berlins rechnet Hegemann mit der Unfähigkeit der staatlichen und kommunalen Bürokratie ab, gegen die Bodenspekulation und das sie begleitende bürgerliche Geldstreben für breite Bevölkerungskreise menschenfreundlichen Wohnraum zu schaffen, insbesondere auch im Vergleich zu anderen europäischen Großstädten. Denn:

„Der erste und letzte Zweck des Städtebaus ist die Schaffung würdiger Wohn-, Arbeits- und Erholungsstätten." (Ebenda, S. 285)

Gerade dies gelang nach Hegemann nicht, weil der preußische Polizeipräsident – man erinnere sich, der Statthalter Preußens in Berlin – den Bebauungsplan verfügte, der zu den Mietkasernen führte:

„Die brandenburgischen Herrscher haben einst bei der Vergewaltigung Berlins die städtebaulichen Vollmachten der Stadt an sich genommen, wie etwa ein Einbrecher seinem Opfer ein wichtiges Werkzeug wegnimmt. Sie haben das vergewaltigte Berlin angehalten, den Gebrauch des Werkzeuges zu verlernen und zu vergessen. Als sie dann im 19. Jahrhundert endlich bemerkten, daß der Gebrauch dieses Werkzeuges schwierig, verantwortungsvoll und kostspielig sei, warfen sie es weg und überließen es dem Mißbrauch durch die private Spekulation und durch die Gemeinden, die von der Regierung durch Hausbesitzer-Privileg und Dreiklassenrecht zu Sachwaltern der privaten Spekulation gemacht worden waren." (Ebenda, S. 311)

Dies umreißt noch einmal die Situation Berlins zwischen preußischem Obrigkeitsstaat, der dieser wachsenden und unruhigen Großstadt, einem explizit so genannten sozialdemokratischen Wasserkopf (vgl. ebenda, S. 455) sehr kritisch gegenüberstand, und den kapitalistischen Verwertungsinteressen der bürgerlichen Spekulation. Hier einen geraden Weg der Stadtentwicklung zu gehen, war schwer. Gerade die Wohnungsfrage spielte dann nach dem Ersten Weltkrieg weiterhin eine entscheidende Rolle bei der Entwicklung Berlins. Dies anhand von weiteren Verwaltungsberichten nachzuvollziehen, muss ich mir hier versagen.

Aber merkwürdig ist es schon, dass die Mietkasernen der Kaiserzeit in der heutigen Zeit wieder ihren Wohn- und Lebenswert, allerdings für und durch eine viel

---

10   Den ich zum Aufhänger genommen hatte für meine ersten Zeilen zu Ehren Heinrich Mädings. Vgl. FN 2.

geringere Belegung, gefunden haben. Wie überhaupt derzeit das historisierende Element die zukünftige Gestaltung Berlins zu bestimmen scheint, weshalb ein Rückblick auf die damalige Zeit, wie sie sich in diesen Verwaltungsberichten darstellt, nicht nur sinnvoll sein kann, sondern auch die Frage aufwirft, was wir aus der Vergangenheit übernehmen sollten, und was wir für und in Zukunft auch anders, der heutigen Zeit angemessen, gestalten sollten.

Gerade angesichts eines solchen Rückblicks stellt sich doch die Frage, ob ein an der Vergangenheit orientierter Städtebau, wie es die „kritische Rekonstruktion" ist, der unbedingte Maßstab für die Zukunft sein kann, oder ob nicht ein Aufbruch in eine auch baulich-gestalterisch neue Zeit angebracht wäre. Dies ist eigentlich mehr als eine Frage[11]. Es wäre auch eine völlig neue Aufgabe, etwa durch eine kritische Durchleuchtung der heutigen Tätigkeiten der Berliner Stadtverwaltung anhand ihrer derzeitigen Berichte. Vielleicht später einmal.

Literatur

Bergmann, Klaus, Agrarromantik und Großstadtfeindschaft, Meisenheim 1970.

Eberstadt, Rudolf, Handbuch des Wohnungswesens und der Wohnungsfrage. 4., umg. Auflage Jena 1920 (1. Auflage 1909).

Geist, Johann Friedrich, und Klaus Kürvers, Das Berliner Mietshaus. 1862–1945, München 1984.

Glatzer, Ruth, Berlin wird Kaiserstadt, Berlin 1993.

Glatzer, Ruth, Das Wilhelminische Berlin, Berlin 1997.

Glatzer, Ruth, Berlin zur Weimarer Zeit, Berlin 2000.

Hegemann, Werner, Das steinerne Berlin. Geschichte der größten Mietkasernenstadt der Welt, Berlin 1930.

Plessner, Helmuth, Die verspätete Nation. Über die politische Verführbarkeit bürgerlichen Geistes, Stuttgart 1959 (zuerst erschienen als „Das Schicksal deutschen Geistes im Ausgang seiner bürgerlichen Epoche", Zürich und Leipzig 1935).

Pohle, Ludwig, Die Wohnungsfrage, 2. Auflage, 2 Bände, Berlin 1920.

Schivelbusch, Wolfgang, Entfernte Verwandtschaft. Faschismus, Nationalsozialismus, New Deal, 1933–1939, München 2005.

Strubelt, Wendelin, Verwaltungsberichte deutscher Städte, in: Archiv für Kommunalwissenschaften, 9. Jg., Erster Halbjahresband 1970, S. 154–165.

---

11 Vgl. das Interview mit Werner Sobek, „Wir brauchen völlig neue Formen", Frankfurter Allgemeine Zeitung, 27.3.2006.

Der Autor

Prof. Dr. Wendelin Strubelt,
ab 1977 Assistenzprofessor im Studiengang Sozialwissenschaft, Univ. Bremen; ab 1979 Professor, seit 1981 Direktor und Professor der Bundesforschungsanstalt für Landeskunde und Raumordnung in Bonn-Bad Godesberg; Schriftleiter der Zeitschriften „Informationen zur Raumentwicklung" und „Raumforschung und Raumordnung"; seit 1998 Vizepräsident des Bundesamtes für Bauwesen und Raumordnung (BBR).

Foto: Jürgen Hohmuth

Abschiedswort

Christiane Thalgott

Heinrich Mäding zum Abschied

Lieber Herr Professor Mäding,

für Sie geht eine anregende und oft anstrengende Zeit am Deutschen Institut für Urbanistik nach 14 Jahren zu Ende. In den letzten Jahren überwog wohl oft die Anstrengung. Für die dennoch erfolgreichen Anregungen und Problemlösungen für die Städte in Form von Projekten und Seminaren danke ich Ihnen besonders.

Sicher hatte Sie 1992 von Konstanz nach Berlin kommend die Vielfalt der fachlichen und wissenschaftlichen Möglichkeiten im Difu begeistert und hatte Sie der Schritt aus dem universitären Elfenbeinturm in das pulsierende Leben der Städte mit den vielfältigen Fragestellungen und Einflussmöglichkeiten gereizt. Natürlich gab es für Sie als Hochschullehrer an der Universität auch Verwaltungsaufgaben, aber dass diese so viel Zeit und Kraft beanspruchen würden wie in den letzten Jahren, hatten Sie doch nicht erwarten müssen. Ich danke Ihnen für Ihren Einsatz, Ihr Organisationsvermögen und für Ihre Personalführung, denn nur dadurch konnte das Difu auch in den schwierigen Zeiten auf Kurs bleiben.

Als Sie 1992 beim Difu begannen, war die Finanznot der Städte schon Alltagsthema. Aber die zunehmende Kurzatmigkeit der Entscheidungen bei gleichzeitigem Reden über Nachhaltigkeit war dann ein neues Phänomen. Es ist gut, dass Sie Ökonom sind und Ihnen deshalb die Schalmeienklänge von PPP sowie die Forderung, dass sich alles gleich „rechnen" müsse, wohlbekannt und nicht verführerisch klangen – so konnten Sie den Städten für ihre Probleme nicht Schlagworte, sondern wirklich nachhaltige Lösungen vermitteln.

Ich habe im Institutsausschuss seit 1998 mitarbeiten dürfen und dort Ihr Wissen über die Städte, Ihre Kenntnis aller Projekte und die strategischen Überlegungen, das Difu richtig zu positionieren, immer bewundert. Sie haben die oft etwas spontanen Hinweise und Vorschläge von uns Institutsräten und -rätinnen – besonders auch von mir – stets freundlich entgegengenommen und in wohldurchdachte Projekte umgesetzt. Die Einsicht in die Notwendigkeit für die Städte, sich stärker nach und für Europa zu öffnen, haben Sie in vielen Projekten erfolgreich befördert. Die englischen Texte und Übersetzungen auf der Homepage des Difu haben dann auch seine internationale Bedeutung gefestigt. Wir sind ein europäisch bekanntes und bedeutendes Institut geworden.

Besonders wichtig und klug akquiriert fand ich immer die Projekte des Bundes, an denen eine große Anzahl Städte teilnehmen und sich miteinander vergleichen konnte – Benchmarking eben. Damit wurden Gesetzgebungs- oder Förderungsverfahren begleitet, vor- und nachbereitet. Dabei ist der Transfer von Handlungswissen in die Gesetzgebung zum Wohl der Städte hervorragend und erfolgreich gelungen.

Natürlich haben die sehr gut vorbereiteten und auch bei den Kommunalpolitikern beliebten Fortbildungsveranstaltungen zum guten Ruf des Difu ebenso beigetragen wie die zahlreichen, oftmals auch im Internet verfügbaren Veröffentlichungen und die Mitarbeit in den Ausschüssen des DST. Dort haben Sie die Mitglieder direkt vom Know-how des Difu überzeugen und als Difu-Zuwenderstädte gewinnen können.

Bei der Beratung der Finanzen im Institutsausschuss mussten wir uns jedes Jahr ähnlich, aber doch immer dringlicher Fragen nach der Zukunftssicherung des Difu stellen:

- Kann das Difu trotz nach unten schwankender Zuwendungen durch die Städte die gewohnte und notwendige Qualität halten (die ja auch den Nichtmitgliedern zugute kommt)?

- Gefährden die ökonomischen Bedingungen am Berliner Immobilienmarkt einen Pfeiler der Grundfinanzierung?

- Gelingt es immer wieder, die marktlichen Einnahmen mit den richtigen Themen zu erzielen und die wissenschaftlichen Mitarbeiter/innen zu halten?

- Werden die öffentlichen Hände ihr Interesse an den wissenschaftlichen Arbeitsinhalten des Difu in auskömmliche Aufträge ummünzen können?

Sie, Herr Prof. Mäding, haben es mit Herrn Dr. Löhr immer wieder geschafft, die Untiefen und Hindernisse zum Wohle des Difu und der Städte zu umfahren. Sie haben auch die übernommenen, etwas befremdlichen treuhänderischen Strukturen der Organisation gemeinsam mit dem DST und dem VfK letztendlich entwirren können, so dass jetzt klare Verantwortlichkeiten zugeordnet werden.

Besonders dankbar bin ich Ihnen, dass Sie uns alle angestoßen und – als das nicht reichte – angetrieben haben, rechtzeitig eine kompetente Nachfolgerin zu suchen und den Nachfolger zu finden, so dass Sie doch nach den zuletzt sehr schwierigen Zeiten erleichtert und beruhigt von der Städtebühne gehen können. Sie hinterlassen ein geordnetes Haus, zwar nicht so gut ausgestattet wie Sie es gerne gewollt hätten, das weiß ich wohl, aber so gut vorbereitet, dass die notwendige und zeitgerechte Ausstattung am richtigen Ort und in der richtigen Funktion erreicht werden kann.

Ich habe mich immer gerne mit Ihnen getroffen, neben Ihnen alle Wortmeldungen doch aufgerufen und werde Sie nicht nur deshalb vermissen. Ich wünsche Ihnen eine gute Zeit ohne die Last des Difu, aber auch weiter mit Freude an „unseren" Themen.

Ich freue mich auf viele weitere Begegnungen mit Ihnen zum Thema Stadtpolitik in allen Facetten, die Sie so meisterhaft in Ihrer Arbeit und Ihren Vorträgen behandelt haben.

Die Autorin

Prof. Christiane Thalgott,
Architektin, Stadtplanerin; ab 1987 Stadtbaurätin in Kassel, seit 1992 Stadtbaurätin in München; seit 2003 Honorarprofessorin an der TU München und Präsidentin der Deutschen Akademie für Städtebau und Landesplanung (DASL); Mitherausgeberin der „Deutschen Zeitschrift für Kommunalwissenschaften"; seit 2001 Vorsitzende des Institutsausschusses des Difu